KB160892

허구의 광복:
전후 한일병합 합법성 확정의 궤적

허구의 광복: 전후 한일병합 합법성 확정의 궤적

장박진 지음

景仁文化社

일러두기

- 한반도에 들어선 국가 명칭에 관해서는 조선, 대한제국, 대한민국(또는 한국) 등 각 시기에 맞게 구별 표기했다. 전후 이북에 들어선 정권에 관해서는 현재 대한민국에서 사용되는 관례에 따라 '북한'으로 표기했다. 단 지리적인 의미를 나타낼 때는 '남한', '이북' 등으로 표기했다. 일본이나 영국에 관해서는 문맥상 과거의 제국주의 시대의 성격을 강조하고자 할 때에는 '대일본제국', '대영제국' 등도 일부 사용했다. '중국'은 중화민국 정권을 뜻한다. '일본'이나 '중국' 등의 표기는 영토적인 의미에서 사용하는 경우도 있으나 문맥상 구별할 수 있기 때문에 특별히 국가 체제 표기와 구별하지 않았다.

- 인명이나 지명 표기에 관해서는 기본적으로 국립국어원의 외래어 표기법을 따를 것을 원칙으로 했다. 그러나 중국 관련의 표기 등은 한국어 발음 표기를 사용했다. 단 영어 문헌에서만 확인할 수 있는 중국인의 인명에 관해서는 그 문헌에 나오는 표기 발음을 그대로 채용했다. 반복해서 등장하는 인명, 지명에 관해서는 첫 출 시에만 원어를 보충했다. 단 본문에 앞서 각주에서 먼저 나오는 인명 등에 관해서는 각주에서도 원어를 달았다. 영어 인명 표기 시에는 예를 들어 '루스벨트(Franklin D. Roosevelt)'처럼 표기하는 것을 원칙으로 했으나 정확한 이름(first name)을 확인하지 못했던 일부 인물에 관해서는 '에머슨(R. Emerson)' 등으로 줄여 표기했다.

- 기타 원어나 한자 등의 보충이 필요한 표현에 관해서도 첫 출 시에만 보충하는 것을 원칙으로 했다. 단 헷갈리기 쉬운 표현이나 그때마다 의미적으로 보충이 필요하다고 판단했을 때는 반복해서 보충했다.

- 미간행 1차 자료는 매우 다양한 형태로 소장되어 있기 때문에 각 쪽수에 관해서는 원칙적으로 각 개별 자료 내에서의 쪽수를 표기했다. 단 릴(Reel, Roll)에 소장되어 있는 문서 중, 그 릴 전체 속에서의 쪽수가 명기되고 있거나 혹은 자료의 소재를 파악하는 데 보다 간편하다고 판단될 경우에는 릴 전체 속에서의 쪽수를 표기했다. 이 경우는 예컨대 rp.7, rpp.2~15 등으로 'r'을 보충하고 구별했다. 일어 문헌에 관해서도 개별 문서의 쪽수일 경우는 '쪽'으로, 릴 전체 속에서의 쪽수일 경우는 '릴쪽'으로 표기했다. 쪽수 표기가 없는 것은 각 개별 자료 전체를 대상으로 하고 있음을 뜻한다.

- 일본외무성 공개 한일회담 공식 문서의 식별을 위해 붙여진 각 문서번호에는 복수의 개별 문서가 철해지고 있을 경우가 많다. 그 경우 직접 문서번호가 달린 첫 번째 이외의 문서에 관해서는 각 번호 뒤에 '내(內)'를 달아 구별했다.

- 본문 내 밑줄 친 것은 인용자이다.

차 례

문제 제기

잃어버린 빛을 되찾았던 '광복(光復)'. 우리 한국 사회는 일본 제국주의에 의한 한반도 지배의 종언과 그로부터의 해방을 이렇게 부른다. 이런 표현의 어감에는 일본에 의한 한반도 병합이나 통치가 오로지 암흑이었고 법적으로도 내용적으로도 아무런 정당성도 없다는 자명의 인식이 깔려 있다. 예컨대 해방 후 일본에 대한 피해 보상의 실현을 위해 대한민국정부가 1949년에 9월에 작성한 『對日賠償要求調書(續)(第二部·第三部·第四部)』의 첫머리에서 한국정부는 일본의 한반도 지배에 대해 다음과 같이 단정 지었다.

> 1910년부터 1945년 8월 15일까지의 일본의 한국 지배는 한국 국민의 자유의사에 반한 일본 단독의 강제적 행위로서 정의·공평·호혜의 원칙에 입각하지 않고 폭력과 탐욕의 지배였던 결과 한국 및 한국인은 일본에 대한 여하한 국가보다 최대의 희생을 당한 피해자인 것이며 (중략) 카이로선언이나 (중략) 포츠담선언에 의하여 한국에 대한 일본인의 지배의 비인도성과 비합법성은 전 세계에 선포된 사실인 것이다.

물론 이와 같은 인식은 당시건 지금이건 일본에 의한 한반도 지배에 대한 한국 사회의 인식의 기저(基底)를 이루고 있는 것에 변함은 없다. 인종적인 의미에서의 민족의 동질성에다 언어나 기타 각종 생활양식 등의 문화적인 공통성, 그리고 일찍 중앙집권 체제를 수립하고 유지해 왔었다는 정치 체제의 통일성 등, 한반도의 역사가 잉태해온 특성은 한민족으로 하여금 일찍부터 강한 공동체 의식을 키우게 했음이 틀림없을

것이다. 바로 그런 기반 위에 수립된 국가가 근대에 이르러 이웃에 의
해 병합당하고 소멸했다는 역사는 한민족에게 암흑 이외의 아무것도 아
니었다. 한국인의 입장으로 볼 때 일제 지배로부터의 해방은 영락없이
한국인의 뜻에 반해 이루어진 비합법적이고 비인도적인 강점으로부터
의 '광복'이 아닐 수 없었다. 이하 이 책에서 '광복'은 늘 이 의미로 사용
한다.

　그러나 한국 사회가 '광복'이라고 인식한다는 것과 그것이 국제사회
에서 사실로 확정되었다는 것이 다른 차원의 문제임은 부정할 수 없다.
실제 21세기에 들어선 오늘날까지 한일 간에는 당시 대일본제국에 의
한 대한제국의 병합(이하 기본적으로 병합으로 약기)에 대한 평가를 둘
러싸고 공식적인 입장 차이가 여전히 존재하고 있다. 과연 병합은 적절
한 절차를 거쳐 성립된 합법적인 것이었는가, 혹은 애초 강요된 것이므
로 원천적으로 비합법적인 것이었는가(이하 합법성 여부로 약기) 하는
역사인식 대립의 불씨는 여전하다. 또한 일본의 식민지 통치에 대한 역
사적 평가를 둘러싼 대립 역시 전후 계속되어 왔다. 과연 일본에 의한
한반도 통치가 한반도의 발전과 한국인의 복리에 부합하는 인도적인 것
이었는가, 혹은 오직 일본의 이익을 위한 비인도적인 것이었는가 하는
통치의 정당성을 둘러싼 평가의 문제(이하 정당성 여부로 약기) 역시 대
립을 거듭해 왔다.

　1990년대에 접어들면서 일본정부는 식민지 지배에 따라 한국 국민에
게 준 고통과 피해에 대해서는 공식적으로 사과하는 입장을 취하게 되
었다. 이는 일본정부 역시 병합과 그에 따른 한반도 통치가 한국인에게
암흑의 시대를 안겨 준 것이었음을 사실상 시인하게 되었음을 시사하고
있다. 그럼에도 일본정부가 병합 자체는 합법이었다고 일관되게 주장하
고 있는 점, 그리고 전후부터 1990년대까지 한반도 지배를 정당화해 왔
으며, 지금도 일본을 대표하는 일부 책임 주체들로부터 그러한 역사인

식이 계속 표출되고 있다는 사실들은 병합의 합법성 여부는 물론, 통치의 부당성 여부에 관한 역사인식 역시 결코 확정된 것이 아님을 여실히 드러내는 대목이라고 하겠다.

물론 사상의 자유가 보장된 민주주의 사회에서 역사인식을 둘러싼 다양한 해석이 제기되는 것은 어찌 보면 자연스러운 일이다. 그 의미에서 병합의 합법성 여부나 통치의 부당성 여부(이하 표현의 편의를 위해 이 2가지 물음을 일괄 묶어 총칭할 경우에는 '광복성 여부'로 약기)를 둘러싸고 각 개별적 차원에서 대립이 계속되는 것은 불가피한 일이다. 그러나 국가가 하나의 단위가 됨으로써 병합이나 통치가 이루어졌다는 사실은 그런 개별적 차원의 문제와 별도로 국가 단위에서의 통일된 역사인식을 요구한다. 적어도 한국 국민의 입장에서 볼 때 병합의 비합법성이나 통치의 부당성은 국가 차원에서의 역사인식으로서 확정되어야 했다. 그럼에도 전후 이 문제는 왜 지금까지 질질 끌리게 되었는가?

물론 이들 물음은 그 성격상 한일 근현대사의 핵심 과제가 아닐 수 없다. 그에 따라 많은 연구가 이 문제를 직접, 간접적으로 다루어 왔다. 즉 지금까지 '광복성 여부'를 둘러싼 역사인식의 문제와 관련해 이루어진 선행연구는 크게 나누어 2가지 방향성을 가지고 진행되어 왔다고 평가해도 무방하다. 하나는 병합의 합법성 여부 문제를 직접 규명하기 위한 것으로 병합 과정에서 체결된 1910년의 '한국 병합에 관한 조약'(이하 병합조약으로 약기)과 그 이전에 한반도 침탈 과정에서 체결된 관련 조약이나 협정, 그리고 협약 등(이하 병합조약도 포함해 병합으로 이르는 일련의 조약, 협정, 협약들을 총칭해서 병합 관련 조약들로 약기)의 법적 성립 여부를 검증하려는 연구들이다. 또 하나는 한반도에 대한 일본의 통치 내용을 각종 분야에서 규명하고 그것을 통해 일본의 한반도 통치가 한국인의 이익에 부합한 정당한 것이었는가 여부를 밝히려 한 연구들이다.

전자인 병합 관련 조약들의 합법성 여부의 문제를 따지는 연구는 특히 1990년대 이후 활발해졌다. 이들 연구는 특히 1905년의 한일협상조약, 즉 소위 을사늑약이나 1910년의 병합조약의 성립 과정에 초점을 맞추고 그들 조약의 형식적인 하자 여부나 강제성 등 조약 체결에 관한 절차상의 문제, 그리고 당시 조약 체결에 관한 국제적 규범 등을 주된 연구 대상으로 삼으면서 병합의 합법성 여부 문제에 관해 새로운 시각들을 학회에 제공했다.(예컨대 이와 관련된 글들을 모은 체계적인 연구서로서 이태진·사사가와 노리가츠 공평, 『한국 병합과 현대』, 태학사, 2009) 후자의 연구는 어찌 보면 전자의 문제보다 더 일찍, 그리고 보다 광범위한 주제를 가지고 다양하게 진행되어 왔다고 말할 수 있다. 말할 필요도 없이 통치의 정당성 여부의 문제는 원리적으로 일제 지배 기간 중에 이루어진 모든 통치 내용들이 관련되는 것이다. 이 의미에서 후자의 연구 동향은 그 내용들 하나하나를 소개하는 것 자체가 사실상 불가능할 만큼 많이 축적되어 왔다고 평가할 수 있다.

따라서 '광복성 여부'를 둘러싼 역사인식에 관한 연구 과제의 설정은 결코 새로운 것은 아니다. 또한 역사 연구는 그 사실 관계가 벌어진 시대 상황이나 그 과정을 직접 연구하는 것이 기본이 되는 것이므로 상기한 2가지 연구 과제를 둘러싸고 선행연구들이 탐구해온 그들 학술적인 성과가 '광복성 여부'를 판단하는 데 각각 중요한 밑거름이 되는 것은 다시금 확인할 필요도 없다. 이 의미에서 지금까지 관련 선행연구가 축적해온 성과들이 이 문제를 밝히는 데 매우 중요하고 기초적인 학문적인 재산이 될 것은 따로 강조할 나위도 없다.

그러나 '광복성 여부'를 둘러싸고 전후에 생긴 역사인식 갈등의 기원이나 원인을 규명하는 데 이러한 문제 설정에는 결정적으로 하나 중요한 시각이 빠져 있는 것도 사실이라고 해야 하겠다. 그것은 특히 국가 차원에서 일어난 사실에 대한 역사인식을 결정하는 가장 핵심적인 요인은 학문적으로 규명 가능한 각 개별적인 '사실'이라기보다 그 사실들을 종합하고 전체로서 하나의 역사인식으로 구축해 나갈 바로 '힘'의 논리라는 현실이다. 과연 어떤 의미인가?

　한반도가 일본에 의해 병합당하기 훨씬 이전, 일본은 1876년 조일수호조규를 통해 당시 조선정부와 외교 관계를 맺었다. 이 조약은 그 제1조에서 조선국이 자주국이며 일본과 평등한 권리를 가지는 것을 일부러 명기하는 등, 이미 양국 간에서 생겨 있었던 역학상의 비대칭성을 반영해 일부 불평등조약의 성격을 띠기는 했다. 그러나 일단 그 조약은 일본이 당시 조선국이 국제법상 조약 체결권을 가진 주권국가임을 인정한 것을 뜻했다. 또한 일본은 청일전쟁 후의 1895년에 체결한 청일강화조약, 소위 시모노세키(下關)조약을 통해 당시 조선국이 완전한 독립국가임을 규정했다. 물론 이것을 규정한 제1조는 한반도에 대한 청나라의 종주권을 차단하고 그 후 일본의 한반도에 대한 지배권을 확립하기 위한 포석에 불과했다. 그러나 일단 형식상으로는 일본이 다시금 조선국이 자주독립국가임을 조약을 통해 국제적으로 선포한 것이다. 그럼에도 일본은 그들 공약을 전면적으로 뒤집고 강압적인 병합 관련 조약들을 통해 결국 한반도의 자주독립성을 짓밟았다. 이는 당연히 과거 자신들이 공약한 입장들과 모순된 처사였다.

　그러나 적어도 일본에 의한 한반도 지배가 계속되고 있는 동안은 그런 모순은 표면화되지 않았다. 그리고 그런 모순을 최종적으로 봉인한 것이 병합조약이었다. 이 조약은 병합이 당시 대한제국과 대일본제국 간의 자주적인 합의로 이루어진 것처럼 위장함으로써 과거의 사실들과의 모순을 인위적으로 봉인했다. 그리고 그런 '봉인'이나 '위장'이 가능했던 것은 당시 한일 간에 엄연히 존재한 국력 차이, 즉 힘의 논리였다.

　그런데 이러한 모순은 미국을 비롯한 기타 열강들 역시 마찬가지였다. 비록 약소국이기는 했으나 세계열강들은 1882년의 조미수호통상조약(Treaty of Amity and Commerce between the United States of America and Corea, 이하 조미조약으로 약기)을 효시로 한 일련의 수교조약을 계기로 당시 조선국을, 그리고 그것을 계승한 대한제국을 일단 주권을 보유하는 독립국가로 인정하고 외교 관계를 맺었다. 그러나 주지하다시피 그 후 열강들은 제2차 영일동맹조약, 가쓰라·태프트밀약(Katsura-Taft密約), 포츠머스(Portsmouth)조약 등을 통해 한반도에 대한 일본의 지배권을 묵인했다. 이들 역시 과거 조약을 통해 스스로 인정한 주권국가의 존재를 무시하는 처사였다. 그러나 열강들로 하여금 그런 과거의 입장들과의 모순을 마다하지 않게 한 것 역시 당시 각 나라가 안고 있었던 국익 문제와 그것을 실현시키고자 하는 힘의 논리였다.

그러나 어차피 힘으로 구축된 질서는 다른 힘으로 인해 갈아 치울 수 있게 마련이었다. 일본은 한반도 침탈 후에도 대륙으로의 팽창을 멈추지 않았다. 그 결과 연합국(Allies, United Nations)과 교전 상태에 돌입하고, 병합으로부터 딱 35년 후 패전국으로 전락했다. 그리고 이들 일련의 흐름은 이 지역에 커다란 역학 변동을 일으킬 계기가 되었다. 물론 이 역학상의 변동은 일본이 그 힘으로 인해 일단 '합법'이라고 위장한 병합에 대한 해석의 틀을 깨뜨리고 그 테두리를 근본적으로 뒤집는 데 그 이상 바랄 수 없는 절호의 기회가 될 수 있었다. 가령 이미 '일본'이 되어 있었던 한반도를 절단하고 독립하게 하는 정책이 일본에 의한 한반도 병합의 법적 효력을 인정해온 과거의 사실들과 모순된다고 하더라도 이번에 그 모순을 봉인하는 힘이 달리 생겼기 때문이었다. 마치 일본 자신이 과거의 입장들과의 모순을 '합법적'인 조약 등으로 인해 봉인한 것처럼 전쟁을 계기로 일어난 새로운 역학 변동은 이번에 연합국들에 대해 과거의 사실들에 구애받지 않고 '광복성 여부'를 둘러싼 역사인식을 갈아 치울 수 있는 기회를 제공했다. 이 의미에서 전후에 이 '광복성 여부'의 문제를 둘러싸고 도사리게 된 역사인식 대립의 불씨는 실은 전쟁이 만들어낸 한반도 독립의 과정이나 논리에 크게 영향을 받을 수밖에 없게 되었다.

이 책은 바로 이와 같은 문제의식에 입각하면서 논의를 진행한다. 즉 전후 '광복성 여부'에 대한 국가 단위에서의 거시적인 역사인식을 결정한 것은 병합 관련 조약들의 체결 과정이나 각 개별적인 통치의 내용 자체라기보다 오히려 한반도가 독립하게 된 과정이나 논리에 숨어 있었다는 점을 중요시한다. 독립의 성격을 '광복'이라고 부르는 한국 사회의 인식이 저절로 병합이 비합법적이었으며 그 통치 내용 역시 부당한 것이었다는 평가를 빚어내는 것처럼, 한반도 독립의 과정이나 논리를 규명하는 작업은 역으로 병합이나 통치의 성격에 대한 역사인식을 저절로 비춰내는 작업이 된다. 왜냐하면 일단 일본과 일체화되었었던 한반도를 절단하고 독립하게 하는 그 과정과 논리에는 한반도를 그렇게 조치하게 한 한일 일체화의 성격, 즉 병합이나 통치의 성격에 대한 평가가 자연스레 나타나기 때문이다. 이 책이 전후에 '광복성 여부'의 문제를 둘러싼 역사인식에 대립이 생기게 된 그 원인 규명의 과제와 관련해 병합 관련 조약들의 체결 과정이나 일제 통치의 내용 자체를 직접 고찰 대상으로 삼는 것이 아니라, 오히려 전시 중부터 전후에 걸쳐 이루어진 한반도 독립 과정에 초점을 맞추고 고찰하는 이유가 바로 여기에 있다.

또 하나 이 연구가 전후 '광복성 여부'를 둘러싼 역사인식 갈등의 이유를 규명하는 데 한반도 독립 과정을 직접 연구 대상으로 삼으려는 것에는 그 과제를 둘러싼 국제적 틀을 중요시하지 않을 수가 없다는 의미도 담고 있다. 선행연구들이 축적해온 상기 2가지 연구 성과들은 비록 그와 관련된 당시의 국제정세에 언급하는 일이 있어도 기본적으로 한일이라는 두 주체를 고찰 대상으로 삼아왔다. 즉 병합 관련 조약들의 체결 과정이나 일제 통치의 내용에 관한 연구로부터 '광복성 여부'를 둘러싼 역사인식을 도출해온 기존의 선행연구는 알게 모르게 그 문제가 기본적으로 한일 두 나라 간의 관계에서 결정되는 문제라는 인식을 자명의 전제로 두고 있다.

그러나 병합 관련 조약들의 체결들이나 일본에 의한 한반도 통치가 기본적으로 한일 두 나라 간에서 이루어졌다는 사실은 그에 대한 역사 인식 역시 한일 간에서만 결정할 수 있을 것을 자동적으로 뜻하는 것은 아니다. 한반도의 독립 과정은 기본적으로 한일 두 나라 간의 관계에서 이루어진 것은 아니었다. 만약에 우리 한민족이 독자적인 힘으로 일본을 패전으로 몰아가고 암흑의 일제 지배하에서 벗어났다면 독립을 '광복'으로서 확정하게 하는 것은 별 일도 아니었다. 승자가 된 한국은 일본에게 들이대는 항복문서에서 일본에 의한 한반도 병합이 비합법이었고 통치의 내용 역시 부당한 것이었음을 인정하도록 규정하고 그것을 승인케 하면 그만이었다. 오직 그것만으로 적어도 형식적으로는 '광복성 여부'를 둘러싼 과제는 모두 다 끝낼 수 있었다.

거꾸로 한국인의 입장에서 보면 상상하기도 끔찍하지만, 만약에 일본이 승자였다면 적어도 1945년에 한반도가 독립의 계기를 맞이하게 되는 일은 없었다. 가령 그 후 다른 사유로 인해 한반도가 독립할 수 있게 되었다고 한들, '광복성 여부'를 둘러싼 논란이 지금까지처럼 일어나는 일 역시 없었을 터이다. 승자인 일본이 그 후 다른 사유로 인해 한반도를 자주적으로 독립하게 하는 이상, 독립은 '광복'으로서가 아니라 일본에 의한 독립 허가라는 '배려와 은혜'로 인해 비로소 이루어질 수밖에 없었다. 그때 한반도 독립과 관련해 병합이 비합법적이었다거나 통치가 부당한 것이었다는 등의 논리가 들어설 여지는 없다. 그에 대한 평가를 막론하고 역사에 대한 해석 권한은 늘 승자가 가지게 됨은 철의 법칙이다.

그러나 사실의 문제로서 승자는 한국도 일본도 아니었다. 승자는 영락없이 미국을 중심으로 한 연합국이었고, 한반도는 그들의 힘으로 인해 독립하게 되었다. 그리고 이 엄연한 현실은 전후 한반도 독립의 성격 역시 연합국이 부여하게 되는 상황을 연출케 한 가장 기초적인 제약 조건이 되었다. 당연히 이 조건은 '광복성 여부'를 둘러싼 역사인식을 결정하는 힘 역시 1차적으로는 연합국에게 귀속되게 된 것을 뜻했다. 이 글이 전후 '광복성 여부'에 관한 역사인식에 대립의 불씨가 도사리게 된 까닭을 규명하는 데 한반도 독립의 과정이나 논리에 초점을 맞추는 또 하나의 이유가 바로 이것이다.

이 책은 바로 이상과 같은 문제의식을 바탕으로 전후 실제 이루어진 한반도 독립의 과정이나 논리를 규명하고자 한다. 전쟁 중 그 맹아가 싹트기 시작한 한반도 독립 문제를 미국을 중심으로 한 연합국이 과연 어떻게 인식하고 계획했는가? 또한 전후의 과정에서 그것을 실제 어떻게 실현하고 법적으로 확정시켰는가? 그리고 연합국이 주로 추진한 그런 독립 과정 속에서 한국이나 일본은 어떤 인식을 가지고 대응했는가? 그리고 한일 직접 교섭에서 한일 두 나라는 이들 문제를 어떻게 인식하고 다루었는가? 이 책은 바로 이들 전후 한반도 독립 과정이나 논리의 궤적을 관련 1차 자료를 통해 상세히 검증해 나감으로써 '광복성 여부'를 둘러싼 역사인식이 전후 갈등의 불씨로 남게 된 그 발자취를 자세히 그려내고자 한다.

전체 5장으로 구성되는 각 장이 개별적으로 다루는 논의 과제는 다음과 같다. 먼저 제1장은 한반도 독립 문제가 실제 현실적인 문제로 대두된 개전 초기를 다룬다. 이 시기는 한반도 독립의 씨앗이 뿌려지기 시작한 시초로서 한반도 독립의 성격 역시 그와 얽히면서 싹이 튼 시기이기도 했다. 교전 초기를 다루는 이 제1장의 주된 고찰 과제는 2가지이다. 하나는 3·1독립운동에 법통을 둔 존재로서 전후 건국의 주체가 되어야 했던 대한민국임시정부(이하 임시정부로 약기) 세력의 활동 내용을 분석하는 것이며, 또 하나는 실제 한반도 독립을 이끈 미국의 한반도 독립 구상을 규명하는 과제이다. 전자는 물론 민족 대표정부로서 한반도 독립이 '광복'으로서 이루어지는 것을 결정하는 데 핵심적인 역할을 수행해야만 했다. 또한 후자는 그 압도적인 힘으로 인해 실제 한반도 독립을 이끌어 나가게 되었으며 그에 따라 독립의 성격 역시 결정하는 핵심 주체가 아닐 수 없었다. 제1장은 이들 2가지 주체의 움직임을 중심으로 고찰하면서 한반도 독립 문제가 현실적인 문제로 가동되기 시작한 교전 초기, 그에 따라 그 성격 역시 아울러 형성되기 시작한 한반도 독립 문제의 동향을 고찰한다.

제2장은 카이로선언의 기초 과정을 고찰한다. 주지하는 바와 같이 한반도 독립을 처음으로 국제공약으로 천명한 카이로선언은 아울러 '폭력', '탐욕', '약탈', '노예 상태' 등의 수식어를 많이 사용했다. 그로 인해 한국 사회는 그 선언이 한반도 독립을 단지 공약한 것뿐만이 아니라 아울러 독립의 성격, 즉 한반도 독립이 '광복'으로서 이루어질 것임을 결정한 것이라고도 이해할 경우가 많다. 그러나 한국 사회에서 잘 통하는 그런 정서적인 이해가 국제사회 역시 공유하는 외교사로서 실제로 검증된 것은 아니다. 바로 제2장은 카이로선언이 도출된 정치적 배경이나 그 조문 기초 과정을 자세히 검증함으로써 한반도 독립을 국제공약으로 승격시킨 카이로선언이 한반도 독립의 성격, 다시 말해 '광복성 여부' 문제와 관련해 지니는 함의를 그려낸다.

제3장은 카이로선언 선포 후 실제 일본이 항복하게 된 종전 전후까지의 시기를 다룬다. 이 시기는 카이로선언에서 일단 공약된 한반도 독립이 실제로 실현되는 단계로서 한반도 독립의 성격 역시 실질적으로 확정되는 직접적이고 핵심적인 시기였다. 이 제3장은 카이로선언이 선포된 후 그것을 배경으로 독립 문제를 다루게 된 임시정부 세력이나 미국이 과연 한반도 독립 문제를 어떻게 인식하고 대응했는가, 혹은 인식하지 않고 대응하지 않았는가 등의 사실 관계를 분석하면서 카이로선언의 취지에 따라 실제 이루어진 한반도 독립 이행의 실태를 고찰한다.

이어 제4장은 대일평화조약(Treaty of Peace with Japan, 이하 평화조

약으로 약기) 제2조 (a)항의 기초 과정을 분석한다. 말할 필요도 없이 평화조약은 연합국과 일본의 전쟁 상태를 최종 처리하는 법적 절차로서 한반도 독립 문제 역시 법적으로는 이 조약으로 인해 최종 결정되었다. 따라서 평화조약 관련 조항의 기초 문제는 이미 예정되던 한반도 독립뿐만 아니라 그 성격을 결정하는 데도 그 법적인 담보가 되는 바로 핵심 중의 핵심이었다. 제4장은 평화조약 기초 당시, 한반도 독립 문제의 핵심 주체였던 미국과 영국, 그리고 당사자인 한국과 일본 등의 움직임을 중심으로 고찰하면서 실제 한반도 독립 문제를 규정한 평화조약 제2조 (a)항의 기초 과정을 분석한다. 그리고 이런 분석을 통해 국제사회가 한반도 독립의 성격을 '광복'으로서가 아니라 교전 결과에 따른 영토의 '단순 분리'의 문제로서 처리하게 된 그 과정과 논리를 천명한다.

마지막 제5장은 병합의 합법성 여부 문제를 직접 다룬 한일 두 나라 간 직접 교섭을 주제로 삼는다. 사실상 병합이 합법이었음을 재확인한 평화조약도 이 문제를 한일 간에서 다시 직접 다루는 것이나 그것을 원천 무효로 하는 것을 금한 것은 아니었다. 이에 따라 한국은 1951년 가을부터 시작된 한일 국교 정상화 교섭에서 이 문제를 실제 제기하고 교섭을 벌였다. 주지하는 바와 같이 1965년 6월 22일에 정식으로 체결된 기본관계조약 제2조가 바로 그 성과였다. 널리 알려져 있듯이 제2조에는 병합 관련 조약들의 무효 시점 문제와 관련해 'already'라는 단어가 들어감에 따라 지금까지 그것은 병합을 원천 무효로 한 것인가 아닌가 하는 논란의 기원이 되어 왔다. 필자는 앞서 공개된 한국정부 문서를 활용하고 그 자료들을 통해 알 수 있는 사실 관계에 기초하면서 기본관계조약 제2조의 함의에 관해서는 나름대로 이미 상세히 밝혔다.(장박진, 『식민지 관계 청산은 왜 이루어질 수 없었는가: 한일회담이라는 역설』, 논형, 2009) 그러나 그때 아직 공개되지 않았던 일본 측 문서의 분석이나 그것을 통해서만 알 수 있는 일본정부 내부의 움직임 등에 대해서는 깊이 파고들지 못했다. 제5장은 병합의 합법성 여부 문제를 다룬 교섭과 관련해 앞서 발표한 연구에서 논하지 못했던 일본정부의 인식이나 교섭 전략들을 대거 보완함으로써 기본관계조약 제2조의 기초 과정을 다시 체계적으로 밝힌다. 그리고 그것을 통해 한일 간에서도 다시 병합이 당초 합법적으로 이루어진 것임을 확정해버린 한일 기본관계 교섭의 실태를 자세히 규명하고자 한다.

세기가 바뀐 21세기의 오늘날에 이르러서도 19세기 후반부터 20세기 중반에 걸쳐 이루어진 병합이나 통치를 둘러싼 추상적이고 형식적인 역사인식의 문제를 다시 검토의 도마에 올리는 의미는 무엇인가? 실제 이와 같은 문제는 현재를 사는 우리의 일상생활에 실제 도움을 주는 문제도 아니다. 오히려 일본군위안부 문제를 둘러싼 갈등에서도 경험했듯이 역사인식을 둘러싼 과제는 자칫 외교 관계를 손상시켜 현실적인 국민 생활에까지 악영향을 미칠 가능성마저 내포하고 있다. 역사인식의 문제는 오히려 그것이 추상적이고 형식적인 문제이니만큼 그 영향은 각 개별 문제의 경계를 쉽사리 넘나들면서 관계 전반에 미칠 수도 있다. 즉 그에 따른 부작용이 오히려 큰 문제일 수도 있는 것이다. 그러나 사람은 빵만 먹고 사는 존재도 아니다. 바로 문화적인 존재로서 사람은 혹시 자신들이 걸어온 역사 속에 '비정상'이 존재한다면 그것을 바로잡아, 역사인식에 '정상'을 회복하고자 하는 욕구를 가진다. 무언가 석연치 않은 숙제가 남아 있다고 생각되는 한, 그것을 가능한 한 해소하려는 욕심을 가지는 것은 사람으로서 결코 빗나가는 자세는 아닐 것이다.

필자로서 오늘날 '광복성 여부'와 같은 문제, 그중에서도 특히 병합의 합법성 여부 문제를 새삼 따지려는 것은 이하 4가지 정도로 분류할 수 있는 '비정상적인 숙제'가 바로 현재진행형으로서 민족사에 고스란히 남아 있다고 판단하기 때문이다.

그 첫째 문제는 가장 기본적인 것으로 병합의 합법성 여부 문제가 한

민족의 역사 속에 한반도가 정식으로 '일본 영토' 시대가 존재했음을
확정하는가, 또한 한민족이 적어도 법적으로는 '일본 국민'이었다는 시
대가 있었음을 인정하는가 하는 원칙적인 문제를 제기하고 있다는 점이
다. 말할 필요도 없이 병합조약은 일본에 의한 일방적인 한반도 '흡수'
조약이었다. 따라서 그 흡수를 담보한 조약의 합법성을 인정한다는 것
은 한반도의 역사에 '일본 영토'였던 시대가 있었다는 것을 민족의 역
사로서 공식으로 승인하는 문제가 되지 않을 수 없다. 또한 일본에 흡
수된 것은 영토라는 물리적인 단위만이 아니었다. 합법성의 인정은 인
종적인 의미에서의 '민족'의 실체를 막론하고 적어도 법적으로는 한민
족이 하나의 정치적 공동체로서의 존재를 상실하고 일본 국민이 되었었
던 시대가 있었음을 인정하는 문제와 직결된다. 이렇듯 병합의 승인은
적어도 한때 한민족의 역사에 스스로의 존재를 지우는 '상실 시대'가
있었음을 공식으로 시인하라는 것을 요구하고 있다. 한국인의 입장에서
볼 때 이것을 그대로 놔둘 수 있다고 느끼는 사람은 별로 없을 것이다.

둘째 문제는 그 함의가 단지 상실 시대가 존재했었음을 인정하는 것
에 그치지 않는다는 점이다. 즉 병합의 합법성을 인정한다는 것은 그것
을 담보한 병합조약의 규정 내용으로 인해 그 상실 시대가 일본에 의한
강요 때문이 아니라 자기 스스로가 그것을 청해서 이루어졌음을 동시에
인정하라는 뜻을 함의하고 있다. 그 의미에서 병합의 합법성을 인정한
다는 것은 한국 국민들에게 단지 '한반도'라는 영토나 '한민족'이라는
정치 공동체가 그냥 상실되었다는 '결과'만을 인정하라는 것은 아니다.
그것은 아울러 철저한 자기부정까지 요구하고 있는 셈이다. 실제 병합
조약은 한국인들에게 도저히 수락 불가능한 내용으로 기초되었다.

병합조약은 그 전문에서 당시 주권자였던 대한제국 황제와 일본의
천황이 동양평화를 확보하기 위해서 한반도를 대일본제국에 병합하는
것이 '선책(善策)'이라고 확신한다고 하면서 그 후 제1조에서 주권의 양

도 규정을 두었다. 그 내용은 대한제국 황제가 한반도 전체에 대한 통치권의 일체를 영구히 일본 천황에게 양여(讓與)하고 동 제2조에서 천황이 그것을 수락하고 병합을 승인한다고 되어 있다. 즉 병합은 한국이 한반도 주권의 양도에 관한 일본의 승인을 '자주적'으로 청하고 일본 천황이 그것을 수락하기 때문에 이루어진 것으로 된다. 병합조약 자체는 조약이라는 성격상 대한제국 황제가 왜 한반도의 주권을 이양하게 되었는가 하는 그 이유까지 직접 밝히지는 않았다. 그러나 그 이유는 병합과 관련된 설명을 전 세계를 향해 천명한 관련 선언에서 확인할 수 있다.

1910년 8월 29일의 병합조약 발효 시, 일본은 병합의 목적을 밝히기 위해 관계 각국에 대해 '한국병합에 관한 선언'을 냈다. 이는 직접적으로는 병합 이전에 대한제국과의 사이에서 관련 조약을 체결했었던 국가들에 대해 그들 조약을 준수할 의무를 계승할 의향을 천명하기 위한 것이었다. 그러나 이 선언은 아울러 병합의 정당성과 그에 대한 관계 각국의 지지를 확보하기 위해 다음과 같은 취지의 설명을 가했다. 즉 1905년에 을사조약이 체결되며 그 이후 4년 이상 한일 양국 정부는 한국의 시정 개선을 위해 예의 종사해 왔으나 한국의 통치제도가 충분히 공공의 질서를 유지할 수 없고 중민(衆民)은 의구심을 가지고 적귀(適歸)할 줄 모르기 때문에, 한국의 정밀(靜謐)을 유지하고 한국 국민의 복리를 증진하기 위해서 한일 두 정부가 현 사태를 개량하고자 병합에 이르렀다고 설명했다.

따라서 이 선언에 따르면 병합은 오히려 한국 측 책임과 희망으로 인해 이뤄진 것이었다. 즉 보호조약을 통해 일본은 한국인이 자주적으로 안정된 국가를 운영할 수 있도록 종사해 왔으나 그럼에도 한국인에게는 국가를 통치하는 능력이 없고 한국 민중 역시 그런 목적에 귀순하려 하지 않으며 공공질서가 확보되지 않기 때문에 결국 대한제국 황제가 그 상황을 개선하기 위해 자주적으로 주권을 이양하고 일본의 일부가 될 것을 희망했다는 것이다. 따라서 선언의 취지에 따르면 병합은 적어도 조약상 스스로 국가 질서나 국민의 복리를 구축할 능력이 없는 한국인이 그것을 보장받기 위해 병합이라는 '혜택'을 오히려 일본에게 요청한 결과가 된다.

혹시 병합조약이 한일 양국 간의 역학 차이를 배경으로 일본이 병합을 요구하고 대한제국 황제가 그것을 수락한다는 모양새가 되었었다면 그 효력의 인정은 그나마 거꾸로 병합의 강압성을 일정한 정도 드러내는 측면을 가졌을 것이다. 그러나 병합조약 조문은 그런 강압성은커녕 한국 측이 병합을 자발적으로 원했다는 것까지 인정할 것을 요구한 것이다. 이렇듯 병합조약을 승인한다는 것은 단지 국가의 소멸 여부의 승인 문제뿐만이 아니라 아울러 한국인들에게 철저한 자기부정까지 요구하는 셈이다.

물론 오늘날 일본정부 역시 이와 같은 선언의 취지를 그대로 정당화하고 있는 것은 아니다. 비록 늦었지만 1990년대에 들어서면서 일본정부는 식민지 지배에 대한 일련의 사과를 공식화했다. 그 상징이 1995년 8월 15일 당시 무라야마(村山富市) 수상 성명으로 발표된 이른바 무라야마담화였다. 그 담화는 "잘못된 국책으로 인한 식민지 지배와 침략으로 인해 특히 아시아국가들에 대해 다대한 손해와 고통을 주었다"고 말했다. 그 후 아시아 지역 전반에 대해 내던져진 무라야마담화의 '공백'을 메운 것은 김대중 대통령과 오부치(小渕惠三) 수상과의 사이에서 교환된 1998년의 한일파트너십선언이었다. 선언에서 당시 오부치 수상은 "우리나라가 과거의 한 시기 한국 국민에 대해 식민지 지배로 인해 다대한 손해와 고통을 주었다"고 밝혔다. 즉 일본정부는 한국 국민에 대한 공식 입장으로서 식민지 지배가 한국인에게 다대한 손해와 고통을 준 것이었다는 점을 직접 인정하게 되었다.

또한 병합 100년을 배경으로 나온 2010년의 담화에서 당시 간(菅直人) 수상은 "3·1독립운동 등 거센 저항에도 나타났듯이 정치적·군사적 배경 아래 당시 한국 사람들은 그 뜻에 반해 행해진 식민지 지배로 인해 나라와 문화를 빼앗겨 민족의 자부심에 깊은 상처를 받았다"고 규정했다. 이는 물론 현재까지 일본정부가 펴낸 역대 담화 속에서도 병합의 성격에 가장 가깝게 다가가면서 그 성격에 문제가 있었음을 암시한 담화였다. 그러나 무라야마담화나 한일파트너십선언이 인정한 것은 식민지 통치를 통해 한국인에게 고통을 주었다는 일반적인 성격이다. 병합의 성격에 가장 접근한 간나오토담화 역시 병합이 민족의 자부심에 상처를 주었다고 애매하게 표현했지, 그 법적 담보가 된 병합조약 자체의 효력까지 부정한 것은 아니다. 그 때문에 그 조문의 법적 효력은 여전히 논란의 대상이 될 수밖에 없다. 오히려 한국인이 '나라와 문화를 빼앗겨 민족의 자부심에 깊은 상처를 받았다'고 말한 간담화는 한국인이 자발적으로 병합을 원했다는 병합조약 조문 내용과 정면으로 충돌하는 것으로 그 모순을 여실히 노출시켰다고도 말할 수 있다. 그만큼 이런 모순을 향후 어떻게 해소할 것인가, 그 숙제의 소재를 명확히 해 준 직접적인 단서가 되었다고도 말할 수 있다.

병합의 합법성 여부를 다루어야 하는 셋째 문제는 독립의 성격이 애매해지고 있다는 점이다. 병합조약 제1조는 한반도의 통치권을 '영구히' 일본에게 양여한다고 규정함으로써 애초부터 독립의 의미를 훼손하는 한계를 내포했었다. 즉 병합이 '영구'인 이상, 한반도는 적어도 조약상 영원히 일본의 영토이어야 했다. 다시 말해 한반도에 한민족이 자주적으로 수립하는 주권국가가 성립되어서는 안 된다는 것이 병합조약의 귀결이다. 물론 그 효력이 현실적으로 무효화된 것은 2차 세계대전의 결과 전승국인 연합국이 한반도 독립을 승인할 것을 일본에 요구하게 되었기 때문이다. 즉 전쟁의 발발이 가져다준 '우연한' 결과에 불과한 한반도 독립은 애초부터 '영구히' 일본 영토이어야 했던 병합조약의 규정과 직접 충돌해야만 하는 성격을 지녔다.

바로 이 모순을 해소하기 위해 꾸며진 것이 평화조약 제2조 (a)항이었다. 본론 제4장에서 자세히 후술하는 바와 같이 한반도 독립 문제를 규정한 제2조 (a)항은 일본이 한반도에 대한 모든 권리 등을 포기하고 독립을 승인하도록 요구했다. 물론 이것은 병합조약에 있었던 '영구히' 규정을 무효화시켜 주권국가로서의 대한민국의 건국을 지원하는 의미를 지녔다. 그러나 그 독립 조항은 일본이 한반도에 대한 권리 등을 포기하고 독립을 승인하게 하는 이유를 대지 않은 채, 단지 당사자인 일본에게 그것을 승인케만 함으로써 역으로 독립의 성격을 애매하게 만들어버리는 원인으로도 되었다. 왜냐하면 그에 상응하는 아무런 이유도 없이 그냥 권리 등을 포기하고 독립을 승인케만 한 그 조항은 평화조약까지 일본이 그 포기하는 권리들을 정당하게 가지고 있음을 시인한 것이나 마찬가지였기 때문이다. 즉 평화조약 제2조 (a)항은 사실상 병합의 합법성을 모든 것의 전제로 기초된 것이었다.

그러나 그 합법성의 승인은 병합조약 속에 한반도 주권을 '영구히' 양도한다는 조항이 있었음에 따라 원래 한반도 독립과 모순될 수밖에 없었다. 바로 이 모순을 해소하는 방안이야말로 일본이 자발적으로 한반도에 대한 권리 등을 포기하고 그 독립을 승인하도록 그 형식을 차리는 것이었다. 병합조약 역시 한반도의 주권을 영구히 가진 일본이 장래 그것을 자주적으로 포기할 여지까지 완전히 봉쇄했었던 것은 아니었다. 이렇듯 평화조약 제2조 (a)항은 병합조약과 한반도 독립 간에 내포하는 내재적인 모순을 해소하기 위해 바로 한반도 독립이 일본이 그에 대한 주권을 자주적으로 포기함에 따라 가능해진 '혜택' 조항으로 꾸며졌다. 가령 역사인식이라는 형식적인 차원의 문제라 할지라도 병합조약의 합법성을 인정한다는 것은 과거 스스로를 통치하는 능력이 없기에 일본에 의한 병합이라는 자비스러운 '혜택'을 요청한 한국이 전후 이번에는 독립의 승인이라는 고마운 '혜택'을 일본으로부터 다시 받았다는 것을 시인하라는 것을 뜻한다. 병합조약의 합법성 여부의 문제를 그대로 놔둔다는 것은 독립을 '광복'으로 자리매김하고 있는 한국의 지상명제와 도저히 양립할 수 없는 것이다.

오늘날 병합조약의 합법성 여부를 다루어야 할 마지막 넷째 문제는 상기한 독립의 성격 문제와 관련해 그 시점 역시 애매해지고 있다는 점이다. 즉 병합조약이 합법이라고 하면 '영구히' 조항이 그 효력을 발휘함에 따라 독립은 일본의 승인을 거쳐 이루어질 수밖에 없다. 그 승인을 준 것으로 되는 일본정부의 입장은 예컨대 1965년 3월 8일에 열린 참의원 예산위원회에서의 당시 시나(椎名悅三郎) 외무대신이나 후지사키(藤崎萬里) 조약국장의 답변에서 확인할 수 있다. 즉 일본정부는 한반도 독립, 다시 말해 병합조약 무효 시점을 사실의 문제(de facto)로서는 대한민국이 건국된 1948년 8월 15일, 그리고 법적인 문제(de jure)로서는 1952년 4월 28일이라는 입장을 취하고 있다. 여기서 말하는 '사실의 문제'라고 함은 병합조약의 내용과 현실적으로 양립할 수 없는 대한민국 건국이라는 조건이 생기고 그에 따라 병합조약이 '사실상' 무효화되었다는 것을, 또한 '법적인 문제'라고 함은 가령 대한민국이 건국되었다고 하더라도 일본이 국가로서 그 사실을 법적으로 승인할 수 있는 것은 주권을 정식으로 회복한 평화조약 발효일이라는 뜻이다.

그러나 이 해석에 따르면 '사실의 문제'로서는 1945년 8월의 종전 후도 1948년 8월 15일까지 한반도가 여전히 일본의 영토여야 했으며 또한 '법적인 문제'로서는 한술 더 떠서 1952년 4월 28일까지 일본의 영토여야만 했다. 물론 이런 해석은 한반도가 일본의 주권하에 들어간 적이 아예 없으며 따라서 비합법적이고 부당한 물리적인 강점으로부터의 '광복'이 1945년 8월 15일에 이루어졌다는 현재 대한민국의 입장과 전

허 다르다.

　이와 같이 병합의 합법성 여부를 묻는 과제는 한민족의 역사에 일본 영토나 일본 국민 시대가 존재했음을 정식으로 인정할 것인가의 문제, 병합이 한국인 스스로가 그것을 일본에게 청한 결과 이루어진 '혜택'이었음을 인정할 것인가의 문제, 독립이 '광복'으로서가 아니라 일본의 허락과 승인이라는 또 하나의 '혜택'을 받은 결과라는 것을 인정할 것인가의 문제, 그리고 한반도가 일본의 패전 후도 대한민국 건국까지 혹은 건국 후도 평화조약 발효까지 여전히 일본 영토였음을 인정할 것인가의 문제 등, 너무나도 예민한 논점들을 잉태하고 있다. 물론 이들 논점은 모두 민족의 역사로서는 바로 기본이 되지 않을 수 없으며 향후도 이것을 건드릴 논점이 제기될 때마다 한일 간에서는 물론, 국내에서도 해소되지 않는 논란거리로 될 것이다. 그렇기 때문에 병합의 합법성 여부 문제를 이 이상 추궁하지 않는다는 것은 민족사의 기본에 도저히 수락 불가능한 오점을 그대로 남기는 처사가 되지 않을 수 없다. 물론 이는 경우에 따라서는 언제든 한일 관계를 직접 자극하는 도화선이 될 수 있으며 비록 직접적인 자극제가 아니더라도 혹시 장래 한일 간에 무언가 대립적인 요소가 생길 때 그와 얽히면서 한일 관계를 한층 더 악화시킬 화약고로서 작용할 수도 있다. 이 의미에서 '광복성 여부'를 둘러싼 역사인식의 문제는 단지 형이상학적인 차원의 문제가 아니라 국민의 감정을 자극하고 그것이 실제적인 관계에도 악영향을 줄 촉매가 될 수도 있다는 의미에서 현실적인 정치 현안이라고 말해도 결코 과언은 아닐 것이다.

　문제 제기에 즈음하여 또 하나 보충해 둔다면 글 집필의 문제의식에 따라 '민족사' 같은 고상한 말을 쓰게 되었지만 필자는 결코 '민족주의자'는 아니다. 필자는 사회의 기본 단위는 '개인'이며 그리고 그 각 개인은 자기 스스로가 피할 수 없이 직면하는 이성의 한계를 깊숙이 성찰하는 입장에서 자기 자신에 대해서는 겸허함, 타자에 대해서는 관용이라는 정신으로 사회 문제에 접근할 것을 주장하는 고전적 개인주의 사상을 기본 철학으로 지지한다. 아무리 국가를 잃은 민족으로서 그 권리 회복을 위한 순수한 열망에서 비롯된 것이었다고 하더라도 한국의 민족주의 역시 그것이 향할 끝은 적어도 다른 주체에서 볼 경우 결국 '집단 이기주의' 이외에는 없다. 그 앞날에 기다리고 있는 것은 다른 민족이나 국가와의 소모적인 대립뿐이다. 이 점은 과거 서양 열강으로부터의 국가 수호라는 일본 '민족주의'의 희생양이 된 한국 사회가 무엇보다 깊이 자각할 수 있을 것이며, 또 자각해야 한다. 개인주의는 이 의미에서 원래 집단을 포함한 모든 이기주의와 명확히 획을 긋는 사상이다. 필자는 또한 이 사상이야말로 구조적, 집단적 배타주의를 봉쇄하고 열린사회(open society)를 구축하는 필수적인 기본 철학이라고도 생각하고 있다. 비록 개인 차원에서의 갈등은 여전히 남는다고 하더라도 사람은 개인으로서의 자기와 다르다고 다른 사람을 구조적, 집단적으로 배제하지는 않는다. 사람은 그것이 민족이건, 다른 집단 개념이건, 그것을 통해 '우리'와 '남'을 구별하기 시작할 때부터 울타리를 치고 구조적, 집단적 배타주의에 탐닉하는 유혹에 빠져버린다.

그런 입장에서 필자는 가령 국가나 민족의 역사를 논할 때도 '국가'나 '민족'을 정서적으로 앞세우려는 이른바 '민족주의적'인 사고에는 늘 경계심을 가지고 있다. 그러나 사회의 기본 단위를 개인으로 찾아 모든 사람을 오직 개인으로만 보고 평가하려는 그런 개인주의 사상 역시 각 개인이 자신 안에 스며들고 있는 민족성이나 역사로부터 완전히 절단된다고 주장하는 것은 결코 아니다. 오히려 이기주의와 명확히 획을 긋는 개인주의는 좋든 나쁘든 간에 각 개인이 필연적으로 지니는 민족성이나 역사성 그것 자체 역시 아울러 존중할 것을 요구한다. 그들 집단적 속성 역시 각 '개인'을 형성하는 중요한 요소임은 분명하기 때문이다. 이 의미에서 각 한국인 개인이 한민족으로서 살 것을 근본적으로 부정한 병합의 합법성 여부 문제는 필자가 지지하는 개인주의적인 입장에서 봐도 그냥 방치할 수 있는 과제는 아니다.

　무엇보다 역사나 이해관계 등의 차이에 따라 내용적으로는 저절로 다른 입장에 서게 되는 각 개인이 그럼에도 안정적인 사회관계를 구축하기 위해서는 '정상'이라든가 '공평'이라든가 '타당'이라든가, 가령 이해관계를 달리하는 사람이라도 모두가 공유할 수 있는 그런 기축적인 가치에 부합할 것이 요구된다. 힘으로 위장된 병합의 합법성을 그대로 방치한다는 것은 정상적인 한일 관계를 구축하는 데 축이 되어야 하는 이런 가장 기본적인 담보를 계속 흔드는 일이 아닐 수 없다. 병합의 합법성 여부라는 과제는 민족주의나 국가주의를 앞세우기 위한 과제는 결코 아니다. 이것은 한일 두 사회를 구성하는 각 개인이 안정적인 한일 관계를 유지, 발전시키는 데 필요한 그런 기축적인 가치를 되찾고자 하는 과제라고 주장하는 것 역시 결코 빗나간 말은 아닐 것이라고 믿는다.

　이 의미에서 병합의 합법성 여부 문제는 단지 과거의 문제가 아니라 현재와 미래의 문제이며, 이에 대한 건설적인 대응이 요망된다. 그러나 그 처방전을 찾는 작업은 결코 쉽지만은 않다. 이 책 역시 그런 처방전을 직접 찾기 위한 것은 아니다. 그러나 확실한 과제는 하나 남았다. 그것은 향후 마땅한 처방전을 찾기 위해서도 그에 앞서 '광복성 여부'를 둘러싼 역사인식에 전후 왜 불씨가 도사리게 되었는가, 그 논리와 과정을 먼저 체계적으로 세밀하게 파악하는 작업이다. 역사 연구 가운데서도 특히 현대사 연구라고 함은 우리가 왜 오늘날을 이와 같은 상황으로 살게 되었는지를 밝히고자 하는 것이다. 이 책 역시 한일 간에 놓이게 된 예민한 역사인식의 문제를 둘러싸고 우리가 왜 오늘날을 이와 같은 상황으로 맞이하게 되었는가, 바로 그 궤적을 세밀하게 밝히고자 하는 것이다.

제1장

태평양전쟁 발발과
한반도 독립 문제의 시동

전쟁은 돌이킬 수 없는 무거운 대가를 치르게 하면서도 그것이 없으면 도무지 불가능해 보이는 기존 체제의 붕괴와 신질서의 창출을 가능케 하는 유일한 해결책이 되기도 한다. 그러나 제도화된 규칙이 아니라 무력이라는 폭력 수단이 만들어내는 그런 질서 변경의 절차는 그 성과물 대부분의 내용 역시 힘의 우열에 의해 결정하게 마련이다. 한반도 독립 문제 역시 그 예외일 수는 없었다.

비록 약소국이었지만 1897년에 건국된 대한제국은 국제적 승인을 얻어 독립국가로서의 길을 내딛기 시작했다. 그러나 1910년 일본은 그 질서를 무너뜨려 힘으로 인한 그 질서 변경을 '합법'으로 위장했다. 그러나 위장된 그 '합법성'은 바로 다른 힘과 새로운 이해관계에 따라 얼마든지 갈아 치울 수 있는 허공의 산물에 불과했다. 바로 대일본제국이 패전국으로 몰락한 제2차 세계대전은 그것을 실현하는 데 더할 수 없는 절호의 기회였다.

그러나 일본을 패전국으로 몰아간 주체가 한국인 자신이 아니었다는 현실은 사태의 양상을 복잡하게 했다. 대일전에 있어서 주도권을 잡은 것은 영락없이 미국을 중심으로 한 연합국이었다. 그 결과 연합국은 당연하다는 듯이 각국의 이해관계에 따라 전후의 신질서 창출에 나서게 되었다. 일단 이 과정에서 한반도는 독립의 계기를 맞이했다. 그러나 그 독립이 '광복'으로 자리매김 되는 보장은 애초 어디에도 없었다.

과연 2차 대전을 계기로 그 서광(曙光)이 보이기 시작한 한반도 독립 문제의 시초는 어떤 것이었을까? 이 장은 먼저 한반도 독립 문제가 가동

하기 시작한 태평양전쟁 발발 초기의 과정과 논리를 고찰한다. 바로 이
시기는 그 후 실제 이루어지게 되는 한반도 독립의 성격을 결정하는 가
장 기초적인 초기 단계였다. 이 시기의 주된 고찰 대상은 2가지이다.

하나는 거족적인 3·1독립운동에 법통을 둔 존재로서 전후 건국의 주
체가 되어야 했으며 또한 헌법에서도 대한민국이 그 국가 정당성의 원
천으로 삼고 있는 임시정부의 움직임과 그 한계를 살피는 것이다. 주지
하는 바와 같이 특히 태평양전쟁 발발 전후로부터 임시정부는 독립을
위한 활동을 본격화했다. 그리고 그 핵심이 된 것은 이른바 '승인외교'
였다.[1] 그것은 대일 항전을 위한 군사 지원을 받는 데도, 또한 민족 대
표정부로서 국제무대에서 활동하기 위해서도 모든 것에 선행되어야 하
는 전제 조건이었다. 과연 임시정부는 한반도 독립의 계기가 마련되기
시작한 이 시기, 특히 그 승인외교와 관련해 어떤 움직임을 보였으며
또한 그들은 전후 한반도 독립이 '광복'으로서 이루어졌음을 확정하는
데 어떤 의미와 한계를 가지고 있었는가? 바로 이것이 첫 번째 고찰 과
제이다.[2]

---

1) 물론 1919년에 출범한 임시정부에 의한 승인외교 활동은 제1차 세계대전
   처리를 위한 베르사유평화회의 참석 노력부터 개시된 것으로 볼 수 있다.
   실제 이와 같은 인식을 바탕으로 임시정부의 승인외교를 정리한 것으로 예
   를 들어 鄭用大, 『大韓民國臨時政府의 外交活動』, 國家報勳處, 1993; 洪淳鎬,
   "임시정부의 외교활동(1919~1945)", 『한국정치외교사논총』, vol.10 no.1,
   1994.11, 143~190쪽 등이 있다. 그러나 일본이 1차 대전 시 전승국이었다
   는 점, 그리고 그 후 1920년대 역시 대국 간의 협조 관계가 기본적으로 유
   지되었다는 점으로 미루어, 이 시기의 승인외교는 애초 그 현실성을 결여한
   활동이었다고 판단할 수밖에 없다. 이 의미에서 승인외교로서 가장 중요한
   시기는 한반도의 독립이 현실화되기 시작한 2차 대전 전후로부터라고 판단
   해도 무방할 것이다.
2) 특히 태평양전쟁 발발 전후로부터 임시정부가 전개한 승인외교 활동에 관해
   서는 비교적 최근에도 다음과 같은 선행연구들이 축적되어 왔다. 김영호, "미
   국의 대한민국정부 승인 정책에 관한 연구: 태평양전쟁기와 미 군정기 미국
   의 승인 정책을 중심으로", 『軍史』, no.92, 2014.9, 233~263쪽; 김영호, "대한

또 하나는 태평양전쟁을 계기로 한반도를 독립하게 할 구상을 구체화하기 시작한 미 국무성의 정책 입안 과정을 살피는 과제이다. 말할 필요도 없이 전후 한반도 독립을 성사시킨 최대의 힘은 미국이었다. 그러나 그 미국도 개전 직전까지 한반도의 독립을 현실화시킬 것을 구체적으로 상정했었던 것은 아니다.[3] 1941년 11월에 전쟁 회피를 위한 사실상의 최후통첩으로서 미국정부가 일본에게 들이댄 헐 노트(Hull Note)도 중국

민국의 건국외교: 정부 승인과 외교 기반 구축", 『한국정치외교사논총』, vol.35 no.2, 2014.2, 43~72쪽; 고정휴, "중경시기 대한민국임시정부의 승인외교 실패원인에 대한 검토", 『한국독립운동사연구』, vol.33, 2009.8, 5~32쪽. 그러나 김영호의 상기 두 편의 연구는 대한민국 건국으로 이어진 과정으로서 승인외교가 가지는 의미와 한계를 고찰하려 한 것이며 또한 고정휴의 논문 역시 임시정부가 전개한 승인외교가 주효하지 않았던 원인을 미국, 영국, 중국, 그리고 러시아 각국의 입장이나 이해관계라는 문맥 속에서 정리한 것이다. 즉 이들 연구는 임시정부가 전개한 승인외교의 의미를 전후에 다시 확정된 병합의 합법성 문제와 연결시키면서 분석한 것은 아니다.

3) 다만 개전 이전에 미국이 한반도 독립 문제를 전혀 구상하지 않았던 것은 아니다. 직접적으로는 중국 측 기록이나 태평양전쟁 개전 전에 중국 외교부는 미국과 영국으로부터 한국 문제에 관한 문서의 제출을 받아 1941년 10월 14일에 그에 대한 토의를 진행했다. 미·영이 제출한 그 문서의 배경이나 성격, 작성 주체 등은 불명이나 문서가 한국인의 독립 능력 여부, 후술하는 카이로선언에서 채용된 한반도 독립의 시기 문제와 관련된 '적당한 시점', 그리고 독립 방안 등의 문제를 제기했었음을 알 수 있다. 즉 대일전이 정식으로 발발하기 전에 이미 적어도 미국의 일각은 한반도 독립 문제에 대한 구상을 가지고 있었음을 알 수 있다. 태평양전쟁 개전 전에 미국정부 속에서 언제쯤부터 누가, 어떤 내용으로 한반도 독립 문제에 관여하게 되었는가 하는 과제는 여기서는 다루지 못하나 아무튼 한반도 독립 문제를 현실적인 과제로 밀고 나가기 시작한 것이 전쟁을 계기로 한 것이었음은 틀림없다. 중국 외교부의 토의 기록은 "중국 외교부의 '한국 문제 토론회' 기록", 국사편찬위원회 편, 『대한민국임시정부자료집 25: 중국의 인식』, 국사편찬위원회, 2008, 10~11쪽. 이 자료집은 국문 번역, 중국어 원문의 2부 구성으로 편집되고 쪽수 역시 각각 개별적으로 매겨져 있으나 이하 이 자료집에 관해서는 주로 참고한 국문 번역 부분의 쪽수만을 표기한다. 또한 이하 이 자료는 서명만 약기한다.

으로부터의 전면 철수라는 엄격한 요구를 내걸었던 반면 한반도에 관해
서는 아무런 요구도 제기하지 않았다. 즉 미국은 태평양전쟁 회피의 최
종 조건으로 일본에게 한반도까지 포기할 것을 요구하지 않았다. 그 입
장을 전면적으로 수정하게 한 것은 미국과 일본이 교전 관계로 돌입하면
서부터이다. 태평양전쟁 발발에 따라 미국은 한반도 독립을 포함한 전후
동아시아 질서 구축에 관한 전후계획을 본격화하게 되었다. 한반도 독립
문제 역시 그 계획 구상 속에서 다루어지게 되었다. 그리고 대일전에 차
지하는 그 압도적인 힘으로 인해 미국이 그리게 된 그런 구상은 전후 한
반도 독립의 실현과 함께 그 독립의 성격까지 결정하는 맹아가 되었다.

 과연 한반도 독립의 씨앗이 뿌려지기 시작한 개전 초기, 미국은 한반
도 독립 문제를 어떻게 인식하고 추진하게 되었는가, 그리고 그것이 병
합의 합법성 여부나 통치의 정당성 여부 등을 확정하는 문제에 대해 어
떤 한계들을 가지고 있었는가, 바로 이것이 두 번째 고찰 과제이다.[4]

---

4) 미국의 전후계획에 관한 본격적인 연구는 무엇보다 이오키베(五百旗頭眞)가
  일본에서 발표한 『米國の日本占領政策 戰後日本の設計図 上·下』, 中央公論
  社, 1985가 중요한 효시가 되었다. 그 후 국내에서도 예를 들어 정용욱, 『해
  방 전후 미국의 대한정책』, 서울대학교출판부, 2003; 안소영, "태평양전쟁
  기 미국의 전후 대일·대한정책 및 점령 통치 구상", 이창훈·이원덕 편, 『한
  국 근·현대정치와 일본Ⅱ』, 선인, 2010, 87~120쪽 등이 각 문제의식에 따
  라 미국의 전후계획과 관련된 움직임을 다루었다. 그러나 이오키베의 연구
  는 기본적으로 전후 일본 점령으로 이어진 미국의 전후 구상으로서, 또한
  정용욱은 전후 대한민국 건국으로 이어진 과정으로, 그리고 안소영은 같은
  미국의 점령하에 들어간 대일, 대한 정책의 대조를 부각시키는 문제의식으
  로 각각 접근한 것이며 전후 병합의 합법성 확정으로 이어졌다는 문제의식
  으로 접근, 분석한 것은 아니다.

Ⅰ 임시정부에 의한 대미 외교 활동의
본격화와 그 좌절

1 임시정부 승인 요청의 좌절과 그 원인

결국 2차 대전 발발로 이어진 1930년대에 일본이나 독일이 새롭게 점령하에 둔 지역을 제외하고, 과거 세계를 덮은 제국주의적인 질서 아래서 외국의 지배를 받은 아시아, 아프리카의 구 식민지국가들 대부분의 독립 문제는 기본적으로 2차 대전 종료 후에 비로소 제기되었다. 물론 필리핀처럼 미국의 정치 이념이나 전후 구상 속에서 전시 중에 이미 독립이 약속되었던 국가가 없었던 것은 아니다. 그러나 영국, 프랑스를 중심으로 한 구 식민지 종주국들이 커다란 역학 변동을 일으키게 된 2차 대전에서도 결국 전승국인 연합국의 일원으로서 전후를 맞이하게 되었다는 현실은 그들 국가가 지배한 지역의 독립 문제를 전후에 미루게 하는 힘으로 작용했다.

그러나 한반도의 경우에는 사태가 달랐다. 바로 한반도를 지배한 일본이 그 멈출 줄 모른 대륙 팽창으로의 야욕의 결과 1937년부터 중국과의 사이에서, 그리고 1941년부터는 미국, 영국을 중심으로 한 연합국들과 교전 상태로 돌입하고 패전국으로 전락했다는 일련의 흐름은 한반도 독립 문제를 앞당겼다. 그러나 다른 지역과 비교해도 전쟁 중에 일찍 독립 문제가 공식화되었다는 그 '행운'은 동시에 그 후 한반도 독립의 성격을 애매하게 하는 '불운'을 가져다주는 가장 기초적인 조건이 되기도 했다.

세계대전이라는 커다란 지각변동을 계기로 독립의 기회를 맞이하게 된 한반도의 운명은 그로 인해 전쟁 수행 시기의 지위나 역량으로 좌우되게 되었다. 전쟁이 질서 변경을 낳는 이상, 결국 그 전쟁에 대한 공헌이 그 질서 변경에 따른 열매를 나누어 갖는 가장 핵심적인 잣대가 된 다는 것은 국제정치의 현실이었다. 임시정부가 태평양전쟁 발발 직후인 12월 10일에 형식상 대일 선전포고를 단행한 까닭 역시 이와 같은 사정 을 의식한 결과였음은 틀림없을 것이다.

그러나 3·1독립운동의 법통을 계승했다고 하면서 유일한 민족 대표 정부를 자부하던 임시정부의 실상은 적어도 국제사회가 시인할 만한 '정부'가 아니었다. 그것은 분열된 한국인 각 독립 세력 중에서 유력한 하나의 존재에 불과했다. 당연히 임시정부에 의한 대일 선전포고는 국 제사회가 인정할 만한 정치적인 힘으로 작용하지는 않았다.

비록 미약하게나마 존재했던 한국인의 독립운동은 그 이념과 주도권 다툼으로 인해 분열을 거듭했었다. 그런 탓에 각 독립 세력의 힘조차 규 합하지 못했던 임시정부에게 당시 동아시아에서 압도적인 힘을 가진 대 일본제국에 대해 단독으로 맞서는 힘은 없었다. 독자적인 힘으로 인한 전쟁의 수행과 그 실적으로 인해 저절로 연합국으로부터 승인을 얻게 되 는 길이 막막했던 임시정부에게 남겨진 유일한 독립운동은 힘으로 인한 전투가 아니라 외교 활동이었다. 주지하는 바와 같이 그 외교 활동 속에 서도 그 핵심을 이룬 것은 미국을 비롯한 주변 강대국으로부터 임시정부 가 한국인을 대표하는 유일한 정식정부임을 승인받는 과제였다.[5]

---

5) 외교상의 승인 문제와 관련해서는 통상 '국가 승인'과 '정부 승인'을 구별 할 필요가 있음은 따로 강조할 필요도 없다. 그러나 임시정부 승인 문제는 병합조약으로 인해 한반도가 일본의 일부가 되었다는 것을 원천 부정하는 것으로서 그 성격상 바로 '대한민국'이라는 국가 승인과 그 국가를 유일하 게 대표하는 정부 승인이라는 2가지 요소를 동시에 담고 있다. 실제 존재하 지 않는 국가의 정부 승인 문제는 논리적으로 발생하지 않으며 실제로도 당시 승인외교를 펼친 임시정부가 국가 승인과 정부 승인 문제를 구별했었 다는 사실도 없다. 따라서 이 글에서는 그 2가지 개념을 특별히 구별하지 않고 '임시정부 승인' 문제로서 이하 논의를 진행한다. 또한 이용중처럼 임 시정부 승인 문제를 정부 승인이 아니라 망명정부로서의 승인 문제라고 논 의하는 시각도 있으나(李庸中, "대한민국임시정부의 지위와 대일항전에 대

중국 전선의 확대나 프랑스령 북부인도차이나 등에 대한 팽창을 배경으로 일본이 미국이나 영국 등과 돌이킬 수 없는 대립 관계에 빠지던 1941년 6월 6일, 김구와 조소앙은 각각 임시정부 수석과 외무부 장관 명의로 루스벨트(Franklin D. Roosevelt) 대통령과 헐(Cordell Hull) 국무장관에게 서한을 보내, 외교 활동을 본격화했다. 김구는 1882년에 미국과 한국(Korea)이 외교적인 관계(intercourse)를 연 것을 상기시키면서 임시정부가 다시금 우호적인 관계(friendly intercourse)를 재개(reopen)하는 것을 희망하고 있다는 것, 또한 워싱턴에 있는 한국위원회(Korean Commission) 의장인 이승만이 임시정부의 정식 각료이므로 미국정부와 외교 활동을 벌이는 데 필요한 모든 권한을 부여할 것들을 6월 4일자의 이승만 앞 신임장과 함께 요청했다.6)

물론 1882년에 외교적인 관계를 열었다는 김구의 지적은 미국이 당시 조선왕조를 독립국가로 인정하고 외교사절을 두는 것을 정한 조미조약을 지칭한 것이었다. 같은 날, 조소앙 역시 김구가 루스벨트에게 전달한 내용과 비슷하게 1882년의 조미조약이 여전히 유효하다(valid)는 것, 한국위원회 의장인 이승만이 임시정부의 정식 외교대표이므로 미국에서의 외교 활동을 벌이는 데 필요한 모든 권한을 부여할 것을 희망한다는 것, 그리고 일본에 저항하고 잃어버린 자유를 되찾기 위해서는 물질적인 지원이 필요하다는 것들을 헐에게 호소했다.7)

한 국제법적 고찰", 『國際法學會論叢』, vol.54 no.1, 2009.4, 112쪽) 정작 임시정부가 그런 구별을 했었다는 사실도 찾을 수 없다. 또한 이 글의 목적의 식인 병합의 합법성 여부 문제와 얽히는 논점으로서는 정부 승인과 망명정부로서의 승인에 중요한 차이가 존재한다고도 생각할 수 없기 때문에 이 글에서는 '국가 승인' 문제와 더불어 '정부 승인'과 '망명정부 승인' 문제를 구별하는 것에도 특별히 무게를 두지 않는다.

6) "untitled", *Records of the U.S. Department of State Relating to the Internal Affairs of Korea 1940-1944*", YF-A51(일본국회도서관 헌정자료실 소장 기호).

7) 김구나 조소앙이 루스벨트나 헐에게 보낸 서한은 각각 "untitled", *Political affairs: Korean Independence Movement, 1941-1944*에 수록되어 있다. 서한을 수록

이미 걷잡을 수 없는 대립 상태로 돌입하고 있었다 하더라도 아직 미국이 정식으로 일본과 교전 관계에 있지 않았던 탓인지, 김구나 조소앙이 보낸 서한에서는 임시정부를 승인하도록 직접 요구하는 표현은 조심스레 피해졌다. 미국 등이 일본의 한반도 병합과 통치를 인정해 온 현실을 감안할 때 기정 질서를 일변시킬 수 있는 교전 관계가 아직 시작되지 않았던 상황에서는 임시정부 승인을 명시적으로 요구하는 것이 불가능함은 명확했을 것이다. 그러나 김구나 조소앙

김구 수석 및 조소앙 외무부장이 이승만에게 기탁한 1941년 6월 4일자 신임장

이 이승만이 의장을 맡았던 주워싱턴 한국위원회를 임시정부의 정식 외교기관으로 인정하고 외교적인 권한을 부여하도록 요청한 그 취지는 사실상 임시정부를 주권을 가진 정부로서 승인할 것을 비록 완곡하게나마 요청한 것이나 마찬가지였다.

또한 김구나 조소앙이 임시정부의 존재를 부각시키는 데 있어서, 과거 미국이 한국과 조미조약을 체결한 사실을 강조했었다는 점 역시 주목할 만하다. 물론 임시정부의 승인 문제와 관련해 1882년의 조미조약을 거론한 까닭은 정부로서의 역량 부족으로 인해 직접 승인을 요구하는 것이 어렵다는 판단 아래서, 임시정부가 그 외교적 승인을 이끌어내는 데 꾸민 방편이었을 것이다. 즉 그것은 임시정부가 과거 미국이 외교적으로 승인한 당시 조선정부를 법적으로 계승하고 있다는 논리를 짬으로써 미국이 임시정부를 승인하기 쉬운 토대를 마련하기 위한 포석의

한 이 문서는 원래 미국 국립공문서기록관리국(National Archives and Records Administration) 소장의 RG59 그룹 문서 중, 한반도 독립 문제 관련의 문서를 국회도서관이 수집하고 인터넷상으로 공개하고 있다.

의미를 지녔다.

서한에서 김구들이 과거의 조미조약을 거론하는 데 있어서 병합의 합법성 여부를 확정하는 문제를 얼마만큼 의식하고 있었는지는 불투명하다. 그러나 김구들이 임시정부가 과거 미국이 외교적으로 승인한 조선정부를 법적으로 계승하고 있다고 내놓은 논리는 병합의 합법성 여부 문제에 대해 중요한 이론적인 의미를 저절로 지녔다. 두말할 필요도 없이 과거 조선정부가 미국과 체결한 조약을 임시정부가 그대로 계승하고 있다는 논리는 임시정부가 그것을 계승할 수 있는 주권 보유 주체임을 전제로 하는 것이기 때문이었다. 당연히 그것은 병합의 합법성을 부정하는 의미를 자연스레 띠었다. 병합이 합법인 이상, 주권은 일본으로 양도되었으며 따라서 임시정부가 그것을 계승할 수 있을 리 없었기 때문이다.

1882년의 조미조약을 상기시켜 한국위원회를 정식 외교기관으로 인정하도록 요구함으로써 간접적으로나마 임시정부를 승인하도록 접근하던 그 신중함은 정세의 큰 진전에 따라 보다 직설적인 요구로 바뀌어 갔다. 1941년 12월 8일, 일본이 하와이 진주만에 공격을 가함으로써 미국, 영국 등과 정식으로 교전 관계에 돌입하자 12월 20일 조소앙은 중경(重慶)에 있는 미국 대사관을 방문하면서 승인외교를 직접 벌였다. 조소앙은 12월 11일자로 집필한 루스벨트 대통령 앞 "태평양전쟁에 대한 자유한국(free Korea)의 태도"라는 서한을 미국 대사관 측에 수교하면서 임시정부로서 미국이 자신들을 한국의 독립정부로서 승인해 줄 것을 갈망(anxious)하고 있다고 직접 전했다.[8]

---

8) "Letter from 'Tjosowang, Foreign Minister of the Provisional Government of the Republic of Corea' to the President", 국사편찬위원회 편, 『대한민국임시정부자료집 26: 미국의 인식』, 국사편찬위원회, 2008, 3~5쪽. 이 자료집 역시 국문 번역과 영어 원문의 2부 구성으로 편집되고 쪽수 역시 개별적으로 매겨져 있으나 이하 이 자료집에 관해서는 영어 원문 부분의 쪽수만을 표

같은 시기,9) 조소앙은 중경 영국 대사관도 방문하면서 영연방에 대한 승인외교 역시 벌였다. 조소앙은 스스로를 임시정부 외무장관이라고 자기소개하면서 영국 및 캐나다 수상에 대해 루스벨트에게 보낸 것과 같은 서한을 수교했다. 그 사실을 1942년 1월 12일자로 본국정부에게 보고한 영국 대사관의 기록에는 조소앙이 직접 임시정부의 승인을 요구했다는 기술은 나오지 않는다. 그러나 같은 시기, 같은 서한을 보낸 조소앙의 활동 목적이 사실상 임시정부 승인 요구에 있었음은 의심의 여지도 없다. 실제 영국 대사관 측 인사에 접근한 조소앙은 일본에 대해 선전포고한 영국에게 3천만 명 한국인의 감사를 전달한다 하면서 자신들이 민족을 대표하는 지위에 있음을 강조했다. 또한 미국, 영국 정상에 전달된 그 "태평양전쟁에 대한 자유 한국의 태도"는 전(全) 한국인이 추축국(Axis Powers)에 대한 반침략 전투에 참가하고 선전포고를 한다, 민주 진영의 최종 승리까지 일본과 싸울 것을 맹세한다는 뜻들을 전했다. 3천만 한국인을 대표하고 대일 선전포고를 한다고 밝힌 그 서한의 취지는 자신이 한민족을 대표하고 주권을 가진 정식정부임을 호소한 것이나 다름이 없었다.

26개국이 서명하고 추축국과 단독으로 휴전이나 강화를 도모하지 않을 것들을 서약한 연합국공동선언이 1942년 1월 1일에 나왔다. 그러자 워싱턴에 있었던 이승만은 2월 2일에 임시정부 대표로서 자신이 그 연합국공동선언에 서명할 것을 허가하도록 미국에게 요청했다.10) 임시정

기한다. 또한 이하 이 자료집 역시 서명만 약기한다.

9) 조소앙이 중경 영국 대사관을 방문한 정확한 날짜는 파악할 수 없으나 영국 대사관이 본국에 보고한 기록에는 "태평양전쟁 발발된 지 얼마 안 되고(soon after the outbreak of war in the Pacific)"라고 적혀 있으므로 미국 대사관 방문 시기와 거의 같음은 틀림없다. 대사관의 보고 기록은 "No.3 untitled", F1789/165/23, "Free Movements in Korea and Formosa", *British Foreign Office: Japan Correspondence, 1941-1945*, YD-127, 1942, Reel no.3(일본국회도서관 헌정자료실 소장 기호), p.1. 이하 소장 기호만 표기한다.

부가 외교 권한을 가진 주체임을 인정해 달라는 요구를 더해 자신들을
연합국 정부 대열에 포함하도록 보다 요구 수위를 높인 셈이었다.

당시 임시정부가 놓이던 조건하에서는 정식정부로서 승인을 받는 일
은 현실적인 의미에서 모든 활동을 벌이는 데 피할 수 없는 선행 조건
이 아닐 수 없었다. 독자적인 힘으로 인해 대일 독립전쟁을 수행하지
못하는 임시정부에게는 일본에 대한 물리적인 저항을 수행하기 위해서
는 외국으로부터 군사 지원을 받을 필요가 있었다. 그러나 그를 위해서
는 먼저 외교적인 승인을 얻는 것이 선결 과제였다. 또한 국제사회에서
의 승인은 민족 내부의 분열된 힘을 임시정부하에 규합하기 위해서도
그 정치적인 의미가 컸다. 그러나 갈라서고 있었던 민족 내부의 독립
세력만이라도 최소한 규합하고 그 통일된 힘으로 대일전에 참전할 수
있다는 토대를 만든 것도 아닌 채, 제기만 한 그와 같은 승인 요청은
오히려 역효과였다. 미국의 입장에서 보면 임시정부의 역량 부족과 독
립 세력 간의 분열이라는 실태가 보이면 보일수록 임시정부에 의한 승
인 요청은 분열된 정치 세력 간에서 자신들의 정치적 입지를 강화하기
위해 외세의 힘을 이용하려는 정치적 책략으로 비출 수밖에 없었다.

실제 아직 임시정부의 실태를 잘 몰랐던 미국은 태평양전쟁 발발에 따
라 제기된 임시정부의 승인 요청을 즉시 거절한 것은 아니었다. 1941년
12월 22일에 헐 국무장관은 중경에 주재하던 미국 대사 고스(Clarence E.
Gauss)에 대해 국민당정부 등을 통해 임시정부와 관련해 그 정부 조직의
구성, 무장 세력의 숫자, 활동 범위, 한반도나 만주에 있는 혁명 세력과
의 접촉(contact) 정도, 및 임시정부에 대한 국민당정부의 태도 등을 신
중히 조사(discreet inquires)할 것을 지시했다.[11] 대일전 발발에 따라 미

10) "Memorandum by the Chief of the Division of Far Eastern Affairs", *Foreign Relations of the United States*(이하 FRUS) *1942 Volume I General The British Commonwealth The Far East*, pp.36~37.
11) "The Secretary of State to the Ambassador in China", *ibid.*, p.858.

국 역시 전승이 모든 것에 우선되는 1차적인 과제가 되었다. 그러한 상황에서는 한국인의 힘 역시 미국에게 애초부터 무시해야 하는 대상은 아니었다. 실제 군사작전을 직접 맡았던 군부는 대일전이 발발하자 1942년 3월 초 단계에서 이미 대일 심리전을 수행하는 작전을 구상하는 가운데 한국인의 활용 방안을 구체적으로 고안했었다. 3월 4일자로 기안된 그 심리작전 계획 속에서 참모 2부(G2)는 한국인을 일본 타도(the defeat of Japan)라는 유일한 목적을 위해 활용할 구상을 밝혔다.[12] 대일전 승리를 위해서라도 조금이라도 지지 세력을 확대하고 싶었던 대전 초기, 헐이 임시정부에 대한 조사를 지시한 것도 이런 목적을 위해 도움이 되는 힘이라면 조금이라도 확대하고 싶다는 필요성에서 비롯되었음은 틀림없을 것이다. 그러므로 조사 결과에 따라서는 미국이 임시정부에 대한 조기 승인에 나설 가능성이 애초부터 완전히 배제되어 있었던 것은 아니었을 것이다. 그러나 고스가 전한 조사 결과는 미국정부로 하여금 임시정부의 조기 승인에 나서야 하는 이유를 실감케 하는 데 훨씬 못 미치는 것이었다.

헐의 조사 지시를 받은 고스는 1942년 1월 3일에 짤막하게, 그리고 2월 12일에는 보다 자세하게 임시정부에 대한 조사 결과를 보고했다. 1월 3일 고스는 현재 진행 중인 조사가 향후 임시정부에 대한 국민당정부의 태도를 결정할 것이라고 말하면서도 현지에 있는 한국인은 200명가량에 불과하고 중국군과 함께 활동하는 무장 한국인의 지원병은 소규모라는 것, 혁명 세력과의 관련은 확인하기 어려우며 임시정부를 지배하고 있

---

12) "PLAN FOR PSYCHOLOGICAL WARFARE", *Records of the Joint Chiefs of Staff, part 1: 1942-45 The Pacific Theater*, YE-45, Reel no.14(일본국회도서관 헌정자료실 소장 기호), p.14. 이하 소장 기호만 표기한다. 이 계획은 다른 2가지 문서와 함께 "POSSIBLE ACTION FOR KOREA"로서 3월 16일에 대일 심리작전 수립 등을 담당하던 통합심리전위원회(JOINT PSYCHOLOGICAL WARFARE COMMITTEE)에 제출된 문서 속에 수록되어 있다.

는 것은 온건적인 한국독립당(Korean Independence Party)이지만 만주 등
에서 활동하는 보다 많은 한국인의 지지를 얻고 있는 것은 오히려 임시정
부에 참가하지 않고 있는 좌파 세력 민족혁명당(National Revolutionary
Party)이라고 전했다.[13]

또한 2월 12일 고스는 조소앙과 비공식적으로 접촉해 얻어낸 정보라
고 밝히면서 그 내용을 헐에게 보고했다. 고스가 전한 조소앙과의 면담
내용은 다음과 같이 부정적인 것이었다. 즉 고스는 조소앙이 아직 국민
당정부로부터 승인을 받지 못했으나 그것은 전후 중국이 한반도에서 종
주권을 행사하기 위한 것이라고 답했다, 만주에 있는 한국인의 독립 세
력 등과의 관계에 관해서는 조소앙은 임시정부가 독립운동 세력의 대표
라고만 말했지 답변을 피한 결과 임시정부와 외부 세력과의 관계에 관
해서는 명확하고 정확한 정보를 얻지 못했다, 임시정부의 활동에 관한
재정적인 기반에 관해서도 조소앙은 만족할 만한 설명을 하지 못했다,
조소앙은 군사 문제에 관해서도 밝지 않고 미국이 현 시점에서 임시정
부에 군사 지원을 하는 것은 어려울 것이라는 것만은 인정했다는 것들
을 전했다. 고스는 이와 같은 개별적인 사항을 보고하면서 임시정부에
관한 조소앙의 설명은 지극히 애매하고(most vague) 불만족스러웠다고
총괄 보고했다. 또한 고스는 같은 보고서 속에서 조소앙과의 면담 내용
과 별도로 중국 외교부 역시 임시정부에 대해서 크게 관심을 보이는 기
색은 없었으며 국민당정부에 의한 승인이 조만간 이루어질 것이라는 암
시도 없었다고 덧붙였다.[14]

미국정부가 수집한 이와 같은 보고들이 임시정부 승인 문제에 크게
작용한 것으로 봐도 과오는 없어 보인다. 실제 국무성은 장관대리 웰스

---

13) "The Ambassador in China(Gauss) to the Secretary of State", *FRUS 1942
Volume Ⅰ General The British Commonwealth The Far East*, pp.858~859.
14) "The Ambassador in China(Gauss) to the Secretary of State", *ibid.*, pp.860~
861.

(Sumner Welles) 명의로 1942년 3월 20일, 임시정부 승인에 대한 본국정부의 입장을 중경 미 대사관에게 전달했다.[15] 그 지시 속에서 국무성은 미국정부로서 추축국의 적들로부터 가능한 모든 적극적인 지원(active support)을 가급적으로 받고 싶으며 또한 일본의 억압을 종결시키려고 활동하고 있는 한국인의 노력에 대한 미국의 관심을 표명하는 일반적인 성명을 낼 것은 고려할 수 있다고 일단 전했다. 그러나 국무성은 결론으로서 이 시점에서(at this time) 한국인의 어떤 조직도 일본의 억압에 대항하는 한국인의 주요 활동(primary movement)으로서 승인하거나 장래의 한국 승인과 관련해 어떠한 약속(committment)을 하는 것도 고려하지 않는다고 그 방침을 밝혔다.

웰스가 전한 그 지시에는 2월 28일자로 영국으로부터 받은 각서를 통해 얻은 임시정부 관련 정보가 크게 인용되어 있다. 2월 미·영 사이에서는 임시정부에 대한 대응과 관련된 정책 조정이 이루어지고 있었다. 16일 미국은 영국 외무성에 대해 임시정부 승인 문제 전반과 관련된 것에 관한 영국의 태도를 알려 줄 것이 도움이 된다고는 각서를 보냈다.[16] 그 요청에 대해 영국은 28일에 답신을 보냈다. 웰스가 인용한 영국의 답신은 바로 이것이었다. 영국의 그 답신은 임시정부 승인 문제와 관련해 현재와 같이 일본의 공세들(successes)이 계속하고 있는 한, 미·영에 의한 어떤 승인도 참으로 유효한 규모의 한국인의 움직임을 일으킬 가능성은 낮

---

15) "The Acting Secretary of State to the Ambassador in China(Gauss)", *ibid.*, pp.862~864. 이 문서는 『대한민국임시정부자료집 26: 미국의 인식』, 8~9쪽에도 수록되어 있으나 그 자료집을 편집한 국사편찬위원회는 이 문서를 3월 1일자로 하고 있다. 원문에 적혀 있는 날짜는 선명하지 않아, 어느 것이 맞는지 확인하기 어려우므로 일단 국무성 측이 직접 편집한 FRUS에서의 날짜 표기를 따랐다.

16) "Memorandum", F1573/165/23, "Korean resistance to Japan: recognition of "provisional government", or organization of "Free Koreans"", YD-127, 1942, Reel no.3, rpp.9~10.

고, 주중 영국 대사의 정보로서 한국인 그룹(ranks)에는 상당한 분열 (disunity)이 존재하고 있다는 인상을 받았으며, 또한 그 대사가 중국의 외무부장으로부터 들은 내용에 따르면 '자유 중국'(Free China)에서의 한 국인들은 독립을 목적으로 하고 있으나 정치적으로는 광범위하게 다르 며(differed widely) 그들 분파적인 차이가 규합(composed)될 때까지는 어 떠한 종류의 승인도 문제가 될 수 없다고 선언했다는 것들을 미국에게 전달했었다.[17]

웰스가 임시정부 승인을 유보하는 지시를 내린 공한 속에서 활용한 영국의 이 각서 내용은 그에 앞서 1월 및 2월에 고스 대사가 본국정부 에게 직접 올린 임시정부 관련 보고의 내용과 기본적으로 일치하고 있 다고 평가해도 무방하다. 즉 그것은 결국 임시정부의 '정부'로서의 역량 부족과 독립 세력 간의 분열에 따른 대표성 결여를 지적한 것이었다. 실제 고스 역시 조소앙과의 접촉 결과를 전한 2월 12일자의 보고 속에 서 임시정부의 역량 문제와 함께 기타 독립 세력과의 관련성도 불투명 하다고 보고하면서 독립을 위한 한국인의 노력이 이제 하나가 되었으며 임시정부가 그것을 대표하는 기구라고 말한 조소앙의 주장에는 명확하 고 정확한 설명이 없었다고 전했다.[18]

---

17) "Draft. Memorandum for United States Embassy", ibid., rp.13~15.

18) "The Ambassador in China(Gauss) to the Secretary of State", *FRUS 1942 Volume I General The British Commonwealth The Far East*, p.861. 고스가 전한 보고는 이것뿐이 아니다. 본국정부로부터 일본의 억압을 종결시키려고 활 동하고 있는 한국인의 노력에 대한 미국의 관심을 표명하는 일반적인 성명 을 낼 것에 대한 고려를 들은 고스는 3월 28일 그에 대해서조차 회의적인 견해를 보고했다. 그는 그와 같은 성명은 대일전의 상황이 전환될 때까지 는 한반도 내에서조차 유익하다고 생각하지 않으며 다른 아시아 식민지국 가들의 독립 문제와도 전반적으로 얽히므로 그에 대한 미국의 태도 표명 없이 한반도에 대해서만 성명을 내는 것은 적절하지 않다고 전했다. "The Ambassador in China(Gauss) to the Secretary of State", *FRUS, 1942 Volume I General The British Commonwealth The Far East*, pp.866~867.

물론 그런 인상을 미국에게 안겨 준 것은 단지 조소앙의 설명 부족 탓만이 아니라 명확한 설명을 하고 싶어도 할 수 없는 임시정부의 실태에서 기인한 것이었다. 임시정부의 실태는 수석인 김구 자신이 태평양전쟁 발발 직전, 바로 임시정부 승인 문제가 본격적으로 대두되던 1941년 12월 6일 임시정부의 실상을 중국에게 보고한 그 서한 내용에 너무나 여실히 드러나 있었다. 김구는 그 서한 속에서 조선 5백 년 동안 당쟁을 지속하다가 결국 멸망한 것을 너무나 잘 알기에 항상 경각심을 가지고 독립운동에 대처해 왔으나 반대 세력이 끊임없이 임시정부를 전복시키도록 궁리만하고 있으며 단결을 위한 설득도 아무런 성과를 걷지 못하고 있다고 전하면서 가슴이 아플 따름이라고 적었었다.[19]

이렇게 하여 일본의 공세가 두드러짐에 따라 아시아에서 일본에 저항하는 세력들의 지지를 조금이라도 많이 얻고 싶었었던 개전 초기, 그나마 조사 결과에 따라서는 그 가능성이 열려 있었던 임시정부 조기 승인의 가능성은 사라졌다. 역설적이지만 임시정부에 대한 승인을 가로막은 것은 다름 아닌 임시정부의 역량 부족이었다. 미국이 아무리 지지 세력을 얻고 싶었다 하더라도 현실적인 역량이라는 측면에서도, 또한 형식적인 대표성이라는 측면에서도 '정부'로서의 실태를 갖추지 못한 임시정부를 섣불리 승인하는 것은 정치적으로 어리석은 선택이었다. 그것은 일본에 대한 저항의 실효성을 높인다는 의미에서 얼마나 공헌할지 불투명한 것뿐만 아니라, 그나마 존재하는 한국인 독립 세력 내부의 주도권 다툼에 기름을 부음으로써 대일 항전에 대한 역량을 저하시킬 가능성마저 유발할 수 있었다. 실제 임시정부 승인에 대한 유보의 방침을

---

19) "한국혁명진영 내부의 분규 해결에 노력할 것을 약속하는 공함", 국사편찬위원회 편, 『대한민국임시정부자료집 22: 대중국 외교활동』, 국사편찬위원회, 2008, 126쪽. 이 자료집도 국문 번역, 중국어 원문의 2부 구성으로 편집되어 있으나 이하 이 자료집에 관해서도 주로 참고한 국문 번역 부분의 쪽수만을 표기한다. 또한 이하 이 자료집 역시 서명만 약기한다.

밝힌 3월의 국무성 공한 속에서 웰스는 현재와 같이 일본의 공세가 계속되고 있는 한, 미국이나 영국에 의한 어떠한 승인도 일본의 지배 지역에서의 한국인의 유효한 규모의 반응을 일으킬 전망은 크지 않다는 영국의 지적에 주목했었다.[20] 이러한 견해는 외교기관인 군무성만의 정책적 판단도 아니었다. 실은 그런 평가는 최전방에서 대일전을 수행해야 했던 군부 역시 마찬가지였다. 실제 대일 심리작전을 계획하던 상기 참모 2부는 비록 승인 여하는 국무성의 몫이라고 하면서도[21] 망명정부를 공식으로 승인하는 것은 일본을 자국에서 구축하려는 공통적인 목적을 가지고 있는 한국인 사이에 현존하는 분열(breach)을 의심의 여지도 없이 확대할 것이라고 경고했다.[22] 즉 실제 전투를 수행해야 했던 군부 역시 한국인 독립 세력 간의 분열이라는 엄연한 현실을 감안할 경우에 임시정부라는 특정 세력만을 승인하는 것은 오히려 한국인 독립 세력이 가지는 대일 항전의 힘을 저하시킬 처사라고 인식한 것이었다. 승인이 대일전 수행에 도움이 되기는커녕 오히려 그 힘을 떨어뜨릴 위험성마저 내포한 것이었다면 급히 특정 세력을 한국인의 대표로서 인정할 필요는 없었다. 장래는 늘 불투명하고 유동적이었다. 더구나 혹시 다른 세력이 보다 유익해지면 그것을 대표로서 승인하는 선택지를 남겨 두는 것 역시 정치적 사고방식으로서는 상식이었다.

　결국 임시정부의 역량 부족이나 대표성의 결여라는 불신을 더해 그후 보다 전략적인 요소까지 가미한 미국의 판단으로 인해 임시정부의 승인은 끝까지 이루어지지 않았다. 그러나 임시정부 승인 성사의 실패로 인해 잃어버린 것은 단지 승인 자체만이 아니었다. 그로 인해 병합

---

20) "The Acting Secretary of State to the Ambassador in China(Gauss)", *FRUS 1942 Volume I General The British Commonwealth The Far East*, p.863.

21) "Korea and possible action", YE-45, Reel no.14, p.2. 이 문서는 상술한 3월 16일에 통합심리전위원회(JOINT PSYCHOLOGICAL WARFARE COMMITTEE)에 제출된 "POSSIBLE ACTION FOR KOREA" 안에 같이 수록되어 있다.

22) "PLAN FOR PSYCHOLOGICAL WARFARE", YE-45, Reel no.14, p.13.

이 원천적으로 비합법이었다는 결론을 도출하는 중요한 논리적인 회로
마저 상실되어 버렸다.

2 병합의 원천 비합법성 도출 논리의 차단

비록 그 대표성의 결여로 인해 개별 정치 세력에 의한 정치적 입지
굳히기라는 측면이 강했다고 하더라도 미국을 비롯한 연합국에 의한 정
식정부 승인은 사실상 병합 관련 조약들을 그 체결 당초까지 거슬러 올
라가서 원천적으로 비합법화시킬 가능성을 내포했다. 비록 자국의 영토
나 국민을 직접 통치하지 못하는 망명정부라 할지라도 한국인을 대표하
는 정식정부가 이미 존재하고 있다는 승인은 이론적으로 병합 자체가
당초부터 법적으로 성사되지 않았다는 해석을 도출하는 회로로서 기능
할 수 있었다.

한반도 병합을 완성시킨 병합조약은 한반도의 주권이 영구히 일본으
로 양여된다고 조문화함으로써 한국인이 영원히 민족으로서의 대표정
부를 가질 수 없다는 것을 정했다. 따라서 국제사회가 임시정부를 한국
인을 대표하는 정식정부로서 승인한다는 것은 병합조약의 해당 규정을
저절로 무효화시키는 것을 의미했다. 임시정부가 내부적으로 이 점을
이론적으로 어떻게 검토했었는지, 자료적으로는 불투명하다. 그러나 적
어도 임시정부는 12월 10일에 선포한 대일 선전포고에서 병합조약이
무효임을 공식화했다. 선전포고가 주권의 행사인 이상, 임시정부의 대
일 선전포고가 국제적으로 성립되기 위해서는 병합이 비합법인 것으로
그 법적 효력은 원천적으로 무효여야 했다.

임시정부는 그 후도 정부 승인 활동과 관련시키면서 병합이 원천 무
효임을 연합국에게 호소했다. 앞서 언급했듯이 태평양전쟁이 터지자
1941년 12월 하순 무렵, 조소앙은 중경에 있었던 미국 및 영국 대사관

을 방문하면서 승인외교를 벌였다. 그때 조소앙이 미·영에게 전달한 서한 "태평양전쟁에 대한 자유 한국의 태도"는 일본에 대한 선전포고의 의지와 더불어 "반침략을 위해 싸우는 국가들의 한반도에서의 특권이나 권리는 존중, 유지된다"고 하면서도 1910년의 이른바 국가병합조약(State-Amalgamated Treaty)과 기타 불평등조약은 무효(invalid)라고 명기했었다.

또한 1942년 3월 24일 이승만은 주미 한국위원회 의장 명의로 헐 국무장관에게 임시정부는 한국인이 어디에 살고 있는지와 상관없이 한국인을 대표하고 있는 유일한 대표정부이며 그 대표성은 임시정부가 독립운동을 하고 있기 때문이라기보다 1882년 당시 조선정부와 미국 간에 체결된 조미조약에 기초한 유일한 정부 당국(agency)이 때문이라고 호소했다.[23] 물론 이는 태평양전쟁 발발 이전에 김구나 조소앙이 조미조약을 상기시킨 것과 문맥을 같이 하는 주장이었다. 그러나 1941년, 김구나 조소앙이 조미조약을 언급했을 때는 단지 그것을 '재개'나 '유효'라고만 언급했을 뿐이었다. 그런 과거의 서한 내용과 비교한다면 이승만이 임시정부의 대표성 문제와 관련해 그 주장이 미국이 과거 주권국가임을 승인한 조미조약에 기초한 것임을 강조한 점은 정치적으로 보다 강한 메시지였다. 실제 독립운동은 다른 세력도 전개했었으며 따라서 그에 대표정부로서의 근거를 찾으려는 것에는 설득력이 부족했다.

즉 이승만은 비록 대한제국 이전의 봉건 시대 왕조와 체결한 조약이라 하더라도 미국 자신이 조약을 통해 주권을 가진 독립국가임을 인정한 당시 조선정부를 임시정부가 그대로 이어 받았기 때문에 임시정부가 대표성을 가지고 있다고 역설한 것이었다. 이승만의 이 지적은 병합이 원천 비합법이었음을 직접 확인하도록 요구한 것이 아니라 어디까지나

---

23) "The Chairman of the Korean Commission in the United States(Rhee) to the Secretary of State", *FRUS 1942 Volume* I *General The British Commonwealth The Far East*, p.865.

임시정부 승인의 근거를 마련하려 한 것이었다. 그러나 임시정부에 대한 승인 요구를 과거 미국 자신이 조약을 통해 인정한 대표정부의 계승을 근거로 제기한 이상, 그것은 병합 관련 조약들이 원천적으로 효력을 갖지 않았다는 것을 전제로 한 것이었다. 상술한 바와 같이 그 주장은 대한제국이 계승한 조선정부의 주권이 병합조약으로 인해 일본으로 영구히 양여되었다는 조약의 취지와 정면으로 충돌하기 때문이었다.

이러한 의미에서 태평양전쟁 발발 전후, 임시정부는 과거의 질서를 일변시킬 수 있는 절호의 기회를 맞이하면서 자신에 대한 정식 승인 요청 활동을 통해 병합이 비합법적인 것으로 원천적으로 효력이 없음을 직접, 간접적으로 미국에게 제기한 셈이었다. 그러나 1882년의 조미조약의 존재로 인해 임시정부를 승인할 것을 요청한 이승만의 논리를 미국이 받아들이는 일 역시 없었다.

그러나 주목해야 하는 점은 미국이 그것을 수락하지 않았던 이유였다. 미국이 이승만에 의해 제기된 요청을 일절 받아들이지 않았던 그 까닭은 조미조약으로 인해 임시정부를 승인할 경우에 병합을 승인한 미국 자신의 과거의 외교 방침과 모순된다는 등에 대한 법적 문제를 염려한 결과가 아니었다.[24] 실제 병합을 승인했다는 과거의 사실과 임시정부를 조기 승인한다는 선택은 반드시 모순인 것도 아니었다. 1919년에

24) 이러한 점은 예컨대 임시정부의 대표성을 인정하지 않고 중한민중동맹 (Sino-Korean People's League) 주미 대표로서 이승만과 대립하면서 미국에서 활동하고 있었던 한길수의 대미 외교 활동에서도 엿볼 수 있다. 한길수는 1942년 5월 5일에 헐 국무장관에게 일본에 대한 한국인의 저항을 도덕적 및 물질적으로 도와줄 것을 요청하기 위해 서한을 보냈으나 그 근거로서 1882년의 조미조약에 있었던 제3국이 일방의 정부를 부당하게 다룰 경우는 타방의 국가는 중재를 한다는 규정을 활용했었다. "untitled", *Political Affairs: Korean Independence Movement, 1941-1944.* 즉 임시정부와 대립하면서 독립운동을 벌이던 한국인조차 조선정부가 체결한 조미조약의 존재를 강조할 수 있었던 것은 조미조약이 반드시 임시정부의 대표성을 인정하는 문제와 상관없다는 것을 인식했기 때문이었다.

일어난 3·1독립운동을 계기로 출범했다고 하는 임시정부가 1910년에 '망한' 대한제국을 과연 법적으로 계승할 수 있는가 하는 논리, 다시 말해 대한제국과 임시정부 간에는 아무런 법적 계승 관계도 없다는 입장을 정립하는 것은 늘 가능했다.[25] 이 경우에는 조선정부와의 조미조약의 체결, 대한제국에 의한 조선정부의 계승, 병합조약의 승인(=대한제국의 소멸), 그리고 임시정부의 승인이라는 일련의 흐름은 미국에게 이론적으로 전혀 양립하지 못하는 것은 아니었다.

물론 거꾸로 병합조약을 승인하는 이상, 한국인은 민족으로서의 대표 정부를 영구히 가질 수 없다고 하면서 임시정부의 승인을 부정하는 논리 역시 성립될 수는 있었다. 이 의미에서 논란의 여지는 있었다.[26] 그러나 오히려 그런 논란이 생길 수 있는 애매함을 내포한 문제에 대한 입장의 확립이야말로 결국 힘이 제 몫을 다하게 마련이었다. 논리에 따라 모든 것이 엄격히 도출되는 수학 같은 문제에 힘이 작용하는 틈은

---

25) 실제 이 해석은 병합조약이 합법이었으며 따라서 대한민국의 건국은 일본의 영토로부터의 분리에 따른 신국가 수립으로서 이루어졌다는 입장을 취하고 있는 일본정부의 공식 견해이다. 예를 들어 1965년 12월 2일 일본국회 참의원 한일조약 등 특별위원회에서의 후지사키 일본 외무성 조약국장의 답변을 참고. 단 일본정부는 병합에 따라 한반도에 대한 주권이 일본에 귀속되었다는 입장에서 임시정부의 정부로서의 성격 자체를 인정하지 않았기 때문에 그 위원회에서 직접적인 논의 대상으로 된 것은 대한제국과 대한민국의 법적 관계였다. 그러나 일본 측의 이 주장은 대한제국과 대한민국 사이에 존재한 것은 일본의 주권이 미치던 시대뿐이었다는 것을 전제로 하는 바, 이는 결국 대한제국과 임시정부 간의 법적 계승 관계를 부정하는 입장을 뜻하는 것이다.

26) 국제법적인 입장에서 국가의 동일성, 계승성 등을 논하면서 대한제국과 임시정부의 법통을 계승한 대한민국과의 국가 동일성에 관한 찬반의 가능성을 논한 글로서 박배근, "大韓民國臨時政府의 國際法的 地位와 大韓民國의 國家的同一性(上)(下)", 『法學研究』, vol.13 no.4, 2013.12, 77~106쪽(上); vol.14 no.1, 2014.3, 41~72쪽(下)이 있다. 즉 그 주제에 관해 오늘날까지 논란이 생겨 있다는 사실은 임시정부 승인이 병합의 승인과 반드시 모순되기만 한 것은 아님을 드러내는 대목일 것이다.

애초 없다. 그러나 정치적 문제는 달랐다. 이미 일본과 교전 상태에 돌
입했었던 당시, 압도적인 힘을 가진 미국이 대일전 승리를 위해서 그
해석을 정립한다면 그것을 건드려, 미국을 공경에 빠뜨리는 주체는 어
디에도 없었을 것이며 미국 역시 그 점은 충분히 인식할 수 있었을 것
이다. 실제 상술한 참모 2부는 대일 심리작전 수행과 관련된 수단으로
구상한 여러 프로파간다의 하나로서 오히려 한국인들로 하여금 한반도
(Korea)는 수 세기 동안 중국도 승인한 독립국이었으며 일본의 침략에
저항하기 위해 전쟁을 하고 있다는 점, 그리고 1895년의 국모 학살이나
1919년의 고종황제 독살을 포함해 일본이 나라를 폭력으로 약탈(seize)
했다는 것을 다른 아시아국가들에게 선전하게 하는 구상을 세우고 있었
다. 더구나 주목되는 것은 그 참모 2부는 일본의 그런 침략성을 홍보하
는 문제와 관련된 하나의 재료로서 아직 그것 자체는 파기된 것도 아니
라고 하면서 1882년의 조약, 즉 조미조약을 거론하고 그것을 효시로 당
시 조선이 체결한 일련의 열강들과의 수교 조약이 있었음에도 일본이
그것들을 어겼다는 점을 선전하도록 아울러 구상했었다.[27] 즉 국제사회
가 조약을 통해 승인한 한반도의 독립성을 일본이 폭력으로 짓밟았다는
점을 국제사회에 공론화하고 그 논리를 기정사실화할 홍보 작전까지 생
각했었던 것이다.

따라서 대일전 수행을 위해 미국이 임시정부 세력을 승인하는 것이
현실적으로 보다 이익이 된다고 판단했다면 그런 국제사회가 승인한 한
반도의 독립성에 대한 일본의 침략을 논리적인 담보로 임시정부 승인에
나설 것은 충분히 가능했을 것이다. 가령 그 승인이 과거 미국이 병합
관련 조약들을 받아들여 왔다는 사실과 모순되는 측면이 있다고 하더라
도 이미 실제 교전이 벌어지고 있는 가운데 그들 형식적인 모순을 추궁
하려는 주체는 미국 자신이 그 힘을 봉쇄하기 위해 싸우고 있는 적국

---

27) "PLAN FOR PSYCHOLOGICAL WARFARE", YE-45, Reel no.14, p.10.

일본 이외에는 존재하지 않았다. 그런 미국에게 특히 교전 중에 과거의 입장과의 법적 모순만큼은 피해야 한다고 임시정부 승인을 주저해야 하는 이유는 없었을 것이다. 실제 임시정부 승인을 꺼린 이유와 관련해 미국이 그러한 과거 자신이 선택한 입장과의 모순 같은 형식적인 문제를 우려했었다는 흔적은 없으며 국무성이 줄곧 의식한 것은 상기한 바와 같은 독립 세력의 분열이나 임시정부의 정치적 대표성 결여라는 정치적인 조건이었다. 이러한 점은 임시정부 조기 승인에 기울어진 중국의 태도 변화에 대한 미국의 부정적인 태도에도 잘 나타났다.

임시정부가 중국 내에서 활동하게 됨으로써 연합국 속에서도 저절로 임시정부와 가장 가까운 위치에 서게 된 국민당 정권은 전후 한반도 문제 처리와 관련해 임시정부 세력을 핵심으로 내세울 것을 자명으로 여겼었다. 그를 위해서도 1942년 봄, 이미 중국은 임시정부의 조기 승인으로 기울이고 있었다. 4월 6일에 열린 국방최고위원회 사무회의에서 손문(孫文)의 아들이자 중화민국 입법의원 원장을 역임한 손과(孫科)는 임시정부 성립 23주년에 해당하는 올 4월 11일에 임시정부를 정식으로 승인하도록 제의했다. 이 제의를 맞이해 국방최고위원회 사무회의는 일단 중국 외교부에게 11일에 정식 승인하도록 준비할 것을 결의했다. 그러나 그 자리에서는 한반도와 국경을 맞대고 있는 소련의 반감, 또 식민지 등을 많이 보유하고 있는 영국 등에 대한 악영향을 우려하는 목소리가 아울러 나왔다. 그에 따라 국방최고위원회 비서장으로서 후술하는 카이로회담에도 장개석(蔣介石) 측근으로서 같이 참석한 왕총혜(王寵惠)는 결국 장개석의 지시를 청하기로 했다.[28] 이 보고를 받은 장개석은 4월 9일 불필요한 충돌이나 오해를 막기 위해 미국과 사전에 의견을 조율할 필요가 있다고 하면서 11일에 승인하는 문제는 급하게 서둘 필요

28) "대한민국임시정부 승인 준비결의안 보고", 『대한민국임시정부자료집 25: 중국의 인식』, 49~50쪽.

가 없다고 잠시 미룰 것을 지시했다.[29]

　장개석의 지시가 나오자 중국 외교부는 6일에 열린 국방최고위원회 사무회의의 내용을 10일, 미국에게 거의 그대로 전달했다. 즉 외교부는 임시정부를 승일할 경우에 시베리아 주류 소련군에 참가하고 있는 한국인들을 전후 한반도에서의 정부 수립에 활용하려 하는 것으로 추측되는 소련과 충돌할 가능성이나 억압 민족(suppressed people)을 해방시키는 것과 같이 중국이 행동함으로써 인도, 미얀마 등 자신의 지배 지역에게까지 영향이 미칠 것을 우려하는 영국 등의 반발(reaction)들을 고려하고 있다고 전하면서 현재 장개석의 판단을 기다리고 있다고 밝혔다.[30]

　그러나 잠시 미룰 것을 지시한 장개석 역시 임시정부 조기 승인으로 마음을 굳혔다. 그 결단을 맞이해 4월 18일 중국 외교부는 장개석의 의향으로서 중국이 한반도에 대한 영토적인 양심을 갖고 있다는 의심을 털 수 있다는 점, 및 중국이 대서양헌장의 원칙을 준수하는 증거를 제시할 수 있다는 2가지 이유를 들어 임시정부의 즉각적(without delay)인 승인이 바람직하다는 결론에 도달했다고 하면서 그에 대한 미국의 의향을 타진했다.[31] 또한 이러한 중경에서의 움직임과 더불어 워싱턴에서도 송자문(宋子文) 외교부장관은 4월 초 무렵 루스벨트 대통령에게 서한을 보내, 직접 임시정부의 승인을 고려할 것을 요청했다. 그 서한 속에서 송 장관은 미국이 한반도 독립을 촉진하고(foster) 싶으면 2가지 방법이 있다고 제안했다. 하나는 독립 세력을 규합하는 것이며 또 하나는 독립으로의 한국인의 희망에 용기를 주기(encourage) 위한 정치적 수단으로서 전후 적당한 시기에 한반도를 독립하게 할 결정을 천명할 것이었다. 그리고 송은 독립에 대한 결정을 천명할 때 그와 동시 또는 조금 뒤에 임시정부를 승인하는 것이 효과적이라고 덧붙였다.[32] 즉 송 장광은 대

29) "대한민국임시정부 승인을 서두를 필요가 없다는 지령", 위의 자료집, 50쪽.
30) "untitled", 『대한민국임시정부자료집 26: 미국의 인식』, 64~65쪽.
31) "untitled", 위의 자료집, 116쪽.

일전을 수행하는 데 한국인의 독립운동을 활용하는 문제와 관련해 독립
운동 세력의 규합과 그 운동의 활성화를 위해서도 전후 독립국가의 주
체로서 임시정부를 조기에 승인할 것을 촉구한 것이었다. 임시정부를
빠른 시기에 승인하려는 중국의 이러한 입장은 영국에게도 4월 21일 중
경 영국 대사관을 통해 본국정부에 전달되었다.[33]

그러나 그러한 중국의 입장에 대해 미·영 두 정부가 보인 태도는 변
함없이 부정적이었다. 송자문으로부터 받은 서한 내용과 관련해 루스벨
트가 그 검토를 지시하자, 웰스는 4월 13일 한반도 독립에 대한 성명은
일본의 공세가 계속되고 있는 지금으로서는 현실성이 떨어지며, 또한
인도를 비롯한 아시아 지역의 독립 문제에 영향을 준다는 등의 이유를
거론하면서 한반도 독립의 성명도, 임시정부 승인도 연기할 것을 건의
했다.[34] 국무성은 또한 4월 23일 헐 장관 명의로 한국의 독립을 지지하
는 성명을 낼 것과 임시정부와 같은 특정한 한국인의 그룹을 승인하는
문제는 구별해야 한다고 하면서 미국으로서는 어느 특정한 그룹을 즉시
승인하는 의도는 없다고 거듭 설명했다. 국무성이 그 이유로써 든 것은
독립을 획득하는 데 관심을 가지고 있는 한국인 사이에는 통일이 결여
되고 있다는 점, 그리고 임시정부처럼 한반도 밖에서 존재하는 그룹들
은 현재 한반도 내의 한국인과 거의 관련이 없다는 점들이었다.[35] 즉

32) "President Roosevelt to the Acting Secretary of State", *FRUS 1942 Volume I
General The British Commonwealth The Far East*, pp.867~869. 송자문이 루스벨
트에 서한을 보낸 정확한 날짜는 불명이나 루스벨트는 4월 8일에 이 서한
에 대한 의견을 14일까지 보내오도록 웰스에게 지시하고 있으므로 송이 루
스벨트에게 서한을 보낸 시기 역시 4월 초 무렵이었다고 추측된다.

33) "No.538 untitled", F3042/165/23, "Free Korean Movement: Question of
Recognition by the Chinese Government", YD-127, 1942, Reel no.3, rp.54.

34) "The Acting Secretary of State to President Roosevelt", *FRUS 1942 Volume
I General The British Commonwealth The Far East*, pp.870~872.

35) "untitled", 『대한민국임시정부자료집 26: 미국의 인식』, 123~127쪽. 이 문
서는 *FRUS 1942 Volume I General The British Commonwealth The Far East*,

중국이 임시정부를 승인하도록 요청한 것과 관련해 국무성이 보인 소극적인 이유 역시 독립 세력의 분열과 임시정부가 한반도 내에서 일본에 대해 저항하는 세력과 떨어져 있어서, 그것을 승인해봤자 일본과의 전쟁 수행에 별 도움이 되지 않는다는 현실적인 판단이었다.[36]

국무성은 중경 미 대사관에 대해 이러한 미국의 입장을 중국 측에 설명할 때는 중국에 대한 배려의 자세 역시 보이도록 일단 지시하기는 했다. 즉 국무성은 중국이 임시정부에 승인을 주어야 한다고 한다면 미국 정부로서 새로운 단계에서 입장을 재검토할 생각이 있다는 것은 전달하도록 일단 지시했다. 그러나 아울러 미국 내에서는 승인을 요구하는 한국인의 기타 그룹들이 많이 존재하기 때문에 임시정부의 승인 문제와 관련해서 미국은 특별히 주의를 기울여야 하는 특수 요인(special factors)을 안고 있다는 사정을 설명하도록 지시했다.[37] 즉 중국에 대한 배려의 뜻으로 완곡적으로 표현하기는 했으나 중국이 섣불리 임시정부 승인에

---

pp.873~875에도 수록되어 있으나 FRUS에서는 5월 1일자로 되어 있다. 그러나 국사편찬위원회가 편집한 영인본의 원문에서는 명확히 '4월 23일'이라는 날짜가 찍혀 있으므로 그를 따랐다.

36) 이와 같은 한국 고유의 사정과 함께 국무성은 임시정부 승인을 주저하는 이유로서 다른 피지배국가에 대한 영향도 고려했었다. 1943년 5월의 기록이나 중국대사에 대해 국무성은 아직 해방되지 않은 국가가 많으나 임시정부의 승인은 다른 국가의 유사한 요구 증가로 이어질 것, 그러나 미국은 어느 그룹이 각 국민으로부터 지지받을 것인가에 관한 충분한 지식을 갖고 있지 않다고 답했다. 즉 국무성은 임시정부에 대한 섣부른 승인이 전후 같이 독립할 국가들의 정치적인 분열을 보다 심화시킬 수 있다는 우려를 가지고 있었던 것이다. "Questions of Recognition of Provisional Government of Korea", *Government: Korean Independence Movement 1942-1943*. 이 문서는 미국 국립공문서기록관리국 소장의 한반도 독립운동 관련의 문서를 국회도서관이 수집하고 인터넷상으로 공개하고 있는 것이다.

37) 이와 같은 입장은 그 후 5월 16일자 문서로 영국에게도 그대로 전달되었다. "untitled", F3747/165/23, "Free Korean Movement: United States Attitude", YD-127, 1942, Reel no.3.

나설 것에 제동을 걸었던 것이다.[38]

4월 26일 영국정부 역시 유사한 입장을 밝혔다. 영국정부는 현재 미국이 바람직하다고 생각하는 한국인의 목표(cause)에 대한 일반적인 동정이나 행위에 대한 지지를 표명하는 것은 검토하고 있으나 중경 임시정부를 조기에 승인하는 것에 관해서는 여전히 의문을 가지고 있다고 밝혔다. 그 이유는 독립 세력 간의 분열이 제거되었다는 명확한 증거도 아직 없으며 또한 임시정부가 일반적으로 한반도나 한국인들에게 진정한 중요성(real weight)을 가져올 만하다(likely to carry)고 보이는 인물을 포함하고 있는지도 의문스럽다는 것이었다.[39] 결국 미국과 영국정부가 보인 이러한 소극적인 방침에 접한 중국은 5월 7일 임시정부 승인 문제를 보다 바람직한 시기까지 연기할 것을 미국에게 정식으로 전달하게 되었다.[40]

이러한 사실들을 반대로 생각하면 혹시 독립 세력이 규합되고 한국인의 대표성의 소재가 명확해졌음에 따라 그 세력에 대한 정식 승인이 대일전 수행에 명확히 도움이 된다고 판단되었었다면 가령 사후(事後)에 병합의 원천 비합법성을 도출하게 된다 하더라도 미국에게 한국인 대표정부의 조기 승인을 망설여야 하는 이유는 별로 없었음을 알 수 있다. 실제 3월에 처음으로 임시정부 승인 문제에 대한 태도 보류를 공식으로 전달한 상기 국무성 방침에서도 미국은 '추축국의 적들로부터 가

---

38) 중국 외교부는 이러한 미국의 입장에 따라 장개석에게 임시정부 승인을 미루도록 잇따라 건의하게 되었으며 결국 중국의 승인도 이루어지지 않았다. 중국 외교부의 건의는 「한국독립 승인 문제에 관한 외교부의 의견(1942.4.24.)」, 『대한민국임시정부자료집 25: 중국의 인식』, 104~105쪽; 「대한민국임시정부 승인 보류 지시에 관한 외교부의 의견(1942.4.28.)」, 같은 자료집, 105쪽.

39) "untitled", F3042/165/23, "Free Korean Movement: Question of Recognition by the Chinese Government", YD-127, 1942, Reel no.3, rpp.57~58.

40) "The Ambassador in China(Gauss) to the Secretary of State", *FRUS 1942 Volume I General The British Commonwealth The Far East*, p.875.

급적 가능한 모든 적극적인 지원을 받고 싶다'는 견해를 밝혔었다. 또한 후술하는 바와 같이 국무성 내부에서 진행된 전후계획 입안 과정에서도 국무성은 예를 들어 1943년 10월 2일, 임시정부 승인 문제와 관련해 명확한 통치 능력에 기초한 것이나 한반도 내외에서의 한국인의 독립운동을 강화하는 것이라면 적당한 시기에 그 자격을 가진 그룹을 승인하는 것은 허용된다는 인식을 드러내고 있었다.[41] 과거의 외교정책이나 법률적인 일관성을 무엇보다 중요시하는 국무성의 실무자들조차 대일전이 발발하자 자칫 병합을 원천 비합법화하는 논리를 내포하는 조기 정부 승인의 가능성을 열어 놓았던 것이다.

물론 임시정부 승인 문제와 관련해서는 국제정치상의 다른 복잡한 문제 등에 대한 고려도 작용했을 것이다. 예컨대 헐 국무장관은 루스벨트 대통령에게 한반도 독립이나 임시정부 승인이 소련으로 하여금 자신들과 가까운 세력을 지지하는 행동을 유발함으로써 중·소 간의 대립을 일으킬 위험성이 있다고 승인 문제가 가지는 다른 부작용도 경고했었다.[42] 즉 헐은 중국이 자신에 가까운 임시정부를 승인한다면 소련 역시 자신에 가까운 한국인 좌파 세력을 내밀음으로써 오히려 상황이 복잡해질 수 있음을 우려했다. 그러나 그 복잡한 문제가 생길 수 있을 가능성 역시 결국 임시정부가 그 역량 부족으로 인해 한국인의 독립 세력을 규합하지 못하는 데서 기인한 것이었다. 혹시 임시정부가 독립 세력을 규합하는 능력을 갖추고 있었다면 한국인의 개별 그룹과 외세가 따로 따로 개별적으로 연결되고 오히려 혼란이 일어날 수 있다는 지정학적인 우려 등은

41) PG-32, "PROBLEMS OF KOREAN INDEPENDENCE", *Post World War II Foreign Policy Planning. State Department Records of Harley A. Notter 1939-1945*, YE5-21, 1196-PG-32(일본국회도서관 헌정자료실 소장 기호), p.5. 이하 소장 기호만 표기한다.
42) "Memorandum by the Secretary of State to President Roosevelt", *FRUS 1942 Volume I General The British Commonwealth The Far East*, p.873.

상당수 해소되었을 것이기 때문이다. 그에 따라 한국인이 정식 대표정부를 가지고 있음을 뜻하는 외교적 승인이 병합을 승인한 과거의 사실과 비록 법적으로는 모순된 측면이 있다 하더라도 그것이 적국 일본에 대한 전승이라는 당시 연합국이 가지고 있었던 지상명제보다 우월할 리가 없었다. 그에 대한 평가를 막론하고 국제정치에서의 의사 결정은 법적인 일관성을 유지해야 한다는 등의 형식적인 판단으로 인해 이루어지는 것이 아니라 늘 그때의 현실적인 국익과 그것을 실현시키고자 하는 정치적 힘으로 인해 내려진다. 실제 19세기 후반의 개항(開港)기에, 조선왕조와 수교함으로써 그 후 대한제국의 주권까지 인정한 미국, 영국 등의 열강들도 그 후 그 법적인 일관성을 이미 저버렸었다.

따라서 일본이 연합국의 적국이 되었다는 조건 변화는 일본의 한반도 병합을 인정해온 과거의 사실 관계를 뒤집고 그것이 원천적으로 비합법이었다고 확정하는 모순을 감행할 것을 연합국에게 용이케 했다. 그러나 결과적으로 이러한 기회가 살려지는 일은 없었다. 역설적이지만 과거의 질서를 일변하는 이러한 절호의 기회를 가로막은 것은 다름이 아닌 독립 세력의 분열이나 대일 저항 능력의 결여라는 한국인 내부의 역량 부족에 숨어 있었던 것이다.

그러나 대전의 파괴력은 컸다. 비록 결과적으로 임시정부를 비롯한 한국인 독립 세력에 대한 정식 승인이라는 형식을 통해서가 아니었으나 전쟁 수행 과정에서 한반도 독립 문제 역시 국제적으로 제기되게 되었다. 그러나 독립으로의 길이 한국인에 의한 자주적인 전쟁 수행으로 인해 열린 것이 아닌 이상, 그 문제가 대일전을 주도한 미국, 중국, 영국 등의 이해관계에 따라 좌우될 수밖에 없게 된 것 역시 국제정치의 현실이었다. 그리고 말하자면 '외부'에서 우연히 찾아온 그런 독립으로의 계기가 한국인 내부의 논리나 희망과 일치하는 보장은 어디에도 없었다. 실제 그 후 한반도 독립 문제의 내용은 대일전의 주역인 연합국들에 의해 주어졌다. 그 결과 한반도 독립의 성격 문제 역시 그런 사정에서 결정적인 영향을 받게 된다.

II 국무성 전후계획 구상의 시동과 한반도 독립 문제

1 신탁통치 구상의 대두와 한반도 독립 근거에 대한 관심 결여

1) 한반도 독립 논의의 맹아

전시 중 한반도 독립의 계기를 가져다준 연합국 중에서도 그 문제를 주도한 것은 당연히 미국이었다. 애초 대일전에 대한 공헌이 적었던 영국은 물론, 비록 가장 오래 싸웠다는 의미에서는 최대의 교전국이었던 중국 역시 대일전 수행에 있어서 미국의 지원을 받아야만 하는 상황이었다. 물론 그러한 역학 관계상의 비대칭성은 결국 전후 한반도 독립 문제 처리에 관해서도 미국이 주도권을 잡는 기반이 되었다. 그 결과 중국 역시 미국이 그린 전후처리의 도식 속에서 움직여야 하는 상황에 놓이게 되었다. 또한 한반도를 포함한 지역 질서 재편과 관련해 미국과 최대한 협조하는 것은 장개석에게 전후 예상되는 중국 내부의 분열 수습과 안정된 통일 정권 수립을 위해서도 필수적이었다.

대일전의 초기부터 승리를 확신해 마다하지 않았으며 또한 전승 후 아시아 지역에서의 질서 재편을 주도할 것을 당연시 하던 미국은 개전 초기에 이미 전후계획에 착수했다. 태평양전쟁이 발발하자 국무성 내부에서는 특별조사부(Division of Special Research) 과장인 파스볼스키(Leo Pasvolsky)의 주도로 인해 전후대외정책자문위원회(Advisory Committee on Post-War Foreign Policy)가 이미 1941년 12월 말에 출범했다. 그 위원회

아래에는 각 관련 주제에 관한 정책적 권고를 기초하기 위해 민간의 전
문가들도 초청하면서 정치, 영토, 안전보장, 경제, 경제재건에 관한 5개
소위원회가 구성되었다.

이러한 가운데 한반도 독립 문제에 깊게 관여한 것은 정치소위원회
(Subcommittee on Political Problems)나 영토소위원회(Subcommittee on
Territorial Problems)였다. 그리고 이러한 위원회를 통해 그 후 한반도 독
립 문제를 주도한 것은 1942년 가을에 조직된 국동반(Far Eastern
Group)에 속한 블레이크슬리(George H. Blakesley)나 보튼(Hugh Borton)
같은 대일, 대동아시아 전문가들이었다.[43] 당시 일본과 '일체화'되었었
던 한반도의 독립 문제는 당연히 한국 자신에 대한 내재적인 시각으로
인해 고찰되었다기보다 미국정부가 그리게 된 전후 대일 및 대동아시아
신질서 구축 문제의 일환으로서 다루어지게 되었다.

'P Document 31'이라는 수기(手記)에 의한 표기가 보이므로 정치소위
원회가 만든 것으로 풀이되는 1942년 8월 6일자의 문서에서 정치소위원
회는 전후 일본이 그대로 영유하는 영토의 범위를 1894년부터 1895년에
걸쳐 일어난 청일전쟁 이전에 일본이 획득한 영토까지로 할 가능성을
지적했다.[44] 국무장관이나 차관이 늘 위원장을 맡고 중요한 정치 문제
일반을 다루기에 정치소위원회는 상기 5개 소위원회들을 통괄하는 역
할을 맡기도 했다. 그 정치소위원회가 드러낸 일본의 영토 처리에 관한
기준이 청일전쟁 발발 이전까지 보유하고 있었던 영토까지로 한정한다
는 것이었던 이상, 1910년에 정식으로 병합당한 한반도는 당연히 일본

---

43) 전후계획과 관련되면서 교전 전후부터 시작된 국무성 내부의 조직 개편에
   관한 이하 본론의 기술은 자신이 수집한 미국 문서의 작성 경위 등에 관해
   일본국회도서관 헌정자료실이 가한 보충 설명; 五百旗頭眞, 「カイロ宣言と日
   本の領土」, 『廣島法學』, 第4卷 3·4合倂号, 1981.3, 61~63쪽; 五百旗頭眞,
   앞의 책, 제3부; ヒュー·ボートン, 『戰後日本の設計者 : ボートン回想錄』, 五百
   旗頭眞 監修, 五味俊樹譯, 朝日新聞社, 1998 등을 참고로 했다.
44) P-31, "untitled", YE5-21, 560-P-31.

의 영토에서 벗어나는 지역으로 지정된 것을 뜻했다.

그러나 한편 그 문서는 남사할린과 더불어 한반도를 직접 거론하면서 그에 대한 처분(disposition)에 관해서는 어떠한 합의에도 이르지 않고 있다(no consensus was arrived)고 명시했다. 주지하는 바와 같이 북위 50도 이남의 남사할린은 1875년의 지시마(千島)-가라후토(樺太)교환조약으로 인해 한때 소련 영토로 되어 있었던 전(全) 사할린 중, 러일전쟁 처리를 위해 1905년에 체결된 포츠머스조약으로 인해 일본 영토로 편입된 지역이었다. 일본은 종전까지 사할린, 혹은 자신이 새롭게 영유한 남사할린을 '가라후토'라고 불렀다. 따라서 일본의 영토를 1895년 이전의 지역에 한정하려는 상기 방침에 비추어볼 때도 그 남사할린 역시 당연히 일본의 영토에서 제외되는 대상이 되었다. 그럼에도 한반도나 남사할린에 관해서는 아직 그 처분이 결정되어 있지 않다고 아울러 명시한 그 인식은 일본의 영토를 상기 청일전쟁 이전에 되돌린다는 방침을 모든 지역에 일괄 적용할 것까지 상정한 것은 아니었음을 내비쳤다. 실제 청일전쟁 이전의 영토에 한정할 방침을 드러낸 상기 방침에서도 그 문장에는 표현상 'might'라는 추량을 나타내는 조사가 사용되어 있으며 단정이나 당위성을 드러낸 것도 아니었다. 무엇보다 시기적으로 봐도 1942년 여름쯤에 나타난 이와 같은 구상이 전후 영토 처리에 관한 최종적인 방침까지 정식으로 결정한 것이 아니었음은 틀림없을 것이다. 그것은 전후 동아시아 신질서 구축에 관한 전후계획에 임하게 된 실무자들 사이에서 나타나기 시작한 하나의 구상에 불과했다. 따라서 국무성 실무자들 사이에서 전후 한반도를 독립시킬 것에 관한 명확한 합의가 이미 1942년 여름 시점에서 이루어졌었다고 평가하는 것은 과잉 해석일 것이다.

그러나 이것은 한반도를 그대로 일본 영토에 남기게 할 것을 강하게 의식했음을 뜻한 것도 아니었다. 정치소위원회는 8월 12일자로 작성

한 P 문서 34 "정치소위원회의 잠정적 시각"에서 독립이 결정되기까지
는 국제적 신탁통치에 두어야 한다고 하면서도 놀랍게도 장래 한반도를
중국 연방(Chinese Federation)에 삽입할 것을 승인할 가능성을 시인했
다.45) 기록상 이 구상은 같은 해 10월 22일에 동일 제목으로 작성된 P
문서 121에서도 그대로 확인할 수 있다.46) 즉 이 시기까지 전후 한반도
독립을 확정하지 않았던 적어도 하나의 까닭은 한반도를 중국의 일부로
서 처리할 가능성을 그 상정 내에 두고 있었음에서 기인한 것이었다.
중요한 정치 문제 일반을 다루고 다른 소위원회까지 통괄하는 기구로서
국무장관이나 차관이란 고위급 간부가 직접 관여한 정치소위원회는 그
무게감 대신에 각 지역에 관한 실무적 전문성을 결여할 수밖에 없었다.
전후 한반도를 '중국 연방'의 일부에 편입함으로써 지역 질서를 안정화
시킨다는 그러한 발상이 가능했던 것은 바로 동아시아 지역의 역사와
실정에 어두운 그런 전문성의 결여가 낳은 소산이었다.

2) 한반도 독립 문제에 관한 영토소위원회 토의

그러한 전문성의 결여를 메운 것은 바로 보튼을 비롯해 동아시아 지
역의 사정에 보다 밝았던 인물들이 모인 영토소위원회였다. 영토소위원
회는 1943년 봄 무렵부터 전후계획 구상의 일환으로서 한반도의 독립
문제나 그와 관련된 한반도 문제를 본격적으로 검토하기 시작했다. 문
서 문말에 'H Borton'이라는 이름이 보이므로 바로 보튼이 영토소위원
회 토의를 위해 작성한 것으로 풀이되는 1943년 4월 25일자 T 문서
316 "한반도: 영토 및 국경 문제" 속에서 영토소위원회는 한반도 문제
를 특히 지정학적인 전략 문제로서 인식했다.47)

---

45) P-34, "TENTATIVE VIES OF THE SUBCOMMITTEE ON POLITICAL
    PROBLEMS", YE5-21, 560-P-34, p.8.
46) P-121, "TENTATIVE VIES OF THE SUBCOMMITTEE ON POLITICAL
    PROBLEMS", YE5-21, 560-P-121, p.8.

보튼은 그 가운데 한반도가 아시아 대륙으로의 중요한 입구(gateway)
이자 반대로 만주 등으로부터 일본해(Japan Sea)로 나가는 위치에 있다
는 의미에서 전략적으로 특별히 중요하며, 특히 한반도 북부가 중국과
소련의 이해관계와 얽히는 지역임에 주목했다. 보튼은 한반도의 그런
지정학적인 중요성에 따라 패전으로 인해 일본이 후퇴한 후에 그 지역
에서 영향력을 행사하게 될 대국 중국과 소련 간의 이해관계를 조정하
는 과제와도 관련해 독립할 한반도의 국경을 어떻게 설정하는가 하는
문제가 중요하다고 지적했다.

그 문제에 대한 대응과 관련해 보튼은 한반도와 접하는 간도
(Chientao) 지역에 거주하고 있는 한국인들의 존재를 지적하면서 전후
그 지역을 한반도 북부에 포함하는 방안, 반대로 한반도 북부 중, 항만
으로서 이용 가능한 웅기(Yuki), 라진(Rashin) 지역을 만주에 편입함으로
써 중국의 이해관계에 부합하도록 하는 방안, 그리고 현재의 국경을 유
지하는 대가로서 한국(Korea)에게 중국이나 소련에 대해 웅기나 라진
지역을 자유로운 물류를 보장하는 지역으로 이용할 수 있도록 약속하게
하는 방안 등을 구상했다.

이 문서는 국경 설정에 관한 대응책으로서 상기 3가지 방안에 대해
직접 그 우열을 매기는 일은 없었다. 후술하듯이 1943년 가을에 이르러
그들 방안에 대한 우선순위가 보다 구체화되었다. 그러나 동아시아 지
역의 사정에 비교적 밝고 따라서 전후처리 구상의 시초부터 극동 정책
의 원안을 작성한 보튼 등의 실무자들은 한반도 독립 문제를 대국 중국,
소련과의 국경 설정(frontier) 문제로서 인식했었음을 알 수 있다. 물론
이러한 시각은 국제정치상의 전통인 지정학적인 고찰에 불과했다. 물론
지역 사정에 보다 밝은 보튼은 한반도의 국경 설정 문제를 거론했지,
정치소위원회가 한때 보인 것처럼 전후 한반도를 '중국 연방'의 일부에

---

47) T-316, "Korea: Territorial and Frontier Problems", YE5-21, 600-T-316.

편입한다는 등의 무식한 구상을 답습한 것은 아니었다. 그러나 그런 보튼 역시 일본의 한반도 병합이나 통치의 성격을 역사적, 법적인 관점으로부터 되돌아보면서 한반도 독립 문제를 구상하는 데 있어서 그것을 '광복성 여부'라는 관점으로부터 구축하려는 그런 문제의식은 애초 없었다.

전후 한반도 문제의 취급을 고찰한 이 문서에서는 한반도를 독립하게 하는 것 자체에 대한 타당성 여부를 묻는 그러한 직접적인 언급은 없다. 그러나 보튼이 문제를 전후 '일본'과 중국, 소련 간의 국경 설정 문제로서가 아니라 '한반도(Korea)' 북부의 국경 확정 문제로서 이미 검토하고 있는 점으로 미루어, 영토소위원회가 조직된 지, 한 달 정도 지나간 4월 시점에서 동아시아의 전후계획을 구상하기 시작한 영토소위원회 관계자들 사이에서는 이미 한반도를 일본 영토로부터 제외할 것이 당연시되어 있었음은 틀림없어 보인다.48) 이는 이하 보듯이 국경 설정 문제와 더불어 한반도에 대한 통치 기구의 설정 문제까지 이미 전후계획의 문제로서 인식되어 있었던 점에서도 엿볼 수 있다.

국경 설정 문제와 더불어 한반도 독립을 자명의 일로 삼았던 영토소위원회 관계자들에게 중요한 것은 독립 후의 한반도를 안정화시키는 과제였다. 물론 이것은 독립 후의 한반도 안정화가 동아시아에서의 신질서 구축의 기초적 조건이 될 것을 인식한 결과였다.

국경 문제에 대한 상기 문서의 작성에 이어 보튼은 5월 한반도 독립 문제와 관련된 3가지 초고를 잇달아 작성했다. 그들은 독립 달성에 필요한 과제와 관련해 한국의 정치적, 경제적 상황을 파악하면서 그들을 전제로 전후 한반도를 어떻게 관리하는가 하는 문제를 고찰하기 위한 것이었다.

---

48) 이 점은 같은 문서 속에서 전후 한반도에서 일본인 관리들을 송환시킬 것에 따른 행정적인 문제점들을 고려하고 있는 점에서도 엿볼 수 있다.

먼저 19일에 정리된 T 문서 318 "한반도: 국내 정치 구조"에서 보튼은 독립을 달성하는 데 필요한 한국인의 자기통치 능력을 고찰 대상으로 삼았다.[49] 그 문서에서 보튼은 한국인들에게는 자기통치의 경험이 얼마나 제한되고 있었는가를 연구하는 것이 중요하다고 제기하면서 일본 통치하의 한반도 정치 기반을 살펴봤다. 그 검토는 일본의 한반도 통치에 대한 배경이나 경위, 및 일본의 통치 구조를 살피면서 그 결론으로서 통치에 대한 한국인의 참여가 부족하고 있다고 지적했다.

보튼은 일본의 한반도 통치가 장래의 한반도 독립의 준비를 위한 것이 아니라 완전한 병합을 목표로 한 것으로 통치에 관여한 한국인 고위급 인사가 매우 소수였다는 점, 세금 납부자에게만 선거권을 제한하는 제도를 도입함으로 인해 대부분의 한국인은 투표하는 경험조차 없다는 점, 교육도 천황에 대한 충성, 일본어, 군국주의의 고취 등이었으며 자립을 위한 것이 아니었다는 점, 그리고 한국인이 행정에 관여했을 경우에도 항상 일본의 감시하에서 이루어짐으로써 정책을 추구하는 데 선택의 기회는 없었다는 점들을 지적했다. 보튼은 이와 같은 논점들을 거론하면서 결국 진정한 의미에서 한국인이 자기통치(self-government)에 참여한 일은 존재하지 않는다고 결론했다. 또한 그는 마지막으로 특히 전시 상황에 접어들면서 조선총독이 일본의 현(縣)지사회의에 참가했다는 사실에 상징되듯이, 의무교육, 징용 등의 실시가 본격화됨에 따라 한반도는 식민지도 아니라 완전히 하나의 현으로서 일본 본토에 통합되었다고 지적했다. 보튼은 전후 한반도 독립이라는 과제를 구상하면서 일본의 통치 구조에 따라 한반도는 자기통치 경험을 결여하게 됨으로써 한국인들에게는 전후 즉시 독립하는 데 필요한 정치적인 기반이 매우 취약하다는 점을 부각시킨 것이었다.

---

49) T-318, "KOREA: INTERNAL POLITICAL STRUCTURE", YE5-21, 600-T-318.

취약한 것은 통치 경험만이 아니라 경제적 기반 역시 마찬가지였다. 보튼은 이어 25일에 T 문서 317 "한반도: 경제 발전과 전망"을 작성하고 한반도의 경제 상황을 정리했다.[50] 보튼은 문서 벽두 그 집필의 문제의식으로서 엔화권(yen-block)으로부터의 이탈이나 일본에 의한 완전한 경제적 지배로부터 해방된 한반도 경제의 발전 가능성 여부를 판단하기 위해서는 그 전에 한반도에서의 최근의 경제적 상황을 분석할 필요가 있다고 지적했다. 물론 이런 지적은 독립이 정치적인 힘으로만 담보되는 것이 아니라 경제적인 역량에 의해서도 뒷받침되어야 한다는 현실적인 과제에 입각한 것이었다. 보튼은 이 문제의식에 의거하면서 한반도의 농업, 공업, 대외무역, 노동, 정부 세출, 그리고 자원 활용 상황 등을 살폈다.

먼저 보튼은 한반도의 경제적 특징은 인구의 75~80%가 농업에 종사하는 등, 농업 중심임에도 불구하고 전 생산물의 46% 정도밖에 가치를 산출하지 못하고 있다, 즉 산업 인구 비율에 맞는 가치를 생산하지 못하고 있음에 따라 대부분의 농업 종사자들이 가난하다는 점, 또한 일본에 의한 토지 소유 확대 등으로 인해 소작이 증가하고 있다는 점 등, 한국 경제 부흥을 위해서는 농업 분야가 큰 걸림돌이 될 것임을 예고했다. 이어 공업 부분 역시 일본의 군사사업과 밀접하게 얽혀 있고, 광업, 제조업의 성장도 일본의 투자 증대에 따른 결과라는 점, 또한 철도 등 교통망도 일본의 전시 경제와 연결되어 있다고 진단했다. 또한 한반도의 대외무역에 차지하는 대일 의존도 역시 예컨대 1939년에 수출의 73%, 수입의 88%에 이르는 등, 더할 필요도 없을 만큼 결정적으로 크고, 노동 사정 역시 비숙련 노동자가 많아, 일본인의 임금보다 낮다고 지적했다. 더욱 전시 상황에 접어들면서 특히 정부 세출이 확대됨에 따

---

50) T-317, "KOREA: ECONOMIC DEVELOPMENTS AND PROSPECTS", YE5-21, 600-T-317.

라 정부 소유의 사업이나 재산이 증가했고 비록 공식적인 출판물 등에
서 보고되어 있는 것은 아니지만 관련 데이터를 활용하면서 총독부, 반
민간, 및 민간 기업들을 포함해 한반도의 자원이나 사업에 대한 일본의
지배력이 매우 강할 것이라고 추측했다.

　보튼은 이상과 같이 한반도 경제의 취약성이나 일본에 대한 의존도
가 매우 높다는 현실을 감안하면서 일단 향후 한반도 독립 문제에 관해
다음 3가지 대처 방안을 택할 가능성을 정리했다. 첫째는 전후에도 일
본의 일부로서 남게 하는 방안, 둘째는 완전한 경제적 자유를 부여한
한반도 독립을 공식적으로 승인하는 방안, 그리고 마지막 셋째는 국제
신탁통치하에서의 자기통치 기간을 거친 후에 독립하는 권리를 승인하
는 방안이었다.

　한반도를 일본의 일부에 남기게 한다는 첫째 방안은 이 시기 이미 한
반도 독립 구상이 굳어지고 있었음을 고려할 때 정치적으로 일본의 주
권하에 그대로 남게 한다는 것을 뜻한 것은 아니었다. 그것은 한반도의
경제가 일본과 밀접하게 얽혀 있다는 현실을 감안하면서 경제적인 측면
에서 전후도 일본과 한반도의 경제적 관계를 그대로 온존한다는 것을
뜻했다. 보튼은 이 방안과 관련해 이것이 한반도 경제 발전의 연속성과
일본의 산업 이익에 도움을 준다는 의미에서 장점이 있다고 일단 적었
다. 그러나 이 방안은 앞으로도 일본에 의한 한반도 착취(exploitation)를
지속하게 하고 경제적 독립보다 의존을 강화할 것, 또한 정치적으로 한
반도가 일본의 일부로 남지 않을 상황에서는 한반도의 기초적인 경제
문제를 해결할 수 있는 방안이 아니라는 것, 그리고 한반도의 경제적
독립을 부정함으로써 결국 그나마 존재하는 한반도의 정치적 자치 능력
(autonomy)의 남은 기반(remnants)마저 무너뜨릴 수 있다고 경고했다.

　둘째 방안은 대서양헌장에 따라 강제적으로 빼앗긴 주권을 회복하게
하고 신한국정부에게 일본에 의해 운영되고 이익을 산출하던 각 산업

등을 이양하는 방안이었다. 하지만 전후질서 구축에 즈음하여 표면적으로는 이상적이라고 보이는 이 방안은 현실적이지는 않았다. 보튼은 이 방안은 한반도에서의 경제 활동을 현 수준에서 계속하게 하는 것조차 가능케 하지 않는다고 지적했다. 물론 이 지적은 한반도의 경제적 실정에서 비롯된 진단이었다. 보튼은 군사행동에 따른 파괴 같은 조건을 제외하고 생각해도 충분한 훈련과 기술을 가진 한국인이 존재하고 있지 않는 조건하에서는 전후 종전 전과 같은 산업 운영을 유지하는 것은 어려울 것이며, 결국 이는 도시부에서의 대규모 실업자를 양산하고 신정부에게 큰 부담이 될 것, 또한 산업 이양을 위한 일본인 재산의 몰수 등은 그에 따른 일본인의 분노(resentment)를 야기하고 그것이 한국의 수출품에 대한 일본 시장의 폐쇄성을 유발함으로써 결국 현재 곤경(plight)에 놓여 있는 한국인 농부의 어려움을 가중할 것이라고 경고했다. 전후 급속한 독립과 일본 경제와의 단절 역시 오히려 한국 경제를 보다 혼란으로 빠뜨릴 결과가 될 것이라는 전망을 내놓은 셈이었다.

이상 2가지 방안의 문제점을 정리한 보튼은 사실상 셋째 방안을 건의했다. 국제적 신탁통치하에서 자기통치 기간을 거쳐 독립하게 하는 이 방안은 최종적으로 한반도를 정치적으로도 경제적으로도 가능한 한 완전히 독립시키기 위한 방안이었다. 보튼은 그 장점들을 다음과 같이 정리했다. 즉 신탁통치 기간 동안, 한반도는 세계를 통해(vis-à-vis) 경제적 번영을 위해 필요한 무역이나 원재료에 접근할 수 있으며 이것은 현재 일본에 의존하고 있는 한반도의 무역 기반을 세계로 옮기게 함으로써 독립 후에 일어날 복잡한 문제를 최소화할 수 있고 또한 한반도의 자원을 어떤 국가가 독점하는 것도 막을 수 있다, 또 신탁통치 기간 동안은 그 기구가 한반도 경제의 부흥에 책임을 질 것이며 이는 결국 안정된 정치 질서를 만들려는 노력과 맞물려 신체제(new regime) 자체도 안정화시킨다.

아울러 보튼은 신탁통치 방안 실시의 장점들을 다음과 같이 추가 설명했다. 국제적 신탁통치 기구가 활용할 수 있는 명성이나 기술을 가진 자 및 경험이 있는 관리자들이 많은 문제의 해결을 촉진한다, 한국과 다른 주체 간의 바람직한 조정을 가능케 하고 정치적, 경제적으로 한반도에 불리한 조정을 감시할 수 있다, 한국인이 택하는 새로운 정부가 국내외의 경제적 긴장(strains)을 극복할 수 있는 정도까지 강해질 수 있도록 한반도의 기초적인 경제 문제를 먼저 해결할 수 있다, 또한 한국인을 위한 경제적 발전을 확보하고 어떤 한 나라에 의한 착취를 막을 수 있다, 전후 세계 경제의 일반적인 이익과 조화하는 한반도 경제의 발전을 확보할 수 있다. 바로 이들이 보튼이 추가적으로 설명한 경제적인 측면에서 전망할 수 있는 신탁통치 실시 방안의 장점들이었다. 그리고 보튼은 결국 이러한 장점들을 중요시하고 한반도에 대한 국제적 신탁통치의 확립이 한반도의 경제 부흥 문제 해결을 위한 현실적인 처방전이 될 것이라고 지적하면서 이 방안을 택할 것을 건의했다.

독립에 필요한 자기통치 능력의 미숙성, 경제적 기반의 취약성 등을 확인한 보튼은 25일, 한반도의 독립 문제를 그대로 표제로 단 비교적 장문의 T 문서 319 "한반도: 독립 문제"를 작성했다.[51] 이것은 전후 한반도 독립을 기정사실로 간주하면서 독립 후의 한반도를 어떻게 안정화할 것인가 하는 과제를 검토하기 위한 것이었다. 보튼은 자주적으로 정부 형태를 택하게 할 것을 공약한 대서양헌장의 존재를 들면서 결론으로서 한반도에도 독립할 권리가 있음을 천명했다. 그러나 그는 동시에 독립의 인정만으로 한반도의 안정화가 현실화되는 것이 아님을 강조했다. 이것은 전후 독립을 구현(具現)시키기 위한 통치의 문제를 염두에 둔 지적이었다.

보튼은 전후 한반도의 지위(position)가 복잡해질 것임을 예고했다. 그

---

51) T-319, "KOREA: PROBLEMS OF INDEPENDENCE", YE5-21, 600-T-319.

예고는 앞서 고찰한 독립을 위해 필요한 한국인의 통치 능력의 미숙성과 관련해 한반도가 1910년 이후 일본의 일부가 되어 있었으며 그 통치가 한반도를 독립국가로서 육성하기 위한 것이 아니라 일본의 일부로 한다는 점에서 완벽했다(complete)는 점, 한국인이 종속적인 민족으로서 자기통치(self-government)의 실천적인 경험이 없다는 점, 또한 일본에 저항한 망명 지도자들 역시 국내에서 통치 책임을 진 적이 없다는 점들을 감안한 것이었다. 태평양전쟁 발발 1주년에 즈음하여 김구는 외국의 오랜 지배를 받은 결과 한국인에게는 자기통치 능력이 결여하고 있다는 소문들에 대해 한국은 수천 년간 일본에게 선진적인 문화를 전달해온 일본보다 일찍부터 앞서고 있었던 국가였음을 강조했었다.52) 그러나 국제정치의 현실을 고려하면서 전후를 계획하기 시작하던 국무성의 실무자들에게는 이러한 정서적인 항변은 통하지 않았다. 그들에게 중요한 것은 '수천 년간'의 과거가 아니라 전후계획에 필요한 '현재'의 역량이었다. 한반도 독립의 원안을 만들기 시작한 국무성의 실무 관계자들은 독립에 필요한 한국인들의 자기통치 능력에 대한 회의적인 시각을 전제로 한반도 문제를 그려 나간 것이었다.

또한 국무성의 실무자들이 한국인에게는 전후 즉시 독립하는 능력이 없다고 회의적인 시각을 가지게 된 그 배경에는 임시정부 승인을 주저하게 한 요인으로서도 작용한 문제가 깔려 있었다. 그것은 한국인 독립 세력 간에 존재한 구심점의 결여와 그에 따른 분열 문제였다. 보튼은 중경에 있는 임시정부나 주미한국인연합위원회(Korea-American Council), 조선민족혁명당(Korean National Revolutionary Party), 중한민중동맹(Sino-Korean People's League), 그리고 소련 연해주(Maritime Provinces of the Soviet Union) 거주의 한국인 등의 존재를 직접 거론했다. 그는 그들 각 세력의 존재를 지적

---

52) 이 연설 내용은 중경의 미 대사관으로부터 국무성에 전달되었었다. "MANIFESTO ON FIRST ANNIVERSARY OF PACIFIC WAR", *Government: Korean Independence Movement 1942-1943*.

하면서 자주적인 국가 통치의 경험 부족과 더불어 독립 세력 간의 그런 분열이 독립 후의 권력 다툼으로 이어짐으로써 한반도 통치의 안정에 위협을 줄 것이라고 우려했다. 즉 전시 중, 대일전 수행에 별 도움을 주지 않는다는 전망을 줌으로써 임시정부에 대한 정식 승인을 유보하게 만든 한국인 독립 세력 간의 분열 문제가 전후 한반도의 독립과 그 통치에 대한 역량 평가에 즈음하여서도 악영향을 준 셈이었다.

한반도의 지위가 복잡해질 것이라는 예고에는 한반도를 둘러싼 국제 관계상의 역학 구조에 대한 염려도 깔려 있었다. 보튼은 한반도가 지리, 경제, 정치라는 측면에서 중국, 러시아, 일본의 교차점(crossroad)에 있다는 조건으로 볼 때, 어떤 강대국 또는 유효한 국제기관의 지원 없이 한반도가 독립하는 것은 결국 국제적 갈등(pressure)이나 음모(intrigue)를 초래할 요인이 될 것이라고 지적했다. 그 결과 그는 전후 한반도에 대해 이해관계를 가지는 미국, 영국, 소련, 중국의 4개국이 한반도 통치에 관여할 구상을 밝혔다. 바로 전후 1945년 12월 모스크바 3국 외상회담에서 합의된 신탁통치 구상의 윤곽이 이 시기, 미국정부 내부에서 확실히 드러난 것이었다.

보튼은 관련 4개국의 관여를 구상하면서도 일단 한반도 문제와 관련해서는 중국의 입장이 가장 중요하다는 인식을 드러냈다.[53] 대일 전문가로서 아시아 지역의 역사에 비교적 밝았던 보튼으로서는 오랜 역사 속에서 한반도와 중국이 맺게 된 깊은 관계나 지리적 인접성에 따라 중국에게 미치는 한반도의 지정학적인 중요성 등은 무시하지 못했다. 특히 보튼이 이러한 구상을 다짐하기 시작한 그 시기까지만 해도 같은 인접국가인 소련은 아직 대일전에 참전하지 않았다. 역사나 지리와 더불

---

53) 기타 3개국에 관해 보튼은 영국과 미국은 아직 독립 문제에 공식적인 표명을 하지 않고 있다는 것, 또한 소련은 1941년 4월의 일소중립조약으로 인해 일본 영토인 한반도 독립 문제에 관해서는 아무런 언급도 피하고 있다는 것들만 지적하고 있다.

어 대일전에 차지하는 중국의 비중을 고려할 때, 전후 한반도 처리 문
제에 대한 중국의 지위는 그만큼 높아질 수밖에 없었다.54)

　그러나 중국의 입장이 가장 중요하다고 지적한 보튼 역시 전후 한반
도를 중국의 영향하에 둘 것을 전적으로 승인한 것은 아니었다. 실제
그 점은 같은 문서에서 보튼이 지적한 중국과 임시정부와의 관계에 대
한 부정적인 견해에 잘 나타났다. 중국의 동향을 고찰한 보튼은 손과
(Sun Fo) 입법의원 원장이 한반도 독립을 위한 필요한 조치(steps)로서
즉시 임시정부를 승인할 것을 주장하고 있는 데55) 대해 부정적인 견해
를 드러냈다.

　보튼은 임시정부를 공식적으로 승인할 것을 요구하는 중국의 요청을
받아들이는 것은 해외에서 진행된 한반도 독립운동만을 강화하고 각 민
족에게 자주적으로 정부 형태를 택할 것을 공약한 대서양헌장 제3조를
왜곡시키는 조치(specific application)라고 한국인이 간주할 것, 임시정부
의 승인은 한국인이 신뢰를 두지 않고 있는 하나의 '정부'에 미국이나
연합국을 관여하게 만들어 다른 연합국의 입장을 당황하게 만들 것, 즉
중경에 있는 임시정부를 공식적으로 승인하는 것은 독립 후의 한반도가
중국의 영향하에 들어갈 것을 싫어하는 소련을 자극할 것, 또한 임시정
부의 '정부'로서의 승인은 한반도 내부에서 전개되는 독립운동의 성공

---

54) 이와 관련해 보튼은 1942년 10월 11일 장개석이 한반도가 자유이며 독립시
　　커야 한다고 주장한 것에 주목하고 한반도 독립이 중국의 입장임을 확인하
　　고 있다. 미국이 정확히 언제부터 전후 한반도를 독립하게 하는 방향으로
　　돌아섰는지는 알 수 없는 부분이 남는다. 그러나 적어도 개전 전 일본에
　　대해 전쟁 회피의 최후통첩으로서 중국 대륙으로부터의 전면 철수 등을 내
　　걸었던 헐 노트에서도 한반도 독립을 요구하지 않았던 미국이 전후 한반도
　　를 독립하게 하는 방향으로 기울이게 된 배경에는 이와 같은 중국 측 입장
　　이 영향을 주었을 가능성도 있다.
55) 문서상, 손과의 이러한 주장의 출처는 명확하지 않으나 앞서 언급했듯이 손
　　과는 1942년 4월 시점에서 명확히 임시정부 정식 승인을 제기했으므로
　　이러한 정보가 국무성 내부에서 널리 공유되어 있었던 것으로 추측된다.

과 연결될 필연성도 없다는 것들을 지적했다.

즉 그는 임시정부의 승인이 해외에 있는 어떤 특정 세력에 대한 편들기가 됨으로써 오히려 한국인 내부에 한층 더 분열을 심화시킬 것과 임시정부에 대한 지지가 전후 한반도에 대한 중국의 입장만을 강화하고 특히 소련을 자극하게 될 것들을 염려한 것이었다. 당시 대독전의 최대의 동맹국 소련의 이익을 무시하는 것은 특히 루스벨트의 대소 협조 노선을 감안할 때 고려 밖에 있는 선택이었다. 그런 미국에게 임시정부에 대한 일방적인 지원은 한반도의 '중국화'를 초래하고 지역 질서를 안정화시키는 데 결코 바람직하지 않은 선택이었다.

그 판단에 따라 보튼은 중국도 포함해 어떤 단독국가에 의해 한반도를 관리하게 하는 것보다 유력한 국가들에 의한 국제적인 관리 체제를 도입하는 방안이 바람직하다고 건의했다. 보튼은 일단 같은 문서 속에서 전후 한반도 관리 방안으로서 법률상(de jure) 한반도를 독립시킨 후에 단독국가가 한반도를 관리하는 방안, 미·중·소에 의한 공동관리 방안, 그리고 감독위원회(supervisory committee)하의 국제적 통치 기구(administrative authority)를 설치하고 관리하는 방안의 3가지를 들었다.

그러나 첫째 방안인 단독국가에 의한 관리 방안은 수 개국에 의한 공동관리 체제에서 발생하는 갈등을 피하는 장점을 가지면서도 관리국가의 선택이 어려우며 대국 간의 위험한 질투심을 야기할 것이나, 그로 인해 관리국가와 기타 국가 간에 한반도의 정치적인 지위를 둘러싸고 계속적이고 중대한 이해(利害) 의식(vitally concerned)을 유발할 우려가 있었다.[56)]

---

56) 보튼이 지적한 첫째 방안과 관련된 보다 자세한 문제점은 다음과 같다. 가장 인접함에 따라 한반도 관리국가로서 논리적으로 가장 적절한 중국이 선발될 경우, 중국의 부흥이나 통일 정세와 한반도 관리 문제가 얽힐 것이며 한국인들의 반발도 예상될 것. 마찬가지로 소련을 관리국가로 정할 경우도 한국인의 반발이 일어날 것. 가장 좋은 방법은 대중적인 평가를 받는 미국

둘째 방안 역시 비록 그것은 단독국가에 관리를 위임하는 것으로부터 생길 질투심을 완화시킬 수 있는 장점은 있으나 심각한 문제점 역시 잉태할 것이 예상되었다. 그것은 중국, 소련, 미국으로만 통치 기구를 조직할 경우 영국이나 네덜란드처럼 동아시아에 영향력을 가진 국가에 불신감을 심어준다는 것, 각 관리국가가 한국인 내부의 파벌과 연결하고 자신의 영향력을 행사하려 함으로써 한반도 문제가 다시 외국의 음모(intrigue)나 경쟁의 대상으로 된다는 것, 그리고 그런 상황하에서는 각 감독국가는 한국인을 위한 통치보다 한반도가 어떤 특정한 국가의 영향하에 들어갈 것을 막는 것에 보다 관심을 가지게 된다는 것들이었다.

그 결과 보튼은 셋째 구상인 감독위원회하의 국제적 통치 기구 설치 방안을 선택할 필요성을 강조했다. 그 방안은 법률상 한반도를 독립시키는 대서양헌장을 실행하는 방안이면서도 한반도 내의 특정 집단을 지원하지 않도록 하고, 한반도를 지배하려 하는 특정 국가 간의 경쟁을 억제함으로써 감시 체제의 정치적인 측면을 최소화시킬 수 있기 때문이었다.[57)]

3) 한반도 독립에 대한 실무적 합의와 '과거'에 대한 관심의 결여

이와 같이 전후 '중국 연방'의 일부에 편입할 가능성조차 그리던 정치소위원회와 달리 국무성 실무자 내에서도 동아시아 지역에 비교적 정확한 지식을 가진 영토소위원회는 일단 한반도의 자주적 독립을 구상하기 시작했다. 그러나 보튼 등이 주도한 그러한 한반도 독립 문제라고 함은 기본적으로 독립 후라는 한반도의 미래를 그리기 위한 과제였다.

이 일정 기간 동안 단독으로 관리하는 것이나 중국이나 소련의 반대에 부딪힐 가능성이 있으며 또한 현재로서는 미국의 여론도 알 수 없다는 것들이다.

57) 보튼은 이를 위해서도 국제적 감독위원회하에서 설치될 국제적 통치 기구는 연합국 국민에서 선발, 조직하고, 그 선발된 각 개인은 출신국가가 아니라 국제기구를 대표하고 한국인들의 자주국가 건설의 준비에 공헌하도록 할 필요성을 아울러 지적했다.

국경 설정, 독립을 위한 정치·경제적 기반의 파악, 한반도를 둘러싼 지역 대국 간의 갈등 가능성, 그리고 한반도 안정화를 위한 국제적 신탁통치 기구 설정 등, 보튼이 주도한 이들 일련의 고찰은 한마디로 말해 전후의 지역 질서 안정과 그를 위해서도 필요한 한반도 관리 방안의 탐구였다. 이들은 이해관계를 보유하는 대국 간의 세력 균형이라는 전통적인 관점에서 특히 중국의 일방적인 영향력 확대를 저지하려는 지역 전략과 맞물리는 것이기도 했다. 그러나 한반도의 '미래'를 위해서 불가결한 그와 같은 과제의 설정은 한반도를 왜 독립하게 하는가 하는 원천적인 근거를 따지려는 그런 '과거'로의 시각을 일절 결여한 것이었다. 아니, 그런 미래를 위한 과제 설정은 그 방향성으로 볼 때, 과거로의 시각이 싹틀 틈을 애초 차단하는 것이었다고 함이 타당할 것이다.

영토소위원회에서의 토의를 위해 보튼이 제안한 이들 구상은 같은 해 6월, 기본적으로 위원회 차원에서의 정식 합의가 되었다고 풀이된다. 6월 25일에 개최된 영토소위원회에서는 한반도에 관한 토의가 다시 진행되었다.[58]

이 회의에서도 토의 내용을 주도한 것은 보튼이었다. 보튼은 먼저 과거가 그랬듯이 한반도가 장래 다시 문제를 일으키는 요인이 될 것이며 그 지역의 역사는 건전한 기초(sound basis) 위에 이루어지는 한반도 독립이 인접하는 대국 간의 대립을 막을 조건임을 가리키고 있다고 강조했다. 그러나 동시에 그는 독립을 위해 싸우고 있는 한국인 세력들이 다양하고 어느 하나 공식적인 승인을 받지 않고 있다는 점, 또한 독립 후 한국인들은 자력으로 그것을 유지하는 방법을 모른다는 점들을 들어 최초의 몇 년간은 지원이 필요하며 독립 문제라고 함은 어느 국가가 그 지원의 책임을 맡을 것인가 하는 문제임을 천명했다. 미국에게 한반도

---

58) 이하 이 회의 내용은 T Minutes 51, "Korea, Formosa, Pescadores Islands, Mandated Islands", *The Occupation of Japan, Part 1: U.S. Planning Document 1942-1945*, OJP-1, 1-C-1(일본국회도서관 헌정자료실 소장 기호), pp.1~8.

'독립 문제'라고 함은 독립이 가져다줄 장래의 지역 질서를 안정화시키는 문제 이외의 아무것도 아니었던 것이다.

그런 가운데 보튼은 독립 후 한반도에 대한 국제적 관여가 선택의 문제가 아니라 필연의 문제라고 강조했다. 보튼이 필연의 문제라고 지적한 그 국제적 관여의 문제와 관련해 그 회의의 의장이었던 보먼(Isaiah Bowman)은 어떤 정부를 구성할 것인가를 물었다. 그 질문에 대해 보튼은 적어도 극동 지역의 대국들이 신한국정부의 감독에 관여할 필요가 있으며 그 구체적인 주체로서는 중국, 소련, 미국이 들어갈 것, 다만 미국은 중국과 소련의 심판(umpire) 역할을 맡을 것, 그리고 캐나다, 영국, 네덜란드 등을 참여시킬 것도 현명하다고 답했다. 보튼은 회의석상에서 그 이유를 분명히 하지는 않았다. 그러나 그 판단 이유가 앞서 언급한 T 319 문서 "한반도: 독립 문제"에서 나타나 있었던 견해들과 마찬가지였음은 틀림없다. 즉 그 전문성으로 인해 전후 대일 정책의 원안 작성에 결정적인 영향력을 행사하게 된 보튼은 한반도 독립 문제를 세력 균형에 의한 지역 질서의 안정화라는 전략적 문제로만 인식하고 있었던 것이다. 그러나 그 전문성이 한반도 독립의 '광복성 여부'를 따지는 문제의식, 즉 다시 말해 한반도를 독립하게 함에 즈음하여 그 독립의 성격도 아울러 천명해야 한다는 등의 문제의식과 연결되는 일은 없었다.

그날 영토소위원회는 회의 내용을 주도한 보튼의 건의에 따라 멤버 전원의 일치로서 한반도를 독립시킬 것, 그리고 독립 후 과도정부(interim government)가 필요하다는 2가지 점에서 합의를 도출했다.[59] 이렇게 하여 1942년 가을까지 정치소위원회가 그 가능성으로서 상정하고 있었던 중국 연방으로의 편입이라는 구상은 물리치게 되었다.[60] 미국,

---

59) 한편 한반도 관리에 어느 국가가, 어떤 형태로, 그리고 어느 정도의 기간 동안 관여할 것인가 하는 등의 과제가 미결로 남았다. 신탁 문제를 둘러싼 그 후의 논의는 바로 이것을 반영한 것이었다.

60) 실제 필자가 확인할 수 있었던 한, 전후계획과 관련된 국무성 문서에서 이

중국, 영국, 소련 등이 참여하는 4개국 신탁통치를 거쳐 독립시킨다는 원안이 굳어짐 셈이었다. 그러나 이와 같이 한반도 독립 문제의 원안이 굳어져가는 가운데서도 한반도를 독립시킬 이유나 근거에 관해 그 위원회가 관심을 기울인 사실은 전혀 없었다. 실무 전무가로서 전후계획에 관여하게 된 보튼은 자신들에게 주어진 임무의 하나가 대일 전쟁 돌입에 따라 전중, 전후를 통해 일어날 가능성이 있는 문제의 리스트를 만드는 것이었다고 회고하면서 그와 관련된 영토 문제 중, 한반도에 관한 것은 "한반도의 장래"를 구상하는 것이었다고 증언하고 있다.[61]

즉 애초 보튼들이 수행한 임무는 어디까지나 전쟁을 계기로 예상하게 된 한반도 독립에 따른 미래의 과제에 대처하는 일이었다. 그것은 한반도 독립의 합당성을 일본의 한반도 병합의 비합법성이나 통치의 부당성이라는 '과거'에서 찾으려는 그런 시각과는 애초부터 달랐다. 독립 후의 한반도나 동아시아 지역의 안정을 위해 검토된 그런 한반도 독립 문제는 과거 일본이 한반도를 병합한 것이나 그 후 35년 동안 실시한 통치의 성격이 과연 어떤 것이었는가를 따지는 과제로 인해 직접 구속되어야 하는 문제가 아니었다. 오히려 미래에 쏠린 그런 관심의 무게는 과거에 대한 관심을 저절로 후퇴시켰다.

그러나 부작용은 단지 과거에 대한 관심을 퇴색시킨 것뿐만도 아니었다. 오히려 그것은 단지 그 관심의 후퇴를 초래했다는 것을 넘어, 이론적으로 병합이 합법이었음을 각인시키는 토대를 구축했다. 한반도 독립 문제와 관련해 그 미래에 대한 처방전 작성에 관여한 실무자들은 '전후'에 한반도를 독립시킬 것을 당연시했다. 병합 관련 조약들이 그 법적인 효력을 가지든 말든, 일본이 한반도를 실제로 지배하고 있었다는 조건에서는 독립이 일본 패전에 따른 '전후'에 이루어지게 될 것은

시기 이후 한반도를 중국 연방에 편입시킨다는 구상은 확인되지 않는다.
61) ヒュー・ボートン, 앞의 책, 123~124쪽.

어찌 보면 의식할 필요조차 없는 자명한 정치적 현실이었다. 그러나 단지 '전후'에 독립하게 한다는 것은 적어도 이론적으로는 '전후까지' 한반도가 일본의 영토였다는 해석을 허용하는 기반으로 이어지기 쉬었다. 즉 독립은 병합의 비합법성에서 도출된 필연적인 '광복'이 아니라 병합의 법적 성사 여부 문제와 상관없이 단지 전쟁이라는 역학 변동에 따라 일어난 사후의 '분리'에 불과하다는 이론이 자리 잡게 되는 기반이 되었다. 역설적이지만 한반도의 독립을 구상하고 실제 그것을 이루어낸 국무성의 '전후'계획은 그것을 의식하든 말든 애초 한반도 독립을 '전후'에 비로소 일어나는 사항으로 각색함으로써 거꾸로 그때까지 한반도가 일본의 정당한 영토였음을, 즉 병합이 합법이었음을 각인시키는 역설을 내포한 것이었다.

전쟁이라는 힘으로 인한 지역 질서 격변의 기회를 맞이해 한반도 독립 문제를 구상하게 된 국무성 실무 관계자들에게 한반도를 왜 독립시키는가 하는 법적 근거나 이유, 그리고 그 시기가 가지는 이론적인 함의 등을 검토하는 작업은 별 의미 있는 물음이 아니었다. 중요한 것은 적국 일본의 국력 억제라는 요구로부터 '근거 없이' 나오게 된 한반도 독립을 미국의 전략과 국익에 맞게 구현시키는 과제뿐이었다. 그러나 한반도 독립의 맹아가 이런 문제의식을 바탕으로 구체적으로 싹트기 시작한 것은 부정하지 못하는 현실이었다. 무엇보다 향후도 이런 현실이 그 방향성을 달리하게 되는 일은 없었다.

2 '근거 없는' 한반도 독립 구상의 확정

1) 임시정부 등에 의한 즉시 독립으로의 관심 고조와 그 사각(死角)

국무성 내부에서 구상되기 시작한 이와 같은 국제적 신탁통치의 실시라는 미국정부의 원안은 일찍 보도 등을 통해 중국에 있었던 임시정부 세력 등에도 전해졌다. 물론 이와 같은 소식은 전후 즉시 독립을 원했던 한국인들에게 위기의식을 심어주었다. 실제 1943년 5월 11일, 그런 보도에 접한 조소앙은 미국 대사관을 직접 방문하면서 한국인들은 모두 '절대적인 독립(absolute independence)'만을 원하고 있으며 따라서 전후 국제 통치(international guardship)에 대한 어떠한 제안에도 반대한다는 뜻을 담은 서한을 루스벨트에게 전달하도록 요청했다.62) 그 서한은 같은 날 중경 영국 대사관을 통해 처칠(Winston L. Churchill) 수상에게도 송부되었다.63)

또한 중경에 재류하던 한인 단체는 5월 10일자 대중 집회의 결의안으로서 작성한 공동 명의의 서한을 6월 11일, 미국 대사관을 통해 루스벨트에게 보냈다. 그 결의안 속에서 한인 단체는 '완전한 독립(complete independence)'을 요구하며 따라서 전후 한반도에 대한 이른바 국제 통치 혹은 관리(control)에는 굳건히 반대한다는 뜻을 담았다.64)

전해진 미국의 잠정적인 국제관리 구상에 대해 조소앙이나 한인 단체가 언급한 '절대적인 독립'이나 '완전한 독립'이라는 개념이 일본 패전 후에 외국의 관여 없이 즉시 독립할 것을 요구한다는 뜻이었음은 따로 강조할 나위도 없을 것이다. 한반도에서도 적용할 것을 구상한 신탁통치는 원래 미국에게 해당 지역의 독립을 저해하기 위한 것이 아니라 오히려 그것을 돕고, 촉진하기 위한 방안이었다. 예컨대 1942년 10월 정치소위원회는 식민지 지역에 적용할 신탁통치 일반의 성격이나 목적을 정립했다. 정치소위원회는 그 문제를 다룬 P 문서 118 "비 자기통치 국민들을 위한 국제적 신탁통치" 가운데 미국은 식민지 지역의 해방을 위해 노

---

62) "untitled", 『대한민국임시정부자료집 26: 미국의 인식』, 243~244쪽.
63) "untitled", F2403/723/23, "Post war independence of Korea", YD-127, 1943, Reel no.4, rpp.18~19.
64) "Transmitting Letter to President Roosevelt from Korean Mass Meeting", 『대한민국임시정부자료집 26: 미국의 인식』, 252~253쪽.

력해야 하나 그 원칙을 유효화하기 위해서도 국제적 신탁통치가 필요하다는 인식을 다짐했다. 신탁통치의 목적은 식민지 지역의 사람들이 정치적으로 성숙되고 자치정부를 수립하는 것을 돕는 것, 즉 독립을 위해 부족한 것을 충족시키기 위해 고려되어야 하는 수단이기는 했다.[65]

그러나 이미 30년 이상 외세의 지배하에 들어감으로써 무엇보다 그로부터의 즉시 독립을 최우선의 과제로 삼아야 했던 독립 세력에게 중요한 것은 독립의 지원 방안이 아니라 즉시 독립에 대한 보장이었다. 또한 독립 능력의 결여를 인정하는 것을 뜻하는 신탁통치의 수용은 스스로를 신정부수립을 위한 핵심 세력으로 여기던 자신의 정치적 입지를 직접 건드리는 일이기도 했다. 그만큼 독립 세력에게는 외세로부터의 독립이라는 민족적 염원과 함께 스스로의 정치적 집권을 위해서도 신탁통치는 수용할 수 없는 장애물이 아닐 수 없었다.

그러나 지역 질서 재편에 압도적인 힘을 가진 미국이 그 구상을 굳히기 시작한 이상, 그 영향은 컸다. 그에 촉발된 결과인지, 한국인의 관심은 한층 더 독립 시기나 독립 후의 통치 형태에만 모아지게 되었으며 그것은 다음으로 보는 카이로선언 선포에 따라 한층 더 굳어졌다. 즉 한반도 독립의 성격을 결정하는 데 중요한 병합의 비합법성이나 통치의 부당성 여부의 문제 따위에는 원래부터 아무런 관심도 없었던 미국과 달리 당초 임시정부 세력은 정부 승인 문제와 관련해 병합조약의 원천 무효화를 직접, 간접적으로 제안했었다. 그러나 후술하는 바와 같이 국제적 신탁통치의 실시 등 전후 한반도의 독립이 즉각적인 것이 아닐 가능성이 보다 명확해지자 임시정부 세력들의 관심 역시 한반도 독립이 비합법적인 병합과 부당한 통치로부터의 '광복'임을 결정하는 문제로부터 멀어져갔다. 그 문제는 즉시 독립의 염원들 앞에서 점점 사각지대에

---

65) P-118, "AN INTERNATIONAL TRUSTEESHIP FOR NON-SELF-GOVERNING PROBLEM", YE5-21, 560-P-118, p.1.

놓이게 된 셈이었다.

한편 신탁통치에 대한 한국인들의 반발이 일어나기 시작한 1943년 전반기, 전후 한반도를 독립하게 한다는 방침은 영토 문제를 직접 논의하던 영토소위원회 차원을 넘어, 국무성으로서의 방침으로 보다 확고하게 자리 잡았다. 실제 영토소위원회를 통괄하는 지위에 있었으며 또한 1942년 여름 무렵까지 한반도 독립에 관한 어떠한 합의도 없다고 적은 정치소위원회도 1943년 여름에는 한반도 독립을 보다 강하게 의식했다. 1943년 8월 26일 P 문서 241 "극동에 관한 공식적인 성명 및 견해"라는 장문의 문서를 작성한 정치소위원회는 그 제1장 요약과 현재의 시각에서 한국 독립 문제를 직접 언급했다. 정치소위원회는 비록 임시정부 승인 문제에 관해서는 독립 세력 간의 대립, 한반도와의 직접적인 접촉의 결여 등을 이유로 공식 승인은 없다고 강조했다. 그러나 동시에 중국이 전후 한반도가 독립해야 한다고 선언했고, 미국 역시 독립에 관한 한국인의 열망(aspirations)에 공감(sympathy)을 표시했으며, 영국 또한 한국인의 독립운동에 관한 일반적인 공감을 드러내는 희망(desire)을 가리켰다고 적었다.[66]

물론 이들 기술은 미국정부로서 전후 한반도 독립을 확정했다고 명확히 적은 것은 아니다. 그러나 대일전의 주역인 미·중·영의 3개국이 전후의 한반도 독립에 대한 지지를 표명한 것을 확인하고 있는 이상, 이 시기까지 국무성으로서 전후 한반도를 독립시킬 방향으로 대응해 나갈 필요성을 사실상 기정방침으로 굳혀가고 있었음은 틀림없을 것이다.

2) 한반도 독립 문제에 관한 국무성 재논의

이와 같이 전후 한반도 독립이 국무성 실무가들 사이에서 기정사실

---

66) P-241, "OFFICIAL STATEMENT AND VIEWS PERTAINING TO THE FAR EAST(September 1939 to date)", YE5-21, 560-P-241, p.5.

로 되어가는 가운데 한반도 독립과 관련된 문제들은 다시 1943년 가을 쯤에 집중적으로 논의되었다. 전쟁의 진행에 따라 국무성은 관련 조직의 개편을 단행했었다. 1943년 7월 이후 국무성은 헐 장관의 지령에 따라 그 이전에 각 위원회에서 검토된 내용들을 문서화하기 시작했다. 그 역할을 담당한 것은 특별조사부를 대신해서 조직된 정치조사부(Division of Political Studies)와 경제조사부(Division of Economic Studies)였다. 이후 이들 조사부가 정리한 문서군은 'H 문서'라고 불리는 정책 개요(Policy Summaries) 시리즈로서 집대성되었고 국무성 내의 전후계획 논의는 그 후 기본적으로 이 정책 개요를 바탕으로 이루어지게 되었다.

같은 1943년 9월에는 특히 모스크바 외상회의 등의 준비를 위해 외교 전문가로부터 구성된 정책반(Policy Group)이 조직되었다. 10월에 열린 이 모스크바 외상회의는 전후 국제적 평화 기구 설립에 합의함으로써 전후 국제연합(United Nations, 이하 유엔으로 약기) 창설의 단서가 된 회담이었다. 이 정책반에는 블레이크슬리나 보튼과 같은 연구자와 함께 밸런타인(Joseph W. Ballantine)이나 빈센트(John C. Vincent) 같은 직업 외교관이 참여했다. 연구자와 외교관이 같이 참여한다는 구성을 통해서도 알 수 있듯이 정책반은 지역 전문가들이 마련한 H 문서 등을 바탕으로 실제 택할 정책 방안을 보다 구체적으로 검토할 것을 목적으로 했다. 즉 이 시기 국무성의 전후계획은 구상을 꾸미는 '연구' 단계로부터 '실천'을 보다 의식하는 단계에 접어든 것이었다.

이 과제를 위해 보튼은 정치조사부 문서로서 1943년 9월 30일에 H 문서 58을 작성하면서 다시 한반도의 국경 문제를 다루었다.[67] 이는 4월 보튼 자신이 영토소위원회 토의를 위해 작성하던 T 문서 316 "한반도: 영토 및 국경 문제"에서 논한 한반도의 지리적 성격, 간도를 중심으로 한

---

67) H-58, "JAPAN: KOREA: TERRITORIAL PROBLEMS: FRONTIER PROBLEM", YE5-21, 1520-H-58.

한국인 거주 상황 등을 바탕으로 하면서 전후 한반도 북부의 국경 설정 문제를 결정하는 데 필요한 몇 가지 논점을 제기하기 위한 것이었다.

"일본: 한국: 영토 문제: 국경 문제들"이라는 제목이 지어진 그 H 문서 58은 검토 과제가 한반도의 국경(territorial frontier)에 변화를 주는 것이 적절한가 하는 것이라고 하면서 특히 두만강 북쪽에 위치한 간도 지역을 중심으로 한반도와 중국, 소련 간의 국경 설정 문제를 고찰했다. 그 문서에서 정리된 역사적인 내용은 4월에 작성되던 원안과 별 차이가 있는 것은 아니다. 그 문서는 역사적으로 간도 지역에는 한국인이 많이 거주해 왔으나 1909년 간도협약으로 인해 두만강을 국경으로 설정한 결과, 전후도 중국 영토에 한국인이 많이 거주하게 될 것이라고 예상하면서 그에 따라 간도 지역의 취급이 향후 문제가 될 수 있고, 특히 한반도의 전략적, 경제적 중요성으로 인해 국경 문제가 중요하다고 지적했다.

보튼은 이와 같이 지적한 후, 향후 취할 수 있는 한반도 북부 지역의 국경 문제 해결과 관련하면서 3가지 방안을 정리했다. 그것은 외국에 거주하게 될 한국인 소수자에게 공평한 취급을 취한다는 조건부로 한반도의 전통적인 국경을 그대로 유지하는 방안, 이어 간도를 한반도에 편입하는 방안, 그리고 한반도 북동부의 일부를 만주에 편입하는 방안이었다. 첫째 방안은 현재의 국경을 유지하면서 새로운 국경 창출 문제를 피할 수 있는 장점이 있었다. 한편 둘째 방안은 간도에 한국인이 많이 거주하고 있는 현실을 감안할 때 자치(self-determination)라는 원칙에 비추어봐 바람직한 방안이었다. 그리고 마지막 셋째 방안은 중국의 해양 진출에 도움을 주고 중국의 이익에 부합하는 방안이었다.

이 H 문서 58은 이틀 후 정책반에 의해 검토되고 10월 2일자 PG 문서 33 "한반도-중국-러시아 국경 문제"로서 재정리되었다. 이 'PG'는 'Policy Group'를 약기한 것이며 그만큼 정책의 실천을 보다 강하게 의식한 문서였다. 주로 한반도와 중국의 국경 설정과 관련된 문제를 다룬 문서 표제에 '중국'과 더불어 '러시아'가 구체적으로 들어가게 된 것은 결국 정책반이 그 국경 설정 문제에 소련의 이해관계가 얽히고 있다는 것을 보다 강하게 의식한 결과라고 봐도 무방할 것이다. 무엇보다 주목되는 것은 이 PG 문서 33이 비록 그 내용을 대부분 같이 하면서도 H 문서 58이 단지 나열한 방안들 중, 정책적 우선순위를 매긴 점이었다.

정책반은 보튼이 제기한 상기 3가지 방안들에 더해 또 하나 중국과 한국 간에 영토에 관한 상호 이익을 조정하기 위한 양자 간 협정을 체결하도록 할 방안도 일단 추가했다. 그러나 결국 보튼이 제시한 첫째 방안, 즉 외국 거주 한국인 소수자에게 공평한 취급을 한다는 조건부로 한반도의 전통적인 국경을 유지하는 방안이 바람직하다고 평가했다. 그 방안은 보튼이 지적했듯이 현재의 국경을 유지함으로써 새로운 국경 창출이 야기할 문제들을 피할 수 있는 데다 만주 거주의 한국인을 그대로 생활할 수 있게 하는 현실적인 방안이기도 하기 때문이었다. 그와 비교해 중국과 한반도 간에 영토에 관한 상호 조정을 하게 하는 방안은 중국의 해양 진출 야심에 따라 한반도가 중요한 항만을 잃을 가능성이 있고, 또한 러시아 역시 그에 의구심을 가질 것, 간도를 한반도에 편입하는 방안은 중국이 반대할 것, 마지막 한반도 북동부를 만주에 편입하는 방안 역시 전후 한반도에 건국될 국가가 반대하고 또 중국 영토에서의 새로운 한국인 소수자 문제를 야기하는 것 등, 단점들이 있었다.[68]

한반도 북부의 국경을 유지하는 것이 바람직하다고 판단한 까닭에는 무엇보다 그 방안이 중국과 소련 간에 일어날 수 있는 갈등 유발을 억제하는 효과가 있다는 측면이 컸다. 이에 관해서는 2일 같이 작성된 PG 문서 28 "극동 문제에 대해 있을 수 있는 소련의 태도"에서 언급되었다. 정책반은 중국이 한반도에 대해 어느 정도 영향력을 행사할 것을

---

68) PG-33, "KOREAN-CHINESE-RUSSIAN FRONTIER PROBLEMS", YE5-21,
    1196-PG-33.

원하고 있으며 특히 소련이 배타적인 영향력을 행사하려고 할 경우에는 중국이 일방적인 대응에 나서려 할 것을 유발할 가능성이 있다는 점, 한편 소련 역시 부동항의 획득에 따른 경제적 이득 및 중국, 일본에 대한 전략적인 위치 등으로 인해 한반도가 매력적일 것이라고 지적하면서 한반도를 둘러싸고 중국과 소련 간에 분쟁 소지가 놓여 있음을 예견했다.69) 이와 같이 한반도 북부의 국경선 설정 문제와 관련해 국무성은 한반도와 중국과의 관계에 더해 중국과 소련과의 관계도 의식했다. 그 결과 국무성은 한반도 북부의 국경 설정에 관해서는 일본 통치하에서 유지되던 영토 질서를 그대로 유지하는 방안이 바람직하다고 결론을 내린 것이었다.

이어 10월 1일, 보튼은 과거 스스로가 작성한 T 문서 319 "한반도: 독립 문제", T 문서 318 "한반도: 국내 정치 구조", 그리고 T 문서 317 "한반도: 경제 발전과 전망"을 토대로 H 문서 57 "일본: 한반도: 정치 문제: 독립 문제"를 작성했다. 이 문서는 한반도를 일본에서 절단할 것을 전제로 장래 한반도의 독립을 어떻게 달성할 것인가, 그 방안을 모색하기 위한 것이었다. 문서는 근대에 접어들어 한반도를 둘러싸고 일어난 열강들의 갈등의 경위, 지리적인 조건, 그리고 지정학적인 전략적 중요성 등에 간략하게 언급하면서 한반도 독립 문제가 국제적인 문제가 되지 않을 수 없음을 지적했다. 보튼은 이 인식을 바탕으로 향후 한반도 독립의 실현을 위해 취할 수 있는 방안들을 제시했다. 그것은 한반

---

69) PG-28, "POSSIBLE SOVIET ATTITUDES TOWARDS FAR EASTERN QUESTIONS", YE5-21, 1196-PG-28, pp.3~4. 또 이 문서가 소련이 참전할 경우에는 한반도 점령으로 이어지며 그것은 극동 지역에 전혀 다른 전략적인 상황을 만들어 중국, 일본에 미칠 반동(repercussions)은 광범위하다고 지적하고 있는 점도 주목할 만하다. 비록 그 후 한반도를 둘러싼 긴장은 중국과 소련이 아니라 미국과 소련 간의 문제가 중심이 되었으나 소련의 참전이 동아시아 지역에서 전혀 다른 전략적인 상황을 만든다는 생각이 이미 뚜렷이 나타났었던 점은 그 후의 냉전 체제를 생각할 때 흥미롭다.

도가 자유 및 독립하는 권리가 있음을 조기에 공식 승인하지만 동시에 현실적인 독립은 국제적 신탁통치하의 잠정정부(interim government)를 거친 후가 될 것을 천명하는 방안, 독립하는 권리가 있음을 조기에 승인하는 것은 천명하지 않고 완전 독립을 위한 준비로서 한반도에 대한 국제적 신탁통치를 실시하는 방안, 그리고 임시정부를 공식으로 승인하는 방안의 3가지였다.[70]

국경 설정 문제와 마찬가지로 이 독립 달성 방안 역시 2일에 정책반에 의해 재검토되었으며 그 결과는 PG 문서 32 "한반도 독립 문제"로서 결정되었다. 이 문서에서는 보튼이 정리한 H 문서 57에는 없었던 어떤 한 나라에 의해 한반도를 관리하게 하는 방안도 추가되었다. 그러나 결국 단지 가능성으로서만 나열되던 방안들 중, 그 PG 문서 32는 한반도에게는 자유 및 독립하는 권리가 있음을 조기에 공식 승인하지만 동시에 그 현실적인 독립은 국제적 신탁통치하의 잠정정부를 거친 후가 될 것을 천명하는 첫째 방안이 바람직하다고 평가했다. 문서는 그 이유를 직접 설명하지는 않았다. 그러나 그 평가의 이유가 4월에 보튼이 분석했었던 바에 따른 결과였음은 틀림없을 것이다.

즉 보튼은 한국인에게는 즉시 독립을 이루어 낼 역량이 아직 없다고 지적했었다. 정책반 역시 한반도 독립을 실천으로 옮길 것을 염두에 두면 둘수록 그 점을 강하게 의식하지 않을 수 없었을 것이다. 문서는 또한 그 방안이 연합국으로 하여금 한국인의 완전한 독립을 위한 준비에 대한 책임을 분담하게 하고, 한반도를 둘러싼 인근국가 간의 갈등을 최소화하는 체제를 만든다고 지적했다. 이 역시 기본적으로 보튼의 분석에 이미 나타났었던 정책적 효과였다.

한편 독립하는 권리가 있음을 조기에 승인하는 것을 천명하지 않고

---

70) H-57, "JAPAN: KOREA: POLITICAL PROBLEMS: PROBLEMS OF INDEPENDENCE", YE5-21, 1520-H-57.

완전 독립을 위한 준비로서 국제적 신탁통치만을 실시하는 둘째 방안은 조기 독립보다 신탁통치에만 무게를 두기 때문에 한국인이 기한이 없는 (indefinite) 외국의 전제(tutelage)를 받게 되었다고 생각할 수 있다는 문제점이 있었다. 또한 해방 전에 임시정부를 공식으로 승인하는 셋째 방안 역시 중국 이외의 다른 연합국이 환영하지 않을 것이며 또 임시정부가 한반도로부터 떨어지고 있고 국내에 있는 혁명 세력들과 밀접한 관련이 있다는 증거도 없는 이상, 한국인의 지지를 얻지 못한다는 문제점이 있었다. 그리고 정책반이 일단 가능성으로서 추가한 어떤 단독국가에 의한 통치를 실시한다는 마지막 방안 역시 그 주체를 선택하는 것이 어려우며, 그 후보로 예상될 중국 역시 자국을 부흥시키는 과제를 안고 있는 데다 그 통일성의 결여로 인해 통치 능력에 문제가 있으며 한국인 역시 중국을 받아들일 것이라는 보장도 없다는 문제점들이 존재했다.71)

정책반은 이와 같이 검토하면서 가급적으로 빨리 한반도 독립을 국제적으로 공식 천명하되 완전한 독립은 국제적 신탁통치 기간을 거쳐 이루어지도록 할 것을 밝히는 방안을 실제 취할 방침으로 선택했다. 그러나 일단 확립된 국제적 신탁통치 실시에 관한 구체적인 구성에 관해서는 그 문서는 아무런 언급도 하지 않았다. 이 공백을 어느 정도 메운 것이 4일에 작성된 PG 문서 34 "전후처리에서의 중국-러시아 문제"였다.

이 문서는 한반도를 둘러싼 중국과 소련 간의 갈등의 가능성에 주목하면서 한반도에 대한 중국의 이해관계가 역사, 사상, 안정보장이라는 측면에 기초한 것인 만큼 소련이 한반도를 지배할 것에 대해서는 강하게 반대할 것, 따라서 능력이 있는 정부를 확립하기까지 몇 년간 관리기구를 구성한다면 중국은 그에 참가할 것이며 그 멤버는 중국, 러시아, 미국이 될 것, 이는 한반도의 관리 문제에 관해 미국이 중국과 러시아

---

71) PG-32, "PROBLEMS OF KOREAN INDEPENDENCE", YE5-21, 1196-PG-32.

간의 중간 매개적(intermediary)인 위치에 서게 될 것을 뜻하고 미국에게는 부담이 되지만 멤버를 늘리면 중·소 대립을 완화하는 책임을 분산시킬 수 있다는 것, 그리고 혹시 우호적이고 안정적인 정부가 구성된다면 중국과 소련 간의 거센 대립은 피할 수 있으며, 거꾸로 정치적 무정부 상태의 기간이 있거나 러시아에 대해 비우호적인 정부가 구성된다면 소련이 한반도에 개입할 것 등을 지적했다.72)

즉 정책반은 한반도 신탁통치 실시에 즈음하여 한반도를 둘러싸고 중국과 러시아 간에 깔려 있는 잠재적 갈등 요인을 알아채면서 두 나라가 만족할 수 있는 기구의 설정이나 운영이 필요하다는 인식을 도출한 것이었다. 이 고찰 자체는 설정할 기구의 설계 등 아직 구체적인 방안까지 도출한 것은 아니다. 그러나 독립을 위한 한반도의 내적인 역량 문제와 더불어 중·소 간에 놓여 있는 갈등의 가능성까지 내다보면서 국무성의 실무자들이 1943년 가을 무렵 한반도 독립은 신탁통치를 거쳐 실현될 문제임을 보다 굳건히 다짐한 것만큼은 틀림없다.

이 시기 보튼은 전후 한반도에 관한 정책과 관련된 문서를 또 하나 작성했다. 10월 1일에 H 문서 56 "일본: 한반도: 경제 문제: 송환 문제"라는 제목으로 작성된 이 문서는 한반도 독립 후에 각 지역에 거주하고 있는 한국인과 한반도에 거주하고 있는 일본인에 대한 대처 방안을 모색한 것이었다. 문서는 만주, 일본으로의 한국인의 이주 경위, 현황, 그리고 일본인에 대한 한국인의 적대적인 태도 등을 지적하면서 만주에 있는 한국인에 대한 대응, 및 일본에 거주하는 한국인과 한반도에 거주하는 일본인의 송환 문제에 관한 대처 방안 등을 정리했다. 먼저 만주 지역에 있는 한국인에 관한 방안은 3가지였다.

첫째는 정치소위원회에서 이미 합의를 본 방안이었으며 그것은 만주

---

72) PG-34, "SINO-RUSSIAN PROBLEMS IN THE POST-WAR SETTLEMENT", YE5-21, 1196-PG-34, pp.6~7.

거주 한국인은 송환하지 않는다는 것이었다. 이는 국경 설정 문제와 관련해 그것을 현상대로 유지하는 방안을 가능케 하는 장점이 있었다. 둘째는 간도 지역 거주자의 4분의 3이 한국인이라는 조건을 감안해 자기 통치의 원칙에 따라 간도를 한반도에 편입하고 그대로 거주하게 하는 방안이었다. 그러나 이는 만주 지역의 전통적인 국경을 변경함으로써 중국의 반대를 일으킨다는 문제점이 있었다. 마지막은 간도나 다른 아시아 지역으로부터 한국인을 송환하는 방안이었다. 그러나 이 방안은 원래 경제적 필요에 따라 이주가 이루어졌다는 현실을 무시한 것이며, 때문에 한반도의 상황이 백만 단위에 이르는 송환자들에게 그들이 만주 지역에 거주하고 있었을 때와 같은 생활수준을 보장할 수 있을 것인지 의문스럽다는 문제가 있었다.

한편 일본 거주 한국인과 한반도 거주 일본인 문제에 관해서는 일본 거주 한국인은 보호하고 한반도로부터는 일본인 관리를 송환하는 방안, 또 하나 한반도 거주 일본인과 일본 거주 한국인 모두를 송환한다는 2가지 방안이 거론되었다. 첫째 방안은 일본 거주 한국인에게 한반도 거주 시보다 높은 임금을 주고 적어도 백만에 이르는 송환의 필요성을 없앤다는 장점이 있었다. 또한 한반도 거주 일본인 관리만을 송환하는 이 첫째 방안은 한국인으로 하여금 일본의 정책을 수행하는 의무에서 해방시키고 철도 등 일본의 기술만을 향유하게 하는 방안이기도 했다. 한편 일본 거주 한국인을 모두 송환하게 하는 둘째 방안은 한국인들에게 보다 낮은 생활수준을 수용할 것을 강요하게 한다는 점에서 문제가 있었으며 또한 재한일본인 전원을 송환하는 것 역시 일본인들이 한반도에서 중요한 기술이나 지식을 가지고 있는 입장에 있었다는 현실을 고려하지 않고 있다는 의미에서 문제가 있었다.[73]

---

73) H-56, "JAPAN: KOREA: ECONOMIC PROBLEMS: REPATRIATION PROBLEMS", YE5-21, 1520-H-56.

만주 지역 거주의 한국인, 및 한반도 거주 일본인과 일본 거주 한국인들에 관한 대처 방안은 4월 영토소위원회를 위해 보튼이 작성한 문서들 속에서는 아직 구체적으로 거론되지 않았었던 문제들이었다. 이 의미에서 이와 같은 거주자 송환 문제는 1943년 가을에 처음으로 나타난 새로운 움직임이었다. 이는 물론 전후 한반도 독립을 염두에 두면서 그에 따라 당연히 예상되는 인구 이동이나 각 지역에서의 민족 간 갈등의 가능성을 의식해 추가 고찰된 것으로 판단해도 틀림없을 것이다. 1943년 가을에 이르러 봄보다 문제를 실천적으로 풀 방안을 모색하게 된 국무성 실무자들에게 이 문제 역시 전후 지역 질서의 안정을 도모하는 데 피할 수 없는 정책적 과제들이었다.

이와 같이 전후계획을 구상한 국무성 실무자들은 1943년의 봄과 가을에 진행된 토의 과정을 거쳐 한반도 독립 문제와 관련된 대처 방안들을 수립해 나갔다. 국경의 설정, 국제적 신탁통치의 실시, 그리고 거주자에 대한 대처 방안으로 이르는 이들 정책 과제는 모두 일본과의 전쟁의 결과 일어날 한반도의 미래를 그리는 것이었다. 그러나 봄에 오간 고찰들과 마찬가지로 가을에 다시 집중적으로 이루어진 한반도 독립 문제에 관한 토의 과정에서도 한반도의 '미래'만이 논의되었고 한반도의 '과거'가 주목 대상이 된 일은 단 한 번도 없었다.

물론 정책 수립 과정에서는 한반도를 일본이 병합하고 통치한 과거에 대한 고찰이 전혀 없었던 것은 아니다. 그러나 그런 과거에 대한 고찰은 모두 전후 한반도를 즉시 독립시키기 위해 요구되는 자기통치 능력의 결여와 관련된 미래의 논점들을 도출하는 문맥에서 활용되는 데 그쳤다. 다시 말해 '과거'는 아직 한국인들에게는 즉시 독립을 이룩하는 능력이 없다는 것을 정당화하기 위해 인식되었을 뿐이었지, 독립이라는 '미래'에 대한 한국인의 능력이 결여하게 된 일본의 책임을 추궁하기 위한 문제가 아니었다. 결국 이 시기 전후계획을 수립하게 된 국무성의 실무가들이 병합의 비합법성이나 통치의 부당성을 따지는 일은 전혀 없었던 것이다. 그들이 일관되게 주목한 것은 전후 일본으로부터 절단되는 한반도를 어떻게 관리하고 독립하게 하는가 하는 실천적인 과제였지, 왜 한반도를 독립하게 해야 하는가 하는 역사적, 법적 과제에 대한 입장 정립의 문제가 아니었다.

태평양전쟁 발발에 따라 국무성은 한반도에 대한 일본의 병합과 통치를 인정해온 과거의 입장을 뒤집어, 이 시기 한반도를 독립시킬 방침으로 돌아선 것은 틀림없다. 그러나 그것은 일본이 한반도를 병합한 것에 대한 합법성 여부나 실시한 통치 내용의 정당성 여부에 관한 평가를 일절 결여한 채 꾸며졌다는 의미에서 바로 '근거 없는 독립' 구상이었다.

다음 제2장에서 고찰하는 카이로선언은 한국인이 '노예 상태'에 놓여 있다고 직접 언급하면서 한반도를 독립시킬 것을 공약했다. 또한 그 선언은 '노예 상태'에 직접 언급한 한반도 독립 조항의 앞부분에서도 폭력이나 탐욕으로 인해 약탈한 지역으로부터 일본이 구축된다고 규정했다. 얼핏 보기에 이들은 전후계획에 관한 국무성 실무자 토의에서는 빠져 있었던 한반도 독립에 대한 '근거'를 제공한 것으로도 보이기 쉽다. 그러나 선언 조문에 그와 같은 표현들이 들어갔다는 것은 그들 규정이 실제 한반도 독립에 관한 역사적, 법적 근거를 준 것, 다시 말해 선언이 병합의 비합법성이나 통치의 부당성을 명확히 인정하고 그로부터 '광복'시키기 위한 근거로서 기초되었다는 것을 반드시 뜻하는 것은 아니다. 그 여하에 대한 평가는 실제 선언이 기초된 과정과 논리를 규명해야만 비로소 가능할 문제일 것이다.

그렇다면 전후 한반도를 독립하게 할 것을 국제공약으로 삼은 카이로선언은 어떤 과정을 거쳐 기초되었는가? 그 과정과 논리는 한반도 독립 문제와 관련해 그 선언이 어떤 함의를 지닌 것으로 평가함이 타당한가를 가리키고 있는가? 다음 장에서는 바로 이 과제를 규명하고자 한다.

제2장

카이로선언의 기초와 '근거 없는' 한반도 독립 조항의 확정

1943년 12월 1일 미국, 중국, 영국의 3국 영수 명의로 전 세계를 향해 선포된 카이로선언은 전후에 한반도를 독립시킬 것을 국제적으로 공약함으로써 실제 한반도 독립의 법적, 정치적 기반이 되었다는 의미에서 한국 현대사에 크나큰 의미를 지닌 것이었다. 무엇보다 이 선언은 전후 일본의 영토에서 박탈하는 지역 문제와 관련해 '폭력', '탐욕', '약탈', '노예 상태' 등의 수사(修辭)를 사용했다. 이에 따라 지금까지 한국에서 생산되어온 많은 관련 담론은 선언이 한반도 독립의 근거를 천명한 것이라고 이해해 왔다. 즉 이 책 첫머리의 문제 제기에서 소개한 『대일배상요구조서』에 나타났듯이 한국 사회의 관련 담론은 선언이 일본의 한반도 병합과 통치가 폭력이나 탐욕으로 인해 이루어진 약탈이었으며 그 결과 한국인이 '노예 상태'가 되었음을 선포한 것으로 병합의 비합법성과 통치의 부당성을 국제사회에서 확정한 것이라고 평가해 왔다.[1]

또한 오늘날 국민적 관심사가 되어 있는 독도의 영유권 문제와 관련해서도 카이로선언은 자주 활용되어 왔다. 즉 독도는 한반도에서 가장 먼저 일본의 폭력이나 탐욕으로 인해 약탈당한 대상으로서 그런 지역부터 구축된다는 카이로선언 관련 규정에 따라 전후 일본은 그에 기초해 이루어진 영토 처리 과정에서 이미 독도 영유권을 박탈당했으며 한국 영토로 확정되었다는 논리의 기반이 되어 왔다.[2] 말하자면 카이로선언

---

1) 이러한 인식은 현재까지 무엇이 그 대표적인 담론인지, 특정화하는 것이 어려운 정도로 한국 사회 전반에 걸쳐 퍼져 있는 상식적인 견해일 것이며 따라서 한국정부가 일찍 천명한 『대일배상요구조서』이외에 일부러 다른 담론을 소개할 필요는 없을 것이다.

에 따라 전후 한반도가 '광복'을 맞이한 것과 같이 독도 역시 전후에 이미 '광복'을 맞이했다고 주장하고 있는 셈이다. 이들 주장이 국민감정에 잘 부합하는 담론으로서 상당히 영향력을 발휘하게 됨은 어찌 보면 자연스러웠다. 그러나 국내에서 쉽사리 통용되는 이와 같은 정서적 이해가 과연 국제사회에서 통하는 외교사로서 참으로 실증할 수 있는 타당한 해석인가는 하는 물음은 아직 학술적으로 충분히 검증된 것은 아니다. 그만큼 이 물음은 아직 엄격한 검증을 거쳐야 하는 학문적 과제로서 남아 있다고 해야 한다. 따라서 그 검증을 위해서도 무엇보다 먼저 선언이 기초된 과정이나 논리를 정확히 파악할 필요가 있다.

이 제2장은 바로 이 과제를 규명하는 것을 목적으로 한다. 카이로선언의 기초 과정이나 논리, 그 속에서 결과적으로 기초된 조문 내용, 그리고 선언 선포 후 그를 둘러싼 각국의 인식 등을 분석하면서 한국의 담론들이 그렇게 이해해 왔듯이 카이로선언이 과연 한반도 독립 문제와 관련해 병합의 비합법성이나 통치의 부당성을 확정하고 그것을 한반도 독립의 근거로 삼은 것이라고 볼 수 있는지 검증하고자 한다.[3]

분석에 들어가기에 앞서 카이로선언 조문의 의미를 정확히 분석하기 위해서도 먼저 널리 알려져 있는 최종 문안을 여기서 다시 제시해 두고자 한다. 주지하는 바와 같이 카이로선언은 전쟁의 목적이 일본의 침략을 저지하는 것 등에 있다는 것을 명시한 후 전후 일본의 영토 처리와

---

2) 독도 영유권 문제와 관련해 카이로선언의 문안을 이용하는 사고방식 역시 일부러 그 대표적인 담론을 들어, 특정한 주장으로서 소개하는 문제가 아니라는 점은 이 문제에 관심을 가지는 사람이라면 누구나 공감할 것이다.

3) 최근 카이로회담의 개최나 선언의 기초 과정에 관해서는 정병준, 조덕천 등에 의해 주목할 만한 연구 성과가 발표되었다. 정병준, "카이로회담의 한국 문제 논의와 카이로선언 한국조항의 작성 과정", 『역사비평』, 통권 107호, 2014, 여름호, 307~347쪽; 趙德千, "카이로회담의 교섭과 진행에 관한 연구", 『한국근현대사연구』, 제70호, 2014, 가을호, 134~169쪽. 그러나 이들 연구 역시 한반도 독립의 근거 문제에 관한 선언의 의미를 검증하려는 문제의식으로 진행된 것은 아니며 따라서 그들 논점에 관한 분석은 없다.

관련해 다음과 같이 규정했다.

It is their purpose that Japan shall be stripped of all the islands in the Pacific which she has seized or occupied since the beginning of the first World War in 1914, and that all the territories Japan has stolen from the Chinese, such as Manchuria, Formosa, and the Pescadores, shall be restored to the Republic of China. Japan will also be expelled from all other territories which she has taken by violence and greed. The aforesaid three great powers, mindful of the enslavement of the people of Korea, are determined that in due course Korea shall become free and independent.

(일본이 1914년 제1차 세계대전 발발 이후에 획득 또는 점령한 태평양의 모든 도서를 박탈하고 또한 만주, 타이완 및 펑후열도와 같이 일본이 중국으로부터 훔친 모든 영토를 중화민국에 반환시키는 것이 미·중·영의 목적이다. 또한 일본은 폭력이나 탐욕으로 인해 약탈한 다른 모든 지역으로부터 구축될 것이다. 상기 3대국은 한국인의 노예 상태에 유의하여 적당한 시점에 한국을 자유 및 독립시킬 것을 결심한다.)4)

즉 선언은 전후 일본의 영토 처분과 관련해 태평양 도서(島嶼)들의 박탈, 중국 관련 영토의 반환, 폭력이나 탐욕으로 인해 약탈한 지역으로부터의 구축, 그리고 한반도의 독립들을 천명했다. 특히 선언은 한반도 독립 문제와 관련해 직접 '노예 상태'라고 언급했다. 또한 '독립'에 대응하는 'independent'와 함께 강점으로부터의 '해방'이라고도 번역 가능한 '자유(free)'가 규정되었다. 또한 비록 한반도 독립 조항에 직접 삽입된 것은 아니었으나 일본이 구축될 폭력이나 탐욕으로 인해 약탈한 지

4) 통상 원문이 외국어일 경우에는 '한국어 번역(원문)' 형식으로 표기하는 것이 관례이나 이하 이 책에서는 선언이나 조약과 같이 정문(正文)이 영문으로 기초되었으며 또한 그 정문의 기초 문제 등을 직접 분석 대상으로 할 경우에는 편의상 '원문(한국어 번역)' 형식으로도 표기한다.

역의 범위와 관련해서는 '다른 모든 지역'으로 규정함으로써 그 범위에 직접적인 한정을 달지 않았다. 이에 따라 일본이 구축될 약탈 지역에는 한반도도 당연히 포함된다는 해석이 유력해 보인다. 그리고 이러한 규정들을 종합적으로 고려할 경우, 한국 사회의 담론처럼 카이로선언이 병합의 비합법성이나 통치의 부당성을 천명하고 그에 기초해 한반도를 독립하게 했다고 해석하는 것 역시 가능해 보인다.

그러나 한반도를 독립하게 하는 것에 관한 근거를 제공한 것으로 보이는 이러한 카이로선언 규정을 어떻게 해석하는 것이 타당한가 하는 문제는 원래 최종 문안만을 대상으로 자의적으로 판단할 수 있는 문제가 아니다. 그것은 전후 미국을 비롯한 연합국의 전후처리 구상과 실제 선언이 기초된 과정이나 논리를 종합적으로 살펴봐야지 비로소 검증 가능한 문제이다.

이하에서는 바로 이런 문제의식을 바탕으로 카이로선언이 기초된 정치적 배경이나 과정, 그리고 그 논리 등을 살핌으로써 한반도 독립이 비합법적이고 부당한 강점으로부터의 '광복'으로서 이루어진다는 독립 근거를 제공한 것으로도 평가되는 카이로선언의 함의를 정밀히 분석하고자 한다.[5]

---

5) 필자는 이 장에서 다루는 분석 과제 중, 이하 'Ⅱ 카이로선언의 기초' 부분에서 집필한 주제에 관해서는 그 내용의 일부를 줄여 하나의 독립 논문으로서 앞서 발표했음을 밝혀 둔다. 장박진, "카이로선언의 기초와 한반도 독립 조항의 의미: 전후 단순 분리 독립의 기원", 『동북아역사논총』, 54호, 2016.12, 247~289쪽.

Ⅰ 카이로회담 개최 과정

1 카이로회담 개최의 정치적 배경

결과적으로 미국, 중국, 영국 3개국으로 인해 개최된 카이로회담은 중국에 대한 미국의 정치적인 배려가 강하게 작용하면서 성사된 것이었다. 당초 루스벨트가 직접 회담을 원했던 상대는 장개석이 아니라 스탈린(Joseph Stalin)이었다. 루스벨트는 1941년 12월부터 이미 수차례 스탈린과의 회담을 희망하는 의사를 소련에 전달했었다.6) 1939년 9월에 유럽 전선이 이미 형성돼 있었으며 무엇보다 1941년 6월부터는 독·소전이 발발함에 따라 미국, 영국에게 소련은 정치 체제의 차이를 초월하고 추축국 타도라는 군사적 측면에서 필수적인 파트너가 되었었다. 그럼에도 개전 이후 루스벨트와 스탈린의 직접적인 만남은 이루어지지 않았다. 루스벨트는 독일과의 전쟁을 위해서는 물론, 원활한 대일전 승리를 위해서도 군사적으로 최대의 동맹국인 스탈린과의 직접적인 의사소통이 필수적이라고 생각한 것으로 사료된다.

실제 결과적으로 카이로, 테헤란회담으로서 성사된 영수회담의 개최는 루스벨트가 적극적으로 소집하고 이루어졌다. 루스벨트는 1943년 5월 5일 다시금 스탈린에게 군사적인 문제를 토의하기 위해 올 여름 무렵에 직접 만날 것을 먼저 제안했다.7) 그러나 스탈린은 5월 26일 미국과의 회담의 필요성 자체는 인정한다 하면서도 대독전의 전황을 이유로 여름에 만나는 것은 어렵다는 의향을 밝혔다. 그래서 스탈린은 회담 개

---

6) 이 사실은 카이로·테헤란회담 관련 자료를 수록한 FRUS 편집자의 편집 각서(Editorial Note)에서 알 수 있다. "PAPERS ON ARRANGEMENT FOR THE CONFERENCE": Editorial Note", *FRUS 1943 The Conferences at Cairo and Tehran*, p.3.

7) "President Roosevelt to Marshal Stalin", *ibid.*, pp.3~4.

최 시기를 7, 8월쯤에 다시 조정하도록 요청했다.[8] 루스벨트가 장개석
에 대해 직접적인 회담 요청의 서한을 보낸 것은 스탈린으로부터 회담
개최 시기에 관한 재조정의 요청이 나옴에 따라 그 일정이 한층 더 유
동적으로 되어 있었던 6월 말의 일이었다. 6월 30일 루스벨트는 장개석
에게 자신들이 직접 만나는 것이 중요하다 하면서 양국 수도의 중간 정
도의 장소에서 올 가을쯤 적당한 시기에 만나자고 제안했다.[9] 그러나
장개석에 대한 이 제안은 루스벨트가 스스로 그 회담의 중요성을 절실
히 인식한 결과라기보다 중국 측의 의향을 수락한 측면이 강했다.

  루스벨트의 회담 요청에 앞서 5월, 송자문 중국 외교부장관은 루스벨
트의 측근이자 카이로선언 초안 작성에 직접 깊이 관여한 대통령 특별
보좌관 홉킨스(Harry Hopkins)에 대해 국제회담에 중국이 참가하지 못
해 왔던 것에 대한 불만을 표시하면서 중국의 참가를 촉구했었다. 12일
부터 워싱턴에서 열리기 시작한 루스벨트-처칠 미·영 연속회담에 맞추
어 송 장관은 극동 문제가 논의된 카사블랑카회담에서도 중국 대표는
참석하지도 못했고 또 아무런 의견 청취(consult)도 없이 결정이 이루어
진 후에 전달만 받았다고 지적하면서 대일전이 논의되는 워싱턴회담에
서는 장개석의 의견이 반영되도록 자신이 직접 초청받게 될 것을 믿는
다고 못을 박았었다.[10]

  또한 15일에는 중경에서도 장개석이 자신을 직접 방문한 앳치슨
(George Atcheson) 등에 대해 워싱턴회담에는 자신의 대리로서 송미령
(Madame Chiang)과 송자문이 참석할 것을 희망한다고 전했었다.[11] 훗
날 전후의 대일 점령 정책에도 깊이 관여하게 된 앳치슨은 당시 국무성

  8) "Marshal Stalin to President Roosevelt", *ibid.*, pp.6~7.
  9) "President Roosevelt to Generalissimo Chiang", *ibid.*, p.13.
  10) "The Chinese Minister for Foreign Affairs(Soong) to Mr. Harry Hopkins,
     Special Assistant to President Roosevelt", *FRUS 1943 China*, p.53.
  11) "The Chargé in China(Atcheson) to the Secretary of State", *ibid.*, p.53.

극동국(Division of Far Eastern Affairs)에서 중국 문제를 담당하고 있었다. 또한 기록상 구체적으로 누군지는 알 수 없으나 장개석의 측근은 21일에 중경에 재류하던 미 해군 무관에 대해 루스벨트-처칠회담에만 무게가 실어지고 루스벨트와 장개석 간에 회담이 설정되지 않는 것은 이해하지 못한다고 하면서 미·중 정상회담의 중요성을 강조했다. 그 자리에서 그 장개석 측근은 장개석을 회담에 참가시키지 않는 것은 미국이 중국을 '덜 중요한 국가(inferior power)'로 인식하고 있다는 것을 드러내는 것이라고 중국인들이 보고 있으며 루스벨트와 장개석의 회담은 중국인의 정신력을 높이는 데 유익하고 가령 우호 관제를 위한 인사 정도 이외에 중요한 의제가 없다고 하더라도 미·중 정상회담을 갖는 것은 무기대여법(Lend-Lease Acts) 모두를 중국에 적용하는 것 이상의 효과가 나올 것이라고 조언했었다. 즉 5월, 중국은 일련의 미국 측과의 접촉을 통해 단지 국제회담으로의 중국 대표의 참가뿐만 아니라 장개석 본인이 루스벨트와 직접 회담을 갖고 싶다는 희망을 전달했었던 것이다.

1939년의 유럽 전선 발발 이전부터 이미 일본과의 전쟁에 돌입했었던 중국은 1941년 말부터 참전하게 된 미국, 영국 등과 비교해도 대일전의 주역이었다. 그럼에도 중국은 연합국 형성 당초부터 그에 맞는 대우를 받지 못했다. 1942년 1월 1일자로 나온 연합국공동선언에서도 중국은 불과 그 이틀 전에 헐 국무장관으로부터 서명을 요청하는 통보만을 받았을 뿐이었다.[12] 이어 추축국으로부터 무조건항복을 받아낼 것을 서약한 1942년 1월의 카사블랑카회담에서도 중국은 단지 그 내용을 통보받았을 뿐이었다. 23일에 종료한 동 회담과 관련해 25일 루스벨트와 처칠은 장개석에 대해 중국을 지원하는 것의 사활적인 중요성(vital importance)을 충분히 인식하고 있다고 전했다.[13] 그러나 그 사활적인 중요성을 지닌 대일

---

12) "The Secretary of State to the Chinese Ambassador(Hu Shih)", *FRUS 1942 Volume Ⅰ General The British Commonwealth The Far East*, p.22.

13) "President Roosevelt and Prime Minister Churchill to Generalissimo Chiang

전의 주역을 같은 자리에 앉히려는 그런 자세는 보이지 않았다. 공산주의라는 사상적 차이가 있는 데다 대국 소련이 굳이 미·영 주도의 국제적 테두리에 초조해서 참가할 필요성을 느끼지 않았던 것과는 달리 미·영과의 협조가 대일전 수행을 위해 필수였던 당시 중국에게 이와 같은 대우는 당연히 불만과 불안을 야기할 수밖에 없었다.

다만 21일, 루스벨트와 장개석에 의한 직접회담의 필요성을 강조한 장개석의 측근은 중국 사회에서 지배적인 영향력을 행사하고 있는 '체면(face)'이라는 것을 고려해 루스벨트가 장개석을 초청하는 형식을 취하는 것이 좋으며 그것이 중국을 완전히 같은 지위가 아니더라도 미국 같은 강대국에게 마땅한 지위를 인정받았다고 중국 사회에게 인식하게 하는 조치임을 부언했었다.[14] 즉 그 장개석 측근은 루스벨트가 장개석과의 회담을 희망했다는 형식을 갖춤으로써 회담을 성사시킬 것이 더 중요하다고 요청한 셈이었다.

6월 30일에 루스벨트가 장개석에 대해 회담을 요청하는 서한을 보낸 것은 이와 같은 중국 측 의향을 루스벨트가 받아들인 결과였음은 틀림없을 것이다. 이 요청을 받아 7월 9일 장개석은 오랫동안 상호 이익에 관한 여러 문제들을 같이 논의하는 것을 희망해 왔다고 답하면서 9월 이후 적절한 시기에 만나자는 답신을 보냈다.[15] 루스벨트와 장개석 간에 오간 교신에서는 아직 '카이로'라는 장소가 직접 정해진 것은 아니었다. 그러나 결과적으로 카이로회담은 중국 측의 소원을 받아들인 루스벨트의 정치적 배려로 인해 실현된 것은 틀림없다.[16]

Kai-shek", *FRUS 1943 China*, pp.1~2.

14) "Intelligence Report by the Naval Attaché in China(Brown)", *ibid*., pp.54~55.
15) "Generalissimo Chiang Kai-shek to President Roosevelt", *ibid*., p.73.
16) 기록상 당초 회담 장소로서는 미국이 '알래스카(Alaska)'를 고려하고 있었음을 알 수 있다. 그러나 7월 21일 중국 측은 장개석의 지시로서 알래스카에 가기 위해서는 시베리아를 통과하게 되나 스탈린을 만나지 않고 소련 영토를 통과하는 것은 특히 중·소 관계를 생각해서라도 좋지 않다고 하면서 다른 장소에

2 카이로, 테헤란 연속회담의 결정

루스벨트가 주도한 스탈린, 장개석과의 회담에는 결국 처칠도 참가하게 되었다. 그러나 당초 루스벨트는 처칠과의 상의 없이 스탈린과 개별적으로 만날 것을 도모했었다. 이 점은 처칠이 6월 28일과 29일에 각각 연속해서 루스벨트에게 보낸 서한을 통해 알 수 있다. 28일 처칠은 스탈린으로부터 받은 불쾌한(unpleasant) 답신을 보낸다고 루스벨트에게 서한을 보냈다. 처칠이 말한 그 스탈린으로부터의 '불쾌한 답신'이라고 함은 루스벨트가 스탈린과 단독으로 만나려는 루스벨트의 제안에 대한 스탈린의 답신이었다. 처칠은 그 서한을 통해 스탈린이 나온다면 루스벨트를 말리려는(deter) 생각은 없다고 전했다.[17] 그러나 처칠이 '불쾌한 답신'이라고 일부러 적은 것은 그 서한이 자신을 제외하고 스탈린과 단독으로 만나려 한 루스벨트의 '배신'을 완곡적으로 꼬집은 것은 분명했다. 또한 처칠은 29일에도 다시 서한을 보내, 28일의 서한에서 말한 바와 같이 루스벨트가 스탈린과 단독으로 만나는 회담을 설정한다면 자신은 이제(no longer) 그것을 비난하는(deprecate) 생각은 없으며 오히려 스탈린의 태도를 보면 성사되는 것이 중요하다고 보냈다.[18]

서 만날 것을 희망했다. "The Chinese Minister for Foreign Affairs(Soong) to Mr. Harry L. Hopkins, Special Assistant to President Roosevelt", *ibid.*, p.79. 또 그 후 10월 루스벨트는 숙박 시설이 좋다는 이유를 들면서 '알렉산드리아 (Alexandria)'를 제시하기도 했다. "President Roosevelt to Generalissimo Chiang Kai-shek", *ibid.*, p.154.

17) "Prime Minister Churchill to President Roosevelt", *FRUS 1943 The Conferences at Cairo and Tehran*, p.12. 처칠이 보낸 서한에는 답신 서한을 받은 상대를 직접 '스탈린'이라고 기술하지 않고 'U. J.'로 적고 있다. 그러나 이 약자가 당시 루스벨트나 처칠이 스탈린을 'Uncle Joe'라고 부르던 별명을 줄인 것임은 틀림없다.

18) "Prime Minister Churchill to President Roosevelt", *ibid.*, pp.12~13. 28일의 서한에 이어 29일에 다시 처칠이 루스벨트-스탈린회담에 관한 답신을 보낸

루스벨트는 대서양헌장을 발표한 영국의 전함 프린스오브웨일스 (Prince of Wales) 선상에서 가진 회담을 비롯해 카사블랑카회담이나 일련의 워싱턴회담 등에서 이미 수차례 처칠과는 면담했었다. 그럼에도 대전 발발 이래 대독전 최대의 동맹국인 스탈린과는 못 만나고 있었다. 처칠은 1942년 8월에 모스크바를 직접 방문하여 스탈린과 이미 만났었다. 루스벨트로서는 아직 직접 성사하지 못했던 스탈린과의 단독회담의 필요성을 인식했을 것이다.

그러나 결과적으로 처칠이 회담에 참가하게 된 사실을 보면 루스벨트는 처칠이 서한을 통해 밝힌 '말리려는 생각은 없다'거나 '이제 비난하는 생각은 없다'는 등의 발언의 행간을 헤아리면서 단독회담보다 처칠의 심기를 거들어주는 것을 선택한 것으로 보인다. 루스벨트가 스탈린에게 언제 처칠의 참가를 정식으로 요청한 것인지는 기록상 불투명하나 스탈린은 8월 8일 서한을 통해 처칠의 참가에 반대하지 않는다고 밝히고 있다.[19] 또한 장개석에는 10월 27일 스탈린과 자신이 만날 수 있는지 알 수 없으나 그와 상관없이 어떤 경우에도 처칠과 같이 만나고 싶다는 의향을 전했다.[20] 이 서한 역시 루스벨트가 처칠의 합석을 장개석에게 처음으로 요청한 것인지는 확인할 수 없다. 그러나 당시 중경을 주된 본거지로 삼은 국민당정부에 대한 연합국의 전략 물자의 주된 지원 경로가 미얀마였으며 그에 따라 그 지역에서의 군사작전이 매우 중요한 의제가 되었었던 상황을 고려하면 미얀마의 종주국인 영국의 참가에 중국이 반대해야 하는 이유는 없었다.

것은 28일의 처칠 서한에 대해 루스벨트가 급히 어떤 메시지를 처칠에게 보낸 것에 따른 것으로 보인다. 그 점은 그 문서의 벽두 처칠이 '당신의 297'을 받았다고 표기한 것에서 엿볼 수 있다. 그러나 루스벨트가 보낸 그 서한 '297'은 같이 수록되어 있지 않아서 그 내용을 직접 확인할 수는 없다.

19) "Marshal Stalin to President Roosevelt", *ibid.*, p.18.
20) "President Roosevelt to Generalissimo Chiang", *ibid.*, p.47.

이와 같은 조정을 거쳐 소련, 중국과의 회담에 영국이 참가하는 것이 정식으로 결정되었다. 그러나 이는 회담이 미국, 중국, 영국, 소련이 참가하는 4개국 회담으로 개최될 것을 의미한 것은 아니었다. 그 점은 10월 27일 장개석에 대해 회담 개최의 확인을 행한 루스벨트가 스탈린이 '나'와 만날 수 있는지 아직 알 수 없다고 적은 점21)에서도, 또한 30일, 아직 스탈린으로부터 확답은 없으나 '처칠과 나'는 페르시아만 가까이에서 스탈린과 만날 기회가 아직 있다고 전하고 있는 점22) 등에서 엿볼 수 있다. 즉 미·중·영의 회담과 미·영·소의 회담을 나누어 실시하는 구상이 굳어지고 있었던 것이다.

회담 개최를 조정하는 루스벨트나 처칠의 교신 등은 그 이유를 직접 밝히지 않았다. 물론 스탈린이 거듭 일정의 변경을 제기했었다는 사태의 유동성이나 장소를 테헤란에만 고집한 자세 등에 따라 회담 개최를 위한 실무적인 조정의 문제가 일부 영향을 주었을 가능성도 있다. 그러나 유동적인 상황 속에서도 카이로회담 후, 루스벨트나 처칠이 일부러 테헤란에 이동했다는 사실, 그리고 이하 보듯이 카이로회담 개최 직전까지 장개석 자신이 스탈린과의 회담의 가능성을 남기고 있었다는 점 등을 감안하면 그러한 실무적인 사유가 중요한 원인이 되었을 가능성은 사실상 없어 보인다. 결국 장개석과 스탈린이 같이 합석하지 않는 형식을 취한 것은 중·소 간에 깔려 있었던 당시 미묘한 긴장을 루스벨트나 처칠이 헤아린 결과였을 가능성이 가장 크다.

실제 11월 9일 장개석은 루스벨트에 대해 루스벨트가 스탈린과 만나기 전에 미·중이 먼저 만날 일이 성사되도록 진심으로(sincerely) 당부한다는 의향을 전달했다.23) 20일 카이로에서 먼저 루스벨트의 개인 특사(personal representative) 헐리(Patrick J. Hurley)를 만난 장개석은 스탈

21) ibid.
22) "President Roosevelt to Generalissimo Chiang", ibid., p.55.
23) "Generalissimo Chiang to President Roosevelt", ibid., p.73.

린과 만날지 여부는 루스벨트와의 회담에 크게 달려 있다는 등의 발언을 하고 있다.[24] 때문에 장개석이 회담 직전까지 스탈린과의 회담에 합석할 가능성을 애초부터 완전히 거절했었던 것은 아니었다. 다만 스탈린과의 회담에 앞서 먼저 루스벨트를 만날 수 있을 것을 '진심으로' 희망한 장개석이 스탈린과의 회담에 소극적인 생각을 가지고 있었음은 틀림없다. 한편 스탈린은 보다 직설적이었다. 12일 스탈린은 루스벨트에 대해 미국과 중국과의 회담이 성공할 것을 원한다는 겉치레를 표시하면서도 테헤란에서의 회담에서는 미·영·소 이외의 다른 국가 대표의 참가는 절대적으로(absolutely) 배제하도록 강조했다.[25] 사실상 중국을 겨냥하면서 그 참가를 거절한 셈이었다.

그럼 왜 장개석은 스탈린과의 회담에 회의적인 태도를 보였는가? 20일 헐리 특사를 접견한 장개석은 그 이유와 관련해 소련이 중국을 공산화하고 중국의 일부를 소련에 완전히 병합할 희망을 가지고 있다고 말하면서 중국에 대한 소련의 의도에 의구심을 가지고 있음을 숨기지 않았다.[26] 물론 아무리 국내에서는 독재적인 권력을 휘두르는 스탈린이라 하더라도 루스벨트나 처칠이 참가하는 국제회담에서 전후 중국의 공산화나 중국 영토의 병합을 주장할 가능성은 없었다. 그러나 중국과 소련이 지정학적으로 긴 국경선을 낀 이웃 관계이기에 전후처리 문제에 관해서 두 나라 간에 복잡한 문제가 생길 가능성은 충분히 예견되었다.

즉 동아시아에서만 싸우던 중국이 회담에서 요구하는 주된 과제는 일본 패전 후에 공백으로 될 지역에 관한 처리 문제였다. 그러나 그들 지역에는 소련의 이해관계 역시 얽혔다. 그에 따라 장개석의 요구 사항에 대해 스탈린이 반대하는 의사를 천명할 가능성은 충분히 있을 수 있었다. 만약에 그렇게 될 경우 루스벨트 역시 대독전 최대의 동맹국인

---

24) "The President's Personal Representative(Hurley) to the President", *ibid.*, p.103.
25) "Marshal Stalin to President Roosevelt", *ibid.*, pp.82~83.
26) "The President's Personal Representative(Hurley) to the President", *ibid.*, p.102.

소련의 의향을 완전히 무시할 수는 없을 수도 있었다. 장개석은 그러한 상황을 우려했었을 것이다. 장개석이 루스벨트가 스탈린을 만나기 전에 먼저 자신과 만날 것을 강하게 희망한 까닭 역시 그런 점 때문일 것이다. 즉 장개석에게는 루스벨트와 먼저 만남으로써 전후 동아시아 지역에서의 중국의 이익을 가능한 한 극대화하는 테두리를 먼저 보장받고 그것을 통해 예상될 소련의 반대를 사전에 선제적으로 억제해 둘 필요가 있었다. 실제 이러한 의도에 관해서는 장개석 자신이 "미·영·소의 회담을 행하기 전에 중국에 관계가 있는 종전 처리에 관해서는 미·영 양국으로부터 동의를 얻어 낼 필요가 있었다"고 증언하고 있다.[27]

반대로 스탈린이 장개석의 합석을 거부한 이유 역시 같은 상황을 소련의 입장에서 달리 봤기 때문이었을 것이다. 혹시 미·중·영·소에 의한 4개국 회담이 되어 그 자리에서 장개석이 전후 일본 지배 지역의 처리와 관련해 중국의 국익을 극대화할 요구를 제기할 경우, 아무리 강대국인 소련이라 할지라도 그에 직접 반대하는 것은 어려운 측면이 있었다. 결과적으로 대독전의 최대의 공헌자라고도 볼 수 있는 소련도 카이로회담 개최 당시, 일본과는 아직 교전 관계에 돌입하지 않았었다. 일찍이 히틀러의 공격을 예견한 스탈린은 그 지정학적인 위치에 따라 독일과의 개전 후에 그 동맹국인 일본으로부터 받을 수 있는 협공을 두려워했다. 그 결과 중국 남부나 동남아시아로의 남하정책을 결정함으로써 미·영과의 전쟁을 감수하게 되고 또 그에 따라 역으로 북으로부터의 협공을 경계해야 했던 일본과 이해관계가 맞아떨어졌다. 이로 인해 1941년 4월, 일·소 간에는 중립조약이 성립되었다. 따라서 아직 일본과 교전하지 않았던 소련으로서는 회담 석상에서 일본 패전 후의 동아시아 지역에서의 영토 처리 문제와 관련해 적극적인 요구를 제기할 수 있는 입장

---

27) 『蔣介石秘錄14 日本降伏』, サンケイ新聞社, 1977, 112쪽. 이하 이 책은 서명만 표기한다.

은 아니었다. 그런 상황임에도 스탈린이 참석한 자리에서 중국이 제기한 주장이 루스벨트 등에 의해 지지되면 소련으로서는 상황이 더욱더 불리해질 수밖에 없었다. 스탈린이 장개석의 참가를 거절한 것은 바로 그러한 입장에서 연유한 것은 틀림없었을 것이다. 스탈린은 자신이 참석하지 않는 한, 가령 중국의 요구에 따라 미·중·영 사이에서 중국에 유리한 약속이 성립되어도 소련으로서는 그것을 인정하지 않으면 그만이었다. 실제 소련이 대일 참전을 정식으로 약속한 얄타회담에서는 카이로회담에서 보장받은 중국의 국익과 모순된 약속이 미·소 간에 이루어지게 된 것은 주지의 사실이다.

이렇게 하여 1943년 11월 말에 루스벨트, 장개석, 처칠이 먼저 카이로에서 회담을 가지고, 그 후 루스벨트와 처칠만이 테헤란에 이동하고 스탈린과 별도로 회담을 갖는다는 매우 이례적인 회담의 개최가 결정되었다.[28] 그러나 비록 이례적인 형식이 되기는 했으나 일단 동아시아 지역의 문제에 관해서 그 추세를 결정하는 4개국 정상이 참석하는 영수회담이 성사되었다. 그러나 그러한 중요한 회담 개최를 서로 조정해 나가는 과정에서 오간 각 정상 간의 교신 속에서 구체적인 토의 의제가 미리 정해지는 일은 없었다. 당연히 한반도 독립 문제가 거론되는 일도 없었으며 애초 '한반도'라는 개념이 나오는 기록조차 확인할 수 없다. 세계가 주목하는 국제무대에서 루스벨트나 처칠과 자리를 같이 하게

---

28) 영국 측 자료에 따르면 스탈린이 테헤란에서 루스벨트, 처칠과 회담을 갖는 것에 동의함을 통보한 것은 11월 13일 무렵의 일이므로 미·영·소에 의한 회담 개최는 사실상 회담 직전까지 결정되지 않았었음을 알 수 있다. 스탈린이 13일 무렵에 회담 개최에 동의했다는 사실은 당시 영국 외무차관으로서 처칠과 함께 카이로, 테헤란회담에 동행한 캐도건(Alexander Cadogan)의 일기를 통해 알 수 있다. 캐도건은 11월 1일의 일기에서는 스탈린과의 회담에 관한 합의가 아직 이루어지지 않고 있다고 적었으나 그 후 13일의 일기에서 스탈린으로부터 27일에 테헤란에서 회담을 갖는 것에 합의한다는 메시지가 들어왔음을 증언하고 있다. David Dilks'ed, *The Diaries of Sir Alexander Cadogan O.M. 1938-1945*, Cassell, 1971, p.572; p.575.

된 장개석에게 카이로회담의 의미는 더욱더 각별했을 것이다. 가령 중국의 '체면'을 살리기 위해 차려진 회담이었다 하더라도 미국, 영국과 처음으로 나란히 자리를 같이 하게 된 중국의 입장에서는 그 기회는 절대적으로 중요했다. 당연히 중국으로서는 그 기회를 단지 겉치레하는 장으로만 그치게 하는 생각은 없었다. 중국은 자신의 국익을 조금이라도 많이 실현시킬 수 있도록 그 기회를 실질적인 의사 결정의 장으로 삼으려 했다.

실제 7월 초, 루스벨트의 회담 요청에 대해 장개석이 그 수락을 표명함으로써 미·중 정상회담이 가시화되자 8월 송자문 장관은 국무성에 대해 실질적인 참가를 요구하는 의사를 일찍 전했다. 그 가운데 송은 지금까지 미국은 많은 기회를 통해 미·중·영·소의 책임을 강조해 왔으나 실제 전쟁 수행의 문제이건 평화 구축의 문제이건 그 논의는 미·영 사이에만 한정되었으며 중국 문제가 검토되는 경우에도 중국에게는 프로그램이나 계획(plan)을 제시하는 기회조차 거의 없었다고 항의했다. 그러면서 송자문은 최대한의 강한 희망으로서(in all earnestness) 향후는 공동의 결정을 가능케 하도록 국제 조정 기구 등으로의 중국 대표의 참가를 보장할 것을 요구했다.[29]

물론 루스벨트가 카이로회담 전후에 한때 그린 이른바 '4개국 구상'과 달리 결국 중국이 그 후에도 미국, 영국, 소련들과 같은 대국 취급을 받은 일은 사실상 없었다. 결국 미국에게 적을 타도할 군사력이라는 의미에서는 소련에 훨씬 못 미치고, 한편 인종, 종교 그리고 자유민주주의라는 사상 등으로 맺어지는 정신적 유대관계라는 의미에서는 도저히 영국과 같을 수 없는 중국을 중요한 의사 결정의 장에 참가시켜야 하는 이유는 그다지 크지 않았다.[30]

---

29) "The Chinese Minister for Foreign Affairs(Soong) to the Secretary of State (Enclosure 1)", *FRUS 1943 China*, pp.93~95.
30) 카이로회담 이후 중국이 사실상 4개국 구상에서 배제된 배경과 관련해 루

그러나 전시 중, 한반도 독립을 국제공약으로 천명하게 된 카이로회담만큼은 어찌 보면 예외적이었다. 카이로회담에서 루스벨트는 후술하는 한반도 독립 문제가 직접 논의된 바로 11월 23일의 루스벨트-장개석 만찬회담에서 중국이 4개국 멤버의 일원이 되어야 한다고 그 당위성을 밝혔다.[31] 당시 태평양이나 동남아시아 지역에서의 일본의 지배력은 아직 강했다. 그에 따라 카이로회담으로 이어지는 그 시기, 루스벨트는 중국에서의 군사기지 확보와 그곳을 근거지로 삼은 일본 본토 공격이라는 군사작전의 가능성을 상정하고 있었다. 그만큼 중국 본토에서의 대일전의 전황 호전은 절실했다. 미국에게 원활한 대일전 승리의 요체는 아직 국민당군의 활약에 크게 달려 있었던 것이다. 그런 루스벨트에게 카이로회담에서 중국의 지위를 상승시키는 것은 스스로의 이익을 뒷받침하는 일이었다.

이로써 이하 보듯이 카이로회담에서는 중국이 그 회담 내용에 대해 실질적인 영향력을 행사했다. 한반도 독립을 공약한 카이로선언 역시 중국의 영향력으로 인해 그 문안의 내용이 크게 좌우되었다. 그러나 카이로회담은 회담 개최를 위한 사전의 조정 과정에서 이미 명확한 의제가 설정되어 있었던 것은 아니었다. 그에 따라 한반도 독립 문제에 관한 직접적인 내용이 형성된 것 역시 실은 회담 개최 후의 11월 22일부

스벨트가 장개석에 대해 가지게 된 실망에 관해서는 五百旗頭眞, 앞의 논문, 1981.3, 101~105쪽 참고. 이오키베에 따르면 카이로회담에서 직접 장개석을 만난 루스벨트는 장개석의 지도자로서의 역량 부족을 포함해 중국의 부패, 전투 능력의 부족 등으로 인해 카이로회담 이후 "이미 중국을 대국으로서 육성할 수 있다고는 생각하지 않게 되었다"고 지적하고 있다.

31) "ROOSEVELT-CHIANG DINNER MEETING, NOVEMBER 23, 1943, 8 P.M., ROOSEVELT VILLA", *FRUS 1943 The Conferences at Cairo and Tehran*, p.323. 편집자에 따르면 미국은 이 만찬회담의 기록을 분명히 남기지 않았고 따라서 이 자료는 기록을 남긴 중국으로부터 훗날 그 중국어 기록을 영어로 번역한 것을 받아서 수록된 것이라고 한다. 즉 본론 이하에서 논하는 이 만찬회담 기록은 사실상 중국 측의 기록임에 주의가 필요하다.

터 실제 선언이 나온 12월 1일까지의 기간이었다. 다시 말해 '광복성 여부' 등, 일본의 한반도 병합이나 통치의 성격을 전후 다시금 확정하는 데 절대적인 의미를 지닌 선언 내용의 귀추가 잡힌 것은 회담 개최 후의 불과 1주가량이라는 짧은 기간의 소산에 불과했다. 카이로회담은 애초부터 한반도 독립 문제를 강하게 의식하면서 차려진 회담은 결코 아니었다.

3 카이로회담에 임하는 미·중의 준비와 한반도 문제

1) 미국의 준비 상황과 한반도 독립 문제의 부재

기록상 카이로회담에 대한 미국의 준비 속에서 한반도 독립 문제가 거론된 것은 회담 직전이라고 말할 수 있는 11월에 들어가고 나서의 일이었다. 정확한 작성 날짜는 불명이나 이미 북아프리카를 향해 군함 아이오와(Iowa)에 탔던 루스벨트에 대해 회담에 같이 수행한 군 합동참모들(Joint Staff Planners)은 장개석, 처칠, 스탈린과의 최초의 회담에서 대통령이 제기하는 의제를 각각 다른 세 종류의 문서로서 작성, 제출했다.32) 그러나 영국, 소련과의 회담을 위해 마련된 의제 문서에는 물론, 한반도 독립 문제가 논의될 것이 예상된 중국과의 회담 관련 문서에서도 한반도 문제가 직접 거론된 일은 없었다.

중국과의 토의를 위해 준비된 의제들은 소련 참전에 대한 중국의 태도나 당시 문제가 되던 미얀마 전선에 대한 미국의 군사 지원 등 대일전 수행과 관련된 문제들이었다. 또한 같이 준비된 전후의 문제에 관해서도 그 논의 과제들은 일본 점령에 대한 중국의 참가 여부, 미·중 상호 안전 보장의 조정, 그를 위한 미국의 군사기지 설정, 기타 군사 지원 등의 문

---

32) "Paper Prepared by the Joint Staff Planners", *ibid*., pp.245~247. 편집자에 따르면 이들 문서는 11월 15일부터 19일 사이에 만들어졌다고 한다.

제들이었다. 측근 홉킨스나 주소 미대사 해리먼(William A. Harriman)을 제외하고 원래 루스벨트가 회담으로의 동행을 허가한 인물들은 모두 군 수뇌부였다.[33] 바로 그 사실을 봐도 알 수 있듯이 당시 대독, 대일전이 한창이었던 상황하에서 열리게 된 카이로회담은 군사작전을 비롯한 군 사협력 문제가 주된 토의 과제였다. 그런 탓인지 외교 부처인 국무성이 회담 개최에 직접 관여한 일도 사실상 전혀 없었다. 예컨대 앞 장에서 봤듯이 당시 국무성에서 동아시아에 관한 전후계획의 입안을 주도하던 보튼은 카이로회담 개최와 관련해서는 루스벨트가 처칠, 장개석과 잘 알지도 못하는 장소에서 밀담을 하고 있다는 정도밖에 전해지지 않았으며 자신들이 아는 한, 회담에 앞서 루스벨트가 극동 문제에 관한 자료나 보고를 요청해온 일도 없었다고 증언하고 있다.[34]

이와 같이 루스벨트는 적어도 동아시아를 둘러싼 전후계획에 관해서는 사실상 아무런 전문적인 사전 준비도 없이 카이로로 향했다. 그나마 회담 개최 전에 미국 대표가 사전에 준비한 것은 상기한 군 참모들에 의해 작성된 회담 의제 자료였다. 군이 급히 마련한 그 자료를 바탕으로 19일 오후 2시부터 카이로로 향하는 아이오와 선상에서 루스벨트는 군 합동참모들과 사전 협의를 가졌다. 토의 내용은 주로 유럽 전선에서의 작전 문제였다. 그러나 장개석, 처칠, 스탈린과의 회담에서 제시되는 의제 관련의 토의 중, 한반도 문제가 잠시 언급되었다. 그러나 그것은 '광복성 여부' 등 일본의 한반도 병합이나 통치의 성격을 따지기 위한 것이 아니었음은 물론, 애초 한반도의 독립 문제를 직접 의식해서 나온 언급도 아니었다.

회의석상에서 육군참모총장 마셜(George C. Marshall)은 소련 참전 문제를 장개석과 논의할 것이 현명한가라고 의문을 던졌다. 그러자 루스

---

33) 주된 참가자에 관해서는 예를 들어, 趙德千, 앞의 논문, 151쪽을 참고.
34) ヒュー・ボートン, 앞의 책, 130쪽.

벨트는 중국이 외몽골(Outer Mongolia), 만주 등을 원하고 있고 그 주제에 대한 토의가 문제를 일으킬 것이나 완충 지대(free zone)를 마련하면 대응할 수 있을 것이라고 언급했다. 한반도에 대한 언급은 그 뒤에 나왔다. 루스벨트는 장개석이 한반도에 대해 미·중·소에 의한 신탁통치를 원하고 있다고 답했다. 카이로회담 개최 이전에 회담에 임한 미국 대표 간에서 한반도 문제가 거론된 것은 기록상 이것이 유일하다.

루스벨트의 이 언급은 소련의 대일 참전에 따른 지역 질서 재편에 대한 소련의 영향력 확대의 가능성을 인식한 문맥에서 나온 것이었다. 즉 대일전을 가급적으로 저비용으로 전승으로 이끌고 싶었던 루스벨트에게 소련의 대일 참전은 절실했다. 그러나 그것은 당연히 전후 동아시아 지역에 대한 소련의 영향력 확대를 허용할 것을 의미했다. 마셜이 소련 참전 문제를 장개석과 논의하는 것에 대해 의문을 던진 것도 그 의제를 미국이 제기함에 따라 중국과 사이에서 예상될 미묘한 마찰을 염려한 결과였을 것이다. 즉 마셜은 전후 중국의 이해관계가 얽히는 지역에서 소련이 그 영향력을 확대할 것을 원하지 않는 장개석에게 미국이 소련 참전 문제를 직접 들고 나오는 것은 원활한 회담 진전을 위해서도 피하는 것이 현명하다는 뜻을 대통령에게 조언한 것으로 추측된다. 루스벨트가 외몽골이나 만주 문제를 즉시 지적한 것도 소련 참전 유도에 따른 중·소 분쟁의 가능성을 인식한 결과였다.

사전에 준비된 의제 문서에서도 직접 토의 의제가 아니었던 한반도 문제가 이 발언 뒤에 이어 나왔다는 사실은 루스벨트 역시 한반도 독립 문제를 소련 참전에 따른 지역 질서 재편이란 문맥에서 의식하고 있었음을 뜻했다. 즉 중국이 미·중·소에 의한 신탁통치를 원하고 있다고 말한 루스벨트 발언의 뜻은 소련 참전에 따라 한반도 역시 소련의 영향을 받게 될 것이나 그에 관해서는 장개석 자신이 이미 신탁통치에 대한 참가라는 형식이라면 소련의 일부 영향력 확대를 받아들이고 있으므로 큰 문제가 되지 않을 것이라고 답한 것이었다. 루스벨트의 발언이 이와 같은 문제의식에서 터져 나왔다는 점은 그 루스벨트 발언의 바로 뒤에서 마셜이 다시 소련이 일본에 가까운 부산을 원하고 있다는 등의 발언을 한 점을 통해서도 충분히 추론할 수 있다.[35]

즉 카이로로 향하는 아이오와 속에서 미국 대표단들이 잠시 인식한 한반도 문제라고 함은 일본의 한반도 병합이나 통치의 성격을 따지면서 전후 한반도를 독립하게 하는 것에 대한 근거를 어떻게 마련할 것인가 하는 역사인식의 문제 따위가 전혀 아니었다. 어디까지나 그것은 소련의 대일 참전을 유도할 경우에 예상되는 전후 동아시아에서의 지역 질서 재편에 주는 영향 문제였다. 보다 구체적으로 그것은 중·소 간에 도사리고 있는 이해관계 대립을 조정할 필요가 있다는 문제의식의 일환에 불과했다. 하지만 루스벨트가 전후 한반도 문제와 관련해 '신탁통치' 운운을 이미 언급하고 있는 점은 주목할 만하다. 즉 비록 사전에 준비된 토의 의제 속에서는 직접 명시되어 있지 않았으나 회담 개최를 내다보면서 루스벨트 역시 대통령으로서 전후 한반도를 독립시킬 구상을 이미 머릿속에서 명확히 그리고 있었음은 틀림없었다.

2) 중국의 사전 준비와 한반도 독립 요구의 관심 소재

한편 역사적으로도 지정학적으로도 미국보다 한층 더 한반도 문제에 민감해질 수밖에 없었던 중국은 회담에 임하는 과정에서 한반도 독립 문제를 정식 의제로 논의할 것을 염두에 두고 있었다. 정확한 작성 날짜는 기입되어 있지 않으나 같은 11월자로 작성된 국민당정부의 자료는 카이로회담에 임하는 중국의 입장을 정리하고 있다.[36]

---

35) "Minutes of the President's Meeting With the Joint Chiefs of Staff, November 19, 1943, 2 P.M., Admiral's Cabin, U.S.S 'Iowa'", *FRUS 1943 The Conferences at Cairo and Tehran*, p.257.
36) 중국 측의 기록을 활용해 회담에 임하는 중국의 준비 과정이나 입장을 일찍

먼저 회담에 임하는 장개석을 위해 군사위원회참사실(參事室) 명의로
작성된 문서는 카이로회담에서 제기할 문제의 초안으로서 먼저 '군사
문제'를 거론했다. 그것은 일본이 무조건항복을 수락할 때 중국으로부
터의 일본군의 완전한 철수나 그 무장해제 등을 요구하는 것이었다. 전
후의 영토 처리 문제는 전범 문제 등과 함께 그에 이어 설정된 '정치
문제' 속에서 명시되었다. 그 주된 내용은 각 지역에 존재한 일본의 공
유 재산 등의 무상 인도를 포함해, 타이완 및 평후(澎湖)열도 그리고 여
순, 대련의 반환 등 중국의 직접적인 권익 확보에 관한 요구 항목들이
었다. 한반도 관련 규정은 바로 그 뒤에 삽입되었다. 그리고 그 규정 내
용은 '조선독립에 대한 승인'이라는 것이었다.[37]

즉 소련 참전에 따른 영향력 확대라는 문맥에서 한반도 문제가 잠시
입에 나온 미국과 달리 중국은 회담 이전부터 한반도 독립 문제를 정식
의제로 삼을 구상을 명확히 가지고 있었다. 이러한 중국의 입장은 회담
을 향하는 11월 18일, 인도에 재류하던 장개석의 일기를 봐도 확인할
수 있다. 장개석은 그 일기 속에서 이번 루스벨트, 처칠과의 회담에서는
미·중·영에 의한 합동참모 조직의 설립, 미얀마에서의 군사작전 등의
전쟁 수행 과제, 동북지방이나 타이완의 반환 문제 등과 함께 '조선 독
립'을 가장 중요한 문제로 다룬다는 생각을 적고 있다.[38]

카이로회담에서 다루는 한반도 독립 문제에 관한 보다 구체적인 중
국 측 대처 방안은 같은 11월, 국방최고위원회비서청이 장개석에게 제
출하기 위해 준비한 문서에서 확인할 수 있다. 국방최고위원회비서청

이 고찰한 연구에 殷燕軍, 『日中講和の研究-戰後日中關係の原点』, 柏書房,
2007, 35~43쪽이 있다.
37) 「軍事委員會參事室自重慶呈蔣委員長關於開羅會議中我方應提出之問題草案」,
秦孝儀主編, 『中華民國重要史料初編-對日抗戰時期 第三編 戰時外交(三)』, 中
國國民黨中央委員會黨史委員會, 1981, 498~499쪽.
38) 「카이로회의 참석차 이집트로 가는 길에 인도 아그라에 머물렀을 때의 일
기」, 『대한민국임시정부자료집 25: 중국의 인식』, 288쪽.

역시 군사협력 문제에 대한 방안에 이어 정치 문제에 대한 중국 측 입장을 정리했다. 국방최고위원회비서청은 그 속에서 한반도 독립 문제에 관해 회담에서 미·중·영·소가 즉시 공동 또는 개별적으로 한반도 독립을 승인하거나 혹은 전후 한반도를 독립하는 것을 보장하는 선언을 발표하고 기타 연합국에게는 그에 동조하게 할 방안을 마련했다. 즉 국민당정부는 동북아시아 지역에 영향력을 행사하게 될 4개국이 회담에서 즉시 한반도의 독립을 승인한다는 보다 적극적인 방안도 포함해, 최소한 전후 한반도의 독립을 보장하는 것을 선언을 통해 공식화하도록 그 의지를 굳히고 있었다.[39] 물론 이러한 중국의 강한 의지가 실제 카이로 선언 선포로 이어졌고 또한 그 속에서 전후 한반도를 독립하게 한다는 규정이 들어가게 된 주된 요인이 된 것은 의심의 여지도 없다.

그러나 가장 중요한 문제의 하나라고 중국이 인식한 한반도 독립 문제 역시 단지 강대국들에 의한 즉시 독립의 승인이나 혹은 선언 형식을 통해 전후 한반도의 독립을 공약으로서 확정 짓는 문제로서 인식되었을 뿐이었다. 다시 말해 그것은 독립이라는 '미래'의 확정에 관한 관심이었지, 한반도를 독립하게 하는 근거를 마련하는 문제를 적어도 공식으로 카이로회담의 의제로 삼으려 한 것은 아니었다. 실제 독립에 대한 승인 문제를 다룰 것을 건의한 군사위원회참사실도, 또한 독립을 실현하는 방안으로서 미·중·영·소 4개국에 의한 독립 승인 형식이나 선언 방안을 구체화한 국방최고위원회비서청도 제기한 것은 모두 향후의 독립 승인 문제뿐이었다. 이 사실은 한반도 문제에 대한 중국의 관심 소재가 그 근거 여하를 막론하고 전후 한반도를 일본의 지배로부터 절단시키는 것에만 있었으며 한반도를 독립시켜야 하는 원천적인 이유, 즉 병합의 비합법성이나 통치의 부당성을 확정하고 그에 한반도 독립의 근거를 마

---

39) 「國防最高委員會秘書廳自重慶呈蔣委員長關於準備在開羅會議中提出之軍事合作, 戰時政治合作及戰後中美經濟合作等三種方案」, 秦孝儀主編, 앞의 사료, 504쪽.

련하려는 것 따위에는 전혀 있지 않았음을 여실히 드러냈다.

비록 그 가능성이 낮다고 하더라도 국제적 역학 관계에 따른 미·영·소의 이해관계 조정의 결과 한반도가 혹시나 전후에도 그대로 일본의 영향하에 남게 될 가능성을 중국은 완전히 배제하지 못했다. 실제 장개석에게 한반도 독립 방안을 마련한 국방최고위원회비서청은 한반도 독립 승인 문제와 관련해 현재 대일전에 참전하지 않는 소련은 관망세이며, 영국은 인도에 대한 영향을 우려해 지지하지 않을 가능성이 있다, 미국 역시 상황을 지켜보면서 주저하고 있다고 지적했다. 카이로회담에 임하려던 중국은 적어도 그 시점에서 전후 한반도를 독립하게 하는 것에 미·영·소가 반드시 동조한다는 확신을 갖고 있지 않았다. 만약에 한반도가 일본의 영향하에 남게 될 경우 그것은 중국으로서는 침략의 전과를 지니고 혹시나 복수심에 불타는 패전국 일본과 전후도 여전히 국경을 접하는 것을 의미했다.

무엇보다 중국에게는 인접국가 소련의 동향이 걱정거리였다. 동 국방최고위원회비서청은 장래 소련이 대일전에 참전할 경우 중국보다 먼저 한반도 독립을 승인할 가능성이 있음을 지적하면서 그 경우에는 중경의 임시정부와의 관계에서 중국이 불리해질 것을 우려했다. 국방최고위원회비서청은 이러한 우려를 바탕으로 미·영·소의 동의 없이 중국이 단독으로 한반도 독립을 승인할 경우에는 비록 동맹국 간에 균열이 생겼다는 인상을 주는 안 좋은 점이 있으나 소련이 앞장서서 승인하는 것에 따른 불리한 점을 고려한다면 적당한 시기에 먼저 중국이 한반도 독립 승인에 나설 것도 고려하도록 건의했다.[40]

즉 중국에게 한반도 독립 승인 문제라고 함은 전후 중국에게 불리해지지 않는 형태로 한반도에 새로운 국가가 수립되도록 그 선제적 방안을 모색하는 것이었다. 파시즘국가 일본이나 공산주의국가 소련은 물

---

40) 위의 사료, 504~505쪽.

론, 가령 미국, 영국이라 할지라도 다른 강대국의 영향을 강하게 받는 국가가 한반도에 들어서는 것은 이웃국가 중국의 입장에서 볼 때 국제 정치의 역학상 바람직하지 않았다. 그러한 의미에서 한반도의 완전한 독립을 먼저 국제적인 공약을 통해 확정시키는 것은 그 후 특히 임시정부를 활용하면서 자신들에게 유리한 한반도 질서를 재편하는 데 중국에게 매우 중요한 전략적인 과제였다.

그러나 이러한 지정학적인 관점에서 바라보게 된 한반도 독립 문제라고 함은 결국 중국에게도 자신들에 유리한 정치 세력에 의해 한반도가 지배되도록 지역 질서를 재편하는 문제 이외의 아무것도 아니었다. 그것은 독립 공약 기초에 즈음하여 병합의 비합법성이나 통치의 부당성을 결정짓고 한반도 독립의 근거를 그에 명확히 두어야 한다는 등의 의제를 적어도 필연적으로 요구하는 것은 아니었다. 이 의미에서 소련 참전에 따른 영향력 확대라는 문맥을 의식하면서 한반도 문제를 잠시 거론한 미국 지도부의 인식과 중국 측 인식 사이에 사실상 본질적인 차이가 있는 것은 아니었다.

물론 역사적으로도 깊은 관계를 유지해 왔으며 무엇보다 청일전쟁을 계기로 한반도에 대한 일본의 영향력 확대를 허용하게 된 것을 잘 기억했었을 터인 중국정부로서는 한반도 독립을 국제공약으로 하려는 그 문제의식 속에는 한반도가 원래 일본의 침략의 희생양으로서 그 영유에는 아무런 정당성도 없다는 인식을 전제로 두고 있었을 가능성은 크다. 실제 후술하는 바와 같이 카이로선언 기초 과정에서 영국 초안에 반대한 중국은 한반도 독립 조항의 규정 요구와 관련해 '침략 병합'이라는 표현을 직접 썼다. 그러나 중요한 것은 일본의 한반도 병합이나 통치에 관한 성격의 국제적인 확정은 토의 과정에서 잠깐 나온 그러한 중국의 발언 한마디로 결정되는 것은 아니라는 점이었다. 그것은 결국 한반도 독립을 결정한 미·중·영의 합의 내용과 무엇보다 그에 의거해 기초됨으로써 그 후 법적, 정치적 효력을 갖게 되는 선언의 규정 내용에 크게 의존할 수밖에 없었다.

그럼 카이로선언이 실제 기초된 회담에서 한반도 독립 조항은 어떻게 꾸며졌으며, 또한 한반도 독립을 실제로 공약한 관련 문안들은 어떻게 이해하는 것이 타당할 것인가?

II 카이로선언의 기초

1 홉킨스 원안의 작성과 루스벨트 수정 지시

11월 22일부터 정식으로 개최된 카이로회담 기간 중, 한반도의 독립 공약을 포함한 카이로선언 초안이 처음으로 그 윤곽을 드러낸 날짜는 그 이틀 후인 24일이었다. 그날은 한반도 독립 문제가 직접 논의된 23일의 루스벨트-장개석 만찬회담 바로 다음날이었다. 장개석은 23일에 가진 루스벨트와의 만남이 카이로회담 기간 중, 중국에게 가장 의의가 컸다고 술회하고 있다.[41] 장개석은 22일 루스벨트 도착에 앞서 먼저 카이로에 들어간 처칠과 사이에서도 21일 저녁에 회담을 가졌다. 그러나 그 자리에서 논의된 것들 중, 그나마 한반도 정세에 영향을 주는 주제는 소련의 참전 문제 정도였다. 그러나 그에 관한 의견 교환도 포함해 이 장개석-처칠회담에서 한반도 독립과 관련된 문제 자체가 직접 논의된 기록은 없다.[42]

장개석이 가장 의의가 컸다고 회고한 23일 밤 루스벨트-장개석 만찬

---

41) 『蔣介石秘錄14 日本降伏』, 120쪽.
42) 21일의 장개석-처칠회담 기록은 「國防最高委員會秘書長王寵惠自重慶呈蔣委員長關於開羅會議日誌」, 秦孝儀主編, 앞의 사료, 510~511쪽.

회담에서는 전후 일본에 대한 군사점령이나 군사작전의 문제 등과 함께 한반도 독립 문제를 포함한 전후 동아시아의 영토 문제가 다루어졌다.[43] 장개석의 비서장으로서 그날 만찬회담에 같이 합석한 왕총혜가 작성한 중국 측 기록에 따르면 이 만찬회담에서는 먼저 중국이 "政治方面之提案"을 제출했다고 진술되어 있다.[44] 그러므로 앞서 언급한 군사위원회참사실이나 국방최고위원회비서청이 준비한 문서들이 제시되고 그에 기초하면서 논의가 진행된 것으로 추측된다. 그 의미에서 만찬회담의 내용은 중국 측이 주도했다. 왕총혜가 적은 회담 일지는 이 만찬회담이 '원만히' 진행되었다고 그 회담 분위기를 전하고 있다.

'원만히' 진행된 그 토의 과정에서는 먼저 중국의 영토 문제에 관해 두 정상이 일본이 힘(force)으로 약탈(take)한 중국 동북부, 타이완과 평후열도 그리고 여순(Lushuh), 대련항을 포함한 요동반도를 전후 중국에게 반환할 것에 대해 합의를 봤다.[45] 한반도 독립 문제는 그 후 태국, 인도차이나나 기타 식민지 지역의 문제와 같이 거론되었다.

만찬회담 석상에서 루스벨트는 태국, 인도차이나 문제와 함께 미·중 양국이 한반도의 장래의 지위에 대해서 상호 이해(mutual understanding)에 도달하는 것이 필요하다고 언급했다. 루스벨트의 견해에 대해 장개석은 동의를 표시하면서 한반도에는 독립을 부여할 필요성을 강조했다. 영문 기록은 반드시 루스벨트가 한반도의 독립에 동의했다고 직접 명시

---

43) 이하 이 회담 내용은 주로 FRUS에 수록된 기록 "ROOSEVELT-CHIANG DINNER MEETING, NOVEMBER 23, 8 P.M., ROOSEVELT'S VILLA", *FRUS 1943 The Conferences at Cairo and Tehran*, pp.323~325에 의거한다.

44) 「國防最高委員會秘書長王寵惠自重慶呈蔣委員長關於開羅會議日誌 附一 政治問題會商經過」, 秦孝儀主編, 앞의 사료, 527쪽.

45) 중국에 반환될 영토 관련 토의 중에는 오키나와나 홍콩에 관한 토의도 나왔다. 루스벨트가 전후 중국이 오키나와나 홍콩을 희망할 것인가를 묻자 장개석은 오키나와에 관해서는 미국과 중국에 의한 국제적 신탁통치에 참여할 의사가 있다는 것, 또 홍콩에 대해서는 루스벨트가 영국과 보다 논의할 것 등을 요청했다.

하고 있는 것은 아니다. 그러나 기타 지역들의 문제와 함께 대통령이 동의를 표명했다(expressed his agreement)고 일괄적으로 적고 있는 점, 그리고 왕총혜의 회담 일지에서도 일본 항복 후 한반도로 하여금 자유 및 독립을 획득하게 하고 한국인의 목적 달성을 위해 양국이 협조하는 것에 미·중이 합의했다고 적혀 있으므로46) 한반도 독립 부여에 대해서도 루스벨트-장개석 간에 합의가 이루어졌다고 봐도 전혀 무방할 것이다.

실제 앞서 언급했듯이 카이로로 향하는 군함 아이오와에서도 루스벨트는 비록 신탁통치라는 간접적인 표현이기는 했으나 한반도 독립에 미국 역시 반대가 없음을 내비쳤었다. 24일에 그 윤곽을 드러낸 카이로선언 원안은 루스벨트-장개석 만찬회담에서 중국 관련 영토의 반환, 태국·인도차이나 등, 전선 확대에 따라 일본이 추가적으로 직접 군사점령하거나 괴뢰 정권을 수립하면서 지배하던 지역들의 취급 문제와 더불어 한반도 독립이 사실상 양국 정상 간에서 합의 사항이 된 바로 그다음 날 24일에 작성된 것이었다.

선언의 원안 자체는 만찬회담에 같이 합석한 루스벨트 측근 홉킨스에 의해 기초되었다. 그 원안을 영인본으로 수록한 FRUS(Foreign Relations of United States)의 편집자에 따르면 원안은 홉킨스가 아무런 사전 준비물도 없이 구두로 말하는 것을 코닐리어스(Albert M. Cornelius) 준위(warrant officer)가 타자(typing)해서 작성한 것이었다.47) 중국 측 기록은 23일의 만찬회담에서 루스벨트가 홉킨스에게 회담의 토의 내용에 근거해서 선언문을 기초할 것을 지시했다고 기록하고 있으므로48) 홉킨스가 작성한 원안 내용은 23일의 미·중 정상회담의 내용에 직접적으로 영향을 받은 것으로

---

46) 「國防最高委員會秘書長王寵惠自重慶呈蔣委員長關於開羅會議日誌 附一 政治問題會商經過」, 秦孝儀主編, 앞의 사료, 527~528쪽.

47) "American Draft of the Communiqué with Amendments by President Roosevelt", FRUS 1943 The Conferences at Cairo and Tehran, p.399.

48) 「國防最高委員會秘書長王寵惠自重慶呈蔣委員長關於開羅會議日誌 附一 政治問題會商經過」, 秦孝儀主編, 앞의 사료, 528쪽.

추론된다. FRUS에 게재된 회담 기록에서는 뚜렷하지 않으나 상기한 바와 같이 왕총혜의 회담 일지에서는 한반도에 관한 합의 내용이 일본 항복 후 한반도로 하여금 자유 및 독립을 획득하게 하는 것이었다고 진술되고 있으므로 단지 합의했다는 것뿐만 아니라 선언 문안의 어구에게까지 직접 영향을 미친 것으로 풀이된다. 실제 이하 보는 홉킨스 원안은 한반도 독립 조항과 관련해 '일본 항복 후(AFTER THE DOWNFALL OF JAPAN)'나 '자유 및 독립(FREE AND INDEPENDENT)'이라는 표현을 그대로 썼다. 이 의미에서 카이로선언 원안은 '아무런 준비물도 없이 작성된 것'이 아니라 23일 밤의 정상회담의 내용이 그 직접적인 '준비물'로 된 것이었다.

　홉킨스의 지시에 의해 타자된 그 원안은 직접 루스벨트에게 제출되었다. 루스벨트 역시 제출된 그 홉킨스 원안에 직접 손으로 수정 지시를 가했다. 홉킨스가 구두로 지시하고 타자된 원안 중, 전후의 영토 처리 문제와 직접 관련된 규정 부분과 그중 루스벨트가 직접 수정 지시를 가한 그 내용을 정리하면 [표 2-1]과 같이 된다.49)

---

49) "American Draft of the Communiqué With Amendments by President Roosevelt", *FRUS 1943 The Conferences at Cairo and Tehran*, pp.399~400. 홉킨스가 제출하고 루스벨트가 수정을 지시한 영인본 원안에는 수정 시에 루스벨트가 직접 먹칠한 것으로 보이는 부분이 있어 직접 확인하기 어려운 점이 있다. 그러나 FRUS 편집자는 본론에서 다음에 보는 홉킨스가 다시 수정을 구상한 것으로서 전문(全文)이 문제없이 잘 확인할 수 있는 수정 구상안이 회담 참석자의 이름을 추가한 부분을 빼고 바로 홉킨스가 루스벨트에게 최초에 제출한 원안과 같은 것이라고 증언하고 있다. 따라서 그 홉킨스 수정 구상안을 통해 루스벨트에게 제출된 홉킨스 최초의 원안의 내용을 정확히 확인할 수 있다.

[표 2-1] 11월 24일에 작성된 홉킨스 원안과 루스벨트 수정 지시의 내용

홉킨스 원안과 루스벨트의 손으로 인한 수정 지시 내용	루스벨트 수정 지시 내용의 정리
WE ARE DETERMINED THAT THE ISLANDS IN THE PACIFIC WHICH HAVE BEEN OCCUPIED BY THE JAPANESE, MANY OF THEM MADE POWERFUL BASES CONTRARY TO JAPAN'S SPECIFIC AND DEFINITE PLEDGE NOT TO SO MILITARIZE THEM, WILL BE TAKEN FROM JAPAN FOREVER', '⇒ . ' AND THE TERRITORY THEY HAVE SO TREACHEROUSLY STOLEN FROM THE CHINESE, SUCH AS MANCHURIA AND FORMOSA, WILL OF COURSE BE RETURNED TO THE REPUBLIC OF CHINA. WE ARE MINDFUL OF THE TREACHEROUS ENSLAVEMENT OF THE PEOPLE OF KOREA BY JAPAN, AND ARE DETERMINED THAT THAT COUNTRY, AT THE EARLIEST POSSIBLE(PROPER) MOMENT AFTER THE DOWNFALL OF JAPAN, SHALL BECOME A FREE AND INDEPENDENT COUNTRY. (우리는 일본에 의해 점령당해온 태평양 도서들, 그 많은 부분은 그와 같이 군사화하지 않는다고 일본이 특별히 그리고 명확히 서약한 것을 어기고 강력한 군사기지화 되고 있으나, 그 도서들을 일본으로부터 영원히 박탈할 것, 또한 만주나 타이완처럼 일본이 중국으로부터 기만적으로 훔친 영토도 물론 중화민국에게 반환시킬 것을 결심한다. 우리는 일본에 의한 한국인의 기만적인 노예 상태에 유의하고 있으며 또한 그 국가를 일본의 항복 후에 가능한 한 가장 빠른 시점에 자유 및 독립국가로 하게 하는 것을 결심한다.)	1 위에서 5줄 째 'PLEDGE NOT TO SO MILITARIZE THEM' 중 'SO'를 뺄 것. 2 위에서 6줄 째 'FROM JAPAN FOREVER,'로 되어 있었던 쉼표 ','를 마침표 '.'로 수정. 3 위에서 6줄 째 'AND'를 삭제. 4 위에서 12~13줄 째 ' EARLIEST POSSIBLE'를 'PROPER'로 대체할 것.

대문자로 작성되고 루스벨트에게 제출된 홉킨스 원안 중의 영토 처리 규정과 관련해 눈길을 끄는 것은 다음 4가지 사항이다. 첫째, 선언 최종 문안에서는 대상 지역이 4가지로 나눠진 데 대하여 이 24일의 홉킨스 원안은 태평양의 도서들, 중국 관련의 영토, 그리고 한반도 독립 문제만을 규정함으로써 크게 나누어 3가지 지역으로 분류했다. 둘째, 최종 문안에서 규정된 '폭력이나 탐욕으로 인해 약탈한 다른 모든 지역으로부터 구축'한다는 조항은 아직 명확히 그 모습을 드러내지 않았다. 셋째, 그 조항이 규정되기 전부터 '노예 상태'가 들어간 한반도 독립 조항은

이미 규정되어 있었고 또 당초는 그 '노예 상태'와 더불어 그 앞에 '기만
적(TREACHEROUS)'이라는 보다 강한 형용사가 사용되었다. 그리고 마지
막 넷째, 한반도 독립의 시기와 관련해 당초 홉킨스는 일본의 항복 후 '가
능한 한 가장 빠른 시점(AT THE EARLIEST POSSIBLE MOMENT)'이라
고 규정했다.

홉킨스로부터 제출받은 원안에 대해 루스벨트가 가한 수정 지시는
다음 4가지였다. 하나는 태평양의 도서들을 군사화하지 않는다고 서약
했다는 등의 구절과 관련해 'so'라는 부사를 소거하라는 지시였다. 물론
이는 문장상의 교정에 불과하며 다른 정치적인 의미가 담긴 것이 아니
었음은 명확하다. 그들 태평양 도서를 영원히 박탈한다는 구절과 관련
해 군사화하지 않는다는 서약을 어기고 군사기지화 했다는 등의 규정이
달린 것은 1차 대전의 결과 일본이 새롭게 취득한 남양군도에 대한 조
치를 배경으로 한 것이었다. 즉 1차 대전 시에 전승국이 된 일본은 그
전후처리와 관련하여 독일이 지배하던 마리아나, 마셜제도를 비롯한 적
도 이북의 태평양의 도서들을 국제연맹(League of Nations)하의 위임통
치령으로서 그 통치권을 이양 받았었다. 그러나 당시 국제연맹규약 제
22조는 위임통치령의 군사 사용을 금지했었다. 군사화하지 않는다는 서
약을 어기고 군사기지화 했다는 등의 규정은 특히 2차 대전으로 치닫는
과정에서 일본이 그 제22조를 위반했다는 뜻을 담은 것이었다. 물론 이
는 일단 국제조약으로 인해 정식으로 일본이 위임받은 지역을 박탈하는
근거로 삼기 위해 규정된 것이며 역사적인 배경이 다른 한반도 독립 근
거에 직접 영향을 주는 수정은 아니었다.

루스벨트가 가한 다음 둘째 수정 지시는 지역 분리에 관한 것이었다.
홉킨스가 루스벨트에게 당초 제출한 원안은 태평양의 도서들과 중국의
영토 처리 규정 부분을 쉼표로 느슨하게 연결했었다. 루스벨트는 그 쉼
표를 마침표를 바꿈으로써 두 지역을 명확히 절단하고 태평양의 도서들

에 관한 규정과 중국의 영토 처리 규정 부분의 독립성을 보다 강화할 것을 지시한 것이었다. 추측컨대 그 수정 지시는 일본으로부터 같이 제외할 지역이라 할지라도 그 지역의 정치, 역사적 차이를 보다 부각시킬 것이 바람직하다고 루스벨트가 판단한 결과였다고 해석해도 과오는 없을 것이다.

이어 셋째 지시로서 루스벨트는 위 문장의 바로 뒤에 있었던 'AND'를 삭제하도록 지시했다. 이는 물론 그 앞의 문장을 쉼표로부터 마침표로 변경함으로써 그 문장을 종결하도록 지시함에 따른 표현상의 수정에 불과함은 쉽사리 이해할 수 있다. 물론 이들 둘째, 셋째 수정 역시 한반도 독립 문제와는 사실상 아무런 상관도 없는 지시였다.

한편 루스벨트가 지시한 마지막 네 번째 수정 내용은 바로 한반도 독립 규정과 관련된 것이었다. 당초 홉킨스는 한반도의 독립 시기를 '가능한 한 가장 빠른 시점'으로 규정했었으나 루스벨트는 그것을 '적당한 시점(AT THE PROPER MOMENT)'으로 바꾸도록 지시했다. 영인본으로서 수록됨에 따라 루스벨트 수정 지시의 내용을 그대로 보여 주는 그 원안 속에서도 루스벨트가 한반도 독립의 시기와 관련해 그렇게 변경할 것을 지시한 그 의도를 직접 나타내는 흔적은 없다. 그러나 그 의도는 쉽게 상상할 수 있다. 즉 그것은 한반도 독립의 시기에 관한 구속력을 보다 완화시킬 필요가 있다고 판단한 데 따른 결과였음은 틀림없을 것이다.

즉 일본 패전 후 미·중·영·소 등을 중심으로 한 국제적 신탁통치의 실시를 구상했었던 루스벨트에게 한반도 독립의 시기를 '가능한 한 가장 빠른 시점'으로 규정하는 것은 쓸데없이 구속력을 높이는 일이었으며 그것은 적어도 정치적으로는 현명한 선택이 아니었다. 장래의 정세가 애초 불투명한 데다 가령 예상대로 미·중·영·소에 의한 4개국 신탁통치를 실시할 경우에도 바로 그로 인해 4개국에 의한 정책 조정이 필요해질 것이 쉽게 예상되었다. 무엇보다 한반도에 이해관계를 가진 소련이 카이로회담에는 직접 참가하지 않았었다. 이러한 상황에서 '적당한 시점'보다 구속력이 강한 '가능한 한 가장 빠른 시점'에 한반도를 꼭 독립시켜야 하는 이유는 없었다. 한반도에 지정학적인 이해관계를 가지는 소련의 의향을 반영해 독립을 달성하지 않는 한, 지역의 안정을 도모할 수 없다는 것은 루스벨트가 아니더라도 쉽게 상상할 수 있는 일이었다. 루스벨트가 국정 책임자로서 한반도 독립의 시기를 '적당한 시점'이라고 구속력을 보다 완화시키도록 수정 지시한 것은 향후의 정치적인 재량 여지를 넓혀 두는 것이 필요하다고 판단한 것에 따른 결과였음은 쉽게 헤아릴 수 있다.

이와 같이 루스벨트는 홉킨스가 제출한 원안에 대한 수정을 지시함에 즈음하여 한반도의 독립 시기에 관해서는 일부 신경을 썼다. 그러나 병합이나 통치에 대한 평가와도 관련되며 따라서 한반도를 독립하게 하는 근거에 관한 해석과 직결되는 '노예 상태'와 같은 규정 내용에 대해서는 전혀 개의치 않았다. 그 점은 이하 보듯이 결국 최종 문안에서는 제외되었지만 '기만적'이라는 형용사까지도 포함해 신경 쓰지 않았던 것에서도 엿볼 수 있다. 물론 최종적으로는 삭제된 '기만적'이라는 표현도 포함해 루스벨트가 그런 어구들에 대한 수정을 일절 지시하지 않았다는 사실은 거꾸로 선언 기초와 관련해 루스벨트 자신 역시 일본의 한반도 지배를 비판하는 내용이 들어가는 것에 대해서는 반대하는 의사가 없었음을 드러낸 흔적임은 틀림없다. 그러나 전시 중, 잠시 적국 일본을 비난하는 뜻을 담은 이 '기만적 노예 상태'가 병합의 비합법성이나 통치의 부당성을 명시적으로 의식해서 그에 한반도를 독립하게 하는 근거를 삼으려 한 루스벨트의 뚜렷한 뜻을 담은 것이었다고 속단할 수 있는지는 신중한 검토가 필요하다. 오히려 이러한 어구가 그런 문맥과 기본적으로 무관하게 사용되었다는 것은 이하 살피는 카이로선언 기초 과정이 여실히 보여 주고 있다고 말해야 하겠다.

2 미국 초안의 기초

1) 홉킨스 수정 구상안

루스벨트로부터 수정 지시를 받은 홉킨스는 중국, 영국에게 건네는 미국 초안의 정리에 나섰다. 하지만 기록을 보면 홉킨스는 루스벨트로부터 받은 수정 지시를 단순히 반영하는 것만으로 미국 초안을 완성한 것은 아니었다. 루스벨트의 수정 지시를 받고 나서 정확히 얼마 후의 검토인지는 불명이나 홉킨스는 루스벨트의 수정 지시 이외에도 대통령에게 제출한 원안에 대한 추가 검토를 가했다. 타이핑된 것으로서 쉽게 눈에 들어오는 그 직접적인 추가 부분은 카이로회담에 참가한 미·중·영의 인물들의 이름을 명시한 가필 부분이다. 물론 이는 한반도 독립 문제와 전혀 무관한 내용이었다.

그러나 루스벨트에게 제출한 것과 똑같은 타이핑 원고에 대해 홉킨스가 손으로 가한 다음 몇 가지 수정 구상은 카이로선언의 의미를 이해하는 데 있어서 시사하는 바가 매우 큰 내용들이었다. 루스벨트에게 제출되며, 또 루스벨트가 직접 그 수정을 지시한 원안이 영인본으로 수록됨에 따라 루스벨트 자신이 손으로 수정한 부분까지 직접 확인할 수 있는 것과 달리 홉킨스가 추가 수정을 구상한 원고는 영인본 형식으로 수록되어 있지 않다. 그 때문에 홉킨스가 손으로 가한 수정 구상 부분은 직접 반영되어 있지 않다. 그러나 홉킨스가 구상한 추가 수정 부분은 그 원고를 게재한 FRUS의 편집자가 각주 형식으로 설명하고 있으므로 그 내용은 간접적으로나마 파악할 수 있다. 또한 홉킨스가 추가 수정을 구상한 원고는 회담 참석자의 이름을 추가한 부분을 빼고 루스벨트에게 처음으로 제출되고 수정 지시를 받은 상기 원안과 똑같다고 FRUS 편집지는 진술하고 있다. 따라서 홉킨스가 이하 추가적으로 수정을 검토한 내용들이 루스벨트에게 제출한 원안을 토대로 진행된 것은 틀림없다.

홉킨스가 전후의 영토 처리 문제와 관련해 꾸민 추가 수정 구상안과 그와 관련해 FRUS의 편집자가 그 수정 내용을 추가 설명하고 있는 내용들을 정리하면 [표 2-2]와 같다.50)

[표 2-2] 홉킨스 추가 수정 구상안과 그 수정 내용

홉킨수 추가 수정 구상안	FRUS 편집자에 의한 내용 설명
We are determined that the islands in the Pacific which have been occupied by the Japanese, many of them made powerful bases contrary to Japan's specific and definite pledge not to so militarize them, will be taken from Japan forever, and the territory(각주 2) they have(각주 3) so treacherously stolen from the(각주 4) Chinese, such as Manchuria and Formosa, will of course be returned to the Republic of China. We are mindful of the treacherous enslavement of the people of Korea by Japan, and are determined that that country, at the earliest possible moment after the downfall of Japan, shall become a free and independent country.	각주 2: 'all conquered'나 'violence & greed'라는 어구를 이 부분의 주변(margin)에 손으로 첨자하고 있으나 이는 아마 'territory ---- stolen'의 구절에 연결하려는 의도임 각주 3: 이 부분에 'occupied belonging to Dutch'라는 어구를 삽입 각주 4: 이 부분에 'Dutch and the'라는 어구를 손으로 삽입51)

※표 중의 각주는 모두 FRUS 편집자가 가필한 것이다.

FRUS 편집자의 설명에 따르면 영토 처리 문제와 관련해 홉킨스가 추가적으로 수정을 가하려 구상한 것은 각주 2, 3, 4로 표시된 3가지 부분이었다.52) 먼저 홉킨스가 구상한 첫 번째 수정은 각주 2 부분의 주변에

---

50) "American Draft of the Communiqué, With Amendments by the President's Special Assistant(Hopkins)", *ibid.*, pp.401~402.

51) 편집자에 따르면 손으로 삽입된 이 부분은 누구에 의한 기입인지 특정할 수 없다고 보충 설명하고 있으므로 이 부분의 삽입만큼은 홉킨스 본인에 의한 것이 아니었을 가능성도 있다. 다만 선언 초안은 홉킨스를 비롯한 미국 측 일부 관계자만으로 기초된 것이 확실하기 때문에 가령 홉킨스가 직접 삽입한 것이 아니었다고 하더라도 이 삽입이 홉킨스의 의향과 전혀 상관없는 것이었다고까지 볼 필요는 없을 것이다.

52) 기타 FRUS 편집자가 단 각주 1은 바로 이 홉킨스 수정 구상안이 회담 참석

'all conquered'나, 'violence & greed'라는 단어를 추가하는 것이었다. 편집자는 이 추가 구상과 관련해 이 구절이 타이핑된 동 문장 중의 'territory······ stolen'이라는 구절과 연결하려는 홉킨스의 의도를 나타내는 것으로 보인다고 적고 있다. 원래 이 부분은 태평양의 도서들에 관한 규정 후에 두어진 중국 관련 영토의 처리 문제를 밝힌 규정이었다. 따라서 최종 문안에도 그대로 채용된 'violence & greed'라는 단어는 최종적으로는 삭제된 'all conquered'라는 표현과 함께 한창 전쟁 중이었던 당시, 장개석 등의 입장을 의식하면서 일본이 중국 영토를 '폭력이나 탐욕'으로 '침략'하고 있다는 것을 강조하기 위한 수식어로서 당초 구상된 것이었음을 알 수 있다.

무엇보다 주목되는 것은 '폭력이나 탐욕으로 인해 약탈한 다른 모든 지역'이라는 최종 문안에 직결되는 이 'violence & greed' 표현이 이 단계에서 삽입되었다는 사실이다. 즉 한반도에 대한 일본의 침탈이나 특히 현재 독도 영유권 문제와 관련해 한국 사회에서 종종 활용되는 '폭력이나 탐욕'이라는 표현은 선언 원안을 작성한 당사자인 홉킨스가 당초 중국 관련의 영토에 대해 적용하려 한 어구였지, 애초부터 한반도 독립 규정과 관련해 구상된 것은 아니었음을 알 수 있다. 실제 '노예 상태'를 포함한 한반도 독립 조항은 이 어구들의 삽입 구상 이전의 원안 단계에서 이미 들어가 있었으며 또한 반대로 이런 추가 삽입 구상에 즈음하여 그와 한반도 독립 조항을 연결하려 한 조문상의 변화도 일절 감지되지 않는다.

FRUS 편집자에 따르면 이어 홉킨스가 추가 수정을 구상한 것은 각주 3 부분에 'occupied belonging to the Dutch'를, 또한 각주 4 부분에 'Dutch and the'라는 구절을 삽입하려 한 것이었다. 한눈에 알 수 있듯

자의 이름을 추가 명기한 것 이외에는 앞서 루스벨트에게 제출한 영인본 원안과 같음을 보충 설명하고 있다.

이 각주 3, 4 부분은 모두 '네덜란드(Dutch)'를 추가하고 있다. 즉 일본이 기만적으로 약탈한 대상을 중국으로 한정했었던 당초 원안의 표현에 대해 홉킨스는 네덜란드를 추가하려 한 것이었다. 중국에 대해서는 만주나 타이완 같은 해당 지역을 직접 명시한 데 반해 홉킨스가 추가적으로 구상한 수정안에서는 네덜란드와 관련되는 해당 지역이 직접 명시된 일은 없었다. 그러나 어구상도 '네덜란드에 속하는(belonging to the Dutch)'이라고 명시되고 있으며 무엇보다 대일전과 관련된 아시아 지역에서 네덜란드가 보유한 주된 지역이 인도네시아였다는 역사적 사실을 고려할 때 이 수정은 사실상 인도네시아의 처분을 의식한 것이었음은 확실할 것이다. 카이로회담이 개최되었을 무렵, 아직 일본이 동남아시아 전역에 광범위한 세력권을 유지하고 있었음을 감안할 때 홉킨스가 이 추가 수정 구상에서 왜 중국 이외에 사실상 인도네시아만을 천명하려 한 것인지는 자료적으로 불투명하다.

실제 홉킨스 원안 작성의 직접적인 계기가 된 23일의 루스벨트-장개석 만찬회담에서도 타이완이나 펑후열도, 그리고 요동반도 같은 중국에게 반환될 대상 지역의 문제와 함께 한반도, 태국, 인도차이나(Indo-China)에 대한 독립 문제 등이 거론되었었다. 인도차이나는 주로 프랑스가 영유한 베트남, 캄보디아, 라오스를 뜻할 경우가 많으며, 널리 잡아도 태국을 제외한 말레이반도까지를 지칭한다. 따라서 네덜란드 지배하에 있었던 인도네시아는 통상 포함되지 않는다.

적어도 기록상 루스벨트-장개석 만찬회담에서도 직접 언급되지 않았던 인도네시아를 홉킨스가 일부러 추가하려 한 것은 혹시나 그 당시 일본이 취한 국책과 관련된 결과인지도 모른다. 카이로회담 개최에 약 한 달쯤 앞선 11월 초, 도쿄에서는 일본의 괴뢰 정권으로 전락했던 관련 아시아 지역의 정상들이 모여, 이른바 대동아회의가 개최되었었다. 이는 1943년 5월 31일 천황이 합석한 오전회의(御前會議)에서 결정된 대동아정략지도대강(大東亞政略指導大綱)에 기초한 것이었다.[53] 이 대강은 아시아태평양 지역에서 벌인 전쟁의 침략성을 분식하기 위해 일본이 구상한 이른바 대동아공영권을 내세우기 위한 전략을 담았다. 이 전략에 따라 일본은 이미 군사점령했던 필리핀, 미얀마의 독립 승인에 나섰다. 그러나 그 한편 대강은 아시아의 대국인 인도네시아에 관해서는 오히려 그것을 정식으로 일본 영토로 병합할 것을 결정했었다. 이 방침에 따라 비록 형식적인 것에 불과한들, 인도네시아 대표가 대동아회의에 참석하는 것 역시 허락되지 않았다. 홉킨스가 23일의 만찬회담에서도 적어도 기록상은 직접 언급되지 않았던 인도네시아를 의식하면서 네덜란드를 굳이 삽입하려 구상한 것은 이와 같은 정세를 배경으로 일본의 인도네시아 병합을 인정하지 않는다는 뜻을 천명하기 위해 그 침략성을 부각시킬 필요가 있다고 판단한 결과였는지도 모른다. 직접 '인도네시아'라고 표기하지 않고 '네덜란드'라고 표기하려 한 것은 당시 인도네시아가 아직 같은 연합국인 네덜란드의 정당한 지배 영역이라는 기득권을 의식하면서 아무래도 종주국 측의 정치적 입장을 먼저 존중할 필요가 있다고 판단했기 때문으로 보인다.

　아무튼 루스벨트에게 제출한 원안을 기반으로 홉킨스가 미국 초안 기초를 위해 구상한 추가 수정 내용은 중국에 대한 침략의 성격을 명시하거나 네덜란드 보유 지역의 처분에 관한 문제뿐이었지, 그 추가 수정 구상에서 한반도 독립과 관련된 내용이 재검토되는 일은 없었다. 원안 작성자 홉킨스 역시 '노예 상태'를 비롯해 한반도 독립과 관련된 규정에 추가적으로 주목한 사실은 없었던 것이다.

---

53) 「大東亞政略指導大綱」, 外務省編, 『終戰史錄 I』, 北洋社, 1977, 97~98쪽. 이하 이 책은 서명만 표기한다.

2) 미국 초안의 완성과 한반도 독립 문제에 관한 함의

홉킨스는 루스벨트로부터 받은 수정 지시와 이상과 같이 자기 스스로가 추가 구상한 수정 내용들을 조정한 결과, 카이로선언 미국 초안을 11월 25일에 완성했다.[54] 그날 아침에 확정된 미국 초안 중, 영토 처리에 관한 규정은 다음과 같다.

ㅁ 카이로선언 미국 초안

We are determined that the islands in the Pacific which have been occupied by the Japanese, many of them made powerful bases contrary to Japan's specific and definite pledge not to so militarize them, will be

---

54) "Revised American Draft of the Communiqué", *FRUS 1943 The Conferences at Cairo and Tehran*, pp.402~403. 왕총혜가 작성한 중국 측 회담 일지에서는 24일의 오후 4시에 홉킨스가 미국 초안을 중국에게 제출했다고 기록하고 있으나(「國防最高委員會秘書長王寵惠自重慶呈蔣委員長關於開羅會議日誌 附一 政治問題會商經過」, 秦孝儀主編, 앞의 사료, 528쪽) 이 중국에 제출된 미국 초안이 어느 것이었는지, 정확히는 불명이다. 정병준은 중국 측 기록에 나오는 '적당한 시점' 표기의 일치 여부를 중요시하고 FRUS가 '25일'이라고 소개하고 있는 미국 초안이 이미 '24일'에 중국에게 제출되었다고 판단하고 있다. 정병준, 앞의 논문, 330쪽. 그러나 24일 오후 4시에 제출되었다고 중국 측 기록에 실려 있는 미국 초안에는 중국에서 약탈하고 반환해야 하는 영토와 관련해 역사적으로도 중국과 전혀 무관한 태평양의 섬인 '오가사와라(小笠原)'가 삽입되어 있는 등, FRUS에 실려 있는 미국 초안에서 확인되지 않는 기술도 보인다. 따라서 비록 자료를 통해서 정식으로 확인할 수는 없으나 FRUS에 수록되지 않은 '오가사와라' 등이 기입된 미국 측 미완성 초안이 24일 단계에서 따로 존재하고 그것이 중국 측에 제출되었을 가능성도 배제할 수 없다. 왕총혜가 남긴 기록에서는 25일 정오 중국 측이 이 '오가사와라'를 미국이 '평후열도'로 오해한 것이 아닌가, 홉킨스에게 지적했다고 한다. 「國防最高委員會秘書長王寵惠自重慶呈蔣委員長關於開羅會議日誌 附一 政治問題會商經過」, 秦孝儀主編, 같은 사료, 529쪽. 단 24일에 작성된 홉킨스 원안으로부터 FRUS가 25일자로 소개하고 있는 미국 초안까지 '오가사와라'도 '평후열도'도 일절 안 나오므로 이러한 미국 측 기록과 중국 측 기록의 차이가 어떻게 생겼는지는 알 수 없는 부분이 남는다.

taken from Japan forever.

The territory that Japan has so treacherously stolen from the Chinese, such as Manchuria and Formosa, will of course be returned to the Republic of China. All of the conquered territory taken by violence and greed by the Japanese will be freed from their clutches.

We are mindful of the treacherous enslavement of the people of Korea by Japan, and are determined that that country, at the proper moment after the downfall of Japan, shall become a free and independent country.

(우리는 일본에 의해 점령당해온 태평양 도서들, 그 많은 부분은 그와 같이 군사화하지 않는다고 일본이 특별히 그리고 명확히 서약한 것을 어기고 강력한 군사기지화 되고 있으나, 그 도서들을 일본으로부터 영원히 박탈할 것을 결심한다.

만주나 타이완처럼 일본이 중국으로부터 기만적으로 훔친 영토는 물론 중화민국에게 반환될 것이다. 일본이 폭력이나 탐욕으로 인해 약탈한 모든 침략된 지역은 그 손아귀로부터 해방될 것이다.

우리는 일본에 의한 한국인의 기만적인 노예 상태에 유의하고 있으며 또한 그 국가를 일본의 항복 후 적당한 시점에 자유 및 독립국가로 하게 하는 것을 결심한다.)

미국 초안과 관련해 가장 눈에 띄는 것은 이 초안이 처음으로 전후 처리할 영토를 기본적으로 최종 문안과 같이 4가지 지역으로 나눈 점이다. 즉 루스벨트에게 제출된 홉킨스 원안에서 거론된 처리 지역은 태평양의 도서들, 중국 관련 영토, 그리고 한반도라는 3가지 지역이었는데 반해 25일자의 미국 초안에서는 그들 3가지 지역과 함께 '일본이 폭력이나 탐욕으로 인해 약탈한 모든 침략 지역'이 추가 삽입되었다. 물론 비록 그 직접적인 표현은 이후 일부 다시 수정되었으나 이 추가 규정이 최종 문안 중의 '폭력이나 탐욕으로 인해 약탈한 다른 모든 지역'이라는 조항으로 귀결된 것은 따로 강조할 나위도 없다.

앞서 인급했듯이 루스벨트에게 제출한 원안의 재검토 과정에서 홉킨스는 'all conquered'나 'violence & greed'라는 어구의 삽입을 구상하기 시작했다. 그러나 당초의 구상에서는 그 표현은 중국 관련 규정 부분에 적용되고 기껏해야 네덜란드를 추가하는 정도의 수정 구상에 머물러 있었다. 그러나 그 표현의 유사성을 고려하면 결국 홉킨스는 그것을 중국 관련 규정으로부터 떼서 다른 독립 조항으로서 활용함으로써 인도네시아에 한정되지 않는, 일본이 침략한 다른 지역 일반에 적용할 수 있는 조항으로 재수정한 것으로 평가할 수 있다.

즉 전선 확대에 따라 남쪽은 인도네시아부터 서쪽은 미얀마에 이르는 사실상 동남아 전역에 일본이 그 영향력을 행사하고 있었던 카이로회담 당시, 전후 일본의 영향력을 차단해야 했던 미국에게 그 구축 지역을 중국이나 인도네시아에만 한정해야 하는 이유는 원래 없었다. 표면상 일본이 그 '독립'을 승인한 필리핀이나 미얀마 역시 만주국과 같이 일본의 괴뢰국가가 될 것은 불을 보듯이 뻔했다. 그럼에도 홉킨스가 루스벨트에게 제출한 최초의 홉킨스 원안에서는 태평양의 도서들, 중국 관련 영토, 그리고 한반도 독립 관련 규정만이 들어갔었지, 그 이외에 일본이 지배력을 확장하고 있었던 기타 지역들에 관한 규정들은 일절 빠져 있었다. 홉킨스가 결국 '폭력이나 탐욕으로 인해 약탈'한 침략 지역을 독립 조항으로 꾸민 것도 원안에서 빠져 있었던 그들 누락 부분을 새롭게 보완할 필요가 있다고 인식한 결과로 추측해도 과오는 없을 것이다.

중국 관련 영토의 처리 규정에는 루스벨트에게 제출한 원안 단계로부터 '중국으로부터 기만적으로 훔쳤다(has so treacherously stolen from the Chinese)'는 표현이 이미 사용되어 있었다. 비록 직접적인 표현이 달라도 이는 사실상 '폭력이나 탐욕으로 인해 약탈'했다는 표현과 이론적으로 같은 뜻이었다. 더구나 카이로회담에 직접 참가한 중국에 대해서는 23일의 루스벨트-장개석 만찬회담에서 직접 합의되던 타이완 등의 반환이 조문상에서도 이미 직접 규정되어 있었다. 그럼에도 중국에 대해서 다시금 '폭력이나 탐욕으로 인해 약탈'한 지역이므로 거기서 일본을 구축한다고 다시 규정을 별도로 두는 것은 이론적으로 별 의의는 없었다.

한편 일본 패전에 따라 그들 지역을 상실하게 되는 것은 일부러 규정할 필요도 없을 만큼 자명하다고 생각해서 그런지, 홉킨스 원안에서는 전선 확대에 따라 새롭게 일본의 지배하에 들어갔었던 기타 지역의 처리에 관해서는 아무런 규정도 없었다. 원래 그들 지역은 국제연맹의 위임통치나 기타 국제사회가 승인한 조약 등의 처리에 따라 일본이 획득한 지역이 아니라 바로 일본이 '폭력이나 탐욕으로 인해 약탈'한 지역이었다. 그러나 그들 일본의 지배 지역에 대한 처분 역시 전후처리의 문제로서 관련되는 것은 분명했다. 홉킨스가 한때 '네덜란드'를 삽입함으로써 인도네시아에 대한 처분을 명시하도록 구상한 것 역시 그러한 문제의식을 반영한 것이었음은 틀림없었다. 전선 확대에 따라 일본이 추가 점령한 지역들의 처분을 선언에서 명시하는 것은 바람직했다. 그러나 선언은 원래 비교적 짧게 표현하게 마련이었다. 또한 전쟁 중, 일본의 지배 지역이 더 확장될 가능성 역시 남아 있는 가운데서 전후의 해방 지역을 일일이 구체적으로 명시하는 것은 정치적으로 현명하지도 않았다. 이러한 점들을 고려한다면 동남아 지역을 비롯해 전선 확대에 따라 일본이 새롭게 점령하에 둔 지역에 관해서는 일일이 그 명칭을 명시하지 않고 한때 중국 관련 영토에 적용하려 한 '폭력이나 탐욕으로 인해 약탈한 모든 침략된 지역'으로 일괄 지칭하는 것이 효과적이었음은 분명했다.[55]

---

55) 이 '모든 침략된 지역'의 범위와 관련해 문안을 직접 꾸민 홉킨스 자신의 생각은 자료를 통해 직접 검증할 수는 없다. 그러나 적어도 선언 선포 후 그것을 법적으로 검토한 국무성은 이 조항과 관련된 지역이 2차 대전 이후 일본이 군사점령하에 둔 지역 중, 아직 조약상의 처리가 이루어지지 않은

　그러나 결과적으로 다른 표현이 사용되었다 하더라도 홉킨스의 수정 구상에서 원래 'all conquered'나 'violence & greed' 규정이 중국 관련 규정에서 사용된 것이었다는 사실은 중요하다. 바로 이 점에서 알 수 있듯이 중국과 동남아 지역들은 모두 전쟁이라는 폭력 수단을 직접 동원해 일본이 그 지역을 확장했다는 의미에서 같은 성격을 지녔다. 이 점은 구문상에서도 엿볼 수 있다. 실제 미국 초안은 비록 중국과 다른 모든 침략 지역을 마침표로 분리하면서도 단락 구성으로서는 태평양의 도서들이나 한반도 문제와 구별하고 그들 지역을 동일한 단락에서 같이 규정하고 있다. 그 결과 미국 초안에서는 한반도 독립 조항은 태평양의 도서들에 관한 규정을 둔 첫째 단락과 상기 중국 및 동남아 관련 규정을 둔 둘째 단락의 다음에 규정되었다. 즉 영토 처리 규정은 명확히 세 단락 구성으로 꾸며졌다. 이는 결국 1차 대전의 결과, 당시 국제연맹하의 위임통치 형식으로 일본의 세력하에 들어간 태평양의 도서들, 그리고 중국 관련이나 동남아 지역 같이 일본이 전쟁이라는 수단을 통해 직접 확장한 지역, 그리고 일단 직접적으로는 교전과 상관없이 당사자 간

──────────

지역이라고 해석하는 것이 타당하다고 봤었다. 1945년 1월 본론에서 후술하는 국·지역위원회는 남사할린의 처리 문제를 논의했으나 그 영토 처분의 근거를 카이로선언 중의 이 규정과 연결하는 것을 꺼렸다. 국무성은 혹시 전후 남사할린 처리의 근거를 선언 중의 이 '폭력이나 탐욕으로 인해 약탈'했다는 규정에 둘 경우, 그것은 그 지역을 일본에게 양도한 포츠머스조약을 위반하는 것이 된다는 우려를 드러냈다. 이에 따라 국무성은 얄타회담을 내다보면서 혹시 소련이 대일 참전과 관련 없이 남사할린의 영유를 요구하지 않는다면 무장해제라는 조건부로 그대로 일본에게 보유하게 할 것조차 건의하고 있었다. CAC-306b Preliminary, "Memorandum of the Division of Territorial Studies, JAPAN: TERRITORIAL PROBLEMS: JAPANESE KARAFUTO(SOUTHERN SAKHALIN)", *FRUS 1945 The Conferences of Malta and Yalta*, pp.386~388. 즉 적어도 국무성은 비록 직접적으로는 전쟁이라는 폭력 수단을 계기로 획득했다고 하더라도 과거 조약을 통해 그 처리가 확정된 지역에 관해서는 '폭력이나 탐욕으로 인해 약탈'한 지역으로서 처리하는 것에는 신중한 입장을 취하고 있었던 것이다.

의 조약 체결 형식을 통해 병합된 한반도라는 과거 일본이 그 지배권을
확립해 나간 역사적인 성격의 차이를 그대로 반영한 것으로 봐도 과오
는 없을 것이다. 즉 국제연맹 위임통치나 병합조약과 같이 세계가 승인
한 절차를 통해 일본이 획득한 지역을 'treacherously stolen'이나 'all
conquered', 그리고 'violence & greed'와 같은 표현을 사용한 중국이나
동남아 지역과 같은 단락에 두는 것은 타당하지 않았다. 그렇기 때문에
오히려 태평양 도서들이나 한반도에 대해서는 거꾸로 단락을 나누어 중
국이나 동남아 지역 문제에는 적용되지 않았던 군사화하지 않는다는 서
약을 어겼다거나 '노예 상태' 등의 따른 개념을 활용했다.

물론 이러한 사실은 역으로 카이로선언에서 규정된 '폭력이나 탐욕
으로 인해 약탈'했다는 표현이 적어도 직접적으로는 한반도 독립 조항
과 관련이 없는 것이었음을 입증하고 있다.[56] 실제 고찰한 바와 같이
홉킨스 원안 당초부터 한반도 독립 조항은 그들 표현의 추가와 상관없
이 이미 규정되었었고 또한 그들 추가된 어구가 한반도 독립 조항과 연
결된 기록도 없었다. 따라서 비록 '모든'이라고 일반화되었다고 하더라
도 이 조항에 한반도도 포함된다고 보는 것은 기록으로 인해 뒷받침되
지 않는 지극히 자의적인 해석임은 분명하다. 즉 관련 기록은 한반도
병합의 비합법성이나 통치의 부당성, 그리고 현재 독도 영유권과 관련

---

56) 정일화는 '폭력이나 탐욕으로 인해 약탈'했다는 규정을 한반도 독립 조항의
'도입구절'이라고 평가하고 있다. 정일화, 『카이로선언: 대한민국 독립의
門』, 선한약속, 2010, 40~42쪽. 그러나 왜 그렇게 볼 수 있는지 그 실증도
논증도 없다. 정일화가 보듯이 이 규정이 한반도 독립 조항의 '도입구절'이
라면 왜 그 문장을 한반도 독립을 규정한 조항과 다른 독립된 문안으로 삽
입했는지 의문스럽다. 또한 본론 이하에서도 확인하나 선언을 만든 미국정
부가 이 규정을 한반도 독립 관련 규정으로 인식한 기록 역시 적어도 필자
가 접한 문서의 범위에서는 단 한 번도 확인할 수 없다. 이와 관련해 정일
화는 그 구절을 가지고 독도가 '폭력이나 탐욕으로 인해 약탈'된 것으로서
일본에서 절단되는 지역이 되었다고 주장하고 있으나 이 주장 역시 그 후
미국이 실제 독도에 대해 취한 주지의 입장들과도 다르다.

해 전후 독도가 한국 영토로서 처리되었다는 주장의 근거에 이 '폭력이나 탐욕으로 인해 약탈'했다는 카이로선언 규정을 이용하는 것이 합당치 않음을 시사하고 있다.

한편 25일에 완성된 미국 초안에서는 또 하나 한반도의 독립 시기와 관련해, '일본의 항복 후 적당한 시점(at the proper moment after the downfall of Japan)'이라는 어구가 정식으로 채용되었다. 물론 '적당한 시점'이 채용되게 된 것은 루스벨트가 그 수정을 지시한 것에 따른 변경이었다. 그러나 그 수정 과정에서는 당초의 원안에 있었던 '가능한 한 가장 빠른 시점'이건 '적당한 시점'이건 일본의 항복 후에 한반도를 독립하게 한다는 것에 따른 이론적인 함의가 의식된 흔적은 없었다. 즉 앞에서도 언급한 바와 같이 단지 '전후'에 한반도를 독립시킬 경우에는 반대로 패전에 따른 일본의 주권 상실까지 한반도가 일본의 정당한 영토였다는 이론적인 해석을 강화하는 의미를 지녔다. 그러나 홉킨스 원안부터, 루스벨트의 수정 지시, 그리고 홉킨스 자신이 다시 추가 구상한 수정 내용들을 반영해 완성된 미국 초안까지 한반도 병합의 합법성 여부를 결정하는 데 매우 중요한 이러한 이론적 함의가 인식되는 일은 없었다.

그러나 이런 인식은 미국만의 이야기도 아니었다. 한반도 독립에 가장 적극적이었으며 또한 미국 초안 기초에도 영향을 준 것이 틀림없는 중국조차 그 이론적인 함의를 중요시하는 일도 없이 한반도를 전후 독립시킬 것만을 주장하고 있었다. 실제 23일 밤의 루스벨트-장개석 만찬 회담에서도 '일본의 항복 후'의 독립이 합의되었었다. 또한 그 정상회담의 다음날인 24일에 중국은 자신의 입장을 다시 전달하기 위해 장개석의 지시를 받은 왕총혜가 루스벨트에 대해 수교하도록 홉킨스에게 각서를 제출했다. 그러나 그 각서 중 "극동에 관련되는 문제" 제4부 일본 항복 시의 대일 처분 문제 중의 셋째 항에서 중국은 단지 "중국, 영국, 미

국이 <u>전후</u> 한반도의 독립을 승인하는 것에 합의해야 한다"고 적었다.57)

물론 일본이 실제 한반도를 지배하에 두고 있다는 현실을 감안할 때 한반도의 독립이 '전후'가 됨은 미국이나 중국 말고도 누구도 부정하지 못하는 의심의 여지없는 자명의 일이었다. 그러나 비록 현실적인 지배력의 상실이라는 의미에서는 독립이 전후가 될 수밖에 없다고 하더라도 그것이 이론적으로도 꼭 그래야만 한다는 것을 의미하는 것은 아니었다. 즉 선언에서 병합의 비합법성을 규정하고 그에 따라 한반도는 원래 주권을 상실하고 있지 않았으므로 그 원칙에 따라 일본의 강점으로부터 '광복'시킨다는 의미에서 전후 한반도를 독립하게 한다고 이론화하는 것은 가능했다. 그러나 원래 한반도에 그다지 관심이 많지 않았던 미국은 물론, 한반도의 독립에 중대한 이해관계를 가지고 있었던 중국 역시 카이로선언 기초 과정에서 그와 같은 이론적인 함의에 관심을 기울인 흔적은 없었다.

그러나 문제는 그에만 그치는 것도 아니었다. 완성된 미국 초안은 한반도의 독립을 '일본의 항복 후'의 '적당한 시점'에 실현하도록 규정함으로써 전후도 한동안 한반도가 일본의 영토로 남게 될 것을 암시했다. 이는 다음 장 이후 보듯이 실제 일본 항복에 즈음하여 전후 한반도의 주권 소재 문제를 둘러싼 미국 내부의 이론적인 혼란으로 이어졌고 그에 따라 결국 평화조약에서 일본에게 한반도 독립을 승인하도록 요구하는 요인으로 작용하게 되었다. 이에 따라 전후의 한반도 독립은 일본의 패전으로 인한 결과라는 측면을 넘어 일본의 승인을 거쳐, 다시 말해 일본의

---

57) "Memoranda by the Chinese Government", *FRUS 1943 The Conferences at Cairo and Tehran*, p.389. FRUS에 게재되어 있는 그 각서의 내용이나 구성이 중국 측 기록에 실려 있는 자료와 일치하고 있는 점으로 미루어 이 각서는 11월 23일 시점에서 이미 중국 측이 준비하고 있었음을 알 수 있다. 「國防最高委員會秘書長王寵惠自重慶呈蔣委員長關於開羅會議日誌 附一 政治問題會商經過」, 秦孝儀主編, 앞의 사료, 525~527쪽.

허가를 받아 비로소 성사된 성격의 문제로까지 전락하게 되었다.

미국 초안은 '기만적 노예 상태'라고 규정하는 등, 한반도를 독립시키는 근거라고도 볼 수 있는 표현에 관해서는 최종 문안과 비교해도 일본의 한반도 지배에 대한 비판의 강도를 한층 더 높였었다. 그러나 당초부터 한반도를 '전후'에 독립시킬 구상을 굳히던 미국 초안이 일본에 의한 한반도 병합의 합법성을 원천적으로 부정하기 위해 그들 표현을 사용했다고 해석하는 것은 이론적으로 맞지 않았다.

3 카이로선언 최종 문안의 기초

1) 미국 초안에 대한 영국의 수정 요구

원래 23일의 미·중 정상회담에서 합의된 내용을 바탕으로 작성된 것이니 만큼 미국 초안에 대해 미·중 간에 이견이 생긴 일은 없었다. 그러나 회담에 같이 참가한 영국의 입장은 그렇지 않았다. 당시 영국 외무차관으로서 처칠과 함께 회담에 참석한 캐도건(Alexander Cadogan)에 따르면 영국은 전날 왕총혜에게 전달된 것과 같은 미국 초안을 25일의 낮쯤 홉킨스로부터 직접 받았다.[58] 미국 초안을 살펴본 캐도건은 그 초안

---

58) David Dilks'ed, *op.cit.*, p.577. 캐도건에 따르면 그날 아침 10:30에 처칠 수상의 숙소에 들러 인사를 한 후, 루스벨트의 숙소로 향하고 거기서 홉킨스 초안을 받았다고 한다. 앞서 본 바와 같이 미국 초안은 25일 아침에 작성되었으며 따라서 캐도건이 25일 낮쯤에 홉킨스를 통해 열람한 미국 초안은 25일 아침 작성된 그 초안이었을 가능성이 크다. 그러나 24일에 왕총혜에게 제출된 것과 같다는 캐도건의 증언을 상기할 경우, 그것이 FRUS에 직접 수록된 미국 초안 이전의 것이었을 가능성도 배제할 수 없다. 왜냐하면 이미 상기 각주에서도 확인한 바와 같이 왕총혜가 미국으로부터 받은 초안에는 '오가사와라'가 기입되어 있는 등, 25일 아침 완성된 미국 초안의 내용과 다른 부분이 있기 때문이다. 이렇듯 미국, 중국, 영국 측 기록들을 통해 각각 확인할 수 있는 초안 기초 과정에는 일부 일치하지 않는 점이 있고, 완전히 규명하지 못하는 부분이 남는다.

에 몇 가지 심각한 결함(several serious flaws)과 하나의 누락(an omission)
이 있음을 발견하고 루스벨트와의 감사절 만찬 시에 갖고 가도록 이든
(Robert A. Eden) 외상에게 영국 수정안을 건넸다고 증언하고 있다. 미
국에서 감사절은 11월 넷째 주 목요일이다. 카이로회담이 개최된 1943
년은 11월 25일이 바로 그 넷째 주 목요일이었다. 그 점을 감안하면 캐
도건이 미국 초안에 대해 수정을 가하고 작성한 영국 수정안은 홉킨스
로부터 미국 초안을 받은 같은 날에 미국 측에 제출된 것으로 추측된다.

캐도건이 작성한 그 수정안은 26일의 미·중·영 3국 실무자회담에서
본격적으로 논의되었다. 캐도건이 제출한 영국 측 수정 요청의 내용을
중국어 번역으로 기록한 중국 측 회담 기록에 따라 26일의 3국 실무자
회담에서 영국이 제기한 수정 내용 중, 전후의 영토 처리 문제와 관련
해 눈에 띄는 부분을 짚어본다면 [표 2-3]과 같다.[59]

[표 2-3] 11월 26일 미·중·영 3국 실무자회담에서 미국 초안 중의 영토 처분 규정과
관련해 영국이 제기한 주된 수정 요청의 내용

해당 영토	영국이 제기한 수정 요청 내용	미국 초안 중의 해당 규정
중국	日本由中國攫去之土地, 例如滿洲, 臺灣與澎湖列島, 當然必須由日本放棄	當然應歸還中國
한반도	日本對朝鮮人民之奴隸待遇, 吾人初未忘懷. 日本潰敗後, 於適當時機, 吾人決定使朝鮮脫離日本之統治	成爲一自由與獨立之國家

즉 전후 영토 처리 문제와 관련해 영국이 미국 초안에 대해 제기한
수정 요청의 주된 내용은 2가지였다. 영국은 먼저 중국 관련 영토에 관
해 미국 초안에서 빠져 있었던 평후열도를 명시하도록 보완하는 적극적
인 대응도 보였다. 그러나 미국 초안이 직접 중국으로 반환하도록 규정
한 해당 어구를 단지 일본이 포기하도록 규정하는 선에서 그치도록 요

---

59) 「國防最高委員會秘書長王寵惠自重慶呈蔣委員長關於開羅會議日誌 附一 政治
    問題會商經過」, 秦孝儀主編, 앞의 사료, 530쪽에서 정리.

청했다. 또한 한반도에 관해서도 미국 초안이 전후 자유 및 독립시킬 것을 명시한 데 대하여 단지 일본의 통치에서 이탈시키도록 하는 수준에서 표현을 억제하도록 요청했다. 상기한 캐도건의 회고에 따라 평가한다면 '하나 누락'된 것은 평후열도의 규정 문제였으며 아울러 '몇 가지 심각한 결함' 중에는 중국 관련 영토의 반환과 한반도 독립 관련 규정의 내용들이 들어간 것으로 보인다.

그들 수정 요구를 제기함에 즈음하여[60] 캐도건 외무차관은 영국 측 수정 요구의 의도를 다음과 같이 밝혔다. 즉 캐도건은 일본이 확장한 다른 점령 지역에 관해서는 그 귀속 상대를 명시하지 않았음에도 불구하고 중국에 관해서만 만주나 타이완을 반환하도록 명시하는 것은 문제가 있으며, 또 한반도에 관해서는 영국 내각에서 아직 이 문제에 관한 논의나 결정이 이루어지지 않았으며 소련의 태도 역시 불명이라고 설명했다. 물론 캐도건이 언급한 이들 직접적인 이유가 완전히 거짓이라는 것은 아니었을 것이다. 그러나 그것이 진정한 이유라기보다 핑계에 좀 더 가까웠음은 쉽게 상상할 수 있다. 미국 초안에 대해 영국이 보인 수정 요구의 배경에는 결국 세계 최대의 식민지 보유국인 대영제국의 유산에서 기인한 이해관계가 얽혀 있었음은 틀림없을 것이다.

즉 아편전쟁을 계기로 홍콩을 중국의 영토에서 처음으로 획득하게 된 영국은 그 후도 중국에 대한 '점령' 지역을 늘리고 있었다. 그런 영국에게 비록 적국 일본에 대한 요구라 하더라도 '점령' 지역의 중국 반환 규정을 명시하는 것은 자칫 자신이 보유하는 지역들에 관한 반환 문제까지 유발할 가능성을 내포했다. 또한 식민지 한반도의 독립 공약에 영국이 직접 참가하는 것 역시 인도를 비롯해 세계 각지에서 보유한 식민지 지역의 독립 요구를 한층 더 촉발할 위험성을 동반했다. 처칠에게

---

60) 이하 26일의 3국 실무자회담의 토의 내용은 중국 측 기록인 위의 사료, 531~532쪽을 참고.

영토의 확장을 원하지 않는다고 맹세한 대서양헌장은 2차 대전에 따른 새로운 영토의 확장 문제였지, 그 이전에 영국이 보유했었던 지배 지역의 포기까지 뜻한 것은 아니었다. 실제 처칠은 1941년 9월 9일의 의회 연설에서 대서양헌장의 뜻과 관련해 그것은 나치스의 멍에하에 있는 유럽국가들의 주권 회복이나 자치정부 수립 등을 염두에 둔 것이지, 인도나 미얀마 기타, 대영제국이 보유한 다른 지역에 대한 정책에는 그 어떠한 수정(qualify)도 가하려는 의도는 없다고 천명했었다.[61]

그런 영국에게 전후 적국 일본의 지배 지역을 박탈하는 것에 대해서는 이의가 없다고 한들 그 박탈 지역의 처리 방식과 관련해 스스로의 이해관계에 악영향을 줄 수도 있는 내용을 선언을 통해 천명하는 것은 최대한 억제해야 하는 과제였다. 그러한 속사정을 사전에 알아챘었던 중국은 애초 카이로회담에 임함에 즈음하여서는 중·영 간에 자극적인 과제가 될 수밖에 없는 홍콩·구룡(九龍) 등의 반환 문제는 피하도록 신경을 쓰고 있었다.[62] 그럼에도 영국은 피지배 지역의 처리에 관해 지극히 제한적인 표현에 그치도록 집착한 것이었다. 이와 같은 영국의 태도에 실제 접한 장개석은 영국은 스스로의 이익을 희생하기까지 해서 다른 사람을 도우려 하는 것 같은 일은 추호도 하지 않는다고 그 불신을 숨기지 않았다.[63]

그러나 이와 같은 영국의 소극적인 자세에도 불구하고 26일의 미·중·영 3개국 실무자회담에서는 영국이 제기한 이상 2가지 수정 요청은 중국의 반대와 그에 동조한 미국의 지지에 의해 기각되었다. 회담 석상에서 영국이 중국의 영토와 관련해 일본이 그것을 포기하도록 규정하는

61) 이 처칠의 연설 내용은 미 국무성이 영국의 정보를 수집, 정리한 문서에서 확인할 수 있다. P-113, "BRITISH VIES WITH RESPECT TO COLONIES AND DEPENDENT AREAS(Preliminary Documents)", YE5-21, 560-P-113, p.1.
62) 『蔣介石秘錄14 日本降伏』, 115쪽.
63) 위의 책, 127쪽.

것에만 표현을 그치도록 요청한 데 대하여 왕충혜는 미국 초안을 수정하는 것에 반대했다. 그 이유와 관련해 왕충혜는 일본 포기 후의 귀속을 명시하지 않으면 중국인이나 세계 사람들이 의혹을 가질 것이며 중국 동북부에 대한 일본의 침략으로 인해 시작된 전쟁에 대한 반침략주의를 관철할 필요가 있다고 말했다. 즉 왕충혜는 귀속을 명시하지 않을 경우에는 오히려 혼란이 일어날 것, 또한 전쟁의 처리는 개전 이전의 상태에 되돌리는 것이 필요하다는 입장들을 천명한 것이었다. 합석한 미국의 해리먼 주소 대사 역시 왕충혜의 의견에 동조하고 미국 초안을 유지할 것을 주장했다.

한반도 독립 규정에 관해서도 사태는 같이 움직였다. 왕충혜는 영국이 제기한 수정 요구에 대해 한반도를 자유 및 독립시킬 것을 명시한 미국 초안을 그대로 유지할 것을 주장했다. 회의석상 왕충혜는 그 이유를 한반도의 일본 영유가 침략 병합에 따른 것이며 혹시 선언이 일본으로부터 단지 이탈시킬 것에만 그칠 경우에는 장래에 중대한 문제를 남기고 또한 중국이나 극동 지역에는 이 문제가 매우 중요하다고 말했다. 왕충혜가 이런 반론을 제기하자 캐도건은 일본 통치로부터의 이탈이라는 표현에 그치도록 수정하는 것이 어려우면 한반도 관련 규정을 일절 삭제하는 것을 제안했다. 그러나 해리먼 역시 소련은 이 문제에 무관하며 소련의 생각을 헤아릴 필요는 없다는 등의 이유를 대면서 중국과 함께 미국 초안을 유지할 것을 주장했다.[64] 해리먼이 비록 직접적으로는

---

64) 왕충혜나 해리먼이 영국의 수정 요청에 반대한 사실은 그에 직면한 캐도건 자신의 일기에서도 간접적으로 확인할 수 있다. 일기는 왕충혜가 원안 (original text)이 좋다(prefer)고 말했고, 또한 해리먼 역시 26일 오전에 캐도건에 대해 "나의 코뮤니케 수정(change)은 선호(like)하지 않는다"고 말했다고 증언하고 있다. David Dilks'ed, *op.cit.*, pp.577~578. 단 왕충혜의 반응에 관해서는 25일의 일기 뒤에 편집자가 캐도건과의 대화를 바탕으로 보완한 것으로 보이는 부분에 기술되어 있으므로 캐도건 자신이 직접 집필한 일기 부분에 적혀 있는 것은 아니다.

그 의향을 헤아릴 필요가 없다고 부정하면서도 일단 소련의 존재를 일부러 거론한 것은 캐도건이 한반도 독립 규정을 피하도록 요청했을 때 소련의 의향이 불명이라는 취지의 발언을 했었던 것에 따른 대응이었을 것이다.

2) 처칠에 의한 최종 문안 작성과 그 특징

결국 이상의 토의 결과 26일의 3국 실무자회담에서는 영국이 제기한 중국 및 한반도 관련 규정에 대한 수정 요청은 일절 받아들여지지 않고 미국 초안을 그대로 유지하는 것에서 합의가 성사되었다. 그러나 이는 카이로선언 최종 문안이 이미 기초되던 미국 초안대로 완성되었다는 것을 단순히 뜻한 것도 아니었다. 실제 선언의 최종 문안과 25일자로 작성된 미국 초안 사이에는 전반적인 문장 표현과 더불어 몇 가지 개별 사항에 관해서도 중요한 차이점이 있다. 예를 들어 미국 초안은 태평양의 도서들의 취득 시기와 관련해 '1914년'이라는 시점을 명시하지 않았으며 또한 '획득'이나 '점령'의 구별도 하지 않은 채, 단지 '점령'으로만 표현했었다. 또한 미국 초안은 일본의 지배하에 들어간 각 지역의 역사적인 배경을 반영하면서 영토 처리 규정에 관해서도 단락을 짓고 구별했으나 최종 문안은 모두 같은 단락에 묶었다. 따라서 미국 초안이 그대로 선언 최종 문안이 된 것은 확실히 아니다.

미국 초안으로부터 선언 최종 문안으로의 이러한 변화를 메운 것은 실은 영국이었다. 왕총혜가 작성한 중국 측 회담 일지는 26일의 실무자 회담 후에 처칠이 사람을 시켜 선언문의 새 원고를 보내왔다고 기록하고 있다.[65] 캐도건 역시 오후 4시 15분에 이든 외상의 합석에 맞추어 처칠이 자신의 새 수정안을 보내왔고 그것이 여전히 존재한 미·중·영

---

65)「國防最高委員會秘書長王寵惠自重慶呈蔣委員長關於開羅會議日誌 附一 政治問題會商經過」, 秦孝儀主編, 앞의 사료, 532쪽.

간의 어려움을 극복했다고 적었다.[66) 미국 측 기록인 FRUS에 수록된
"영국의 코뮤니케 초안"이 처칠이 사람을 시켜 보내온 그 원고에 해당
하는 것으로 보인다.[67) 실제 그 처칠 초안은 영국 수상 관저의 주소인
'다우닝거리 10번지(Downing Street 10)'와 '수상(PRIME MINISTER)'이
라는 도장이 찍힌 용지에 직접 적혀 있으므로 처칠 자신을 포함해 수상
주변에 있었던 사람이 직접 작성한 것임은 틀림없다. 또한 왕총혜는 처
칠 초안을 보고 '만주, 타이완을 포함해(包括滿洲與臺灣)'로 되어 있는
구절을 '만주, 타이완, 펑후열도와 같은(例如滿洲·臺灣與澎湖列島)'으로
변경하도록 요청하고 합의를 봤다고 기록하고 있다. 이 역시 FRUS에 실
려 있는 동 처칠 초안 중에 당초 있었던 'including particularly Manchuria
and Formosa'를 손으로 'such as Manchuria, Formosa and Pescadores'로
수정한 흔적과 완전히 일치한다.[68) FRUS 편집자에 따르면 이 수기로
인한 수정을 가한 주체는 바로 처칠 수상 본인으로 보인다고 기술하고

---

66) David Dilks'ed, *op.cit.*, p.578.
67) "British Draft of the Communiqué", *FRUS 1943 The Conferences at Cairo and Tehran*, p.404.
68) 단 왕총혜가 남긴 기록에 따르면 처칠 초안이 오기 전에 3개국 사이에서는
영토 확장에 대한 야심이 없다는 성명을 추가하는 것에 합의가 이루어졌었
다고 되어 있다. 「國防最高委員會秘書長王寵惠自重慶呈蔣委員長關於開羅會
議日誌 附一 政治問題會商經過」, 秦孝儀主編, 앞의 사료, 532쪽. 이 합의가
최종 문안에서 영토 처리 조항의 바로 앞에 두어진 미·중·영이 일본의 침
략을 억제, 징벌하기 위해 전쟁을 치르고 있고 3개국은 자신의 이익을 바라
지 않으며 영토 확장에 대한 생각도 없다는 구절을 뜻함은 틀림없을 것이
다. 그럼에도 FRUS에 실린 그 처칠 초안에는 그 구절 부분은 아직 기입되
어 있지 않다. 따라서 이 처칠 초안이 왕총혜가 회의석상에 도착했다고 증
언한 처칠 초안과 완전히 같은 것이었는지는 확인할 수 없다. 그러나 비록
다른 초안이었다 할지라도 FRUS에 실린 초안에 대해 손으로 교정된 부분
을 반영하고 또 영토 확장에 대한 생각이 없다는 상기 구절을 추가한 문안
이 최종 문안과 완전히 일치하므로 사실상 최종 문안에 가장 가까운 초안
이었음은 틀림없다.

있다.

즉 26일의 실무자 토의를 거쳐 합의를 본 내용을 토대로 최종 문안에 가장 가까운 것을 직접 작성한 주체는 영국 측이었다. 그것을 토대로 막판 조율 과정에서 상술한 중국 측 요구인 'including particularly'를 'such as'로 하거나 또 'Pescadores'를 추가하는 등의 수정이 가해짐으로써 최종 문안이 완성된 것으로 보인다. 실제 왕총혜는 이상의 변경을 거친 후, 3개국 정상이 참석하는 가운데 원고가 낭독되며 정상들의 찬성을 거쳐 선언의 문안 작성이 완료되었다고 증언하고 있다.[69] 또 기록 상에서는 명확하지 않으나 적어도 결과적으로 보면 이 수정 과정에서 영국은 미국 초안에 있었던 한반도 독립 관련 규정 중의 'treacherous enslavement of the people of Korea by Japan'이라는 구절부터 'treacherous' 와 'by Japan'을 뺐다.

막판에 제기된 중국의 영토 관련 표현에 대한 변경 요구를 반영하고 26일에 처칠 등 영국이 최종적으로 문안을 조정함으로써 완성된 것이야말로 영토 처리에 관한 카이로선언 최종 문안이었다. 그대로 최종 문안이 된 것이므로 이 장 첫머리에 명시한 조문과 같기는 하나 설명의 편의상 처칠 초안 중의 영토 처리 규정 부분을 다시 명시하면 다음과 같다.

　　□ 처칠 초안

　　It is their purpose that Japan shall be stripped of all the islands in the Pacific which she has seized or occupied since beginning of the first World War in 1914, and that all the territories Japan has stolen from the Chinese, such as Manchuria, Formosa and Pescadores, shall be restored to the Republic of China. Japan will also be expelled from all other territories which she has taken by violence and greed. The aforesaid three Great Powers, mindful of the enslavement of the people of Korea are

---

69) 위의 사료, 532~533쪽.

determined that in due course Korea shall become free and independent.

카이로선언 최종 문안으로서 채용된 이 처칠 초안이 미국 초안에 대해 가한 수정 중, 주목되는 것은 다음 4가지이다. 첫째, 처칠 초안이 영토 처리 문제를 하나의 단락으로 묶은 점이다. 미국 초안은 영토 규정과 관련해 태평양의 도서들, 중국 관련 영토, 폭력이나 탐욕으로 인해 약탈한 지역, 그리고 한반도 독립 조항들을 세 단락으로 나누고 표현했었다. 영국은 그것을 하나의 단락으로 모두 재구성한 것이었다. 그러나 이러한 영국의 수정에 특별한 정치적인 의미를 찾는 것은 적절하지 않을 것이다. 즉 같은 단락에 포함됨으로써 특히 한반도 독립 조항과 '폭력이나 탐욕으로 인해 약탈한 다른 모든 지역'을 연결시킴으로써 영국이 일본의 한반도 병합을 폭력적인 약탈이었음을 인정한 것이라고 이해하는 것 등은 사실상 어불성설이다. 무엇보다 이러한 점은 막판 회담 석상에서 영국이 한반도 독립 문제에 관해 각의 결정이 없다고 밝히고 있었다는 점, 또한 한반도 독립 규정을 단지 일본으로부터의 이탈로 그치도록 하거나 심지어 한반도 독립 조항을 삭제할 것까지 주장하는 등, 오히려 소극적인 자세를 보이고 있었다는 점들을 통해 엿볼 수 있다.

또한 구문상도 최종 문안은 비록 같은 단락에 같이 넣었다고 하더라도 한반도 관련 조항의 변두에 '상기한 3대국(The aforesaid three Great Powers)'이라고 일부러 다시 주어를 삽입하고 한반도 독립 조항의 독립성을 강화했다. 이 역시 한반도 독립 조항 앞에 두어진 '폭력이나 탐욕으로 인해 약탈한 다른 모든 지역'이라는 구절이 사실상 한반도 독립 문제와 무관함을 드러내는 하나의 흔적임은 분명하다. 영국이 영토 규정을 하나의 단락으로 재구성한 것은 선언 중, 영토 처리 문제와 그 이외의 규정 내용들 담은 단락을 구별하는 것이 보다 깔끔하다는 등, 표현상의 개선을 도모한 조치에 불과했음은 틀림없을 것이다. 이 의미에서 영국이 주도한 최종 문안의 내용은 영토 처리 문제와 관련해 다른 단락으로서 구별한 미국 초안과 별 차이가 있는 것은 아니다. 다시 말해 최종 문안이 된 처칠 초안은 결국 일본의 지배 지역의 처리 문제와 관련해 태평양의 도서들, 중국 관련 영토, 기타 폭력이나 탐욕으로 인해 약탈한 지역, 그리고 한반도라는 4가지 분류 체계를 유지한 점에서는 미국 초안을 그대로 답습한 것이었다.

둘째, 미국 초안에서 애매하게 규정되어 있었던 태평양의 도서들에 대한 규정이 보다 정확히 수며진 섬이다. 즉 미국 초안은 태평양의 도서들에 대해 일본이 군사화하지 않는다는 서약을 어겼다는 등의 정치적인 표현과 함께 단지 '점령'으로만 표현했었다. 그러나 처칠 초안은 서약을 어기고 군사화 했다는 등의 애매한 정치적인 규정을 일절 빼고 보다 실무적으로 규정했다. 즉 그 도서들에 대해 1차 대전 발발 해인 1914년을 기점으로 일본이 '획득(seize)' 및 '점령(occupy)'한 지역이라고 표현함으로써 보다 사실 관계에 객관적으로 기초하면서 정확하게 표현했다. 카이로회담 당시 일본은 1차 대전의 결과로서 마리아나, 마셜제도 등 상술한 국제연맹 위임통치령으로서 독일에서 '획득'한 지역과 파푸아뉴기니, 솔로몬제도 등 태평양전쟁 발발에 따라 새롭게 군사'점령'한 2가지 지역을 가지고 있었다. 즉 정확히 말해 같은 태평양의 도서들이라 하더라도 일본의 지배하에 들어간 역사적인 경위 역시 다른 섬들이 섞여 있었다. 영국은 그러한 차이에 부합하는 '획득'과 '점령'의 구별을 일단 두면서도 그러한 역사적인 차이와 상관없이 전쟁의 결과로서 그들 도서를 일괄 일본으로부터 박탈한다는 것을 명시하기 위해 '1914년'이라는 시점을 명시한 것이었다.

셋째, 처칠 초안은 상술한 바와 같이 중국의 영토 문제와 관련해 중국 측의 주장도 고려하면서 미국 초안에서 빠져 있었던 평후열도를 확대 명기했다. 원래 동아시아의 역사, 지리에 그다지 밝지도 않은 홉킨스에게 23일의 만찬회담에서 받은 루스벨트 지시에 따라 급히 기초한 초

146 허구의 광복: 전후 한일병합 합법성 확정의 궤적

안에서 관련 지역이 가지는 역사적인 경위를 모두 정확히 반영시키는 것은 어려웠을 것이다. 타이완 등이 일본에 할양된 1895년의 청일강화 조약에서도 펑후열도는 일단 타이완 등과 따로 명기되어 있었다. 따라서 비록 타이완에 속하는 부속 도서라는 성격이 강하다 하더라도 중국으로의 반환 지역을 밝히는 선언에서 펑후열도를 명시하지 않을 경우, 전후 일본과의 관계에서 펑후열도가 그에 포함되는가를 둘러싼 논란으로 이어질 여지는 충분히 있었다. 중국은 물론 그것을 우려해 펑후열도의 명기도 막판에 요구했다. 초안에서 그 명기를 빼버린 미국 역시 펑후열도의 중국 반환 자체에 반대할 이유는 없었다. 영국은 보다 실무적으로 대응하는 입장에서 전후 일어날 수 있는 논란을 억제하기 위해 펑후열도 역시 아울러 명기하는 것이 타당하다고 판단한 것으로 보인다.

넷째, 한반도 독립 규정과 관련해 미국 초안에서 'treacherous enslavement'로 되어 있었던 표현을 단지 'enslavement'로만 규정하고 또한 독립 시기와 관련해서도 미국 초안에 있었던 'at the proper moment after the downfall of Japan'을 단지 '적당한 시점(in due course)'으로 짤막하게 변경했다. 'treacherous'가 '기만적' 등, 비판적인 의미를 담은 형용사임을 감안할 때 그 삭제는 일본에 대한 비난의 수위를 낮추는 의미를 지녔다. 그러나 물론 이런 수정이 한반도 영유에 대해서만 그 비난 수위를 일부러 낮추기 위해 취해진 조치였다고 과잉 해석할 필요는 없을 것이다. 실제 처칠 초안은 태평양의 도서들에 관해서도 그들을 군사화하지 않는다는 등의 서약을 어겼다거나 하는 표현을, 또한 중국 관련의 영토에 관해서도 'treacherous'를 삭제하는 등, 영토 처리 규정에 관해 자칫 정치적으로 자극적일 수도 있는 표현들을 전반적으로 억제하려 하는 자세를 보였다.[70] 즉 이들 수정은 실제 세계를 향해 제시되는 선언이라는

_____

70) 이오키베는 'treacherous' 등의 표현이 삭제된 것은 "외교문서로서는 유례없을 만큼 품위를 결여한 영어"로 표현되었다는 데에 그 이유를 찾고 있다. 五百旗頭眞, 앞의 논문, 1981.3, 99~100쪽.

성격을 감안해 그에 부합하는 온당한 표현으로 할 것을 의도한 것이었
지, 영국이 한반도에 대해서만 그 비난의 수위를 완화하기 위해 의도적
으로 'treacherous'를 삭제했다고까지 평가할 필요는 없을 것이다.[71]

한편 처칠 초안은 한반도의 독립 시기와 관련해 단지 'in due course'
로만 간소하게 표현했다. 그에 따라 '전후'의 독립이라는 규정은 적어도
직접적으로는 문안에서 사라졌다. 그러나 한반도 독립 문제에 관한 내
각 결정도 없다고 말한 영국이 정치적인 뜻을 담아 그 표현을 수정했을
리는 없었다. 즉 병합의 합법성 여부 문제와 관련해 '전후'에 한반도를
독립하게 하도록 명시적으로 규정할 경우에 생길 이론적 함의의 문제점
을 알아채고 병합의 합법성을 원천 부정기 위해 영국이 일부러 '전후'
가 들어가지 않도록 수정했을 리는 없었다.

---

71) 정일화는 'treacherous' 삭제의 이유를 기독교적인 가치관을 담은 그 표현
이 같은 식민지 보유국이었던 영국에게 부담이었기 때문이라는 해석을 내
놓고 있다. 정일화, 앞의 책, 48쪽. 이 주장에 관한 자료적인 근거 역시 직
접 제시되어 있지 않기 때문에 영국이 실제 부담까지 느꼈는지는 알 수
없으나 영국이 이러한 표현을 선호하지 않았던 것만큼은 틀림없어 보인다.
전후의 문서나 한반도에 대한 자신의 입장을 정리한 영국은 카이로선언
을 회고하면서 적어도 한반도에 관해서만큼은 그 선언은 미국이 주도했으
며 비록 영국 내에서도 존재하지만 그 동기는 미국의 선교 사회(missionary
societies)가 강하게 촉구하는 정서적인 관심에서 연유된 것이라고 회고하
고 있다. "ANNEX Ⅱ FUTURE OF KOREA Memorandum by the Foreign
Office", F6911/2426/G, "Future of Korea: proposed four powers trusteeship",
YD-127, 1945, Reel no.8, p.1. 비록 문서는 그 의미를 직접 밝히지는 않았
다. 그러나 그것이 '기만적'이라든가 '노예 상태' 운운을 언급하면서 영국
이 달갑게 생각한 것도 아닌 한반도 독립 조항을 강하게 추진하려 한 것은
미국 선교 사회가 갖는 약자에 대한 보호 등의 사명감에 따른 결과였다고
영국정부가 이해하고 있었음을 드러낸 것이라고 봐도 무방할 것이다. 즉
'treacherous' 등을 삭제한 것은 전반적인 문장 교정의 일환에서 이루어졌
고 특별히 일본의 한반도 지배에 대한 비난 수위만을 억제하기 위한 것은
아니었으나 영국이 정치적인 선언에서 이러한 '기독교적인' 규범의식을 담
은 표현들을 사용하는 것을 원래 선호하지 않았던 것만큼은 틀림없어 보
인다.

실제 예컨대 영국 의회는 카이로선언이 선포된 12월 초순 무렵, 그 선언과 관련해 전후 한국의 독립이 회복되고 특히 혼자 설만큼 강하다는 확인(ensure)이 어떤 상황하(under what circumstances)에서 이루어졌는가 하는 질문을 외무성에 보냈다. 그러나 그런 질문을 받자 영국 외무성은 자신들 역시 처칠로부터 이런 선언이 나온 정치적 문제의 세부 내용을 들은 바가 없고 확답(cut-and-dried solution)을 확실하게 갖고 있지 않다고 답했다.72) 즉 적어도 영국 의회의 일각은 전후에도 한국이 독립할 것 자체에 회의적인 시각을 드러내고 있었으며 무엇보다 외무성 역시 그와 관련해 한반도 독립 규정이 나오게 된 참뜻이나 배경 등을 일절 파악하지 않고 있었던 것이다. 그런 영국이 '일본 항복 후(after the downfall of Japan)'라고 한반도의 독립이 '전후'가 될 것을 명시한 미국 초안으로부터 그 부분을 표면적으로 지웠다고 해서 그것이 병합의 비합법성을 확정하기 위한 정치적인 수정이었다고 해석하는 것은 아무래도 지나치다.

영국에게도 한반도 독립이 '전후'가 될 것은 언급할 필요조차 없을 만큼 자명의 일이었다. 그런 영국에게 미국 초안이 규정한 'at the proper moment after the downfall of Japan'이란 표현은 불필요하게 길었다. 깔끔하게 내용을 담는 것이 바람직한 선언에서는 'in due course'만으로도 'at the proper moment after the downfall of Japan'이라는 의미는 충분히 대변할 수 있었다. 즉 영국의 수정은 정치적인 뜻으로 인한 것이 아니라 선언이라는 성격에 맞게 문장을 보다 깔끔하게 다듬기 위한 문장 교정에 불과했다. 앞서 미국 초안을 건네받은 캐도건은 그것을 '악문(bad drafting)'이라고 평가했었다.73) 한반도 독립 시기에 관한 표현의

---

72) 질문의 내용 및 그에 대안 외무성의 답변은 F6467/723/23, "Post war independence of Korea", YD-127, 1943, Reel no.4, rpp.63~65. 질문을 제기한 의회 측 주체에 관해서는 'Parliamentary Question, Mr. Hannah'라고 되어 있으므로 의원 개인에 의한 질문으로 보인다.

교정 역시 이론적인 내용에 대한 검토를 통해 이루어진 것이 아니라 단순히 '악문'을 고치려는 문제의식에서 가해진 것이었음은 틀림없다.

4 카이로선언의 관련 조항과 한반도 독립 문제에 대한 함의

이상과 같은 막판 조율 과정을 거쳐 26일 카이로선언 최종 문안은 3국 정상 간의 합의하에서 기초되었다. 미국 초안에 관해 일부 불만을 제기한 영국도 전후의 영토 처리에 관해 4가지로 나누어 표현하는 것에 관해서는 애초 이의는 없었다. 그 결과 최종 문안은 비록 각 영토 처리 조항들을 그 이외의 부분과 구별하기 위해 하나의 단락으로 묶고 표기하는 방식을 취하기는 했으나 그 영토 처리의 원칙과 관련해서는 미국 초안과 같이 4가지 취지와 지역 분류를 기본적으로 그대로 유지했다. 즉 1차 대전 발발 이후에 획득 또는 점령한 태평양의 모든 도서를 박탈(이하 태평양 도서 조항으로 약기), 만주, 타이완 및 펑후열도와 같이 일본이 중국으로부터 훔친 모든 영토를 중화민국에 반환(이하 중국 조항으로 약기), 폭력이나 탐욕으로 인해 약탈한 다른 모든 지역으로부터 구축(이하 약탈 조항으로 약기), 그리고 한국인의 노예 상태에 유의하여 적당한 시점에 한국을 자유 및 독립(이하 한반도 독립 조항으로 약기)시킨다는 4가지 구성이 확정되었다.

그럼 이상까지 밝혀온 카이로회담 개최와 선언의 기초 과정을 감안할 경우, 한반도 독립을 처음으로 국제공약으로 승격시킨 이 카이로선언 관련 조항이 한반도 독립 문제에 대해 가지는 함의는 어떻게 이해할 수 있을 것인가? 선언은 참으로 병합의 비합법성이나 통치의 부당성을 확정, 추궁하고 그것을 한반도 독립에 관한 근거로 삼은 것으로 평가할 수 있을 것인가? 먼저 필자가 아는 한, 태평양 도서 조항이나

---

73) David Dilks'ed, *op.cit.*, p.577.

중국 조항을 한반도 독립 문제와 관련이 있는 조항으로 인식해, 논의하는 담론은 없다. 또한 상술한 문안 기초 과정에서도 그들 2가지 조항이 한반도 독립 문제와 연결되었다는 사실도 없다. 때문에 한반도 독립 문제에 관해 이들 2가지 조항을 다시금 검토 대상으로 삼아야 할 필요는 없을 것이다.

따라서 사실상 첫 번째 고찰 과제는 대상 지역을 직접적으로는 명시하지 않았던 약탈 조항을 한반도 독립 문제와 관련이 있는 것으로 평가할 수 있는가 하는 문제이다. 이미 강조해온 바와 같이 한국 사회에서 생산되어온 관련 담론은 제대로 된 검증도 없이 '폭력이나 탐욕으로 인해 약탈'했다는 규정이 들어간 이 조항을 한반도 독립 문제와 관련이 있는 조항으로 평가할 경우가 많다. 그러나 이미 문안의 기초 과정에 대한 분석을 통해 밝힌 바와 같이 원래 한반도 독립 조항은 이 약탈 조항이 삽입되는 이전에 이미 독립 조항으로 규정되어 있었다. 그 후 미국 초안에서 실질적으로 그 모습을 드러낸 이 약탈 조항 관련 규정은 비록 한때 네덜란드를 포함하려는 움직임도 확인할 수 있었으나 중국 문제를 다룬 관련 규정에 같이 적용하려 한 어구들이었다. 그것이 약탈 조항으로서 독립하게 된 것은 중국과 더불어 전선의 확대에 따라 일본이 새롭게 점령하에 둔 지역, 예를 들어 동남아 지역의 존재를 인식한 결과라고 추측되었다. 적어도 확인할 수 있는 한, 카이로선언 기초 과정에서 문안 작성에 집적 관여한 미·중·영이 이 약탈 조항을 구문상 한반도 독립 조항과 관련시키려 한 흔적은 전무이다. 또한 약탈 조항의 내용을 한반도 독립 문제와 관련이 있는 것으로 인식했었다는 증거 역시 전혀 없다.

그나마 기록상 유일하게 확인되는 관련 인식은 26일에 개최된 미·중·영 3국 실무자회담에서 나온 중국 왕총혜에 의한 '침략 병합' 발언이었다. 봤다시피 미국 초안이 논의되는 과정에서 영국이 한반도 독립

조항에 관해 그것을 단지 일본의 통치하에서 이탈시키도록 하는 수준에
서 표현을 억제하도록 요구하자 왕총혜는 한반도에 대한 일본의 영유가
'침략 병합'에 따른 것이었다고 주장하면서 영국의 요구에 맞섰다. 물론
이 발언이 내용상 '폭력이나 탐욕으로 인해 약탈'한 지역을 대상으로
한 약탈 조항과 유사함은 틀림없다. 그러나 그와 같은 왕총혜의 발언
역시 그것은 한반도 독립 조항의 내용을 미국 초안대로 유지할 것을 주
장하는 문맥 속에서 터져 나온 것이었지, 약탈 조항 관련 규정을 한반
도 독립 문제와 연결시키도록 하는 뜻에서 발언한 것은 아니었다. 혹시
미·중·영 사이에서 약탈 조항이 한반도 독립 조항과 관련되어 있는 것
으로 인식되었다면 영국이 한반도 독립의 규정을 명시하는 것을 피하도
록 요구함에 즈음해서는 그 약탈 조항의 내용에 관해서도 그것을 문제
시하는 것이 자연스러웠다. 세계 최대의 식민지 보유국이었던 영국은
자신이 식민지를 보유하게 된 과거의 경위나 전후도 식민지 보유를 계
속하는 기득권 문제에 대한 악영향들을 고려할 수밖에 없었다. 그런 영
국이 일본이 과거 국제적 승인을 거쳐 병합한 한반도를 '폭력이나 탐욕
으로 인해 약탈'했다는 약탈 조항과 연결하는 것에 찬성할 수 있을 리
가 없었을 것이다. 그러나 그 영국도, 그에 반대한 중국도, 그리고 중국
을 지지한 미국도 한반도 독립 문제와 약탈 조항을 연결해서 인식한 흔
적은 전혀 없다.

물론 약탈 조항은 '다른 모든 지역'이라고 일반화했다. 그로 인해 그
에 포함되는 범위에 관해 애매함이 남는 것은 사실이다. 그러나 그 의
미나 구문이라는 각도에서 볼 경우, 약탈 조항이 지칭한 '다른 모든 지
역'이 결국 '폭력이나 탐욕으로 인해 약탈'한 지역 중 태평양 도서 조항
및 중국 조항에 각각 해당하는 태평양 도서들, 및 중국 관련 영토를 제
외한 기타 지역들을 지칭한 것이었음은 틀림없다. 원래 그 약탈 조항은
중국 관련 규정에 그 기원을 가진 것이었다. 그러나 처칠 초안에서 구

별된 바와 같이 태평양 도서 중에서도 국제연맹 위임통치 지역이 아닌 일본이 전선 확대에 따라 추가적으로 점령한 지역이 존재했다. 이들 역시 '폭력이나 탐욕으로 인해 약탈'된 지역이었다. 따라서 약탈 조항 기초에 즈음해서는 일본이 같이 '폭력이나 탐욕으로 인해 약탈'한 지역이지만 일단 구별해서 규정된 태평양 도서들이나 중국 관련 영토를 제외할 필요가 생겼다. 약탈 조항에 '다른 모든 지역'을 둔 것은 바로 그에 앞서 위치한 태평양 도서 조항과 중국 조항에 해당하는 지역 이외를 총칭하는 위치로서 적합했다.

물론 한반도는 태평양상의 도서도, 중국 관련 영토도 아니었다. 그에 따라 약탈 조항이 규정한 '다른 모든 지역'에 들어갈 수 있다고 강변하는 것은 일단 가능해 보인다. 그러나 반대로 한반도가 그 '다른 모든 지역'에 들어간다면 왜 그 후에 다시 한반도 독립 조항으로서 일부러 따로 규정되었는지 설명하기 어렵다. 무엇보다 아직 약탈 조항이 등장하지 않았던 홉킨스 원안부터 한반도 독립 규정은 이미 들어가 있었다. 즉 '다른 모든 지역'이 명시되기 전부터 한반도는 이미 일본의 영토에서 벗어나는 지역으로서 명확히 잡혀 있었다. 그런 한반도가 그 앞에 삽입된 약탈 조항에 있는 '다른 모든 지역'에 다시 들어간다고 주장하는 것은 사실상 두서가 맞지 않는다. 계속해서 한반도를 구별한 것은 결국 카이로선언 기초 당사자들이 한반도가 '폭력이나 탐욕으로 인해 약탈'한 지역에 포함되는 것이 아니라고 일관되게 인식하고 있었음에 따른 결과였음은 분명하다. 실제 최종 문안은 약탈 조항을 마침표로 종결시킴으로써 일단 독립 조항으로 완결시켰다. 한반도 독립 조항은 그 후에 다시금 일부러 '상기 3대국'이라는 주어를 넣으면서 새롭게 시작되는 형식을 취했다. 구문상에서도 약탈 조항과 한반도 독립 조항의 독립성은 매우 강하다.

이러한 일련의 사실 관계를 감안할 때 '폭력이나 탐욕'이 들어간 약탈 조항 관련 규정이 한반도 독립 문제에도 적용된다고 생각하는 것은 불가능하다. 한국 사회에서 종종 나오는 그와 같은 해석들은 단지 근거도 없이 그렇게 이해하고 싶다는 자의적인 희망의 소산에 불과하며 도저히 엄격한 학문적인 검증을 통과할 수 있는 것은 아니다. 또 약탈 조항이 한반도 독립 문제와 전혀 무관하다는 것은 선언 기초 과정에서만 확인할 수 있는 문제도 아니었다. 후술하듯이 카이로선언이 선포된 후 한반도 독립 문제가 거론되는 가운데 선언 기초에 실제 관여하고 한반도 독립을 이끈 미국 등이 약탈 조항을 한반도 독립 문제와 관련이 있는 것으로 인식한 흔적 역시 전혀 찾을 수 없다.

　물론 한반도 독립 문제에 대해 선언이 가지는 함의는 바로 한반도 독립 문제를 직접 대상으로 삼은 한반도 독립 조항이 핵심적인 열쇠를 가진다. 고찰해온 바와 같이 한반도 문제를 다룬 한반도 독립 조항은 최종 문안 조율 과정에서 영국의 수정 등에 따라 당초 미국 초안에 있었던 'treacherous'라는 자극적인 단어가 삭제되거나 또한 독립 시기와 관련된 표현도 깔끔하게 정리되는 등, 일부 수정이 이루어졌다. 그러나 26일의 실무자회담에서 영국이 제기한 수정 요구는 기본적으로 미·중이 제기한 반대 의견에 밀려, 결국 25일의 미국 초안의 골자대로 선언문이 기초되었다. 그 결과 한반도 독립과 관련되는 규정에 관해서도 미국 초안의 취지가 근본적으로 수정되는 일은 없었다. 이에 따라 한반도를 독립하게 하는 규정은 그대로 유지되었고 독립과 관련해 그 근거를 준 것으로도 보이는 핵심 개념인 '노예 상태' 역시 마지막까지 유지되었다. 물론 이 '노예 상태'는 일본의 한반도 지배를 비판하는 뜻을 담은 표현이었다. 이로써 약탈 조항과의 관련성 여부와는 상관없이 이 한반도 독립 조항만으로도 병합의 비합법성이나 통치의 부당성이 확정되었다고 주장하는 것 역시 표현상은 가능해 보인다. 그러나 이와 같은 해석 역시 학문적으로 설득력 있게 검증되는 것은 아니다.

이 '노예 상태'를 어떻게 이해하는 것이 타당한가 하는 물음을 푸는 데 먼저 주목해야 할 것은 카이로회담 관련 자료에서도 결국 '노예 상태'라는 표현이 어떤 경위를 거쳐, 또 어떤 함의를 담아서 채용되었는가 하는 흔적이 일절 나타나지 않는다는 점이다. 실제 선언 기초를 위한 최초의 초안으로서 나온 24일의 홉킨스 원안에서 그 '노예 상태'가 처음으로 등장했고 그리고 그 후 최종 문안까지 그대로 유지되었다는 사실 관계 이외에는 카이로선언 기초와 관련해 그 단어가 사용하게 된 경위나 배경은 일절 불명이다. 초안의 기초가 된 23일의 루스벨트-장개석 만찬회담 관련 문서에서도 적어도 '노예 상태'라는 표현이 직접 사용되었었는지, 기록을 통해 확증하는 것은 불가능하다. 한반도 독립 문제에 가장 적극적이었던 중국 측 관련 기록에서도 적어도 선언과 관련해 '노예 상태'라는 표현을 직접 사용했었다는 기록은 확인하지 못한다. 그러나 직접적인 기록이 없다는 제약은 '노예 상태'가 규정된 배경과 그에 따른 함의를 추론하는 것까지 완전히 불가능케 하는 것은 아니다.

국무성 내부에서 전후계획을 수립하던 정치소위원회가 작성한 기록에 따르면 1942년 2월, 자신의 생일 연설에 나선 루스벨트는 한반도와 관련해 'enslavement'라는 표현을 이미 사용했었다. 루스벨트는 그 연설 속에서 만주 지역의 사람들과 더불어 한국인이 일본의 혹독한 전제(harsh despotism)를 피부로 실감하고 있다 하면서 "혹시 스스로에게 존엄이 있고 적정한(decent) 장래가 있다고 한다면 그것은 '추축국의 노예화(Axis enslavement)'하려는 힘에 대해 연합국이 승리하는 것에 달려 있다는 것을 알고 있다"고 말했다.

이 루스벨트의 발언은 'enslavement'를 한국인에게만 적용한 것은 아니다. 실제 루스벨트는 전쟁이 이미 연합국과 추축국 간의 세계대전으로 번져 있는 상황을 반영해, 아시아 문제에 관해서도 '추축국'으로 일반화하고 '일본'으로만 한정하지도 않았다. 또 기록을 작성한 정치소위원회 역시 루스벨트 연설에 나온 자신들의 장래가 연합국의 승리에 달려 있음을 알고 있다는 그 직접적인 주어를 '아시아인'으로 한 점과 관련해 그 속에 루스벨트가 한국인도 포함했다고 일부러 적었다.[74] 즉 루스벨트 연설은 일본 지배하에 들어간 아시아 전역의 상황을 'enslavement'라고 일괄 표현했지, 결과적으로 한반도 독립 조항에서만 'enslavement'라는 표현을 사용한 카이로선언 최종 문안과 반드시 일치하는 것은 아니다.

1941년 12월 일본과의 전쟁 돌입에 따라 드디어 세계 각지에서 추축국과 본격적인 전투를 벌이게 된 루스벨트에게 태평양전쟁이 발발된 지 불과 3개월도 채 되지 않은 생일 연설에서 관련 지역의 역사적인 배경이나 그 차이에 따른 대처 방안을 굳이 자세히 구별할 필요는 없었을 것이다. 정치가가 행하는 연설이라는 것은 항상 자세함이 가져다는 지루함을 의식하면서 청중들에게 보다 직설적이고 고무적인 메시지를 던지게 마련이다. 개전 초기, 루스벨트에게 중요한 것은 미국이 주도하는 전쟁의 정당성을 확보하고 그것을 통해 내외의 지지를 얻을 것이었다. 그런 연설에서 일본이 '노예화'하려 하고 있는 각 지역의 역사적인 차이나 그에 따른 향후의 대처 방안의 상세함을 호소할 필요는 분명히 없었다.

그러나 비록 아시아 전역을 뭉뚱그려 대상으로 하고 각 지역의 역사적 차이를 반영한 것이 아니라고 한들 루스벨트가 이 시기 한반도 문제까지 포함해 'enslavement'라는 개념을 이미 사용했었다는 사실은 한반도 독립 조항의 의미를 추론하는 데 주목할 만하다. 또한 임시정부 승인 문제에 관해 미국과 정보 교환과 의사 통일을 진행하던 영국 역시 루스벨트 연설이 있었던 같은 2월 20일 아시아국가를 서양 제국주의로

---

74) 이상 루스벨트의 생일 연설의 내용과 정치소위원회의 지적은 P-241, "OFFICIAL STATEMENT AND VIEWS PERTAINING TO THE FAR EAST(September 1939 to date)", YE5-21, 560-P-241, p.38.

부터 해방시킨다는 일본의 정치적 선전에 대항하기 위해 일본이 한반도를 '노예화(enslavement)'하고 있다는 것을 보다 활용해야 한다는 생각을 드러냈었다.[75] 즉 1942년 초, 미·영 사이에서는 이미 이런 '노예'라는 표현이 한반도 문제와 관련해 공유되어 있었음을 엿볼 수 있다.

이런 표현은 반드시 미·영 외교 당국 간만의 공유도 아니었다. 제1장에서도 언급한 대일 심리작전을 담당하던 참모 2부는 3월 초 한국인에 대한 홍보 전략으로서 민주 진영이 승리할 경우의 한국인의 자유와 일본 통치하에서 '계속되는 노예 상태(continued slavery)'를 대조시키는 프로파간다를 구상했었다.[76] 특히 그 참모 2부는 같은 문서 속에서 일본을 타도했을 때 미국정부가 한반도의 독립에 관여할 것을 선전하는 것이 한국인 독립 세력 간의 분열을 수습하고 그들 모두를 일본에 대한 저항에 이용하는 데 도움이 된다고 지적했었다.[77] 바로 이들 구상은 한반도 문제와 관련된 '프로파간다'로서의 카이로선언의 성격을 그대로 방불케 하는 구상이었다.

또 루스벨트 연설에 촉발된 것인지, 이 무렵부터 '노예' 관련 표기는 한국인 사이에서도 활용되게 되었다. 예컨대 '주미한국인연합위원회'는 4월 30일 루스벨트에게 보내는 서한 속에서 "억압되고 노예화된 국가(oppressed and enslaved nations)들에 대한 당신의 관심을 알고 있다"면서 임시정부에 대한 관심을 당부하는 문제와 관련해 한반도를 1905년에 일본이 '노예화했다(enslave)'고 적었다.[78] 또한 8월 28일, 중한민중동맹 주미 대표 명의로 한길수 역시 일본이 한국을 경제적 기타로 어떻게 다

---

75) "Minutes", F1573/165/23, "Korean resistance to Japan: recognition of "provisional government", or organization of "Free Koreans"", YD-127, 1942, Reel no.3, rp.6.

76) "PLAN FOR PSYCHOLOGICAL WARFARE", YE-45, Reel no.14, p.8.

77) ibid., p.13.

78) "untitled", Political Affairs: Korean Independence Movement, 1941-1944. 서한에 찍힌 도장 등의 흔적으로 볼 때 이 서한이 5월에 국무성이나 백악관에게 전달된 것은 틀림없다.

루었는가라고 질문받은 라디오 인터뷰 속에서 '노예국가처럼(like a slave state)'이라고 답했다.[79] 더욱 미국에서 임시정부를 대표하던 이승만 역시 12월 7일 한국위원회 의장 명의로 임시정부의 목적이 일본의 군국주의를 타도하고 2,300만의 '노예화된(enslaved)' 한국인에게 민주주의를 제도화할 것에 있다는 등의 내용을 담은 서한을 루스벨트와 헐에게 보냈다.[80] 즉 카이로회담보다 꽤 이전인 1942년에 적어도 워싱턴 주변에서는 이미 한반도 문제와 관련해 'enslavement'를 도출하는 관련 표현들이 확실히 나돌고 있었음을 알 수 있다.

물론 언급한 바와 같이 워싱턴 주변에서 이미 나돌았었던 그들 '노예 상태' 관련의 표현이 24일의 홉킨스 원안 작성의 직접적인 계기가 된 23일의 루스벨트-장개석 만찬회담에서 실제로 직접 언급되었는지는 알 수 없다. 중국이 영문 번역을 미국에게 제출함에 따라 FRUS에 수록되게 된 상기 23일의 만찬회담 토의 기록 역시 상세한 대화록이 아니라 요지를 정리하는 정도의 기록에 불과하다. 저녁 식사를 같이 하면서 진행된 23일의 만찬회담은 저녁 7시 반부터 10시 반까지 약 3시간에 걸쳐 진행되었다.[81] 제법 긴 시간에 걸쳐서 진행된 회담에서는 상당히 많은

---

79) "Y Script 140 VICTORY STARTS AT HOME 10:30-10:45 AM Aug 28, 1942, Sylvia Milrod", *ibid.*, p.3. 또한 이 인터뷰 기록은 8월 31일 한길수가 국무성에게 보낸 편지와 함께 전달된 것이 당시 애치슨 국무성 극동국 부국장(Assistant Chief)이 보낸 수령 답신을 통해 확인할 수 있다. 그 답신은 위의 라디오 인터뷰 기록의 뒤에 수록되어 있다.

80) "untitled", *ibid.* 이 서한은 원래 임시정부의 목적을 밝힐 것을 요청한 중국의 외무차관에 대한 답신으로 이승만이 5일 작성한 것이나 그것을 7일에 그대로 루스벨트 등에게 전송한 것이다.

81) 「國防最高委員會秘書長王寵惠自重慶呈蔣委員長關於開羅會議日誌」, 秦孝儀 主編, 앞의 사료, 517쪽. 장개석은 심야 12시까지 회담이 진행되었다고 회고하고 있으니 외교 기록이 남긴 3시간 보다 더 길었을 가능성도 있다. 『蔣介石秘錄14 日本降伏』, 120쪽. 한편 미국 측 기록은 회담 개시 시간을 밤 '8시'로 기술했다. "ROOSEVELT-CHIANG DINNER MEETING, NOVEMBER 23, 8 P.M., ROOSEVELT'S VILLA", *FRUS 1943 The Conferences at Cairo and*

대화가 오간 것으로 예상된다. 따라서 요지만을 정리한 회담 기록에 직접 '노예 상태'가 등장하지 않았다 해서 그것만으로 '노예 상태'가 실제 언급되지 않았다고 꼭 속단할 필요는 없다. 따라서 루스벨트로부터 만찬회담의 내용에 따라 초안을 작성하도록 지시를 받은 홉킨스가 그 회담에서 직접 사용된 '노예 상태'를 그대로 반영해 원안을 작성했을 가능성도 배제할 수 없다. 그러나 가령 비록 만찬회담에서는 직접 '노예 상태'에 언급되지 않았다고 하더라도 대통령 측근으로서 오래 루스벨트의 가까이에 있었던 홉킨스가 대통령 본인이 직접 언급한 사실도 포함에 이미 워싱턴 주변에서 나돌았었던 '노예 상태' 관련의 표현에 일정한 정도 익숙해 있었을 가능성은 상당히 높을 것이다. 23일의 만찬회담에서 대통령으로부터 지시를 받았기에 아무런 사전 준비물도 없이 급히 원안을 작성하게 된 홉킨스가 그 어느 정도 익숙해진 표현에 매달리게 된 것은 어찌 보면 자연스러운 귀결이었다.

의문은 결과적으로 그 '노예 상태'가 왜 한반도 독립 조항에만 적용되게 되었는가 하는 문제이다. 23일의 만찬회담의 다음날, 바로 아무런 준비물도 없이 급히 작성되었다고 하는 원안에서 왜 한반도에만 '노예 상태'가 사용되게 되었는지를 직접 가리키는 자료는 사실상 존재하지 않는다고 봐도 틀림없어 보인다. 카이로회담의 개최 자체가 대통령 측근들 사이에서만 진행되었으며 또한 선언의 기초 역시 홉킨스라는 대통령 측근 개인에 의해 진행되었다. 따라서 선언 기초에 전혀 관여하지 않았던 국무성이 그와 관련된 외교 기록을 남겼었을 가능성은 사실상 전무하다. 따라서 한반도 문제에만 '노예 상태'가 사용되게 된 경위를 자료를 통해 실증하는 것은 사실상 불가능할 것이다. 그러나 이상의 배경을 염두에 둔다면 그 사연을 크게 그리는 것은 그다지 어렵지 않다.

Tehran, p.322. 중국 측 기록과 비교해 보면 약 30분가량 짧지만 아무튼 상당히 많은 대화가 가능한 시간이었음은 틀림없다.

앞서 언급했듯이 루스벨트는 뭉뚱그려 아시아 전역에 대해 '추축국의 노예화'라고 표현했었다. 스스로가 주도하는 전쟁에 대한 광범위한 지지를 얻는 것이 가장 우선 과제였던 대통령은 생일 연설에서 일본에 의해 지배당한 각 지역의 역사적인 차이를 일일이 언급할 필요는 없었다. 그러나 전후 일본 지배하의 지역 처리 문제와 관련해 국제사회에 대해 정식 국제공약으로서 선포할 선언을 기초하게 된 홉킨스에게 루스벨트가 뭉뚱그려 말한 '추축국의 노예화'라는 표현을 그대로 활용하는 것은 너무나 조잡했다. 또한 23일 장개석과의 회담에서도 각 지역의 문제가 따로 논의되었었다. 홉킨스 자신이 최초에 작성한 원안 단계에서 태평양의 도서들, 중국 관련 영토, 그리고 한반도를 구별했었던 것도 비록 같이 일본의 지배하에 있는 지역이라 할지라도 그 과정의 역사적인 차이를 무시할 수는 없다는 문제의식을 이미 드러낸 흔적이었음은 틀림없다.

따라서 국제공약으로서 역사적인 경위의 차이를 어느 정도 반영해야 하는 선언은 각 지역을 일본의 지배하에서 이탈시킬 마땅한 이유를 댈 것이 바람직했다. 그리고 그를 위해서도 해당 지역이 일본의 손아귀에 들어간 역사적인 경위를 고려할 필요가 제기되었다. 태평양의 도서들에 관해서는 '군사화하지 않는다'는 국제연맹 위임통치의 원칙이 기본적으로 존재했다. 물론 처칠 초안을 거쳐 최종 문안은 태평양 도서들 가운데는 위임통치로 인해 '획득'한 지역 이외에도 그 후 그런 절차와 무관하게 군사'점령'한 지역이 존재함을 의식해서 '군사화' 운운의 표현은 최종적으로 수정되고 '1914년 제1차 세계대전 발발 이후' 일본이 획득 또는 점령한 지역이라고 일괄 묶게 되었다. 그러나 군사점령한 지역은 물론, 위임통치로 인한 '획득' 지역도 이제 일본으로부터 제외할 것을 결정한 미·중·영은 사실상 군사화하지 않는다는 서약 위반을 염두에 두고 그것을 일괄 '박탈'한다고 규정할 수 있었다. 중국 관련 영토에 관해서는 원래 그들 지역이 중국 영토였음에도 그 후 일본이 전쟁이라는 폭력적인 방법을 동원하고 확대했다는 의미에서 '훔친' 것이기 때문에 다시 전쟁의 결과로서 그것을 '반환'시킨다는 논리를 활용할 수 있었다. 같은 전쟁이라는 폭력적인 방법을 동원했음에도 타이완처럼 과거 일본과 조약 처리를 한 적이 없는 동남아 등의 기타 지역에 관해서는 바로 그 지역이 국제사회가 승인한 아무런 정당한 법적 근거도 없이 '폭력과 탐욕으로 약탈한 지역'이므로 거기서 '구축'한다고 천명하면 그만이었다. 그 많은 부분이 아직 서양국가의 식민지였던 그들 지역에 대해 중국 조항처럼 '반환'시킨다고 같이 묶는 것은 전후 예상되는 그들 지역의 독립 문제를 생각해서라도 오히려 적절하지 않았다.

그러나 한반도에는 그런 '박탈'이나 '반환' 그리고 '구축' 같은 논리를 채용하는 것은 어려웠다. 홉킨스도 일본의 한반도 병합이 형식상 대한제국 황제가 스스로 주권을 일본에게 양여한다는 두 나라 간 '상호' 조약을 통해 이루어졌다는 것, 또한 과거 미국정부가 그것을 일관되게 승인해 왔다는 사실을 모를 리 없었다. 국제연맹 위임통치라는 국제적 승인을 얻어 일본이 영유한 태평양 도서들 역시 그곳은 어디까지나 일본이 국제사회로부터 그 통치를 '위임'받은 지역에 불과했다. 따라서 연맹의 위임통치 원칙 등에 대한 위반을 이유로 국제사회가 그 위임을 '박탈'하는 것 역시 논리적으로 합리성을 결여한 것은 아니었다. 그러나 관련 두 주체 간의 '자주적'인 조약을 통해 정식으로 일본 영토가 되었다고 승인한 한반도의 사정은 달랐다. 앞서 언급했듯이 전쟁 회피를 위한 최후통첩으로서 일본에게 중국으로부터의 전면 철수 등을 요구한 헐 노트조차 한반도로부터의 철수는 요구하지 않았다. 전쟁 발발 직전까지 미국은 한반도가 향후도 일본의 영토로서 남을 것을 부정하지 않았다.

그럼에도 동아시아의 역사에 별다른 지식을 가진 것도 아닌 홉킨스에게 23일 늦은 밤에 끝난 만찬회담으로부터 불과 반나절 만에 한반도 독립의 근거를 새롭게 대는 것은 너무나 어려웠을 것이다. 국무성 내부에서 전후계획을 수립하는 가운데 전문가로서 한반도 처리 문제를 주도한 보튼조차 한반도의 전문가가 아닌 자신이 그 일을 맡게 된 것은 자신보다 아는 사람이 없었기 때문이라고 증언하는 상황이었다.[82] 또 그역할을 수행하는 데 보튼은 한반도 관련 정보의 부족에 시달렸다. 그는 그나마 국무성에 일부 들어온 한반도 관련의 공식 정보가 모두 일본 경유이며 사회, 정치, 문화, 경제, 재정 상태에 관한 일반 정보도 모두 조선총독부가 공표한 자료에 기초했고, 또한 한반도에 재류한 영사관 직원도 그 권한이 일본정부로부터 허가받는 것이니만큼 한반도에 권의 있는 지식을 가진 미국 당국자라면 그 주류는 허가받지 않았을 것이라고 증언했다.[83] 요컨대 전문성을 가진 인력과 윤택한 자료들을 통해 외교정책을 입안하는 국무성에서조차 당시 한반도에 관한 정보는 지극히 부족했고 그나마 일부 들어오는 정보 역시 일본에 유리하게 가공된 정보만이 유통되고 있었던 것이다. 이러한 상황에서 병합 당초부터 대일전 발발 직전까지 한반도의 영유를 인정한 정부 방침과 충돌하는 위험성을 비껴갈 수 있는 전문적인 독립 근거를 대는 것은 홉킨스가 아니더라도 불가능했을 것이다.

그러나 전쟁은 양상을 일변시켰다. 미국은 전후 동아시아 질서의 재편이라는 전략으로서 향후 그 지역에서의 불안정 요인이 될 수 있는 일본의 국력을 저하시키기 위해 한반도를 절단한다는 방향으로 돌아섰다. 중국 역시 그것을 강하게 원했다. 독립을 공약하는 선언은 필요해졌다. 그러나 마땅한 이유를 찾는 것은 어려웠다. 23일의 만찬회담에서 직접 그 표현이 나온 것인가의 여부와 상관없이 한반도 독립과 관련해 댈 수

---

82) 이 증언은 미국의 전후계획 구상 등을 누구보다 선구적으로 연구한 이오키베가 직접 보튼과 인터뷰하여 얻은 것이다. 五百旗頭眞, 앞의 책(上), 1985, 244쪽.
83) ヒュー·ボートン, 앞의 책, 163~164쪽에서 정리.

있는 이유는 지배 지역을 계속 확장하려는 적국 일본의 정당성을 훼손
하기 위해 워싱턴 주변에서 이미 나돌고 있었던 '노예 상태' 정도밖에
없었을 것임은 쉽게 상상할 수 있다. 한반도에만 '노예 상태'라는 표현
을 적용하게 된 그 까닭은 태평양 도서들에 대해서는 '박탈', 중국에 대
해서는 '반환', 그리고 기타 폭력이나 탐욕으로 인해 약탈한 지역에 대
해서는 '구축'처럼 각 지역을 일본의 지배권에서 제외하는 데 들이댈 수
있는 해당 이유들을 한반도에 직접 적용시키기 어려웠다는 틈에 깃든
임시방편이었을 가능성이 가장 크다. 어찌 보면 애매한 개념인 '노예 상
태'는 오히려 그 애매함으로 인해 과거 미국정부가 일본의 한반도 병합
을 인정해 왔다는 사실을 직접 부정하지 않았다. 그러면서도 그 개념은
한반도를 자유 및 독립하게 해야 한다는 정당성을 확보하는 데 모순되
는 것도 아니었다. '노예 상태'의 채용은 따로 독립의 근거를 천명하기
어려운 한반도의 사정을 거의 유일하게 반영할 수 있는 추상적인 '회피
책'이 될 수는 있었다.

그러나 그런 애매함을 활용한 '회피책'으로 마련된 독립 근거는 그
당연한 귀결로서 그 의미가 흐지부지해졌다. 그것은 병합의 비합법성을
천명함으로써 전후 일본으로부터의 한반도 독립이 병합의 법적 효력을
결여한 강점으로부터의 '광복'으로서 이루어질 것임을 명시한 것은 아
니었다. '노예 상태'만으로는 병합 자체가 한국인을 노예화한 것으로서
원천 비합법이었다는 의미를 확정하는 데 분명 역부족이었다. 그 개념
은 한반도 취득의 계기였던 병합 자체는 합법이었으나 그 후 일본이 한
국인을 부당하게 다루었다는 것을 밝힌 것에 불과하다고 해석하는 것
역시 충분히 허용했다.[84] 실제 한반도 이외의 상기 3가지 지역에 대해

---

84) 예컨대 영국, 미국 등의 장기간에 걸친 외교문서를 분석하면서 한반도 식민
지 지배에 대한 외국의 시각의 변천을 살펴본 가지이는 전쟁이 본격화하는
이전에 나와 있었던 비교적 긍정적인 평가와 대조적으로 규정된 '노예 상
태' 인식이 1930년대 이후에 '이상'해진 통치 내용 등을 염두에 둔 것이었

서는 '획득', '점령', '훔침', '약탈' 등, 바로 취득의 계기 자체를 고발하
는 표현이 사용되었는 데 반해 '노예 상태'는 바로 '상태'만을 지칭하는
표현에 불과했다. 무엇보다 태평양 도서들을 '박탈'하거나 타이완 등의
중국 '반환'을 같이 요구한 카이로선언 역시 위임통치나 타이완의 일본
할양을 기정사실로 한 국제연맹규약이나 청일강화조약의 효력 자체를
원천 부정한 것도 아니었다. 따라서 비록 '노예 상태'에 주목하고 그에
따라 한반도를 독립하게 한다고 선언한 그 내용 역시 그것이 과거 일본
이 한반도를 영유한 것 자체의 비합법성, 즉 원천 무효성을 즉시 나타
낼 수 있는 것은 아니었다. 교전 관계로의 돌입의 결과 전략적으로 한
반도를 일본으로부터 떼어 낼 것을 결정한 미국으로서는 결국 병합의
합법성 여부를 직접 건드리지 않으면서도 한반도를 독립하게 하는 것에
부합하는 '노예 상태' 같은 애매한 이유를 활용할 수밖에 없었다.

그러나 늘 그러하듯이 애매함은 다양한 해석을 가능케 함으로써 끝
내 유일한 정답을 주지 않는다. 이렇게 하여 병합 당시까지 거슬러 올
라가 그 법적 효력을 원천적으로 부정했다고 주장하는 한국 사회의 일
부 정서적 담론들과 달리 카이로선언은 그러한 명확한 내용을 주지 않
은 채, 아니 그런 문제를 원천적으로 봉쇄한 채, 전후 한반도가 독립한
다는 사실만을 확정했다.

물론 비록 비합법성 문제는 확정되지 않았다고 하더라도 '노예 상태'
가 선언 선포 시 일본의 한반도 지배를 비판하는 의미를 담은 것은 의
심의 여지도 없었다. 이에 따라 최소한 일본의 한반도 통치가 부당했다
는 의미만큼은 전후 담보할 수 있는 토대가 마련되었다. 그러나 전시

다고 평가하고 있다. 梶居佳廣, 『「植民地」支配の史的研究 : 戰間期日本に關
する英國外交報告からの檢証』, 法律文化社, 2006, 第2章. 즉 '노예 상태'는
병합 자체의 비합법성 등과는 애초 관계가 없는 것은 물론, 식민지 통치의
내용 일반을 평가한 것도 아니라 본격적인 대륙 침략이 개시된 전쟁 체제
하의 통치 내용을 염두에 둔 표현이라는 진단이다.

중에 나온 선언은 한낱 선언에 불과했다. 그것은 연합국이 일방적으로 내밀었던 추상적인 방침에 불과하고 그것만으로 한반도의 독립이 일본의 부당한 통치로부터 '광복'시키기 위해 이루어진다고 확정되는 것도 아니었다. 실제 일본의 한반도 통치는 35년에 이르렀으며 가령 선언이 담은 '노예 상태'가 일반적인 의미에서 부당성을 드러내는 수식어였다고 하더라도 그것만으로 35년의 통치 자체를 부당한 것이었다고 확정한 것인지, 일절 애매했다. 한반도 독립이 결국 어떤 성격의 문제로서 확정되는가 하는 문제는 선언 선포 후 실제 일본 항복과 전후처리에 이르는 과정에서 취해지는 다른 법적, 정치적 절차 속에서 그 내용이 얼마만큼 구체적으로 반영될 것인가에 크게 달렸다. 그러나 후술하는 바와 같이 병합의 비합법성 문제는 물론, 결국 통치의 부당성이라는 문제에 대해서조차 '노예 상태'가 이후 그 힘을 발휘하는 일은 없었다.

Ⅲ 카이로선언 선포와
한반도 독립 문제에 관한 여파의 실상

1 테헤란회담에서의 한반도 독립 문제의 논의

상기한 바와 같이 한반도 독립의 근거를 오히려 명확히 할 것을 차단한 카이로선언 최종 문안은 26일에 완성되었다. 최종 조율 과정에서는 선언 중의 영토 처리 문제 이외의 규정 부분에서 처칠 초안에서도 확인되지 않는 새로운 문구가 추가 되었다. 그것은 26일의 회담에서 추가 합의된 것이었다.[85] 그 추가 합의 부분은 "3대국 영수는 일본의 침략을

---

85) 「國防最高委員會秘書長王寵惠自重慶呈蔣委員長關於開羅會議日誌 附一 政治問題會商經過」, 秦孝儀主編, 앞의 사료, 532쪽.

억제하고 징벌하기 위해 전쟁을 치르고 있다. 우리는 자신의 이익을 추구하지 않으며 영토적 확장에 관한 어떠한 생각도 없다(The Three Great Allies are fighting this war to restrain and punish the aggression of Japan. They covet no gain for themselves and have no thought of territorial expansion.)"고 한 널리 알려져 있는 유명한 조문이었다. 이 마지막 조율을 거쳐 남은 일은 선언 발표뿐이었다. 그러나 카이로회담에서는 향후 3국에서 동시 발표한다는 합의만을 보고 발표 자체는 잠시 미루어졌다.[86] 물론 그것은 동아시아 지역에 이해관계를 가진 소련과의 조정이 필요하다고 판단되었기 때문이다. 장개석은 루스벨트, 처칠이 테헤란에서 소련과의 회담을 마친 후에 선포 날짜를 다시 결정하도록 3국 영수 간에서 합의가 성립되어 있었다고 증언하고 있다.[87] 26일 장개석과의 회담을 마친 루스벨트, 처칠은 테헤란에 이동하여 스탈린과의 교섭에 나섰다. 그 가운데 카이로선언 문안과 관련된 토의가 진행된 것은 30일에 열린 루스벨트, 처칠, 그리고 스탈린 간의 3자 오찬회담에서였다.

그 오찬회담 석상에서 카이로선언 문안 문제에 대해 먼저 언급한 사람은 처칠이었다. 처칠은 스탈린에 대해 카이로회담에서의 극동 문제에 관한 코뮤니케를 읽었는가 물었다. 처칠이 언급한 그 코뮤니케가 26일에 완성되던 카이로선언 초안을 뜻했음은 틀림없을 것이다. 처칠의 질문에 대해 스탈린은 읽었다고 답하면서 어떠한 관여도 할 수 없으나 (make no commitments) 그 코뮤니케와 모든 내용을 인정(approve)한다고는 밝혔다.[88] 스탈린의 뜻은 일소중립조약에 따라 아직 정식으로 일본과 전쟁 상태에 돌입하지 않았으며 또한 카이로회담에 직접 참가하지

---

86) 「國防最高委員會秘書長王寵惠自重慶呈蔣委員長關於開羅會議日誌」, 위의 사료, 525쪽.

87) 『蔣介石秘錄14 日本降伏』, 125쪽.

88) "ROOSEVELT-CHURCHILL-STALIN LUNCHEON MEETING, NOVEMBER 30, 1943, 1:30 P.M., ROOSEVELT'S QUARTERS, SOVIET EMBASSY", FRUS 1943 The Conferences at Cairo and Tehran, p.566.

않았기 때문에 소련은 직접 카이로선언 발표의 일원이 될 수는 없으나 그 선언을 내는 것과 그 내용에 대해서는 그에 동의한다는 견해를 나타 낸 것으로 추측해도 무방할 것이다.

스탈린은 이어 직접 한반도 문제에 언급하면서 한반도를 독립시키는 것은 옳다고 말했다. 스탈린이 일부러 한반도에 언급한 의도는 기록상 나타나지 않고 있으나 소련에게도 전후 한반도가 일본은 물론, 중국 기 타의 강대국의 영향하에 그대로 머무르지 않는 것은 바람직했다. 아직 대일 교전국이 아님으로 인해 일본 지배하에 있는 지역에 대한 노골적 인 간섭에 나서기 어려웠던 스탈린에게 한반도를 일단 '독립'시키는 것 은 그 후 조금이라도 자신들에게 유리한 지역 질서를 재편하기 위해서 도 기초적인 선행 조건으로 비추어졌을 것이다.

그러나 독립시킨다는 스탈린의 발언 역시 전후 즉시의 독립을 의미 한 것은 아니었다. 테헤란회담의 회의록에서는 직접 나오지 않으나 그 오찬회담으로부터 약 한 달 반 후인 1944년 1월 12일에 워싱턴에서 열 린 태평양전쟁위원회(Pacific War Council)에서 루스벨트는 테헤란회담 기간 중, 스탈린이 한반도 처리 문제와 관련해 보다 구체적으로 합의한 사실을 밝히고 있다. 태평양전쟁위원회는 1942년 4월 루스벨트의 주도 에 의해 연합국 중, 대일전에 실제로 참전하던 미국, 영국, 중국, 호주, 뉴질랜드, 캐나다 등의 조정 기구로서 조식된 정책 조율 기구였다. 그 위원회에서 루스벨트가 밝힌 스탈린의 합의 내용은 한국인에게는 아직 독립정부를 운영하고(exercise), 유지하는(maintain) 능력이 없으므로 40 년간 보호(tutelage)하에 둘 필요가 있다는 것이었다.[89]

그 기록을 게재한 FRUS의 편집자 역시 카이로, 테헤란회담에서 40년 간의 보호라는 합의가 실제 이루어졌었음을 확인할 수 있는 기록은 없 다고 보충 설명하고 있다. 따라서 루스벨트-스탈린 간에 그러한 합의가

---

89) "Minutes of a Meeting of the Pacific War Council", *ibid.*, pp.868~869.

참으로 성립되어 있었는지는 직접 확인할 수는 없다. 그러나 카이로선언 최종 문안에서 한반도의 독립을 '적당한 시점'이라고 표기하고 있었음을 확인하고 그에 동의를 나타낸 스탈린 역시 전후 한반도를 즉시 독립하게 할 것을 생각하고 있지 않았음은 틀림없을 것이다. 아직 대일전에 참전하지 않았던 스탈린에게 중요한 것은 '독립'이라는 명목하에 일단 일본으로부터 한반도를 분리해 낼 것을 확정해 놓고 그 후 관련 강대국 간의 보호 기간 중에 소련에게 유리한 질서가 잡히도록 그 가능성을 열어 놓는 것뿐이었다. 다시 말해 카이로선언 문안과 관련해 한반도 문제에 직접 언급한 스탈린 역시 그 관심 사항은 전후 한반도를 독립시킨 후의 미래에만 있었다. 스탈린 역시 '노예 상태'를 비롯해 선언에서 애매해졌었던 한반도 독립의 근거 문제를 따지고 그것을 명확히 할 필요가 있다는 등의 문제의식을 드러낸 적은 전혀 없었다. 결국 카이로회담에 이어 테헤란회담에서도 한반도 독립에 관한 근거 문제에 관해서는 아무런 진전도 없었다. 단지 적당한 시점에 독립하게 한다는 내용만이 스탈린에 의해 승인된 셈이었다.

테헤란에서 스탈린의 승인이 나오자 카이로선언은 결국 12월 1일자로 선포되었다.[90] 이로써 한반도는 처음으로 전후 정식으로 독립하는 지역으로 국제적으로 공인되었다. '노예 상태'나 '폭력이나 탐욕으로 인해 약탈'했다는 등의 표현 역시 그대로 정식 문안이 되었다. 물론 1943년 시점에서 나온 카이로선언은 일방적인 선언이며 일본이 직접 그것을 수락한 것은 아니었다. 그러나 후술하는 바와 같이 그 후 일본이 직접

---

90) 캐도건은 12월 1일 아침 약 7시 45분에 초안과 관련된 일로 루스벨트의 숙소에 가고 이미 통상적인 것은 초안으로 했었으나(had already drafted the usual kind of thing) 보도에 보다 맞고 나은 새 초안을 찾았다(found a new draft on more (and better) journalistic lines)고 증언하고 있다. David Dilks'ed, *op.cit.*, p.581. 즉 11월 26일에 완성되던 최종 문안을 공식 발표에 맞게 형식상 차리는 등 약간의 추가 수정 작업이 이러한 과정에서 이루어진 것으로 보인다.

수락한 포츠담선언을 통해 결과적으로 카이로선언은 전후 한반도를 독립하게 한다는 것에 관한 법적, 정치적 근거가 되었다.

그러나 그 한편 선언은 한반도 독립의 성격에 직접 언급한 것은 아니었다. 일단 공식적으로 선포된 '노예 상태'나 '폭력이나 탐욕으로 인해 약탈'했다는 등의 표현도 과연 병합의 비합법성이나 통치의 부당성을 확정하고 그것을 한반도 독립의 근거로서 공식화한 것으로 볼 수 있는지, 일절 애매했다. 상기한 바와 같이 선언의 기초 과정은 적어도 병합의 비합법성을 규정한 것으로 보는 것이 어렵다는 것을 드러냈었다. 그러나 기초 과정 자체가 원래 선언의 의미를 최종적으로 결정하는 것은 아니었다. 또한 기초된 최종 문안의 규정 내용은 병합의 비합법성이나 통치의 부당성 자체를 직접 부정한 것도 아니었다. 따라서 전후 적당한 시점에 한반도를 독립하게 한다는 비교적 명확한 공약 부분과 더불어 카이로선언의 관련 조항이 한반도의 독립이 비합법적이고 부당한 일본의 강점으로부터의 '광복'으로 이루어진다는 법적, 정치적 근거가 될 것인가의 여부는 궁극적으로 선언 선포 후의 구체적인 움직임 속에서 정해지는 문제가 되었다. 물론 그것을 확정하는 주체들 역시 선언 기초와 그 선포에서 영향을 받게 되는 이해 당사자들이었다.

그렇다면 카이로선언 선포 후 한반도 독립의 성격 결정에 중요한 영향을 주는 이해 당사자들은 카이로선언을 어떻게 이해하고 대응했는가? 그 당사자들은 한국 사회가 종종 주장하듯이 병합의 비합법성이나 통치의 부당성을 참으로 규정한 것으로 인식하면서 그 후의 과정을 이끌어 나갔는가?

2 카이로선언에 대한 미 국무성의 관심 소재

"루스벨트 대통령이 처칠 수상과 장개석 총통과 사람이 잘 알지도 못하는 장소에서 밀담하고 있다"는 정도밖에 몰랐던 국무성 관계자들도 각 나라를 대표하는 3국 영수 명의로 발출되게 된 카이로선언의 내용은 물론 관심 대상이 아닐 수 없었다. 카이로에서 선언이 나온다는 소식이 전해지자 전후계획의 실무에 임했었던 보튼은 회의를 중단하고 "수신기 주변에 모이고 성명을 읽었다"[91]고 회고하고 있다. 그러나 선언에 대한 관심은 단지 국가 영수가 발표한다는 것 이상의 의미를 지녔다.

카이로선언 기초에 사전에 아무런 관여도 하지 않았던 국무성 실무자들은 선언의 내용은 물론, 선언이 나온다는 것조차 몰랐다. 전후계획을 입안해 나갔었던 실무가들에게 그런 상황에서 느닷없이 나오게 된 선언은 자칫 자신들이 쌓아온 전후계획 구상에 중대한 영향을 주게 될지도 모르는 우려스러운 대상이 아닐 수 없었다. 가령 실무자의 입장에서 보면 합리성을 결여한 내용이었다고 하더라도 국가 영수들이 밝힌 내용은 향후 자신들이 이끌어가야 할 일들의 방향성을 당연히 구속하지 않을 수 없었다. 그러니만큼 선언이 나온다는 소식은 영수가 발표한다는 무게감을 더해 그간 자신들이 쌓아온 전후계획들의 내용과의 정합성 여하라는 관점에서도 걱정거리가 되지 않을 수 없었다. 그러나 선언이 나오자 그에 주목해 드러낸 국무성의 인식은 사실상 선언 선포 전에 자신들이 세웠었던 전후계획 구상에 별다른 영향을 줄 만한 것이 아니라는 판단이었으며 그나마 일부 확인할 수 있는 관심 대상 역시 독립 시기에 관한 문제에 불과했다.

12월 3일 국무성 극동국은 카이로선언이 한국과 관련된 지금까지의 견해에 수정을 줄 것인가 하는 질문에 대해 자신들의 의견으로서 임시정부에 대한 국무성의 견해를 수정하는 것이 아니라는 답신을 보냈다.[92] 그 답신을 요구한 질문에는 보다 정확히 말해 "한반도(Korea)에

91) ヒュー・ボートン, 앞의 책, 130쪽.
92) "untitled", *Korean Independence Movement 1942*. 이 문서는 미국 국립공문서기
   록관리국 소장의 한반도 독립운동 관련의 문서를 국회도서관이 수집하고

관해 첨부한 편지에서 가리켜진 시각을 수정하지 않을 것인가"라고 적혀 있다. 그러나 그 편지 자체는 첨부되어 있지 않아, 그 구체적인 문의 내용을 직접 확인하는 것은 불가능하다. 그러나 답신 내용이 임시정부에 대한 국무성의 견해를 수정하는 것이 아니라고 되어 있는 점으로 미루어, 원래 그 질문의 취지가 카이로선언이 한반도 독립을 공약함으로써 임시정부 조기 승인을 거절해온 지금까지의 국무성의 입장을 수정하게 될 것인가를 확인하려 한 것이었음은 틀림없다.

카이로선언 직후 국무성 내부에서 오간 이 교신은 선언이 공식으로 한반도 독립을 천명함에 따라 한반도 독립 문제가 어떤 영향을 받게 될 것인가를 의식한 것이었다. 제1장에서 봤다시피 국무성은 독립운동에 대한 구심력을 결여하고 있다는 등의 이유들로 인해 임시정부 승인을 꺼려 왔다. 그러나 3국 영수회담에서 한반도 독립이 공식으로 선포된 이상, 독립의 중핵이 될 만한 한국인의 정치 세력이 필요해진 것은 분명했다. 그리고 그 사태는 물론 임시정부 조기 승인에 부정적이었던 전후계획의 구상에 불가피하게 영향을 주는 측면이 있었다. 일단 독립이 선언된 이상, 한국인 누군가가 독립의 주체가 되어야 했으며 그 속에서 임시정부 세력이 유력한 후보가 될 것은 부정할 수 없었다. 국무성 내부에서 임시정부 조기 승인을 꺼려 왔던 그 이전의 방침에 향후 수정이 가해질 것인가 하는 물음이 제기되게 된 것은 바로 이러한 상황 변화를 예민하게 반영한 것이었음은 틀림없을 것이다.

그러나 선포된 카이로선언을 해석한 국무성은 결국 그 선언이 임시정부에 대한 지금까지의 국무성의 견해를 수정할 만한 것이 아니라고 평가한 것이었다. 물론 이것은 임시정부만이 아니라 다른 정치 세력을 독립의 축으로 승인한다는 것을 뜻한 것도 아니었다. 실제 다른 정치 세력을 즉시 활용하려 하는 구상이 존재했었다는 자료적인 근거도 사실

인터넷상으로 공개하고 있는 것이다.

관계도 없다. 한반도를 독립하게 한다는 선언이 선포되었음에도 불구하고 국무성이 임시정부 조기 승인에 나설 필요성을 부정할 수 있었던 그 까닭은 물론 선언의 내용에 이미 직접 나타났다. 즉 카이로선언은 한반도 독립 문제와 관련해 그 독립 시기를 '적당한 시점'이라고 명시했었고 그에 따라 임시정부 등의 즉각적인 승인을 반드시 필요하게 하는 것도 아니었다. 무엇보다 국무성 내부에서 진행되던 전후계획 속에서도 전후 한반도를 독립시킨다는 것은 이미 기정의 방침으로 자리 잡고 있었다.

　물론 카이로선언은 한반도 독립을 직접적으로 '전후'라고 명시한 것은 아니었다. 그에 따라 3국 영수 명의로 선포된 '적당한 시점'에 대해 국무성이 만약에 그것이 한반도 독립을 종전을 기다리지 않는 즉시 독립을 승인하기 위한 규정으로 인식했었더라면 그것은 국무성으로 하여금 기정의 방침을 뒤집어 독립의 주체가 되는 한국인의 정치 세력을 하루 빨리 선정해야 한다는 과제를 낳을 수 있었다. 비록 그 교신 자체는 직접적으로 임시정부에 대한 승인 문제만을 대상으로 한 것이었다. 그러나 국무성은 결국 카이로선언이 임시정부 세력을 비롯해 한국인 정치 세력에 대한 조기 승인을 유보한다는 종래의 방침에 영향을 줄 만한 것이 아니라고 판단했다. 그리고 그것이 가능했던 것은 선언이 '적당한 시점'이라고 명시함으로써 종전 후 연합국의 관리 체제하에서 독립의 주체를 따로 선정할 시간이 확보되었음을 확신할 수 있었기 때문이었음은 틀림없다.

　실제 선언의 기초 과정에 대한 분석에서 확인했다시피 비록 직접적으로는 '전후'가 사라져 '적당한 시점'만이 남게 되었으나 최종 문안에서 반영된 그 수정은 막판에 영국에 의해 '악문'을 수정하려는 문맥에서 이루어진 문장상의 교정에 불과했다. 그것은 그 이전에 미국이 제시하던 '일본 항복 후 적당한 시점'이라는 '악문'을 보다 짧막하게 교정하

는 수정에 불과했으며 이론적인 변경을 가하려 한 의도와 전혀 상관없
었다. 국무성 역시 선언 속에 있었던 '적당한 시점'에 주목하면서 그것
을 직감으로 '전후'의 '적당한 시점'으로 이해했을 것이다.

　국무성이 '적당한 시점'을 '전후'의 문제로 인식했었다는 사실은 '적
당한 시점' 문제와 관련해 직접적으로 이루어진 다른 교신에서도 확인
할 수 있다. 1943년 12월 11일에 쇼(Bruno Shaw)라는 인물93)로부터 받
은 질문에 대해 극동국은 그에 특별한 정치적인 의미를 찾을 필요가 없
다는 취지의 답신을 보냈다. 극동국은 쇼가 문의한 '적당한 시점'의 해
석 문제와 관련해 그 취지가 현재 전쟁이 진행 중이며 또한 과거 35년
간의 한반도의 상황을 고려하면 어떠한 성명(statement)도 이 시점에서
는 그렇게 될 것이며 예상되는 범위 내에 있는 것에 불과하다고 답했
다.94) 쇼는 11일의 국무장관에 대한 문의 서한 속에서 기타 지역에는
달리지 않았던 '적당한 시점'이 한반도 독립 문제에 관해서만 달린 것에
주목하면서 그에 특별한 의미가 있는지, 특히 그것은 한반도를 임시적
으로 어떤 대국 하나의 보호하에 둘 것을 뜻한다고 추론해도 될 것인지
등을 문의했었다.95) 국무성은 전시 상황에서는 한반도 독립으로의 과정
이 당연히 불투명해질 수밖에 없고, 또한 35년간 한반도가 일본의 지배
하에 있었던 상황에서는 즉시 독립이 어려운 것은 누구나 쉽게 예상할
수 있는 만큼 '적당한 시점'이라는 구절에 특별한 의미가 담긴 것은 아
니며, 정치적으로 지극히 상식적인 판단을 내린 것에 불과하다는 인식
을 드러낸 것이었다.

　국무성이 선언의 의미를 이와 같이 해석한 이상, 그것은 국무성으로

93) 쇼가 국무성에게 보낸 서한에는 "News Analyst WJZ Blue Network" 등의
　　표기가 보이므로 언론 관계자로 보인다.
94) "untitled", *Korean Independence Movement 1942*. 극동국이 보낸 답신 날짜에 관
　　해서는 직접적인 표기가 없으나 '1943년 12월 24일' 등의 도장이 찍힌 흔
　　적이 희미하게 보인다.
95) "untitled", *ibid*.

하여금 종래의 입장을 수정할 필요성을 인식하게 하는 대상이 아니었다. 그것은 카이로선언 선포 이전부터 이미 전후 국제적인 관리 체제를 거쳐 한반도를 독립하게 할 것에 관한 구상을 수립하고 있었던 국무성의 전후계획 구상과 본질적으로 모순을 일으키는 것은 아니었다. 카이로선언이 나온다는 소식에 접하자 당초 "우리들의 그때까지의 노력을 허사로 할 뻔한 사태가 벌어졌다"고 느낀 보튼 역시 결과적으로 "세간에서 말하는 '카이로선언'에는 위원회에서 이미 검토를 마친 문제도 포함되어 있으며 우리들이 이미 도출하던 결론과 큰 차이가 없는 것이었다"고 증언했다.[96] 국무성은 스스로가 직접 관여하지 않았던 선언을 통해 오히려 3개국 영수들로부터 자신들이 꾸며온 전후계획 구상의 내용에 승인을 얻었다고 인식할 수 있었던 것이다.

선언 선포 직후 국무성 내부에서 한반도 독립의 시기를 둘러싼 문제에 관한 교신이 오가던 그 무렵, 같이 카이로선언에 담긴 한반도 독립 조항 중의 '노예 상태'나 약탈 조항 중의 '폭력이나 탐욕으로 인해 약탈'했다는 규정 등에 국무성이 주목한 기록은 없다. 논해 왔다시피 국무성은 스스로가 입안한 전후계획 구상 속에서 병합의 비합법성이나 통치의 부당성이라는 '과거'에서 한반도 독립에 대한 근거를 도출하려는 등의 문제의식을 드러낸 사실은 없었다. 국무성은 애초 한반도 독립을 전쟁의 결과 새로운 지역 질서를 재편한다는 전략적인 관점에서 구상한 것이었지, 병합의 비합법성이나 통치의 부당성 문제를 따진 결과로서 구상한 것은 아니었다.

그러나 오히려 그런 국무성에게는 혹시 선언 중의 '노예 상태'나 '폭력이나 탐욕으로 인해 약탈'했다는 규정이 병합의 비합법성이나 통치의 부당성 문제를 규정한 것으로 비추었었다면 그것은 이론적으로 그 후의 전후계획 구상에 대해 일정한 영향을 주지 않을 수 없었다. 현실적인

---

96) ヒュー・ボートン, 앞의 책, 130쪽.

상황 변화에 따른 모순을 힘으로 밀고 나갈 수 있는 정치의 논리와 달리 실무자는 정책 결정의 근거에 대해 항상 합리적이고 일관된 의미를 부여할 것이 요구된다. 국무성 실무자들에게 혹시 선언이 일본의 한반도 병합을 애초 법적으로 성사되지 않은 일로 확정시킨 것으로 판단되었다면 한국인의 주권은 물론 일본이 아니라 그 구체적인 주체 여하를 막론하고 여전히 한국인의 손안에 귀속되어 있어야 했다. 가령 그 주체가 취약해서 전후 한반도의 질서를 유지하기 위해 잠시 국제적 신탁통치를 도입한다고 한들, 그 실시를 위해서는 한반도에 대한 주권을 가진 세력과의 조정이 마땅히 요구되었다. 그를 위해서도 결국 임시정부를 비롯한 한국인 정치 세력에 대한 승인 문제가 일찍이 거론될 수밖에 없었다. 적어도 병합의 비합법성 문제는 한반도 독립의 실현 문제와 관련해 선언 이전에는 인식하지 않아도 되는 새로운 과제를 안겨 줄 수밖에 없는 중요한 논점을 내포했다.

그러나 선언이 나왔음에도 국무성이 자신의 전후계획을 보다 구체화해 나가는 과정에서 '노예 상태'나 '폭력이나 탐욕으로 인해 약탈'했다는 규정에 주목한 사실은 없었다. 물론 국무성이 그들 규정을 '광복성 여부'를 결정하려는 문제의식에서 나온 것이라고 이해한 사실은 더욱더 없다. 과거의 입장과 일관된 해석을 주면서 전후계획에 구체적인 내용을 담아야 했던 국무성은 선언이 '광복성 여부'를 법적, 정치적으로 확정하려는 그런 실질적인 의미를 담은 표현으로 인식하지 않았던 것이다. 그리고 그와 같은 규정에 아무런 관심도 기울이지 않았다는 그런 사실은 거꾸로 국무성 관계자들에게 그들이 전후계획의 입안에 영향을 줄 만한 실질적인 의미를 담은 규정으로 비춰진 일이 없었음을 시사하고도 남는 일이었다. 즉 국무성 관계자들에게 그들 규정은 합법적인 병합에 따라 정식으로 일본의 영토가 되었었던 한반도를 그 후 전쟁의 결과로서 그냥 독립하게 할 것을 정당화하기 위해 잠시 활용된 프로파간

다 이상의 의미는 없었던 것이다.[97]

3 카이로선언에 대한 한국인 독립 세력들의 반응

이와 같이 선언 선포 직후 국무성이 보인 인식은 카이로선언이 그 이전의 국무성 전후계획 구상에 아무런 영향도 준 일이 없었음을 가리키고 있다. 그만큼 병합이 한국인의 뜻을 무시한 강제적 결과로서 그것이 원천적으로 성사되지 않았음을 확정해야만 했던 임시정부를 비롯한 한국인 독립 세력에게는 카이로선언의 해석 문제는 한층 더 중요해질 수밖에 없었다. 그렇다면 카이로선언 선포를 맞이해 한국인 독립 세력은 그것을 어떻게 이해하고 대응했는가?

한반도 독립을 처음으로 공약한 선언이 나오자 한국인 독립 세력은 물론 환영과 감사의 뜻을 표시했다. 그러나 감사를 표시한 독립 세력들도 선언에 완전히 만족한 것은 아니었다. 그러나 독립 세력이 보인 불안의 대상은 '광복성 여부'를 결정하는 데 한반도 독립 규정이 지극히 애매하다는 것이 아니었다. 그 대상은 결국 독립 시기의 문제였다. 물론 그 불안을 촉발한 것은 한반도 독립 조항에 담긴 '적당한 시점'이라는 어구의 존재였다. 그 어구가 삽입됨에 따라 국제적인 신탁통치의 실시라는 자신들의 전후계획 구상에 아무런 영향도 받지 않는다고 안심한 국무성 관계자들과 대조적으로 전후 즉시 독립을 바라던 한국인 독립 세력에게는 그것은 당연히 불안감을 유발하지 않을 수 없었다.

---

97) 훗날 1953년 10월에 개최된 제3차 한일회담에서 나온 이른바 '구보타 발언'이 한반도 독립 조항 중의 '노예 상태' 등과 관련해 그것이 전시 중 연합국의 흥분 상태에서 그냥 나온 아무런 의미도 없는 표현이라고 부정하는 등, 물의를 빚었음은 주지의 사실이다. 그러나 카이로선언의 기초 과정이나 그것이 나온 후의 국무성 등의 반응을 보는 한, 결과적으로는 일본 측 구보타(久保田 貫一郎) 수석대표의 이해가 진상에 가까웠음은 부정하기 어렵다.

예컨대 미국에서 발행함으로써 당시 한국인이 자유로운 의사를 표명할 수 있었던 『신한민보』는 그 사설에서 "우리는 3대 련합국 령수의 총명스러운 결의에 만강의 사의를 표한다"면서도 선언에 있는 '적당한 시점'에 주목하면서 그 어구가 일본의 무조건항복과 한국 독립의 중간에 잠시일지라도 다른 견제하에 두기 위한 것이라면 그것은 한국인이 원하지도 만족도 하지 못하는 것이라고 지적했다.[98] 그러나 선언에 존재한 하나의 애매함에 주목한 그 사설 역시 또 다른 애매함을 안겨 준 '노예상태' 등을 짚어보지는 않았다.

이러한 관심 동향은 하나의 신문사만의 문제가 아니라 한국인의 유일한 대표정부임을 자부하던 임시정부 역시 마찬가지였다. 임시정부는 3·1독립운동의 법통을 계승했음을 자부한 주체였으니만큼 단지 현실적인 독립 쟁취뿐만 아니라 한반도 독립이 바로 비합법적인 병합과 부당한 통치로부터의 '광복'으로서 이루어진다고 국제적으로 확정할 필요가 있었다. 만약에 병합이 합법이었으면 독립운동은 영원히 일본에게 주권을 양여한 병합조약 위반이 되었다. 그에 따라 독립운동에 기초해 출범한 임시정부 역시 스스로 불법적인 존재가 될 수밖에 없었다. 그만큼 자신의 성립 기반을 국제적으로 정립하기 위해서도 선언 안에 있었던 또 하나의 애매함을 추궁하고 카이로선언 문안의 해석과 관련해 그것이 병합 자체의 비합법성을 국제적으로 선포한 것이라고 천명하도록 관련 연합국들에 대해 교섭할 필요가 있었다. 앞서 언급했듯이 임시정부 역시 태평양전쟁이 터지자 스스로에 대한 승인외교와 관련해 병합이 무효라는 입장을 밝혔었다. 그러나 선언은 적어도 직접적으로는 그 문제를 천명하지 않았다. 그만큼 그 과제는 여전히 풀어야 하는 존재였다. 그러

---

98) "카이로선언과 한국 문제", 『신한민보』, 1943.12.9. 이 사설은 국사편찬위원회 한국사데이터베이스(http://db.history.go.kr/)에서 검색했다. 사설 기재 날짜는 국사편찬위원회가 인터넷상에서 공개하고 있는 지면에서 직접 확인하지 못하므로 국사편찬위원회의 정리를 따랐다.

나 카이로선언이 나오자 그들이 보인 관심은 병합의 비합법성이나 통치의 부당성 확정 문제가 아니었다. 그들이 기울인 관심 역시 그들 해석과 관련될 수 있는 '노예 상태'나 '폭력이나 탐욕으로 인해 약탈'했다는 규정이 아니라 독립의 시기와 관련된 '적당한 시점'의 해석 문제였다.

실제 카이로선언이 나온 직후인 12월 4일 중경의 미 대사관을 방문한 한국인 대표들은 독립의 성격과 관련된 문제에는 아무런 의문도 제기하지 않고 독립의 시기와 관련된 어구인 '적당한 시점'에 관한 질문만을 던졌다. 그 면담 내용을 국무장관에게 보고한 고스 대사의 기록은 그 자리에서 한국인 대표가 직접 언급한 것이 그 무렵 중경에서 나돌던 전후 한반도가 중국의 신탁통치하에 들어간다는 소문과 관련된 것이었음을 전하고 있다.[99] 물론 고스가 보고한 그 면담 기록은 중국의 신탁통치에 들어간다는 소문만이 논의 대상으로 된 것을 전하고 있을 뿐, 국제적 신탁통치 일반에 대해서까지 그들이 직접 반대했다고 밝히고 있는 것은 아니다. 그러나 전후 즉시 독립할 것을 바라던 임시정부 세력 등의 한국인들에게 미·중·영·소에 의한 신탁통치이건, 중국 단독에 의한 것이건 마찬가지였다. 결국 그들이 보인 관심은 전후 외국의 통치를 거칠 것이 아니라 즉시 민족 대표정부를 구성하고 독립하는 문제였다.

이러한 경향은 그 후도 계속되었다. 예컨대 카이로선언이 나온 지 약 6개월 지난 1944년 5월 16일 중경 미 대사관을 방문한 조소앙은 임시정부 승인 문제에 대한 전망과 함께 카이로선언과 관련해 '적당한 시점'을 어떻게 이해하고 있는가를 다시 물었다.[100] 물론 이 문의는 독립

---

99) "untitled", 『대한민국임시정부자료집 26: 미국의 인식』, 272쪽.
100) "Korean Provisional Government", 위의 자료집, 311쪽. 질문을 받은 고스는 그 어구에 관해 공식적인 견해(comment)를 들은 적은 없으며 따라서 개인적인 대답(reaction)이라고 하면서 독립 전에 일본을 쫓아내는 군사적 단계가 선행되고 그 후 국민대표정부(civil government)를 구성하는 준비 단계가 필요하다고만 대답했다. 즉 이런 논의 과정에서 고스 역시 한반도 독립의 성격 문제 등에 관해 언급하는 일은 전혀 없었다.

의 주체로서 자신들을 선정해 달라는 희망과 더불어 일본 패전 후에 즉
시 독립을 할 수 있는 전망이 서지 않았던 상황에서 기인한 불안감의
표출이었다.

이러한 쏠림 현상은 임시정부 세력에만 한정된 일도 아니었다. 한길
수 역시 1943년 12월 4일에 2일자 『뉴욕타임스』가 카이로선언에 포함
된 '적당한 시점'을 아마 한반도를 중국의 일종의 보호하에 둘 의미라
고 보도한 것에 주목하면서 그 의미를 공식으로 밝힐 것을 요구하는 서
한을 루스벨트에게 보냈다. 한길수는 그 서한에서 한국인은 결코 의사
에 반해 강제적으로 다른 국가의 보호하에 들어가지 않을 것이라고 지
적함을 더해 일본의 한반도 철수 후에 즉시 한국인에 의한 정부가 수립
될 것을 미국이 공식으로 승인하도록 당부했다.[101] 즉 한길수는 한국인
이 다시 다른 국가의 보호, 즉 신탁통치하에 들어갈 것을 거절하는 의
사를 전달한 것이었다. 그러나 그런 한길수 역시 일본의 한반도 영유
자체의 강제성을 부각하면서 선언이 병합의 비합법성이나 통치의 부당
성을 명시하지 않고 있는 애매함을 추궁하지는 않았다. 결국 임시정부
이건 다른 독립 세력이건 카이로선언에 대해 그들이 보인 관심 대상은
'광복성 여부'를 가리는 과제와 관련해 약탈 조항이나 한반도 독립 조
항 속에 내재했었던 애매함의 문제가 아니라 독립 시기의 문제와 관련
되는 '적당한 시점'의 존재뿐이었다.

국무성 내부에서 진행되던 전후계획 구상 속에서 전후 한반도를 국
제적 신탁통치를 거쳐 독립하게 한다는 방침은 이미 일부 보도 등을 타
서 소문으로서 알려져 있었다. 물론 한국인 독립 세력 역시 그에 따라
일찍이 불안감을 안고 있었다. 그리고 그 불안감이 이제 대일전을 수행
하던 3대국 영수의 공동선언이라는 형식을 통해 현실화된 셈이었다. 그

---

101) "untitled", *Korean Independence Movement* 1942. 단 한길수가 서한을 보낸 12
    월 4일이라는 날짜에는 관련 기관의 수령 도장이 찍혀 있어서 불명확
    하다.

소문이 '적당한 시점'이라는 국제공약으로 그 모습을 구체적으로 드러
낸 이상, 하루라도 빠른 독립을 원했던 독립 세력들이 그 문제에 관심
을 집중하게 된 것은 어찌 보면 자연스러운 일이었다. 이미 30년 이상
일본의 지배하에 있었기에 하루라도 빠른 독립을 원했던 민족적인 염원
은 커져만 가고 있었다.

그러나 커질 만큼 커졌었던 그 염원은 선언의 발출과 맞물려 역설적
으로 작용하게 되었다. 한반도의 역사에 '일본이 된 시대'가 있었음을
정식으로 인정할 것인가 여부 등을 가리기에 장기적으로는 매우 중요한
병합의 합법성 여부를 확정하는 문제 등이 즉시 독립으로의 염원 앞에
무릎 끓게 되었다. 태평양전쟁이 터지자 그나마 병합조약이 무효임을
천명했었던 그 관심은 카이로선언이 나오자 오히려 점점 그 자취를 감
추게 되었다. 이후 이런 추세는 '전후'가 한층 더 다가옴에 따라 보다
현실화된 신탁통치의 실시를 둘러싼 소용돌이 속에서 완전히 굳어진다.

카이로선언은 한반도를 독립하게 한다는 것을 천명한 점에서 틀림없
이 한국인에게 커다란 희망을 안겨 준 것이었다. 그러나 국제공약이기
에 현실적이어야 하는 선언의 성격은 그 대가로서 독립의 시기에 관해
서는 즉시 독립을 주저할 수밖에 없게 하는 요인으로 작용했다. 역설적
이지만 한국인에게 독립에 대한 크나큰 희망을 안겨 준 선언은 그로 인
해 오히려 현실적이어야 한다는 성격의 대가로서 한국인에게 한반도 독
립의 근거나 성격을 따지는 여유를 차단하는 촉매로서 작용하게 된 셈
이었다.

4 카이로선언 선포 후 영국정부의 대응과 관심 소재

한편 카이로회담에 임하는 과정에서는 한반도 독립 문제에 대해 사
실상 아무런 준비도 하지 않았던 것으로 추측되는 영국 역시 선언이 나

오고 전후 한반도 독립이 국제공약이 되자 전후 한반도를 독립하게 하
는 과제에 대한 대응 방안의 수립에 나선 것으로 풀이된다. 영국 외무
성 조사부(Research Department)는 1944년 초 '길잡이문서(handbook)'로
서 주목할 만한 보고서를 마련했다. 조사부의 포드(Hudson Ford)로부터
제출된 그 2가지 문서는 영국 외무성이 카이로선언 선포에 따라 한반도
독립 문제와 관련된 정책을 입안하는 데 필요한 일본의 한반도 지배와
관련된 역사적인 지식을 성내에서 공유하기 위해 마련된 것으로 추측할
수 있다. 1월 22일에 제출된 "1910년 이전의 한반도의 역사"[102]와 2월
19일 제출의 "한반도에서의 일본의 통치"[103]는 기본적으로 일본에 의
한 한반도 병합의 과정이나 그 후의 통치 내용, 그리고 그에 대한 평가
들을 담았다.

먼저 1월 22일에 제출된 "1910년 이전의 한반도의 역사"는 지리적 특
징이나 개국 시기 이전의 한반도의 역사를 간략하게 개관한 후, 1860년
대 이후 한반도를 둘러싸고 일어난 주변 강대국 간의 힘겨루기의 내용
과 그와 얽힌 한반도 내부의 정치 동향 등을 고찰했다. 한반도 독립의
성격 문제와 관련해서는 "1894년부터 1910년까지의 한반도에서의 일본
의 지배의 확립"이라는 기술 부분이 중요하다. 조사부는 그 부분의 기
술 속에서 청일전쟁 이후 일본이 한반도에 대해 가한 압박을 그리기는
했다. 국모 학살 사건에 대한 기술이 포함되었다. 1876년의 조일수호조
규에 이어 1904년의 한일의정서에서도 한반도의 자주독립을 일본이 존
중할 것을 서약했다고 지적했다. 또한 일본의 압박이 계속되는 가운데
한국인이 전국 곳곳에서 저항했다는 사실도 지적했고 1907년 헤이그
고종 밀사 사건에 대해서도 언급했다. 한반도의 주권을 존중한다고 서
약했음에도 그 후 일본이 한반도에 억압을 가해 나간 기본적인 사실들

---

102) F443/443/23, "History of Korea before 1910", YD-127, 1944, Reel no.4.
103) F990/443/23, "Japanese Administration in Korea", YD-127, 1944, Reel no.4.

은 그려진 것이었다. 그러나 이와 같은 사실 확인에도 불구하고 조사부
는 일본의 한반도 병합을 부정하지는 않았다.

조사부는 영국정부가 1905년의 제2차 영일동맹조약에서 한반도에 대
한 일본의 우선적인 지위를 인정했고, 미국 역시 일본에 의한 한반도
병합이 동양평화를 위해서뿐만 아니라 한국인을 위해서도 최선의 해결
방안(best solution)이라고 인식하고 그것이 '가쓰라-태프트밀약'으로 이
어졌다고 설명했다. 조사부는 병합조약이 1910년 8월 22일 데라우치(寺
內正毅)와 대한제국 총리 간에 체결되며 29일 발효되었음을 적었으나
그 과정의 강제성이나 조약 성립에 관한 형식적인 절차의 문제점에 관
해서는 전혀 관심을 기울이지 않았다. 아니, 체결부터 불과 1주 만에 오
랜 역사를 가진 한 나라를 소멸하게 한 조약의 이상함에 대해 언급하는
일조차 없었다. 조사부는 마지막으로 일본이 합반도 병합을 정당화할
때 자주 주장하는, 한국인이 질서 있는 국가(house)를 건설하지 못했고
또한 일본 이외의 다른 누군가에게 그 역할을 할 것을 허락하지도 않았
다는 주장에는 어느 정도 진리(a measure of truth)가 있다고 적었다. 조
사부는 일본에 의한 한반도 병합이 국가 건설에 대한 한국인의 능력 부
족과 더불어 심지어 한국인이 그 일을 일본에게 '의뢰'한 결과로 이루
어졌다고 보고한 셈이었다.

이어 2월 19일 제출된 "한반도에서의 일본의 통치"는 바로 병합 과
정을 그린 상기 문서의 속편이었다. 이것은 그 표제를 통해서도 추측할
수 있듯이 병합 후의 일본의 한반도 통치 내용에 대한 내용과 평가를
담은 것이었다. 이 문서는 조선총독부 통치의 고찰에 들어가기 전에 조
선왕조 통치의 실태를 특권적이고 기생적인 관료 지배, 터무니없고 부
패한 과세, 계속된 대립과 분파주의라는 아시아에서 보이는 전형적인
억압(abuse) 정치였다고 개관한 후 총독부 통치의 고찰에 들어갔다. 한
반도 독립의 성격에 관한 해석과 특히 관련된 고찰은 총독부의 권한,

기구, 지방행정, 사법제도 개혁 등 일반적인 통치 내용을 소개한 후에
이어 기술된 "한반도에서의 일본의 목적"과 "한국인에게 일본의 지배가
준 영향" 부분이다.

　조사부는 황국신민화나 일본어 보급 등, 특히 교육면에 주목하면서
일본의 한반도 통치의 목적이 한국인의 '일본인화(Nipponize)'였음을 강
조했다. 그러나 이 지적은 조사부가 그것을 반드시 부정적으로 생각하
고 있었음을 뜻하지 않았다. 조사부는 한국인 망명가들이 일본의 통치
를 암흑으로 그리며 가혹하고 탐욕으로 얼룩진 전제 정치였다고 주장하
고 있으며 또한 그러한 주장이 미국 등에서도 널리 수용되어 있으나 그
와 같은 주장에는 항상 상당한 주의가 필요하다고 오히려 경종을 울렸
다. 조사부는 한반도에 대한 일본의 통치를 부정적으로만 주장하는 시
각들을 채용하지 않았던 것이다. 오히려 조사부는 일본 통치에 대한 그
러한 부정적인 시각을 중국 국민당이 스스로를 위해 선전하고 있다고
적었다. 조사부는 총독부 통치도 초기의 군사적 통치로부터 변화가 있
었음을 지적하면서 전쟁 시기 한반도의 지위가 중요해짐에 따라 비록
일본인 관리하에서라도 한반도의 산업, 기술들이 향상되었다고 적었다.
조사부는 전면적으로 일본의 통치를 미화한 것은 아니었으나 병합 과정
과 더불어 일본의 통치를 부정적으로만 평가하는 시각을 오히려 상쇄하
려 한 것이었다.

　이상과 같이 일본의 한반도 통치를 평가한 조사부는 마지막으로 독
립 후의 문제에 언급하는 것으로 마무리를 지었다. 즉 조사부는 카이로
선언의 관점에서 한반도가 적당한 시점에 독립하게 되나 일본 통치하에
서 한국인은 종속적인 관리 정도가 있을 뿐, 지방행정에 관여한 이상의
훈련을 받은 자가 없으며, 망명 지도자 역시 정치 행정의 경험이 없다,
심지어 그 이전부터 한반도의 역사는 민주정부를 수립하는 데 유리한
관리의 역사가 없기 때문에 종전 후 한반도가 자신의 다리로 일어설 수

있게 되기까지 정치적 보호(tutelage)가 필요하다고 결론했다.

조사부는 이와 같이 병합 과정이나 그 후 한반도 통치의 내용을 고찰하면서 미 국무성과 더불어 전후 한반도에 국제적 신탁통치가 필요해질 것이라는 전망을 내놓은 셈이었다. 한편 조사부는 카이로선언 선포 직후라고도 평가할 수 있는 1944년 초에 마련한 이 2가지 길잡이문서 속에서 '노예 상태' 등 카이로선언 안에 내재했었던 애매함과 관련해 한반도 독립의 근거나 성격을 천명하는 과제의 존재에 직접 언급한 사실은 없다. 카이로선언 선포 후에 제출되었고 또한 그 결론으로서 정치적 보호가 필요하다는 정책적 제언을 도출한 조사부에게 상기 두 편의 문서가 동 선언에 따라 한반도 독립이 공약된 상황에서 과연 한국인에게 즉시 독립할 능력이 있는가의 여부를 평가하기 위한 목적을 담은 것이었음은 틀림없을 것이다. 그만큼 조사부 역시 비록 직접적으로는 '과거'를 성찰하면서도 그 관심의 소재는 독립 후의 '미래'에 있었다. 즉 카이로선언이 선포된 지 얼마 안 되는 사이에 상기 두 편의 '길잡이' 문서를 급히 마련한 조사부에게 한반도 독립 문제라고 함은 기본적으로 미 국무성이 안고 있었던 문제의식과 차이가 없었다. 그것은 2차 대전의 발발로 인해 한반도가 일본으로부터 절단되게 되었다는 정치 상황의 변화에 따라 필요해진 한반도 관리 문제를 고찰하는 과제 이외의 아무것도 아니었다.

카이로선언 선포 직후 조사부가 제출한 이 2가지 길잡이문서가 그 후 영국정부 내에서 어떻게 받아들여지고 그리고 한반도 독립 문제에 대한 영국정부의 정책 입안에 얼마만큼 구체적으로 영향을 주었는가를 자세히 추적하는 것은 자료적으로 어렵다. 그러나 이들 길잡이문서가 제출된 지, 약 반년 후 조사부는 다시금 일본의 한반도 병합 과정이나 병합 후의 총독부 통치의 내용을 살핀 문서를 마련하고 있다.

1944년 9월 8일에 조사부가 다시 제출한 문서 "한반도에서의 일본의

통치의 성과와 실패"[104]는 기본적으로 상기 1월과 2월에 제출한 길잡
이문서에서 나타난 인식을 사실상 그대로 답습한 것이었다. 그러나 이
문서에는 '길잡이문서' 같은 성격은 아예 부여되지 않았으며 9월 2일자
조사부 문서(paper)를 커버(cover)한 의사록(minute)으로만 설명되어 있
다. 문서의 성격에 대한 이런 설명 내용과 상기 2가지 길잡이문서가 제
출된 지, 이미 6개월 이상 경과되고 있었다는 점들을 고려하면 9월에
다시 제출된 이 문서가 한반도 독립 문제에 대한 검토 과제와 관련해
영국정부가 내린 일본의 한반도 병합이나 통치에 대한 공식적인 평가를
보다 짙게 반영한 것이었다는 것만큼은 틀림없을 것이다.

조사부가 다시 마련한 문서 "한반도에서의 일본의 통치의 성과와 실
패"는 병합 과정에서의 한국인의 태도와 관련해 1895년의 국모 살해
시, 1907년의 고종황제 퇴위 시, 그리고 1910년의 병합 시 등에는 그 수
면하(below surface)에서 강한 소요가 이어졌음을 지적했다. 그러나 조사
부는 때로는 군사행동을 동반한 그러한 광범위한 저항에도 불구하고 오
히려 병합은 심각한 내부적인 대립(internal opposition)을 거의 야기하지
않았으며 그런 한국인의 묵인(acquiescence)이 일본의 이들 침략
(aggression)을 강대국(powers)이 빨리 인정하도록 촉진한 요인이 되었다
고 적었다. 즉 조사부는 비록 '침략'이라고 번역 가능한 개념을 일단 사
용하면서도 일본의 한반도 병합 과정을 한국인이 기본적으로 묵인했다
는 것, 그리고 그 태도가 이후 세계로 하여금 병합을 정식으로 승인하
게 한 촉매가 되었다고 주장한 것이었다.

조사부는 또한 병합 후의 조선총독 통치의 결과에 관해서도 기본적
으로 그것을 평가하는 인식을 드러냈다. 조사부는 한국 고유의 체제하
에서는 진보는 일어나지 않았을 것이며 그를 위해서는 외국의 힘을 필

104) F4183/443/23, "The achievements and failures of the Japanese administration
    in Korea", YD-127, 1944, Reel no.4.

요로 했다, 또한 한국의 민족주의자는 과거 40년간의 물질적인 진보가 세계 어디에서나 일어났으며 따라서 일본의 개입 없이도 한반도에서도 일어났다고 주장하고 있으나 그 주장에는 거의 신빙성이 없고, 일본은 한국인에게 물질적인 혜택을 가져다주었다고 결론을 내려야 한다고 밝혔다. 물론 조사부는 자기통치가 가능하도록 한국인을 훈련하지도 않았고 오직 한국인의 민족의식이나 문화를 파괴하는 등, 도덕적인 측면에서 일본의 통치가 역사의 교훈을 잃고 억압적이고 자기중심적이었다는 비판적인 인식도 일부 드러내기는 했다. 그럼에도 이토(伊藤博文)를 비롯한 일본의 지도자가 이루어낸 계몽적인 업적을 간과하는 것은 공평하지 않다고도 지적했다.

영국 외무성 조사부는 이상과 같은 역사적인 고찰을 마친 후 마지막으로 한반도 독립 후에 예상될 특별 문제를 11개 사항으로 정리했다. 그러나 그들은 일본의 한반도 통치에 따라, 행정·사법·입법 등이 일본인에 의해 설계되었으며 그로 인해 한국인에게는 그런 삼권을 행사한 경험이 없다는 점, 경제적 자립 능력 역시 취약하고 대일 의존도가 높다는 점, 기타 치안·교육·세입 등의 측면에서도 모두 큰 문제를 안고 있다는 점들을 지적하는 것들이었다. 즉 1월, 2월에 각각 길잡이문서가 작성된 지 약 6개월 후에 다시금 진행된 고찰에서도 조사부는 한반도 독립 문제에 대한 대응을 입안함에 즈음하여 전후 한반도가 즉시 독립하는 것은 어려울 것이라는 입장을 정리한 것이었다.

이와 같이 카이로회담 이전에는 한반도 독립 문제에 대해 아무런 준비도 하지 않았던 것으로 풀이되는 영국정부도 선언 선포에 따라 전후 한반도 독립이 세계적인 공약으로 되자 그 문제에 대한 입장 정립에 나섰다. 그리고 그를 위해서도 먼저 일본이 한반도를 병합한 과정이나 그 후의 통치의 내용에 대한 상황 파악과 그에 대한 평가 작업을 진행했다. 그러나 그 영위는 기본적으로 전후 한반도가 즉시 독립할 능력을 가지고 있는가, 그 여부를 판단하기 위한 고찰이었다. 물론 이러한 고찰이 영국정부 내부에서도 진행된 것은 영국 자신 역시 그 이름을 같이 올린 카이로선언이 전후 한반도를 독립하게 한다고 공약함에 따라 한반도 독립이 현실적인 과제가 되었기 때문이었음은 의심의 여지도 없을 것이다. 그러나 카이로선언을 계기로 그런 한반도 독립 문제의 고찰에 나서게 된 영국 외무성 역시 한반도 독립 조항에 규정된 '노예 상태' 등에 주목하면서 그와 한반도 독립의 근거를 연결하면서 한반도 독립의 성격을 확정해야 한다는 등의 문제의식을 보이는 일은 끝내 없었다. 항상 현재나 미래에 대한 정책을 입안해야 하는 성격을 지닌 정부 일원으로서 영국 외무성이 보인 관심 대상은 현실적으로 풀어야 할 일본 패전 후의 한반도의 '미래', 즉 선언이 공약한 '적당한 시점'에 이루어질 한반도 독립까지 그 관리를 어떻게 이끌어 나가는가 하는 문제로 향하지 않을 수 없었다.[105]

물론 봤다시피 조사부가 그런 '미래'로의 대응 방안을 도출하는 과정에서는 병합 과정에서의 압박이나 병합 후의 통치 내용에 대한 문제점을 비판적으로 고찰한 흔적이 전혀 없는 것은 아니었다. 그러나 그러한 지적들 역시 선언에서 규정된 '노예 상태'나 '폭력이나 탐욕으로 인해 약탈'했다는 규정의 존재를 의식하면서 그 애매함을 메우기 위한 고찰은 아니었다. 즉 그것은 병합의 비합법성이나 통치의 부당성을 규명하고 그와 '노예 상태' 등을 연결함으로써 한반도 독립의 법적, 정치적 근거를 제공하고자 하는 문제의식에서 이루어진 작업은 아니었다. 실제

---

105) 이 시기의 영국 외무성 문서를 보다 포괄적으로 조사한 가지이의 연구에 따르면 조사부는 본론에서 언급한 세 편의 문서 이외에도 "조선의 자원 및 경제 발전" 등 한반도 관련의 문서 나머지 6편을 작성했었다고 한다. 그리고 가지이는 그들 문서 모두 신탁통치가 필요하다는 결론을 도출한 것이었다고 증언하고 있다. 梶居佳廣, 앞의 책, 76쪽. 즉 기타 문서들 역시 한반도의 미래를 위한 정책적 조언을 도출하기 위한 것이었다.

일단 직접적으로는 '과거'를 고찰한 상기 조사부 문서에서도 선언 중에 있는 '노예 상태' 등의 규정들을 한반도 독립의 성격을 법적으로, 정치적으로 결정짓는 중요한 개념으로 인식한 기록은 찾을 수 없었다. 아니, 그 이전에 그들 규정 자체에 관심을 기울인 흔적조차 없다. 원래 일본에 의한 한반도 병합에 승인을 주고 또한 스스로 세계 각지에서 식민지를 보유하던 세계 최대의 제국이었던 영국이 자신이 선도한 제국주의적인 세계 질서 아래에서 이루어진 일본의 한반도 영유의 책임을 따질 시각을 가질 리가 없었다. 당시의 영국에게 그러한 사고방식을 기대하는 것 자체가 환상이었을 것이다.

5 카이로선언에 대한 일본정부의 분석과 이해

이상에서 살펴보았듯이 카이로선언을 선포한 미·영은 물론, 실제 지배를 받는 입장에 있었던 한국인 독립 세력조차 선언 선포와 관련해 그와 병합의 비합법성이나 통치의 부당성 문제와의 관련성에 대해 적극적인 관심을 보이는 일은 없었다. 그런 가운데 한반도를 지배하고 따라서 그것을 당연히 정당화했었던 일본은 한반도 독립을 천명한 카이로선언을 어떻게 이해했는가? '해방자' 연합국과 달리 선언으로 인해 실제 영토를 상실해야만 하는 입장에 있었던 일본에게 선언의 각 어구들은 어찌 보면 기초자가 의도한 것 이상의 예민한 의미들을 발신하게 마련이었다. 그런 가운데 선포된 카이로선언에 대해 일본은 단지 한반도 상실 이상의 정치적 의미, 즉 선언을 병합의 비합법성이나 통치의 부당성 문제와 연결되는 것으로 인식했는가?

원폭 투하와 소련 참전이라는 걷잡을 수 없는 정세 악화를 맞이하면서 받아들이게 된 포츠담선언과 달리 아직 전투 여력을 남기던 일본정부는 겉으로는 카이로선언을 일축했다. 선언이 나오자 당시 도조(東條

英樹) 수상은 12월 8일 전 세계를 향한 연설 속에서 "바로 전투에 지쳐, 전도(前途)의 불안에 휩싸이고 초조한 그들 지도자가 당면의 실패를 호도하려 한 모략적 꿈 이야기이며 참으로 가소롭기 짝이 없다"[106]고 카이로선언의 내용을 혹평했다.

그러나 그런 표면적인 허세와 달리 일본은 1942년 미드웨이(midway) 해전에서 패배한 뒤, 서서히 제해권을 상실하기 시작했었다. 그에 따라 1943년에 들어서면서는 2월 남태평양 솔로몬제도 과달카날섬의 수비대가 철수, 이어 5월 북태평양에서는 알류샨열도 애투섬 수비대가 전멸하는 등, 서태평양상의 전략적 거점을 이미 잃었었다. 그런 일본에게 "일본국의 무조건항복을 이끌어 내기 위해 필요한 중대 및 장기의 행동을 계속한다"고 공언한 카이로선언의 결의는 이미 연합국에 의한 프로파간다에 불과하다고 그냥 넘어갈 수 있는 상황은 아니었다. 패전의 가능성을 실감케 된 일본에게 카이로선언이 천명한 전후 영토 처리에 관한 원칙은 전후 현실적으로 상실하게 될 영토를 비교적 구체적으로 제시했다는 의미에서 당연히 관심 대상이 아닐 수 없었다. 실제 도조에 의해 발표된 일본정부의 표면적인 반박 연설의 배후에서 일본 외무성은 바로 패전을 의식하면서 미국, 영국 등을 중심으로 한 외국의 보도 내용을 수집하고 선언의 의미를 분석했다.

카이로선언 선포 직후인 1943년 12월 18일, 외무성은 각국의 보도 내용을 정리하면서 "카이로회담에 대한 반향(反響)"이라는 문서를 작성했다. 그 속에서 외무성은 예를 들어 미국의 보도를 입수하면서 선언에서의 영토 처리의 요지를 '조선의 독립과 불법 약탈의 영토 회수'라고 인식했다.[107] 즉 외무성은 한반도의 독립 문제를 '불법 약탈의 영토'의 처

---

106) 「東條首相全世界に放送(カイロ, テヘラン會談に對する反駁)」, 『終戰史錄Ⅰ』, 125쪽.

107) 「カイロ會談ニ對スル反響」, アジア歷史資料センター, Ref B02032457600(제6화면), 『昭和18年8月30日から昭和18年12月18日』(外務省外交史料館 자료).

리 문제와 애초부터 구별하는 보도에 접하고 카이로선언의 의미를 파악하게 된 것이었다.

또한 1944년 무렵에 이루어진 고찰로 보이나 일본정부는 카이로선언에 기초한 영토 처리와 관련해 그 처리 내용을 태평양상의 위임통치 영토의 미국 양도, 일본의 점령 지역의 원(元)소속 국으로의 반환, 조선의 독립 및 오키나와, 타이완, 만주의 중국으로의 반환 등이라고 예상했다.[108] 즉 이 고찰에서도 일본 외무성은 한반도 독립 문제를 기타 지역 처리의 문제와 다른 성격의 문제로 인식했다. 이어 패전의 기색이 훨씬 짙어진 1945년 2월, 외무성은 패전 후의 '영토적 제재'가 카이로선언에 기본적으로 기초해서 이루어질 것이라고 인식하면서 그 내용을 상술한 선언 중의 영토 처리에 관한 4가지 분류의 문제로만 이해했다.[109] 즉 한반도의 처리는 어디까지나 마지막 한반도 독립 조항에서만 규정되었지 '폭력이나 탐욕으로 인해 약탈'했다는 등의 규정이 들어간 약탈 조항이 그와 관련이 있는 것으로 인식하지는 않았다. 물론 한반도 독립의 성격이 그와 연결되면서 결정된다는 등의 인식을 보이는 일도 없었다.

물론 한반도 독립 조항에는 '노예 상태' 등 정치적으로 자극적인 표현이 존재했다. 그러나 특히 교전 중임에 따라 패전으로 인한 악영향을 극대화해서 예상해야만 했던 일본정부조차 카이로선언 선포 직후부터 선언 안에 담긴 그런 관련 규정들에 대해 위기의식을 가진 적은 없었다. 실제 그것이 병합이 비합법적인 것으로 원천 무효라든가, 통치가 부당한 것이었음을 확정하려 한 것이라는 등의 인식을 일본정부가 드러낸

각종 공문서를 별도 수집하고 인터넷상에서 열람할 수 있도록 하고 있는 이 아시아역사자료센터 공개 자료의 소장 기호 등은 동 센터가 권유하고 있는 출처 표기 양식을 따른 것이다.

108) 「米國ニ於ケル戰後日本處理案」, アジア歷史資料センター, Ref B02032452700 (제4화면), 『敵米國ノ戰後日本處理案』(外務省外交史料館 자료).

109) 「反樞軸國ノ對日處理案」, アジア歷史資料センター, Ref B02032448600(제13 화면), 『反樞軸國ノ對日處理案』(外務省外交史料館 자료).

기록은 없다. 그런 인식을 보이기는커녕 일본 외무성은 전황이 악화일로로 향하는 가운데서도 오히려 카이로선언의 의미를 평가절하하게 되었다. 실제 패전이 코앞에 다가온 1945년 6월에 이르러 외무성은 미국 정부가 카이로선언을 내면서도 정작 한국인의 독립운동에 대해 지극히 소극적인 태도를 취하거나 임시정부를 법적으로 승인하는 것에 일관되게 부정적인 태도를 취하고 있는 것에 주목했다. 그리고 그런 미국의 태도를 통해 카이로선언은 대일 전쟁 완수까지의 수단이며 그것은 미국이 선언에서 제시한 추상적인 공약 이외에는 구체적인 시책에 관여할 것을 피하기 위한 것이라고 인식했다.[110]

즉 외무성은 선언이 한반도를 독립시킬 것을 내걸으면서도 그 후 임시정부 등을 승인하지 않는 미국의 태도를 보면서 오히려 선언을 대일전 수행을 위한 일종의 프로파간다적인 수단으로만 인식하게 되었다. 다시 말해 외무성은 한반도 독립의 공약을 내면서도 임시정부 승인 등을 주저하고 있는 미국의 태도를 확인하면서 선언은 병합이 원천적으로 비합법이며 따라서 이미 한국인이 주권을 가진 주체로서 대표정부를 가지고 있다는 것들을 법적, 정치적으로 확정하기 위한 담보로서 냈다는 등의 문제와 전혀 무관한 것이라는 확신을 군건히 가지게 된 셈이었다. 물론 선언을 그런 프로파간다적인 것으로 확신하게 된 외무성이 '노예상태' 등에 새삼 주목하면서 한반도 독립 공약과 관련해 그것을 부당한 통치로부터의 '광복'으로서 이루어지게 하는 성격 부여의 정식 담보로 인식한 일도 없었다. 쉽게 말해 전시 중 카이로선언에 접한 일본 역시 한반도를 그냥 독립하게 한다는 것 이상의 의미를 선언에서 찾은 일은 없었던 것이다.

그러나 물론 때는 아직 전시 중이었다. 원래 과거의 조약 등과의 법

---

110) 「米國ニ於ケル朝鮮獨立運動ト米國ノ政策」, 『朝鮮獨立關係一件』, 第1卷, 498~499릴쪽.

적 일관성 등을 인식해서 도출된 것이 아닌 그 '프로파간다적인 선언'
은 바로 그것이 정치적인 선언이니만큼 그 후 전승으로 향한 연합국의
힘에 의거한 후속 조치 등을 통해 그 내용을 발전시켜 나갈 수 있는 여
지는 항상 열려 있었다. 강조한 바와 같이 1882년의 조미조약을 무시해
일본의 한반도 병합을 시인한 것도 당시 미국의 정치적인 판단으로 인
한 것이었다. 따라서 이번에 적국 일본과의 과거의 약속을 저버리고 한
반도 병합을 원천으로 소급하여 부정하는 것 역시 정치적으로는 가능했
다. 제1장에서 이미 언급한 바와 같이 참모 2부 역시 한국인을 고무하
는 대일 심리작전을 고안하는 가운데 1882년의 조미조약에 직접 언급
하면서 그것 자체는 아직 파기된 것이 아니며 일본이 그것을 어겼다는
점을 적극 선전하게 하도록 지적하고 있었다. 이승만 역시 1943년 5월
에는 임시정부 지원 문제와 관련해 진주만 공격으로부터 약 1년 반이
이미 경과되었음을 지적하면서 1882년 조미조약을 어기고 일본의 한반
도 병합을 승인한 미국의 과거의 잘못을 수정하는 것은 지금이라고 루
스벨트에게 호소했다.[111]

그에 대한 평가를 막론하고 힘을 배경으로 한 정치적 결단이라는 것
은 과거의 사실과 어긋나기에 원래 법이나 원칙의 일관성에 따라서는
처리할 수 없는 모순을 메우기 위한 현실적인 해법이라는 성격을 지녔
다. 더구나 전쟁 중, 적국 일본에게도 밝혀진 카이로선언은 그것이 병합
의 비합법성이나 통치의 부당성 확정과 전혀 무관한 것이라고 이미 확
정되어 있었던 것도 아니었다. 애매함은 남았으며 거기에 발전의 여
지는 항상 숨어 있었다. 따라서 카이로선언에 대한 일본의 인식을 부정
하고 구체적인 후속 조치 등을 통해 선언이 병합의 비합법성이나 통치
의 부당성을 선포한 것이라고 그 해석을 확장하는 것은 전승으로 향한
연합국의 힘을 가지고서는 불가능한 일은 아니었다.

---

111) "untitled", *Government: Korean Independence Movement 1942-1943.*

그러나 다음 장에서 고찰하는 바와 같이 연합국이 그 압도적인 힘으로 일본을 패전으로 몰아간 막판 교전 과정에서도 미국을 중심으로 한 연합국이 그와 같은 '해법'을 동원한 일은 없었다. 그것을 밀고 나갈 수 있었음에도 실제로는 그렇지 않았다는 사실이 시사하는 바는 물론 크다. 즉 그 사실은 카이로선언을 선포하고 실제 한반도를 독립하게 한 미국 등의 연합국이 원래 한반도 독립 문제를 병합의 비합법성이나 통치의 부당성이라는 관점에서 처리할 문제라고 의식하지 않았었고 또한 그렇게 해야 할 필요성이 있는 문제라고도 인식하지 않았었음을 여지없이 드러내는 대목이 아닐 수 없었다.

제3장

일본 항복과 카이로선언 이행의 실태

이상 카이로선언은 그 기초 과정을 자세히 고찰해도 또한 선포 직후의 관련 주체들의 이해를 분석해도 단지 한반도를 전후 '적당한 시점'에 독립하게 한다는 것만을 천명했을 뿐, 한국 사회의 담론에서 종종 나오듯이 그것이 병합의 비합법성이나 통치의 부당성을 법적, 정치적으로 확정하려 하는 목적으로 기초되었다고 평가하는 것이 어려움을 밝혔다.

　그러나 카이로선언은 전쟁 중에 나온 한낱 선언에 불과하고 그것으로 모든 사항이 결정되는 것도 아니었다. 전쟁은 카이로선언 선포 후에도 약 1년 8개월간 계속되었다. 무엇보다 일본이 패전에 즈음하여 직접 수락한 것은 카이로선언이 아니라 1945년 7월 26일자로 나온 포츠담선언이었다. 따라서 카이로선언으로부터 포츠담선언이 나오게 된 약 1년 7개월 동안 미국을 중심으로 한 연합국에게는 그 힘과 이해관계에 따라 대일 전후처리의 양상을 보다 구체적으로 발전시켜 나갈 수 있는 여지는 충분히 있었다.

　한반도 독립 문제에 대한 대응에 관해서도 그랬다. 단지 전후에 한반도를 독립하게만 하는 것을 공약한 카이로선언의 문제점을 스스로 헤아리고 그 후 종전으로 향하는 정치적인 격변기에 병합의 비합법성이나 통치의 부당성 등, 한반도를 독립하게 하는 근거를 명확히 확보도록 하는 작업에 보다 적극 나서는 것 역시 전승국에게는 어려운 일이 아니었다. 더구나 선언은 '폭력이나 탐욕으로 인해 약탈'했다는 규정이 들어간 약탈 조항을 한반도에 적용할 수 없음을 명확히 확정해 둔 것도 아니었다. 또한 한반도 독립 조항에서 사용된 '노예 상태' 역시 지극히 애매한 개념이었다. 그 애매함은 그 후 오히려 한반도 독립의 근거를 마련하는 데 이론적으로 발전시킬 수 있는 여지를 충분히 내포한 것이었다. 즉 카이로선언의 관련 규정들은 그 후 그것이 병합의 비합법성이나 통치의 부당성을 확정하려 한 뜻으로 낸 것이라고 천명하면서 전후 한반도 독립의 근거로 이어지도록 조치할 수 있을 가능성은 확실히 열려 있었다. 역으로 말한다면 카이로선언 관련 규정들이 실제 한반도 독립의 성격 문제에 대해 어떻게 작용하게 되는가를 결정하는 열쇠는 카이로선언의 규정 자체에 달린 것은 아니었다. 그것은 선언 선포 후 종전으로 이어지는 과정이나 전쟁 상태를 법적으로 종결시킨 평화조약에서 카이로선언의 규정을 구체적으로 어떻게 반영시킬 것인가 하는, 그에 대한 미국을 중심으로 한 연합국 측 판단에 달리게 된 것이었다.

그렇다면 카이로선언 선포 후 선언은 종전으로 이어지는 과정이나 전쟁 처리의 법적 테두리를 제공한 평화조약에서 한반도 독립 문제와 관련해 과연 어떻게 반영되게 되었는가? 이 장은 이 물음 중, 특히 카이로선언 선포 후 일본이 실제 항복하게 된 종전 전후의 시기까지를 고찰하면서 카이로선언에서 공약된 한반도 독립 이행의 실태를 고찰한다. 주된 과제는 이하 2가지이다.

하나는 카이로선언 선포 후 보다 구체화된 미국의 전후계획의 내용을 자세히 고찰하는 과제이다. 카이로선언 기초 과정에서는 일정한 영향력을 행사한 중국도 결국 그 역량 부족으로 인해 그 후 이른바 루스벨트의 '4개국 구상'에서 빠져, 전후 동아시아의 신질서 형성을 주도할 수는 없었다. 유럽 전선에 주된 에너지를 투입해야만 했던 영국 역시 마찬가지였다. 소련은 종전 무렵 불과 1주간 일본과 교전했을 뿐이었다. 이러한 상황에서 카이로선언에서 규정한 한반도 독립 문제를 구체적으로 어떻게 이행시켜 나가는가 하는 과제는 결국 미국의 힘과 구상에 의해 전적으로 주도되었다. 따라서 먼저 이 장은 그런 결정적인 역할을 맡게 된 미국이 카이로선언 선포 후의 전후계획 속에서 한반도 독립 문제를 어떻게 인식하고 또한 인식하지 않았는지 상세히 규명하고자 한다. 그것을 통해 카이로선언을 바탕으로 실제 실현된 한반도 독립 이행의 실태가 결국 어떤 성격의 문제였는지 밝히고자 한다.

또 하나의 분석 과제는 임시정부 세력이 종전으로 이어진 이 시기에, 어떤 인식을 가지고 한반도 독립 문제에 대응했는가 하는 문제이다. 다른 국가들에게는 사실상 중요하지도 않은 '광복성 여부'라는 역사인식의 문제의 중요성을 알아채고 그것을 공식화하는 주체가 있다면 그것은 3·1독립운동을 계승하고 민족 독립운동의 핵심임을 자부하던 임시정부 세력이어야 했다. 물론 그 역량이 취약함에 따라 실제 임시정부의 활동이 얼마만큼 영향을 줄 수 있었는가 하는 현실적인 조건은 무시할 수 없다. 그러나 오늘까지 남게 된 '광복성 여부' 문제의 존재를 감안할 때 이 과제가 결정되는 매우 중요한 그 시기, 과연 독립운동의 핵이어야 했던 임시정부 세력이 무엇을 생각하고 활동했는지, 그리고 그들이 '광복성' 여부 결정 문제에 안겨 준 한계가 무엇이었는지 등을 고찰하는 작업 역시 오늘날 자신들의 과거를 되돌아보는 역사 연구로서는 중요할 것이다.

이 장에서는 이상 2가지 주제의 분석을 중심으로 진행하면서 카이로선언이 실제 이행되기 시작한 일본 항복 전후까지의 과정에서 한반도 독립 문제가 구체적으로 어떤 의미를 지니게 되었는가를 분석하고자 한다.

I 카이로선언 선포 후의 국무성 전후 한반도 독립 구상

1 1944년 봄 무렵의 한반도 독립에 관한 전후계획 논의

1) 신탁통치 방침의 확정

앞서 언급한 바와 같이 1943년 7월 이후 국무성은 헐 장관의 지시에 따라 그 이전에 각 위원회에서 검토된 내용들을 'H 문서'라고 불리는 정책 개요 시리즈로서 일괄 정리하기 시작했다. 국무성은 1943년 여름 무렵, 이들 문서 작성과 관련해 국·지역위원회(Country or Area Committee)를 신설했다. 이 위원회를 설치한 것은 포괄적인 정책 개요를 작성하는 데 각 지역 문제에 대한 관할권을 가진 국무성 내 각 지역국 간의 조정이 필요해졌기 때문이었다. 즉 국·지역위원회는 각 지역 담당 부서 간의 조정을 효율적으로 진행하기 위해 그들을 횡단적으로 묶는 통괄 조직으로서 출범한 것이었다. 한반도에 관한 전후계획은 그 국·지역위원회의 하부 조직으로 설치된 부국간극동지역위원회(Inter-Divisional Area Committee on the Far East)가 주로 담당했다. 이 위원회의 위원장직을 맡은 것은 블레이크슬리였으며 사무국장은 보튼이었다.[1] 즉 조직 개편 이전에 영토소위원회 등에서 전후 한반도 독립 문제에 관한 구상을 주도한 인물들이 다시금 부국간극동지역위원회를 주도하게 된 셈이었다.

부국간극동지역위원회를 사무국장으로서 이끌게 된 보튼은 이미 1943년 11월 30일자 H 문서 107 예비로서 정리되던 한반도 신탁통치에 관한 바람직한 방안을 1944년 1월 29일에 다시 재검토했다. 이 문서는 한반도에 대한 국제적 신탁통치를 실시하는 국제기구로부터 신임을 받을 수 있는 지역감시위원회(the Regional Supervisory Council)의 멤버를 구체적으로

---

1) ヒュー・ボートン, 앞의 책, 129쪽.

결정하는 문제를 검토한 것이었다. 문서는 그 과제에 대한 바람직한 방안
으로서 중국, 소련, 미국, 영국(혹시 영국을 제외할 경우는 영연방의 한
나라)을 포함한 북태평양지역감시위원회(North Pacific Regional Supervisory
Council)를 구성할 것을 구상했다.[2] 비록 '북태평양지역감시위원회'라는
명칭은 이 시점에서 새롭게 사용된 것이었다. 그러나 그런 구상 자체가
카이로선언 선포 이전부터 국무성 실무자들 사이에서 이미 대두되던 문
제의식의 연장선상에서 나온 것은 틀림없었다. 즉 북태평양지역감시위
원회라는 구성은 한반도에 대한 국제적 신탁통치를 실시하는 기구를 보
다 구체화하려는 문제의식에서 기인한 것이었다.

이 시기 국제적 신탁통치를 도입할 문제와 관련해서는 한반도의 지
위에 관해 매우 중요한 인식이 뚜렷이 나타났다. 정책 개요 문서 중의
하나로서 1944년 1월 13일자로 정리된 H 문서 1058 예비는 한반도뿐
만 아니라 종속적인 지역 전반에 신탁통치 시스템을 도입할 것과 관련
된 장단점들을 정리했다.[3] 이 검토는 어떤 각도에서 보면 신탁통치 구
상은 결국 영토의 처리 문제이며 그 도입 여부는 여러 가지 대체안 중
의 각 장단점을 비교해 나가면서 결정하는 문제라고 지적했다. 문서는
이와 같은 문제의식을 바탕으로 일단 신탁통치 도입 이외에도 연합국이
그들 지역을 병합하는 방안, 반대로 모두를 독립하게 하는 방안, 그리고
연합국에 의한 병합과 독립하는 지역을 구별하는 방안들을 고려했다.

---

2) H-107 Preliminary, "JAPAN: KOREA: PROBLEMS OF INTERNATIONAL
   TRUSTEESHIP: MEMBERSHIP OF THE COUNCIL", YE5-21, 1579-43.
   'Solution A'로 정리된 이 방안 이외에도 문서는 일단 그다음의 차선책들로
   서 'Solution B' 중국, 소련, 미국으로 한정되는 북태평양지역감시위원회,
   'Solution C' 중국, 소련으로 구성되는 자문위원회(commission), 그리고
   'Solution D' 단독국가에 의한 감시하에서 진행하는 국제적 신탁통치라는 대
   안들도 정리하고 있다.
3) H-1058 Preliminary, "INTERNATIONAL ORGANIZATION TRUSTEESHIP:
   DESIRABILITY OF A TRUSTEESHIP SYSTEM", YE5-21, 1572-1.

이 가운데 매우 주목되는 점은 그 문서가 한반도의 법적지위에 관한 인식을 명확히 드러낸 점이었다. 문서는 한반도를 현재 진행 중인 전쟁의 결과 이탈리아 지배하의 리비아, 에리트레아, 소말릴란드들과 함께 추축국의 주권으로부터 절단되는 지역으로 자리매김 시켰다.

즉 '노예 상태'임을 천명한 카이로선언이 선포된 직후였음에도 불구하고 국무성은 전후 독립할 한반도를 단지 전쟁의 결과 일본의 주권하에서 절단되는 지역으로만 인식하고 있었던 것이다. 이는 국무성이 카이로선언에 있던 '노예 상태' 등에 아무런 영향도 받지 않았음을, 즉 선언 선포 이전과 같이 병합조약에 따라 일본이 한반도에 대한 정당한 주권을 정식으로 보유하고 있다는 인식을 전제로 전후 독립 문제를 생각했었음을 시사했다. 실제 이러한 인식은 후술하는 바와 같이 일본의 항복과 신탁통치 실시가 코앞에 다가온 1945년 여름쯤부터 보다 직설적으로 나타나게 된다.

이와 관련해 주목해야 하는 점은 부국간극동지역위원회가 같은 시기에 전후 국경 설정 문제에 즈음하여서는 최근의 침략 개시부터 일본이 실효 지배한(effected) 영토의 이전(transfer)은 모두 무효(invalid)라고 간주되어야 한다는 원칙을 적용한다고 논의했었던 점이다. 즉 부국간극동지역위원회는 전후 일본의 영토 처리 문제와 관련해 일본에서 절단하게 되는 지역에 관해서는 일본이 그곳을 지배하에 둔 것 자체를 원천적으로 무효로 하는 원칙으로 임해야 하는 지역이 있음을 명확히 인식하고 있었던 셈이다. 그러나 한반도에 대해서는 민족(nationality)이나 자결(self-determination), 그리고 안전보장이라는 각도에서 한반도를 독립하게 한다는 것에 합의를 봤을 뿐4), 병합조약으로 인해 일본이 가지게 된

---

4) "REPORT ON THE WORK OF THE INTER_DIVISIONAL AREA COMMITTEE ON THE FAR EAST", *Minutes of Meetings of the Interdivisional Area Committee on the Far East 1943-1946*, IAC-1, Roll no.1(일본국회도서관 헌정자료실 소장 기호), pp.3~4. 이하 소장 기호만 표기한다. 이 문서는

한반도에 대한 주권의 설정 자체가 애초 비합법적인 것으로 무효라고 인식하지는 않았다. 다시 말해 국무성에게 한반도는 그에 대한 일본의 영유를 원천 무효화해야 하는 '최근의 침략'으로 인해 일본이 그 지배력을 행사하게 된 지역이 아니었던 것이다.

이와 같이 카이로선언이 실제 선포되었음에도 불구하고 국무성은 한반도에 대한 일본의 주권 보유를 의심하지 않았다. 국무성에게 전후 한반도 독립이라고 함은 전쟁의 결과 일본의 정식 주권하로부터 절단하는 문제였지, 원래 병합이 한국인의 뜻에 반한 것으로 주권 자체가 법적으로 성립되지 않은 강점으로부터의 '광복'으로 이루게 하는 과제가 아니었다. 카이로선언이 이런 국무성의 인식에 변화를 안겨 주는 일은 없었다. 실제 선언 선포 후 1944년 봄 무렵에 다시 본격화된 한반도 독립 관련의 논의에서도 국무성이 이와 같은 한반도 독립의 근거나 성격 부여의 문제를 고민한 기록은 없다. 이하 보듯이 국무성이 계속 관심을 기울인 것은 한반도를 일본의 정식 영토에서 떼어 내기 위해서도 필요한 신탁통치의 실시와 관련된 논점들이었다.

먼저 신탁통치 실시와 관련해 부국간극동지역위원회는 과도정부 기구 성립 문제의 검토에 들어가고 1944년 3월 22일 CAC 문서 58 예비를 작성했다.[5] CAC 문서는 H 문서 등을 바탕으로 각 해당 문제에 관한 상기 국·지역위원회로서의 의견을 정립하기 위한 문서였다. 그 CAC 문서 58 예비는 카이로선언의 관점에서 한반도는 궁극적으로 독립하게 된다고 하면서 그에 따라 어떠한 과도정부 기구를 수립할 것인가 하는 문제를 검토 과제로 삼았다. 비록 그 문서에서는 직접 명시되지는 않았으나 이 검토가 필요해진 것은 카이로선언에 담긴 '적당한 시점'을 염두에 두

1943년 10월 1일부터 1944년 2월 1일까지 개최된 전 27회의 회합 내용을 요약, 정리한 것이다.

5) CAC-58 Preliminary, "KOREA: POLITICAL PROBLEMS: PROVISIONAL GOVERNMENT", YE5-21, 1090-CAC-58.

면서 그 '적당한 시점'까지 한반도를 어떻게 관리해야 할 것인가 하는 방안의 선택이 필요해졌기 때문이었다.

검토에 즈음하여 부국간극동지역위원회는 독립이 미·중·영으로 인해 이미 합의되어 있다, 35년간의 식민지 통치의 경험은 과도정부를 필요로 하고 있다, 한국인에게는 자주국가 건설의 경험이 없다, 한반도 내부에 대한 망명 지도자들의 영향력은 의문스럽고 그들 역시 국내를 통치한 경험이 없다, 그리고 한반도가 지리적으로도, 정치·경제적으로도 중국, 소련, 일본의 교차점(crossroad)에 위치하고 있다는 조건들을 감안할 때, 강대국의 몇 개국, 혹은 국제기관의 지원 없는 독립은 국제적 갈등의 원인이 될 가능성이 크다는 등의 전망들을 내놓았다. 이들 조건은 물론 카이로선언 선포 이전에 영토소위원회 등에서 이미 논의되어 있었던 논점들이었다. 그 결과 부국간극동지역위원회는 한반도에는 즉시 주권국가를 건국시키는 것이 아니라 국제적 감시를 동반한 국제적 관리 체제가 필요하다는 방침을 재확인했다. 문제는 어떠한 국제관리 체제를 수립하는가 하는 것이었다.

이와 관련해 그 예비 검토는 국제적 신탁통치를 실시하는 일반적인 국제적 조직을 한반도에 출범시킬 방안을 검토했다. 부국간극동지역위원회는 이 경우에는 구체적으로 북태평양의 안전보장에 이해관계를 가지고 따라서 그에 영향을 주는 한반도의 안정 문제에 관심을 가지는 미국과 영국, 지리적으로 인접하고 한반도의 정치적인 지위에 관심을 가지는 중국, 그리고 대일 참전할 경우 소련이 참여할 4개국 관리 체제가 타당하다는 견해를 다시금 확인했다.[6] 그 이유는 4개국 관리 체제가 어

---

6) 미국이 4개국으로 인한 한반도 관리를 타당하다고 판단한 배경에는 모순된 2가지 점에 대한 인식이 깔려 있었다. 하나는 한반도의 신탁통치를 단독국가에 부칠 경우 그것은 지리적으로 중국 또는 소련이 될 가능성이 보다 크며 그에 따라 미국의 한반도에 대한 지위가 저하될 것, 또 하나는 미국으로서도 자신이 한반도에 대해 특별한 영향력을 행사해야 할 필요가 없다는

편 단독의 국가가 한반도를 통치하는 것보다 다른 국가 간의 요구를 조정하는 데 필요한 노력을 최소화할 수 있다는 장점이 있기 때문이었다.[7)]

한편 이 예비 검토는 국제적 기구에 의한 신탁통치의 가능성만을 검토한 것도 아니었다. 그 검토는 통상적인(regular) 신탁통치를 실시하지 않고 미·중·영·소, 혹은 영국을 빼고 영연방의 한 나라를 포함시킨 4개국에 의한 직접적인 감시위원회만을 조직하는 방안, 또 임시적으로 신탁통치를 실시하되 통치 업무는 단독국가에 맡기는 방안 등도 아울러 염두에 두었다. 또한 단독국가에 통치 업무를 맡길 경우에는 미국이 그 역할을 맡을 것은 의문스럽고, 중국 아니면 소련이 될 가능성이 크다는 전망도 아울러 내놓았다. 국제적 신탁통치를 실시하는 일반적인 국제적 조직을 출범시키는 방안과 비교해 기타 방안은 모두 전후 한반도에 대한 미국의 관여나 책임이 한정된다는 장점이 있었다. 그러나 그 장점은 동시에 당연히 한반도 주변에 대한 미국의 영향력 저하로 이어질 가능성을 내포했다. 따라서 이 예비 검토는 어떠한 국제적 기구도 만들지 않는 경우의 미국의 입장도 검토했다. 부국간극동지역위원회는 미국이 한반도에 관여할 것인가는 하는 문제는 결국 대부분 아시아태평양 지역

것이었다. 실제 동 위원회는 본론에서도 언급하는 바와 같이 어떤 이유로 인해 국제적 기구가 확립되지 않을 경우에는 미국이 한반도에 어떻게 관여하는가 하는 문제가 결국 태평양의 중앙(Central Pacific)까지, 또는 아시아대륙의 일부(parts)까지 자신이 그 지배적인 지위를 원할 것인가에 달려 있음을 지적하고 있다. 즉 미국은 중국, 소련을 염두에 둔 단독국가에 의한 한반도 관리에 대해서는 회의적이면서도 반대로 미국 자신이 특별한 영향력을 확보하도록 나서는 것 역시 바람직하다고 판단하지 않았던 것이다. 물론 이 까닭은 아직 동서냉전이 시작되지 않았던 대소 협조의 시기, 미국 자신이 전후계획 속에서 동아시아 지역에 대해 어떻게 관여할 것인가 하는 전략을 충분히 정하지 않았던 것에서 기인했다. 다시 말해 미·중·영·소라는 4개국으로 인한 통치 구상은 냉전의 그늘이 아직 드리우지 않았고 그에 따라 연합국의 결속이 가능하다고 기대할 수 있었던 조건이 낳은 귀결이었다.

7) 다만 위원회에서는 4개국 중, 영국에 관해서는 반드시 영국 본국이 아니라 영연방의 다른 한 나라로 대체하는 구상 등도 존재했다.

에 대한 미국의 이해관계에 달린 문제라고 분석하면서 혹시 미국정부가 스스로를 태평양의 중앙 정도까지의 지배적인 입장에 제한하는 것이 최선이라고 생각한다면 한반도 과도정부에 거의 이해관계가 없으나 반대로 아시아 대륙 자체(Asiatic Mainland)에 대한 우세한 입장까지 원한다면 미국은 한반도 과도정부에 포괄적인 책임을 지닌다고 판단했다.

이와 같이 카이로선언 선포 후 다시금 한반도 독립 문제를 논의한 국무성은 신탁통치 실시를 중심으로 하면서도 전후 미국이 한반도에 얼마나 관여할 것인가 하는 문제를 신중히 논의했다. 그러나 이 고찰은 물론 한반도 독립 후의 미국의 동아시아 전략에 관한 문제의식에서 진행되었지, 병합의 비합법성이나 통치의 부당성 확정 등 한반도 독립에 대한 근거를 마련하기 위한 검토 등과는 전혀 상관없었다.

22일에 예비로서 검토된 이들 내용은 그 약 1주 후인 28일에 재검토되고 결국 국·지역위원회로서의 정식 의견인 CAC 문서 58로서 최종적으로 정리되었다.[8] 28일에 최종적으로 정리된 그 의견은 한반도를 궁극적으로 독립시키기 전에 국제적 관리 또는 국제적 감시하에서 과도정부를 조직하고 미국은 그들에 참가한다는 방침을 정했다. 그 판단을 내리는 데 그 부국간극동지역위원회가 주목한 조건들은 앞서 예비로서 정리된 22일의 예비 검토와 별다른 차이는 없었다. 즉 부국간극동지역위원회는 한국인에게는 자주정부 운영의 경험이 없고 또한 한국 국내에서 자력으로 인해 독립을 달성하는 혁명의 가능성이 희박하므로 한반도의 취약한 독립은 결국 국제적 압력과 갈등의 원인이 되며 그것은 결국 태평양의 안정과 평화를 위태롭게 할 것, 때문에 비록 카이로선언에 따라 독립이 약속되었으나 완전한 독립 이전에 외국에 의한 감독하의 과도정부가 필요하다는 인식들을 재확인했다.

---

8) CAC-58, "KOREA: POLITICAL PROBLEMS: PROVISIONAL GOVERNMENT", YE5-21, 1090-CAC-58.

그러나 신탁통치 업무 자체를 어떻게 추진할 것인가 하는 문제는 여전히 남았다. CAC 문서 58은 그 업무를 단독국가에 맡길 경우에는 먼저 어느 나라에 그것을 담당하게 할 것인가 하는 문제가 생긴다는 것, 중국이 그것을 원할 것이지만 중국은 자국의 재건이라는 커다란 과제를 안고 있으며 한반도를 돕는 인재가 충분하지 않다는 것, 한편 소련이 맡을 경우 중국은 한반도가 소련의 영향하에 들어갈 것을 싫어할 것이며 미국에게도 태평양의 안전보장에 대한 위협으로 된다는 것, 그렇다고 미국이 단독으로 신탁을 맡을 것 역시 의문스럽다는 것 등의 점들을 들어, 단독국가에게 한반도 신탁통치 업무를 맡길 방안에 대해서는 부정적인 견해를 계속 유지했다.

이들 검토의 결과 부국간극동지역위원회는 완전한 독립 이전에 한반도를 감독하는 일은 적어도 중국, 소련, 미국, 영국이 대표하는 통치 기구에게 부칠 방침을 정식으로 정했다. 그 조치야말로 어떤 하나의 국가가 한반도를 통치하는 데 필요한 조정 노력을 최소화하고, 예컨대 중국과 소련 간의 대립적인 요구의 조정을 촉진할 것으로 기대되기 때문이었다.

이 CAC 문서 58은 같은 날짜로 '전후계획위원회(Committee on Post-War Programs)'의 견해 PWC 문서 124로서도 승인되었다.[9] 전후계획위원회는 1944년 초 국무성이 보다 공식적인 전후계획을 수립하는 데 예상될 갖은 주제에 관한 통합적인 고려(consideration)나 결정(action)을 내리기 위해 출범시킨 종합적인 의사 결정 기관이었다. 전후계획위원회가 맡는 주제에는 해방 지역이나 종속적인 지역의 취급 및 신탁통치 등 한반도와 관련된 주제들도 포함되었다. 전후계획위원회는 그들 의제와 관련해 제출되는 대체적인 정책 목적, 방법, 바람직한 대체 방안의 추천이

9) PWC-124, "KOREA: POLITICAL PROBLEMS: PROVISIONAL GOVERNMENT, YE5-21, 1411-PWC-124.

나 적절한 의사록(agreements), 협정(conventions), 입법(legislation)에 관한 초고를 검토하는 것들을 주된 임무로 했다.10) 종전이 한층 더 다가왔던 이 시기, 전후계획위원회는 사실상 국무성 실무 차원에서의 공식 견해를 최종적으로 입안하는 조직이었다.

일단 CAC 문서 58 및 PWC 문서 124로서 승인된 이 계획은 국제 조직을 수립할 경우에는 한반도에 대한 어떠한 조정도 반드시 일반적인 계획에 맞춰야 하고 어떠한 경우도 미국 단독의 위임통치로 하지 않는다는 조건이 부가되고 5월 4일 CAC 문서 58a 및 PWC 문서 124a로서 채용되었다.11) 동서냉전이 아직 개시되지 않았던 교전 시기, 미국은 한반도에 대한 독점적인 지위를 확보하는 것보다 그에 따른 부담을 줄이는 것이 보다 중요하다고 판단하고 있었음을 알 수 있다.

1944년 봄쯤 전후계획위원회가 미국 단독에 의한 위임통치가 아니라 국제적 신탁통치를 실시한다는 방침에 승인을 주었음에 따라 카이로선언 이전부터 이미 구상되었었던 한반도를 독립시키기 위한 처방전이 굳어졌다. 즉 전후 한반도의 즉시 독립의 가능성은 차단되고 완전한 독립까지 국제적 신탁통치를 실시한다는 방침이 사실상 국무성의 방침으로서 확정되었다. 이는 카이로선언 선포 이전부터 전후 한반도 관리를 둘러싸고 영토소위원회 등이 수립했었던 전략적인 사고가 그 결실을 맺은 것을 뜻했다. 물론 이는 국무성이 한반도 독립 문제와 관련해 한반도를 왜 독립시켜야 하는가 하는 근거 마련의 과제로서가 아니라 어떻게 독립하게 하는가 하는 방안 모색의 문제로 인식하고 대응해온 것의 귀결이었다. 그러나 비록 그런 실천적인 관점이었다 하더라도 한반도에서 신탁통치를 실시하기 위해서는 원래 한반도에 대해 누가 주권을 가지고

---

10) PWC-2, "FIELDS OF WORK OF THE COMMITTEE ON POST-WAR PROGRAMS", YE5-21, 1411-PWC-2.

11) PWC-124a, "KOREA: POLITICAL PROBLEMS: PROVISIONAL GOVERNMENT, YE5-21, 1411-PWC-124a.

있는가 하는 법 형식적인 문제, 즉 주권 소재의 문제는 결코 피할 수 없었다. 신탁통치를 실시하는 기구에 대한 권한 이양의 문제가 제기되지 않을 수 없기 때문이었다.

그러나 '노예 상태'를 천명한 선언이 나왔음에도 불구하고 그러한 실천적인 관리 방안의 문제가 논의되는 과정에서 이런 권한 이양 문제가 인식된 흔적은 없었다. 물론 이는 병합조약에 따라 일본이 한반도 대한 주권을 정식으로 가지고 있다는 것을 국무성이 자명한 전제로 하고 있었음을 의미했다. 주권이 일본에 있는 이상, 전후 그 일본에 대한 전승국이 될 연합국은 그 종전으로의 과정에서 패전국 일본에 대해 주권의 절단과 신탁통치 실시를 요구하고 그것을 실행에 옮기면 그만이었다. 혹시 '노예 상태' 등의 선포로 인해 국무성이 그것이 병합의 비합법성 등을 확정하기 위한 것이라고 인식했었더라면 신탁통치의 실시 등 전후 한반도 독립 방안을 확립하는 과정에서 일찍 한반도 주권의 소재와 그 권한의 이양 문제가 제기되지 않을 수 없었다. 병합이 원천 비합법이고 그 법적 효력이 발생하지 않았다면 한반도의 주권이 일본에게 귀속된 일은 없을 터이기 때문이다. 그럼에도 실제 신탁통치를 맡을 국제기구 설정 방안이 보다 구체적으로 검토된 이 시기의 논의 과정에서도 이런 문제 제기는 일절 없었다. 이 사실은 '노예 상태' 등의 규정을 담은 카이로선언이 한반도의 주권 소재 문제, 다시 말해 병합의 비밥법성 문제 등에 관한 국무성의 견해에 아무런 영향도 주지 않았음을 여실히 드러내는 대목이었다.

2) 기타 논의 과제

카이로선언 선포 후 한반도 독립 문제에 관해 국무성이 보인 관심은 신탁통치 실시와 관련된 국제기구 설정 방안의 문제만이 아니었다. 이 시기 국무성은 전후 군이 각 점령 지역의 민생에 얼마만큼 관여하게 될 것인가 하는 문제에 고심하고 있었다.

1944년 봄, 전황은 이미 확실히 연합국에게 기울이고 있었다. 그러나 아직 전쟁의 종결 구도까지 분명히 전망할 수 있는 단계는 아니었다. 대륙에서도 태평양에서도 주도권 다툼은 이어지고 있었으며 아직 일본 본토 공습도 본격화되지 않았다. 3월 일본은 중국 국민당군에 대한 연합국의 지원을 차단하기 위해 미얀마로부터 인도 임팔(Imphal)을 공략할 것을 노린 이른바 '임팔 작전'을 개시했다. 일본에는 아직 저항하는 힘이 남았었다. 아직 전쟁 종결 구도가 뚜렷이 그려지지 않은 상황에서는 한반도에서의 전쟁 종결 구도 역시 불투명해질 수밖에 없었다.

(민생에 군이 관여하는 문제)

그런 가운데 연합국이 한반도에도 진격하고 일본과 지상전을 벌이면서 한반도를 '해방'할 가능성이 유력한 하나의 도식으로서 그려졌다. 그러나 이 경우에는 이미 한반도에 침공하던 군이 전후 빈틈이 없이 제기되는 민생 안정을 위해 당분간 그 민생 통치에 관여할 수밖에 없게 될 것이 예상되었다. 그러나 원래 군은 민생을 뒷받침하는 존재가 아니라 바로 교전을 목적으로 한 전투 집단이었다. 이 시기 군의 민생 관여 문제가 대두된 것은 바로 전황이 연합국에게 유리하게 기울이고 있었던 상황하에서 군이 지상전을 벌이기 위해 한반도에 들어갈 경우에는 그대로 민생 문제에 직면할 수도 있다는 현실적일 가능성을 인식한 결과였다. 비록 아직 명확한 종결 구도까지는 보이지 않더라도 전승만큼은 확실시한 미국에게는 신탁통치 기구의 설정과 같이 전후 어느 정도 질서가 회복된 후에 제기되는 정책 과제만을 생각하면 되는 단계는 이미 끝나가고 있었다. 질서 회복 이전에 꼭 겪어야 하는 전투 종료 직후의 혼란 상황에 대응하는 방안 역시 전후계획에서 피할 수 없는 과제가 된 것이었다.

1944년 2월 18일 미국육해군성(War and Navy Department)은 국무성

에 대해 현재 군으로서 일본 본토 및 일본 점령 지역의 민생 문제에 대
한 계획, 교육, 조직 구성 등에 대한 연구를 진행하고 있다 하면서 이 문
제를 추진하는 데 국무성의 조언이나 추천이 아주 소중하다(invaluable)고
국무성 측 견해를 물었다. 한반도에 관해 군이 지적한 사항은 다음과
같았다. 즉 카이로선언의 관점에서 한반도는 궁극적으로 독립하게 될
것이나 그 이전에 어떤 중간정부 기구가 설정될 것인가, 미군은 민생
통치에 어느 정도 책임을 지게 될 것인가, 민생 통치에는 영국, 중국, 러
시아도 관여할 것인가, 민생 통치와 관련해 어떤 정책이 취해질 것인가,
잔류할 수 있고 실무적으로 능력이 있는(technically qualified) 일본인에
대해 어떤 정책을 취할 것인가, 바로 이들이 군이 국무성에게 던진 물
음들이었다.[12] 물론 이것들은 독립을 위한 신탁통치 기구의 구성이라는
과제 이전에 전후 직후 예상될 혼란을 막기 위한 응급조치 수립과 관련
된 안건들이었다. 원래 전투를 위해 조직된 군이 직접 민생 통치에 관
여하게 될 것이 예상되는 가운데 군에게는 그 실시 방안 구축을 위해서
도 그와 관련된 기본적인 정보가 필요했다.

이와 같은 군의 문의를 인식한 것으로 풀이된다. 부국간극동지역위원
회는 3월 25일 CAC 문서 135 예비로서 전후 한반도 점령과 군정하에서
의 민생 지원 문제에 대한 건의를 입안했다.[13] 위원회는 검토 과제가
민생 지원에 관해 어떠한 정책과 책임이 취해질 것인가라고 하면서 현
지에서 민생에 필요한 것이 공급되지 않는 한, 점령군이 그 지역 민간
인의 필요 물자를 공급하는 것이 자명하며 따라서 미군이 한반도를 침
공하여 점령하에 둘 경우에는 미군이 그 책임을 지게 될 것이라고 하면

12) CAC-100 Preliminary, "PRELIMINARY POLITICAL AND POLICY QUESTIONS BEARING ON CIVIL AFFAIRS PLANNING FOR THE FAR EAST AND PACIFIC AREAS", YE5-21, 1090-CAC-100, p.1; p.6.
13) CAC-135 Preliminary, "KOREA: OCCUPATION AND MILITARY GOVERNMENT: CIVILIAN RELIEF", YE5-21, 1090-CAC-135.

서 다음과 같은 2가지 추천을 수립했다.

하나는 미군이 한반도에서의 전투에 참가한다면 군은 지배 지역에서 주된 민간 구호물자를 공급할 수 있도록 준비를 할 것과 미군이 한반도에서의 전투에 참가하는가 여부와 상관없이 음식물, 의복, 약품 등의 민간 구호물자를 준비할 것, 또 하나는 적어도 6개월간 지원 물자를 공급하도록 계획할 것이었다.

(일본인 기술자 활용 문제)

이와 같이 국무성은 신탁통치 실시를 위한 통치 기구 수립 문제와 더불어 군으로부터 직접 제기된 문의도 배경으로 하면서 전후 직후의 질서 확보를 위해 필요한 민생 유지의 문제에도 신경을 쓰기 시작했다. 이와 같은 문맥이라고 풀이된다. 이 시기 국무성은 한반도 거주 일본인 기술자의 활용 문제도 검토했다.

3월 27일 부국간극동지역위원회는 CAC 문서 138 예비로서 전후 잔류할 수 있는 일본인 기술자에 관해 어떤 정책을 취할 것인가 하는 문제를 검토했다.[14] 이것은 전후 한반도를 일본으로부터 떼어내는 과제와 민생 안정을 어떻게 양립시키는가 하는 과제를 의식한 검토였다. 즉 전후 한반도를 일본의 지배로부터 절단하기 위해서는 일본인을 한반도에 남기는 것은 적절하지 않았다. 그러나 반대로 마땅한 기술을 가진 일본인을 한꺼번에 퇴거시킬 경우에 한반도에서의 민생 유지에 미치는 악영향 역시 클 것이 쉽사리 예상되었다.

27일의 예비 검토는 이 문제에 관해 일본인 기술자가 한반도에서의 금융이나 산업에서 중요한 위치를 차지하고 있으나 한국인도 그들 밑에서 경험을 쌓았고 또한 일본의 대학 등에서 교육을 받았다는 점, 한국

14) CAC-138 Preliminary, "KOREA: OCCUPATION AND MILITARY GOVERNMENT: JAPANESE TECHNICAL PERSONNEL", YE5-21, 1090-CAC-138.

인은 지금까지 단지 기회가 주어지지 않았을 뿐이었다는 점들을 고려하면 일본인 기술자에 대체하는 한국인이 존재할 수 있으며 대체 기간 중에 예상되는 혼란을 막기 위해서는 연합국의 기술자를 몇 년 동안 활용하도록 할 가능성을 모색했다. 그 결과 일단 모든 일본인 기술자를 전후 일본으로 귀환하게 하고 한국인 기술자로 대체시킬 것, 그러기 위한 준비로서 교육기간 중, 한국인이 메울 수 없는 중요한 지위에 관해서는 경험이 있는 연합국의 기술자가 메우도록 준비할 것 등을 추천 사항으로서 정립했다.

그러나 일단 예비로서 정립된 이런 추천 방안은 금방 번복되었다. 예비 검토의 이틀 후인 29일 부국간극동지역위원회는 CAC 문서 138로서 군정 동안은 일본인 기술자를 계속 고용하는 방안을 채택하게 되었다.[15] 물론 그 방침 전환은 한반도에서 차지하는 일본인 기술자의 무게에 대한 현실적인 상황 판단을 중요시한 결과였다. 29일의 재검토에서 부국간극동지역위원회는 1939년 시점에서 한반도에 일본인이 65만 명 거주하고 있다는 것, 한반도에 존재하는 일본인 재산에 대해 어떠한 처분을 하는가의 문제가 있다는 것[16], 한반도에서 현재의 산업들을 얼마만큼 또 어떠한 형태로 유지할까(encourage)의 문제가 있다는 것, 그리고 그 이외에도 일본인 기술자가 전후 한반도의 경제를 방해하는 것보다

---

15) CAC-138, "KOREA: OCCUPATION AND MILITARY GOVERNMENT: JAPANESE TECHNICAL PERSONNEL", YE5-21, 1090-CAC-138.

16) 원문은 이해하기 어려운 기술로 되어 있으나 이는 한반도에 있는 일본인 재산의 소유권 문제를 염두에 둔 지적으로 보인다. 즉 전시 중이기에 아직 전후 한반도에 존재한 일본인 재산의 처분 문제에 관한 정부 방침이 확정되어 있었던 것은 아니었다. 이런 가운데 비록 적국인이었다고 하더라도 혹시 사적소유권 존중의 원칙에 따라 일본인 재산의 소유권 역시 그대로 존중할 경우에는 그들 일본인 소유의 시설과 관련되는 일본인 기술자들까지 다 일본으로 송환할 것은 그들 시설을 사실상 가동 불능으로 하는 것이며 그것은 소유권을 존중한다는 정책과도 맞지 않는다는 것을 의식한 것으로 추측된다.

오히려 도움을 줄 가능성이 있다는 것들을 지적하면서 추천 방안을 재
고할 필요성을 강조했다. 또한 일본이 한 세대 이상 한반도의 산업을
발전시켜온 사실, 그 기간 동안 일본인이 관리, 기술 대부분의 중요한
지위를 차지해 왔다는 사실, 그리고 한국인은 그들 기술교육을 받아왔
으나 그 흐름은 전시 중에 겨우 가속되었다는 사실 등을 고려할 경우,
전후 한국인 기술자와 연합국군의 요원만으로 바람직한 산업 수준까지
회복시키는 것은 불가능할 것임을 지적했다. 위원회는 그 결과로서 질
서 유지라는 요소가 허용하는 한, 한국인 기술자나 기타 다른 적당한
인재가 활용되지 않는 정도에 응하여 일본인 기술자를 계속 고용하도록
하는 방안을 추천하기로 했다. 그리고 이 방안은 동시에 전후계획위원
회 PWC 문서 126으로서도 정식으로 승인되었다.[17]

(민생 유지에 관한 책임 배분 문제)

민생 문제와 관련해 이 시기 부국간극동지역위원회는 또 다른 문제
도 의식했다. 그것은 한반도 군사점령에 관한 문제와 그와 얽히는 민생
유지에 대한 책임의 배분 문제였다. 3월 29일 부국간극동지역위원회는
같은 날에 전후계획위원회 PWC 문서 125로서도 정식 승인된 CAC 문
서 128을 작성했다.[18] 이는 한반도를 점령하는 국가의 구성과 그에 따
른 민생 유지에 관한 책임 분담 문제를 고찰한 것이었다. 부국간극동지
역위원회는 책임 분담국가로서 미국과 더불어 영국, 중국, 그리고 대일
전에 참전할 경우에는 소련도 그 국가 속에 참가하게 할 것인가를 결정
하는 문제, 그리고 미군이 얼마만큼 민생 관리에 책임을 질 것인가 하

---

17) PWC-126, "KOREA: OCCUPATION AND MILITARY GOVERNMENT: JAPANESE TECHNICAL PERSONNEL", YE5-21, 1411-PWC-126.

18) PWC-125, "KOREA: OCCUPATION AND MILITARY GOVERNMENT: COMPOSITION OF FORCES", YE5-21, 1411-PWC-125. 같은 날에 작성된 탓인지 이 문서에는 PWC-125와 함께 CAC-128이라는 문서 번호도 같이 연번으로 표기되어 있다.

는 문제를 결정해야 할 과제라고 지적했다. 물론 이들 과제는 아직 전쟁 수행 중임에 따라 종전 후의 한반도 관리 문제가 전쟁의 진행과 얽히지 않을 수 없다는 판단에 따라 제기된 문제들이었다.

부국간극동지역위원회는 연합국에 의한 한반도 해방이 한반도에서의 전투에 따라 이루어질 것인지, 또는 일본의 무조건항복으로 이루어지게 될 것인지, 아직 정확한 상황을 예상하지 못한다 하면서도 한반도 내부에서의 전투의 결과 한반도가 해방될 경우의 상황을 고찰했다. 그 경우에 전투군이 한반도를 점령하게 되므로 저절로 그 군이 정치적 문제에 그대로 관여하게 될 것, 그리고 그 경우에는 지리적 접촉, 역사적인 관계 등으로 인해 한반도에서의 전투에 참여할 것이 예상되는 중국이 그들 역할을 맡게 될 가능성이 있다고 지적했다.

그러나 위원회는 미국 역시 한반도의 장래의 지위에 이해관계를 가지고 있는 이상, 민생이나 과도정부의 감독 기구에 참여하기 위해서도 미군이 한반도 내, 또는 그 주변에서 전투에 참가할 것, 영국 역시 일본의 무조건항복과 한반도 독립의 공약에 관여함에 따라 비록 직접 전투에 참여하지 않더라도 캐나다 등 영연방국가의 참여를 통해 간접적으로 관여하려 할 것, 마지막으로 소련은 아직 대일 교전국이 아니나 전투에 참가하게 되면 한반도 북부를 직접 공격할 가능성이 크며 그렇게 될 경우 한반도의 상당한 부분을 점령하게 될 것 등을 지적하면서 전투에 따라 한반도를 직접 해방시킬 경우에도 결국 미·중·영·소에 의한 한반도 관리 체제를 만드는 것이 바람직하다는 전망을 내놓았다.[19] 즉 이 시기 미국은 한반도에서 지상전이 벌어지고 그에 따라 한반도가 해방될 경우

---

19) 다만 위원회는 전투 행위에 따른 독립이 아니라 일본의 항복에 따른 경우에도 한반도의 장래의 정치적인 지위에 이해관계를 가지고 있는 연합국 중의 몇 개국이 군정을 실시하는 것이 바람직하다는 인식을 드러내고 있다. 그리고 그 구체적인 국가들 역시 중국, 미국, 영연방의 하나, 그리고 대일 참전할 경우 소련이었다.

에도 전후 직후의 민생 관리를 중국을 포함해 어떤 한 나라에 맡기는 것은 바람직하지 않으며 미·중·영·소가 그 책임을 나누는 방안이 바람직하다는 결론에 도달한 것이었다.

그러나 그러기 위해서는 예상될 지상전에 대비하여 애초 전투군의 구성이나 전투 상황에 따른 민생 문제 대처 방안을 수립할 필요가 생겼다. 부국간극동지역위원회는 그를 위해 다음과 같은 추천 사항들을 정리했다. 먼저 전쟁 중, 한반도에서의 전투 부대는 미국, 중국, 영국(또는 영연방의 한 나라), 그리고 대일전에 참전할 경우에는 소련으로 구성하는 것이 바람직하나 혹시 참가국이 다른 지역에서 활동한다면 민생도 각 지역마다 각 지령관이 담당하고, 반대로 혼성(混成) 부대가 전투한다면 전투 중에는 혼성 부대가 민생 관리를 담당할 것. 다음으로 전투 종료 후에는 연합국 대표를 구성하고 그들 대표는 한반도의 장래의 정치적 지위에 이해관계를 가진 국가로 구성할 것. 또 한반도 점령은 중앙집권적 관리를 원칙으로 진행하고 혹시 각 지역마다 전투가 진행되고 그에 따라 군정 통치도 각 지역마다 구성될 경우에는 민생 통치 형태는 군사작전에 참여한 국가들 대표로 구성하는 중앙집권적 관리 체제에 가급적 빨리 전환할 것. 한반도의 완전한 독립까지의 한반도 감시 또는 신탁통치 기구의 최종적인 형태는 아직 결정되지 않았으나 감시 기구 역시 미국이 참가하는 연합 체제가 될 것이며 그에 따라 미군 역시 점령을 계속하고 민생 관리에 책임을 분담하는 준비를 할 것. 군정 통치는 짧은 것이 좋으나 만족할 만한 감시 기구 설치가 어렵다는 것을 고려한다면 군정이 상당한 기간 계속될 것이며 그 기간 동안은 한국인 인원을 최대한 활용할 것. 소련 등에서 활동한 한국인 부대가 다른 지휘 하에서 한반도에 들어올 경우는 국무성은 현지 군 당국에 그들의 정치적 지위 및 그들에 대한 대응을 알릴 것. 바로 이들이 부국간극동지역위원회가 전투와 얽혀 종전 전후에 필요해질 것이 예상되는 한반도에서

의 질서 확보와 민생 관리를 위한 책임 배분 문제와 관련하면서 정리한
추천 사항이었다.

이렇듯 카이로선언 선포 후인 1944년 봄 무렵, 국무성은 한반도 독립
문제와 관련된 논의들을 다시 본격화했다. 그들 논의 과제는 신탁통치
기구 설립 문제 이외에도 민생 통치에 관한 군의 관여, 그 책임 분담,
응급 구호물자 지원과 그 준비, 또한 민생 유지를 위한 일본인 기술자
활용 여부의 문제 등, 다양했다. 앞서 고찰한 영토소위원회 등에서 논의
되던 과제들과 비교해도 이 시기 검토된 과제의 범위가 확실히 확장된
것은 종전이 한층 더 다가왔다는 현실 감각에서 기인한 것이었음은 틀
림없을 것이다. 즉 그것은 국무성이 한반도 독립 문제를 막연한 구상
단계를 넘어 실제 실행해야 하는 현실적인 과제라고 인식함에 따라 그
에 필요한 관련 과제가 보다 넓어질 수밖에 없었던 상황을 반영한 결과
였을 것이다. 그러나 이러한 현실적인 과제가 추가 검토 대상이 되어가
는 과정에서도 '광복성 여부' 문제 등, 한반도를 독립하게 함에 즈음하
여 그 근거를 마련하는 문제가 국무성 내에서 대응해야 할 과제로서 대
두되는 일은 전혀 없었다. 아니, 과제가 보다 현실적으로 시급하다고 인
식될수록 '광복성 여부' 같은 형이상학적인 문제는 국무성의 시각에서
더욱더 배제될 수밖에 없었을 것이다.

그러나 이런 논의가 진행된 1944년 봄은 아직 카이로선언이 나온 지
불과 3, 4개월 정도의 시간이 지나갔을 뿐이었다. 그럼에도 '노예 상태'
등 선언에서 새롭게 제기된 개념들의 이론적인 함의가 검토되는 일은
한 번도 없었다. 물론 '폭력이나 탐욕으로 인해 약탈'했다는 등의 규정
이 한반도 독립 문제와 관련해 인식되는 일도 없었다. 이들 사실 역시
그들 개념이 애초부터 한반도 독립 문제에 별다른 이론적인 과제를 제
기하는 것으로 인식되어 있지 않았음을 암시했다. 아니, 인식되기는

커녕 선언이 나온 지 얼마도 채 되지 1944년 봄, 그들 개념은 이미 망각의 대상에 불과했다는 것이 진실이었을 것이다.

2 1944년 가을 무렵의 한반도 독립에 관한 전후계획 재논의

1944년 봄에 이어 국무성은 같은 해 늦가을쯤 다시금 전후의 한반도 독립 문제를 집중적으로 검토했다. 그간 전황은 종전을 향해 한층 더 치닫고 있었다. 국민당군에 대한 연합국의 지원 경로를 차단하기 위해 대규모 전투 능력을 투입한 임팔 작전은 7월 최종적으로 일본의 패배로 끝났다. 이것을 계기로 일본군은 중국, 동남아시아 전선에서 후퇴의 길을 걷게 되었다. 대륙에서의 전황의 변화에 따라 6월, 중국에서의 기지를 활용해 일본 기타큐슈(北九州)에 대한 폭격도 가해졌다.

후퇴는 대륙 전선만이 아니었다. 태평양상에서는 6월 사이판섬이, 또한 8월에는 티니언섬, 괌섬이 각각 함락되었다. 이들 공군기지의 상실로 인해 일본은 제공권을 상실하게 되었다. 이로써 일본 본토 전역이 본격적인 공습의 사정권 안에 들어갔다. 11월, 드디어 수도 도쿄가 처음으로 본격적인 공습을 받았다. 1945년 8월의 원폭 투하도 티니언섬 기지에서 출격한 B-29 폭격기에 의한 것이었음은 너무나 유명하다. 전력을 상실한 일본은 10월 필리핀 레이테섬을 둘러싼 전투에서 처음으로 '가미카제(神風)특별공격대'를 조직하고 자살 공격을 감행하기에 이르렀다. 1944년 말, 일본 군국주의는 무기 부족을 인명으로 직접 메운다는, 바로 파멸로의 초읽기에 들어간 것이었다.

종전이 한층 더 다가왔음을 실감케 한 이러한 전황은 국무성의 전후계획 입안에도 한층 박차를 가하는 동력으로 작용했을 것이다. 그렇다면 전후가 더욱 뚜렷이 보이게 된 이 시기, 국무성이 추진하던 한반도 독립 문제에 관한 전후계획의 논의 내용은 어떤 것이었는가? 그 논의 과정에서는 1944년 봄의 검토에서는 빠져 있었던 '노예 상태' 등의 규정이 주목되며 그에 따라 '광복성 여부' 문제가 한반도 독립 문제와 관련해 논의된 일은 있었는가?

1) 사람에 대한 대응 방안

11월 7일 전후계획위원회는 PWC 문서 316 및 PWC 문서 317을 가각 작성했다. 이 2가지 문서는 원래 '출입국 및 재정주(再定住) 특별위원회(Special Committee on Migration and Resettlement)'에 의해 준비된 것이었다. 이들은 당시 한반도에 재류하던 갖은 지위에 있었던 사람들에 대한 전후의 대응 방안을 모색한 것이었다.

먼저 PWC 문서 316은 당시 한반도 재류자를 연합국의 포로, 연합국의 억류 주민, 중국인을 중심으로 한 기타 연합국 국민, 일본의 군사활동이나 고용 등에 동원되거나 정치범으로서 수용된 바람에 고향을 떠나던 한국인, 무국적자, 그리고 일본인 및 추축국 국민이라는 6가지 범주에 나누어 그 각각에 대한 대응 방안을 고찰했다.[20] 그 검토는 예컨대 연합국의 포로에 관해서는 군사당국에 대해 먼저 연합국 포로를 보호(control)하고 그 국적과 소속 부대, 그리고 건강 상태 등을 확인하고 해당 소속 부대나 본국정부에게 인도할 것 등을 정했다. 한편 적국 일본인에 대해서는 국제법과 전쟁 법규에 따라 다룰 것을 원칙으로 하면서 폭력을 휘두르거나 군사당국을 방해하는 자는 감시하에 둘 것(in custody), 그리고 그 군사적 감시하에 둔 자를 도로 등의 건설 노동을 위해 자발적인 노동 단위(labour units)로서 조직할 것 등을 지시했다. 물론 이들 검토 작업은 한반도에 재류하는 사람들의 법적, 정치적 지위의 차이에 주목하면서 전후 즉시 필요해지는 각 사람의 범주에 맞는 대

---

20) PWC-316, "RECOMMENDATIONS TO MILITARY AUTHORITIES WITH RESPECT TO DISPLACED GROUPS IN KOREA", YE5-21, 1411- PWC-316.

응 방안을 미리 계획해 놓기 위한 것이었다.

같은 날 생산된 PWC 문서 317은 문서 316과 같은 취지로 당시 한반도에 재류하던 사람에 대한 대응을 고찰하는 데 필요한 한반도 관련 기본 정보를 제공하기 위한 것이었다.[21] 그 문서는 한반도의 지리, 인구및 그 분포, 한국인·재한일본인·중국인 등의 거주 상황, 기타 한국인 정치범, 전쟁 포로 등에 관한 정보, 그리고 그 이외에도 언어, 공업·농업·어업 등의 산업 현황, 그리고 고용 상황까지, 그 포괄적인 내용들을 정리하면서 특히 재한일본인과 중국인, 그리고 한국인에 대한 잠정적인대응 방안을 추천했다. 그 내용은 예를 들어 일본인에 관해서는 한국인,중국인과 긴장 관계에 있으므로 군사당국이 보호할 것, 개인의 등록 정보 등을 보호하고 그것을 상실한 경우에는 치안 목적을 위해서도 가급적 빨리 새 등록의 조치를 취할 것, 더욱 일본인 간의 정보 유통, 지원을 위해서 일본인이 조직했었던 인근 조직인 '조카이(chokai)'[22]를 활용하도록 지시하는 등, 세부 사항에까지 들어간 고찰이었다. 또한 그 문서는 한국인에 관해서는 일본의 군사작전이나 연합국의 군사점령, 심지어폭격 등으로 인해 고향을 떠나고 거주하게 된 한국인이 상당수에 이를것을 예상하면서 군사작전과 양립하는 경우에는 고향으로 귀환하는 것을 희망하는 자에 관해서는 가급적 빨리 귀환하게 할 것, 그를 위해서도 특히 파괴된 지역에서는 식량 등, 긴급 지원이 필요하게 될 것 등을

---

21) PWC-317, "DISPLACED POPULATIONS AND GROUPS IN KOREA", YE5-21, 1411-PWC-317.

22) 문서가 말하는 '조카이'라고 함은 한자로 '町會', 주로 '조나이카이(町內會)'로 불릴 경우가 많은 일본의 지역 사회에서 현재도 존재하는 지역 주민 간의 자치 조직을 뜻한다고 풀이된다. 원래 그것은 중세부터 존재하는 일종의 작은 지역 공동체였으나 특히 전쟁 기에는 국가가 주민들의 적극적인전쟁 협력이나, 상호 감시를 위해 그 조직화를 장려했다. 전후 전쟁 협력조직으로서 미국에 의해 한때 폐지되었으나 일본의 주권 회복 후부터는 현재까지 지역 주민 간의 친목, 협력 증진 등을 위한 자치 조직으로 널리 존재하고 있다.

지적했다.

전후계획위원회가 PWC 문서 316 및 PWC 문서 317에서 검토한 이들 내용은 물론 카이로선언에서 천명된 '노예 상태' 규정 등에 의해 촉발되면서 한반도 독립에 대한 근거를 마련해 둘 것이 필요하다는 등의 문제의식과는 전혀 무관한 고찰이었다. 이것은 종전이 가시화되었음을 의식하면서 특히 미국을 비롯한 연합국이 한반도에 직접 침공하고 일본군과 교전을 벌임으로써 종전을 맞이하게 될 경우에 가장 우선적으로 대응해야 하는 과제이면서도 그전까지만 해도 전혀 고찰되지 않았던 바로 '사람에 대한 정책'의 공백을 메우기 위한 작업이었다. 1944년 가을에 다시 시작된 한반도 독립 문제에 관한 전후계획의 논의 역시 지극히 현실적인 문제의 검토로부터 시작된 셈이었다.

2) 안전보장에 관한 대응 방안

또한 국무성은 같은 11월, 한반도 독립 문제와 관련해 중요한 일련의 H 문서를 작성했다. 그중, 11월 13일에 작성된 H 문서 201 예비, H 문서 202 예비, H 문서 203 예비는 기본적으로 전후 한반도의 안전보장에 관한 문제들을 고찰하기 위한 것이었다.

먼저 H 문서 201 예비는 전후 한반도의 안전보장 문제와 관련해 연합국이 그 안에 군사기지를 두고 이용할 것인가의 문제를 다루었다.[23] 문서는 한반도가 중국, 러시아, 일본 간의 경쟁 지역에 있으며 또한 대륙과 바다를 연결하는 중요한 위치에 있다는 특별한 전략적인 중요성을 고려하면서 연합국이 공군, 해군, 육군 기지의 이용을 위해 특별한 조정을 할 필요가 있는가를 물었다. 이 물음에 대해 문서는 기본적으로 한반도에 기지를 둘 방향에 무게를 실었다. 그러나 문제는 기지 설정을

---

23) H-201 Preliminary, "KOREA: SECURITY PROBLEMS: STRATEGIC BASES", YE5-21, 1172-8.

어떻게 조정하는가 하는 것이었다.

H 문서 201 예비는 전후 한반도가 미·중·영·소에 의한 4개국으로 인해 점령이 될 것이 예상되며 또한 점령군이 철수한 후에도 궁극적인 최종 독립까지는 국제적 감시 체제에 4개국이 참여할 것이 예상되는 가운데서는 국제적 신탁통치 체제와 마찬가지로 기지 운영 역시 4개국에 의해 공동 관리하는 것이 바람직하다는 입장을 정리했다. 그 이유와 관련해 문서는 중국이나 소련은 어느 한쪽에 의해 독점적으로 기지가 세워질 것을 허용하지 않을 것이며 그렇다고 중국이 소련과 공동 관리에 나설 것 역시 스스로가 약한 파트너가 될 것을 뜻하므로 중국은 그것을 원하지 않을 것이라고 전망했다. 한편 미국이나 영국 역시 한반도가 멀리 떨어져 있기 때문에 한반도에 단독으로 기지를 유지하는 책임을 질 것은 원하지 않으며 또한 중국과 러시아의 이해관계가 충돌하는 문제에 관해 제3자로서 개입하는 것 역시 이익이 되지 않는다는 단점이 있었다. 문서는 이와 같이 논점들을 정리하면서 한반도에 군사기지를 설정할 경우에는 결국 4개국에 의한 관리가 바람직하다는 의견을 집약했다.

그러나 동시에 그 문서는 기지 설정 문제와 관련해서는 공군기지만을 건설하는 것이 바람직하다는 입장을 취했다. 그 이유는 한반도는 기지 설정을 위한 이상적인 위치에 있으나 미국의 입장에서 볼 때, 해군상의 정책과 관련해 중국이나 러시아에게 유익한 해군기지를 건설하게 하는 것은 이익이 되지 않으며 육군기지 역시 실천적이지 않고 필요 없다는 것이었다. 해군기지의 설정은 중국이나 소련에게 동해나 태평양으로의 접근을 보다 용이케 하는 근거지가 될 수 있었다. 육군기지 역시 바다로 분리되어 있는 일본을 향후 관리하는 데 그 중요성은 덜했다. 국무성은 가령 군사기지를 건설할 경우에도 전략적으로 자신의 이익에 보다 부합하는 방안을 마련하는 것을 잊지 않았다.

그러나 그 한편 문서는 반드시 기지의 설정을 필연이라고 평가한 것

도 아니었다. 실제 문서는 이와 같은 기지에 대한 4개국 공동관리 방안
은 어디까지나 기지 이외의 한반도 문제에 관해 4개국의 협조 체제가
유지된다는 조건에 달려 있으며 또한 일본을 통제하는 데도 한반도에
기지를 두는 것은 반드시 필요한 것도 아니라고 지적했다. 그 위에서
문서는 결론적인 추천 사항으로서 4개국에 의한 공군기지 설정이 원칙
적으로 바람직하나 그것은 극동 문제에 관한 4개국 협조가 담보될 경우
만이며 그렇지 않을 경우에는 기지 설정을 위한 4개국 간의 조정은 필
요 없으며 일본에 대한 통제 역시 다른 지점으로부터 실시한다는 방안
의 가능성도 열어 놓았다.

이어 H 문서 202 예비는 전후 한반도의 안전보장 유지를 위한 방위
력 제공에 관한 문제를 고찰했다.[24] 그 문서는 전후 한국인에게 자신을
지키는 방위력을 조직할 것을 돕는 것에 대해 특별한 고려를 할 것인가
하는 문제를 고찰 과제로 삼았다. 문서는 카이로선언의 관점에서 한국
인에게는 군사력을 조직하는 것에 도움을 주는 특별한 필요성이 있으나
문제는 누가 그 책임을 맡을 것인가 하는 것이라고 지적했다. 즉 문서
는 카이로선언을 통해 미국이 한반도 독립을 공약한 이상, 전후 한반도
의 안전보장에 관해서도 일정한 책임을 져야 한다는 것을 전제로 하면
서도 한반도의 안전보장을 구체적으로 어떻게 구축할 것인가 하는 문제
에 고심한 것이었다. 문서는 그 과제를 푸는 데 한반도의 전략적 위치
에서 볼 경우, 인근국가에 맡길 것은 현명하지 않으며, 그렇다고 미국,
영국이 맡을 경우에도 관계국의 의구심을 일으킬 것이므로 어떤 대국에
게도 그 역할을 맡기는 것은 바람직해 보이지 않는다는 권고했다. 그
결과 문서는 한반도 방위를 위한 군사력 조직화와 관련된 과제들에 대
한 협력 역할은 제2수순의 국력(the second rank powers)을 가진 국가에

---

24) H-202 Preliminary, "KOREA: SECURITY PROBLEMS: TECHNICAL MILITARY
ASSISTANCE", YE5-21, 1172-9.

게 맡길 것 등을 추천했다.

즉 독립 후를 전망하면서 비록 한반도 자체의 안전보장을 위한 방위력 육성이 목적이라 하더라도 그에 인접한 대국인 중국이나 소련을 단독으로 관여하게 할 경우에는 한반도에 대한 영향력이라는 관점에서 중·소 간에 불필요한 긴장 관계를 안겨 줄 우려가 컸다. 그러나 아무리 그것을 피하기 위한 것이라고 하더라도 미국이나 영국 같은 다른 대국이 단독으로 관여할 경우 역시 그것은 한반도에 대한 독자적인 영향력 확대를 뜻하지 않을 수 없었다. 그것은 결국 어떤 단독국가에 의한 군사팽창을 허용케 함으로써 지역 질서를 위태롭게 할 가능성을 유발할 우려가 컸다. 적어도 한반도에 이해관계를 가진 대국이 아니라 제2수준의 국력을 가진 국가가 관여한 한반도에서의 방위력 육성 방안은 관련 대국들에게 군사적으로 덜 위협으로 비칠 장점이 있었다.

같은 날에 작성된 한반도 안전보장과 관련된 H 문서 203 예비는 한반도에 적용하는 무장화의 원칙을 어떻게 설정할 것인가를 고찰했다.[25] 그 문서는 고찰 과제가 무장법규(the regulation of armaments)에 관한 조항을 적용해야 할 것인가 하는 문제라 하면서 한반도에 대한 특별 취급의 필요성을 언급했다. 비록 '규제'라고도 번역 가능한 'regulation'이라는 말을 사용하기는 했으나 이 문서가 말하는 'regulation'은 문맥상 무장화에 족쇄를 채우려는 '규제'가 아니라 오히려 방위력 육성을 촉진하는 데 어떤 적절한 룰을 설정하는가 하는 문제를 의미한 것으로 추측된다. 문서는 그 문제를 결정하는 기본 요소가 독립 전이건, 후이건, 한반도에는 자신의 국방이나 침략에 대한 국제적 행동에 공헌할 만한 규모나 능력을 가진 무력을 육성하는 능력이 아직 없다는 것이며 또한 단기간에 그 기술적, 경제적 조건을 극복할 능력 역시 없다는 것이라고 지적

---

25) H-203 Preliminary, "KOREA: SECURITY PROBLEMS: ARMAMENTS", YE5-21, 1172-10.

했다. 그 결과 한반도에 대한 일반적인 무장협정(armaments agreement)을 입안할 때는 기타 약소국과 더불어 특별한 취급이 필요하며 독립 후에도 일반적으로 소국에 적용되는 입장을 취하는 것이 기대된다고 추천했다.

이 문서는 약소국에 적용되는 그 특별 취급 등이 구체적으로 무엇을 뜻하는지 등은 직접 가리키고 있지 않다. 그러나 카이로선언을 선포함으로써 한반도의 독립을 공약한 미국에게, 독립 후의 한반도 안전보장 유지는 피할 수 없는 과제라고 인식되어 있었다. 그를 위해 상기 H 문서 202 예비는 방위력 육성에 외국이 관여할 방안을 모색했었다. 이 H 문서 203 예비는 그러한 방침과 호응하면서 적어도 단기간에 한국이 단독으로 방위력 정비에 나설 수 없다는 것이 현실인 이상, 방위력 육성에 관한 룰 적용에 관해서도 특별한 배려를 가할 필요가 있다는 인식을 드러낸 것이었다.

카이로선언을 통해 한반도 독립 공약을 주도한 미국에게 종전이나 독립 후에 한반도의 안전보장을 담보하는 과제는 피할 수 없는 문제가 되었다. 무엇보다 그것은 미국이 중요시한 전후 지역 질서의 안정화를 위해서도 가장 기초적인 조건의 하나였다. 과거 중·일, 러·일 간의 분쟁 역시 한반도에 대한 지배력 확보를 둘러싼 역학 관계에서 기인했음은 부정할 수 없었다. 그럼에도 전후 한반도의 안전보장 담보에 필요한 이들 대응 방안은 아직 공백 상태에 머물러 있었다. H 문서 201 예비, 202 예비, 그리고 203 예비로 이어진 이들 일련의 예비 검토 작업은 바로 이 공백을 메우기 위한 기초 작업이었다.

그러나 이들 고찰은 비록 카이로선언에 따른 한반도 독립 공약에서 유래되는 미국의 책임을 인식하기는 했으나 어디까지나 한반도 독립 전후의 안전보장 유지를 위한 현실적인 방안의 모색이었다. 당연히 이와 같은 과제를 둘러싼 일련의 검토에서는 한반도를 일본이 지배한 역사와 관련해 병합의 비합법성이나 통치의 부당성에 기초하면서 한반도 독립

의 근거를 마련해야 한다는 그러한 시각이 들어설 틈은 애초부터 존재
하지 않았다.

3) 독립의 시기에 관한 재검토

1944년 가을 다시 한반도 문제가 집중적으로 논의된 가운데서는 전
후 한반도 독립 문제와 관련해 최대의 현안이었던 국제적 신탁통치 실
시에 관한 문제들도 다시 논의되었다.

같은 11월 13일에 H 문서 200 예비로서 작성된 문서는 바로 그 과제
를 다시 검토한 것이었다.[26] 그 문서가 주목한 것은 한반도에 대한 전
후계획에 즈음하여 카이로선언이 선포한 '적당한 시점'의 해석 문제였
다. 문서는 그것이 임시적인 국제적 감시 기구 구축을 위한 특별 조정
에 필요한 충분한 시간을 보장한 것인지, 또는 군사점령이 종료되는 대
로 즉시 독립하게 할 것을 뜻한 것인지, 명확히 할 필요가 있다고 지적
했다. 선언이 언급한 '적당한 시점'이 정치적으로 전자를 가리킨 것인
지, 또는 후자를 뜻한 것인지에 따라 전후계획의 구상은 크게 달라질
수밖에 없었다. 선언에서 공약된 한반도 독립을 실제 실현시키기 위한
방안들을 구체적으로 수립하는 데는 '적당한 시점'이 허락하는 시간적
길이가 실무자들에게 핵심적인 변수가 되지 않을 수 없기 때문이었다.
그러나 정치적으로 나온 선언은 그와 같은 실무적인 문제를 애매하게
만들었었다.

문서는 그 '적당한 시점'을 결정하는 데 고려되어야 하는 요소가 한
반도 내외에 존재하고 있음을 지적하면서 한반도를 둘러싼 그 내부 및
외부 요인을 각각 짚어봤다. 먼저 내부 요인에 관해 문서는 정치면에서
한국인은 자주국가 건설의 경험이 없고, 임시정부 역시 국내 통치에 임

---

26) H-200 Preliminary, "KOREA: POLITICAL PROBLEMS: NEED FOR
   INTERNATIONAL SUPERVISORY AUTHORITY", YE5-21, 1172-7.

한 적이 없기 때문에 신정부를 수립하기 위해 필요한 최소한의 인재를 기우는 데 충분한 시간이 필요하다는 점, 그리고 경제적으로도 각 산업을 일본의 지배에서 절단하고 한국인 스스로가 운영할 수 있게 한다는 어려운 과제를 수행하기 위해서는 상당한 시간이 소요된다는 점들을 정면에 부각시켰다. 즉 한반도의 내부 요인은 군사점령 종료 즉시 독립하게 할 만큼의 요건을 갖추고 있지 않다는 진단을 내린 셈이었다.

외부 요인 또한 마찬가지였다. 문서는 한국인 스스로가 외부의 간섭을 막고 내부적인 분열을 극복할 만큼의 충분한 안정성과 효율성을 키우지 않는 한, 한반도를 둘러싼 주변 대국 간의 힘겨루기가 다시 부활할 것, 따라서 태평양 지역의 안정을 원한다면 외부의 간섭을 막을 수 있는 강한 국가가 성립될 것이 필요하다고 지적했다. 물론 한반도에서 그와 같은 요건을 충족하는 강한 국가가 점령 종료 즉시 성립될 가능성은 전무했다. 외부 요인 역시 주변국가의 간섭을 자주적으로 막을 수 있는 안정된 요건을 한국이 갖추기까지 그 독립은 바람직하지 않다는 조건을 안겨 주고 있다고 판단한 것이었다.

점령 종료 후 즉시의 독립이 가능하지도 않고 또 바람직하지도 않다는 인식이 다시 확인된 이상, 다음 문제는 점령부터 최종 독립까지에 이르는 이행기를 어떻게 꾸며 나가는가 하는 과제였다. 먼저 문서는 한반도의 최종적인 독립 달성까지 군사점령을 진행한 군사정부가 그대로 이행기를 담당하는 방안을 고려했다. 이는 물론 한반도의 해방이 직접 한반도에서의 전투에 따라 이루어질 가능성을 염두에 둔 것이었다. 그러나 최종 독립까지 군사정부에게 그 임무를 수행하게 하는 것에는 문제가 있었다. 그것은 원래 군이 가지고 있는 특징과 한국인의 지지를 얻어야 한다는 과제였다.

문서는 점령군이 원래 무장해제나 일본군 시설의 해체 등을 목적으로 조직되는 것이며 식민지 지역을 독립국가로 만들기 위한 어렵고 또한 복합적인 임무를 수행하기 위해 설계되는 것은 아니라는 것, 또한 한국인은 일본 지배의 경험으로 인해 어떠한 군사지배에도 반대할 것이 예상된다고 지적했다. 전투를 목적으로 조직된 군부에게 독립에 필요한 실무적인 행정을 맡기는 것은 원래 적절하지 않았다. 또한 이유가 어떻든 특히 그 업무를 군이라는 힘으로 인해 진행하게 하는 것은 사실상 '강제성'이라는 성격을 부각시켰다. 그것은 실무적 효율성이나 정치적인 상징성이라는 측면에서 바람직하지 않았다. 그 결과 문서는 점령군에 의한 통치라는 방안에는 비록 새로운 국제적 조직을 세우는 작업을 필요 없게 한다는 장점이 있다 하면서도 기본적으로 그것을 기각했다.

남은 방안은 점령 후 외국인 고문을 두고 조기 독립을 추진하는 것과 임시적으로 국제적 감독 기구를 설정하는 방안이었다. 물론 후자는 종래부터 논의되던 신탁통치 방안을 뜻했다. 비록 외국인 고문을 동반한다고 하더라도 비교적 빨리 독립하게 하는 것을 목적으로 하는 전자의 방안은 한국인의 지지를 얻기 쉬우며 따라서 점령 시기에도 한국인의 협조를 이끌어내는 데 이점이 있었다. 그러나 이 방안 역시 현실적인 제약에 부딪힐 수밖에 없었다. 비록 외국인 고문을 둔다 하더라도 최종 독립까지 기본적으로 한국인에게 정부를 운영하게 하는 이 방안은 한국인만으로 어느 정도 통치할 수 있는 행정 기구가 성립되어 있고 또한 필요한 최소한도의 훈령을 받은 한국인의 정부 요원들이 존재한다는 등의 조건을 요구했다. 그러나 한반도의 경우 이러한 조건은 아직 충족되어 있지 않다고 판단하지 않을 수 없었다. 그렇기 때문에 이 방안을 추진하기 위해서는 이전의 단계인 군사점령 기간을 연장할 것이 필요했다. 그러나 이 대처 방안은 물론 군사정부가 이행기를 맡을 경우에 생길 수 있는 문제점들을 야기할 수 있었다. 또한 이 방안을 추진하기 위해서는 연합국이 점령 기간 중에 신한국정부의 핵이 되는 어떤 한국인 그룹을 선택하고 지지하는 것이 필요했다. 그러나 현 시점에서는 어느 그룹이 한국인의 지지를 얻을 수 있는지 전망할 수 없다는 조건도 작용하지 않을 수 없었다.

이들 검토 결과 문서는 결국 임시적으로 국제적 감독 기구를 설정하는 방안, 즉 신탁통치를 도입하는 방안을 재차 확인했다. 이 방안에는 한국인이 독자적인 정부를 구성하고 독립을 유지할 수 있게 되기까지의 시간이 짧건 길건, 각 상황에 유연하게 대처할 수 있다는 것, 감독 기구는 정치적인 조직인 만큼 향후 생길 갖은 정치적 문제에 대응할 수 있다는 것, 군사정부와 달리 행정적인 업무의 훈련을 받은 인물을 사용할 수 있고, 또 한국인을 가급적 많이 활용할 수 있음으로써 신정부 수립을 위한 한국인 관리를 육성할 수 있다는 것 등의 장점들이 있었다. 또한 연합국에 의해 신탁통치 기구가 설립된다는 것은 한반도 문제에 대해서 어느 한 나라가 지배적인 영향력을 행사하게 될 가능성을 막음으로써 한반도 독립에 이해관계를 가진 모든 국가의 상호 이익과 연결되며 그것이 결국 지역의 안정으로 이어진다는 장점도 있었다. 그러나 물론 이 방안에는 복수의 국가가 참여함으로써 정책 합의를 도출하는 것이 어렵고, 많은 조정이 필요해질 것이라는 단점도 있었다. 무엇보다 이 방안에는 한국인이 독립을 방해하는 것으로 간주하고 그에 반대할 우려도 있었다. 그러나 문서는 이와 같은 단점들이 존재하는 것을 의식하면서도 결국 국제적 신탁통치의 실시가 가장 타당하다는 결론을 다시금 내린 것이었다.

즉 이 시기 국무성은 카이로선언이 정치적으로 낸 '적당한 시점'을 실무적으로 검토하면서 그 기간은 한반도 내외를 둘러싼 요인과 관련시키고 결정할 수밖에 없다는 입장을 굳혔다. 그리고 그 입장에 입각하고 검토한 결과 독립을 실현하는 '적당한 시점'이라는 시간적 길이는 종전으로부터 군사점령 기간, 그리고 그 후 국제적 신탁통치 기간을 거쳐 실제 독립으로 이르기까지의 시간 전체를 뜻하는 것으로 할 방침이 정해진 것이었다.

그러나 카이로선언이 규정한 '적당한 시점'이라는 시간적 길이에 신탁통치 기간을 포함하도록 다시금 확인했다 하더라도 그것은 한반도 독립 문제에 관한 최종 목적이 아니었다. 카이로선언은 한반도의 독립을 공약했다. 그에 기대를 가진 한국인은 당연히 빠른 독립을 원했으며 신탁통치에 반대할 것이 예상되었다. 그러나 현실적인 판단으로는 신탁통치의 실시는 불가피했다. 따라서 신탁통치 기간을 어느 정도로 할 것인가, 다시 말해 최종 독립의 시기가 언제가 될지에 관한 기한의 설정 과제 역시 피할 수 없었다.

11월 27일자로 작성된 H 문서 209 예비는 바로 이 과제를 의식하면서 신탁통치의 기간, 다시 말해 최종적인 독립 시기에 대한 전망을 미리 그릴 수 있는지 검토한 것이었다.[27] 그러나 그 검토는 기본적으로 그 기간을 미리 정하는 것은 어렵다는 결론을 도출했다.

문서는 먼저 고찰 과제가 카이로선언에 있는 '적당한 시점'이라는 어구가 가리키는 시간의 길이를 결정하는 요인이 무엇이며 현 시점에서 한반도 독립의 시점을 정할 수 있는가, 할 수 없다면 독립하는 시점을 결정할 시기를 정해야 할 것인가 하는 문제라고 규정했다. 강조할 필요도 없이 이 문제 제기는 전후 안정적인 한반도의 국제관리를 실시하는 데 필요한 한국인의 지지를 얻기 위해서도 최종 독립의 시기를 미리 천명할 것이 바람직하다는 인식 아래서 그것이 과연 가능한지, 그 여부를 따진 것이었다.

문서는 최종적인 독립 시점까지의 시간을 결정하는 요인이 한반도 내부와 외부에 각각 있음을 지적했다. 그러나 그 2가지 요소 모두 점령 종료 직후에 즉시 독립하게 하는 것은 어려우며, 독립할 날짜를 정하는

---

27) H-209 Preliminary, "KOREA: POLITICAL PROBLEMS: FACTORS DETERMINING INTERVAL BETWEEN LIBERATION AND INDEPENDENCE OF KOREA", YE5-21, 1172-6.

것 역시 어렵다는 조건을 낳고 있다고 기본적으로 진단했다. 그 문서가
짚어본 한반도 내외에 존재하는 각 구체적인 요인은 상기한 11월 13일
자 "H 문서 200 예비"에서 논의되던 내용을 거의 그대로 답습한 것이
었다.

먼저 문서는 한국인은 인종, 언어, 전통, 그리고 천연자원 등의 관점
에서 잠재적으로 자기통치 능력을 갖고 있으나 내부적인 요인으로 인해
현재로서는 그 자격을 결여하고 있다고 평가했다. 그 요인은 다음과 같
은 것들이었다. 즉 한반도에는 경험이 있는 관리가 충분하지 않으며 또
한 민주적인 정부 형성을 위한 대중적인 경험이나 근대적인 경제를 운
영하는 기술자 역시 충분하지 않다. 한반도의 경제는 일본에 의해 병합
된 결과 일본의 이익을 위해 왜곡된 구조를 갖게 되었으며 따라서 한반
도 독립을 경제적으로 유지할 수 있도록 하기 위해서는 한반도의 경제
를 일본으로부터 떼어내어 한국의 이익을 위해 산업을 재조직하고 경제
의 전체적인 구조를 발전시키는 것이 필요하다. 문서는 이상의 내부적
인 요인으로 인해 한반도는 군사점령 종료 후에 즉시 독립할 준비가 되
어 있지 않음은 물론, 독립을 위해 필요한 그들 문제 해결에 소요될 기
간을 미리 결정하는 것 역시 어렵다고 판단했다.

외부 요인 역시 마찬가지였다. 문서는 다음과 같은 인식을 드러냈다.
'적당한 시점'이 말하는 기간 결정에는 외부 요인도 작용하나 한반도의
전략적인 위치를 고려할 때 한반도가 인근국가의 이익을 충족하기 위해
충분히 안정되고 효율적인 정부를 발전시키지 않는 한, 의심의 여지없
이 이해관계를 가진 국가 간에 대항 관계가 생긴다. 또 가령 한국이 안
정하고 효율적인 정부를 실현해도 경쟁적인 이해관계를 가진 인근국가
들은 영향력을 행사하려 시도할 것이며 그것이 극동의 안정에 위협을
줄 수 있다. 2,500만 명 정도의 인구를 가진 것에 불과한 한반도는 분명
히 주변국가와 비교하면 소국이며 독자적으로 일어설 것을 기대하는 것

은 불가능한 만큼 유효한 국제적 안전보장 기구가 한반도에서의 신국가 독립과 그 존엄을 유지하는 기반을 제공할 필요가 있다. 그러나 그 유효한 국제적 안전보장 기구를 수립하기 위해서는 시간이 필요하다.

그 결과 국무성은 도입할 신탁통치 기간을 한정된 것으로 하기 위해서도 그 기간을 미리 천명할 것이 원래 바람직하나 전쟁 중인 현재 그것을 정하는 것은 불가능하다는 판단에 기울였다. 한반도를 둘러싼 내외의 요인들은 강대국 미국에게도 카이로선언이 규정한 '적당한 시점'을 미리 구체적으로 결정하기에 매우 복잡했다.

다만 문서는 아울러 준비가 예정대로 진행될 경우에는 한반도 독립의 시기를 잠정적으로(tentative) 결정하는 것은 가능할 수 있으며, 한국인에게 연합국의 의도를 알리고 또한 독립 실현을 위한 운영 스케줄을 확정하기 위해서도 그것은 바람직하다는 견해도 일단 덧붙였다. 신탁통치 기간을 미리 정하고 천명하는 것의 장점은 분명히 존재했다. 그러나 '준비가 예정대로 진행될 경우'에 기초해 미리 기간을 천명하는 것은 정치적으로 부담이 컸다. 복잡한 사회 현상이 사람의 예상대로 진행될 가능성은 그다지 크지 않았다. 그럼에도 그와 같은 공상(空相)을 기초로 통치 기간을 미리 천명한 결과 실제 그 약속을 어기게 될 경우에 생길 갈등은 애초 기간을 천명하지 않는 것과 비교해도 심각해질 수 있었다. 이러한 상황을 우려한 것으로 풀이된다. 문서는 결국 잠정적으로 독립 시기를 정하는 일 역시 종전 후에 점령이 시작되고, 자기통치를 위한 한국인의 능력을 검증하는 것이 가능해야 비로소 할 수 있는 일이라고 적으면서 기본적으로 한반도 독립의 시기를 미리 정하는 것은 어렵다는 결론을 도출했다.[28]

---

28) 단 '예비'로서 작성된 이 문서에서는 본론에서 언급한 생각 이외의 대체 방안도 일단 거론되었다. 첫째는 현 시점에서 독립의 시기를 고정(fix)하는 방안이며, 둘째는 날짜를 정하지 않고 독립까지 충족해야 하는 절차(steps)를 결정하는 방안, 또한 셋째는 현 시점에서는 독립 실현의 날짜를 고정시

이와 같이 국무성은 카이로선언이 정치적으로 규정한 '적당한 시점'이라는 애매한 개념에 주의를 기울이면서 실시할 신탁통치 기간, 다시 말해 한반도의 최종적인 독립 시점을 미리 정할 것인가 하는 문제를 검토했다. 국무성은 그 결과 내외의 복잡다단한 요소들을 감안하면서 실무 담당자로서 미리 기간을 정하지 않은 채 신탁통치를 실시할 방향에 무게를 실었다. 그러나 선언 속에 있었던 하나의 애매한 개념에 주의를 기울여 실무자로서 그 의미를 검토하고 일정한 결론을 내린 이 시기에도 선언 속에 남았었던 또 하나의 애매한 개념인 '노예 상태' 등에 주목한 사실은 없었다. 물론 '폭력이나 탐욕으로 인해 약탈'했다는 등의 기

키지 않는 것을 명확히 하는 방안, 그리고 마지막 넷째가 독립시킬 날짜를 결정하는 날짜를 정하는 방안이었다. 그들 방안에 대해 문서가 내린 장단점들은 다음과 같았다. 먼저 첫째 방안인 독립 시점을 미리 고정하는 방안은 그것을 너무 일찍 정할 경우 독립을 위한 필요한 준비가 충족되지 않은 단계에서 독립하게 하는 위험성이 있거나 반대로 너무 늦게 잡을 경우에는 한국인의 반감을 사게 될 단점들이 있으나 한국인에게 명확히 장래에 독립할 수 있는 확신을 줌으로써 협조를 얻을 수 있는 장점이 있다. 이어 둘째 방안은 독립 시점을 정하는 것보다 유연성과 현실성이 있으나 시점에 관한 명확한 목표를 주지 않음으로써 한국인의 지지를 얻기 어려우며 의심과 대립을 야기할 수 있다. 셋째 방안은 불투명한 장래를 생각하면 시점이나 절차를 미리 고정하는 것이 어려운 만큼 타당성을 가지고 있으나 거꾸로 시점이나 절차에 대한 명확한 정책을 결여시킴에 따라 결과로서 그렇지 않을 수도 있었던 의심, 반대, 새로운 어려움들을 일으킬 수 있다. 그리고 마지막 넷째 방안은 독립 시점을 장래 다시 결정하도록 함으로써 지금 결정하는 것보다 독립 시기를 일본으로부터 해방되고 나서 한국인의 잠재 능력을 파악하는 등 보다 정확한 평가(estimates)를 통해 도출할 수 있는 장점이 있으나 이 경우도 해방 후 6개월 이상 지연시키지 않도록 할 필요가 있으며 또 가령 그렇게 할 경우에도 이하와 같은 단점들이 있다. 즉 독립 시점에 관한 결정을 미룸으로써 향후도 관련국에게 정책 결정과 관련된 상당한 부담을 주고, 한반도 문제와 관련해 연합국에 대한 한국인의 의심이나 신뢰 결여를 야기함으로써 비판을 일으킨다. 또한 장래 독립 시점의 결정 시에 유리한 입장에 설 것을 노리는 한국인 세력 간의 경쟁을 부추기고 이것이 인근 국가의 개입과 연결될 수 있다.

타 규정이 한반도 독립 문제와 관련해 의식되는 일도 없었다.

같은 애매한 개념임에도 그들에 대한 이런 대응의 차이는 물론 선언에 대한 국무성의 인식 차이에서 연유했음은 의심의 여지도 없었다. 즉 선언은 명확히 한반도 독립을 공약했다. 그러나 그 공약 실현을 실무적으로 검토해 나가는 데는 독립 시기와 관련된 '적당한 시점'의 존재는 비껴갈 수 없는 과제가 되었다. 그에 따라 이 개념은 실제 검토 대상이 되었다. 그와 마찬가지로 혹시 '노예 상태' 등을 한반도 독립 문제에 실질적으로 영향을 주는 규정이라고 인식했다면 국무성에게는 그에 대한 대응을 준비할 과제 역시 불가피했을 것이다. 특히 그것을 병합의 비합법성의 문제를 건드린 것이라고 의식했다면 그것은 전후 한반도 독립 문제에 대한 대응에 중요한 변경을 요구하지 않을 수 없었다.

이미 언급한 바와 같이 병합의 합법성 여부는 한반도 주권의 소재 문제와 직결되면서 신탁통치 실시에 관한 절차에 중요한 영양을 주기 때문이었다. 그러나 원래 그런 문제를 따져야 할 전후계획의 입안자들은 그런 문제에 대해 전혀 개의치 않았다. 이것은 물론 국무성 실무자들의 주의 부족에서 기인한 것은 아니었을 것이다. 오히려 그것은 '노예 상태' 등의 규정이 원래 검토 작업을 필요로 하는 의미 있는 개념으로 인식되어 있지 않았었다는 점에서 연유한 귀결이었을 것이다. 카이로선언 선포 직후부터 일찍 '적당한 시점'이라는 어구에 주의를 기울인 국무성은 선언 선포 후 약 1년이 경과된 이 시기 다시금 그 개념에는 명시적으로 관심을 보였다. 그러나 같은 시간이 흘러간 과정에서도 '노예 상태' 등에는 결국 단 한 번도 관심을 보이지 않았다. 이런 사실은 그들 규정이 전시 중에 잠시 나온 프로파간다에 불과하며 한반도 독립 문제에 직접 영향을 주는 어구가 아니라고 국무성이 계속 인식하고 있었음을 드러내는 대목 이외의 아무것도 아니었다.

4) 독립 능력에 관한 검토

국무성이 한반도 독립 문제와 관련해 카이로선언에서 규정된 '적당한 시점'에는 신탁통치 기간을 포함한다는 현실적인 입장을 정립한 배경에는 독립 달성을 위해 가장 기초적인 요소가 되는 한국인의 독립 능력 자체에 대한 회의적인 인식도 깔려 있었다. 카이로선언에서 약속한 최종 목표인 독립 달성도 결국 한국인의 역량에 달려 있는 문제가 아닐 수 없었다. 따라서 한반도 독립을 위한 현실적인 전후계획을 수립해야 했던 국무성에게는 그에 맞는 방안 수립이나 시기 설정도 결국 한국인의 대응 능력에 크게 좌우될 수밖에 없었다. 또한 그러한 한국인의 대응 능력에 관한 평가를 위해서도 한반도에 대한 기본적인 정보가 필요했다. 이와 같은 문제의식이 작용한 것으로 풀이된다. 1944년의 늦가을에 진행된 한반도 독립 문제의 검토에서는 그 이전에는 엿볼 수 없었던 비교적 상세한 한반도 정보가 조사, 보고되었으며 그에 기초한 분석이 진행되었다.

이와 관련된 검토를 위해 11월 27일 H 문서 204 예비, H 문서 205 예비, 그리고 H 문서 207 예비가 잇달아 작성되었다. 이들은 기본적으로 한반도 독립을 위한 한국인의 역량 문제를 조사, 분석한 것이었다. 이들 중, 먼저 H 문서 204 예비는 독립국가 건설을 위한 가장 기초적인 토대 부분의 문제를 고찰했다.[29] 그것은 독립을 뒷받침하는 일반 한국인의 교양 수준을 파악하는 과제였다. 문서는 식자(識字)율, 교육이라는 점에서 독립을 위한 한국인의 능력 현황을 따졌다. 그를 위해 1939년과 1942년의 학교 수, 교사 수, 일본인 및 한국인의 학생 수 등에 관한 관련 지표를 마련했다. 문서는 식자율과 관련해 1944년 시점에서 한국인의 식자율이 약 45%가량이라고 추정했다. 또한 그 수치의 의미를 파악

---

29) H-204 Preliminary, "KOREA: CAPACITY FOR INDEPENDENCE: LITERACY AND EDUCATION", YE5-21, 1172-2.

국무성이 독립을 뒷받침하는 일반 한국인의 교양 수준을 파악하기 위해
정리한 학교나 학생 수 관련의 일람표 및 국제 비교

하기 위해 국제적 비교를 가하면서 그 값이 포르투갈, 브라질, 멕시코
등 보다는 나으나 유고슬라비아, 스페인, 태국, 필리핀보다 떨어진다고
진단했다.

또한 교육환경에 관해서 한반도에서는 1942년 시점에서 5명 중 2명
이 초등교육을 받고 있으나 중등교육은 충분하지 않으며 1942년 시점
에서 36,000명의 소년과 18,000명의 소녀가 중등교육을 받고 있을 정도
라고 추정했다. 또한 고등교육기관인 대학의 경우에는 1942년 시점에서
약 10,000명, 그 이외에 일본의 고등교육기관에 다니는 약 5,000명 정도
가 있다고 추계했다.

문서는 이상의 검토 결과 한반도는 식자율, 교육경험 등의 측면에서
한국인 스스로가 통치하는 데 있어서 심각한 장애가 일어나지 않을 정
도까지는 충분히 발전되어 있다는 진단을 내렸다. 즉 장기적으로 최종
적인 독립으로 이어지는 기반에 관해 심각한 의문을 던진 것은 아니었
다. 그러나 한편 한반도의 현황은 식자율이 높다거나 충분한 교육시스
템으로 뒷받침되어 있는 것도 아니므로 독립 체제의 민주적 기반은 한
정되어 있다는 회의적인 견해도 아울러 덧붙였다. 독립의 기반이 되어
야 하는 국민의 교양 수준이라는 측면에서 일정한 기간 동안, 국제적
관리가 필요하다는 상황 인식이 확인된 셈이었다.

이어 H 문서 205 예비는 독립을 위해 필요한 한국인의 통치 계급의
존재에 관한 현황에 주목했다.[30] 문서는 검토 과제가 독립을 위한 한국
인의 능력 현황이 어떠한 상황이며 또한 과도정부 설립과 관련해 관리
나 중요한 군 간부에 한국인을 얼마만큼 참가시킬 것인가 하는 것이라
고 설정했다. 이는 최종 독립을 위해서도 필요한 한국인 통치 계급의
현황을 파악하고 현재 그것이 부족하고 있음을 예상하면서 연합국에 의
한 국제관리 체제하에서 그 인재를 얼마만큼 육성해 나가야 할 것인가
하는 방안을 수립할 필요성을 인식한 것이었다. 그 과제에 대한 고찰을
위해 문서는 일본의 한반도 통치하에서 확인할 수 있는 중앙 및 지방정

---

30) H-205 Preliminary, "KOREA: CAPACITY FOR INDEPENDENCE: PARTICIPATION
OF KOREANS IN GOVERNMENT", YE5-21, 1172-3.

APPENDIX A
JAPANESE ADMINISTRATION IN KOREA
1. Highest Officials (Chokunin and Sonin)

YEAR		TOTAL	JAPANESE		KOREAN	
			Number	Percent	Number	Percent
Government-General	1930	1503	1143	76	360	24
	1934	1533	1172	77	361	23
	1936	1645	1277	78	368	22
	1938	1936	n.d.	-	n.d.	-
	1942 est.	2180	1700	79	480	21
Provincial, Municipal and Educational Administration	1934	538	526	98	12	2
	1936	588	571	97	17	3
	1942 (est.)	700	650	93	50	7
TOTAL	1936	2233	1848	82	385	18
	1942 est.	2880	2350	82	500	18

-2-

2. Intermediary Ranking Officials (Hanin or officials ranked as Hanin)

YEAR		TOTAL	JAPANESE		KOREAN	
			Number	Percent	Number	Percent
Government-General	1930	30,517	20,192	66	10,018	34
	1934	30,014	9,967	65	11,051	34
	1936	34,487	21,740	66	11,747	34
	1938	35,287	n.d.	--	n.d.	--
	1942 est	45,000	79,000	62	16,000	27
Provincial	1934	3,379	2,640	78	739	22
	1936	3,805	2,902	77	903	23
	1942 est	5,000	3,500	70	1,500	30
Municipal	1934	1,980	1,371	69	609	31
	1936	2,517	1,752	70	765	30
	1942 est	3,000	2,000	67	1,000	33
Educational	1934	10,278	4,127	40	6,081	60
	1936	11,652	4,939	42	6,713	58
	1942 est	18,000	7,500	42	10,500	58
TOTAL	1936	52,481	32,353	61	20,128	39
	1942 est	70,000	41,000	55	29,000	45

-3-

3. Minor Officials and Clerks

YEAR		TOTAL	JAPANESE		KOREAN	
			Number	Percent	Number	Percent
Government-General	1930	17,088	10,419	61	6,669	39
	1934	20,268	12,033	60	8,235	40
	1936	23,440	14,065	60	9,375	40
	1938	28,697	n.d.	--	n.d.	--
	1942 est.	37,000	20,000	54	17,000	46
Provincial	1934	4,026	1,488	37	2,548	63
	1936	4,853	1,688	35	3,168	65
	1942 est.	6,000	2,000	33	4,000	67
Municipal	1934	1,916	1,260	66	656	34
	1936	2,768	1,688	61	1,080	39
	1942 est.	5,000	3,000	60	2,000	40
Educational	1934	1,674	679	40	995	60
	1936	1,871	725	39	1,146	61
	1942 est.	3,000	1,000	33	2,000	67
TOTAL	1936	32,929	18,160	55	14,769	45
	1942 est.	51,000	26,000	50	25,000	50

국무성이 독립을 뒷받침하는 한국인 통치 계급의
상황 파악을 위해 정리한 일람표

부의 고위, 중급, 하급 관리 등의 구체적인 연대별 인원수, 비율 등의 일람표들을 작성하고 그 지표 등을 검토하면서 다음과 같은 상황 인식을 도출했다.

즉 해외 망명자들을 빼고 일부 일본의 군사교육을 받은 자는 있으나 한국인 중에는 중요한 역할을 경험한 군 간부(substantial military ranks)가 없다. 문관 역시 일본 통치기, 고위 간부는 대부분 일본인이 차지했으며 일부 존재한 한국인 고위 간부는 일반 한국인들에게 대일협력자(collaborators)로 간주되며 선호되지 않는다. 한편 중·하급 관리로서 정부 행정에 참여하고 있었던 사람들은 있다. 즉 H 문서 205 예비는 전후 한국군 창설과 관련된 과제를 즉시 수행할 수 있는 한국인 간부는 사실상 전무이며, 문관에 관해서도 고위급은 결정적으로 부족한 한편 중·하위급 관리는 일정한 정도 그 인재를 메울 수 있다는 가능성을 점쳤다. 독립국가를 건설하고 그것을 유지, 발전시켜 나가는 데 그 기둥이 되어야 할 군 간부나 문관의 확보라는 과제와 관련해 그 인재는 충분하지 않다는 결론을 내린 것이었다.

한국인의 교양 수준이나 통치 계급의 존재 여부와 더불어 독립을 이루어내는 데 또 하나 중요한 요소가 존재했다. 그것은 독립 후의 질서 유지를 위한 한국인 내부의 통합성 문제였다. 자주적인 독립을 위해서는 그 '자주'가 어느 정도의 통합성으로 인해 뒷받침되어야 했다. 그 기반도 없이 독립이라는 미명하에서 마냥 국제적 관리 체제하에서 벗어나게 할 것만을 뜻하는 '자주'는 자칫 사회를 대립과 갈등의 늪에 빠뜨리게 마련이었다.

같은 날인 11월 27일에 작성된 H 문서 207 예비는 바로 이 문제를 다루었다.[31] 그것은 독립을 위한 한국인의 능력과 관련해 갈라서고 있는 한국인 정치 집단 간의 협조(harmony)의 가능성을 검토했다. 문서는 한국인 정치 집단 간의 충분한 협조라는 관점에서 평가한다면 독립을 위한 한국인의 능력은 현재 어떠한 상황이라고 평가할 수 있는가를 추구했다.

그에 대한 평가를 불문하고 문서는 그 과제의 검토를 위해 역사적인 관점이나 민족적인 특성이라는 측면에서 다음과 같은 무시하기 어려운 진단을 내렸다. 즉 한국인의 정치적 풍토(life)는 항상 경쟁 그룹 간의 대항 관계로 특징지어 졌으며 역사적으로 군주제하에서 2백 년 동안

---

31) H-207 Preliminary, "KOREA: CAPACITY FOR INDEPENDENCE: POSSIBILITY OF ADEQUATE HARMONY", YE5-21, 1172-4.

'Soron', 'Noron' 간의 심각한 투쟁으로 인해 혼란되어 왔다.32) 그것은 개항기에도 보수파와 개혁파 간의 분열이라는 현상으로서 거듭되었다. 이러한 분파적인 성격은 개인적인 인맥에 기초하면서 어떤 개인 지도자와 연결하려는 한국인의 경향으로 인해 보다 복잡해졌으며 그 결과 유력한 개인 지도자하에서 수많은 소수당이 그 성쇠를 거듭했다. 또한 한국인의 대립적인 풍토에는 그에 작용한 사회적 조건도 겹쳤으며 그들 조건으로서는 남부 주민과 비교해 적극적(aggressive)이고 활기찬(vigorous) 북부 주민의 성격이나, 수도와 지방의 대립 등이 존재한다. 그리고 향후 전후 개혁을 둘러싸고 지주와 소작 등의 대립 역시 생길 것이 확실하다.

한반도의 전후계획을 입안했었던 국무성 실무자들은 이렇게 한국인의 분열적인 경향에 주의를 기울였다. 그리고 물론 이러한 정보는 적어도 단기적으로는 자주독립의 선택을 불가능케 한다는 진단과 연결되었다. 그러나 한편 그 문서는 장기적인 기반에 대해서까지 회의적인 시각을 던진 것은 아니었다.

실제 문서는 한반도에는 지리적 요인 이외에도 유산, 언어, 전통 등의 문화적인 통일성, 또한 소수 민족 등이 없는 인종적인 공통성, 기타 종교적인 분단의 결여 등으로 인해 분열을 상쇄하는 경향이 존재하고 이들 통합 요소는 한반도 통치에 대한 조화로운 발전을 위해 그 토대를 제공할 수 있다고 지적했다. 또한 한반도에서 나타난 파벌주의적인 경향은 그때마다 고유의 사회적인 조건이나 외국의 간섭 등이 작용한 것으로 한국인에게만 고유의 일이라고 볼 수는 없다고도 보충했다. 또 흥미로운 것은 그 검토가 한국인이 가지는 정치 성향에 주목하면서 오히려 그에 민주적인 기반의 씨앗을 찾은 점이다. 문서는 한국인은 전체로서는 태생적으로(by nature) 정치지향적(politically minded)이며 모든 정

---

32) 원문이 영어 표기이므로 추측이 되나 이는 숙종(肅宗) 시의 경신환국(庚申換局) 등을 계기로 이른바 '서인(西人)'이 분열하고 '소론(少論)파'와 '노론(老論)파' 간에 일어난 대립을 뜻하는 것으로 보인다.

치적 안건들에 대한 의견 표명에 관해 다변(vocal)이라는 것, 또한 한국인은 활기찬 민주주의를 위해서 강한 기반을 제공하는 개인주의적인 시각(outlook)을 가지고 있으며 원래 전체주의적인 테두리에는 적합하지 않고 항의 없이 쉽게 통치를 받거나 지시를 받아들이거나 하지 않는다고 지적하면서 민주적 개인주의에 있어서 한국인의 정치적인 특성은 장점을 가지고 있다고 분석했다. 장기적인 관점에서 볼 때 한국인은 충분히 자주독립과 민주 정치를 실행할 만한 기반을 갖추고 있다는 견해를 정리한 것이었다.

문서는 이상과 같은 검토의 결과 다음과 같은 결론을 도출했다. 즉 일본의 지배가 완화되면 갈라선 정치 그룹이 나타나고 상호에 협조하지 않음으로 인해 그들의 대항적인 활동으로부터 많은 문제가 생길 것은 의심의 여지가 없다. 그러나 한국 사회에는 통합을 위해 기능할 강한 힘들이 있으며 그들 요소는 그것이 발전하는 데 유리한 환경(climate)이 주어진다면 그들 힘을 발휘하고 분파주의를 충분히 상쇄할(over-balance) 것이며 협조의 필요에 처하면 한국인은 정치적으로 같이 움직인다.

이와 같이 국무성은 신탁통치 후의 최종 독립을 내다보면서 그를 위한 한국인의 기초 능력을 검증했다. 국무성은 일단 독립을 위한 장기적인 능력에 대해서는 그것을 긍정적으로 평가했다. 그러나 한국인의 통치 능력의 결여나 분열적인 경향은 종전 후 당분간은 국제적 관리를 필요로 하고 있다고 진단했다. 물론 이들 검토 역시 신탁통치 도입 여부나 독립 달성의 전망을 검토하기 위한 고찰이었다. 그러나 한반도 독립에 필요한 한국인의 능력을 평가하기 위해 국무성은 이 시기 비교적 상세한 관련 정보들을 체계적으로 수집, 정리했다. 또 그 성격상 그들 검토는 필연적으로 일본의 한반도 통치의 내용을 고찰 대상으로 삼았다. 그럼에도 국무성의 관심은 일관되게 한반도 독립을 실현시키는 미래에만 쏠려 있었다. 그에 따라 통치의 내용이 논의되는 가운데서도 왜 20

세기 중반에 접어든 그 시기까지 한국인에게는 독립 위한 능력이 결여하게 되었는가 하는 물음이 일본의 한반도 통치의 부당성이라는 책임 문제와 연결되는 일은 없었다. 물론 통치의 부당성이라는 문제조차 일절 결여한 그런 검토가 병합의 비합법성이라는 보다 원천적인 문제로 이어지는 일은 더욱더 없었다.

5) 간도 문제

한반도 독립 문제와 관련해 1944년 늦가을쯤에 확인할 수 있는 마지막 고찰 과제는 간도 처리 문제였다. 이 과제는 카이로선언 이전부터 국무성 내 영토소위원회 등에서 이미 논의되었었던 주제였다. 물론 이 주제는 전후 한반도와 중국과의 관계를 구축하는 중요한 하나의 열쇠였으며 또한 지역의 안정을 도모하는 데도 피할 수 없는 정치적 과제였다. 그럼에도 아직 이와 관련된 논점들이 모두 정리된 것은 아니었다. 이와 같은 상황 인식이 계속 작용한 결과로 보인다. 이 시기 전후계획에 관여한 실무자들은 주로 역사적인 관점에서 상세한 내용을 담은 장문의 H 문서 206 예비를 작성하고 전후 간도 문제에 대한 대응 방안을 다시 논의했다.[33]

12월 1일자로 작성된 그 H 문서 206 예비는 검토 과제를 간도에 거주한 한국인에 대해 어떤 정책을 취해야 할 것인가라고 정의했다. 문서는 이 문제가 만주에 대한 중국의 주권 회복 후에 원래 중국정부가 해결해야 하는 과제라고 하면서도 그것을 미국이 고찰해야 하는 이유로서 이 문제가 아시아의 평화를 위한 조건인 장래의 중국과 한반도와의 관계에 영향을 줄 것이기 때문에 연합국 역시 관심을 가질 만하다고 설명했다. 문서는 이 문제의 고찰에 즈음하여 최근의 영국 자료에 따라 약

---

33) H-206 Preliminary, "KOREA: POLITICAL PROBLEMS: KOREANS OUTSIDE KOREA", YE5-21, 1172-5.

75만 명의 한국인이 간도 지역에 재류하고 있으며 이는 같은 지역 거주 자 중국인보다 약 3배 많다는 상황 인식을 바탕으로 했다. 영토로서는 중국에 속할 가능성이 크면서도 재류민의 분포라는 측면에서는 한국인 이 많다는 현실은 국제적으로도 영토 영유를 둘러싼 갈등을 야기하는 가장 전형적인 패턴이었다.

문서는 간도 문제 처리와 관련해 그 위치나 크기, 한국인이 'chientao' 를 '간도'라고 부른 경위와 그 정치적 의미 등을 정리한 것 이외에도 다 음과 같은 요소들을 거론했다. 그들은 일본의 지배권 확립으로 인해 간 도 거주 한국인이 법적으로 일본의 영사 보호를 받게 됨에 따라 생긴 중국인과 한국인 간의 대립 사정, 그 지역이 한때 일본의 지배에 대한 한국인 저항 세력의 근거지가 된 조건과 관련해 생긴 한국인과 일본인 간의 관계, 한국인이 일본의 '첨병'으로 인식됨에 따라 생긴 중국인과 한국인 간의 대립 관계, 그리고 비록 그 정확성은 충분하지 않다고 하 면서도 만주사변이 발생한 1931년 이후 일본이 조직적으로 한국인을 이주시킴에 따라 간도 거주 한국인의 절반이 비교적 새롭게 이주한 것 으로 추측된다는 요소들이었다. 문서는 간도 정세를 둘러싼 이들 요소 를 먼저 고찰하면서 향후의 전망을 정리했다.

그 전망이라 함은 이상의 특징을 가진 간도 거주의 많은 한국인은 기 본적으로 고향에 있는 것보다 경제적으로 부유한 상황에 있을 것이 예 상되므로 해방 후도 간도에 남을 것을 택할 것, 또한 일본의 지배 종료 후에 그 지역 거주의 한국인은 중국인과 대립하려는 의도를 가지지 않 을 것이라는 것들이었다. 그러나 중국인에 대한 한국인의 대립 의식이 그다지 강한 것이 아니라고 추측한 그 검토도 불씨 자체가 여전히 남아 있다는 것은 예측했다. 그 이유는 간도 거주 한국인이 중국인보다 3배 많다는 점, 한국의 생활 습관을 광범위하게 유지하고 있다는 점, 중국인 관리(官吏)가 한국인을 차별해 왔다는 점, 그리고 일본에 대한 저항 의식에 기인한 한국인의 강한 민족의식이 무의식적으로(subconsciously) 중국으로의 동화에 대해 역작용해 왔다는 점들이었다. 문서는 이들 요인으로 인해 간도 지역 거주 한국인이 향후도 쉽게 중국으로 동화하지 않을 것이라고 상정했다. 문서는 이와 같은 조건들을 바탕으로 일단 간도 문제에 대해 생각할 수 있는 이하 3가지 대응 방안들을 제시했다.

첫째는 친일본 또는 반중국적인 견해를 가진 사람들을 제외하고 간도 지역 거주 한국인을 그대로 재류하도록 허가하고 또 귀화의 권리를 보장함으로써 중국인에게 동화할 것을 촉진(encourage)하도록 하는 방안, 둘째는 간도 지역 거주 한국인의 대부분을 한반도에 송환하고 그 지역에서의 중국인과 한국인의 숫자상의 불균형을 실질적으로 줄이는 방안, 그리고 마지막 셋째는 간도 지역 또는 그 일부를 한반도에 이전시키는 방안이었다.

첫째 방안은 연합국의 점령 후, 중국 당국이 중국 국적을 취득하거나 거기서 출생하고 동화하고 있는 간도 거주 한국인의 거주를 허가할 것을 전제로 한 가장 현실적인 방안이었다. 그러나 이에는 친일본적인 일부 한국인이 중국으로의 귀화, 동화에 반대할 것이며 그런 사람들의 존재로 인해 문제가 복잡해질 수 있다는 단점이 예상되었다. 그렇기 때문에 비록 중국 국적이 아니더라도 그 지역에서 수용되는 한국인에게는 귀화나 동화가 성공을 위한 기회라고 선전하면서 그것을 독려할 것, 그러나 중국으로의 동화까지는 어려운(formidable) 문제가 있을 것이므로 한국인이 참여하는 자치정부를 구축하는 것 역시 그 지역 거주의 한국인과 중국인 간의 양호한 관계를 유지하는 데 공헌할 것이라고 구상했다.

둘째 방안은 중국 국적을 취득하지 않으려는 한국인 속에서 희망하는 자나 중국인과 우호적이지 못하는 한국인을 사실상 강제적으로 송환하는 방안이었다. 그러나 그들 송환 대상자의 선별을 실효성 있게 진행하는 것은 쉽지 않았다. 문서는 혹시 한반도와 인접하고 있다는 등의 지리적인 구별로 인해 강제적으로 실행할 경우에는 중국인에게 가장 우호적인 사람을 송환하고 반대로 그렇지 않은 사람을 남게 하는 위험성이 있다고 염려했다. 또한 비록 그 수치가 어디서 나왔는지는 자료적으로 알 수 없으나 약 25만 명에 이르는 송환은 전후 한반도를 관리하는 데 매우 어려운 경제적 문제를 안겨 줄 것이며 그들의 고용이나 정착 역시 장기간에 걸쳐 거의 불가능하다는 단점이 존재했다.

마지막 셋째 방안은 일부 한국인이 주장하고 있는 것이나 현실성이 떨어진 방안이었다. 문서는 이 방안에 대해 전승국인 중국이 강하게 반대할 것, 한국 역시 한국으로의 이양을 위한 확실한 논거를 모으는 것이 불가능하다는 것, 그 결과 이 지역을 주도하는 국가들의 지지를 얻는 것 역시 불가능하다고 전망했다. 비록 가능성으로서 일단 제시되기는 했으나 이들 정치적 요인들로 인해 이 방안은 사실상 불가능함이 불 보듯 뻔했다.

문서는 간도 처리에 관해 그 시점에서 국무성으로서의 명확한 입장을 도출한 것은 아니었다. 그러나 실제 그렇게 되었듯이 사실상 첫째 방안이 현실적이었다. 이 의미에서 이 시기 간도 처리에 관해 보다 구체적으로 가해진 대처 방안들에 대한 분석이 실제 첫째 방안의 채택으로 이어진 것은 틀림없을 것이다. 이와 같이 이 시기에도 독립 후의 한반도 북 측 지역의 국경 설정 문제는 전후계획 속에서 계속 주목되었다.[34]

---

34) 이 문서에서는 간도 문제와 달리 만주 지역 전체에 관한 문제도 아울러 다루어졌다. 문서는 만주에 관해서도 한국인의 이주 경위, 일본인과의 관계, 한국인의 직업 상황, 일본인 철수 후 그 지역의 통치를 위해 향후 한국인 기술자, 관리가 필요하다는 전망 등을 세우면서 3가지 대처 방안을 정리했다. 그들은 한국인이 만주에 재류할 것을 허가하고 귀화나 중국인으로의 동화를 보장할 것, 1931년 만주사변 이후의 만주 이민자는 송환할 것, 친일본적이고 만주에서 환영받지 못하는 한국인만을 송환할 것 등이었다. 그러나 이들 방안은 간도 지역에 거주하는 한국인 문제와 그 인식에 별 큰 차이가 있는 것은 아니다.

강조할 필요도 없이 간도 문제는 일본의 한반도 지배 확립 과정에서 일본이 1909년에 당시 청나라와 간도에 관한 청일협약을 체결함에 따라 생긴 문제였다. 이 의미에서 이 문제의 처리는 일본의 한반도 병합의 성격을 고찰하는 문제와도 연결되는 소지가 강했다. 그러나 간도 문제에 비교적 상세한 고찰을 가한 이 시기의 검토 역시 병합 자체의 성격을 추궁하는 문제와는 전혀 연결되지 않았다. 영토 문제와 관련된 이들 고찰 과제 역시 국무성 관계자들에게는 병합의 비합법성 등을 확정하려는 문제의식에서 제기된 것은 아니었으며 어디까지나 전후 질서를 구축해야 한다는 미래에 대한 관심에서 나온 것 이외의 아무것도 아니었다.

3 카이로선언 선포 후의 국무성 전후계획 논의가 가지는 함의

이상과 같이 국무성 내에서는 같은 해 봄 무렵의 검토에 이어 1944년 늦가을쯤 다시금 한반도 독립 문제에 관한 전후계획이 집중적으로 고찰되었다. 그것은 한반도에 재류하는 사람들에 대한 대응, 카이로선언이 규정한 '적당한 시점'에 주목하면서 그 시기를 결정하는 요인들의 고찰, 독립의 시기를 미리 설정할 수 있는가 여부의 문제, 최종적으로 독립하는 데 필요한 한국인의 능력 파악, 그리고 간도에 대한 대응 방안 등, 다양한 분야에 걸친 종합적인 검토였다. 물론 이들 고찰이 이 시기 다시 이루어지게 된 배경에는 전황이 종전을 향해 한층 더 치닫고 있다는 상황 인식이 작용했을 것이다. '전후'가 다가오고 한반도 독립 문제가 현실성을 띠면 띨수록 그 관심은 최종 독립 실현을 위해 한반도를 어떻게 관리해 나가는가 하는 문제에 기울이기 십상이었다.

그러나 일본 패전의 기색이 훨씬 짙어지고 그에 따라 연합국이 전후 한반도를 관리하게 될 전망이 높아지면 높아질수록 한반도에 대한 통치

권 행사를 위한 권한 확보 등의 과제가 피할 수 없는 숙제로 대두되어
야 마땅했다. 일본이 법적 효력도 없이 한반도를 힘으로 강점하고 있는
가, 또는 정식으로 주권을 행사하고 있는가에 따라 전후의 절차는 크게
바뀔 수밖에 없었다. 그것이 비합법적인 강점에 불과하며 한국인에게
여전히 주권이 존재한다면 그 주권을 보유하는 한국인의 주체, 즉 정부
승인 문제 등이 피할 수 없는 중요한 검토 과제가 되지 않을 수 없었다.
그리고 이 문제가 혹시나 거론되어야 하는 과제였다면 그 논의는 바로
'노예 상태' 등이 3국 영수로 인해 공표된 카이로선언 선포 이후의 전
후계획 과정이었다.

　제2장에서 봤다시피 '노예 상태' 등을 천명한 카이로선언은 그 기초
과정을 자세히 살펴봤을 때 그것이 병합의 비합법성을 확정하려는 등의
의도에서 도출된 것으로 보기는 어려웠다. 그러나 선언은 사전에 국무
성이 관여한 것은 아니었다. 따라서 국무성은 선언의 의미를 사전에 충
분히 파악해서 선포를 맞이한 것도 물론 아니었다. 더구나 짤막하게 기
초된 그 문안은 각 어구의 의미를 뚜렷이 정의한 것도 아니었고 애매한
부분이 남았었다. 따라서 일단 정치적으로 선포된 관련 어구들 속에 전
후 한반도 독립 문제에 실제 영향을 줄 만한 애매한 공백이 존재한다고
인식했다면 한반도 독립 문제에 관한 전후계획을 수립하던 국무성 내
실무자들에게는 그러한 애매한 부분은 사전에 명확히 메워 두어야 하는
과제이어야 했을 것이다. 실제 선언 안에 있었던 '적당한 시점'에 관해
서는 그것이 직접, 간접적으로 고찰 대상으로 되었고, 그에 따라 그 '적
당한 시점'에는 신탁통치 기간을 포함하도록 한다는 입장 정립 등이 이
시기 확실히 이루어졌다. 그럼에도 봄에 이어 진행된 늦가을쯤의 검토
에서도 한반도 독립 문제와 관련해 '노예 상태'나 '폭력이나 탐욕으로
인해 약탈'했다는 등의 규정이 거론되는 일은 결국 단 한 번도 없었다.
한국 사회의 담론들이 병합의 비합법성이나 통치의 부당성을 확정한 것

이라고 주장해온 그들 선언의 관련 조항이 카이로선언 선포 후 국무성
에서 진행된 한반도 독립에 관한 전후계획 논의 과정에서 의미 있는 어
구로서 인식된 일은 결국 전혀 없었던 것이다.

물론 이것은 단지 자료적으로 확인할 수 없다는 것뿐만 아니라 이론
적으로 도출되는 필연적인 귀결이었다. 이미 언급한 바와 같이 국무성
은 1944년 1월 종속적인 지역 전반에 신탁통치 시스템을 도입할 문제
와 관련해 한반도를 전쟁의 결과 일본의 주권으로부터 떼어내는 지역이
라고 명확히 지적하면서 사실상 한반도에 대한 일본의 정식 주권 보유
를 전제로 했었다. 또 이러한 인식은 이것뿐만이 아니라 그 이후도 마
찬가지였다.

1944년 2월 5일에 CAC 문서 68로서 작성된 문서 가운데 국·지역위
원회는 전후 예상될 일본 지배하의 지역에서의 점령에 관한 법적 문제
를 고찰했다.[35] 그것은 연합국이 구성하는 점령군에 의해 잠정적으로
수립될 군사정부 구축과 관련된 문제를 고찰하기 위해 마련된 것이었
다. 그 검토 가운데 국·지역위원회는 같은 군사정부를 일본 지배하의 지
역에 수립할 경우에도 각 지역의 법적 성격이 다르다는 점에 주목했다.

국·지역위원회는 국제법상 적국에 대한 점령군의 권한은 명확하며
따라서 적국에 대해서는 군사정부는 국제법이 인정한 룰에 기초하면서
그 행정권한(jurisdiction)하에서 점령 관리를 수행하면 된다고 지적했다.
그러나 적국의 지배에서 '해방(liberating)'되는 '우호국(friendly country)'
의 경우, 점령군의 관리에 관한 법적 근거는 국제법상 불확실하다고 지
적했다. 국·지역위원회는 이 문제와 관련해 가령 우호국이라도 적이 물
러나고 점령군이 들어갔을 경우에는 그 철수까지는 점령군이 그대로 법
적으로 정부를 구성할 수 있다는 원칙과 우호국이 적으로부터 해방될

---

35) CAC-66, "MILITARY GOVERNMENT IN THE FAR EAST", YE5-21, 1090-
    CAC-66, pp.1~18.

경우에는 권한을 상실하던 망명정부가 즉시 그 주권을 회복하고 그것을 행사할 수 있다는 2가지 원칙이 현재 존재하고 있다고 지적했다. 일본의 패전에 따라 같이 '전후'를 맞이하는 지역 가운데서도 점령정부의 구성이나 그 후 정식정부로의 이양 방식에 관해서는 그 과정이 국제법적으로 다를 수 있음을 의식하고 있었던 것이다.

전후 군사정부 수립을 위한 그러한 이론적인 검토를 가하는 가운데 국·지역위원회는 미얀마, 인도차이나, 인도네시아, 기타 원래 영국의 지배 지역이었던 말레이, 북보르네오, 홍콩, 점령당한 중국, 그리고 태국 등을 국제법이 말하는 '해방' 지역으로 직접 지정했다. 즉 이들 지역은 '우호국'으로서 점령군에 의한 군사정부 수립에 신중한 검토가 필요한 지역이라는 입장을 드러낸 셈이었다. 그러나 그 한편 한반도는 일본 본토, 타이완, 만주, 그리고 사할린 등과 함께 '적국 영토(enemy territory)'로 명확히 분류되었다.[36] 즉 국·지역위원회는 한반도를 군사점령정부를 구성하는 데 국제법상 애매한 부분을 내포하고 있는 '우호국'이 아니라 바로 일본 본토 등과 같이 전후 연합국에 의한 점령정부 구성에 별 문제가 없는 '적국 영토'로 간주하고 있었던 것이다. 그리고 이러한

---

36) 이 문서가 타이완이나 만주를 '적국 영토'로 분류하고 본론에서 언급한 '해방' 지역에 들어간 '점령당한 중국'과 구별한 것에는 다음과 같은 인식이 작용한 것으로 보인다. 즉 본론에서 앞서 언급한 1944년 2월 18일자의 미국육해군성이 작성한 문서는 타이완이나 만주를 오래 일본에 의해 통합보유(integrated possessions)된 지역이라고 적었다. "PRELIMINARY POLITICAL AND POLICY QUESTIONS BEARING ON CIVIL AFFAIRS PLANNING FOR THE FAR EAST AND PACIFIC AREAS", YE5-21, 1090-CAC-100, p.2. 즉 미국 내부에서는 장래 같이 중국으로 반환시킬 영토라 하더라도 1937년의 중일전쟁 이후 일본이 새롭게 군사지배하에 둔 지역과 그 이전에 이미 일본이 지배한 지역을 구별하는 시각이 존재했던 것으로 보인다. 비록 원문에서는 단지 '사할린'으로만 표기하고 있으나 남사할린 역시 2차 대전보다 훨씬 이전인 러일전쟁을 통해 일본이 영토로 편입한 것으로서 일본에 '오래 통합보유'된 지역이었다.

인식은 다음 장에서 언급하는 바와 같이 실제 전후 일본의 항복문서 조인을 근거로 남한을 점령 통치할 것을 통고한 '태평양미국육군총사령부 포고령 제1호'(이하 포고령 1호로 약기)로서 그 결실을 맺었다.

물론 국무성이 이렇게 판단한 것은 최종적으로 병합조약에 따라 한반도의 주권이 정식으로 일본으로 이양되었다는 병합의 합법성을 모든 것의 전제로 두고 있었기 때문이었다. 다시 말해 카이로선언이 나왔음에도 전후계획의 입안에 임했던 국무성 실무자들은 그에 일절 영향을 받는 일도 없이 한반도는 일본 본토와 법적으로 일체화된 영락없는 일본 영토라고 계속 간주하고 있었던 것이다.

카이로선언이 선포되었음에도 그 안에 규정되던 '노예 상태' 등이 한반도 독립 문제에 영향을 주는 어구가 아니라고 봤던 국무성의 인식은 봄에 이어 다시 한반도 독립 문제가 집중적으로 논의된 1944년 늦가을에도 변함이 없었다. 이 시기 미국은 전후 한반도 독립 문제에 관한 미·중·영에 의한 공동 연구의 필요성을 인식했다. 실제로 '전후'가 가시화되는 가운데 전후 질서를 주도할 수 있는 미국 역시 같이 카이로선언을 기초한 미·중·영 3국에 의한 정책 조정의 필요성을 의식한 것으로 보인다.

미국은 이 연구의 필요성과 관련해 1944년 9월 "한반도에 관한 의문 초안"을 작성했다.[37] 이 초안은 그 벽두에서 카이로선언 중 한반도 독립과 관련해 "상기 3대국은 한국인의 노예 상태에 유의하여 적당한 시점에 한국을 자유 및 독립시킬 것을 결심한다"는 한반도 독립 조항을 정면으로 내세워, 이 조항이 3국에 의해 해결되어야 하는 정책 과제들을 가리키고 있다고 강조했다. 즉 일단 '노예 상태'는 다시 확인되었고 그리고 그 한반도 독립 조항에는 아직 '해결해야 할 정책 과제'가 남아 있다고 지적되었다. 실제 그 "한반도에 관한 의문 초안"은 정치, 군사,

---

37) "Draft Questionnaire on Korea", 『대한민국임시정부자료집 26: 미국의 인식』, 347~349쪽.

경제, 그리고 한반도 밖에 재류한 한국인에 관한 문제 등, 포괄적인 연구 과제가 남았다고 하면서 그 항목들을 구체적으로 나열했다. 그러나 일단 인용 속에 들어간 '노예 상태'는 단지 카이로선언 중의 한반도 독립 조항을 그대로 따왔을 뿐, 그 어구 자체에 특별한 의미를 찾기 위한 뜻과는 전혀 무관했다. 이 점은 그 의문 초안이 제시한 개별 연구 과제를 보면 쉽게 알 수 있다.

국무성이 나열한 그 개별적인 연구 과제와 관련된 각 항목 중, 카이로선언이 직접 언급한 어구와 얽히는 물음들이 제시된 것은 정치 분야였다. 그러나 그 정치 분야 중, 둘째, 셋째 과제로서 제기된 것은 선언이 규정한 '적당한 시점'과 관련된 것이었다. 그와 관련된 개별 과제들은 '적당한 시점'을 결정하는 요인, 사전에 구체적인 독립 시기를 설정할 것인가의 여부, 그리고 그 '적당한 시점'에는 군사점령 후 임시적으로 국제관리를 실시하는 기간도 포함되는가의 여부 등이었다. 물론 이들은 상기한 바와 같이 1944년 늦가을 국무성 내부에서 실제 검토가 진행되고 있었던 과제들이었다. 이러한 사실을 보면 미국은 향후 영국이나 중국과의 조정을 진행할 것을 염두에 두면서 1944년의 늦가을에 먼저 자신의 입장을 정립하기 위해 검토에 들어간 것으로 풀이된다.

그러나 국무성은 같이 선언을 선포한 중·영에 대해 '적당한 시점'의 의미를 정립하는 문제에 대해서는 검토의 필요성을 제기하면서도 선언이 같이 규정한 '노예 상태' 등의 의미에 대해서는 공동 연구를 진행할 필요성을 지적하지 않았다. 물론 직접적으로 한반도 독립 조항에 들어간 것도 아닌 약탈 조항 중의 '폭력이나 탐욕으로 인해 약탈'했다는 규정이 한반도 독립 문제에 관한 공동 연구 과제로 지정되는 일도 전혀 없었다.

이들 일련의 사실은 '폭력이나 탐욕으로 인해 약탈'했다는 규정은 물론, 비록 직접적으로는 한반도 독립 조항에 들어간 '노예 상태'도 실제 한반도를 독립하게 하는 문제에 아무런 영향도 줄 규정이 아니라고 국무성이 일관되게 인식하고 있었음을 가리켰다. 물론 이런 인식은 국무성이 병합이 합법이며 따라서 그에 따라 한반도가 일본의 주권하에 있는 정식 영토라는 인식을 자명으로 여기고 있었음에 따른 논리적인 귀결이었다. 그리고 이러한 사고방식으로부터는 일본이 법적 효력도 없이 한반도를 강점하고 있는가 하는 물음을 새삼 따지려는 그런 문제의식이 나올 리는 없었다. 카이로선언 선포 후에도 결국 '노예 상태' 등의 어구가 전혀 논의 대상으로 되지 않았던 까닭은 바로 여기에 숨어 있었을 것임은 틀림없다.

또한 이와 같이 관련 규정이 망각되는 가운데서는 병합의 합법성 여부와 직접 상관없이 제기할 수 있는 통치의 부당성 여부 문제가 거론 대상으로 잡히는 일도 없었다. 국무성은 전후 즉시의 독립이 어렵다는 정세 판단을 내리는 과정에서 한반도에 대한 일본의 통치의 내용에 대해서는 상당한 관심을 보이기는 했다. 국무성은 이와 관련해 일본의 통치가 한반도의 자립을 도우려 하는 것이 아니라 완전히 일본 영토로 흡수하려는 것이었음을 몇 차례 확인했다. 그러나 그들 인식은 모두 한반도가 전후 즉시의 자립 능력을 결여하고 있다는 결론을 도출하는 문맥에서 고찰되었을 뿐, 부당한 통치의 책임을 추궁하고 그에 한반도 독립의 근거를 찾으려는 그런 의도와 연결되지 않았다. 카이로선언에서 규정된 '노예 상태' 등은 적어도 그 직접적인 의미로서는 틀림없이 일본의 한반도 지배를 비난하는 어구였다. 그러나 막상 한반도 독립을 구체적으로 계획해 나가는 과정에서는 국무성이 그 어구의 의미를 명확히 정립하고 부당한 통치의 책임을 천명한다는 등의 정책과 연결하려는 그런 문제의식을 보이는 일은 별 없었던 것이다. 그리고 이런 문제의식의 결여는 이후 이어진 전후계획 속에서도 변함이 없었다.

카이로선언은 틀림없이 한반도의 독립을 공약했다. 그러나 막상 그에

기초하면서 국무성이 실제로 그에 필요한 구체적인 내용을 담아 간 전
후계획 과정에서 선언이 병합의 원천 비합법성이나 통치의 부당성을 확
정하는 담보로 작용하는 일은 없었다. 그러나 문제는 보다 심각했다. 그
런 문제를 일절 따지지도 않은 채 오히려 단지 '적당한 시점'에 한반도
를 독립하도록 할 것만 선포한 그 선언은 그 후 한반도가 단지 전후 일
본의 주권으로부터 떼어져 나오는 지역에 불과함을 결정짓는 근거가 되
었다. 바꾸어 말해 선언은 전후 일본의 주권이 최종적으로 절단되기까
지 일본의 주권이 한반도에 미치고 있음을 국제적으로 선포함으로써 종
전으로 이르는 정치적인 격변기에도 다시금 병합의 합법성을 국제적으
로 확정하는 담보가 되어버린 셈이었다.

II 종전의 가시화와 임시정부 승인 문제의 행방

1 카이로선언 선포 후 임시정부에 의한 승인 요구 활동의 재개

이상과 같이 카이로선언 선포 후에도 국무성은 사실상 선언으로부터
아무런 실질적인 영향도 받지 않은 채, 선언 이전부터 이미 그 윤곽을
드러냈었던 국제적 신탁통치 방안을 그대로 밀고 나가려 했다. 국무성
은 한반도에 대한 일본의 주권 보유를 전제로 단지 전쟁의 결과로서 한
반도를 일본의 영토에서 떼어내고 최종 독립으로 이끌기 위한 관리 방
안에만 관심을 보였다. 그만큼 이 상황은 비록 '임시'를 달았다고 하더
라도 스스로를 '정부'로 자칭하던 임시정부에게는 중대한 위기를 의미
하지 않을 수 없었다. 새삼 강조할 필요도 없이 병합조약으로 인해 일
본이 한반도에 대한 주권을 정식 보유하고 있다는 그 논리적 귀결은 한
국인의 어느 조직에도 한반도에 대한 주권이 귀속되어 있지 않음을 뜻

할 수밖에 없었다. 이것은 임시정부에게 비록 '임시'라 하더라도 일단 '정부'임을 주장해온 자신의 입장의 기반을 근본적으로 부정하는 처사였다. 그만큼 카이로선언에 의한 한반도 독립 공약이 나온 후의 전개는 임시정부에게 중요한 의미를 지녔다. 즉 카이로선언에 의해 공약된 한반도 독립과 관련해 그 성격이 비합법적이고 부당한 강점으로부터의 '광복'을 뜻하며 한반도의 주권이 계속 한국인을 대표하는 임시정부에게 귀속되어 있음을 확정하는 매우 중요한 시기가 되었다. 더구나 선언은 '노예 상태' 등 애매한 규정을 사용했을 뿐, 그들이 '광복성 여부'와 어떻게 관련되는지 일절 불명이었다. 이 의미에서도 카이로선언 선포후 그 문제를 구체화하는 데 임시정부에게 주어진 역할은 중요했다. 그럼 한반도 독립의 성격을 확정하는 매우 중요한 이 시기, 자기 스스로를 유일한 민족 대표정부로 자칭하던 임시정부는 어떤 인식을 가지고 대응했는가?

1944년 3월 중·하순 무렵 임시정부는 조소앙을 비롯한 5명의 대표가 직접 미국을 방문할 수 있도록 미국정부에게 요청했다.[38] 이와 관련해 4월 7일에 임시정부가 일단 밝힌 미국 방문 목적은 미국의 여러 도시에 있는 한국독립당 관계자들과 면담할 것과 한국에 관한 현 상황을 알고 싶어 하는 현지 한국인 독립운동가들에 대해 조언을 하기 위한 것이었다.[39] 즉 이 방문 계획과 관련해 당초 임시정부는 정부 승인 문제와 직접 연결시키려 하지는 않았다. 이 시기 임시정부는 잠시 정부로서의 공식 승인 요청을 하는 것을 피한 것으로 사료된다. 실제 3월 25일에 임시정부 요원과 면담한 미국 관계자는 이 면담을 한국인과 접촉하는 가

---

38) 조소앙 등의 미국 방문 요청과 관련해 기록은 이승만이 3월 말 조소앙에게 미국 방문을 제기했다고 적고 있다. MJK-567, "untitled", 『대한민국임시정부자료집 26: 미국의 인식』, 280~282쪽. 즉 조소앙들의 미국 방문 계획은 이승만의 주도에 따른 것이었을 가능성이 크다.

39) "MEMORANDUM", 위의 자료집, 289쪽.

운데 미국이 임시정부를 승인하도록 하는 문제에 관해 직접 언급하지 않았던 첫 번째 접촉이었다고 27일 보고했다.[40]

이 시기 임시정부가 정부 승인 요청을 직접 표면화하지 않았던 까닭에는 당시 정부 국무위원을 다시 새롭게 선출하기 위해 의정원이 진행되고 있었다는 정치적 상황이 그 배경으로서 깔려 있었던 것으로 풀이된다. 그것은 한국독립당 이외의 인사들을 보다 적극적으로 '정부' 요원으로 받아들여 대립하는 세력을 임시정부하에 규합하기 위한 중요한 절차를 의미했다. 원래 미국 등에게 임시정부 승인을 꺼리게 한 중요한 요인의 하나가 임시정부가 '정부'라기보다 분열을 수습하지 못하는 '하나의 독립 세력'에 불과하다는 인식이 퍼져 있기 때문이었다. 다른 독립 세력을 규합하고 민족의 대표성을 강화하는 절차가 진행 중이었던 그 시기, 미국 방문 계획을 직접 승인 문제와 연결하려는 것은 전략적으로도 효과적이지 않았다. 분열 상황을 수습하지 않은 채, '정부'로서 미국을 방문할 수 있도록 요청하는 것은 승인 문제에 대해 오히려 역효과였다. 즉 그것은 이전부터 계속 이어져온 세력 다툼에 이기기 위한 정치적 꼼수라는 평가를 미국에게 거듭 확인시키고 그 결과 미국 방문 계획 자체에도 악영향을 줄 만한 처사였다.

그러나 물론 이 시기 대두된 조소앙 등의 미국 방문 계획은 미국에서 흩어지면서 활동하는 한국인들을 단순히 만나기 위한 것은 아니었다. 거기에는 '정부'로서 해외 국민을 접견한다는 정치적 의도가 깔려 있었다. 4월 24일 김구 수석을 비롯해 다른 정파에 속하는 14명의 대표가 국무위원으로 선출되었다.[41] 이 절차에 따라 임시정부는 일단 다른 독립 세력을 일부 규합함으로써 대일 독립 투쟁을 이끌어가는 민족 대표 정부로서의 체면을 갖추었다. 그러자 5월 16일 미국 대사관을 방문한

---

40) "MEMORANDUM OF CONVERSATION", 위의 자료집, 287쪽.
41) RCC-262, "untitled", 위의 자료집, 294쪽.

조소앙은 임시정부가 미국 등 다른 국가들에 대해 승인을 요청하는 결의안을 통과시켰다고 하면서 그 결의안을 제출해야 하기 때문에 미국을 방문할 수 있도록 허가를 얻을 수 있을 것인지, 그리고 직접 루스벨트 대통령이나 헐 국무장관이 그것을 수령해 줄 것인지 등을 물었다.[42] 조소앙 등의 미국 방문 계획은 임시정부를 대표해서 국무회의가 통과시킨 승인 결의안을 직접 루스벨트 등에 수교함으로써 그 승인을 얻으려는 그런 가능성을 모색하는 전략적 뜻을 담은 것이었다.

단독으로 일본에 맞서는 힘이 없는 임시정부에게 특히 승인은 의미 있는 모든 활동의 전제 조건이었으니만큼 승인 활동은 그 후도 계속되었다. 새로운 국무 요원들의 선출이 끝나자 6월 10일 조소앙은 한국의 통합이 이제 이루어졌다고 설명하면서 일본 군국주의를 분쇄하기 위한 전략적 조치로서 임시정부를 승인하도록 요청하는 성명서를 헐 장관 등에게 보냈다.[43] 또한 엄항섭 선전부장 역시 임시정부 승인 문제와 관련해 당시 중경을 방문한 미국 부대통령 월리스(Henry A. Wallace)를 만날 수 있도록 중국 측에 접근했다.[44]

승인외교의 대상은 물론 미국뿐만이 아니었다. 임시정부의 새 출범에 따라 7월 3일 김구는 직접 장개석에게 중국정부가 솔선해서 임시정부를 승인하도록 요청하는 공한을 보냈다.[45] 또한 8월 15일 중국 국민당 중앙집행위원회 개최에 맞추어 임시정부는 한국혁명지사들의 마음으로서 임시정부가 이제 온 민족의 반일운동을 주도하고 대외적으로도 모든 민족을 대표하는 주체라고 하면서 중국이 솔선하고 승인할 것을 호소했다.[46] 초가을에 접어든 9월 5일 장개석을 직접 만난 김구는 한중 양국

---

42) "MEMORANDUM OF CONVERSATION", 위의 자료집, 313쪽.
43) "STATEMENT", 위의 자료집, 328쪽.
44) "MEMORANDUM OF CONVERSATION", 위의 자료집, 341쪽.
45) "임시정부 승인 요청", 『대한민국임시정부자료집 22: 대중국 외교활동』, 206~207쪽.
46) "中國國民黨 12中全會에 보내는 한국혁명지사의 비망록", 위의 자료집, 211쪽.

의 유교적인 유대감을 강조하면서 중국이 앞장서서 임시정부를 승인하
도록 다시금 요청하는 비망록을 제출했다.[47] 그러나 장개석은 시기가
성숙되면 다른 나라에 앞서 임시정부를 승인한다는 소극적인 답변만을
내놓는 데 그쳤다.[48]

장개석이 언급한 그 '성숙된 시기'가 기타 연합국, 그 가운데서도 결
국 미국과의 조정이 이루어진 시점을 염두에 둔 것이었음은 말할 나위
도 없었다. 카이로회담은 한반도를 둘러싼 현실과 대국의 전략에 따라
오히려 한반도의 즉시 독립을 막았다. 전후 신탁통치라는 과도기를 거
치고 한반도를 독립하게 할 것에 미·영과 사실상 합의를 본 장개석에게
는 회담 후 오히려 그 합의의 테두리에 영향을 줄 수도 있는 임시정부
조기 승인 문제는 더욱더 단독으로 결정할 수 있는 문제가 아니게 되었
다. 카이로선언은 그 선포 전에 한때 임시정부 조기 승인에 기울인 중
국의 태도마저 소극적으로 돌아서게 하는 요인이 된 것이었다.

결국 장개석이 말한 그 '성숙'된 시기가 오는 일은 없었다. 물론 그것
은 신탁통치 실시라는 대국 간의 합의가 한국인 대표정부를 조기에 승
인할 필요성을 없애게 한 데서 기인하는 바도 컸을 것이다. 그러나 원
래 신탁통치를 도입하려 한 것은 전후 국가 운영을 맡길 만한 한국인의
주체가 존재하지 않는다는 것을 전제로 한 것이었다. 혹시 임시정부가
믿을 만한 알맹이 있는 주체였으면 임시정부를 밀고 전후를 구상하는
것은 가능했다. 또한 가령 일시적으로 신탁통치를 실시한들, 전후 피할
수 없이 생길 혼란은 외국의 힘만으로 효율적으로 조율할 수 있는 문제
도 아니었다. 그에는 당연히 한국인의 지지를 얻기 쉬운 민족 대표로부
터의 위임이라는 형식적 절차를 밟는 것이 바람직했다. 또한 그 형태가
어떻게 되든 실제 신탁통치를 실행한다면 그 원활한 실시를 위해서도

---

47) "임시정부 승인과 한국독립운동에 대한 원조를 요청하는 비망록과 요구조
    건", 위의 자료집, 212~214쪽.
48) "蔣介石과 金九의 담화회 경과보고", 위의 자료집, 219쪽.

과도정부에 한국인 대표가 참가하고 그 운영에 있어서 같이 협력할 것이 절실했다. 따라서 임시정부가 미국에게 한창 진행 중인 대일전의 수행과 전후의 협력자로서 유익했다면 임시정부의 조기 승인과 그와의 밀접한 협력 관계 구축은 오히려 미국에게도 중요했다. 그러나 이 시기에 이르러서도 결국 미국은 그런 유대 관계를 구축하려 하지 않았다. 그것을 막은 힘은 임시정부가 내부적으로 여전히 안고 있었던 분열에 대한 미국 측의 계속된 불신이었다.

4월 29일 임시정부 요원 안원생을 만난 미국 측 관계자는 그 면담 결과를 국무장관에게 보고했다. 그것은 임시정부의 새 출범과 관련된 속사정을 전하는 것이었다. 그 미국 관계자는 새 정부 출범에 따라 통합이 이루어졌다고 하는 임시정부 측 선전과 달리 새 국무위원 선출은 통합이 이루어지지 않으면 지원금을 중단한다고 엄포를 놓은 중국의 압력에 따른 표면적인 결과에 불과하며 그 아래서는 여전히 불화가 존재하고 정부 구성원 중 어느 누구도 자신들의 지위나 권력을 포기하려는 그런 생각은 없었다고 보고했다.[49]

그런 분열 탓에 미국에게는 임시정부가 '정부'가 아니라 하나의 독립 세력에 불과하다는 인식이 여전히 지배적이었다. 5월 16일 조소앙과 만난 고스 대사는 승인 문제를 거론한 조소앙에 대해 비록 사견이라 하면서도 임시정부는 망명정부가 아니라 독립운동 세력에 불과하고 승인은 현재 고려되는 문제가 아니라고 잘라 말했다.[50] 미국이 임시정부를 한국인의 대표정부로서 승인하고 그와 유대 관계를 맺으려 하지 않았던 배경에는 이와 같은 임시정부에 대한 부정적인 정보나 인식이 계속 작용하고 있었던 것이다.

---

49) "MEMORANDUM OF CONVERSATION", 『대한민국임시정부자료집 26: 미국의 인식』, 300~301쪽.
50) "MEMORANDUM OF CONVERSATION", 위의 자료집, 311쪽.

2 얄타회담과 임시정부 승인 요청의 차단

1) 얄타회담과 한반도 독립 문제에 대한 관심 소재

대전이 끝날 1945년이 밝아지자 종전을 의식한 움직임은 빨라졌다. 대일전에 앞서 유럽 전선 종결에 전망이 섰다. 주지하다시피 독일 항복이 임박해지자 얄타회담이 2월 개최되었다. 국무성이 전혀 관여하지 않았던 카이로회담과 달리 한반도 정세에도 결정적인 영향을 준 이 얄타회담에는 국무성에서 진행되던 전후계획의 내용이 짙게 반영되었다. 얄타로 향하는 루스벨트는 그 회담에서 논의될 것이 예상되는 몇 가지 문제에 관해 그 정책적 요약보고서(briefing paper)를 제출하도록 국무성에게 지시했다. 그중 한반도 문제를 담당한 것은 보튼이었다.[51] 보튼이 루스벨트에게 제출한 그 보고서의 내용은 당연히 보튼 등이 주도해 왔던 국무성 전후계획의 내용이 짙게 반영되었다.

보튼은 앞서 언급한 1944년 3월 29일자 PWC 문서 125 "한반도: 점령과 군사정부: 군대구성"을 바탕으로 루스벨트에 대한 요약보고서를 작성, 제출했다고 회고하고 있다.[52] 보튼이 간략하게 소개하고 있는 그 내용은 실제 FRUS에 "전후 한반도의 지위"로서 수록되어 있는 요약보고서[53]와 일치하고 있으므로 이것이 루스벨트의 요청을 받아, 보튼이 작성, 제출한 요약보고서로 보인다.

그 요약보고서는 한반도와 접하고 있는 중국과 소련이 전통적으로 한반도 문제에 이해관계를 유지하고 있으며 서로 상대방이 한반도에 대

---

51) 이 사실은 보튼 자신의 회고에서 확인할 수 있다. ヒュー・ボートン, 앞의 책, 163쪽.
52) 위의 책, 164~165쪽.
53) Briefing Book Paper, "POST-WAR STATUS OF KOREA: Inter-Allied Consultation Regarding Korea", *FRUS 1945 The Conferences at Malta and Yalta*, pp.358~361.

해 독점적인 영향력을 행사할 것을 싫어할 것, 또 미·중·영이 이미 한반도 독립을 공약하고 있고, 단독의 힘으로 한반도를 군사점령하는 것은 정치적으로 중대한 반동(repercussions)을 일으킬 것들을 들어 점령군은 지역을 분할해서 통치하는 형식이 아니라 연합국 대표로 조직하는 기구가 중앙집권적으로 점령할 것, 그리고 그 연합국 대표는 한반도에 현실적으로 이해관계를 가진 국가들로 구성하되 점령에 참여하는 미국의 실효성(effectiveness)에 악영향을 줄 만큼의 큰 규모로 하지 않도록 할 것 등을 건의했다. 그리고 그 '규모'에 대해 그 보고서가 지적한 형태 역시 미국, 중국, 영국, 소련의 4개국이 관여하는 관리 방안이었다.

한반도를 포함해 전후 동아시아 정세에 결정적인 양향을 준 얄타회담에 임하는 루스벨트에게 제출된 보튼 작성의 요약보고서의 내용은 이상과 같이 전후 한반도를 어떻게 관리하는가 하는 문제에 대한 정책 권고만이었다. 원래 병합의 성격 등에 관심을 가진 적이 없는 보튼 등의 국무성 실무자들이 이 단계에 이르러 '느닷없이' 그런 문제에 눈을 돌리는 필연성은 이제 어디에도 없었다. 일본 항복에 따른 '전후'는 눈에 띄게 다가와 있었다. 이에 따라 종전 후의 한반도 관리 문제 역시 더욱더 시급해졌었다. 이런 상황에서 얄타회담에 임하는 루스벨트에게 제출하는 보고서에 병합의 비합법성이나 통치의 부당성 등, 한국 독립의 근거를 천명하도록 건의하는 내용이 들어가는 여지는 전무했다.

루스벨트는 이상과 같은 문맥에서 만들어진 국무성의 요약보고서를 제출받고 얄타회담에 임했다. 카이로회담에서 이미 전후 국제적 관리체제를 거쳐 한반도를 독립하게 하도록 천명했던 루스벨트 구상과 국무성에서 제출받은 정책 권고의 내용이 별 모순된 것이 아닌 이상, 전후 한반도를 독립하게 하는 문제에 대한 루스벨트의 입장은 한층 더 군건해졌다. 이로써 루스벨트가 얄타회담에서 전후 한반도를 관리하는 방안 이외의 주제를 그 토의에 들고 나올 틈은 완전히 소멸되었다. 물론 일

본의 한반도 병합의 경위나 통치의 내용에 개인적으로 관심을 가진 적
도 없으며 또한 스스로가 그리던 국제적 신탁통치 구상에 실질적으로
아무런 영향도 주는 문제가 아닌 그런 문제가 루스벨트 개인에 의해 돌
연 회담에서 제기될 리도 없었다.

실제 잘 알려져 있는 바와 같이 소련의 대일 참전을 유도함으로써 결
과적으로 한반도에 대해 남북 분단이라는 크나큰 부담을 안겨 준 얄타
회담에서도 한반도 문제에 관해 직접 오간 논의는 신탁통치를 둘러싼
짧은 대화 한 번에 불과했다.54) 일련의 회담 중 2월 8일에 열린 루스벨
트-스탈린회담에서 루스벨트는 20년에서 30년 동안55) 한반도를 신탁통
치할 방안만을 스탈린에게 제안했다.56) 그나마 기간을 제시한 루스벨트

---

54) 이와 관련해 훗날 포츠담회담 준비의 일환으로 대통령 해군 보좌관 에슬리
(G. Esley)가 대통령의 군사고문 레이히(William D. Leahy)와 트루먼 대통령
에게 제출한 문서는 얄타회담과 관련된 루스벨트 대통령 개인 문서들(Map
Room Messages)에서도 한반도 문제가 거론된 적은 없다고 전하고 있다.
No.250, "Memorandum by the Assistant to the President's Naval Aide(Elsey)",
FRUS 1945 Volume I The Conference of Berlin(The Potsdam Conference), p.310.
이 증언 역시 얄타회담 전후 루스벨트에게는 그나마 거론한 신탁통치 문제
이외에는 한반도 문제에 관해 아무런 관심도 없었음을 엿볼 수 있게 하는
대목이다.

55) 얄타회담에서 루스벨트가 언급한 이 20~30년이라는 기간이 어떻게 나왔는
지는 알 수 없다. 앞서 고찰해온 바와 같이 이 시기의 국무성 전후계획에서
는 기간을 미리 정하는 것이 어렵다는 생각이 유력했다. 따라서 이 루스벨
트 제안은 실무적으로 면밀히 검토된 결과로서 계획적으로 산출된 것이 아
니었음은 거의 틀림없다. 루스벨트는 이 20~30년이라는 기간을 제안했을
때 신탁통치 문제와 관련해 미국이 갖고 있는 경험은 필리핀뿐이며 필리핀
의 경우에는 자치정부(self-government) 수립에 약 50년이 필요했다고 말하
고 있으므로 이 20~30년이라는 기간은 지극히 개인적인 생각으로 애매하
게 언급된 것이었음은 틀림없어 보인다. 다만 국무성 역시 이 시점에서는
미리 기간을 정하기 어렵다는 잠정적인 결론을 내리고 있었다. 그런 만큼
혹시 이런 국무성 측 생각이 루스벨트에게 직접 전해지고 있었다면 국무성
의 이와 같은 상황 판단이 루스벨트가 실제 정해진 5년간보다 훨씬 긴 기
간을 일단 제안한 한 요인으로 작용했을 가능성도 있을 것이다.

가 카이로선언을 선포한 장본인으로서 선언 속에서 천명했었던 '적당한 시점'이라는 독립 시기와도 직접 얽히는 신탁통치 실시 기간에 일정한 정도 관심을 가지고 있었음을 알 수 있다. 그러나 선언에 같이 규정한 '노예 상태' 등의 애매한 개념에 유의하면서 스스로가 주도한 한반도 독립에 대해 그 근거를 보다 정확히 할 필요가 있다는 등의 과제를 인식하는 일은 전혀 없었다.

이렇듯 한반도를 독립하게 하는 근본적인 근거를 따질 문제의식 따위는 일절 결여한 채, 미·중·영·소 4개국에 의해 한반도에서 신탁통치를 실시한다는 구상만이 미·소 사이에서 공유되었다.57) 이 방침은 4월 루스벨트의 갑작스러운 사망에 따라 한때 유동적인 상황을 맞이했다. 그러나 이하 봐 나가듯이 카이로선언을 이끈 루스벨트 자신이 '노예 상태' 등에 아무런 의미도 찾지 않았던 가운데 대통령직을 이어 받은 트루먼(Harry S. Truman) 신대통령이 '광복성 여부' 등의 문제에 관심을 기울이게 될 리 역시 없었다. 실제 결국 트루먼 신정권하에서 신탁통치

---

56) "ROOSEVELT-STALIN MEETING, FEBRUARY 8, 1945, 3:30 P.M., LIVADIA PALACE", FRUS 1945 The Conferences at Malta and Yalta, p.770. 단 한반도의 운명과도 관련이 있는 이 중요한 토의와 관련해서는 농담도 오간 것으로 사료된다. 회담 석상에서 루스벨트가 개인적인 생각으로서 영국은 분노할 것이나 영국을 신탁통치에 참가하게 할 필요는 없다고 발언한 데 대하여 스탈린은 처칠이 "우리를 죽일 것"이라고 하면서 영국이 참가해야 한다는 답변을 내놓았던 것으로 기록되어 있다.

57) 흥미로운 것은 이와 같은 미·소 합의에 따라 신탁통치에 실제 참여할 것을 권유받게 된 영국 자체는 자신이 직접 참여할 것을 반드시 선호하지 않았다는 점이다. 얄타회담으로부터 약 8개월 후의 문서가 되나 10월 25일자로 작성한 문서에서 영국 외무성 자신은 영국에는 한반도에 대해 상업적인 이해관계가 작고 또한 군사적 이해관계는 전혀 없으므로 점령군으로의 참가는 번거롭다 하면서 호주가 태평양 지역의 문제에 관심을 보이고 있으며 자신이 신탁통치에 참가하지 못하는 것에 반대할 것이니 영연방 대표로서는 영국이 빠져 호주가 초청받도록 할 것을 고려하고 있었다. "F.E.(M)(45) 10. KOREA", F9433/2426/G, "Korea", YD-127, 1945, Reel no.8.

가 미·소 간의 공식 합의 사항으로 승격되는 가운데서도 한반도를 독립
하게 하는 근거 문제 등이 양국 간에서 논의되는 일은 없었다.

물론 이와 같은 논의가 일절 진행되지 않은 까닭은 소련에게도 그 문
제가 일부러 거론할 만한 대상이 아니었기 때문임은 틀림없을 것이다.
비록 카이로회담에는 직접 참여하지 않았으나 스탈린은 테헤란회담에
서 '노예 상태' 등의 규정을 포함한 카이로선언의 내용에 일단 승인을
주었었다. 또한 루스벨트의 사망 소식을 접한 스탈린은 해리먼에 대해
루스벨트의 대의(cause)는 살아 있으며 얄타에서 합의된 소련의 일본 관
련 정책에 변함은 없다고 약속했다.[58) 그러나 카이로선언에 동의하고
얄타합의 또한 준수할 것을 밝힌 소련 역시 그 관심 대상은 일본의 영
향력 차단과 스스로의 영향력 확대를 노린 한반도 독립이라는 방침이었
지, 전후 한반도를 왜 독립하게 하는가 하는 근거 마련의 문제는 아니
었다. 아니, 미국과 더불어 소련 등에게는 병합의 비합법성이나 통치의
부당성을 확정하는 과제 따위는 애초 그런 과제가 존재하는 것조차 느
끼지도 않는 사소한 문제 이외의 아무것도 아니었을 것이다.

2) 임시정부 승인 문제를 둘러싼 막판 교섭

한편 얄타회담이 개최되는 무렵, 중국은 임시정부에 대한 정식 승인
을 위해 대미 교섭을 강화하는 등 임시정부 지원에 적극 나섰다. 그 배
경은 자료적으로 명확하지 않다. 그러나 일본의 항복이 다가온 그 시기
에 중국이 다시 임시정부 지원에 적극 나선 것은 미·영·소의 정상들이
모이는 얄타회담이 개최된다는 상황과 연동된 정치적인 움직임이었다
고 해석해도 과오는 없을 것이다.

---

58) "FROM HARRIMAN, PERSONAL AND TOP SECRET FOR THE PRESIDENT",
    RG 43. Records of World War Ⅱ Conference 1943-45, Records of the Yalta Conference,
    Reel no.5(5)(국사편찬위원회 소장 기호), rp.122. 이하 이 문서에 관해서는 'Yalta
    Conference'로 약기한다.

카이로회담 참석을 통해 한때 '4대국' 취급을 받게 된 중국 역시 결
국 얄타회담에서는 배제되었다. 물론 그 회담은 일차적으로 독일 항복
에 따른 유럽의 공백을 메우기 위한 조정 회담이었다. 그러나 정상이
모이는 그 자리에서는 독일 항복 후 유일하게 남을 대일전의 수행과 그
와 얽히는 전후 동아시아 질서 구축에 관해 중요한 의견들이 교환될 가
능성이 충분히 예상되었다. 특히 이미 예상되었었던 소련의 대일 참전
은 전후 한반도에 대한 공산주의국가 소련의 영향력을 직접 증대하게
하는 우려스러운 사태였다. 그 가능성을 충분히 헤아리면서도 스스로
회담에 참석하지 못하는 중국에게 한반도 문제와 관련된 남은 전략은
거의 하나였다. 그것은 임시정부를 독립국가의 주체로 미리 선정함으로
써 전후 자신에게 유리한 한반도 질서를 미리 확보해 놓으려 하는 것이
었다. 중국에게는 이제 시기가 '성숙'되는 것만을 마냥 기다리는 여유는
없었다. 오히려 적극적으로 시기가 '성숙'되도록 스스로 움직여야 하는
상황에 직면한 것이었다.

1945년 1월 24일 장개석의 수석 비서 샤오(Shao Yu-lin)는 일본에도
주류한 경험을 가진 디코버(Erle R. Dickover) 일본부장이나 중국 담당인
빈센트 중국부장을 방문한 자리에서 중국은 자국 내에 존재하는 한국인
이 대일전에 실제 직접 참전할 것을 원하고 있으며 그것은 아시아인 모
두에게 커다란 심리적인 영향을 줄 것이라 하면서 미국에게 무기대여법
의 적용이 가능할지 물었다.[59] 이어 2월 5일에도 샤오는 극동국의 밸런
타인 국장을 방문하면서 같은 요청을 거듭했다. 샤오는 임시정부 지도
자에게 연합국의 승인을 얻기 위해서는 자신들이 독자성을 가지고 책임
을 다할 수 있는 능력을 가진 조직임을 보여야 할 것, 그를 위해서도

---

59) "Korean Participation in the War Effort", *Korean Provisional Government:
Independence Movement, 1945*, p.2. 이 문서는 미국 국립공문서기록관리국 소
장의 한반도 독립운동 관련의 문서를 국회도서관이 수집하고 인터넷상으
로 공개하고 있는 것이다.

프랑스의 저항운동(resistance)처럼 지하운동을 벌이고 한국인을 고무하고 저항 방법을 지도해야 할 것들을 전하고 있으며 그 조언에 따라 현재 임시정부 지도하에 약 2,000명 정도가 활동하고 있다는 점 등을 미국에게 전달하면서 그들에 대한 미국의 무기 대여 등, 군사적인 지원의 가능성 여부를 타진했다.[60] 즉 얄타회담 개최 무렵 중국은 임시정부를 대일전에 참전시키기 위해서라는 대의명분을 들이대면서 미국과의 군사적 관계를 맺게 함으로써 비록 법적인 승인이 아니더라도 미국에 의한 실질적인 임시정부 승인을 이끌어 내려고 도모한 것이었다.

실제 17일에 밸런타인 국장들을 만난 주미 중국대사관 측 류(Liu Chieh) 참사관 등은 한국인의 저항운동은 장려되어야 하고 그 지원은 중경의 임시정부가 주된 대상으로 되어야 한다고 하면서 중국으로서는 비록 법적정부로서가 아니더라도 저항운동을 대표하는 존재로서 그들에 대한 미국의 공식적인 지원을 환영한다고 강조했다. 그러나 미국은 비록 그 자리에서는 명확한 거절 의사를 직접 밝히지 않았으나 잇따른 그들 중국 측 요청에 대해 임시정부에 대한 무기 대여는 어려울 것이라는 전망을 내놓았다.[61] 물론 이는 무기 지원이 사실상 미국정부에 의한 임시정부 승인이라는 의미를 지니게 될 것을 꺼리기 때문이었다.

이런 중국의 움직임과 연동된 것으로 보이나 이 시기 임시정부 역시 자신들에 대한 승인을 위해 미국에게 직접 접촉했다. 같은 2월, 이승만은 국무장관 대리였던 던(James C. Dunn)에게 서한을 보냈다. 던이 전한 그 이승만의 서한 내용은 국무성이 중국과 협조할 것에 대한 암묵적인 승인이라도 준다면 중국은 한국(Republic of Korea)을 법적으로 공식 승인할

60) "Memorandum of Conversation, by the Director of the Office of Far Eastern Affairs(Ballantine)", *FRUS 1945 Volume Ⅵ The British Commonwealth The Far East*, pp.1018~1020.

61) "Memorandum of Conversation, by the Director of the Office of Far Eastern Affairs(Ballantine)", *ibid.*, pp.1020~1022.

의향을 갖고 있으며 미국이 그에 협조할 것을 희망한다는 것이었다.[62]

또 2월 23일 중국 중경에서는 조소앙이 미국 대사관을 직접 방문했다. 조소앙은 그 방문을 통해 임시정부가 한국인을 대표하는 가장 강력하고 잘 조직된 집단으로서 미국이 유일하게 또 직접적으로 지원하는 데 가장 적절한 존재임을 호소하면서 구체적으로 다음과 같은 지원들을 요청했다. 그것은 임시정부의 위상을 높이기 위해 한국인 부대를 먼저 태평양상의 섬에 있는 미군기지에서, 그리고 그 후 중국 북동부에서 훈련할 것, 대여(lend-lease) 형식으로 군사 또는 경제적 지원을 할 것, 첩보활동에 한국인을 이용할 것, 미국의 비행기로 인해 임시정부가 준비한 광고물을 한반도에 부릴 것, 샌프란시스코에서 열릴 연합국회의에 임시정부가 대표를 보낼 것을 허가해 줄 것, 그리고 조만간 조소앙 자신이 미국을 방문하는 데 필요한 재류 허가를 발급해 줄 것들이었다.[63] 조소앙이 그 참가를 희망한 샌프란시스코에서 열릴 연합국회의라고 함은 전후 유엔 창립을 위해 소집된 연합국회의였다. 이 회의 참가 요청이 무기 대여나 군사활동을 통한 실질적인 임시정부 지원과 더불어 연합국이 모이는 국제회의에 대표를 보냄으로써 정부로서의 승인을 얻으려 한 의도였음은 불을 보듯이 뻔했다.

그러나 이 소식에 접하자 국무성은 그루(Joseph C. Grew)차관 명의로 대일전으로의 한국인의 활용은 군사당국이 판단하는 문제이나 샌프란시스코회의 참가는 1945년 3월 1일자로 연합국에 참여하고 있는 국가에만 한정될 것, 또한 조소앙의 미국 방문 목적 역시 분명하지 않으며 혹시 조사 결과 미국 방문이 전쟁 수행에 도움이 될 것이 밝혀질 경우에도 개인 자격으로 재류하는 것만을 허가함에 그칠 것, 따라서 임시정부로서의 공적 자격으로 방문하는 것은 허락하지 않을 것들을 주중 대

---

62) "The Acting Secretary of State to the Ambassador in China(Hurley)", *ibid.*, pp.1022~1023.

63) "The Chargé in China(Atcheson) to the Secretary of State", *ibid.*, p.1024.

COPY:

MINISTRY OF FOREIGN AFFAIRS

PROVISIONAL GOVERNMENT OF THE REPUBLIC OF KOREA

CHUNGKING

The Declaration of War on Germany by Korean Provisional Govt.

At 8 P.M. February the 28th. 1945.

Germany, Japan and other Axis countries started war on their peace-loving neighbours. The aggresors brutally destroyed the independence and freedom of many nations, killed and enslaved an untold millions. Such being the fact, the Korean Provisional Government, at the outbreak of the Pacific war, already made an official declaration of war on Japan, and at the same time exposed the crimes of her accomplices.

To accelerate the attainment of final victory of the Allied Nations, and to restore and promote a permanent peace, based on justice, in the Far East, and in the entire world, the Korean Provisional Government once again makes an official declaration of war on the Hitlerite Government, at 8 P.M. on the 28th day of February 1945.

Signed

Kim Koo,

The chairman of the council of state.

undersigned by Members of council of state.

대한민국 임시정부가 선포한 대독 선전포고문

사관에 통보했다.[64]

2월 28일 임시정부는 "연합국의 최종 승리 달성을 촉진하고 정의에 기초해 극동에서의 영원한 평화를 회복시키기 위해" 대독 선전포고를 행했다. 그러나 이미 나치스 독일이 붕괴 직전에 이르고 있었고 무엇보다 유럽 전선은커녕 대일전에서도 아무런 보탬도 할 수 없었던 상황에서 임시정부가 대독 선전포고를 한 것은 '돌출' 행동 이외의 아무것도 아니었다. 그것은 오히려 그 정치적인 의도에 대한 의구심만을 키웠다. 그 소식에 접하자 예컨대 영국의 주중경 대사관은 본국에 대해 이 선전포고는 임시정부가 올 샌프란시스코회의로의 참가 초청을 받기 위한 희

64) "The Acting Secretary of State to the Ambassador in China(Hurley)", *ibid.*, pp.1024~1025.

망 때문에 낸 것은 의심의 여지가 없다고 3월 22일 보고했다.[65]

이러한 미·영의 소극적인 자세에 대해 이승만은 4월 스테티니어스 (Edward R. Stettinius) 국무장관에게 다시 샌프란시스코 연합국회의로의 참가를 허락할 것[66] 또한 5월에는 트루먼 대통령에 대해 임시정부가 무장된 막대한 인력을 갖추면서 다양한 지하활동을 벌이고 있다는 것, 한국인이 가장 번거로운 일본의 적이 될 것, 그리고 임시정부는 보다 크고 효과적인 규모에서 참전할 것을 원하고 있으며 그것은 일본의 항복을 앞당기고 미국의 희생을 줄이는 데 도움을 줄 것들을 전달하는 서한을 끈질기게 보냈다.[67]

그러나 이러한 임시정부 측 승인 요청에 대해 미국은 냉담한 반응으로 일관했다. 4월 26일 같은 일본부에 속한 매큔(George M. McCune)은 디코버 부장에게 조소앙들의 이런 요청에 대해서는 더 이상 대응할 필요가 없다고 잘라 말했다. 매큔이 밝힌 그 이유는 임시정부에게 설사 지원을 한다 하더라도 그들에게는 군사적 공헌을 할 만한 능력이 없다는 것과 독점적으로는 물론, 심지어 주요한 대리인(agency)으로서라도 임시정부를 미국의 활동에 관여하게 하면 그것은 장래 복잡한 정치 상황을 자초하게 될 것이라는 것들이었다.[68] 매큔이 지적한 그 '복잡한 정치 상황'이 무엇을 뜻하려 한 것이었는지 그 직접적인 설명은 없다.

---

65) 대독 선전포고문 "The Declaration of War on Germany by Korean Provisional Govt" 및 그에 대한 영국 대사관의 본국 보고 no.256 "untitled"는 각각 F1779/1394/23, "Korean Provisional Government's declaration of war on Germany", YD-127, 1945, Reel no.7, rpp.23~24에 수록.

66) "The Chairman of the Korean Commission in the United States(Rhee) to the Secretary of State", *FRUS 1945 Volume Ⅵ The British Commonwealth The Far East*, pp.1027~1028.

67) "The Chairman of the Korean Commission in the United States(Rhee) to President Truman", *ibid.*, pp.1028~1029.

68) "Chungking Despatch no.194 re 'Korean Provisional Government'", *Korean Provisional Government: Independence Movement, 1945*.

그러나 매쿤의 그 지적이 미국정부가 이하와 같이 별도로 수집했었던 정보 내용과 상통하는 문맥에서 나온 판단에 따른 결과였음은 틀림없을 것이다.

상기 매쿤의 의견 표명에 앞서 임시정부 측 요원들과 면담한 미국의 특수 공작 기관인 전략첩보국(the Office of Strategic Services)은 2월 27일 임시정부에게는 가치 있는 활동(movement)을 위한 조직을 효율적으로 관할하는 능력이 결여되고 있으며 그들은 단지 일본이 최종적으로 패망 했을 때 자신의 정치 야망을 이루고 개인적인 재산을 늘리기 위한 지위 에 있는 것을 희망하고 있는 사람들이라고 느꼈다고 분석했었다.[69] 즉 미국정부가 외교 라인 이외의 특수 채널을 통해 얻은 정보 역시 임시정 부가 정부로서의 제 기능을 할 수 있는 사람들로 구성되어 있지 않으며 단지 개인의 이익만을 위해 활동하는 '야망가의 집단'에 불과하다고 평 가했었던 것이다. 이런 인상을 이미 받았었던 미국이 임시정부 요원을 '독점적'으로는 물론, 비록 '대리인'으로조차 미국의 활동에 관여시킬 것은 당연히 현명하지 않았다. 압도적인 영향력을 가진 미국이 그들 인 물을 공식으로 자신의 파트너로서 관여하게 한다는 것은 대일전 승리를 위해서는 물론, 한국인을 통솔해 나갈 구심력조차 없는 인물들을 한국 인의 대표로서 앉힌다는 메시지를 내외에 발신하는 것이었다. 당연히 그 선택은 얻을 것도 별 없이 내외에서 거센 반발만을 일으키는 처사였 다. 매쿤이 지적한 '복잡한 정치 상황'이 바로 이런 사태를 상정한 것이 었음은 분명할 것이다. 또한 임시정부를 승인하지 않는다는 이러한 미 국정부의 결정의 배경에는 영국과의 조정도 숨어 있었다. 영국 외무성 은 4월 5일자 서한을 통해 자신이 임시정부를 승인하지 않는다는 미국 의 입장과 같은 의견임을 전달했었다.[70]

---

69) "Future of Korea", 『대한민국임시정부자료집 26: 미국의 인식』, 405쪽.

70) "untitled", F1394/1394/23, "Recognition of the Free Korean Movement", YD-127, 1945, Reel no.7, rp.8.

결국 연합국회의 개최 기간 중인 6월, 국무성은 회의에 참가하는 연합국은 모두 법적으로 정부 자격을 보유하고 있으나 임시정부나 기타 한국인 조직은 미국에 의해 정부로서의 승인을 받는 데 필요한 자격을 결여하고 있다는 이유로 거절했다. 그것만도 아니다. 국무성은 같은 답신 속에서 임시정부는 한반도의 어떤 부분도 통치한 경험이 없으며 더 나아가 한국인을 대표하고 있다고도 간주되지 않는다는 것, 심지어 연합국의 승리 후에 한국인이 원하는 정부 형태나 정부 요원을 택하는 권리를 훼손하지 않도록 하는 것이 미국의 정책이며 임시정부 같은 집단을 승인하는 것은 그에 방해가 된다는 이유들을 들어 임시정부 승인의 가능성을 일축했다.[71]

임시정부의 승인 문제와 관련해 국무성이 임시정부의 대일전 수행에 대한 능력에 의구심 등을 가지고 있었다는 점과 더불어 임시정부를 유일한 한국 대표로서 승인하는 데 따른 정치적인 문제점을 따로 거론하고 있었다는 사실은 주목하지 않을 수 없다. 즉 국무성은 임시정부의 승인이 전후 한국인이 원하는 정부를 선택할 수 있도록 한다는 원칙을 지키는 데 오히려 장애가 될 일이라고 인식했었던 것이다. 물론 이 원칙 자체는 대서양헌장에서 직접 연유하는 것이었다. 전후 민족자결 원칙을 천명한 그 헌장은 전후 한반도를 독립하게 하는 정책으로 이어지는 측면을 가지고 있었음은 사실이었다. 그러나 그 헌장은 동시에 전후 한국인 스스로가 정부를 정식으로 택하기까지는 임시정부를 포함해 그 어떤 한국인 조직에도 민족을 대표하는 정부가 될 자격이 없다는 점을 아울러 뒷받침하는 담보로도 되었다. 대서양헌장은 임시정부가 종전 전에 정부로서의 승인을 정식으로 받을 가능성을 오히려 차단하는 근거가 되어버린 셈이었다.

71) "The Acting Secretary of State to the Chairman of the Korean Commission in the United States(Rhee), *FRUS 1945 Volume Ⅵ The British Commonwealth The Far East*, pp.1029~1030.

더구나 헌장에 이어 카이로선언을 선포한 미국에게는 임시정부 승인은 더욱더 어려워졌다. 앞서 강조한 바와 같이 카이로선언은 국제적 관리를 거친 후 '적당한 시점'에 한반도를 독립하도록 공약함으로써 한국인에게 주권의 회복 시점이 사실상 전후가 된다는 테두리를 만들었다. 그런 미국에게 아직 종전도 맞이하지 않은 전시에 주권이 이미 한국인에 귀속되어 있다는 것을 뜻하는 한국인 대표정부의 승인은 모순된 결과를 가져다줄 수밖에 없었다. 물론 임시정부가 대일전 승리나 한국인의 구심력으로서 결정적인 역할을 수행할 수만 있었다면 미국에게도 그런 모순은 감수할 만했을지도 모른다. 여전히 계속되는 대일전에서 가능한 한 저비용으로 승리하는 것이나 전후 한반도를 원활하게 관리해야 하는 과제는 그런 모순보다 훨씬 현실적으로 중요한 문제였을 것이다. 그러나 이미 전황은 결정적으로 연합국으로 기울이고 있었고 무엇보다 임시정부의 역량 부족은 명약관화였다. 이런 상황에서 미국이 일부러 그런 모순을 감수해야 할 이유는 없었다. 이로써 한반도 독립으로 이어진 대서양헌장이나 카이로선언이라는 국제공약은 종전 전에 한국인에게 이미 주권이 존재한다는 논리를 봉쇄함으로써 오히려 병합이 원천적으로 비합법이었다는 것을 도출할 가능성을 차단하는 강력한 담보가 되어버린 것이었다.

임시정부 승인 활동과 관련해서는 얄타회담 전후부터 또 하나 주목할 만한 논점이 등장했다. 2월 5일 이승만은 그루 차관에 대해 임시정부를 사전에 승인하는 것은 전후 한반도에서 공산주의국가가 수립될 것을 막는 방법이라고 강조했다. 이승만은 1941년 12월 7일 이후 국무성에 대해 줄곧 밝혀 왔다고 하면서 소련에 의해 시베리아에서 유지되어 있는 한국인 공산주의 부대가 적절한 시기에 한반도에 침입하고 망명 중인 한국인의 민주정부가 한반도에 귀국하기 전에 전체 한반도를 점거(overrun)할 것이라고 경고했다.72) 물론 이승만이 언급한 망명 중인 한국인의 민주정부라고 함은 임시정부를 지칭했다. 전후 한반도 공산화를 막기 위해 임시정부를 승인하도록 요구한 그 논리는 6월에도 확인된다. 6월 5일 이승만은 다시 그루에게 서한을 보내 미·소 간의 대립을 피하는 유일한 가능성은 현재 가능한 모든 지역에서 공산주의가 아닌 민주적 요소를 키우는 것이라 호소하면서 그에 따라 한반도 문제와 관련해서도 임시정부 승인에 나서도록 역설했다.[73]

이승만이 보낸 서한에서는 직접 나오지 않으나 얄타회담 전후부터 임시정부 승인 요청과 관련해 공산주의 방지라는 논리를 강조하기 시작한 것은 바로 그 회담 개최를 의식한 결과였음은 틀림없을 것이다. 즉 소련의 대일 참전이 점쳐지고 있었던 당시, 소련 참전은 전후 한반도에서 공산주의 세력이 그 영향력을 확대할 길을 열어줄 것을 즉시 의미했다. 그 독자적인 능력으로 인해 미국의 승인을 얻기 어려웠던 임시정부에게 남겨진 마지막 논리는 자유민주주의를 신봉하는 미국의 핵심 가치를 자극함으로써 스스로의 입지를 강화하는 것만이었다. 그러나 이런 논리 전환이 미국에게 먹혀 들어가는 일 역시 없었다. 물론 공산주의 대국 소련의 확대는 미국에게 바람직한 일은 아니었다. 이승만 역시 그것을 잘 알기에 전후 예상될 한반도 정세와 관련해 소련과 연결된 한국인 공산 세력이 그 영향력을 확대할 가능성을 경고한 것이었다. 그러나 전후 한반도 독립 문제와 관련해 당시 미국에게 우려된 것은 소련의 영향력 확대만이 아니라 중국의 일방적인 영향력 확보 역시 마찬가지였다.

실제 미국은 동아시아 지역의 신질서 구축과 관련해 중국의 한반도에 대한 의도를 일찍부터 경계했었다. 예컨대 카이로회담으로 이르는 1943년 9월, 국무장관 정치고문 혼벡(Stanley K. Hornbeck)은 정보 교환을 목적으로 송자문 외교부장을 초청하면서 티베트(Tibet) 문제 등과 함

72) "untitled", *Korean Provisional Government: Independence Movement, 1945.*
73) "untitled", *ibid.*

께 지리, 역사, 그리고 정치적으로 중국인은 일반적으로(popular) 한반도를 어떻게 인식하고 있는가를 직접 물었다. 그에 대해 비록 송 외교부장은 한반도를 중국제국의 일부라든가, 또는 상실된 일부로 인식하고 있지 않다고 답했다.[74] 그러나 티베트 등과 함께 미국이 한반도에 대한 중국인의 인식에 관심을 기울이고 있었다는 사실은 한반도에 대한 중국의 의도에 대해 미국이 의구심을 가지고 있었다는 사실을 여실히 드러내는 대목이었다. 즉 미국은 중국이 전후 자신의 일부라든가 주장하면서 한반도에 대해 일방적인 영향력을 행사하려는 그런 가능성을 경계했었던 것이다.

바로 이와 같은 미국의 의구심은 실은 카이로회담 중, 루스벨트에 의해 직접 밝혀졌었다. 11월 24일 처칠과의 회담에 임한 루스벨트는 중국이 만주와 더불어 한반도에 대해서도 재점령(re-occupation)을 포함한 야심(aspirations)을 의심의 여지도 없이 가지고 있다는 인식을 토로했었다.[75] 또한 국무성은 1944년 8월 중국 국민당에 관한 정보를 통해 국민당이 독립 후의 한반도에서 국민당의 편(line)에서 정치 시스템이 발전되도록 영향력을 행사하려는 계획을 분명히 가지고 있다는 정보를 수집했었다.[76]

미국은 전후 한 나라에 의한 일방적인 영향력 행사를 억제하고 한반도에 이해관계를 가지는 대국 간의 공동 관여란 전통적인 세력 균형 정책을 통해 한반도의 안정화를 도모하려 했었다. 그런 방안을 구상하던 미국에게 중국에서 일찍 조직, 활동한 결과 필연적으로 국민당 정권과

---

74) "Memorandum of Conversation, by the Adviser on Political Relations (Hornbeck)", *FRUS 1943 China*, p.135.

75) "MEETING OF THE COMBINED CHIEFS OF STAFF WITH ROOSEVELT AND CHURCHILL, NOVEMBER 24, 1943, 11 A.M., ROOSEVELT'S VILLA", *FRUS 1943 The Conferences at Cairo and Tehran*, p.334.

76) "Memorandum, by Mr. O. Edmund Clubb of the Division of Chinese Affairs", *FRUS 1944 volume Ⅵ China*, p.788.

밀접한 관계를 갖게 되던 임시정부를 승인하는 것은 그 구상과 어긋나는 측면이 강했다. 더구나 이승만이 서한을 통해 공산주의 방지를 호소한 그 시기는 얄타회담에 상징되듯이 미국이 아직 공산주의국가 소련과 협조하면서 대독, 대일전 승리와 더불어 그 후의 세계 질서를 이끌어 나가려던 시기였다. 실제 얄타회담에서는 미국과 소련 간에 소련의 대일 참전이 약속되었고 또한 한반도에 대해서도 미·중·영·소가 참여하는 국제적 신탁통치 체제의 도입이 사실상 합의 사항으로 되었다. 당시 대소 협조 노선은 아직 확고한 미국의 기정방침이었다.

그런 미국에게 공산주의 방지를 내세운 이승만의 주장이 호소력을 가질 리 없었다. 당시 미국에게는 임시정부 지원을 통해 한반도에 대한 스스로의 영향력을 확대하려 하는 중국의 의도 역시 경계 대상이었다. 심지어 한국인 공산주의 부대의 존재 운운을 꺼낸 상기 2월 5일자 이승만의 서한 내용은 국무성에 의해 그 존재 자체가 부정되었다.[77] 이승만

77) 이 사실은 예컨대 국무성이 영국에 대해 보낸 공한을 통해 알 수 있다. 2월 28일 국무성은 영국 외무성에게 이승만이 서한으로 언급한 소련이 블라디보스토크에 있는 '한국인 해방 위원회(Korean Liberation Committee)'를 한반도에 보내 정부로서 수립한다는 지적과 관련해 소련에 그러한 위원회가 있다는 보고는 없다고 전달했었다. "untitled", F1394/1394/23, "Recognition of the Free Korean Movement", YD-127, 1945, Reel no.7, rp.6. 다만 2월 5일에 이승만이 국무성에게 보낸 서한에는 적어도 직접적으로는 '블라디보스토크'라는 지명도 '한국인 해방 위원회'라는 명칭도 나오지 않는다. 그러나 국무성이 영국 외무성에 대해 보낸 서한 속에서 직접 그 부정 대상으로 삼은 것이 2월 5일자 이승만의 서한이었음은 틀림없다. 그것은 국무장관 대리 딘이 주중국 미 대사에 대해 보낸 서한과 관련해 알 수 있다. 딘은 2월 20일에 보낸 서한 속에서 이승만의 서한과 관련해 블라디보스토크에 있는 '한국인 해방 위원회'라고 직접 언급했다. 그리고 그 딘의 서한을 수록한 FRUS의 편집자는 딘이 언급한 이승만의 서한이 2월 5일자의 서한이라는 것을 밝히고 있다. "The Acting Secretary of State to the Ambassador in China(Hurley)", *FRUS 1945 Volume Ⅵ The British Commonwealth The Far East*, pp.1022~1023. 이승만의 서한에서 직접 명시되지 않았던 '한국인 해방 위원회' 등의 개념이 어디서 어떻게 나왔는지는 충분히 규명하지 못하

의 진술 자체에 대한 신뢰 역시 충분하지도 않았던 것이다. 이러한 상황 속에서 임시정부나 중국에 의해 제기된 임시정부 승인 요청이 미국에게 먹힐 리는 없었다.

이와 같이 카이로선언이 선포되고 또한 전황이 압도적으로 연합국에게 유리하게 돌아감으로써 전후가 가시화된 이 시기, 임시정부는 비록 그 성과를 걷은 일은 없었으나 자신에 대한 승인 요청 활동을 적극 벌였다. 그러나 승인을 위해 이 무렵 내세운 논리는 정부 국무 요원이 새로이 선출됨에 따라 독립운동의 구심력이 확보되었다는 것이나 대일전에 있어서 실제 전투를 통해 공헌할 수 있다는 것, 그리고 전후 한반도에서 공산주의 세력이 그 영향력을 확대할 것을 방지해야 한다는 것 등이었다. 역으로 말해 카이로선언 선포 이전의 활동에서 그나마 직접 나와 있었던 조미조약의 존재나 임시정부에 의한 그 계승, 그리고 병합조약의 무효 확인 요구 등, 병합의 원천 비합법성을 도출하는 과제와 직접 얽히는 논점들은 오히려 그 자취를 감추게 되었다.

그러나 카이로선언에서 '노예 상태' 등이 규정되었음에도 그 의미는 여전히 불투명했다. 병합의 비합법성과 통치의 부당성에 저항한 3·1독립운동의 법통을 계승했다는 임시정부에게는 스스로의 정당성을 확보하기 위해서도 독립이 가시화된 이 시기, 선언 속에 남아 있었던 이 애매함을 천명하도록 적극적으로 따지는 중요한 과제는 확실히 남았다. 그러나 임시정부가 이 시기 그런 활동에 신경과 힘을 경주한 흔적은 확인되지 않는다.

물론 이러한 사실도 이 시기 임시정부가 이들 입장을 포기한 것을 뜻한 것이 아니었음은 확실할 것이다. 임시정부에게 병합의 비합법성이나 통치의 부당성은 새삼 강조할 필요도 없을 만큼 자명한 일이었으며 무

지만 적어도 이승만이 지적한 당시 소련 내에 있는 한국인 공산주의 세력의 존재를 국무성이 그다지 중요시하지 않았음은 틀림없다.

엇보다 3·1독립운동의 법통을 계승했다고 하는 임시정부에게 그들 논리는 절대로 포기할 수 없는 자신의 정체성이나 다름이 없었다. 또한 종전 전에 임시정부가 대표정부로서 승인을 얻는 것은 한반도의 주권을 영원히 일본에게 양여했다는 병합조약의 효력을 사실상 무효화하는 것으로서 병합의 비합법성을 확정하는 데 매우 유력한 근거가 될 수도 있었다. 그간 미국 등과의 접촉 속에서 임시정부 승인에 대한 걸림돌이 무엇인지를 피부로 느끼고 있었던 임시정부가 그들 장애물을 먼저 제거하고 조금이나마 승인을 얻을 수 있는 가능성을 높이려 신경을 쓴 것은 당연했다. 그리고 그를 위해서도 독립 세력 간의 분열을 극복하는 것이나 대일 항전에 대한 역량을 높이는 논점들에 무게를 두고 대미 교섭을 벌인 것은 어찌 보면 전략적으로도 타당했다.

그러나 병합의 합법성 여부 문제 등에 무엇보다 민감해야 했던 임시정부마저 이 시기, 이 문제를 대미 교섭 등에서 적극적으로 거론하지 않게 됨에 따라 실제 종전으로 향하는 이 중요한 막판 과정에서도 이들 과제는 오직 망각의 대상이 될 수밖에 없게 되었다. 그리고 이 시기의 망각 역시 그 후 일어난 임시정부 승인의 최종적인 실패와 맞물림으로써 전후 병합을 다시금 합법으로 확정해버리는 흐름에 합류하게 되었다.

III 일본 항복과 한반도에 대한 일본의 주권 보유의 확정

1 전후의 시작과 임시정부 승인의 최종적 좌절

일본에 대해 정식으로 항복 요구를 들이댄 포츠담회담이 7월 17일부터 개최되었다. 그 회담 개최 전날 16일에 미국은 원폭 실험에 최종적으로 성공했다. 실험 성공에 앞서 영국은 일본에 대한 원폭 투하에 이

미 동의했었다. 핵에너지 연구를 위해 미·영 간에 설치되어 있었던 합동정책위원회(the Combined Policy Committee)는 7월 4일 영국정부가 일본에 대한 핵폭탄 투하에 동의했음을 확인하면서 이로써 원폭의 실제 사용에 관해 미·영 정부 간에 합의가 성립되어 있다고 확인했다.[78] 카이로회담에 이어 포츠담회담에도 참가한 캐도건에 따르면 영국정부가 원폭 투하에 동의한 이유는 극동에서의 소련의 지원(assistance)에 따른 비싼 대가를 지불할 필요성을 없애기 위한 것이었다.[79] 정치적인 이유로 인해 원폭 사용에 대한 합의가 먼저 성사되는 가운데 얻어진 기술적인 실험 성공은 원폭의 실제 사용을 기정사실로 했다. 이로써 독일 항복 후 유일하게 저항하던 일본 군국주의의 붕괴가 초읽기에 들어갔다.

중차대한 이 시기 임시정부는 그 이외에는 방법이 없는 승인 요구 활동을 거듭 벌였다. 누차 강조한 바와 같이 종전 전의 정부 승인은 전후 일본 패전에 따른 새로운 주권 창출이라는 논리를 봉쇄함으로써 병합의 원천 비합법성을 확정하는 데 매우 중요한 근거가 될 수 있었다. 그 의미에서 포츠담회담 개최부터 일본의 포츠담선언 수락까지의 기간은 병합의 비합법성을 확정하는 마지막 고비였다.

포츠담회담 개최 기간 중인 21일 이승만은 트루먼 대통령에 대해 서한을 보내면서 종전 후 국제 평화를 지키고, 소련과 한국 간의 우호 관계를 허사로 만드는 한반도 내 좌파와 우파 간의 내전을 막기 위해서 바야흐로 임시정부를 승인할 것을 재차 당부했다.[80] 또한 25일 이승만

---

78) No.619, "Minutes of a Meeting of the Combined policy Committee", *FRUS 1945 Volume I The Conference of Berlin(The Potsdam Conference)*, p.941.

79) David Dilks'ed, *op.cit.*, p.771. 즉 소련의 참전 없이 전쟁을 끝내기 위해 영국 역시 원폭 투하를 지지하고 있었음을 알 수 있다. 또 캐도건의 일기에 따르면 포츠담회담 개최 중인 24일 오후에 트루먼은 원자폭탄 보유 사실을 스탈린에게 알렸다고 한다.

80) "The Chairman of the Korean Commission in the United States(Rhee) to President Truman", *FRUS 1945 Volume VI The British Commonwealth The Far*

은 극동국에서 특히 필리핀 문제를 담당하던 록하트(Frank P. Lockhart)에 대해 임시정부의 승인을 미루는 국무성의 정책이 한국인 공산주의자들에게 소련의 영향을 받는 국가를 수립하는 기회를 주는 셈이 된다고 경고하면서 아직 때는 늦지 않았으니 일부 존재하는 한국인 공산주의 세력을 임시정부하에 규합하기 위해서도 연합국의 지원이 필요하다고 호소했다.[81] 더욱 8월 8일 이승만은 소련 참전이 일본 군사제국(military empire) 타도에 참여하는 권리를 요청해 왔던 3천 만 한국인의 희망을 저버리는(turn down) 처사며 향후 오랫동안 한국인은 고통을 받고 미국 역시 그 무거운 대가를 치르게 될 것이라 하면서 임시정부에 대한 정책을 속히 전환할 것을 재차 촉구했다.[82] 그 후 실제 일어나고 그리고 오늘날까지 이어지고 있는 한국인의 '고통'과 미국의 '대가'를 감안할 때 이승만이 제기한 이 예언은 놀라울 만큼 정확한 것이었다.

그러나 주지하다시피 일본 항복 전에는 물론, 그 후에도 임시정부가 대일 교전의 지위에 기초하면서 주권을 가진 민족 대표정부로서 승인을 받은 일은 없었다. 그 이유는 결국 임시정부가 국제사회가 인정할 만한 대일 저항의 실적을 올리지 못했던 점에서 기인했다. 무엇보다 부정하지 못하는 이 엄연한 사실은 일본 항복의 소식을 듣자 "우리가 이번 전쟁에 한 일이 없"다고 개탄한 김구 자신의 말[83]이 상징하고도 남는다. 그런 임시정부를 국제사회가 대일 참전국으로 인정하고 그에 따라 이미 주권을 가진 주체로서 승인해야 하는 이유는 어디에도 없었다. '전후'는 이와 같은 조건에서 시작되었다.

물론 임시정부는 그 후도 정부 승인에 대한 가능성을 포기하지 않았다. 14일 일본의 항복 소식에 접한 조소앙은 중경 미 대사관을 방문하

East, p.1031.

81) "untitled", *Korean Provisional Government: Independence Movement, 1945*, pp.2~3.

82) "untitled", *ibid.*

83) 김구, 『백범일지』, 제일법규, 2002년판, 248쪽.

여 한반도에 상륙하는 미 점령군과 함께 협력하고 싶고, 또 일본군 무장해제에도 참가하고 싶으며, 그리고 한반도의 정치 문제에 발언권이 주어질 것들을 희망한다는 요청 사항들을 전달했다. 물론 이들 요청이 곧이어 한반도에 진주할 연합국군에 참여함으로써 민족 대표성을 받으려는 그런 정치적 의도를 담은 대응책이었음은 강조할 나위도 없었다. 종전 전에 참전을 통해 정부로 승격할 목표가 좌절된 임시정부로서 남은 선택은 전후처리 과정에서 재빨리 대표성을 확보하는 것뿐이었다.

8월 18일 임시정부는 김구 수석과 조소앙 외무장관 명의로 임시정부의 입장을 담은 소한을 이승만을 통해 트루먼 대통령에게 전달했다. 그러나 그 서한은 그 이전의 요구들과는 그 취지를 바꾸고 있었다. 서한은 한반도가 결코 현재 일본 본토에서 분리되는 지역이 아니라 강제적 침략(forcible aggression)에서 해방된 지역임을 강조하면서 이 원칙에 따라 다음과 같은 안건들에 참여할 수 있도록 당부했다. 그것은 임시정부로서 일본 항복 후의 후속 조치에 관여할 것, 그를 위해서도 관련되는 연합국 사절단에 대표를 보낼 것, 또한 향후 한반도의 운명을 결정하는 대일평화회의 등에 참가할 것 등이었다.[84] 이와 같이 대일 참전과 그 공헌 등을 통해 정부로서의 승인을 받으려 한 임시정부는 그 전략이 실패하자 대응 방안을 기본적으로 전환시켰다. 즉 임시정부는 역사적으로 병합이 한국인의 의사에 반한 강점이었기 때문에 한반도가 일본의 영토가 된 일은 없었으며 따라서 주권이 한국인을 대표하는 임시정부에 있음을 먼저 전제로 하면서 그것을 전후처리에 참여하는 근거로 삼으려

---

84) "The Chairman(Kim) and the Foreign Minister(Tjo) of the Provisional Government of the Republic of Korea to the Chairman of the Korean Commission in the United States(Rhee)", *FRUS 1945 Volume Ⅵ The British Commonwealth The Far East*, pp.1036~1037. 이 서한은 직접적으로는 8월 17일자로 이승만에게 보내졌으며 다음날 18일에 이승만을 통해 트루먼 대통령에게 전달되었음을 각주에서 알 수 있다.

한 것이었다.

이와 같이 그 동기가 어떻든 간에 전후의 시작에 즈음하여 임시정부
는 자신이 주권을 가진 민족 대표정부라는 입장을 확보하기 위해 다시
금 병합이 애초 성립되지 않았다는 비합법성 문제를 정면으로 내세웠
다. 그러나 일관되게 임시정부 승인을 부정해온 미국에게 임시정부가
대표정부임의 근거를 확보하기 위해 정치적으로 내세우게 된 그런 병합
의 원천 비합법성이라는 논리를 그 시점에서 받아들이고 그간의 입장을
수정해야 할 필요성은 어디에도 없었다.

물론 미국 내에서도 임시정부를 승인함에 따른 정치적인 효과가 전
혀 인식되지 않았던 것은 아니었다. 예컨대 1945년 7월 31일, 부국간극
동지역위원회는 제215회 회합에서 독립 후의 한반도에 대한 취급에 관
한 토의를 진행했다. 그 속에서는 소련의 지원을 받은 잠정정부가 한반
도에 수립될 것을 막는 의미에서 중국이 임시정부를 승인할 것을 희망
할 것이며 그 승인은 비록 소련의 영향을 막을 수 있는 해결책이 아니
더라도 최선의 대항 수단이 될 수 있다는 등의 견해가 나오기는 했
다.85) 이 시기 미국 내부에서도 이승만이 경고한 소련의 영향력 확대를
우려하는 시각이 일부나마 제기되어 있었던 것이다.

그러나 종전으로 이르는 일련의 국제회담 등을 통해 한반도에 대한
국제적 신탁통치 실시를 기정방침으로 삼았던 미국이 그 실시에 자칫
악영향을 줄 수도 있는 결정을 정식으로 내릴 수 있을 리 없었다. 더구
나 국무성은 이하 보는 바와 같이 병합의 합법성을 전제로 하면서 전후
한반도에 대한 일본의 주권을 절단하는 방안을 모색하고 있었다. 그런
미국에게 비록 전후의 일이라고 하더라도 병합의 원천 비합법성이라는
논리를 수용하고 주권을 가진 민족 대표정부로서 임시정부를 승인하는

---

85) Meeting no.215, "MINUTES OF THE INTER-DIVISIONAL AREA COMMITTEE
   ON THE FAR EAST", IAC-1, p.2.

것은 어불성설이었다.

8월 24일 김구는 중국에 대해 자신이 이끄는 임시정부를 온 국민이 유일하게 기대고 옹호하는 혁명 영도 기관이라 하면서 일본의 투항 후, 혼란에 빠진 한국 국내의 질서를 유지하기 위해서도 속히 귀국할 수 있도록 미국과 교섭할 것을 당부했다.[86] 이와 같은 입장을 측면에서 지원하기 위해 9월 26일 웨이(Wei Tao-ming) 주미 중국 대사는 애치슨(Dean G. Acheson) 장관대리 등에 대해 비록 신탁통치 후에라도 임시정부가 궁극적인 한국정부 수립의 기초를 구성하도록 제안했다. 중국은 전후 자신에 유리한 한반도 질서의 구축을 위해서도 임시정부를 장래의 한국정부 구성의 기초 조직으로서 인정하고 귀국할 수 있도록 공작하려 한 것이었다.

그러나 중국의 요청에 대해 미국이 보인 반응은 계속 냉담했다. 국무성은 중경에 있는 한국인들을 한반도에 내보낼 것은 계획하고 있으나 귀국 후 한반도에서의 통치 기구 형성에 대한 협력은 개인으로서만 할 수 있다고 잘라 말했다.[87] 물론 미국으로서도 임시정부의 귀국을 요청한 중국의 의도가 전후 중국의 영향력 확대를 노린 것임을 모를 리 없었다. 당연히 임시정부의 귀국에 즈음하여 미국이 공식정부로서는 물론, 장래 한국정부를 구성하는 기초 조직으로서조차 임시정부를 인정하는 일은 끝내 없었다. 이러한 방침에 따라 임시정부가 귀국에 즈음해 결국 개인 자격으로 귀국하게 된 것은 주지의 사실이다. '개인'으로서 귀국하게 된 임시정부는 중경에서의 활동 기간뿐만 아니라 귀국 후 당분간의 활동비조차 중국에게 의지해야 하는 상황이었다.[88] 아니, 그 이

86) "임시정부의 희망사항을 담아 중국당국에 보내는 비망록", 『대한민국임시정부자료집 22: 대중국 외교활동』, 261~262쪽.

87) "Memorandum of Conversation, by the Director of the Office of Far Eastern Affairs(Vincent)", *FRUS 1945 Volume Ⅵ The British Commonwealth The Far East*, p.1058.

88) 귀국 후의 활동비에 관한 임시정부 측 요청 서한 "지원비 선지급해 주기를

전에 한반도로의 귀국에 필요한 비용조차 중국에게 구걸해야만 했다.[89]

이렇게 하고 교전 개시 당시부터 주권을 가진 민족 대표정부로서 승인을 받으려 한 임시정부의 활동은 최종적으로 좌절되었다. 미국은 결국 종전에 이르는 과정에서도 임시정부의 역량에 대한 불신이나 중국의 영향력 확대에 대한 견제 등, 한반도를 둘러싼 국내외의 중요한 요인들을 고려하면서 임시정부에 대한 승인을 거절했다. 그 결과 병합이 원천 비합법이며 또한 3·1독립운동의 성과로서 종전 전에도 한국인에게 주권을 보유한 대표정부가 존재한다는 한국인의 염원은 완전히 차단되었다. 이로 인해 병합조약에 따라 한반도의 주권이 일본에게 영구히 양여되었다는 논리를 원천적으로 부정할 수 있는 한민족 대표정부의 승인을 통해 병합의 비합법성을 주장할 수 있는 토대 역시 무너졌다.

미국은 자신의 힘으로 인해 한반도를 틀림없이 독립하게 만들었다. 그러나 그 한편 임시정부 등의 대표성을 부정함으로써 김구가 강조한 바와 같은 한반도의 독립이 '강제적 침략'으로부터의 '광복'으로서 이루어졌다고 해석할 수 있는 논리를 동시에 차단해버린 것이었다.

2 신탁통치 실시와 전후 한반도 주권 문제의 대두

1) 포츠담선언 제8항 카이로선언 이행 규정의 '결함'

임시정부에 대한 승인을 끝내 거절하고 한반도 독립의 성격을 전쟁의 결과로서 이루어지게 되는 단순한 영토 분리의 문제로 만든 미국에

청하는 공함" 및 "蔣介石이 약속한 귀구 후 활동비 지급방법에 관한 공함"과 그에 대한 중국 측 답신 "장개석이 임정 인원의 귀국 후 활동비 지원을 지시함을 전하는 공함"은 모두 『대한민국임시정부자료집 22: 대중국 외교 활동』, 285~287쪽에 수록.
89) "귀국 전 上海에서의 숙식 문제 해결에 도움을 청하는 공함", 위의 자료집, 293쪽.

게는 종전 전후의 이 시기 중요한 정책 과제가 부각되었다. 그것은 일본 항복 후, 한반도에 대한 주권의 귀속을 둘러싼 법적 입장을 정립하는 과제였다. 한반도가 정식 일본 영토이며 일본이 정식으로 주권을 보유하고 있음을 인정해온 미국에게 종전 이전에는 이런 문제는 애초 존재하지 않았다. 그러나 종전을 거쳐 점령군에 의한 군정 통치가 끝난 후에도 한반도에서 연합국이 국제적 신탁통치를 실시하는 데는 그 법적 근거를 마련해 놓을 필요가 생겼다. 교전 관계에 그 근거를 둘 수 있는 점령 통치와 달리 그것이 종료한 후에도 연합국이 계속 한반도에 대해 실질적인 통치를 실행할 수 있는 법적 권한이 무엇인가 하는 문제가 생기기 때문이었다. 그리고 임시정부를 승인하는 것을 거부한 판단과 더불어 이와 같은 과제를 불가피하게 안게 한 최종적인 요인은 다름이 아닌 미국 자신이 주도한 포츠담선언 제8항이 내포한 '결함'이었다.

주지하는 바와 같이 7월 26일자로 선포된 포츠담선언은 그 제8항에서 카이로선언에서 규정된 영토 처리의 내용을 그대로 이행할 방침을 천명했다. 물론 항복 요구로서 선포된 포츠담선언은 전국 일본을 향해 직접 들이대어진 선언이었다. 전후 동아시아에서 구축할 새로운 영토 질서의 내용을 결정한 카이로선언도 그것은 직접적으로는 세계를 향한 방침으로서 선포된 것이었지, 일본에게 직접 그 수락을 요구한 것은 아니었다. 실제 아직 전투 여력을 남겼었던 일본은 그것을 직접 수락한 것은 아니었다. 이 의미에서 카이로선언에서 제시되었었던 전후의 영토 질서를 확정하기 위해서는 그것을 직접 일본에게 수락하게 하는 절차가 필요했다. 포츠담선언이야말로 바로 그 절차였다. 이로써 일본 항복과 한반도 독립이 공식으로 연결되었다. 그러나 카이로선언을 그대로 이행할 것을 규정하고 최종적으로 한반도 독립을 확정한 포츠담선언 제8항은 결과적으로 병합의 비합법성 확정 문제에 관해서는 치명적인 한계를 동시에 잉태하고 있었다.

일본 항복과 한반도 독립을 공식으로 연결한 그 포츠담선언 제8항의 카이로선언 이행 규정을 미국이 꾸미는 데 마지막으로 의식한 것은 병합의 합법성 여부 같은 형식적인 문제가 아니라 소련을 염두에 둔 현실적인 전략 문제였다. 샌프란시스코회의 참석을 위해 워싱턴을 비운 스테티니어스 국무장관을 대신해서 장관대리를 맡았던 그루는 1945년 5월 15일 트루먼에 대해 늦어도 7월쯤까지 다시 처칠, 스탈린과의 3국 정상회담(Big Three meeting)이 필요하다는 국무성의 생각을 보고했다.[90] 그 보고와 관련해 그 자리에 합석한 주소 미 대사 해리먼은 미·소 관계가 세계의 장래에 영향을 주는 가장 중요한 문제인데 현재로서는 점점 그 관계가 이간되고 있다고 트루먼에게 경고했다. 해리먼은 그 사례로서 이미 항복한 독일에 대한 전후관리 체제 출범 문제에 전혀 진척이 없고 또한 폴란드 등 기타 많은 문제 역시 마찬가지라고 설명했다.

주지하는 바와 같이 독일 항복 후를 주로 의식해서 개최된 얄타회담에서는 미·영·소 3국 사이에서 패전국 독일 자체에 대한 전후처리 문제를 비롯해 폴란드 기타 전시 중 독일 등이 그 지배하에 둔 동구 지역의 질서 구축 문제에 관한 테두리에 일정한 정도의 합의가 이루어졌었다. 예컨대 얄타회담에서 미·영·소 3국은 주로 동구 지역을 염두에 두면서 "해방된 유럽에 관한 선언"에 일단 합의했었다. 그 선언은 대서양헌장의 원칙을 준수하고 전후 해방된 지역에서는 광범위한 세력을 결집한 민주적인 잠정정부를 세운 후에 자유선거를 거쳐 최종적으로 정부를 선출할 것을 서약했었다.[91] 그러나 실제 독일이 항복하자 그 미·영과 소련 간에는 이미 미묘한 세력 다툼이 일어나고 그 원칙은 퇴색하기 시작했다. 특히 얄타회담에서도 크게 다루어진 폴란드 문제를 둘러싼 대립에 나타

---

90) 이하 이 회의의 내용은 No.11, "Memorandum by the Acting Secretary of State", *FRUS 1945 Volume Ⅰ The Conference of Berlin(The Potsdam Conference)*, pp.12~14.

91) "Declaration on Liberated Europe", *Yalta Conference,* Reel no.4(1), rpp.44~45.

났듯이 얄타 후 소련은 동구 지역에서 노골적으로 친소 공산 세력에 의한 정부 수립을 획책하고 있었다. 또한 이미 얄타회담에서도 소련은 독일에 대해 막대한 배상 요구를 제기하거나 전통적인 폴란드 동부 지역의 할양을 요구하는 등 미국이 그린 전후의 유럽 구상과 어긋나는 태도를 보이고 있었다. 국무성은 주로 유럽에서 생기기 시작한 이와 같은 미·소 간의 긴장 관계를 헤아리면서 정상회담을 통해 이런 교착 상태를 다시 타개(打開)할 필요가 있다고 판단한 것이었다. 물론 미·소 간에 조정이 필요한 과제는 유럽뿐만 아니라 아직 교전이 계속되던 동아시아에도 존재했다. 해리먼은 전후 중국의 국공 통일 문제와 더불어 한반도 문제가 남았음을 직접 언급했다. 그 한반도 문제와 관련해 해리먼은 얄타회담에서는 신탁통치 문제가 그냥 구두로만 언급되었을 뿐, 그 합의 사항을 명확히 해야 하는 과제가 남아 있다고 보다 구체적으로 지적했다.

이러한 국무성의 지적을 받은 트루먼은 정상회담 성사 이전에 개인적(personally)인 토의의 기회를 가지고 싶다고 스탈린에게 직접 서한을 보내면서[92] 루스벨트 측근으로서 소련과 교섭을 거듭해온 홉킨스를 5월 말 모스크바에 급파했다. 그 가운데 28일에 열린 세 번째 스탈린과의 회담에서 홉킨스는 만주 등 전후 중국 관련의 영토 처리의 문제와 더불어 동아시아에서는 또 하나 문제가 남아 있다고 언급하면서 한반도 문제를 들었다. 그 자리에서 홉킨스는 스탈린에 대해 한반도의 지위에 관해 얄타에서는 비공식적인 토의가 있었으나 그 후 미국은 미·중·영·소에 의한 국제적 신탁통치가 필요하다는 결론에 도달했으며 그 기간은 아직 정식 결정된 것은 아니지만 5년 내지 10년가량이 될 것이라고 지적했다. 회담 기록은 이 홉킨스의 문제 제기에 대해 스탈린이 한반도에 대해서는 4개국에 의한 신탁통치가 바람직하다는 것에 완전히 동의한

92) "PERSONAL AND SECRET FROM TRUMAN TO MARSHAL STALIN", *ibid.*, Reel no.5(5), rp.108.

다고 언급했다고 적고 있다.93) 즉 미국에게 한반도와 관련된 남은 과제
는 아직 정식 합의라고는 볼 수 없는 미·중·영·소에 의한 국제적 신탁
통치라는 테두리에 대해 소련으로부터 공식적인 합의를 도출하는 문제
였다.94) 미국이 이 시기 이 문제에 특별히 주의를 기울인 배경에는 유
럽 등에서 이미 그 징후가 나타났었던 자유주의와 공산주의 간의 미묘
한 세력 다툼이 동아시아에서도 반복될 가능성을 염려했다는 사정이 있
었음이 분명했다.

  6월에 들어가자 늦어도 7월쯤까지 3국 정상회담이 필요하다고 생각
한 국무성은 그 회담에서 논의할 의제에 관한 검토 작업에 착수했다.
22일에는 국무장관 보좌위원회(Secretary's Staff Committee) 명의로 의제
선정 작업이 진행되었으며95) 그것을 바탕으로 정식으로 정리된 각서가
30일 그루에 의해 대통령에게 제출되었다. "3국 정상회담에서의 토의
주제(Subjects for Discussion at the Meeting of the Three Heads of
Government)"로서 정리된 그 각서에서 국무성은 미국이 적극적으로 거
론할 필요가 있는 과제들 중 "일본의 무조건항복과 극동에서 해방되는
지역에 대한 정책"으로 분류한 부분에서 적절한 시기에 소련이 카이로
선언을 준수(adherence)한다는 성명을 내는 것에 소련을 유인(invite)할
것을 추천했다.96) 그리고 이 국무성 구상이 결과적으로 포츠담선언 제8

---

93) No.26, "Memorandum by the Assistant to the Secretary of State(Bohlen)",
  FRUS 1945 Volume Ⅰ The Conference of Berlin(The Potsdam Conference), p.47.
94) 한반도 신탁통치의 실시에 관해 얄타회담에서 이루어진 상기 루스벨트-스
  탈린 간의 논의가 미·소 간의 공식 합의를 뜻한 것이 아니며 루스벨트 사
  망 후에 이루어진 이 홉킨스-스탈린회담에서 최종 합의가 이루어졌다는 미
  국정부의 인식은 예컨대 훗날 미국이 설명을 위해 영국 측에 보낸 1945년
  9월의 전문(電文)을 통해 확인할 수 있다. no.6193, "untitled", F6911/2426/
  G, "Future of Korea: proposed four powers trusteeship", YD-127, 1945, Reel
  no.8, rp.10.
95) 이 보좌관위원회의 문서는 No.165, "Staff Committee Paper", *FRUS 1945
  Volume Ⅰ The Conference of Berlin(The Potsdam Conference)*, pp.186~198.

항에서 천명된 카이로선언 이행 규정으로 이어진 것이었다.

국무성이 소련으로 하여금 카이로선언을 준수한다는 성명에 동참하
도록 유인하려 한 그 까닭은 카이로선언에서 일단 확정되었었던 전후
동아시아의 영토 처리의 테두리에 소련을 구속하기 위한 전략이었다.
상술한 바와 같이 미·중·영 3개국이 펴낸 카이로선언에 대해 일단 스탈
린은 테헤란회담에서 그 승인을 주었었고 또한 얄타회담에서도 독립 후
의 한반도에 대해 신탁통치를 실시할 방침에 일단 합의하는 자세를 보
였었다. 그리고 5월 28일 홉킨스에 대해 4개국 신탁통치에 합의한다고
재차 밝혔다. 그러나 비록 정상이 직접 언급한 발언이었다 할지라도 그
들 '승인'은 모두 대화 속에서 이루어진 짤막한 언급에 불과했고 국가
간에 이루어진 공식 합의로 삼기에는 특히 형식면에서 부족했다. 무엇
보다 국무성은 먼저 종전을 맞이한 유럽 문제와 관련해 이미 얄타에서
성사된 합의 사항에 대한 소련의 비협조적인 태도에 접하기 시작했었
다. 국무성은 카이로선언을 이행시킨다는 성명의 당사자 속에 소련을
유인함으로써 그 테두리 속에 소련을 보다 강하게 묶어 두어야 할 필요
성을 느낀 것이었다.

대일전이 막판에 치닫는 과정에서 국무성이 이와 같은 구상을 중요
시한 이유는 물론 중국과 더불어 전후 한반도에 대해 소련이 그 영향력
을 일방적으로 확대하려 할 가능성을 염려하기 때문이었다. 국무성은
대통령에게 제출한 상기 30일의 각서에 부속된 요약보고서(Briefing
Book Paper)에서 한반도에서 강력한 민주국가를 발전시키기 위해 최선
이라고 보이는 것이라면 그 어떤 방법에 대해서도 미·영·소 3개국이 그
것을 지원한다는 것까지 합의를 보는 것이 최대 목표라고 적었다. 하지
만 국무성은 가령 그와 같은 강한 합의까지는 이르지 못하더라도 최소
한의 목적으로서 소련이 카이로선언을 준수한다는 것이 명확해지도록

---

96) No.177, "The Secretary of State ad interim to the President", *ibid.*, p.201.

할 필요성을 지적했다. 그것은 전후 한반도를 독립하게 한다는 카이로
선언의 중요한 규정에 소련이 직접 지지를 주는 것이 됨으로써 선언이
규정한 지역에서 자신들의 '우호국가(friendly government)'를 만들려는
3개국의 일방적인 행동을 억제할 효과를 기대할 수 있기 때문이었다.[97]
이 문서에서는 비록 직접적으로는 미·영도 포함한 '3개국'이라고 애매
하게 표기되었다. 그러나 이 국무성의 지적이 결국 소련을 겨냥한 것이
었음은 강조할 나위도 없었다. 실제 같은 요약보고서로서 작성된 다른
문서는 현재 소련은 카이로선언에서 선포한 한반도를 적당한 시점에 독
립하게 한다는 것에 대해서는 반대하지 않고 있다고 확인하면서도 소련
이 한반도에서 '우호국가'를 만들려 할지도 모른다는 의구심을 숨기지
않았다.[98]

또한 모스크바에서 진행된 중·소 교섭을 지켜본 해리먼은 트루먼에
대해 7월 3일 스탈린이 송자문에게 4개국에 의한 한반도 신탁통치에 합
의한다고 직접 확약했으나 그럼에도 송은 소련이 시베리아에서 훈련한
한국인 부대를 이용하면서 전후 한반도 문제에 관해 주도권을 잡으려
하고 있다는 두려움을 가지고 있음을 보고했다.[99] 소련에 대한 불신감
은 미국만이 아니었으며 지리적으로 인접한 중국은 그 위협을 더욱더
느끼고 있었다. 미국으로서는 중·소 간에 놓인 이와 같은 불안정한 상
황을 조금이나 진정시키기 위해서도 소련을 카이로선언 규정에 보다 확
실히 묶어 둘 절차가 필요했다.

이렇듯 국무성은 얄타합의 후에 서서히 나타나기 시작했던 전후

---

97) No.607, "Briefing Book Paper", *ibid.,* pp.928~929.
98) No.606, "Briefing Book Paper", *ibid.,* p.927. 이 문서에는 30일에 대통령에게
    제출된 각서에 직접 부속된 문서라는 표시는 없으나 같은 '요약보고서'로
    서 작성되어 있는 점으로 미루어 같은 시기, 같은 문제의식에서 작성된 관
    련 문서임은 틀림없다.
99) "FROM AMBASSADOR HARRIMAN TO THE PRESIDENT AND THE
    SECRETARY OF STATE", *Yalta Conference,* Reel no.6(2), rpp.138~139.

질서를 둘러싼 소련과의 갈등을 배경으로 포츠담회담으로 이어지는 막
판 과정에서 소련을 카이로선언 규정에 구속할 것에는 신경을 썼다. 그
러나 소련을 카이로선언에 구속하는 과제에 전념한 국무성은 카이로선
언에 내재했었던 다른 문제, 즉 병합의 합법성 여부와 같은 문제에는
전혀 관심을 기울이지 않았다. 물론 그 가장 기초적인 이유는 병합의
합법성을 자명의 일로 여겨 왔던 국무성이 그와 같은 문제를 애초 남은
과제로 인식하지 않았던 점에서 기인한 것은 의심의 여지도 없었다. 그
러나 그와 더불어 전후 동아시아 질서 구축을 위해 소련을 카이로선언
에 보다 적극적으로 관여시키려 하는 과제에 직면하게 된 국무성에게
그 과제의 추진에 즈음하여 병합의 합법성 여부 문제 따위를 다시금 거
론해야 하는 이유는 더욱더 사라졌다. 종전이 코앞에 다가온 이 시기,
국무성에게 중요한 것은 주변 대국의 이해관계가 얽힌 한반도 문제의
국제적인 성격과 전후 한국인 자신이 즉시 독립국가를 수립할 수 없다
는 조건을 감안하면서 원활한 신탁통치가 가능하도록 그 기반을 마련해
놓는 것이었다.[100] 이를 위해서 무엇보다 중요한 것은 동아시아 지역에
서 불가피하게 영향력을 행사하게 될 소련의 움직임을 사전에 견제해
두는 것이었다. 즉 카이로선언 이후 정착되어 왔던 4개국 신탁통치의
실시라는 테두리를 준수하게 함으로써 한국인 공산 세력을 지원하는
등, 소련이 자신의 영향력을 확대하려는 일방적인 행동에 나설 것을 억
제할 수 있는 담보를 보다 확고히 확보해 두는 것이 바람직했다.

국무성이 그린 이 구상은 일단 포츠담선언 제8항으로서 실현되었다.
물론 포츠담선언 선포 시 아직 직접적인 대일 참전국이 아니었던 소련

---

100) 실제 30일에 대통령에게 제출된 각서와 관련해 작성된 기타 요약보고서들
역시 모두 신탁통치의 필요성이나 그 실시 방안 등에 관한 내용들이다.
이들 관련 문서는 'No.251'로부터 'No.253'까지 같은 '요약보고서'로서
FRUS 1945 Volume I The Conference of Berlin(The Potsdam Conference), pp.310~
314에 수록.

이 항복 요구 선언에 직접 그 이름을 올리는 일은 없었다. 그러나 스탈
린이 직접 참석한 포츠담회담을 통해 항복선언을 나오게 했다는 것은
소련을 사실상의 당사자로 포함한 것을 의미했다. 실제 8월 9일의 대일
참전에 즈음하여 소련은 포츠담선언의 직접적인 당사자가 되었다. 그러
나 주로 소련을 의식해서 걸은 이런 국무성의 '성공'은 그 필연적인 결
과로서 병합의 비합법성 확정 문제에 대해서는 이론적으로 매우 부정적
인 의미를 부여했다.

   항복 요구 선언인 포츠담선언은 바로 일본이 그것을 수락함에 따라
전쟁이 끝나게 되는 담보로서 바로 종전 '전'과 '후'의 획을 긋는 분기
점이었다. 때문에 단지 카이로선언을 항복 후에 이행할 것만을 요구한
그 포츠담선언은 한반도가 실제 독립한다는 현실적인 담보가 되었다는
측면과 더불어 그 법적 성격 역시 필연적으로 전후에 성립되는 문제로
미루었다. 이로 인해 종전 전에도 한국인이 주권을 보유하고 있었다는
논리가 성립되는 여지는 완전히 차단되었으며 한반도는 단지 전쟁의 결
과에 따라 그 주권의 소재가 변동되는 지역임에 불과하다는 성격이 확
정되었다. 이것은 물론 병합 자체는 합법이고 따라서 한반도에 대한 주
권은 정식으로 일본에게 귀속되어 왔으나 전쟁의 결과로서 그 효력이
상실하게 되었다는 해석을 직접 뒷받침하는 논리적 기반이 되었다. 일
본의 한반도 병합이 비합법적인 것이었음을 고발했다는 한국 사회의 일
부 담론들과 달리 카이로선언으로부터 포츠담선언으로 이어진 일련의
절차는 한반도 독립이 전후에 이루어져야만 하는 최종적인 법적 기반이
됨으로써 병합이 합법이었다는 논리를 동시에 확정하는 과정이 되기도
한 것이었다.

   그러나 문제는 그에 그치지도 않았다. 단지 카이로선언의 이행만을
천명한 포츠담선언은 카이로선언에 이어 전후의 독립 시기도 명시하지
않았다. 이에 따라 1945년 여름이 되어서도 한반도 독립의 시점은 분명

하지 않았다. 다시 말해 한반도에 대한 일본의 주권이 언제까지 지속될 것인지 불투명해졌다. 아무리 미국이 병합의 합법성을 전제로 전후 한반도의 독립 문제를 구상했다고 하더라도 전후 한반도를 독립하게 한다는 것은 결정되었다. 그를 위해서는 병합조약에 따라 일본이 보유하고 있었던 한반도에 대한 주권이 언제 상실될 것인지 명시할 필요는 있었다. 물론 카이로선언에서 공약되었듯이 적당한 시점에 성사될 한반도 독립의 시점에서 일본의 주권이 정식으로 상실된다고 말할 수는 있었다. 그러나 그 최종 독립까지의 사이에서 신탁통치를 도입할 것을 결정한 미국에게는 그렇게만 말하고 쉽게 넘어갈 수 없는 다른 문제가 제기될 수밖에 없었다. 신탁통치를 실시할 권한을 확보하는 문제와 관련해 한반도에 대한 일본의 주권 존속을 최종 독립 이전에 차단해 놓을 필요가 생겼기 때문이다. 즉 원래 미국에게도 포츠담선언은 카이로선언이 남긴 공백을 메워 일본 항복의 시점에서 한반도에 대한 일본의 주권을 상실시킨다는 등의 규정을 천명해 두는 것이 바람직했고 또 전승국으로서 그것은 충분히 가능한 과제였을 것이다.[101]

그러나 카이로선언에 이어 나온 포츠담선언은 결과적으로 단지 카이로선언의 이행만을 규정했을 뿐, 그 공백을 메우지는 않았다. 그 이유는 분명하지 않다. 일본 항복이 임박해진 이 다급한 시기, 포츠담선언 기초에 관여한 인물들에게는 종전 전에 신탁통치를 실시할 테두리에 소련을 보다 명확히 구속하도록 하는 작업 이상의 문제에 관심을 기울이는 여유나 필요는 없었는지도 모른다. 무엇보다 미국정부 자신이 카이로선언

---

101) 물론 이 경우 민족자결의 원칙에 따라 일본 항복 즉시 한국인에게 한반도의 주권이 되돌아간다는 논리가 성립되고 그것이 현실적으로 필요한 신탁통치에 또 다른 악영향을 줄 것이 예상되기는 했다. 실제 본론에서 후술하듯이 이러한 지적은 일본 항복 이후에 전개된 전후계획의 논의 과정에서도 나왔다. 그러나 필자가 확인할 수 있었던 한, 이와 같은 논리를 막기 위해 포츠담선언에서도 일본의 주권 상실 시기를 애매하게 했다는 증거는 없다.

이후 한반도 독립을 전후 적당한 시점에 이룩하도록 할 방침을 취했었던 가운데서는 포츠담선언 기초자가 한반도에 대한 일본의 주권 상실 시기를 별도로 명확히 정하는 것은 어려웠다. 그러나 이유가 어쨌건 최종적인 항복 요구 선언인 포츠담선언마저 한반도 독립의 시점을 명시하지 않았음에 따라 일본의 한반도에 대한 주권 보유를 인정하고 있었던 미국에게는 한반도에 대한 일본의 주권 상실 시점이 언제가 될 것인가 하는 새로운 숙제가 이번에 생기게 되었다. 또한 그 공백은 전후 한반도에 신탁통치를 실시하는 데 있어서, 미국을 비롯한 연합국이 그 법적 근거를 어떻게 확보하는가 하는 과제를 안겨 주는 원인이 되기도 했다. 실제 이하 보듯이 국무성은 스스로가 주도한 포츠담선언 제8항이 내포한 이 '결함'으로 인해 전후 한반도를 관리하는 문제에 즈음하여 풀리지 않는 난제를 끌어안게 되었으며 그것이 결국 평화조약 제2조 (a)항 기초 문제로 이어졌다.

한편 비록 병합의 비합법성 확정 과제나 일본의 주권 상실 시기 문제 등에 관해서는 '결함'을 잉태한 선언이었으나 한반도 독립을 포함해 각종 요구를 들이댄 항복 요구 선언을 그대로 무시할 수 있는 여력은 이미 일본에게 남지 않았다. 앞서 언급한 5월 28일에 모스크바에서 홉킨스를 만난 스탈린은 얄타회담에서 독일 항복 후 두 달 내지 석 달 이내라고 애매하게 약속한 대일 참전이 8월 8일에는 가능하다는 방침을 통보했었다.[102] 완전한 패배를 피하기 위해서 주요 연합국이면서도 일본과는 교전 관계에 있지 않았던 소련의 휴전 알선에[103] 일말의 마지막

---

102) No.26, "Memorandum by the Assistant to the Secretary of State(Bohlen)", *FRUS 1945 Volume I The Conference of Berlin(The Potsdam Conference)*, p.42.

103) 외무대신이었던 도고의 증언에 따르면 소련의 휴전 알선에 대한 대가로서 일본이 허용하려 한 것은 러일전쟁 이전의 상황까지 되돌아간다는 것이었다. 물론 이 구상은 주로 남사할린 등의 반환을 고려한 것으로 보인다. 그러나 당시 일본의 전쟁 지도자들은 러일전쟁 이후에 이루어진 한일 병합에 관해서는 그것을 번복하지 않고 비록 자치의 가능성은 남기면서도 한

희망을 가지던 일본에게 이 소련의 참전과 그에 따른 휴전 공작의 좌절
은 사실상 종국을 고하는 일이었다. 이런 추세를 맞이해 포츠담선언 수
락을 강하게 촉구한 것은 재외 외교관들이었다.

7월 26일 발령된 포츠담선언에 대해 30일 당시 주스위스 공사였던
가세(加瀨俊一)는 포츠담선언이 황실과 국체(國體)에 언급하지 않고 있
다는 점, 즉 전후 황실을 중심으로 한 국가 체제가 존속할 여지가 있다
는 점, 일본의 주권이 존속할 것을 인정하고 있다는 점 등으로 인해 사
실상 독일보다 유리하다는 인식을 드러내면서 그럼에도 전쟁이 길어지
고 '완전 패배'가 되었을 때는 이러한 유리한 점까지도 상실될 수 있다
고 도고(東鄕茂德) 외무대신에게 경고했다. 아울러 그는 포츠담선언이
대일전 조기 종결을 원하는 미국이 주도권을 잡고 낸 것이라고 추측하
면서 이것을 미국이 전쟁 피로 때문에 냈다거나 일본의 군·민을 이간
시키려는 모략으로 냈다고 간주하는 것은 해롭다 하면서 선언 수락을
진지하게 검토할 필요성을 조언했다.[104] 8월 4일 주소 사토(佐藤尙武)
대사 역시 이와 같은 가세 공사의 분석이 지극히 타당하다고 전하고 또
혹시 정부가 결의(決意)를 내리지 못하고 시간을 허비하는 일이 더 있다
면 일본 전체가 초토화되고 일본이 멸망의 일로를 걷게 될 것이라 하소
연하면서 시급한 선언 수락을 촉구했다.[105] 그럼에도 일본정부는 아직
움직이지 않았다.

사토 대사의 우려는 즉시 현실화되었다. 8월 6일 아침 히로시마가 원
폭으로 인해 불태워졌다. 9일 새벽 소련이 참전했다. 같은 날 낮에는 나
가사키가 두 번째 원폭 투하로 인해 초토화되었다. 마지못한 일본정부

반도는 그대로 일본이 영유하는 것을 확인했었다고 한다. 東鄕茂德, 『時代
の一面: 東鄕茂德外交手記』, 原書房, 1985, 332~333쪽. 즉 일본은 사실상
완전한 패전 직전까지 한반도의 영유를 고집했었음을 알 수 있다.
104) 電文 第八三七号, 「「ポツダム」三國宣言ニ關スル考察」, 『ポツダム宣言受諾關
係一件』, 第1卷, 릴 번호 A-0113(일본 외교사료관 소장 기호), 9~12릴쪽.
105) 電文 第一五二〇号, 「無題」, 위의 조서, 13~14릴쪽.

는 이 상황에 이르러서야 겨우 주권 통치자(a sovereign ruler)로서의 천
황 대권(prerogatives)에 변경을 가하려는 어떠한 요구도 포함되지 않는
다는 것에 유의한다는 조건부로 10일 포츠담선언을 수락할 의사를 주
스위스 대사관을 통해 미국에게 통보했다. 포츠담선언은 적어도 직접적
으로는 천황제에 대해 아무런 요구도 규정하지 않았었다. 이에 따라 애
매한 부분을 남겼었다. 일본정부는 그 '공백'에 천황 대권 체제 존속의
희망을 찾으려 한 것이었다. 두 번에 걸친 원폭 투하 등으로 인해 국민
이 생지옥에 놓여 있을 때, 일본의 군국주의 지도자는 국민을 하루 빨
리 구제하는 것을 최우선의 과제로 여기기는커녕 천황 지배 체제의 온
존에 마지막까지 고수했었던 것이다.

　일본이 단 이 조건에 대해 미국은 8월 11일자로 널리 알려져 있는 유
명한 번스(James F. Byrnes) 회답을 보냈다. 그 회답은 패전 후, 천황 및
일본정부가 가지고 있는 국가 통치 권력(authority to rule the state)은 연
합국군최고사령관(Supreme Commander for Allied Powers, 이하 SCAP으
로 약기) 밑에 제한된다(be subject to)고 답했다. 마지막까지 천황 대권
체제의 존속에 한 가닥에 희망을 가진 군국주의 지도자 역시 이제 그것
을 확보하는 술책을 완전히 소진했다. 14일 일본은 최종적으로 포츠담
선언을 수락했다.[106] 그것은 미국 시간에서도 같은 날 14일에 전달되었
다. 물론 연락 체계의 지연이나 각 지역 사정에 따른 전투의 계속 등,
일본정부가 즉시 그 통제를 행사하지 못하는 곳은 존재했다. 그에 따라
각 현장에서는 포츠담선언 수락 후에도 일부 소요가 한동안 계속되었
다. 그러나 그러한 불가피한 혼란을 제외하고 적어도 국가 의사로서의
교전 상태는 14일에 최종적으로 끝났다.

　따라서 전쟁은 8월 15일에 끝난 것은 아니다. 주지하는 바와 같이 그

---

106) 포츠담선언 수락을 둘러싼 미·일 간의 이러한 막판 교신 문서는 『ポツダム
　　宣言受諾關係一件(終戰關係調書)』, 第3卷, 릴 번호 Á-0113에 수록되어 있다.

날은 정오에 천황의 옥음(玉音)방송이 흐른 날이었다. 그러나 그것은 주
권자인 천황이 "견디기 힘든 것을 견디고 버티기 힘든 것을 버팀으로써
세계평화를 열 것을 원한다(堪ヘ難キヲ堪ヘ忍ヒ難キヲ忍ヒ以テ萬世ノ爲
ニ太平ヲ開カムト欲ス)"고 하면서 충량한 신민(忠良ナル爾臣民)들에게
천황의 '영단(英斷)'을 고한 바로 국내 절차에 불과했다. 시차가 없는 한
반도에서도 같은 날 15일 정오에 옥음방송이 흘렀다. 그에 따라 당시
한국인도 그 방송을 통해 전쟁이 끝났음을 실감하는 계기가 된 것은 사
실일 것이다. 그러나 그것은 천황이 일본의 전쟁이나 식민지 책임을 인
정하고 그 속죄의식으로부터 한국인의 '광복'을 알리기 위해 취한 절차
등과는 전혀 무관한 것이었다. 실제 그 옥음방송은 한반도에 관해서 아
무런 언급도 하지 않았다. 또한 다음 장에서 보는 바와 같이 일본정부
는 옥음방송 후에도 일본의 한반도에 대한 통치를 미화하면서 일본의
주권이 전후도 당분간 존속될 것을 자명의 일로 여기고 있었다.

　더구나 주권자인 천황이 '태평'을 위해 종전이라는 '영단'을 내린 것
을 고한 그 15일의 옥음방송은 생방송도 아니었다. 그것은 14일 포츠담
선언 수락을 결정한 어전회의 후, 같은 날 중에 녹음된 것에 불과했다.
이들 이유로 인해 현재 종전일을 15일로 인식하고 있는 나라는 당시 천
황을 신으로 여기던 일본을 제외하고는 전 세계 속에서도 대한민국이
유일하다. 9월 2일 도쿄만에 정박 중이던 미국의 전함 미주리(Missouri)
호 선상에서 항복문서 조인식이 거행되었다. 이는 그 후 각지에서 계속
되는 항복문서 조인의 효시였다. 따라서 9월 2일 이후 각지에서 이루어
진 항복문서 조인일을 기준으로 생각해도 8월 15일은 '종전'과는 전혀
무관하다. 일본을 제외하고 세계에서는 15일을 종전일로 인식해야 하는
근거는 실은 법적으로도 정치적으로도 존재하지 않는 것이다. 그럼에도
대한민국은 현재까지 15일을 광복절로 삼아왔다. 바로 이 사태는 겉으
로 병합과 통치를 부정하면서도 결국 자신들 역시 같은 '일본'으로서 종

294 허구의 광복: 전후 한일병합 합법성 확정의 궤적

전을 맞이했다는 것을 고백하는 처사 이외의 아무것도 아니었다. 그리고 지배자 일본이 천황의 옥음방송에 맞추어 세계 유일하게 정한 '종전일'에 마냥 끌려가기만 하고 있는 이런 자기모순은 결국 자기 스스로의 힘으로 독자적인 '광복절'을 만들어 내지 못한 채 전후를 맞이하게 된 한반도의 '비극', 아니 21세기의 오늘날에 이르러서도 여전히 이와 같은 자기모순을 알아채지도 못하고 있다는 의미에서는 이제 '희극'이라 형용해야 하는 이완된 사고의 상징이었다.

2) 전후 한반도 주권 문제 검토의 본격화

국무성 내부에서 포츠담선언을 기초한 인물들과 전후계획을 입안했었던 그룹과의 의사소통이 과연 어떻게 진행되고 있었는지 자료적으로 분명하지 않다. 그러나 국무성 자신이 관여한 포츠담선언 제8항이 내포한 상기 '결함'은 바로 같은 국무성 내에서 즉시 인식되었다. 그 문제점을 일찍 파악하고 그에 대한 대처 방안을 구상한 주체들 역시 국무성 전후계획 속에서 한반도 독립과 신탁통치 실시 문제들을 주도해온 인물들이었다.

포츠담선언 발령 닷새 후인 7월 31일에 열린 부국간극동지역위원회 제215회 회합은 독립 후의 한반도에 대한 취급 문제를 토의하는 가운데 이 문제와 관련된 토의를 동시에 진행했다.107) 그 회합에서 부국간극동지역위원회는 일본과 교전한 주된 연합국이 일본의 무조건항복 후 한반도에 대한 일본의 주권을 종료시키는 적절한 조치를 취할 것을 통해 일본이 다시 한반도를 침략하거나 군사적, 정치적으로 어떠한 영향력도 행사할 수 없도록 할 것을 결정했다. 즉 당초 부국간극동지역위원회는

---

107) Meeting no.215, "MINUTES OF THE INTER-DIVISIONAL AREA COMMITTEE ON THE FAR EAST, ANNEX "A" TO MINUTES NO. 215", IAC-1.

일본의 항복 선언 수락만으로 일본의 한반도에 대한 주권이 상실되는 것은 아니라는 입장을 취했다. 그 때문에 그 위원회의 참석자들은 연합국이 일본의 주권을 종료시킬 조치를 일부러 따로 취할 필요성을 지적한 것이었다.

그 회합에서는 그 조치가 필요한 이유에 관해서는 일본의 '재침략'이나 '영향력 행사'를 차단한다는 등의 정치적인 이유만이 언급되었을 뿐이다. 아직 정식 항복 전이므로 적국 일본에 대해 비록 '재침략' 같은 정치적으로 비판하는 표현이 쓰이기는 했다. 그러나 일본의 한반도에 대한 '영향력 행사'의 법적 기반이 결국 한반도에 대한 일본의 주권 존속이라는 조건에 숨어 있었음은 분명했다. 즉 패전 후 일본이 포츠담선언에 숨어 있었던 한반도 주권 문제에 관한 공백을 찌르고 한반도에 대해 여전히 자신이 주권을 보유하고 있음을 주장할 경우, 미국에게도 적어도 법적으로는 그것을 반박하는 것에 약점이 도사리고 있었음은 부정하지 못했다. 부국간극동지역위원회는 바로 이 문제점을 간파하면서 그 공백을 메우는 작업의 필요성을 지적한 셈이었다. 그것은 한반도 독립을 국제공약으로 승격시킨 카이로선언이나 그 이행을 촉구한 포츠담선언 중의 어느 하나라도 일본의 항복과 동시에 한반도에 대한 주권이 최종적으로 종결될 것을 요구했더라면 일어나지 않았을 논리적인 결함의 귀결이었다.

8월 3일 제217회 부국간극동지역위원회는 국제관리 실시를 위한 법적 근거로서 유엔헌장에 규정된 국제적 신탁통치 도입의 룰을 한반도에 적용한다는 입장을 정리했다.[108] 물론 이것은 일본의 영토인 한반도에서 연합국이 신탁통치를 실시하는 데 필요한 법적 근거를 유엔헌장에서 찾으려 한 움직임이었다. 같은 해 6월에 이미 서명되어 있었던 유엔헌

108) Meeting no.217, "MINUTES OF THE INTER-DIVISIONAL AREA COMMITTEE ON THE FAR EAST, ANNEX "A"- MINUTES OF AUGUST 3, 1945", IAC-1.

장 제77조는 신탁통치 대상 지역으로서 현재 이미 위임통치하에 있는 지역, 시정책임을 지닌 국가에 의해 자발적으로 그 제도하에 들어간 지역들과 더불어 2차 대전의 결과로서 새롭게 적국으로부터 분리된 지역을 지정했었다. 그러나 이 신탁통치에 관한 유엔헌장의 규정을 주도한 것 역시 미국이었다.

1944년 11월 15일 국무성은 전후 새로운 국제기관, 즉 유엔을 창설할 것으로 합의를 본 덤바튼오크스회의에서는 통합참모본부(Joint Chiefs of Staff)의 요청으로 인해 신탁통치 문제는 직접 토의되지 않았으나 국무성으로서는 군부와 상의하되 그에 필요한 검토를 진행하고 대통령의 허가가 나온다면 얄타회담 개최 이전에 중·영·소에 신탁통치 문제에 관한 제안을 전달하고 싶다고 루스벨트에게 건의했다.109) 국무성의 의향을 들은 루스벨트는 같은 15일 아직 국무차관이었던 스테티니어스나 전후계획을 주도하고 또 유엔헌장 기초에도 크게 기여한 파스볼스키 등 국무성의 중진들과 만나면서 신탁통치의 원칙은 굳건히 확립될 것이 바람직하다 하면서 국무성의 건의에 승인을 주었다.110) 대통령의 허가가 나오자 국무성은 검토 작업을 진행하고 그 내용을 담은 각서를 1945년 1월 23일에 대통령에게 제출했다. 그 각서 속에서 국무성은 비록 구체적인 특정 지역과 직접 관련시킬 필요는 없으나 올 얄타회담에서는 창설할 국제기관의 헌장(the Charter of the General International Organization), 즉 유엔헌장에 신탁통치에 관한 규정 역시 넣을 것에 합의를 보도록 조언했다. 이 건의와 관련해 국무성은 헌장에 원칙을 넣어야 할 이유를 다음과 같이 지적했다. 첫째, 국제연맹의 청산에 따라 그 연맹규약하에서 이미 위임통치에 부쳐져 있었던 지역의 처분 문제가 생긴다. 둘째, 종전

---

109) "MEMORANDUM FOR THE PRESIDENT: Arrangements for International Trusteeship", *Yalta Conference,* Reel no.4(4), rp.24.
110) "QUESTIONS LEFT UNSETTLED AT DUMBARTON OAKS", *ibid.,* Reel no.5(1), rpp.96~97.

에 따라 적국으로부터 분리(detach)될 기타 지역이 생길 가능성이 있다. 셋째, 미국 내에서는 종속 지역의 문제를 대국 간의 거래(barter)의 대상으로 하지 말고 세계 공동체(world community) 전체의 관심 사항(concern)으로 해야 한다는 생각이 강하다.[111]

즉 국무성은 2차 대전을 막지 못했던 국제연맹을 대신하는 새로운 국제기관의 출범을 염두에 두면서 그 연맹하에서 이미 사실상 신탁통치를 받고 있는 지역, 및 2차 대전의 결과 새롭게 분리될 지역에 대해 전후 관리 문제가 제기될 것을 상정했다. 그리고 그들 지역을 대국 간의 제국주의적인 영토 거래로서 처리하지 않도록 국제적으로 지지를 얻을 수 있는 투명한 원칙을 유엔헌장 안에 직접 넣을 필요성을 지적했다. 결국 이 국무성의 구상이 얄타회담에서 기본적으로 실현되었다. 얄타에서는 비록 구체적인 지역에 관해서는 후속 조치에 부칠 것을 전제로 했다. 그러나 상기 국무성이 제안한 2가지 지역을 더해 자발적으로 신탁통치하에 들어갈 지역 역시 그 대상으로 할 것, 그리고 결과적으로 유엔헌장을 기초하게 된 샌프란시스코회의 개최 이전에 안전보장이사회 이사국이 될 5개국 간에서 이 문제를 다시 조정할 것 등에서 합의가 이루어졌다.[112] 유엔헌장 제77조는 바로 이와 같은 국무성의 구상에 따라 기초된 것이었다.

물론 국무성이 신탁통치에 관한 원칙을 유엔헌장에 명문화하려 했을 때 한반도를 직접 겨냥하면서 그 대상 지역을 정한 것은 아니었을 것이다. 그러나 세계 보편적인 원칙으로서 분류된 상기 3가지 지역 가운데 전후 즉시 독립할 능력이 없다고 평가받은 한반도가 그 신탁통치를 받게

---

111) "MEMORANDUM FOR THE PRESIDENT: Completion of the Dumbarton Oaks Proposals Regarding International Trusteeship", *ibid*., Reel no.1(4), rpp.120~121.

112) "CRIMEA CONFERENCE: SUMMARY OF CONCLUSION", *ibid*., Reel no.3(6), rp.3.

되는 데 적용되는 원칙이 있다면 그것은 헌장 제77조가 규정하는 2차 대전의 결과로 새롭게 적국으로부터 분리된 지역으로 될 것은 불가피했다. 특히 주의해야 하는 점은 미국이 주도한 유엔헌장은 그것이 보편적인 원칙으로서 구상된 것이었으니만큼 당초부터 신탁통치 대상 지역으로서 '비합법적이고 부당한 강점으로부터 해방되는 지역' 같은 존재가 상정되지 않았었다는 점이다. 비록 의도적으로 추진한 것은 아니었으나 미국이 주도한 이 보편적인 신탁통치 구상 속에 한반도가 자리매김 되고 당연히 그 원칙 속에서 한반도 신탁통치에 대한 법적 근거를 찾게 된 이상, 거꾸로 말해 한반도 독립의 성격이 헌장 제77조의 규정 범위를 벗어나는 일은 없게 되었다. 즉 한반도가 단지 전후 적국으로부터 분리되는 지역이라는 성격을 넘어, 헌장 제77조에 없는 비합법적인 병합과 부당한 통치로부터의 '광복' 지역이 될 가능성은 유엔헌장 기초의 배경에 비춰 봐도 차단될 수밖에 없었다.

그런 새롭게 적국으로부터 분리된 지역이라는 보편적인 원칙에 따라 한반도에 신탁통치를 실시할 것을 결정한 상기 제217회 위원회는 아울러 그 통치의 실시에 즈음해서는 5년 이내에 한반도가 독립할 준비를 마련할 것을 목적으로 삼았다. 자료상 그 변화의 상세한 경위는 분명하지 않으나 얄타회담에서 루스벨트가 제안한 20~30년이라는 기한은 대폭 축소되고 또한 5월 28일 모스크바에서 홉킨스가 스탈린에게 통보한 5년 내지 10년이라는 기간을 감안해도 결국 최단 기간으로 수렴된 것이었다. 한반도를 자신의 영향하에 둘 것을 목적으로 하지 않고 4개국에 의한 세력 균형을 유지하면서 최종 독립을 도모할 것을 생각했었던 당시 미국에게 장기간에 걸친 관여는 그만큼 고비용이었고 무엇보다 한국인의 반발이 불가피했다. 최종적으로 5년간이라는 방침을 굳힌 것은 가능한 한 짧은 기간으로 신탁통치를 종료하는 것이 결국 미국에게도 합리적이라는 판단에 따른 것이었음은 틀림없을 것이다.

물론 이 제217회 위원회에서 정해진 5년이라는 기간은 실제 12월 27일 모스크바 3국 외상회담에서 채용된 것이었다. 이 의미에서 신탁통치 기간은 이 시기 정식으로 확립되었다고 평가해도 과언은 아니다. 그러나 신탁통치 실시에 관한 법적 근거를 유엔헌장에서 찾으려 한 그 위원회는 일본의 무조건항복, 또는 완전한 파괴 후 일본에서 권력을 행사하게 될 연합국이 한반도에 대한 일본의 주권을 종료시키기 위해 적절한 조치를 따로 취할 것, 그리고 그것을 통해 한반도에서의 법적 권한(legal authority)을 확보할 필요성을 지적했다.

유엔헌장에 신탁통치의 근거를 찾으려 한 부국간극동지역위원회가 그럼에도 일본의 주권 종료에 관한 절차를 따로 밟을 필요성을 지적한 그 이유는 다음과 같이 해석해도 무방할 것이다. 즉 가령 한반도에서 신탁통치를 실시하는 법적 근거를 2차 대전 후 새롭게 적국에서 분리되는 지역이라는 유엔헌장 규정에 찾을 수 있다 하더라도 한반도에 아직 일본의 주권이 존속하는 이상, 연합국에 의한 통치권의 행사와 상충되는 여지가 남았다. 이를 피하기 위해서는 바로 헌장 자체가 신탁통치 실시의 조건으로 요구하고 있는 '적국으로부터의 분리'를 천명하는 절차, 즉 일본의 주권을 차단하고 그것을 연합국에게 옮길 법적 과제가 여전히 남았다. 부국간극동지역위원회는 바로 이 점을 염두에 두면서 신탁통치 실시에 앞서 먼저 한반도에 대한 일본의 주권 종료를 명확히 확정해 두는 것이 바람직하다고 판단한 것으로 풀이된다.

일본의 포츠담선언 수락에 따라 시대가 이미 '전후'에 접어들기 시작한 8월 27일, 극동소위원회(State-War-Navy Coordinating Subcommittee for the Far East)는 한반도에 대한 일본의 주권 절단 문제와 관련해 부국간극동지역위원회에서 거론되던 상기 논점들을 다시 검토하기 시작했다. 극동소위원회는 1945년 1월 13일 '태평양과 극동 지역의 관리에 관해 발생하는 문제를 검토하기 위한 특별위원회'로서 출범한 조직이며 전년 말 국무, 육군, 해군의 3부처가 대외 정책에 관한 정책적 연계를 강화하기 위해 창설하던 주지의 3성조정위원회(State-War-Navy Coordinating Committee)의 하부기관이었다. 통상 'SWNCC'라는 약칭으로 잘 알려져 있는 3성조정위원회와 관련해 보튼은 이 횡단 조직이 독일에 대한 정책 입안 과정에서는 무시당한 것과 대조적으로 일본 및 한반도에 대한 정책 수립에 관해서는 그 영향력은 이루 말할 수 없을 정도였다고 증언하고 있다.[113] 극동소위원회의 주된 멤버 역시 영토소위원회 이후 동아시아 정책에 계속 관여해 왔던 블레이크슬리나 보튼, 그리고 그 후 대일 점령 정책과 평화조약 기초 과정에서 맨 활약하게 된 피어리(Robert A. Fearey) 등이었다.

그 극동소위원회는 8월 27일 "한반도에서의 임시 국제 통치 기구"를 SFE 문서 115로서 기초했다.[114] SFE 문서는 각 관련 문제에 대한 극동 소위원회의 입장을 정리한 것이었다. 그 SFE 문서 115는 한반도가 전쟁의 결과로서 적국으로부터 분리되는 지역이라는 전제하에서 그 완전한 독립까지 실시할 신탁통치 형태(form)를 결정하는 문제를 고찰하기 위해 기초된 것이었다. 극동소위원회는 이 문제를 고찰한 결과 다음과 같은 결론에 도달했다. 즉 그것은 일본의 주권 종료 후에 유엔헌장 관련 조항에 따라 유엔총회의 감독하에서 직접적인 관계국인 미·중·영·소 4개국이 신탁통치를 실시할 것, 또한 그와 관련해 동 4개국이 그것을 실시하는 데 필요한 권한을 확립하기 위해 일본으로부터 한반도를 절단하는 적절한 법적 조치(appropriate legal steps)를 취하고 신탁통치 합의협정(agreement)이 동 4개국에게 제출되어야 한다는 것들이었다.[115]

---

113) ヒュー・ボートン, 앞의 책, 161쪽.
114) 이 문서가 보튼에 의해 작성되었다는 사실은 보튼 자신의 회고록에서 알수 있다. 위의 책, 204쪽.
115) SFE 115, "A TEMPORARY INTERNATIONAL AUTHORITY IN KOREA", *Records of the Subcommittee for the Far East, 1945-1948*, SFE-1, Roll no.4(일본 국회도서관 헌정자료실 소장 기호), pp.1~3; pp.7~8. 이하 소장 기호만

극동소위원회가 한반도에 대한 신탁통치를 실시하기 위해 따로 '적절한 법적 조치'를 취할 필요가 있다고 인식한 이유는 바로 그 소위원회 자신이 지적한 '일본의 주권 종료 후'라는 인식에 여실히 드러났다. 일본의 주권이 존속하는 한, 아무리 유엔헌장이 신탁통치의 실시를 허용하고 있다고 하더라도 법적 충돌은 피할 수 없었다. 유엔헌장은 적국에서 분리된 지역에 대한 신탁통치 실시의 가능성만을 인정한 것에 불과했다. 다시 말해 제77조는 그 적용으로 인해 '분리', 즉 적국의 주권 상실 자체까지 완료될 것을 직접 가능케 한 것은 아니었다. 따라서 병합이 합법이며 한반도가 일본 영토였음을 인정한다면 신탁통치를 실시할 것을 결정한 미국에게도 일본의 주권 보유 자체는 여전히 계속된다는 과제 자체는 남을 수밖에 없었다. 실제 SFE 문서 115가 기초된 이틀 후인 29일에 개최된 극동소위원회 제37회 회합에서는 육군 관계자가 신탁통치 실행 문제와 관련해 미국이 한반도를 일본제국의 일부라고 인정해 왔는가를 확인하자 블레이크슬리는 즉시 외교적 관례 및 관습에 따라(by virtue of diplomatic custom and practice) 그래 왔다고 천명했다.[116]

이런 입장에 따라 일본의 주권 종료 문제는 신탁통치 실시에 앞서 풀어야 하는 과제가 되었다. 미국이 당초 이에 대응하는 '적절한 조치'로서 구상한 것은 천황에 의한 한반도 주권 포기 선언이었다. 예컨대 원래 국제법의 연구자이자 당시 보튼 등과 함께 국무성 극동국 속에서 주로 계획·연구부문(Planning and Research Unit)에 참여하던[117] 라이트(Quincy Wright)는 8월 31일자 "한반도에 대한 권원의 이전(Transfer of

---

표기한다.

116) "Minutes of Meeting held in Room 4304, Munitions Building on Wednesday, 29 August 1945, at 10:00", *Minutes of Meetings of the Subcommittee for the Far East 1945~47*, SFE-2(일본국회도서관 헌정자료실 소장 기호), p.6.

117) 극동국 중의 계획·연구부문의 참여자에 관해서는 "Planning and Research Unit Office of Far Eastern Affairs: Committee Memberships", YE5-21, 1185-2.

Title to Korea)"을 작성하고 그 문제에 대한 대응 방안을 구체화했다. 라이트는 그 문서 가운데 SCAP이 가급적 빨리 천황에게 미국, 중국, 영국, 소련을 위해(in favor of) 한반도에 대한 일본의 권리(rights), 권원(titles)을 포기한다고 선언하게 하고 그 후 그 4개국이 독립정부의 권한 행사가 유엔헌장에 따른 신탁통치 실시 기간 중까지는 중단된다는 조건부로 한반도의 독립을 승인한다는 공동선언을 낼 절차를 밟도록 규정했다.118)

그러나 그 이유는 분명하지 않으나 천황에 의한 포기 선언 등을 비롯해 한반도에 대한 일본의 주권을 절단하는 대처 방안은 좀처럼 움직이지 않았다. 그러자 8월 13일에 정식으로 SCAP으로 취임하던 맥아더(Douglas MacArthur)의 정치고문을 맡았던 앳치슨은 마지못해 10월 4일 일본과 한국을 법적으로 분리시키는 지령이 가까운 장래에 공포되면 그것은 시기적으로 적절한 움직임이며 한국인의 실망을 완화시킬 수 있을 것이라고 강조하면서 가급적 빨리 문제가 되어 있는 지령(the directive)을 완성시키고 총사령부(General Headquarters)에 알리도록 국무장관에게 촉구했다.119) 그 요청 문서에서는 '문제가 되어 있는 지령'이 무엇인가에 대한 직접적인 언급은 없다. 그러나 앳치슨 자신이 그 지령과 관련해 '일본과 한국을 법적으로 분리'하는 것과 관련시키고 있는 점으로

---

118) "The Acting Political Adviser in Japan(Atcheson) to the Secretary of State", *FRUS 1945 Volume Ⅵ The British Commonwealth The Far East*, p.1128. 앳치슨이 국무장관에 보낸 이 문서에는 "한반도에 대한 권원의 이전" 문서는 직접 수록되어 있지 않으나 본론에서 언급한 절차 내용은 각주에서 편집자가 소개하고 있는 내용을 통해 알 수 있다. 한반도에 대한 일본의 주권 문제와 관련해 라이트가 작성한 "한반도에 대한 권원의 이전"이 가리킨 보다 자세한 인식에 관해서는 長澤裕子, 「戰後日本のポツダム宣言解釋と朝鮮の主權」, 李鍾元・木宮正史・淺野豊美編, 『歷史としての日韓國交正常化(Ⅱ) 脫植民地化編』, 法政大學出版局, 2011, 136～138쪽.

119) "The Acting Political Adviser in Japan(Atcheson) to the Secretary of State", *FRUS 1945 Volume Ⅵ The British Commonwealth The Far East*, p.1068.

미루어 천황에 의한 선언을 비롯해 일본에게 한반도 주권을 명확히 포기하도록 하는 조치와 관련된 것이었음은 틀림없다.

이 앳치슨의 요청에 대해 10월 11일의 답신에서 번스 국무장관은 국무성으로서 그 문제를 긴급히 검토하고 있으며 긍정적인 결정이 나오면 적절한 지시를 알린다고 전하면서[120] 이 문제에 관해 정부로서 아직 결정에 이르지 못하고 있음을 내비쳤다. 번스 명의로 부친 전보(telegram)를 수록한 다른 자료에서는 그 전보 자체가 전날 10일에 보튼에 의해 작성된 것임을 확인할 수 있다.[121] 따라서 번스가 일단 태도를 유보하는 결정을 내린 것은 그 무렵 국무성 내부에서 진행 중이던 부국간극동지역위원회 등의 토의 결과를 반영한 것으로 생각해도 틀림없어 보인다.

실제 번스 장관 명의를 통해 검토 중임을 알린 보튼의 답신 작성의 전날, 부국간극동지역위원회에서는 중요한 토의가 진행되었었다. 보튼 자신도 참석한 10월 10일의 부국간극동지역위원회 제227회 회합은 한국에 대한 일본의 주권을 이전시키는 문제를 집중 토의했다. 회의 벽두 블레이크슬리는 이 문제가 타이완이나 기타 위임통치령에도 적용될 수 있는 문제이며 앳치슨이 한반도에 대한 일본의 주권을 종료시키도록 촉구하기까지는 표류하고 있었던 문제라고 하면서 이 문제와 관련된 검토 과제를 제시했다. 블레이크슬리가 제시한 그 과제는 일본에게 단순히 주권을 포기하게만 할 것인가, 또는 신탁통치를 실시하는 4개국을 위해 주권을 포기하도록 하게 할 것인가 하는 것이었다. 비록 블레이크슬리는 2가지 방안의 가능성을 제시했으나 어느 방안이건 이 단계에서는 일본에게 한반도에 대한 주권을 포기하도록 따로 조치를 취할 필요가 있다는 것은 그대로 자명으로 여겨져 있었음을 알 수 있다.

그러나 주권을 연합국에게 양도하게 하는 둘째 방안에는 염려스러운

---

120) "The Secretary of State to the Acting Political Adviser in Japan(Atcheson)", *ibid.*, p.1071.

121) "untitled", *Korean Provisional Government: Independence Movement, 1945.*

부분이 남았다. 그것은 민족자결 원칙에 따라 원래 한반도에 대한 주권을 가져야 하는 한국인이 다른 4개국을 위한 주권 포기를 원하지 않는 다는 점이었다. 그러나 그 한편 첫째 방안에도 문제가 있었다. 합석한 법률고문의 비숍(William W. Bishop)은 일본에게 단순히 주권을 포기만 하게 할 첫째 방안을 취할 경우에 그것은 한국인에게 주권이 회복된다는 것을 뜻할 수 있으나 주권을 가진 한국인은 신탁통치에는 찬성하지 않을 것이라고 경고했다. 이에 따라 일본의 주권 포기와 동시에 주권이 즉시 한국인에게 회복되지 않도록 하는 조치가 필요해졌다.

그 제227회합은 이를 위해 일본의 주권 포기와 4개국에 의한 신탁통치 확립까지의 기간에 자칫 한국인이 주권을 취득할(vest) 수 있는 애매모호한 기간(twilight zone)이 생기지 않도록 일본에 의한 주권 포기와 4개국에 의한 신탁통치 선언을 동시에 실행할 것을 구상했다. 그러나 일본에게 주권을 포기하게 해도 4개국에게 주권을 양도하게 하는 둘째 방안을 강구하지 않는 이상, 신탁통치를 실시하는 권한을 4개국이 어떻게 찾을 것인가 하는 문제가 여전히 풀리지 않았다. 위원회는 다른 나라들, 그 속에서도 특히 한국인 자신이 계속 그에 반대할 가능성을 우려했다.

보튼은 이상의 문제들에 대응하기 위해 성명안의 원형(formulate)을 기초했다. 보튼이 구상한 그 원형은 미·중·영·소 4개국이 한반도의 독립을 공약한 카이로선언을 선포하고, 일본의 항복선언을 받아 냈다는 관계에 있다는 것, 또한 한반도의 조기 독립을 촉진한다는 취지로 SCAP이 천황에게 한반도에 대한 일본의 권리, 권원을 포기하게 하고 동시에 4개국이 신탁통치 실시에 관한 공동선언을 낸다는 것들을 포함하는 것이었다. 즉 보튼은 4개국이 한반도 독립의 계기를 만들었다는 점, 그 4개국이 한반도에 대한 일본의 주권을 포기하게 한 것은 조기 독립 달성을 위해 신탁통치를 실시하는 것을 조건으로 한 것이었다는 점들을 천명하면서 일본의 한반도에 대한 주권 포기 후 한국인에게 즉시

주권 행사의 권리가 귀속되지 않을 것을 천명하도록 성명안을 꾸민 것
이었다.

위원회는 보튼이 일단 구상한 원형안을 토대로 다시 초안을 만들도
록 잠정적으로 결론을 내렸다. 그리고 그 초안에서는 일본에 의한 주권
의 포기, 천황에 의해 발령되는 주권 포기 칙령, 신탁통치를 실시할 것
을 조건으로 한 4개국에 의한 한반도 독립 승인에 관한 성명, 그리고 혹
시 천황이 칙령을 내지 않을 경우에는 4개국이 항복문서에 기초해 움직
이는 것에 합의한다는 내용들을 담도록 합의했다.

즉 10일에 열린 회합 단계에서는 비록 직접 천황에게 칙령을 내리게
하는 형식을 취할 것인가 하는 등의 방안은 아직 결정되지 않았으나 일
본에게 한반도에 대한 주권을 포기하게 하는 절차가 필요하고 그에 맞추
어 4개국이 신탁통치를 실시할 것을 천명하는 절차를 동시에 진행하도
록 다짐했다. 물론 그 위원회가 그와 같은 필요성을 인식한 것은 일본
패전으로 이어지는 일련의 절차만으로는 일본의 한반도에 대한 주권이
종료되는 일이 없다고 생각하고 있었기 때문이었다. 실제 10일의 회합은
마지막으로 항복문서나 한반도에 대한 군사점령만으로 한반도에 대한
일본의 주권이 종료되는 것도 아니며 또한 연합국이 신탁통치를 실시하
는 데 필요한 법적 권한을 갖는 것도 아니라는 결론을 내렸었다.[122]

그러나 11일의 번스 장관 명의의 답신에 나타났듯이 그 답신의 배경
이 된 10일의 회합은 최종 결론에게까지 도달한 것은 아니었다. 부국간
극동지역위원회는 그 이후 한동안 4개국에 의한 신탁통치 실시 협정에
관한 초안 작성의 토의에 집중했다.[123] 그러나 신탁통치의 내용을 결정
하기 전에 그 전제조건이 되어야 하는 일본의 한반도에 대한 주권 포기

122) Meeting no.227, "MINUTES OF THE INTER-DIVISIONAL AREA COMMITTEE
ON THE FAR EAST", IAC-1, p.3.
123) 초안 작성의 토의는 10월 11일 열린 제228회 회합 이후 11월경까지 간헐
적으로 계속되었다. 각 회합 기록은 IAC-1에 수록되어 있다.

문제는 여전히 풀리지 않았다. 11월 8일 앳치슨은 재차 번스 장관에게 이 문제에 대해 행동에 나설 것이 중요하다고 촉구했다.[124] 그러나 천황에 의한 포기 선언을 비롯해 일본에게 실제 한반도에 대한 주권을 직접 포기하도록 따로 천명하는 절차를 취하게 되는 일은 결국 없었다.

그것은 결국 국무성이 그 후의 내부 검토를 통해 일본에게 일부러 한반도에 대한 주권의 포기를 천명하게 할 필요가 없다고 최종 판단한 것에 따른 결과로 추측된다. 실제 앳치슨의 독촉이 전달된 다음날인 11월 9일에 개최된 제239회 부국간극동지역위원회는 바로 '한반도에 대한 권원 이전' 문제를 다시 주제로 하면서 집중 토의했다.[125]

그 제239회 회합은 한반도에 대한 일본의 주권이 항복으로 인해 과연 종료되었는가 하는 문제를 다시 정면으로 내세웠다. 그러나 그 회합에서는 그 이전의 토의에서는 종료되지 않았다는 것을 자명으로 여긴 그 시각 자체가 수정되기 시작했다. 관련 기록은 회합 첫머리에 블레이크슬리가 라이트 집필의 문서를 둘러싼 배경을 설명하는 것부터 토의가 시작되었다고 적고 있다. 그 기록은 라이트가 집필한 문서가 무엇인지, 직접 밝히지 않았으나 토의 과제가 한반도에 대한 일본의 주권 문제였으며 또한 그 내용 역시 기본적으로 일치하고 있는 점으로 미루어, 상기한 8월 31일자 문서 "한반도에 대한 권원의 이전"을 뜻하고 있음은 틀림없다. 즉 제239회 회합은 항복문서에 의해서는 일본의 주권이 종료되지 않는다고 하는 라이트의 생각 자체를 다시 검토 대상으로 삼은 것으로 보인다.

---

124) "The Acting Political Adviser in Japan(Atcheson) to the Secretary of State", FRUS 1945 Volume VI The British Commonwealth The Far East, p.1117.
125) 이하 이 회합의 내용은 Meeting no.239, "MINUTES OF THE INTER-DIVISIONAL AREA COMMITTEE ON THE FAR EAST", IAC-1에서 정리. 자료 보존 상태의 관계로 인해 회의 차수 '239'는 직접 확인할 수 없으나 앞뒤의 회합 차수와의 관계로부터 추측했다.

실제 블레이크슬리는 라이트가 작성한 문서의 배경을 설명하면서 해크워스(Green H. Hackworth)가 일본의 주권은 항복문서에 의해 이미 종료되었다고 주장하고 있으며 라이트 집필의 문서는 법률국(legal office)의 견해에 따라 수정되었다고 전했다. 해크워스는 국무성 법률고문(legal adviser)으로서도 활동한 법률 전문가였으며 국제사법재판소 판사에도 취임한 국제법의 권위였다. 법률국의 견해에 따라 수정되었다고 하는 그 구체적인 수정 내용은 자료적으로 자세히 소개되어 있지 않다. 그러나 이후의 흐름을 고려할 때 항복에도 불구하고 한반도에 대한 일본의 주권은 종료되지 않았다고, 그 이전까지 위원회 자신도 가지고 있었던 그 생각 자체를 수정 대상으로 삼은 것은 틀림없다.

블레이크슬리의 보고에 이어 발언한 노터(Harley Notter)는 사실상 해크워스의 입장을 거들었다. 노터는 1937년 국무성에 입성한 후 그 초기부터 국무성 내 전후계획에 일관되게 관여한 인물이었으며 상기한 H문서 작성을 담당한 정치조사부의 책임자를 역임하는 등 국무성의 전후계획을 주도한 핵심 인물의 한 사람이었다. 그 노터는 한반도에 대한 주권은 연합국이 가지고 있으며 따라서 한반도에 대한 일본의 주권 문제를 한층 더 명시(statement)하는 일은 평화조약에서 과거의 행동을 재확인하는 형식을 통해 진행하면 된다고 주장했다. 다시 말해 그는 신탁통치 실시를 위해 일본의 주권 포기를 일부러 명시할 필요는 없으며 신탁통치를 비롯해 연합국이 한반도에 대한 일본의 주권을 사실상 종료시켜 그 대신 주권을 행사해 왔다는 것은 훗날 평화조약에서 확인하면 문제될 것이 없다는 입장을 취한 것이었다.

그러나 보튼은 신중한 자세를 보였다. 보튼은 항복문서에는 항복 후 한반도의 주권이 어디에 속할 것인가에 관한 규정이 없으며 주권이 연합국으로 이전되었다고 하는 규정 역시 없다고 하면서 노터의 의견에 의문을 던졌다. 항복이 즉시 일본의 한반도에 대한 주권 포기나 연합국으로의 이전을 가능케 하는 것은 아니라는 견해를 내비친 셈이었다.

노터는 반론했다. 그는 포츠담선언은 일본의 주권을 제한할 것을 규정했을 뿐, 주권의 처분(disposition)에 관해서는 아무런 언급도 하지 않고 있으므로 한국인에게 주권이 돌아간 일은 없으며 점령군(conquering power)의 손에 들어왔다고 말했다.[126] 포츠담선언 제8항은 카이로선언의 이행을 촉구한 그다음에 일본의 주권이 혼슈, 홋카이도, 규슈, 시코쿠 및 연합국이 향후 정할 제소도(minor islands)들에 제한될 것을 언명했었다. 회합 기록은 노터 발언의 참뜻을 헤아리기에는 어렵게 표현하고 있다. 그러나 이러한 문맥들을 고려할 때 노터는 포츠담선언 제8항 중의 주권 제한 조항을 강하게 의식하면서 다음과 같이 주장한 것으로 생각해도 무방해 보인다. 즉 일본의 주권은 포츠담선언 제8항 주권 제한 조항의 존재로 인해 이미 한반도에 미치지 않게 되었으며, 또한 그것이 단지 '제한'으로만 규정되었지 한국인에게 반환한다는 등의 '처분'을 명시한 것도 아닌 이상, 한반도의 주권은 항복선언을 수락하게 한 연합국에게 저절로 이전되었고 또 그에 따라 신탁통치를 실시하는 데 특별한 조치를 따로 취할 필요는 없다. 이것들이 노터가 제기한 상기 반론의 요지였다고 풀이된다.

이렇듯 당초 이 회합에서는 항복문서 등에서는 한반도에 대한 일본의 주권이 종료되었다고 보기 어렵다는 보튼 등과 이미 종료되었다고 주장하는 노터 등의 견해가 정면충돌했다. 그러자 위원회 의장을 맡았던 블레이크슬리가 조정에 나섰다. 그는 가령 위원회 멤버의 대다수가

---

126) 필자는 앞서 발표한 논문에서 이 노터의 주장에 있는 'conquering power'를 '침략자'로 이해하고 한반도의 주권이 아직 일본의 손안에 남아 있다는 것이 노터의 주장이라고 기술했다. 장박진, "미국의 전후처리와 한반도 독립 문제: '근거 없는 독립'과 전후 한일 관계의 기원,『아세아연구』, 56권 3호, 2013.9, 48쪽. 그러나 이 해석은 앞뒤의 문맥을 생각할 경우 틀린 것으로 생각되며 노터는 연합국군에게 주권이 넘어왔다고 주장하고 있는 것으로 판단된다.

다시 일본 자신에게 명시적으로 한반도 주권을 포기하게 하는 절차를 취하도록 희망해도 일단 위원회로서는 법률국의 견해에 따라 항복문서로 인해 일본의 한반도에 대한 주권은 포기되었다는 견해를 수용하도록 의견 집약에 나섰다. 블레이크슬리에 의한 이런 조정의 배경에는 다른 정치적인 문제에 대한 고려가 작용했었다. 실제 의견 수습에 나선 블레이크슬리는 일본의 항복에도 불구하고 한반도에 대한 주권이 존속된다면 현재 타이완을 자신의 주권하에 두고 있다고 하는 중국의 입장을 건드릴 가능성을 지적했다. 즉 항복문서에도 불구하고 한반도에 대한 일본의 주권이 존속된다면 그 논리는 함께 일본의 주권하에 놓였던 타이완에도 적용될 수밖에 없었다. 제2장에서 봤다시피 카이로선언은 타이완 등의 중국 관련 영토를 '반환(restore)'하게 할 것은 규정했으나 일본의 항복 수락 즉시 그 '반환'이 완료된다고 규정한 것 역시 아니었다. 블레이크슬리는 그 해석이 결국 동맹국 국민당정부의 입장을 부정하게 될 것으로 이어질 가능성을 염려하면서 포츠담선언과 항복문서 조인으로 인해 한반도에 대한 일본의 주권이 종료되었다는 의견으로 일치하도록 정치적으로 그 필요성을 설득한 것이었다.127) 실제 9월 2일에 조인된 항복문서는 포츠담선언의 수락을 명시하고 있으며 그에 따라 일본의 주권이 포츠담선언 제8항에 명시된 지역에 한정되게 되기 때문에 한반도에는 이미 미치지 않는다는 법적 해석을 취하는 것 역시 충분히 가능했다.

---

127) 단 블레이크슬리의 이런 조정에 대해서는 동남아시아부 부장인 모팻(Abbot L. Moffat)이 반대하고 각서를 제출하는 권리를 유보했다는 기록이 있으므로(Meeting no.239, "MINUTES OF THE INTER-DIVISIONAL AREA COMMITTEE ON THE FAR EAST", IAC-1, p.2) 그 시점에서 참석자 전원에 의한 합의가 이루어진 것은 아니라고 보인다. 기록에서는 모팻이 제기한 반대 의견이 구체적으로 어떤 것이었는지는 알 수 없으나 실제 일본의 주권 포기 절차가 이루어지지 않았던 사실을 고려하면 그 후 이러한 반대 의견이 의미 있게 작용한 사실은 없어 보인다.

그러나 중국에 대한 그러한 정치적인 배려도 포함해, 가령 일본의 주권이 항복으로 인해 이미 종료되었다는 것에 합의가 이루어져도 신탁통치 실시에는 여전히 문제가 남았다. 그것은 물론 일본이 주권의 종료 후에 누가 그것을 갖게 되었는가 하는 문제였다. 그 회합은 이어 이 문제의 토의에 들어갈 수밖에 없었다.

이와 관련해 블레이크슬리는 주권은 어디에도 없다는 입장을 취했다. 해크워스는 그것은 중요한 문제가 아니라고 말했다. 노터는 자신의 입장을 바탕으로 주권은 항복 조항의 결과 점령군에 넘어왔으나 한반도는 주권을 갖고 독립할 지역이기도 하기 때문에 주권의 소재 문제는 거론하지 말아야 하고, 누가 그 권리를 행사하는가 하는 문제만을 논의하도록 주장했다. 한편 당시 속령 지역의 문제를 담당하던 그린(James F. Green)은 주권이 한국인에게 회복(revert)되었다고 생각한다고 말했다.128)

이와 같이 부국간극동지역위원회는 이 문제를 둘러싸고도 갈라섰다. 마지못해 노터는 다시 일본 항복과 신탁통치 개시 사이에 개재하는 기간 중, 누가 한반도에 대한 주권을 보유하는가 하는 문제는 피하도록 제안했다. 그러나 보튼 등과 함께 극동국에서 조사 업무를 맡고 있었던 에머슨(R. Emerson)은 그렇게 할 경우 한반도에서 신탁통치를 실시할 법적 정당성을 찾을 수 없다고 지적했다. 이렇게 되자 위원회는 한반도의 주권 보유 문제는 미결이지만 그것을 행사(exercise)하는 권리가 4개국에게 넘어왔다는 의견으로 집약하도록 합의했다. 주권 자체가 점령군에게 있다고 언급한 노터 역시 주권의 소재 여부는 논의하지 말아야 하고 현실적인 행사의 권리만을 문제로 삼도록 권유했었다. 민족자결 원칙에 따라 한민족으로서의 주권은 원래 한국인에게 귀속되는 것이 맞았다. 아무리 한반도를 독립하게 했다고 하더라도 그로 인해 주권 자체가

---

128) 원문에서는 "Mr. Green through sovereignty reverted to the Korean people"로 되어 있다. ibid. 그러나 이는 문장으로서도 이상하므로 원문 'through'는 'thought'의 오타라고 판단된다.

완전히 연합국에 이전되었다는 논리는 새로운 '병합'을 뜻할 수도 있었다. 노터 역시 사실상 주권을 행사(dispose)하는 권리만을 연합국이 갖는다는 견해에 합의하는 것에 대해서는 반대하지 않았다.

이상의 결과 부국간극동지역위원회는 대일 교전과 일본의 항복, 그에 따른 한반도에 대한 주권의 종료의 결과 4개국이 한반도에 이해관계를 갖게 되었으며 그 일련의 관여에 따라 한반도를 통치(dispense)하는 권리를 보유한다는 결론에 도달했다. 즉 당초 항복만으로는 한반도에 대한 일본의 주권은 종료되지 않는다는 위원회의 견해는 크게 수정되었다. 부국간극동지역위원회는 항복으로 인해 한반도에 대한 일본의 주권은 종료되었으며 비록 일본의 주권 종료 후의 한반도에 대한 주권의 소재는 명확하지 않도록 남기나 그것을 행사하는 권한은 4개국이 보유하게 되었다는 입장에서 문제를 진행하도록 의견 집약을 이룬 것이었다.

토의 과정에서 나타난 이와 같은 논리 구성은 그 후 오키나와에 대한 미국의 신탁통치 도입 시에 명확히 나타난 '잠재주권' 개념의 싹을 엿볼 수 있다. 즉 주시하다시피 평화조약에 따른 일본의 주권 회복 후에도 오키나와는 그 전략적 중요성으로 인해 미국이 그대로 행정 지배하에 두었다. 물론 이는 패전 후에도 오키나와에 대한 주권은 일본에게 귀속된다고 주장하는 일본정부의 공식 입장과 전면적으로 상충되었다. 이 충돌을 피하고 현실적으로 문제를 풀기 위해 미·일 양국에서 조정된 것이 '잠재주권'이라는 사고방식이었다. 오키나와에 대한 주권은 '잠재적'으로 일본에게 귀속되나 그것이 정세 변화로 인해 '현재(顯在)화'할 수 있을 때까지는 미국이 현실적으로 주권을 행사한다는 것이 그 개념의 요지였다. 이는 물론 어떤 이유 때문에 즉시 주권을 현실적으로 행사하지 못하는 주체가 장래 어떤 시점에서 완전한 주권을 회복하도록 담보하기 위해 만들어진 불가결한 회피책이었다. 이는 이미 1차 대전 후 국제연맹하의 위임통치제도 도입에서도 사실상 국제적으로 공식화되어 있었던 방안이기도 했다.

3) 국무성의 최종 입장 정립과 한반도 독립 문제에 대한 함의

이렇게 하여 국무성은 11월쯤의 논의를 통해 항복으로 인해 한반도에 대한 일본의 주권은 종료되었으며 적어도 주권의 행사에 관한 권한은 연합국이 가지게 되었다는 입장을 정립했다. 이에 따라 당초 구상된 일본에 의한 주권 포기 절차는 따로 진행할 필요가 없어졌다. 노터는 이어 같은 제239회 회합에서 신탁통치에 관한 협정의 공표와 관련해 4개국이 특별한 선언을 낼 필요가 없다고 주장했다. 노터가 그 필요는 없다고 지적한 그 '특별한 선언'이라는 것이 한반도에 대한 주권의 소재 같은 예민한 문제를 천명하는 선언 내용을 의미했음은 틀림없다. 노터는 이러한 입장에서 한반도에 대한 국가 정책은 각 4개국이 각각 공표하도록 하고 4개국에 의한 공동선언에서는 4개국이 합의하는 신탁통치 실시 조항을 담을 것에만 그치도록 제안했다. 노터는 공동선언 등 표면적으로 나타나는 4개국에 의한 의사 표명은 어디까지나 신탁통치 실시에 관한 실무적인 합의 사항에만 한정하도록 하고 주권의 소재 같은 자극적이고 원칙적인 문제에 관한 표명은 삼가도록 건의한 것이었다.

부국간극동지역위원회는 노터의 제안에 합의했다. 그에 따라 위원회는 공동선언에서는 일본의 한반도에 대한 주권이 연합국이나 한국인에게 이전되었다는 조항을 굳이 두지 않도록 결정했다. 주권의 소재를 밝히지 않도록 하는 방안이 확립된 셈이었다. 또한 '주권을 행사하는 권리' 운운 같은 표현을 비롯해, 일단 거론되던 4개국이 한반도를 통치(dispense)하는 지위에 있다는 등의 표현 역시 사용하지 않도록 하는 데 합의했다. 연합국에게 한반도의 주권이 귀속되고 있다고 명시하는 것은 물론, 그것을 행사하는 권리가 있다고 표현하는 것 역시 한국인을 불필요하게 자극할 가능성이 컸다. 물론 한국인에게 주권이 귀속되었다고 명시하는 것 역시 신탁통치 실시와 상충되었다.

이어 14일에 개최된 부국간극동지역위원회 제240회합에서도 4개국의 공동선언에서는 일본이 한반도에 대한 주권을 포기한다는 성명을 넣지 않는 것이 바람직하다는 확인이 다시 한 번 이루어졌다.[129] 그것을 넣으면 일본이 포기한 주권이 과연 누구에게 귀속되었는지, 그 문제가 금방 드러나게 되기 때문으로 보인다.

이로써 신탁통치 실시 문제와 관련하여 제기된 한반도에 대한 주권을 둘러싼 국무성의 입장이 최종적으로 정립되었다. 그것은 포츠담선언 수락과 그것을 다시 확인한 항복문서 조인 등으로 인해 일본의 한반도에 대한 주권은 최종적으로 종료되었다는 것이었다. 그러나 국무성은 그것을 대외적으로 밝힐 경우, 일본의 주권 종료 후 한반도에 대한 주권이 과연 누구에게 귀속되었는가 하는 주권의 소재를 둘러싼 논란이 새롭게 일어날 것을 감안하면서 그 입장은 표면화시키지 않는다는 방침도 아울러 정립했다.

이상의 토의 과정을 거친 후, 15일자로 공동선언 초안이 작성되었다. 'K-16'으로서 기안된 그 공동선언안은 한반도 독립을 천명한 카이로선언의 이행을 촉구하고 일본의 주권이 혼슈, 홋카이도, 규슈, 시코쿠 등에 한정될 것을 명한 포츠담선언을 일본이 수락했다는 것을 제1단락에서 천명한 후, 그에 따라 4개국이 독립정부의 권한 행사를 1951년 3월 1일보다 지연되지 않는 범위 내에서 미룬다는 조건부로 한반도의 독립을 승인한다고 규정했다.[130] 그 공동선언안은 비록 피할 수 없는 절대

Meeting no.240, "MINUTES OF THE INTER-DIVISIONAL AREA COMMITTEE ON THE FAR EAST", IAC-1, pp.1~2.

130) K-16, "JOINT DECLARATION OF POLICY CONCERNING KOREA", *Korean Provisional Government: Independence Movement, 1945*, pp.1~2. 일단 명시된 1951년 3월 1일이라는 신탁통치 종료 기한에 관해서는 K-16 문서가 작성된 그다음 날 16일에 일찍 블레이크슬리가 기한을 명시하는 표현은 피하고 '가급적 빨리' 등 일반적인 구절에 바꾸도록 건의했음을 알 수 있

조건이기 때문에 신탁통치 기간 중 독립국가로서의 주권 행사의 권한은
미루어진다는 조항을 달기는 했다. 그러나 적어도 직접적으로는 연합국
이 주권을 행사한다는 등의 자극적인 표현 역시 피하고 한반도 독립을
승인한다는 표현이 정면에 나오도록 문안이 조정되었다. 신탁통치에 대
한 한국인의 반발을 조금이라도 무마하려는 의도가 담긴 것이었다.

당시 주로 일본에 있었던 앳치슨은 국무성 내부에서 일어난 이와 같
은 방침 변경의 흐름을 잘 몰랐던 것으로 풀이된다. 11월 17일 앳치슨
은 다시금 번스 장관에게 한반도에 대한 일본의 주권을 포기하게 하는
천황의 선언 발출을 추천한다고 전문(電文)을 보냈다. 심지어 앳치슨은
그 추천과 관련해 천황이 행할 선언에서는 한반도에 대한 일본의 주권
포기가 독립의 은혜를 받고 싶어 하는 한국인에 대한 천황의 자비 등으
로 인해 취해진 위대한(gracious) 행동이라고 하는 등, 일본의 체면을 살
리는 표현 같은 것은 들어가지 않도록 주의를 환기하기까지 했다.131)

그러나 최종적으로 앳치슨의 그 건의는 국무성 내부에서 진행된 법
률적인 검토의 결과 물리쳐졌다.132) 11월 30일 국무성은 번스 장관의

다. "Termination of Japan's Sovereignty over Korea", *Korean Provisional
Government: Independence Movement, 1945.*

131) "The Acting Political Adviser in Japan(Atcheson) to the Secretary of State",
FRUS 1945 Volume Ⅵ The British Commonwealth The Far East, p.1128.

132) 나가사와는 천황에 의한 주권 포기 선언이 실시되지 않았던 이유와 관련
해 미국이 대일 교섭에 실패했다는 추측을 내놓고 있다. 長澤裕子, 앞의
논문, 138~139쪽. 그러나 특히 전후 직후의 역학 관계를 고려할 때 미국
이 천황의 포기 선언을 실천에 옮기려 했다면 그것을 일본이 거절할 수
있었는가 의문스럽다는 점, 무엇보다 본론에서 언급한 바와 같이 대일 교
섭에 임하는 입장에 있었던 앳치슨이 오히려 천황에 의한 포기 선언을 실
시할 것을 조르고 있었으며 그것을 국무장관이 기각하는 지시를 내리고
있었다는 점들을 고려한다면 천황에 의한 포기 선언이 실제 실행되지 않
았던 이유는 대일 교섭에 실패했다기보다 미국정부가 신탁통치를 실시하
는 데 꼭 그 조치를 취할 필요가 없다고 최종 판단했기 때문이라고 보는
것이 타당해 보인다.

명의로 앳치슨에 대해 15일자로 기안된 K-16 공동선언안 등의 존재를
언급하면서 해크워스 법률고문의 의견으로서 천황에 의한 한반도 주권
포기 선언은 꼭 필요한 것이 아니며 일본의 포츠담선언 수락에 따라
미·중·영·소에 의한 4개국 선언만으로 충분하다는 입장을 최종 통보
했다.[133]

　그 후 K-16 등으로서 구상된 4개국 공동선언의 내용이 그대로 공동
선언으로서 실제 발표되는 일 역시 없었다. 주지하다시피 12월 27일에
실제 공표된 모스크바 3국 외상회담 공동성명은 임시한국정부 수립을
위한 미소공동위원회의 설치와 5년간의 신탁통치 실시 등만이 공표되
었다.[134] 그 성명에서는 항복에 따른 일본의 주권 제한이 강조되는 일
도 없었으며 아울러 신탁통치 기간 역시 '1951년 3월 1일'이라는 시점
표기 방식으로부터 '5년간'이라는 기간 표기로 수정되었다. 또한 3국
외상회담 공동성명에서는 한반도에 대한 일본의 주권 종료와 연결되는
구절들 역시 일절 채용되지 않았다. 이는 물론 상술한 바와 같이 부국간
극동지역위원회 등의 결론에 의거하면서 일본의 주권 종료를 일부러 명
시할 필요가 없다는 정치적인 판단에 따른 결과였음은 틀림없을 것이다.

　이로써 당초 국무성 내부에서도 인식된 종전 후에도 한반도에 대한

---

133) "The Secretary of State to the Acting Political Adviser in Japan(Atcheson)",
　　 FRUS 1945 Volume VI The British Commonwealth The Far East, p.1139.
134) 국무성이 준비하던 공동성명이 왜 직접 활용되지 않았는지는 명확하지 않
　　 으나 그것은 모스크바에서의 미·소 교섭에 따른 결과였을 가능성이 점쳐
　　 진다. 실제 발표된 모스크바 3국 외상회담 공동성명은 20일에 소련이 초
　　 안으로서 작성, 제출한 것을 거의 그대로 수용한 것임을 영국 측 외교문서
　　 를 통해 확인할 수 있다. "Extract from 6th Meeting, December 20th" 및
　　 그에 부속되는 ANNEX A "PROPOSALS BY THE SOVIET DELEGATION:
　　 KOREA", F12364/2426/G, "Korea", YD-127, 1945, Reel no.8, rpp.43~46.
　　 20일에 소련이 제출한 원안에서는 셋째 단락 속에서 실제 성명에서는
　　 'trusteeship'으로 된 부분이 'supervising'으로 되는 등, 약간의 어구 차이가
　　 있으나 거의 대부분이 일치한다.

일본의 주권이 남는다는 논리가 미국정부의 공식 입장이 된 일은 없었다. 그러나 비록 결과적으로는 물리쳐졌다고 하더라도 종전 후에도 한반도에 대한 일본의 주권이 남는다는 당초의 인식도 또한 항복에 따라 한반도에 대한 일본의 주권이 종료되었다는 최종적인 입장도 모두 일본이 한반도에 대한 주권을 정식으로 보유하고 있다는 점, 다시 말해 병합이 합법이었다는 점을 전제로 했었다는 의미에서는 똑같았다. 그것은 어디까지나 주권 종료 시점을 둘러싼 견해 차이에 불과했지, 병합조약에 따라 한반도의 주권이 정식으로 일본에 양여되었는가, 다시 말해 병합이 합법이었는가의 여부를 따지는 검토가 아니었다. 실제 상기한 바와 같이 주권 소재를 둘러싼 국무성의 논의 과정에서는 한반도에 대한 일본의 주권 보유가 애초 합법성을 확보한 것이었는가를 따지는 일 따위는 단 한 번도 없었다.

항복에 따른 일본의 주권 상실이나 연합국의 신탁통치 실시에 관한 권한 확보 문제가 논의되는 과정에서는 결과적으로 한반도 독립의 근거가 된 카이로선언의 문안을 다시금 직접 검토 대상으로 삼은 기록들은 있다. 예컨대 앞서 언급한 8월 27일자 SFE 문서 115 "한반도에서의 임시 국제 통치 기구"는 한반도 독립 문제를 고찰하면서 그와 관련된 기정사실로서 카이로선언 중의 한반도 독립 조항을 그대로 인용했다.135) 이어 K-16으로서 기안된 상기 공동선언 역시 한반도 독립과 관련된 기정사실들을 돌이켜보면서 선언 중의 한반도 독립 조항을 직접 인용했다.136)

즉 국무성은 카이로선언 중의 관련 조항을 인용하면서 일본 항복 후의 격변기에 다시금 선언 안에 있었던 '노예 상태' 등을 같이 확인한 셈이었다. 그러나 '노예 상태'가 포함된 한반도 독립 조항에 주목한 이들

---

135) SFE 115, "A TEMPORARY INTERNATIONAL AUTHORITY IN KOREA", SFE-1, Roll no.4, p.2.

136) K-16, "JOINT DECLARATION OF POLICY CONCERNING KOREA", *Korean Provisional Government: Independence Movement, 1945*, pp.1~2.

문서 모두 그냥 문안을 그대로 인용했을 뿐, '노예 상태'들이 들어간 의미를 새삼 추구하고 그 이전의 고찰에서 빠져 있었던 '광복성 여부' 문제를 메우려 한 것은 아니었다.[137) 또한 한반도 독립 문제와 관련해 그나마 카이로선언에 다시금 직접 언급한 상기 문서들이 '폭력이나 탐욕으로 인해 약탈'했다는 규정이 들어간 약탈 조항에 주목하는 일 역시 일절 없었다. 즉 실제로 '전후'가 되고 한반도 독립 문제가 현실화된 과정에서도 국무성이 약탈 조항을 한반도 독립과 관련되는 규정으로 인식한 사실은 없었던 것이다. 당연히 그 약탈 조항 관련 규정이 '광복성 여부' 확정 문제와 연결되는 일도 없었다.

포츠담선언 수락과 항복문서 조인으로 인해 일단 카이로선언의 내용은 실제 이행되게 되었다. 그러나 그 이행의 실태는 전후 '적당한 시점'에 한반도를 그냥 독립하게 한다는 것뿐이었지 '노예 상태'나 '폭력이나 탐욕으로 인해 약탈'했다는 등의 규정이 그 이행 과정에서 영향을 주는 일은 전혀 없었다. 즉 그들이 한반도 독립에 근거를 준 것으로 독립이 비합법이고 부당한 강점으로부터의 '광복'으로 이루어진다는 공식적 입장 정립으로 이어지는 일은 없었던 것이다. 아니, 이어지기는커녕 전시 중 병합의 합법성을 전제로 한반도 독립을 구상하기 시작한 미국은 실제 전후를 맞이하게 되면서도 일관되게 그 입장을 유지하고 한반도 독립의 이행에만 관심을 보였다. 그 결과 역설적이지만 한반도 독립은 주권을 영원히 일본에게 양여함으로써 원래 한반도가 독립해서는 안되게 하는 병합조약의 합법성을 다시 확정하는 과정과 함께 이루어진

---

137) 물론 이러한 인식은 미국만도 아니었다. 영국 외무성 역시 예컨대 본론에서 상술한 한반도에 대한 향후의 입장을 정리한 1945년 10월경의 내부 문서 "한반도의 장래" 속에서 한반도 독립의 근거가 된 카이로선언 문안을 직접 인용하기는 했으나 '노예 상태' 등에 주목한 사실은 없다. ANNEX Ⅱ "FUTURE OF KOREA Memorandum by the Foreign Office", F6911/2426/G, "Future of Korea: proposed four powers trusteeship", YD-127, 1945, Reel no.8.

318 허구의 광복: 전후 한일병합 합법성 확정의 궤적

것이었다. 이것이 카이로선언 이행의 실태였다.

9월 18일 트루먼 대통령은 백악관에서 서울에 주둔한 일본군의 항복으로 인해 자유를 사랑하는 영웅적인 사람들의 '해방(liberation)'이 선포되었으며 일본의 군사적인 지배하의 '종속(subjection)'이 끝났다고 성명했다.[138] 이는 물론 '노예 상태'나 '자유'를 공약한 카이로선언을 상기시키는 말들이었다. 특히 대통령이 직접 천명함으로써 그 말들의 무게는 더욱더 컸다. 미국은 한반도 독립 근거의 효시가 된 카이로선언 선포 시에도, 또한 한반도 독립이 현실로 된 전후의 개시에 즈음하여서도 표면적으로는 한반도의 독립이 '광복'임을 가리킬 수도 있는 수사(修辭)를 일단 쓰기는 했다. 그러나 카이로선언이 결국 대일 전쟁을 수행하기 위한 정당성 확보를 위해 꾸며졌듯이 전후의 트루먼 연설 역시 한반도 통치를 매끄럽게 하기 위한 정치적인 수식어로서 그들 어구를 사용했을 뿐이었다.

실제 18일의 연설을 트루먼이 하게 된 배경에는 전후 남한을 점령한 미군정 통치를 둘러싼 혼란이 직접 작용했다. 당시 남한에서는 미군정 당국이 시민 생활 유지를 위해 총독부 관료들(officials)을 당분간 그 지위에 남긴다는 성명을 낸 것에 따라 소요가 일어나고 있었다. 14일 당시 애치슨 장관 대리는 총독부 관료를 남길 것을 발표한 것에 따른 혼란과 관련해 매우 안 좋은 반응이 일어나고 있음을 대통령에게 보고하면서 미국의 한반도 정책을 명확히 하도록 공식적인 성명을 낼 것을 건의했었다.[139] 트루먼 연설은 실은 이 건의를 반영한 것이었다. 실제 트루먼은 '종속은 끝났다'는 구절들의 뒤에서 "일시적으로 남게 되는 그와 같은 일본인들은 그들이 가지는 기술적인 이유로 인해 불가피하다고

---

138) "Draft Statement Prepared for President Truman", *FRUS 1945 Volume Ⅵ The British Commonwealth The Far East*, p.1048.

139) "Memorandum by the Acting Secretary of State to President Truman", *ibid.*, pp.1047~1048.

생각되기 때문에 한국인이나 점령군의 봉사자(servants)로서 활용된다"
고 말해 일본인 관료들을 남기도록 결정한 까닭을 해명해야 했다. 즉
카이로선언이 규정한 '노예 상태' 등에 아무런 의미가 없었듯이 전후
트루먼이 언급한 '해방'이나 '종속' 역시 한반도 독립이 '광복'으로 이루
어졌다는 것을 확정하는 과제 등과 아무런 상관도 없는 문맥에서 꾸며진
것이었다.

이와 같이 결국 전후 한반도 독립은 병합의 합법성을 다시 확정하는
역설 속에서 그 길을 걷게 되었다. 그러나 그에 따른 모순은 당연히 모
순으로 남을 수밖에 없었다. 위에서 고찰한 바와 같이 그 모순을 알아
챈 국무성은 그 모순을 차단하기 위해 한때 천황에 의한 주권 포기 선
언 등 한반도에 대한 일본의 주권 보유를 명확히 차단하는 조치를 따로
구상했다. 그러나 포츠담선언에 있었던 일본의 주권 제한 조항의 존재,
그리고 대외적으로 한반도에 대한 일본의 주권 포기를 부각시킬 경우에
예상되는 그 후의 주권 보유를 둘러싼 혼란 등을 고려하면서 결국 그
절차를 따로 밟는 일은 없었다.

그러나 혼란 등을 피하기 위해 취해진 이 '회피책'은 당연히 국무성
에게 불안감을 남길 수밖에 없었다. 실제 포츠담선언도 항복문서도 적
어도 직접적으로는 한반도에 대한 일본의 주권이 그로 인해 최종 상실
되었다는 것을 명시한 것은 아니었다. 또한 국무성이 포츠담선언 등으
로 인해 일본의 한반도에 대한 주권이 최종적으로 종료되었다는 입장을
아무리 내부적으로 정립했다고 하더라도 그 입장이 그대로 국제적으로
확정되는 것도 아니었다. 모순은 완전히 해소된 것은 아니었다. 이에 따
라 국무성은 단지 '적당한 시점'에 독립하도록 규정만하고 일본의 항복
과 주권 상실을 명확히 연결시키지 않은 일련의 독립 공약의 공백을 우
려하면서 평화조약에서 다시 주권 포기를 재확인(reaffirm)하도록 할 필
요성에 언급하게 되었다.[140] 즉 내부적으로는 항복으로 인해 한반도에

대한 일본의 주권이 미치지 않는다는 입장을 취하게 된 국무성 역시 평화조약이라는 국제적 틀을 통해 그것을 최종적으로 그리고 명확히 확정할 필요성을 지적하지 않을 수 없게 된 셈이었다.

다음 장에서 고찰하는 평화조약 기초 과정이라고 함은 바로 이러한 미국정부의 입장이 고스란히 반영된 과정이었다. 그러나 그로 인해 평화조약은 항복이라는 전투 정지에 관한 절차에 이어 법적으로 전후처리를 완결하는 과정에서도 일본이 한반도에 대한 주권을 정식으로 보유했었음을 확정하는 최종 절차가 되고 말았다.

---

140) K-16, "JOINT DECLARATION OF POLICY CONCERNING KOREA", Korean Provisional Government: Independence Movement, 1945, p.2.

제4장

대일평화조약의 기초와
한일병합 합법성의 확정

이상 분석해온 바와 같이 전시 중 선포된 카이로선언의 공약에 따라 전후 일단 현실화된 한반도 독립은 실은 주권을 영구히 일본에 양여할 것을 규정한 병합조약이 합법이었음을 전제로 이루어지게 된 것이었다. 역설적이지만 전후 한반도 독립은 원래 그 존재로 인해 영원히 독립할 수가 없다는 조약과의 모순을 동시에 잉태하면서 그 첫발을 내딛게 된 셈이었다. 물론 그 모순을 봉합한 것은 전승과 패전이라는 힘의 비대칭성이었다. 그리고 전승국인 미국 등은 그 모순을 한반도 독립이 비합법적 병합과 부당한 통치로부터의 '광복'으로서가 아니라 전쟁의 결과 가능해진 지역 질서 재편을 위한 단순한 '분리'의 문제로서 봉합했다.

그러나 한반도가 독립할 것을 사실상 결정한 전쟁은 1945년 여름에 끝난 것은 아니었다. 포츠담선언의 수락과 항복문서 조인은 어디까지나 전투 행위를 종결하는 잠정적인 절차에 불과했다. 전쟁이 이미 터짐에 따라 생긴 구질서의 폐지나 새 질서 창출을 위한 각종 전후처리 과제는 그대로 남았다. 그리고 새삼 강조할 나위도 없이 그들 과제의 내용을 법적으로 최종 결정하는 것이야말로 평화조약의 역할이었다. 물론 평화조약으로 인해 최종적으로 처리되는 그 과제들 속에는 영토 문제가 포함되었고 한반도 독립 문제 역시 그 안에 들어갔다.

따라서 포츠담선언 수락에 따라 일단 '광복'이 아닌 단순 '분리'로서 그 모순이 봉합된 전후 한반도 독립의 성격을 최종적으로 결정하는 법적 절차 역시 평화조약이었다. 그에 따라 적어도 논리의 문제로서는 평화조약이 한반도 독립의 모순을 달리 해소하는 것은 가능했다. 그것은 한반도 독립의 성격을 똑바로 '광복'으로 자리매김하는 방법이었다. 만약에 평화조약이 병합은 한반도의 주인이었던 한국인의 뜻에 반한 비합법적인 강제였으며 그 주권은 애초 한반도에는 미치지 않았었다, 따라서 전후 원상태에 복귀시킨다는 의미에서 한반도를 독립하게 한다고 규정했으면 병합조약과의 모순은 해소할 수 있었다. 물론 그 방안은 거꾸로 미국 등이 과거 병합을 승인해 왔다는 사실 사이에서 생기는 새로는 모순을 낳는 부작용은 피할 수 없었다. 그러나 어차피 모순은 존재했다. 따라서 '광복'으로 자리매김 시킴으로써 발생하는 모순을 미국을 비롯한 연합국이 감수하고 봉합하는 것은 가능했다. 평화조약의 내용을 결정하는 권리는 결국 대일 전승국이자 전후 동아시아 지역의 질서를 주도하는 데 절대적인 힘을 가진 미국 등에게 돌아갔기 때문이다.

더구나 갖은 이유로 평화조약 체결은 결과적으로 1951년 9월 8일에 이루어졌다. 그간 종전으로부터 6년 이상의 세월이 흘러갔다. 그 시간은 연합국의 힘과 정치적 결단에 따라 한반도 독립의 성격을 바꾸는 데 결코 부족한 시간은 아니었을 것이다. 그만큼 종전으로부터 평화조약 체결에 이르는 그 약 6년간이라는 시기는 일단 현실화된 한반도 독립 문제의 성격을 최종적으로 결정짓는 가장 핵심적인 기간이었다고 말해도 과언은 아니다.

바로 이 장은 한반도 독립의 성격을 최종적으로 결정하게 된 이 시기, 이 문제에 절대적인 열쇠를 가진 미국과 그 미국을 제외하면 거의 유일하게 평화조약 기초에 일정한 영향력을 행사한 영국이 전후 한반도 독립 문제를 어떻게 인식하고 평화조약을 기초해 나갔는가, 또한 그들 미·영이 주도한 평화조약 기초 과정에서 한반도 독립 문제의 당사자인 한국과 일본은 이 문제에 대해 어떻게 대응했는가, 등의 물음을 분석한다. 물론 이들 주체의 대응과 관련해 그 직접적인 분석 대상으로 되는 것은 한반도 독립 문제를 규정한 평화조약 제2조 (a)항이다.[1] 주지하다시피 한반도 독립 문제를 직접 규정한 제2조 (a)항은 다음과 같이 기초되었다.

> Japan, recognizing the independence of Korea, renounces all right, title, and claim to Korea, including the islands of Quelpart, Port Hamilton and Dagelet.(일본은 한반도 독립을 승인하면서 제주도, 거문도, 울릉도를 포함한 한반도에 대한 모든 권리, 권원 그리고 청구권을 포기한다).

---

1) 지금까지 한국과 관련된 평화조약의 연구 주제는 크게 나누어 3가지로 정리할 수 있다. 첫째는 한국이 연합국으로 참가하려다가 좌절한 그 과정과 원인을 규명하려 한 연구이다. 대표적인 것으로 鄭城和, "샌프란시스코 平和條約과 韓國·美國·日本의 外交政策의 考察", 『人文科學研究論叢』, 제7호, 1990.2, 143~157쪽; 塚元孝, 「韓國の對日平和條約署名問題: 日朝交渉、戰後補償問題に關連して」, 『レファレンス』, 第42巻 3号, 1992.3, 95~100쪽; 김태기, "1950년대 초 미국의 대한(對韓)외교정책: 대일강화조약에서의 한국의 배제 및 제1차 한일회담에 대한 미국의 정치적 입장을 중심으로", 『한국정치학회보』, vol.33 no.1, 1999.7, 357~377쪽; 金民樹, 「對日講和條約と韓國參加問題」, 日本國際政治學會編, 『國際政治』, 第131号, 2002.11, 133~147쪽; 박진희, "한국의 대일강화회담 참가와 대일강화조약 서명 자격 논쟁", 이창훈, 이원덕 편, 『한국 근·현대정치와 일본 II』, 선인, 2010, 121~155쪽 등이 있다. 둘째는 독도의 귀속 문제와 관련된 연구이다. 대표적인 것으로 塚本孝, 「平和條約と竹島(再論)」, 『レファレンス』, 第44巻 3号, 1994.3, 31~56쪽; 이석우, 『일본의 영토분쟁과 샌프란시스코 평화조약』, 인하대학교출판부, 2003, 제4장; 原貴美惠, 『サンフランシスコ平和條約の盲点ーアジア太平洋地域の冷戰と「戰後未解決の諸問題」ー』, 溪水社, 2005 제1장; 玄大松, 『領土ナショナリズムの誕生: 「獨島/竹島問題」の政治學』, ミネルヴァ書房, 2006, 제1장 제3절; 정병준, 『독도 1947: 전후 독도 문제와 한·미·일 관계』, 돌베개, 2010. 마지막 셋째는 최근 이루어진 것이나 특히 대일 청구권 처리 문제와 관련해 평화조약에서의 한국의 법적지위의 변화에 따라 실제 한국에게 어떤 권리의 변동이 일어났는지를 규명하려 한 것이다. 이는 장박진, 『미완의 청산: 한일회담 청구권 교섭의 세부 과정』, 역사공간, 2014, 제3장에서 처음으로 이루어졌다. 그러나 이들 연구는 한반도 독립의 성격, 즉 병합의 비합법성 확정 문제 등과의 관련성이나 한반도 독립 조항인 제2조 (a)항의 기초를 직접 고찰한 것은 아니다.

즉 이 조항은 한반도 독립의 성격을 일본이 한반도의 독립을 승인하고 한반도에 대한 권리 등을 포기하는 형식으로 이루어지는 문제로 정했다. 이 조항은 직접 병합을 합법이라고 명시한 것은 아니다. 그러나 한반도 독립이 일본의 승인을 거쳐 이루어지는 문제로 규정된 이상, 독립이 '광복'으로서 이루어졌다는 성격을 지니는 것은 사실상 불가능해졌다. 이 장은 미국이나 영국이 이 문제와 관련해 어떤 인식을 가지고 대응한 결과 바로 이와 같은 한반도 독립 조항이 최종적으로 기초되게 되었는가, 또한 그 과정에서 한국이나 일본은 어떻게 대응했는가 등을 분석한다. 그것을 통해 평화조약이 한반도 독립을 '광복'과 같은 성격의 문제로서가 아니라 일본의 승인을 거쳐 이루어진 단순 분리의 문제로 최종 확정하게 된 과정을 자세히 밝히고자 한다.

I 한반도 독립 조항의 맹아와 그 실태

1 패전 직후 일본의 한반도 주권 인식과 평화조약 예비 고찰

1) '제한(축소)해석'에 의한 주권 존속론

일본에게 항복을 촉구한 미국 스스로가 전후 한반도에 대한 일본의 주권 존속 여부를 둘러싸고 애매한 인식을 드러내고 있었을 때, 이해 당사자 일본정부 역시 항복 후의 한반도에 대한 일본의 주권 존속 여부에 관한 문제를 인식했었다. 8월 22일 종전에 관한 중요 사항을 심의하기 위해 설치된 종전처리회의는 한반도에 대한 일본의 주권 이전(移轉)의 시기에 관한 방침을 결정했다. 종전처리회의는 전시 중 전쟁 수행을 위한 최고의사 결정 기관이었던 최고전쟁지도회의를 개편한 것이었다. 그 회의는 내각총리대신이나 외무대신, 그리고 육군이나 해군대신 등의

정부 주요 인사들이 계속 그에 참석하는 등, 전후 직후의 혼란기 사실
상 일본정부의 최고의사 결정 기관으로서 활동했다.

그 종전처리회의가 24일자로 조선총독부 정무총감에게 전달한 그 방
침에서 일본정부는 비록 평화조약 이전에도 외국 군대의 점령 등에 따
른 사유로 인해 사실상 일본의 주권이 휴지(休止) 상태에 빠질 것이 있
다 하더라도 법적으로 한반도에 대한 주권은 독립 문제를 최종적으로
결정할 평화조약까지 일본에게 남는다는 입장을 명확히 정리했다.[2] 또
한 8월 26일에 외무성의 외곽 기관으로서 조직되며 전후 일본을 점령
통치하게 된 총사령부와의 절충 역할을 주로 맡은 종전연락중앙사무국
은 9월 7일 한반도 통치 문제와 관련해 SCAP에 대해 제기할 절충 방침
을 수립했다.[3] 그것은 그 이틀 전인 5일에 조선총독이 내무대신에 대해
보고한 한반도 정세에 관한 청훈 내용이 효시가 된 것이었다. 5일 조선
총독 명의로 발신된 그 청훈 보고는 38선 이북 지역에서 소련이 포츠담
선언 수락으로 인해 일본의 한반도에 대한 통치권이 소멸되었다고 해석
하고 있으며 그 입장에서 행정권 일절을 접수하고 소련군이 실력행사로
지정한 '반도인(半島人)'의 정치위원회에게 그 권한을 이양시키고 있다
고 전했다.[4] 실제 전쟁이 끝나는 불과 1주 전에 참전한 소련은 이북 지
역을 점령한 직후부터 각지에 이른바 인민위원회를 출범시키는 등, 자
신의 영향하에 있는 한국인 좌파 세력을 이용하면서 실질적인 통치를
시작했었다. 이러한 상황에 직면하자 조선총독은 이에 관한 일본정부의
공식적 입장을 밝힐 것을 요청한 것이었다. 또한 조선총독은 그와 더불

---

2) 「朝鮮ニ於ケル終戰處理問題(電報案)」, 『ポツダム宣言受諾關係一件善後措置
   及び各地狀況關係(一般及び雜件)』, 第2卷, 릴 번호 Á-0115(일본 외교사료관
   소장 기호), 90릴쪽.
3) 「聯合國最高司令官ニ對シ折衝方要望事項ニ關スル件(朝鮮ニ於ケル事態對策ノ
   件)」, 『ポツダム宣言受諾關係一件善後措置及び各地狀況關係(朝鮮)』, 第7卷,
   릴 번호 Á-0117(일본 외교사료관 소장 기호), 74~75릴쪽.
4) 「無題」, 위의 자료, 77릴쪽.

어 소련이 취한 이러한 조치에 따라 이북 지역에서는 전후처리의 책무를 성실히 이행하지 못하고 있는 것에 대해 SCAP의 주의를 환기하도록 요청했다.

조선총독의 청훈에 대해 7일 종전연락중앙사무국은 항복문서나 '일반명령'에 따라 일본정부에게 가해진 효력은 한반도에서도 그대로 적용된다고 먼저 전달했다. 종전연락중앙사무국이 말한 '일반명령'이라고 함은 물론 9월 2일 일본의 항복문서 조인에 맞추어 국내정보의 제공, 부대 이동의 금지, 선박 보전(保全), 점령에 대한 협력 명령 등, 점령 개시에 즈음하고 연합국이 일본정부에게 제시한 최초의 '일반명령 제1호(General Order, No.1 Military and Naval)'를 뜻했다. 따라서 항복문서 등의 효력이 한반도에서도 적용될 것을 밝힌 이 사무국의 견해는 한반도가 일본 본토와 같은 지위에 있음을 밝힌 셈이었다. 종전연락중앙사무국은 이와 같은 견해를 먼저 제시하면서 비록 직접적으로는 지금부터 점령 통치를 받는 상황에 있으나 다음과 같은 입장에서 SCAP 측과 절충한다는 방침을 정했다. 즉 그것은 8월 24일에 종전처리회의가 이미 명확히 정했었던 방침에 따라 포츠담선언의 수락으로 인해 한반도에서의 일본의 통치권이 소멸되었다고 하는 소련의 주장은 틀린 것이며 통치권의 처분 역시 평화조약에서 최종적으로 결정된다는 것이었다. 종전연락중앙사무국은 이 방침을 내부적으로 정립하는 근거와 관련해 미국이나 영국은 물론, 소련 역시 한반도 독립을 아직까지 인정하지 않고 있는 것이 아닌가라는 견해를 덧붙였다. 물론 이 견해는 포츠담선언 제8항을 통해 간접적으로 승인한 카이로선언이 전후 한반도 독립을 '적당한 시점'에 실현시킬 문제로만 공약했을 뿐, 패전과 더불어 즉시 이루어진다고 약속한 것이 아닌 점을 염두에 둔 결과였을 것이다. 일본의 입장에서 볼 때 이 '적당한 시점'의 존재는 당연히 전후도 당분간 한반도가 일본의 영토 안에 머무르게 된 것을 뜻한 것이라고 해석하는 것을 가능케 했다.

즉 일본정부에게 카이로선언으로부터 포츠담선언, 그리고 항복문서로 이어진 종전 과정에서 확립된 한반도 독립 문제라고 함은 향후 그 지역이 독립하게 될 것이 결정되었다는 의미에 불과했으며 단지 그 점에서만 일본 본토와 다른 특수 지위에 있다는 것일 뿐이었다. 다시 말해 일본정부는 한반도 독립과 관련된 그들 조치로 인해 전쟁 처리가 최종적으로 끝날 평화조약까지는 한반도에 대한 주권은 법적으로 그대로 일본에게 존속되고 있으며 그에 따라 당연히 통치권 역시 원칙적으로는 일본에게 남아 있다는 입장을 취할 수 있게 된 셈이었다.

그러나 그런 입장은 단지 원칙에 대한 해석 문제에 관한 것만도 아니었다. 일본은 종전 직후의 혼란기, 각지에 남아 있는 해외 주류 관리(官吏)를 통해 현지에서 행정적인 명령권을 행사하려 했다.[5] 이 중에서도 종전 직후부터 일본 관리의 통치 관여 문제가 정치적 소요로까지 이어진 핵심 지역이 남한이었다. 이런 상황을 맞이해 남한 지역에서 이미 시작되던 미군정 통치와 일본의 행정권 행사가 양립하지 못하는 점을 인식한 SCAP은 10월 2일에 SCAPIN(Supreme Command for Allied Powers Instruction Note) 88호를 내고 남한에서 일본이 행정권을 행사하려는 것을 금지하는 조치를 일찍 취했다. 그러나 그 조치를 포츠담선언이나 항복문서 위반으로 발령한 것이 아니라 그와 별도로 명령했다는 사실은 중요한 의미를 지녔다. 그것은 점령 당국 역시 포츠담선언 등에서는 일본이 전후도 당분간 한반도에 대한 주권을 계속 유지하게 됨에 따라 행정권 행사의 권한을 원천적으로 금지할 수 없다는 점을 인식한 것을 가리켰다. 그렇기 때문에 점령군의 권한으로서 SCAP은 사실상 강

---

5) 실제 이 점은 SCAP이 자신의 점령 통치를 회고, 기록한 문서에서 증언하고 있다. GHQ'ed, History of the Non-military Activities of the Occupation of Japan, 1945-1951: Administration of the Occupation, 1951. 高野和基譯, 『GHQ 日本占領史 第2卷 占領管理の体制』, 日本図書センター, 1996, 116~117쪽.

제적으로 행정권의 차단을 따로 명령하게 된 것이었다.

종전 직후 한반도 문제와 관련해 생산된 이들 일련의 방침 문서에서는 일본정부가 왜 패전 후도 한반도 등에 대한 주권이 존속된다고 해석할 수 있는 지, 그 자세한 논리를 짜고 지시한 것은 아니었다. 그러나 종전 직후에 일본정부가 확립한 이상과 같은 한반도에 대한 일본의 주권 존속 논리가 이하 고찰하는 요코타(横田 喜三郎)를 비롯한 법학자들의 고찰과 맥을 같이 하는 것이었다고 봐도 과오는 없을 것이다. 실제 요코타 등은 외무성의 의뢰를 받아 전후 직후부터 포츠담선언이나 항복문서와 일본의 주권과의 논리적 관계를 분석했었다.

1945년 10월 요코타는 외무성에 대해 "'포츠담'선언 및 항복문서의 법적 성질"과 "'포츠담'선언 및 항복문서와 주권"[6]이라는 보고서를 같이 제출했다. 요코타는 국제법 연구의 권위로서 당시 도쿄대학 교수였으며 훗날 최고재판소장관에도 취임한 바로 일본을 대표하는 법학자였다. 그 요코타는 특히 "'포츠담'선언 및 항복문서와 주권"에서 포츠담선언이나 항복문서에서는 통상적인 의미에서의 통치권으로서의 주권은 부정되지 않았으며 오히려 긍정되고 있다고 강조했다.[7] 비록 요코타는 번스 회답에서 명시되었듯이 천황과 일본정부의 권한이 SCAP 아래에 제한된다는 조항에 따라 일본정부가 가지는 주권은 최고무제한으로서의 권리라고는 말할 수 없다고 설명했다. 그러나 동시에 요코타는 그런 최고무제한으로서의 권리가 아닌 일반적인 의미에서라면 번스 회답은 그 제한 밑에 일본정부의 통치권을 인정하고 있으며 따라서 오히려 일본의 주권 보유를 긍정하고 있는 것이라는 법적 해석을 폈다.

요코타는 이런 해석이 가능한 근거로서 종전 직전 미국과 일본정부

---

6) 「「ポツダム」宣言及降伏文書ノ法的性質」, 「「ポツダム」宣言及降伏文書ト主權」, 『ポツダム宣言受諾關係一件』, 第1卷, 릴 번호 Ａ-0113, 579~600릴쪽.

7) 이하 요코타의 논의는 「ポツダム」宣言及降伏文書ト主權」, 위의 자료, 592~595릴쪽에서 정리.

사이에 오간 최종적 교신을 중요시했다. 상술한 바와 같이 8월 10일 일본정부는 포츠담선언의 수락 조건과 관련해 미국에게 그 선언이 '주권 통치자'로서의 천황의 대권에 변경을 가하려는 것이 아니라고 해석한다는 입장을 전달했었다. 요코타는 막판 일본정부가 제시한 그 입장에 대해 번스가 '국가 통치 권력'이 SCAP 아래에 제한된다고만 답한 것에 주목했다. 즉 요코타는 일본정부가 통치권보다 상위 개념인 주권이 남는다고 확인한 것에 대해 미국이 그 제한 밑에 둘 대상을 적어도 직접적으로는 '주권'이라고 규정하지 않고 '통치 권력'으로 정의한 것에 주목하면서 번스 회답은 주권 전체를 통째로서 상실시키는 의도가 없었음을 드러낸 근거라고 본 것이었다.

더구나 요코타는 일단 SCAP 아래에 제한된다고 명시된 통치권 역시 그것은 통치에 관한 모든 권한을 상실시키는 것을 뜻한 것도 아니라고 덧붙였다. 요코타는 향후 제한될 통치권은 SCAP이 항복 조항을 실시하는 데 필요하다고 인정하는 조치에만 한정된다고 해석했다. 사실 포츠담선언 제7조는 연합국이 지시하는 기본 목적을 달성하기 위하여 일본 각지를 점령한다고 명시했으나 그것은 거꾸로 점령이 포츠담선언에 명시된 목적을 달성하기 위한 것에 '한정'될 것을 의미했다. 또한 포츠담선언을 이행할 것을 재차 천명한 항복문서는 번스 회답의 내용과 관련해 그 마지막 부분에서 천황 및 일본정부의 통치 권한이 본 항복 조항을 실시하기 위해 적당하다고 인정되는 조치를 취할 SCAP 아래에 두어진다고 명시했다. 이는 제한되는 통치의 범위가 포츠담선언이나 항복문서가 제시한 목적을 달성하기 위한 것에만 한정된다고 해석할 수 있는 여지를 낳았다.

요코타가 바로 제시했듯이 포츠담선언이나 항복문서가 이러한 법적 해석을 가능케 하는 '틈'을 내포하고 있었던 이상, 조금이라도 자신의 입장을 유리하게 이끌고 싶었던 당시 일본정부에게 항복이 일본의 주권

을 전면적으로 상실하게 하는 것으로 받아들여야 하는 이유는 어디에도
없었다. 그러나 물론 이들 고찰은 적어도 직접적으로는 일본 본토에 들
어오는 점령 당국과 일본정부와의 법적 관계를 검토한 것에 불과했다.
더구나 포츠담선언 제8항은 카이로선언의 이행을 촉구한 그다음에 직
접 '주권(sovereignty)'이라고 명시하면서 일본의 주권이 혼슈, 홋카이도
등 일본 고유의 영토라고 생각되는 지역에만 제한된다(limited)고 규정
함으로써 한반도에 대한 일본의 주권은 항복과 더불어 즉시 종료되었다
고 해석할 수 있는 여지도 내포했다. 그러나 일본정부 내부에서는 이러
한 해석조차 무색하게 하는 논리가 짜여져 있었다.

보고서 작성 시기는 명시되어 있지 않으나 종전 직후의 혼란기, 당시
교토대학 교수이며 훗날 상설중재재판소 판사를 역임하게 되는 국제법
학자 다오카(田岡良一)는 외무성 조약국 제2과에 대해 "종전 후의 일본
의 법적지위"라는 보고서를 제출했다. 다오카는 그 가운데 나치스가 멸
망하고 대체 정부도 구성되지 않은 채 종전을 맞이하게 된 독일과 일본
의 상황은 다르다고 말했다. 그렇기 때문에 다오카는 독일이 한때 국제
적인 인격으로서 소멸된 것과 법적으로 유추(analogy)함으로써 일본 역시
종전에 따라 주권을 잃고 그것을 대신해서 장악한 연합국이 원하는 대로
일본을 '요리'할 수 있다는 것과 같이 이해하는 것은 틀린 것이라고 밝
혔다. 다오카는 만약에 종전 과정에서 그와 같은 약속이 일본과 연합국
간에 명확히 존재했었다면 몰라도 그러한 조항이 없을 경우에는 일본이
완전히 주권을 상실했다고 추정하는 것은 허용되지 않는다는 것이 법적
원칙임을 천명했다. 이런 해석과 관련해 다오카는 국제법학의 해석 원칙
에 따르면 국가주권의 제한 혹은 상실은 '제한(축소)해석'하는 것이 필요
하다고 주장했다. 그 '제한(축소)해석'이라고 함은 주권의 상실을 명확히
인정하는 조항이 없는 이상, 주권은 상실된 것이 아니라고 해석하는 것
이 타당하다는 원칙이었다. 그것은 주권 같은 국가가 가지는 최상위 권

한은 최대한 보장되어야 한다는 것을 의미했다. 또한 다오카는 그것이 애매하거나 혹은 불명일 경우에도 문제가 되고 있는 국가에 유리하게 귀결되는 것이 법적 해석의 원칙에 비춰 맞는다고 주장했다.[8]

이 다오카의 논리 역시 직접적으로는 일본정부와 연합국과의 관계에만 모아지고 있으며 포츠담선언 제8항과 관련하면서 한반도에 대한 일본의 주권 상실 여부를 직접 논의한 것은 아니다. 그러나 '제한(축소)해석'이 원칙이라고 꾸민 다오카의 논리에 따르면 포츠담선언 제8항의 해석 역시 한반도에 대한 일본의 주권이 존속된다는 결론을 도출할 수 있었다. 왜냐하면 그 제8항은 일본의 주권이 일본 본토에 제한될 것을 명시함으로써 비록 간접적으로는 그 주권이 한반도에 미치지 않을 것을 가리키기는 했으나 그렇다고 항복과 동시에 일본의 주권이 상실된다고 천명한 것도 아니었기 때문이다. 적어도 그것은 주권 상실 여부에 관해서는 애매하거나 불명이었다. 이로 인해 앞장에서 고찰한 바와 같이 포츠담선언 발령에 관여한 당사자 국무성조차 한반도에 대한 일본의 주권 종료 조치를 따로 취할 필요가 있는지, 그 의견은 갈라서고 있었다. 따라서 다오카가 밝힌 '제한(축소)해석' 원칙이 적용될 경우에는 그 해석은 문제가 되고 있는 국가에 유리하게 추론되어야 했다. 물론 이 '유리'한 해석을 받는 국가는 아직 건국도 되지 않았던 대한민국일 수는 없었고 결국 포츠담선언 수락 당사자인 일본을 뜻했다. 따라서 한반도에 대한 정당한 주권을 보유하고 있다고 주장하던 일본정부의 입장에 입각할 경우에는 이 '제한(축소)해석' 원칙의 귀결이라고 함은 항복 즉시 한반도에 대한 일본의 주권이 상실된다는 명확한 규정이 없음에 따라 패전에도 불구하고 한반도에 대한 일본의 주권은 당연히 당분간 계속된다는 것으로 되었다.

---

8) 「終戰後ノ日本ノ法的地位」, 『ポツダム宣言受諾關係一件 経緯說明資料及び硏究論文集』, 第1卷, 릴 번호 A-0120(일본 외교사료관 소장 기호), 129~134릴쪽.

　물론 이와 같은 '제한(축소)해석'이라는 법 해석 자체는 어디까지나 일본 내부에서만 짜여진 것에 불과했으며 전승국에 의해 즉시 시인된다는 보장은 어디에도 없었다. 실제 전후 직후에 열린 1945년 11월 29일의 제국의회에서도 카이로선언의 이행을 규정한 포츠담선언의 수락과 관련해 한반도에 대한 일본의 주권 상실 시기를 둘러싼 의문이 제기되었다. 귀족원 직선의원으로서 질문에 나선 오노(大野綠一郎)는 포츠담선언 수락에 따라 한반도가 일본의 영토에서 이탈할 시기와 관련해 8월 15일인지, 9월 2일인지, 아니면 다른 조약을 체결하는 절차를 밟을 때인지, 불명이라고 따졌다. 재차 강조한 바와 같이 카이로선언에서 '적당한 시점'이라고 규정된 한반도 독립의 시기는 애초 지극히 애매했다.

　이 질문에 대한 답변에 나선 당시 헌법 개정 담당의 국무대신이었던 마쓰모토(松本烝治)는 조심스러운 답변을 내놓았다. 즉 마쓰모토는 영토의 귀속을 법률적으로 확정한다고 하는 중요한 문제에 관해서는 "우리로서는 이 포츠담선언 제8항 (중략) 자체를 수락함으로써 즉시 영토의 상실이 이것으로 이루어진 것이라고 실은 해석하고 싶지 않은 것입니다"라고 답했다.[9] 마쓰모토는 일단 일본정부로서 항복으로 인해 즉시 한반도에 대한 주권이 상실되었다고 해석하지 않는다는 입장을 내비치기는 했다. 그러나 마쓰모토의 답변은 그와 같은 해석이 포츠담선언 등의 조문에 따라 이미 확정된 객관적 사실이라고 단정 지은 것은 아니었다. 마쓰모토는 오히려 '해석하고 싶지 않은 것'이라고 답하면서 그것이 일본정부로서의 일종의 '희망'임을 드러냈다. 실제 마쓰모토는 같은 답변 속에서 포츠담선언의 수락으로 즉시 주권이 상실된다는 해석도 하나의 사고방식(見方)이라고 토로했다. 어차피 패전국으로 전락한 일본에게 포츠담선언 등과 관련해 그것으로 한반도에 대한 주권이 즉시 상실되었다

---

9) 이상 제국의회에서의 질의응답은 第89會 帝國議會 貴族院, 「昭和二十年勅令第五百四十二号(承諾ヲ求ムル件)特別委員會」, 1945.11.29.

고 봐야 할 것인지, 그 해석을 최종적으로 확정하는 권한은 없었다.

그럼에도 일본정부가 패전 직후 그런 '희망'을 내비칠 수 있었던 직접적인 이유는 물론, '적당한 시점' 등 전후 한반도 독립을 공약한 일련의 조치에 내재하고 있었던 애매함이었다. 그러나 그와 더불어, 아니 그 이전에 그런 입장의 밑바닥에는 무엇보다 과거 한반도를 병합한 경위가 정당했다는 인식이 깔려 있었다. 12월 19일 외무성 조약국은 종전 과정에서 요구된 연합국의 대일 영토 처리 요구의 내용을 다시 정리했다.[10] 외무성이 의식한 그 요구 내용은 카이로선언에서 제기된 태평양제도의 박탈, 만주·타이완·펑후열도의 중국 반환, 점령지의 반환 및 한반도의 독립, 그리고 카이로선언과는 직접 관련이 없이 얄타합의를 바탕으로 소련이 제기하게 된 지시마, 남사할린의 할양 요구였다. 조약국은 패전국으로서 이들 요구를 실제 물리칠 수 있다고 생각한 것은 아니었다. 그러나 조약국은 법 형식적인 입장에 입각하면서 그들 연합국의 요구가 과거 확정된 조약들을 통해 일본이 합법적으로 그들 지역을 영유했다는 사실들과 모순되는 것이라고 분명히 지적했다.

실제 이 입장과 관련해 외무성은 태평양제도의 박탈은 위임통치를 정한 베르사유조약 등과, 타이완 등의 중국으로의 반환은 청일강화조약 등과, 그리고 한반도에 관해서는 병합조약과 한국병합에 관한 선언에 대해 지금까지 미·영·소가 모두 이의를 제기하지 않았다는 사실들과 모순된다고 지적했다. 또한 얄타합의를 바탕으로 소련이 요구한 지시마 열도 등에 관한 요구 역시 지시마-가라후토교환조약이나 포츠머스조약 등과 명시적으로 모순된 것임을 강조했다.[11] 그러나 중요한 것은 그런

---

10) 이하 조약국의 견해는 「聯合國ノ對日要求ノ內容ト其ノ限界(硏究素材)」, 『ポツダム宣言受諾關係一件(終戰關係調書)』, 第3卷, 릴 번호 Á-0113, 625~638릴 쪽에서 정리.

11) 카이로선언과 관련된 이러한 모순에 관한 불만은 비교적 온건적인 입장에서 조기 항복으로 이끄는 데 헌신한 포츠담선언 수락 시의 외무대신 도고

조약국도 그런 모순을 지적하는 과정에서 '폭력이나 탐욕으로 인해 약탈한 지역으로부터의 구축을 정한 카이로선언 중의 약탈 조항에 해당하는 점령지의 반환에 관해서는 아무런 반론도 준비하지 않았다는 점이다. 물론 이러한 인식 차이는 역사적으로 사실 관계가 다르다는 점에서 비롯된 것이었다. 즉 조약 등 '적정한' 법적 처리 등을 통해 영유한 지역들과 달리 그들 점령 지역은 전선의 확대에 따라 일본이 아무런 법적 근거나 국제적 승인도 없이 바로 무력으로 점령한 지역이었다. 물론 그들 지역에 대해서는 일부 괴뢰 정권을 수립하는 등, 그 지배권 확립을 위한 위장 공작이 진행되었다. 그러나 그 절차는 국제적으로 그 지지를 얻지 못했다. 이로 인해 후술하는 바와 같이 실제 체결된 평화조약에서도 이들 지역이 일본의 점령하에서 벗어나는 것과 관련된 규정이 들어가는 일은 없었다.

따라서 당시 일본정부가 한반도 병합이 애초 법적인 근거가 없는 '폭력이나 탐욕으로 인해 약탈'한 결과였다고 인식했다면 포츠담선언 수락으로 인해 주권이 상실되었다고 '해석하고 싶지 않은 것'이라는 희망은 애초부터 성립되지 않았다. 일본의 패전에 따라 전쟁 중 점령당했던 동남아 지역들이 일본의 주권 존속 문제 운운과 전혀 상관없이 각각 새로운 역사를 걷기 시작한 것처럼 한반도 역시 그럴 수 있었다. 그러나 일본정부가 패전 직후부터 포츠담선언을 수락했음에도 평화조약까지 적어도 법적으로는 한반도에 대한 주권이 일본에게 남을 것을 '희망'할 수 있었던 것은 결국 병합의 합법성과 그것을 승인해온 국제사회의 과거,

---

(東郷茂德)의 수기에서도 나타나 있다. 도고는 비록 직접적으로 한반도 문제에는 언급하지 않았으나 청일, 러일 전쟁과 같이 과거 미·영이 정당한 것으로 인정한 것을 침략으로 간주하고 타이완 등을 중국에게, 또한 남사할린을 소련에게 반환시키거나 1차 대전에서 동맹국으로 같이 싸워 획득한 태평양제도를 박탈한다는 것은 논리적으로 정당하다고는 전혀 말할 수 없다고 적었다. 「東郷外相手記」, 『終戰史錄 I』, 128쪽.

그리고 단지 전후 '적당한 시점'에 한반도를 독립하게 한다는 것만을 선포한 카이로선언 이후의 일련의 항복 절차에 빈틈이 있었기 때문이었음은 의심의 여지도 없었다.

무엇보다 그런 '희망'은 단지 법적 근거가 성립되어 있었다는 형식적인 차원의 논리에만 뒷받침된 것도 아니었다. 놀라운 사실이나 패전에 따라 한반도 독립 문제가 실제 가동되기 시작한 전후 직후의 격변기, 외무성 관리국총무부북방과는 한반도와 일본의 일체화가 원래 양국이 가지는 동질성에 기인하는 것이어서 장래 다시 일체화될 것이라는 믿음을 가지면서 그와 관련된 연구에 착수했다. 외무성 관리국총무부북방과는 종전 전 조선총독부 관련의 사무를 일본 내지에서 소관했었던 내무성 관리국의 업무를 종전에 따라 한반도 문제가 '내무'로부터 '외무'로 전환될 수밖에 없는 상황을 맞이해 외무성에서 그 업무를 인계한 부서였다.

"역사는 인류가 과거에 행하고 혹은 생각한 사실을 현재 및 미래를 위해 연구하는 가장 중요한 학문이며 신화, 전설도 현실 문제로서 결여할 수 없는 긴요한 것"이라고 인식한 그 북방과는 전후 일찍부터 건국신화를 비롯해 한반도와 일본에 존재한 11개가량의 신화의 유사성을 짚어봤다. 그것은 신화나 전설이 "옛 사람들의 체험이 겹겹 겹치고 쌓아진(幾重にも折りたたまれ積み重ねられ)" 것이며 따라서 그를 연구 조사하고 "일선(日鮮) 친선이나 양지(兩地)의 국리민복을 위해 활용하는 것이 오늘의 역사가 및 조선 관계의 사무를 다스리는 우리들의 일"이라고 인식하기 때문이었다. 그 연구를 진행한 북방과는 1946년 5월 15일자로 정리한 보고서의 결론으로서 "동종동근의 전설이 매우 많았다"는 것을 근거로 "태고(太古) 이래 일선 양지가 가장 밀접한 관계가 있었음은 오늘날 이상이었음이 입증되었다"고 하면서 "패전 일본의 오늘, 조선이 비록 일본에서 떼인다고 하더라도 민족재흥의 장래를 위해 기어이 다시

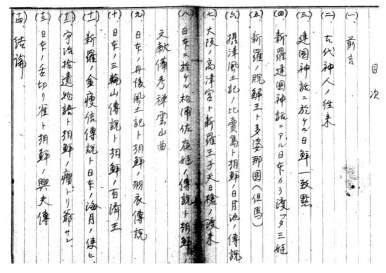

외무성 관리국총무부북방과가 연구한 한일 양국의 신화 항목

합류할 시기가 올 것이라고 믿는다"고 적었다.[12]

　즉 당시 외무성에게 한일 일체화는 '병합'이 아니라 '합류'의 결과였다. 그리고 한반도가 일본에 '합류'되어 있었던 것은 병합조약의 합법성에 따른 주권의 성립이라는 형식적인 차원의 문제 이전에 원래 '동종동근'의 관계에 있는 한일 양 민족의 자연스러운 귀결이었다. 비록 근대에 이르러 생긴 한일 양국 간의 역학 차이가 계기가 되었다고 한들, 외무성에게 병합은 일본이 한반도를 '지배'하기 위한 것이 아니었다. 자기가 자기를 지배하지 못하는 것처럼 지배-피지배 관계는 원래 '동종동근' 사이에서는 성립되지 않았기 때문이다.

　당연히 이러한 사고방식에서는 일본으로부터의 한반도 분리가 비합법적이고 부당한 지배-피지배 관계로부터의 '광복'으로 이루어진다는

12) 이상의 내용은 「神話ト伝説カラ觀タル日鮮關係」, 『朝鮮獨立關係一件』, 第1卷, 릴 번호 A-0250(일본 외교사료관 소장 기호), 639~641릴쪽; 681~682릴쪽에서 정리.

시각이 싹틀 리는 없었다. '합류'의 결과 일체화된 한반도가 일본을 떠난다면 그것은 전시 중, 연합국이 단지 힘을 배경으로 전략적으로 내놓은 공약에 따라 처리되게 된 바로 자의적인 조치에 불과해야 했다. 포츠담선언 수락이나 항복문서 조인날은 전투 관계를 정지시키기 위해 일본이 연합국의 힘 앞에 무릎을 꿇은 날에 불과했으며 원래 그것은 한반도와 일본의 일체화의 성격을 따지는 문제와는 무관하기 때문이었다. 그럼에도 혹시 그날에 한반도가 일본으로부터 '완전히' 절단된다면 그것은 일본이 연합국의 힘 앞에 굴복한 것으로 인해 이루어진 '광복'이라는 의미가 저절로 짙어졌다. 그것은 당연히 한반도가 일본의 힘으로 인해 강점당했던 '점령' 지역이라는 성격을 보다 비춰내는 처사였다.

그러나 병합이 합법이었다는 형식적인 논리 이전에 원래 한일 양국이 동종동근의 관계에 있었기에 이루어진 자연스러운 '합류'였으면 그 절단은 단지 주권의 이전이라는, 말하자면 '껍데기'를 벗기는 절차로 인해 이루어져야만 했다. 다시 말해 그것은 전쟁 중 연합국이 그 힘으로 인해 내세운 정치적인 공약을 형식적으로 실행에 옮기는 조치 이외의 의미를 지니면 안 되었다. 즉 한반도 독립이라는 일본으로부터의 최종적인 '절단'은 교전 관계에 따라 발생한 각종 과제를 바로 법적으로 처리하는 평화조약에서 원만히 이루어져야 하는 '분리' 작업으로서 이행되어야만 했다. 포츠담선언 수락에 따라 한반도가 일본의 영토에서 즉시 이탈되는 것으로 '해석하고 싶지 않은 것'이라고 답변한 상기 제국의회에서의 마쓰모토의 답변은 바로 이러한 일본 사회의 인식을 대변한 것이었다고 봐도 큰 과오는 없을 것이다.

2) 평화조약 초기 예비 고찰

패전 직후부터 병합의 합법성이라는 형식적 측면뿐만 아니라 한일 일체화가 역학 차이로 인한 '병합'이 아니라 동종동근에 기초한 '합류'

였다는 성격까지 재차 확인한 외무성은 향후 예상될 평화조약 체결에
대비하기 위해 1946년 초쯤부터 '평화조약문제연구간사회'를 설치하고
예비적 연구에 나섰다. 1월 26일 외무성은 이러한 예비 검토의 첫 단계
로서 먼저 평화조약에 즈음하여 연합국이 제기해올 것으로 예상되는 요
구 내용과 일본이 요구해야 할 내용들의 비교 작업을 진행했다. 그 검
토 결과를 정리한 문서 "상정될 연합국 측 평화조약안과 우리 측 희망
과의 비교 검토"에서 외무성은 군사나 경제 문제 등과 함께 영토 문제
도 물론 다루었다. 그러나 한반도 문제에 관해서는 단지 "조선의 독립"
이라고만 기술했다.[13]

즉 한반도 독립 문제의 내용과 관련해서는 외무성은 연합국이 제기
해올 것으로 예상한 것과 일본이 제기해야 할 내용에 별 차이가 있다고
인식하지 않았다. 한반도 독립은 카이로선언 이후 이제 변경의 여지없
는 확정된 기정사실이었다. 따라서 연합국이 평화조약에서 정식으로 제
기할 것으로 예상한 한반도의 독립이라는 요구 자체에는 일본정부로서
도 아무런 이의가 없었다. 그러나 쉽게 일치된 '조선의 독립'이라는 규
정은 그 이상의 의미를 지녔다. 즉 한반도 독립에 대해 아무런 이의도
없음을 간접적으로 드러낸 외무성의 그 작업 내용은 카이로선언으로 인
해 촉발되고 확정된 한반도 독립 문제가 전후 한반도를 그냥 독립하게
만 한다는 것 이외에는 아무런 추가적인 의미도 없다고 일본이 계속 인
식했었음을 드러내는 대목이기도 했다.

혹시 일본정부가 카이로선언 등을 한반도 병합의 비합법성이나 통치
의 부당성을 법적, 정치적으로 확정하려 한 것으로 간주했다면 한일 일
체화가 자연스러운 '합류'였다고 인식했었던 외무성으로서는 그만큼 평
화조약 대비 연구에 즈음하여 그에 대한 대응 방안을 강구할 것이 필요

---

13) 「想定される連合國側平和條約案と我が方希望との比較檢討」, 外務省編, 『日本
外交文書 サンフランシスコ平和條約準備對策』, 2006, 18쪽. 이하 이 문서는
『準備對策』으로 약기한다.

했다. 전후처리 문제로서의 한반도 독립이 '광복'으로서 진행되게 된다면 그것은 단순한 분리 독립 문제의 의미를 넘어, 배상 문제를 비롯해 한반도 지배에 대한 책임 문제로 비화할 수 있었다. 그러나 패전 초기부터 일본정부는 아무런 우려도 없이 단지 '조선의 독립'으로만 인식할 수 있었다. 그것이 가능했던 것은 평화조약의 내용을 구체적으로 전망하기 시작한 초기부터 일본정부가 한반도의 독립 문제라고 함은 연합국에게도 그냥 독립하게만 하는 문제이지, 병합의 비합법성이나 통치의 부당성을 확정하고 그것을 바탕으로 전후처리 등을 추진하려는 문제가 아니라고 예상했었기 때문이었다. 그리고 이하 보듯이 한반도 독립 문제를 단지 '조선의 독립'으로만 인식하고 대응하려는 일본정부의 그런 인식은 이후 평화조약 체결까지 기본적으로 크게 변화되는 일은 없었으며 또한 그것을 수정하도록 한 연합국 측 정책 변화도 없었다.

평화조약 체결을 내다보면서 연합국이 향후 제기해올 것으로 예상한 영토 처리 내용 등을 외무성이 정리하고 있었던 와중인 바로 1월 29일, 일본의 통치·행정권 분리에 관한 SCAPIN 677호가 나왔다. 이것은 전후 미국정부 내부에서 점령 방침이나 정책들을 SCAP에게 직접 지시하는 역할을 맡았던 통합참모본부가 1945년 11월 3일에 하달했던 JCS 문서 1380/15 "항복 후 일본 본토에서의 군사정부에 대한 기본지령"[14]을 실행으로 옮긴 것이었다.[15] 실제 그 '기본지령'은 1914년 제1차 세계대전 발발부터 일본이 위임통치 기타의 방법으로 획득 또는 점령한 모든 태평양 도서들, 만주·타이완·펑후열도, 한반도, 가라후토, 그리고 "장래

14) "BASIC DIRECTIVE FOR POST-SURRENDER MILITARY GOVERNMENT IN JAPAN PROPER", *Records of the Joint Chiefs of Staff, part 1: 1942-45 The Pacific Theater*, YE-45, Reel. no.4.
15) 이하 본론에서 언급할 SCAPIN 677호 발령의 보다 자세한 배경이나 그 과정, 그리고 그 정치적인 함의 등에 관해서는 장박진, "SCAPIN 677호 발령의 배경과 그 과정: 행정권 분리의 정치적 의미와 독도 문제에 대한 함의", 『국제·지역연구』, 제26권 1호, 2017.3, 27~68쪽에서 논했다.

의 지령에서 특정할 수도 있는 기타 영토(territories)"로부터 일본의 행정
권을 완전히 분리하기 위해 적절한 조치를 취하도록 지시했었다.

많은 SCAPIN 속에서도 독도가 그 제3항 속에 직접 명시된 것으로
특히 한국에서 매우 주목받아온 이 SCAPIN 677호는 독도 문제 이전에
한반도(Korea) 자체를 태평양 도서들, 만주·타이완·펑후열도, 그리고 가
라후토와 함께 제4항에 명시했다. 물론 이 제4항은 상기 '기본지령'이
그 통치·행정권을 분리하도록 그 구체적인 지역명까지 직접 명시한 부
분을 그대로 따온 것이었다. SCAPIN 677호는 포츠담선언 제8항에서 규
정된 '제소도'와의 관계에서 독도 이외에도 한반도 부속 도서인 제주도
나 울릉도를 한반도와 떼서 제4항이 아닌 제3항에 규정하는 등 변칙적
인 형식을 취하기는 했다. 그러나 한반도를 비롯해 카이로선언이나 얄
타합의에 따라 일본의 영토에서 제외할 것을 정식으로 결정했었던 지역
들에 대해서는 그것들을 제4항에 명시했다.

특히 제3항에 명시된 독도 문제와 관련해 이것을 통치·행정권뿐만
아니라 포츠담선언 제8항에 따른 영토 처리, 즉 일본의 영토 주권을 박
탈한 것이라고 평가하는 일부 한국 국내에서의 어처구니없는 담론들과
달리 이 SCAPIN 677호는 그 제1항이 명시했듯이 일본정부가 통치 혹
은 행정적인 권한(governmental or administrative authority)을 행사, 혹은
행사하려는 것을 잠정적으로 정지(cease exercising, or attempting to
exercise)시킨 지령에 불과했다. 이 조치가 필요한 까닭은 이미 남한에
대한 대응에 나타났다. 상술한 바와 같이 일본정부의 행정적인 관여
가 큰 문제로 이어지던 남한에 대해 SCAP은 SCAPIN 677호에 앞서
1945년 10월 2일 SCAPIN 88호를 발출하고 그 통치·행정적인 관여를
차단했었다. 그러나 이러한 조치가 필요한 것은 남한만이 아니었다.

전후 일본은 일본정부의 통치·행정권을 남기는 형식으로 이루어지게
된 SCAP 관할 지역 이외에서는 미국, 중국, 소련으로 인한 단독 점령

통치를 받게 되어 있었다. 일종의 '분할 통치'를 받고 있었던 셈이었다. 실제 오키나와 오가사와라 등은 미국 태평양함대사령장관(Commander in Chief, United States Pacific Fleet) 니미츠(Chester W. Nimitz)가 이끄는 미 해군 정부, 남한은 제10군 산하 제24군단의 하지(John R. Hodge) 중장이 이끈 정부, 타이완 등은 중국, 그리고 종전 전까지 일본이 가라후토라고 부른 남사할린이나 지시마열도 등의 북방 지역은 소련이 각각 단독 통치를 실시하고 있었다. 일본정부의 통치·행정 기능을 남긴 이른바 '간접 통치'를 통해 점령 정책을 실시하게 된 SCAP 관할 지역과 달리 그들 기타 직접 통치 지역에서는 일본의 통치·행정권의 행사는 그 직접 통치 방식과 충돌했다. SCAPIN 677호는 바로 이런 '분할 통치'라는 현실을 반영하면서 앞서 남한에서 취한 같은 조치를 그들 기타 직접 통치 지역 일반에 확장하는 의미를 지닌 것이었다. 실제 이 점은 SCAPIN 677호 발령 후의 1946년 2월 13일에 진행된 SCAP 측과 종전연락중앙사무국 간에 개최된 회담 속에서 오간 질의응답의 내용이 직접 증언하고 있다. 회담 석상에서 SCAP 측 인사는 677호가 연합국 행정의 편의에서 나온 것이며 그것은 종래 진행되어온 것을 확인했을 뿐이라고 하면서 677호가 일본의 통치·행정권을 제외한 지역은 SCAP 행정의 범위 이외에 해당하는 것임을 직접 설명했다.16)

　이 SCAPIN 677호가 통치·행정권 이외에도 영토 소유권까지 포함한 일본의 주권 자체를 상실시키려 한 것이 아니었다는 점은 SCAPIN 677호의 기초 과정이 여실히 말하고 있다. 실제 SCAP 당국 안에서도 이 SCAPIN 677호 기초를 주로 담당한 민정국(Government Section)은 통합참모본부에 부친 1945년 11월 11일의 보고 각서 속에서 다음과 같이 건의했다. 즉 민정국은 포츠담선언 제8항 등에서 명시된 '제소도'의 영

---

16) 「行政ノ分離ニ關スル第一回會談錄(終戰第一部第一課)」, 『旧日本外地情況雜件』, Á-0121(일본외교사료관 소장 기호), 1쪽.

토 귀속 여부가 아직 결정되어 있지 않은 점을 거론하면서 그 조건하에
서 취할 통치·행정권 분리 조치가 그들 외곽 도서들에 대한 연합국의
영토 귀속 정책으로 간주될 가능성이 있다고 주의를 환기하면서 어떤
결정을 내리든 간에 그것이 영토 처리 문제와 무관하다는 점을 일본에
게 밝힐 필요성을 이미 지적했었다.[17] 즉 SCAPIN 677호는 영토의 처리
원칙을 일본에게 제시한 것은커녕 실제 그것을 기초한 SCAP 자신이
영토 처리 문제에 관한 일본정부의 오해를 막도록 오히려 주의하면서
만들어질 지령이었다. 그리고 물론 이 주의가 포츠담선언 제8항에서 정
한 영토의 최종 처분과 관련된 연합국의 궁극적인(ultimate) 결정으로
간주되지 않아야 한다고 명시한 주지의 SCAPIN 677호 제6항으로 귀착
된 것이다.

  물론 이 지적은 직접적으로는 포츠담선언 제8항에서 언급된 '제소도'
에 관한 것이었다. 제4항에서 명시된 한반도 등이 '제소도'와 같이 영토
의 최종 처리 문제와 직접 관계가 없는 대상으로 명시되지 않았던 이유
는 그들 지역에 관한 영토 처리 방침에서 기인했음은 틀림없을 것이다.
즉 제4항에서 규정된 지역들은 포츠담선언 제8항에 따라 연합국이 향
후 그 영토의 귀속 여부를 다시 결정할 '제소도'가 아니었으며 그 지역
들은 모두 카이로선언이나 얄타합의에 따라 이미 일본의 영토에서 제외
될 것이 결정되어 있었다. 종전 과정에서 이미 일본의 영토에서 제외될

---

17) "untitled", *Outlying Areas of Japan & Areas File Under Wherein Elections May Be
    Held*, GS(A) 00040-00041(일본국회도서관 헌정자료실 소장 기호). 이 책 집
    필의 목적과는 직접 관련된 것이 아니기 때문에 언급하지 않았으나
    SCAPIN 677호는 실은 전후 처음으로 치러지게 된 중의원선거 실시 지역
    의 확정 문제에 촉발되고 그것이 행정·통치권 일반의 지령으로서 확대된
    것이다. 따라서 이 각서에서도 직접적으로는 통치·행정권 일반을 허가하는
    문제로서가 아니라 선거 준비 허가 지역의 전달 문제로서 거론되고 있는
    점에는 주의가 필요하다. 다만 당시 일본정부의 행정·통치권 아래서 치러
    지는 선거 실시 허가 지역은 결국 그대로 일본의 행정·통치권이 허용되는
    지역에 해당되었다.

것이 정식으로 결정되었었던 한반도 등의 제4항 규정 지역에 대해서까지 그것이 영토 소유 귀속의 문제와 전혀 무관하다고 강조하는 것은 오히려 혼란을 일으킬 우려마저 내포했다. 따라서 이미 실제 일본의 영토에서 제외될 것이 결정되었었던 한반도 등에 대해서는 통치 혹은 행정적인 관할권을 제외할 것만을 명령한 것이었다.

그러나 제4항이 정식으로 일본의 영토에서 제외될 것이 이미 결정되었었던 한반도 등에 대해서까지 일본정부의 통치·행정적인 관할권(governmental and administrative jurisdiction)이 제외된다(excluded)고 규정한 것은 큰 의미를 지녔다. 즉 그것은 이미 독립할 것이 결정되었었던 한반도도 적어도 법적으로는 일본이 전후도 아직 주권을 보유하고 있다는 연합국 측 견해를 간접적으로 명시한 것이나 마찬가지였다. 혹시 항복으로 인해 일본의 주권이 즉시 최종적으로 상실된 것이었다면 주권의 하위 권한인 통치·행정권의 종지를 일부러 따로 명할 필요는 없었을 터이기 때문이다.

어차피 역학으로 인해 역사나 법에 대한 해석이 바뀌는 현실 앞에서 패전국 일본에게 항복으로 인해 즉시 일본의 주권이 최종적으로 상실되었는지, 유권 해석할 수 있는 권한은 없었다. 그것은 결국 승자인 연합국이 결정하는 몫이었다. 비록 일본정부는 한반도에 대한 일본의 주권은 전쟁 처리를 법적으로 종결하는 평화조약 등에 따라 최종적으로 상실된다는 해석이 맞는다고 일찍 그 입장을 확립했다. 그러나 그것 역시 어디까지나 '희망'이 될 수밖에 없었다. 실제 이런 가운데 내려진 SCAPIN 677호에 대해 불안을 안게 된 일본은 상기한 2월 13일의 SCAP 측과의 회담에서 그 지령과 영토 처리 문제와의 관련성을 문의했었다. 그러나 승자는 종전 과정에서 이미 일본의 영토에서 제외할 것을 결정했었던 한반도 등에 대해서까지 일부러 행정권의 정지만을 명했다. 더구나 그와 관련해 승자는 그 지령이 연합국 측의 행정의 편의에서 나온 것이며 그 분리 구분은 SCAP의 관할 범위 여하에 달린 문제라고만 설명했다. 바로 이들 사실은 일본정부에게 비록 형식적으로나마 주권 자체는 아직 자신에게 남아 있다는 논리를 확신할 수 있는 확실한 기반을 제공했다. 실제 그 후 외무성은 SCAPIN 677호와 관련해 그것이 일본의 행정권에 관계가 있는 외지관계법령의 외지에 대한 적용을 정지하는 것에 그친다는 입장을 취했다.[18] 통치·행정권의 분리를 지령한 SCAPIN 677호는 이 점에서 아직 그 영토 처분의 방침이 결정되지 않았던 독도 등의 제소도는 물론, 이미 그 영토 분리 자체는 결정되었었던 한반도에 대해서까지 아직 그에 대한 영토 주권 자체는 일본에게 귀속되어 있음을 각인시키는 지령이었던 것이다.

그러나 그 지령으로 인해 오히려 주권은 아직 형식적으로나마 존속하고 있음을 확인할 수 있었다고 한들, 한반도에 대한 주권을 장래 일본이 상실하게 된다는 것 자체는 변함이 없는 기정사실이었다. 외무성은 SCAPIN 677호가 발령된 이틀 후인 31일, 한반도를 독립하게 한다는 것은 카이로선언으로 인해 밝혀졌다고 또다시 확인했다.[19] 이 시기 일본정부는 연합국과의 관계에서 한반도에 대한 주권이 장래 상실될 것은 확정된 사항으로 인식했다. 그러나 한편 편화조약 체결까지는 주권이 형식적으로는 자신에게 남는다는 입장, 다시 말해 병합조약의 법적 효력은 평화조약까지 계속된다는 입장을 정식으로 유지할 수 있게 된 셈이다.

평화조약까지 주권 자체는 유지될 것이라고 인식한 일본정부에게 한반도 독립은 그 필연적인 귀결로서 일본의 '허가'가 필요한 사항이 되었다. 평화조약에 관한 예비 연구를 계속하던 평화조약문제연구간사회는 5월 일련의 제1차 연구보고들을 작성했다. 그 하나인 "대일평화조약에서의

---

18) 「外地關係法令整理に關する善後措置に關する意見」, 外務省編, 『外地法制誌』, 第1卷, 文生書院, 1990, 8쪽.
19) 「領土條項」, 『準備對策』, 48쪽.

정치 조항의 상정 및 대처 방침(안)" 속에서 그 간사회는 처음으로 한반
도 독립 문제와 일본정부의 '허가'를 연결시켰다. 간사회는 평화조약에서
독립 후 한반도의 안전보장에 관한 규정을 두도록 요청한다는 구상 가운
데 타이완 등의 중국 반환과 더불어 한반도의 독립에 관해 그것을 '승인'
한다고 명확히 표기했다.[20] 비록 패전이라는 역학으로 인해 하는 수 없
이 그것을 받아들이게 되었다고 한들, 한반도에 대한 주권이 일본에 남아
있는 이상, 한반도 독립은 전쟁의 법적 처리를 완성하는 평화조약에서 일
본의 승인을 거쳐 진행하는 문제라고 지적한 셈이었다.

평화조약에서의 한반도 독립 조항의 기초 문제와 관련된 이 시기의
움직임들 가운데 또 하나 주의해야 하는 것은 한반도 독립 문제들을 규
정한 카이로선언 등에 대한 일본정부의 인식이었다. 일본은 평화조약에
대한 대처 방안들을 연구하기 시작한 초기부터 카이로선언이나 포츠담
선언 등을 전후 영토 처리 문제의 실시에 즈음하여 오히려 자신들에 유
리한 것으로 인식하고 그것을 적극 활용하도록 구상했다. 실제 외무성
은 예비 연구로서 작성한 상술의 1월 26일자 "상정될 연합국 측 평화조
약안과 우리 측 희망과의 비교 검토" 가운데 영토 처리 문제와 관련된
평화조약 작성 원칙에 관해 대서양헌장이나 포츠담선언들과 함께 카이
로선언을 개별적인 사항에 따라 유리한 해결을 위해 적극 원용하도록
정했다.[21]

이러한 인식은 해가 밝아져도 변함이 없었다. 1947년 3월 맥아더가
기자회견에서 평화조약 조기 체결의 필요성에 대해 언급했다. 이것을
계기로 한때 평화조약 조기 기초에 대한 분위기가 고조되었다. 이런 가
운데 5월 외무성은 "평화조약에 대한 일본정부의 일반적 견해(제1고)"
를 작성하고 평화조약 작성에 관한 5개 원칙을 정리했다. 외무성은 그

---

20) 「對日平和條約に於ける政治條項の想定及び對處方針」, 위의 문서, 96쪽.
21) 「想定される連合國側平和條約案と我が方希望との比較檢討」, 위의 문서, 18쪽.

5가지 원칙 속의 하나로서 "평화조약은 대서양헌장, 연합국공동선언, 카이로선언 및 포츠담선언들과 합치되는 것으로 해야 한다"고 적었다.[22] 전후 일본에게 영토를 박탈할 것을 선포한 카이로선언이 오히려 일본에게 유리한 것으로 인식된 셈이었다. 물론 그 까닭은 선언에는 전후 영토 문제에 관한 연합국의 해결 원칙이 천명되어 있기 때문이었다. 카이로선언은 일본의 영토를 처분할 것을 천명하면서도 동시에 연합국이 영토적 야심을 갖고 있지 않다고 규정했었다. 이에 따라 당시 일본에게 핵심적인 문제가 되던 북방4도나 오키나와 등의 난세이(南西)제도에 관해서는 연합국이 그 영유를 정당화하는 것이 어려워졌다. 그 영토의 편입은 카이로선언이 부정한 '영토적 야심'을 드러내는 것으로서 세계적으로 공약 위반이 될 가능성을 내포했다.

즉 일본정부는 카이로선언으로부터 항복문서로 이어지는 일련의 과정 속에서 태평양제도의 박탈, 중국 관련 영토의 반환, 그리고 한반도의 독립 등은 이미 번복하기 어려운 기정사실로 받아들이고 있었다. 그런 일본정부에게 아직 그 상실 여부가 정확히 결정되지 않았던 영토의 확보를 위해서는 오히려 연합국이 드러낸 일련의 공약은 유리한 점을 갖고 있었다. 대서양헌장은 관계국 국민의 희망과 일치하지 않는 영토적 변경을 가하지 않는다고 공약했었고, 카이로선언 역시 연합국의 영토 확장의 의지를 부정했었다. 또한 카이로선언이 그 처리를 명시한 구체

---

22) 「平和條約に對する日本政府の一般的見解(第一稿)」, 위의 문서, 181쪽. 단 이 제1고 이후 재정리된 제2고, 제3고에서는 제1고에서 명시된 카이로선언은 그와 같은 '부당한(理不盡)' 것은 제때에 청산해야 하며 특기할 필요는 없다고 하는 외무성 내의 다른 의견에 따라 직접적으로는 명시하지 않게 되었다. 물론 이 의견은 '폭력'이나 '탐욕', 그리고 '약탈' 등 일본을 비난하는 어구들이 포함된 것에 따른 반발에 기인한 것이었음은 쉽게 헤아릴 수 있다. 그러나 포츠담선언이 카이로선언의 이행을 촉구하고 있는 이상, 그 취지에 차이는 없다. 실제 반발을 보인 그 외무성 내의 의견도 포츠담선언에 언급하고 카이로선언을 완곡적으로 포괄(cover)하면 된다고 적었다. 같은 문서, 186쪽.

적인 영토 중, 가장 오래된 대상은 1895년의 청일강화조약으로 인해 할
양된 타이완이었다. 바로 이런 점을 감안하면 그 선언들은 그 이전에
일본에 편입된 북방 영토나 오키나와 등을 패전국 일본이 확보하는 데
오히려 원용할 만한 내용을 담았었다. 그것은 전후 제국주의적인 영토
징벌 정책을 취하지 않고 일본 고유의 영토에 관해서는 그것을 그대로
일본에게 영유하게 해야 할 공약으로서 오히려 연합국의 재량에 족쇄를
씌울 기반이 될 수 있었다.

　일본정부는 바로 평화조약에 대한 예비 연구 초기부터 이러한 점에
주목한 것이다. 그러나 혹시 카이로선언이 단지 한반도의 독립만을 규
정한 것이 아니라 아울러 병합의 비합법성이나 통치의 부당성을 고발한
것이었다면 일본에게 이러한 안이한 원용은 위험했다. 영토의 처리 문
제와 더불어 당시 일본에게 가장 우려스러운 문제는 배상 문제였다. 더
구나 이 시기 일본에게 배상 문제는 단지 교전 관계에 있었던 연합국에
만 한정된다고 확신할 수 있는 것도 아니었다. 실제 일본정부는 전후
직후부터 할양 지역과의 경제적 처리 문제 역시 '배상' 문제와 같이 처
리될 가능성을 열어 놓고 있었다.[23] 그런 일본에게 혹시 35년간의 식민
지 지배가 법적 근거를 결여했었고 또한 그 통치 역시 부당한 것이었다
고 확정된다면 그것은 일본의 입장을 한층 더 어렵게 할 것을 즉시 의
미했다. 말할 필요도 없이 병합이 비합법적인 것으로 애초 그 법적 효
력을 결여한 것이었다면 그 위에서 이루어진 일본의 통치에 따라 발생
한 한국의 피해 청산 문제는 보다 엄격한 배상 문제의 범주에서 처리될
수도 있기 때문이었다. 통치의 부당성 역시 그것을 증대시킬 가능성을
내포했었다.

　'한국인의 노예 상태에 유의'하고 있음을 규정한 카이로선언은 적어
도 표면상은 일본의 한반도 지배를 비난하는 것이었다. 그에 따라 그

---

23) 이에 관해서는 장박진, 앞의 책, 2014, 제3장.

규정은 피해 보상 명목이나 권리의 내용에 영향을 주고 또 액수 자체의 증가에도 이어질 가능성을 시사할 수도 있었다. 아직 종전 초기 미국의 배상 정책이 비교적 엄격한 것으로 예상되고 한국에 대해서도 배상의 가능성이 열려 있었던 불투명한 시기, 일본은 배상 문제를 생각해서라도 카이로선언에서 기인한 한반도 독립 문제에 원래 예민해질 수밖에 없었을 터였다. 그러나 그런 일본이 그와 같은 염려를 일절 보이지 않는 채, 평화조약에서 영토 처리 조항을 기초함에 즈음하여서는 카이로선언 등을 적극적으로 원용하도록 다짐했었던 것이다.

물론 그것이 가능했던 까닭은 카이로선언에 대한 일본정부의 인식에 숨어 있었을 것이다. 즉 일본정부에게 카이로선언 등은 전후 '적당한 시점'에 한반도를 그냥 독립하게만 하는 것을 공약한 것 이상의 의미는 없었다. 독립 문제는 한반도 독립에 즈음하여 병합의 비합법성을 추궁하거나 통치의 부당성을 운운하는 문제와 전혀 무관한 것으로 인식되어 있었다. 패전국으로서 한반도를 그냥 독립하게 하는 것에 대해서는 수락할 수밖에 없다고 이미 받아들이고 있었던 일본에게 관련 선언들은 그것을 원용해봤자, 그 이상 불리한 영향을 초래하는 존재가 아니라고 비춰지고 있었던 것이다.

2 카이로선언에 대한 전후 남한 사회의 담론의 변질과 평화조약 초기 대응

1) 미군정 통치의 개시와 남한의 '무주지(無主地)'화

패전에 따라 비록 현실적인 권력은 행사하지 못하더라도 한반도에 대한 주권은 전후도 존속된다는 상황을 일본이 확신해 나갔던 종전 직후 한반도에서는 이 문제와 관련해 어떤 상황이 벌어지고 있었는가?

1945년 9월 7일 북위 38도선 이남의 남한 지역에 대한 미군정 통치

가 시작되었다. 주지하다시피 그 법적인 근거로서 발령된 것이 포고령
1호였다. 이 포고령 1호는 실시할 군정 통치의 목적과 관련해 "한국인
의 오랜 노예 상태와 적당한 시점에 한반도(Korea)를 독립 및 자유로 하
겠다는 결정을 염두에 두면서"라고 천명했다. 비록 직접적으로 '카이로
선언'이라고 명시하지 않았으나 이 포고령 1호의 규정이 카이로선언의
문안을 그대로 반영한 것은 분명했다. 즉 남한은 카이로선언의 내용을
다시 확인하는 데부터 전후의 역사를 걷기 시작하기는 했다.

　그러나 그 걸음은 동시에 애초부터 모순을 잉태한 것이었다. 카이로
선언을 답습한 그 포고령 1호는 미국이 남한을 통치하는 법적 근거를
"천황, 일본정부 및 대본영을 대표하고 사령관이 조인한 항복문서 조항
으로 인해(by the terms of the Instrument of Surrender, signed by
command and in behalf of the Emperor of Japan and the Japanese
Government and by command and in behalf of the Japanese Imperial
General headquarters)"라고 삼았다. 즉 미군의 남한 통치의 법적 근거는
일본 본토에 대한 점령 통치와 기본적으로 같은 것이었다. 포츠담선언
이나 항복문서는 연합국이 점령 목적을 달성하기까지 일본을 점령할 것
을 수락하도록 요구했었다. 그들 절차는 그 대상 안에 한반도가 들어간
다고 직접 명시한 것은 아니었다. 그러나 그 의미는 역으로 중대했다.
한반도에 대한 통치 권한의 이양에 대한 법적 절차를 따로 취하지 않으
면서도 일본이 조인한 항복문서 조항에 따라 남한에 대한 통치의 권한
이 연합국에게 부여되었음을 공언한 그 포고령 1호 규정은 결국 남한이
법적으로는 일본 본토와 같은 지위에 있음을 간접적으로 시사했다. 실
제 포고령 1호는 항복문서에 직접 조인한 일본을 연합국이 점령한 것처
럼 38도선 이남의 한반도에 대해서도 '점령(occupy)'한다고 선언했다.
남한은 '자유'가 되는 지역이면서도 동시에 전승국에 의해 '점령'당해야
하는 모순된 지위에서 전후의 역사를 맞이하게 된 셈이었다.

그러나 카이로선언이 병합의 법적 근거를 부정한 것이었다면 원래 그 포고령 1호는 성립되지 않았다. 일본의 항복에 따라 예컨대 중립국 아프가니스탄을 점령하는 근거가 연합국에게 발생하지 않는 것처럼 비록 전시 중에 연합국이 되지 못했다고 하더라도 한국인의 입장에서 볼 때 한반도가 일본의 항복에 따라 점령 대상으로 되어야 하는 이유는 없었다. 병합조약이 법적 효력을 갖지 않은 이상, 민족자결의 원칙에 따라 주권은 한국인에 남았어야 했다. 가령 전후 혼란이 예상됨에 따라 현실적인 판단으로 군정 통치를 실시한들, 그 실시는 주권을 가지고 있는 한국인과의 적절한 절차를 거쳐 이루어져야 마땅했다. 그러나 카이로선언을 선포하고 한반도를 독립하게 한 미국은 그러한 절차를 일절 취하지 않았다.

물론 그 이유는 점령 당국이 한반도를 그런 절차가 필요한 대상으로 여기지 않았기 때문이었다. 미국에게 카이로선언과 포고령 1호는 결코 모순된 것은 아니었다. 미국에게 카이로선언은 정식으로 일본 영토였던 한반도를 전쟁의 결과로서 단지 적당한 시점에 분리하게 할 공약에 불과했다. 그 때문에 최종 독립이나 신탁통치 실시 이전에 잠시 동안 이루어지는 군의 점령 통치에 필요한 법적 근거는 일본이 조인한 항복문서상의 점령 조항만으로 충분했다. 재차 확인한 바와 같이 미국은 병합조약으로 인해 일본이 한반도에 대한 주권을 정식으로 보유하고 있음을 전제로 했었다. 그런 미국에게는 항복에 따라 일본 본토를 점령하는 것과 한반도를 점령하는 것에 법적 차이는 없었다. 다시 말해 전후 미국이 처음으로 남한에 진주했을 때 취한 이러한 대응은 카이로선언에 포함된 '노예 상태' 등의 규정이 법적으로는 아무런 의미도 없는 프로파간다에 불과했음을 다시금 입증하고도 남는 일이었다.

물론 이와 같이 적국 '일본 영토'로서 남한을 점령 통치하게 된 미국도 그 한편으로서 남한의 미묘한 지위를 완전히 무시한 것은 아니었다.

실제 남한을 점령 통치하게 된 미군정에 대해 10월 3성조정위원회가 내린 민생 통치에 관한 포괄적인 지시 SWNCC 176/8은 그러한 흔적을 보이는 대목이었다. "미군에 의해 점령된 한반도 지역에서의 민생 통치에 관한 미국태평양육군최고사령관에 대한 기본지령"으로서 잘 알려져 있는 그 지령 속에서 3성조정위원회는 미군의 안전이 보장되는 한 카이로선언의 조항에 따라 미군정이 최대한 남한을 '해방된 국가(liberated country)'로 취급하도록 지시했다.24) 카이로선언 자체에도 직접 언급한 그 '기본지령'은 선언에서 규정된 '노예 상태' 등을 고려하면서 그로부터 자유(free)가 되는 지역임에 부합하는 통치를 남한에서 실시하도록 일단 지시한 것이었다.

그러나 물론 그 지령은 질서 확보와 원활한 통치의 실현 등 전후 남한을 관리하는 데 필요한 한국인의 이해와 협력을 얻기 위한 정치적 배려에 불과했다. 그 점은 그 지령이 '해방국가'로 취급하는 조건으로서 주류하는 미군의 '안전이 보장되는 한'이라는 조건을 달고 있었던 점에 잘 나타났다. 한국인이 미군정 통치에 물리적으로 반항할 경우, 미국은 남한을 적국 영토와 국민으로 취급할 가능성을 열어 놓고 있었다.

또한 '해방국가'로서의 취급은 물론 남한을 비합법이고 부당한 강점으로부터의 '광복'국가로 법적으로 자리매김하려는 그런 방침을 드러낸 것도 아니었다. 실제 같은 지령 속에서 3성조정위원회는 자칭(self-styled) 임시정부 등 한국인의 어떤 정치적 조직도 공식으로 승인하거나 이용하는 것을 금했다.25) 즉 3성조정위원회는 한반도를 일본의 지배로부터 절단하고 향후 독립하게 할 지역이라는 의미에서 단순한 적국 영토가 아

---

24) "Basic Initial Directive to the Commander in Chief, U.S. Army Forces, Paific, for the Administration of Civil Affairs in Those Areas of Korea Occupied by U.S. Forces", *FRUS 1945 Volume Ⅵ The British Commonwealth The Far East*, p.1074.

25) ibid., p.1081.

닌 '해방국가'로 취급할 것을 지시했다. 그러나 그것은 한반도가 비합법
이고 부당한 강점하에 있었던 지역으로서 한국인에게 주권이 계속 남아
있다는 것을 시인한 것은 결코 아니었다.

　물론 이 3성조정위원회의 지령은 한반도를 독립하게 할 것을 결정하
면서도 임시정부의 승인을 부정하는 등, 완전 독립까지 주권은 한국인
에게 존재하지 않는다는 전시 중부터 국무성이 취하고 있었던 입장을
그대로 답습한 것이었다. 점령 통치로부터 신탁통치로 이행해 나가는
것이 현실화된 이 시기, 미국정부는 군정 당국에 대해 전후도 한국인은
완전한 독립까지 '국가'를 수립할 수 있는 주권 보유자의 지위에는 있
지 않는 것을 주시시키면서 그와 얽히는 행동을 삼가도록 일부러 명령
한 것이었다.

　이 결과 신탁통치 이전의 군정 통치 기간에 이미 한반도는 매우 이례
적인 성격을 띠게 되었다. 이러한 한반도의 특수성은 프렝켈(Ernst
Fraenkel)의 담론에서 명확히 정리되었다고 봐도 과언이 아닐 것이다.
프렝켈은 원래 독일에서 태어난 유태인계 정치학자였다. 그러나 나치스
의 박해를 피하기 위하여 1939년 미국에 건너가고 나서는 법률도 전공
함으로써 정치, 법률에 능통한 전문가로서 전후 미국정부의 고문으로
취임하고 남한의 점령 통치나 미소공동위원회 등에 관여하게 되었다.

　그 프렝켈은 전후 특히 미국이 통치하게 된 남한의 지위와 관련해 다
음과 같이 그 성격을 정리했다.[26] 즉 그는 주권을 혼슈 등에 한정한 포

---

26) Ernst Fraenkel, "Structure of United States Army Military Government in
　　Korea", 申福龍 편,『韓國分斷史資料集 Ⅲ-1』, 원주문화사, 1993, 30~32쪽.
　　이 문서의 정확한 작성 날짜는 불명이나 이 문서에 첨부된 1948년 5월 22
　　일자의 관련 기록은 원래 이 문서가 제헌국회 구성을 위한 1948년 5월 10
　　일 총선거의 감시를 위해 조직된 유엔한국임시위원회(UN Temporary
　　Commission on Korea)의 요청으로 인해 준비되었다고 설명하고 있으므로
　　1948년 봄쯤에 작성되었을 가능성이 크다. 하지만 작성된 이 문서는 전체
　　로서(in its entirety) 유엔한국임시위원회에는 맞지 않는 것으로 풀이되었기

츠담선언 제8항에 따라 한반도에 대한 일본의 주권은 상실(forfeit)되었으며 사실의 문제(de facto)로서는 일본으로부터의 한반도의 분리(separation)는 이루어졌다고 판단했다. 그러나 이는 병합 전의 대한제국이 부활한 것이나 또한 새로운 한국인 국가가 탄생한 것을 뜻한 것도 아니었다. 프렝켈은 그 이유로서 분리가 1910년 8월 29일자 병합조약의 무효화(cancellation)로 이루어진 것도 아니며 또한 한국인의 혁명적 행동에 의해 이루어진 것도 아니기 때문이라고 지적했다. 즉 프렝켈은 그 쟁취의 주체가 누구든 간에 혹시 한반도의 분리가 병합조약의 무효화를 통해서 이루어졌을 경우에는 주권이 대한제국의 부활이라는 형태로, 또한 혹시 한국인이 주체가 되면서 대일 항전이라는 혁명을 통해 한반도의 분리가 이루어졌을 경우에는 그 주체에 의해 즉시 한국인의 민족 주권국가가 탄생했을 가능성을 인정한 것이었다.

그러나 물론 현실은 달랐다. 프렝켈은 한반도에서의 일본의 지배의 종언이 미국이나 소련의 군사적 승리에 의해 이루어졌다고 지적하면서 그 결과 미국 등은 한반도를 국제법상 '무주지(no-man land)'의 관점에서 계승(take over)하게 되었다고 해석했다. 즉 그는 항복으로 인해 현실적으로 일본의 주권이 미치지 않게 되면서도 한국인에게 주권이 즉시 돌아가게 되는 것도 아닌 한반도의 상황은 적어도 주권을 보유하고 있는 주체가 존재하는가 하는 각도에서 볼 때 땅의 소유자가 없는 '무주지'나 다름이 없다고 진단한 셈이었다. 물론 그렇다고 미국 등의 연합국이 전후 새롭게 한반도를 정식 영토로서 병합할 수 있을 리도 없었다. 미국은 대서양헌장 등을 통해 전후 각 민족에게 정부 선택의 권리를 인정하는 등 민족자결과 주권의 존중을 전 세계에게 공약했었다. 프렝켈은 그 결과 한반도에 적용 가능한 국제법상의 해당 규정은 없으나 미군정은 대행적(vicariously)인 주체로서 남한에서의 주권정부의 권한을 행

때문에 결국 제출되지는 않았다고 한다.

사하는 지위에 있다고 해설했다.

즉 프렝켈은 전후 남한 사회는 그에 즉시 적용 가능한 국제법적 근거도 없는, 정식 주권 보유자가 없는 상황에서 단지 그 대행적인 권리만이 작동된다는 매우 이례적인 지위에 서게 되었다고 해석한 것이었다. 다시 말해 미국의 힘으로 인해 현실적으로 일본의 통치하에서 벗어나게 되었다는 의미에서 전후 독립의 계기를 맞이하게 된 남한은 동시에 미국에 의한 군정 통치를 받음으로써 그 주권 자체가 누구에게 귀속되었는지조차 확정할 수 없는 매우 이례적인 상황에 빠져버린 것이었다. 그러나 병합조약의 무효화도 아니고 또한 자력으로 인한 독립 쟁취도 아닌 탓에 '무주지'로 전락했던 전후 남한의 역사가 '광복'으로서가 아닌 '분리'로서, 즉 병합의 합법성을 모든 것의 전제로 한 출발이었다는 것만큼은 프렝켈의 학설에서도 흔들림 없는 사실이었다.

2) 카이로선언 '노예 상태' 규정에 대한 '확산 해석'

이와 같이 카이로선언의 조항을 다시 확인하는 데부터 출발한 전후 남한의 역사는 동시에 병합이 합법이었음을 재확인하는 전후의 시작이기도 했다. 또한 일본은 포츠담선언이나 항복문서로 이어지는 과정에서 생긴 틈을 타 주권에 관한 '제한(축소)해석'의 원칙을 원용하면서 전후도 한반도에 대한 주권이 적어도 법적으로는 일본에게 남는다는 입장을 굳히고 있었다. 그만큼 독립의 성격을 '광복'으로 만들어야 하는 역사적 과제는 전후처리와 새 질서를 법적으로 결정하는 평화조약 기초를 내다보면서 전후 남한 사회의 중요한 몫이 되었다. 그러나 종전 전부터 이미 예고되었었던 한반도 신탁통치 실행으로의 본격적인 가동은 이 과제를 수행하는 겨를조차 주지 않게 했다. 주지하는 바와 같이 전후 남한 사회는 소련의 후원을 의식하면서 신탁통치에 찬성하게 된 좌파 세력을 제외하고는 신탁통치 도입을 배격하고 즉시 독립을 이룩할 것을 최대의 정치 과제로 삼게 되었다. 그리고 즉시 독립의 실현이 최대의 정치 과제가 되어버린 남한 사회의 상황은 그나마 일본의 한반도 병합과 통치의 성격을 부정할 수 있는 여지를 내포했었던 카이로선언의 의미를 '확산 해석'하게 만들어갔다.

종전 직후인 8월 18일, 예컨대 정식정부 수립까지 문화예술의 통일적 연락과 각 부문 활동의 질서를 지키기 위해서라고 조직된 조선문화건설중앙협의회는 그 결성 모임에서 "30여 년의 장구한 동안 제국주의 일본의 노예적 지배하에 있던 우리 조선의 문화도 오늘날 그 무거운 철쇄를 끊었다"고 선언했다.[27] 즉 이 선언에서 '노예'는 당연히 일제 통치를 뜻했다. 그러나 그 후부터 두 달 지난 시점에서는 이미 이 '노예'의 의미는 확실히 달라지기 시작했다.

10월 16일 임시정부 요원의 귀국에 앞서 미국에서 먼저 돌아온 이승만은 주지하다시피 전후 조기 독립을 도모하기 위해 각 정치 세력을 규합한 독립촉성중앙협의회를 조직했다. 23일에 개최된 그 결성 대회에서 이승만은 한반도 조기 독립 문제와 관련해 다음과 같이 발언했다.[28]

> 지금까지는 소리가 너무 많은 탓으로 세계에서 조선이 무엇을 요구하는지 모르고 있다. (중략) 오늘은 그 소리를 하나로 하여 세계에 표명하자는 것이다. 그러므로 이 자리에서는 모든 상호 간의 감정이나 관계를 청산해버리고 지금의 조선 사람 형편만을 깊이 생각하여야 한다. 이 판에 잘못하면 40년이고 50년이고 또 남의 노예 노릇이나 할 수밖에 없는 노릇이다.

즉 이승만은 조기 독립을 위해 각 정치 세력의 통일의 필요성을 호소

---

27) "朝鮮文化建設中央協議會 結成", 國史編纂委員會 편, 『資料 大韓民國史』, 제1권, 국사편찬위원회, 1970, 22쪽. 이하 이 자료는 서명만 약기한다.

28) "獨立促成中央協議會 結成 決議", 위의 자료, 제1권, 292쪽.

하면서 신탁통치를 받을 것을 '남의 노예 노릇'이라고 말했다. '노예'가
일본의 한반도 병합이나 통치의 성격을 고발하는 것을 넘어, 외국 지배
일반을 지칭하는 개념으로 '확산'하게 된 셈이었다. 이러한 변질은 12
월 27일, 정식으로 나온 모스크바 3국 외상회담 공동성명에서 발표된
신탁통치안에 대한 대응에도 뚜렷이 나타났다. 당시 임시정부 구미위원
부장으로서 아직 미국에 머무르던 임병직은 발표된 신탁통치안에 대해
28일 이하와 같이 언명했다.29)

> 이번 전쟁에 연합국이 수백만의 희생을 낸 데는 중대한 이유가 있다.
> 그는 곧 자유를 위함이다. 그런데 신탁통치라는 것은 절대로 자유가 아
> 니오, 일 민족을 엄중히 구속하고 노예화하는 것이다. 조선은 자주독립의
> 국가인데 일본에 침략을 당하여 40년간 항쟁을 계속하였다. 이상 <u>4개국</u>
> <u>은 최근까지 일본의 적이었는데 역사와 문화가 찬연한 우리나라에 대하</u>
> <u>여 어찌 일본의 행동을 답습할 수가 있을 것이냐.</u>

즉 전후 즉시 독립을 바라는 염원은 카이로선언에서 사용된 '노예 상
태'로부터 일본의 한반도 지배를 추궁하는 고유의 의미를 앗아가, 연합
국이 실시할 신탁통치에도 확산 적용하게 한 것이었다. 그리고 독립과
관련해 일제 지배의 책임을 추궁하기 위한 의미를 지닌 이 '노예 상태'
마저 그 의미가 변질됨에 따라 카이로선언은 주로 자주독립국가 건설을
위한 국제공약으로만 활용되게 되었다. 실제 모스크바 3국 외상회담의
결과로서 신탁통치의 실시가 정식으로 발표되자 예컨대 28일 신탁통치
반대국민총동원위원회는 다음과 같이 표명했다.30)

> 이번 전쟁목적은 전 인류 제 민족이 공인하는 바이다. 그리하여 <u>36년</u>

---

29) "臨政歐美委員部長 林炳稷, 信託反對 聲明書 發表", 위의 자료, 제1권, 685쪽.
30) "信託統治反對國民總動員委員會가 設置", 위의 자료, 제1권, 686쪽.

간 <u>노예생활에서 해방된 우리 3천 만 민족도 당당히 민족자결의 원칙에</u>
<u>의하여 자주독립국가를 건설할 카이로선언에 약속되었다는 것은 아직도</u>
<u>기억에 생생하다.</u> 이와 같이 희망과 기대에 넘쳐 있던 우리 3천만 민족
에는 청천벽력이 내렸으니 이것이 바로 모스크바會議에서 결의된 美, 蘇,
英, 中 4국의 조선신탁통치제 실시이다. 두말할 것 없이 <u>제2차 세계대전</u>
<u>의 전쟁목적 위반이요 약소민족 해방운동에 역행하는 것</u>이다.

즉 이 표명은 비록 직접적으로는 '노예'를 일제 지배와 관련시켰다.
그럼에도 그것은 한반도의 독립이 '광복'임을 확정하도록 요청하는 것
과 전혀 무관했다. 그 표명은 실질적으로 카이로선언의 의미를 오히려
외국 지배로부터 벗어나 자주독립국가를 건설할 수 있도록 한 공약으로
활용하는 데 그 초점을 맞추었다. 그 결과 '노예' 개념이 병합의 비합법
성이나 통치의 부당성을 규정한 것으로 활용된 것이 아니라 외세 지배
일반을 총칭하고 신탁통치안이 카이로선언에서 천명된 민족자결과 자
주독립 공약을 어긴 것이라고 주장하는 담보로 변질되었다. 상기한 바와
같이 임병직이 신탁통치 방침의 결정을 가지고 "어찌 일본의 행동을 답
습할 수가 있을 것이냐'로 발언한 것 역시 같은 문제의식이었다.

물론 카이로선언은 한반도 독립을 '적당한 시점'에 실현할 것을 규정
했었다. 신탁통치에 찬성하는 좌파 세력은 그 점을 의식했다. 예컨대
1946년 1월 5일 조선부녀총동맹은 "인민공화국 중앙인민위원회를 사수
할 것을 결의한다"면서 "금번 삼상회의의 조선에 대한 결의는 (略) 카이
로선언이 적당한 기간에 조선독립을 주겠다고 막연히 결정한 데 비하여
이번 결정은 어떠한 방법으로 어떠한 노선으로 어떠한 기간 내에 조선
의 완전독립을 실현하겠다는 구체적인 점에서 실로 그 의의가 큰 것이
다"[31]라고 평가했다. 그러나 조기 자주독립국가 건설을 주장하는 입장
에서는 '적당한 시점'이 전후 혼란을 진정시키기 위해 잠시 취해진 점

---

31) "朝鮮婦女總同盟, 3相會議支持聲明書 發表", 위의 자료, 제1권, 776쪽.

령 기간 후의 즉시가 아니라 그 후 더 5년간 필요하다는 논리로 이어져
야 하는 이유는 없었다. 또한 그 형식 역시 미·영·중·소라는 외세 강대
국에 의한 신탁통치를 꼭 필연으로 하는 것도 아니었다.

좌파 세력이 신탁통치를 지지하게 되자 이승만은 1946년 1월 14일
신탁통치에 찬성하는 좌파 세력을 '매국자'라고 매도하면서 이하와 같
이 결별을 고했다.[32]

> 40년간 왜적의 학대를 받은 반감이 있으므로 과거의 쓰라린 경험에
> 비추어 나라의 독립을 위하는 때는 극렬분자까지 의심 없이 한 뭉치가
> 될 것을 희망하고 적은 뜻이나마 정성을 다하였었다. 그러나 그 결과를
> 보면 우리도 아직까지는 실패라고 하기에 이르렀나니 그 이유는 다른 것
> 이 아니다. 극렬분자는 구라파, 미국에 있어서나 중국에서나 또한 한국에
> 서까지 자주독립을 저해하고 남의 노예됨을 감심(甘心)하는 결심이 있는
> 것을 지금은 세상이 다 알게 되었으니 파괴자와 건설자가 어떻게 합동되
> 며 애국자와 매국자가 어떻게 한 길을 갈 수 있을까.

즉 이승만은 신탁통치에 찬성하는 좌파 세력을 한국인이 다시 '남의
노예'가 될 것을 사주하는 집단이라고 규정하면서 좌우 대립의 구도를
결정했다. 이 말에 상징되듯이 이후 남한 사회는 한동안 이 신탁통치
찬반을 둘러싼 갈등에 휩싸였다. 그러나 바꾸어 말해 이것은 어디까지
나 카이로선언이 규정한 '적당한 시점'을 둘러싼 갈등이었다. 이로 인해
신탁통치 실시 발표에 촉발된 그 소용돌이 속에서 남한 사회의 관심은
사실상 그 '적당한 시점'에만 한정되어 갔다. 이에 따라 카이로선언에서
규정된 '노예 상태'는 일본의 한반도 지배를 추궁하는 고유의 의미를
상실하고 자주독립국가 건설을 막는 외국 통치 일반을 고발하는 개념으
로 변질되었다. 그리고 이러한 '확대 해석'으로 인해 그 변질이 고착화

---

32) "李承晩, 民族統一問題에 대한 談話 發表", 위의 자료, 제1권, 834쪽.

된 남한 사회의 사고에서는 카이로선언 관련 규정을 '광복성 여부'를 가리는 과제와 연결하려는 그러한 문제의식이 주된 관심사로 떠오르는 길은 막혀 버렸다. 실제 해방 1주년을 축하하는 그런 상징적인 경축대회에서도 결의된 것은 다음과 같은 것들이었다.[33]

〈대회결의문〉
우리는 3천만 민중의 이름으로 하기 사항을 결의함
1) 우리는 민족자결의 원칙과 진정한 민주주의에 기(基)한 자주독립국가의 완성을 기(期)함
1) 우리는 국론의 일치와 국제여론의 환기로써 카이로선언의 즉시 실현을 기함
1) 우리는 38선의 철폐로서 정신적 경제적 및 정치적 통일을 기함
1) 우리는 국민의 총의로써 임시정부 수립의 촉진을 기함

즉 경축대회 결의안은 사실상 카이로선언의 즉시 실현을 빙자 대면서 자주독립국가를 건국하는 것만을 호소했으며 병합의 비합법성이나 통치의 부당성을 확정하도록 호소하려는 그런 문제의식은 완전히 그 자취를 감추었다. 물론 병합이 비합법이었다든가 통치가 부당했다는 등의 문제의식은 당시 남한 사회에서 일부러 따로 천명할 필요도 없을 만큼 자명의 일이라는 인식이 그 자취를 감추게 한 요인이 되었음은 틀림없을 것이다. 실제 하나하나 인용할 필요도 없이 이 시기 일제 지배를 부정하는 담론들은 한없이 많았다. 그러나 중요한 것은 가령 그런 자명이라는 인식의 결과였다고 하더라도 그것은 어디까지나 남한 사회에서만 '자명'이었을 뿐, 국제적으로는 아무것도 분명하지 않았다는 점이었다. 강조해온 바와 같이 한반도 독립에 즈음하여 그 독립의 근거를 '광복

---

33) "8·15 平和 및 解放1周年 市民慶祝大會가 軍政廳 廣場에서 擧行", 『資料 大韓民國史』, 제3권, 1970, 115쪽.

성 여부'와 관련시킬 수 있는 유일한 국제적 담보는 카이로선언이었다. 그러나 그 선언은 단지 '한국인의 노예 상태에 유의'한다고 규정했을 뿐 이었다. 물론 그 후 국제사회가 이 카이로선언의 의미를 한국에 유리하 게 해석, 발전시킨 일도 없었다. 그만큼 전쟁 처리를 법적으로 완결하는 평화조약을 전망하면서 단지 민족 내부에서만 통용하는 '자명' 의식은 의미가 없었다. 국제사회에서 그것을 확정하게 하는 대응이 요구되었다. 그러나 건국 과정에서 남한 사회가 보인 대응은 카이로선언의 의미를 독 립국가 즉시 건설의 공약으로 '확산 해석'하게만 하고 병합의 비합법성 이나 통치의 부당성의 의미를 오히려 흐리게 하는 것이었다.

3) 건국과 평화회의에서의 연합국 참가 방침의 확립

물론 전후 한국 사회 내부에서는 병합의 비합법성을 전제로 한 대응 이 전혀 없었던 것은 아니다. 1948년 8월 15일 대한민국이 건국되었다. 이 건국 과정에서는 예컨대 국가 성립의 기본 요소인 '국민'의 요건을 정하는 방침 속에서 사실상 병합을 무효로 하는 대응이 취해졌다.

제정된 국적법은 당시 한국 사회에서 다수를 차지하던 일제강점기에 태어난 사람들의 한국 국적 취득 요건을 별도로 정하지 않았다. 그러나 건국과 국적법 성립 이전에는 원리적으로 '한국 국적'이 존재할 수 있 을 리 없었다. 따라서 논리적으로 건국과 국적법 성립 이전에 출생한 사람에 대해서는 그들에 대한 한국 국적 취득 요건을 규정할 것이 법 형식적으로는 요구되었다. 이 점과 관련해 당시 이인 법무부장관은 "이 법률상의 대한민국 국민은 오래 전부터 정신적으로 법률적으로 국적을 가졌다 이렇게 봐서 이 법률을 제정했습니다. 만일 그렇지 않고 이 법 률을 제정한 후 그 사람이 국적을 가졌다면 대단히 기이한 상태가 생길 것입니다"라고 말했다.[34]

---

34) 국회회의록, "제헌국회 제1국회 본회의 국적법안 제1독해", 제118호, 1948.12.1.

즉 혹시 국적법에서 일제강점기에 출생한 자의 한국 국적 취득 요건을 규정했다면 그것은 사실상 그들이 일본 국적 소유자였다는 해석을 허락하는 꼴이 됨으로써 그것은 병합의 합법성을 자기 스스로도 인정한다는 '기이한 사태'를 자초하는 셈이 될 수 있었다.[35] 일제강점기에 출생한 자의 국적 취득 요건을 별도로 정하지 않았던 것은 바로 이 때문이었다. 물론 이 조치는 건국과 국적법 제정 이전에 한국 국적이 존재했었음을 뜻하는 것으로 형식적으로는 모순이 없는 것은 아니었다. 그러나 한국의 입장에서 볼 때 그 모순은 일제강점기에 출생한 자의 일본 국적 소유를 인정함으로써 사실상 병합의 합법성을 가정하는 '기이한 상태'를 능가할 만큼 중요한 문제점이 될 리가 없었다.

이렇듯 건국 시기 한국은 국적법 제정 문제와 관련해 병합이 비합법이며 그에 따라 한국인은 일본 국적을 소유한 적이 없다는 입장을 공식으로 취했다. 물론 이 대응은 병합이 원천적으로 무효임을 선언한 것이나 마찬가지였다. 그러나 국적법은 어디까지나 국내법이며 따라서 그 성립으로 병합의 비합법성이 국제적으로 확정되는 것은 아니었다. 그를 위해서는 이러한 인식이 국제적으로 제기되며 또 승인을 받아야만 했다. 그리고 그를 위해 당시 남은 가장 직접적이고 또한 유일한 길은 평화조약 체결 과정에서 이 문제를 공론화하고 그것을 조약에서 실제 반영하게 하는 것이었다.

평화조약 체결로 향하는 가운데 이러한 병합의 비합법성이라는 논점과 얽힐 수 있는 대외적인 대응을 한국이 전혀 취하지 않았던 것은 아니었다. 남한 정국이 결국 우파를 중심으로 한 단독정부 수립으로 기울이고 있었던 1947년 8월 18일, 입법의원 제131차 본회의는 미·중·영·

인용문은 현재의 표현에 맞게 일부 고쳐, 표기했다.

35) 이에 관한 보다 자세한 고찰은 장박진, "한일회담 개시 전 한국정부의 재일한국인 문제에 대한 대응 분석: 대한민국의 국가정체성과 '재일성'(在日性)의 기원", 『아세아연구』, 52권 1호, 2009.3, 216~219쪽.

소에 대해 한국의 평화회의로의 참석을 요청하는 결의안을 통과시켰다. 1947년은 앞서 언급한 바와 같이 3월에 맥아더가 기자회견을 통해 조기 평화회의 개최의 필요성에 언급하는 등, 한때 평화회의 조기 개최의 분위기가 고조된 시기였다. 같은 해 2월에는 이탈리아평화회의도 개최되었었다. 입법의원은 이러한 추세를 맞이하면서 조기 평화회의 개최에 대비해 그 회의로의 참가 의사를 천명한 것이었다.

물론 평화회의로의 참가는 대일 전승국인 연합국으로의 참가를 뜻했으며 당연히 이것은 한국이 대일 교전국의 지위를 획득하는 것을 의미했다. 교전은 국제법상 주권국가에만 인정되는 권리로서 따라서 역으로 대일 교전국으로서의 지위 획득은 전시 중에 이미 한국이 주권을 보유한 국가였다, 다시 말해 병합이 원천적으로 비합법이었다는 결론을 도출할 수 있는 회로를 내포했다. 비록 전후에 확정되는 일이기는 하나 전시 중 한국인이 이미 대일 교전을 할 수 있는 주권 보유 주체였다는 지위를 획득하는 것은 전시 중 임시정부가 요구하고 좌절한 정부 승인을 얻는 것과 같은 효과를 누릴 수 있었다. 이런 의미에서 입법의원이 가결한 평화회의로의 참가 요청은 대외적으로 병합의 비합법성을 제기한 측면이 없는 것은 아니었다.

그럼에도 그 결의에 따라 실제 입법의원이 대외적으로 발신한 내용은 애매한 것이었다. 8월 28일 입법의원은 각 분과위원장 연석회의를 통해 미·중·영·소에 평화회의 참가를 허가하도록 요청하는 전문(電文)을 보내기로 했다. 이 가운데 영문으로 쓰인 전문은 다음과 같이 적혔다.[36]

---

36) 이는 직접적으로는 영국 애틀리(Clement R. Attlee)수상에게 보내진 전문이다. "Copy of Message to the Prime Minister from the South Korean Interim Legislative Assembly", F13101/1382/23, "Korea request for participation in the forthcoming Japanese Peace Conference", YD-127, 1947, Reel no.26, rp.21.

자기 자신의 이익을 위한 한국의 직접적인 참가는 한국과 일본이 오랫동안 복잡다단한 관계에 있었다는 사실에 의해 정당화된다(The direct participation of Korea for her own interest is justified by the fact the relationship between Korea and Japan had very complicated for a long period).

즉 평화조약 체결을 내다보면서 평화회의로의 공식 참가를 요청한 입법의원은 병합이 비합법이며 따라서 한국은 종전 전부터 이미 주권을 가지는 주체로서 일본과 교전했다는 것을 평화회의 참가의 근거로 삼은 것은 아니었다. 그것은 어디까지나 한국과 일본이 '복잡다단한 관계'에 있었다는 지극히 추상적인 호소에 불과했다.

이러한 애매한 자세는 입법의원의 대응만도 아니었다. 건국 직후, 이승만 대통령은 9월 30일에 열린 제1대 국회 제78차 국회본회의에서의 시정 방침 연설 속에서 다음과 같이 밝혔다.

> 정부는 과거의 <u>일본 제국주의 정책으로 인한 모든 해악을 회복하고 또한 장래 인접국가로서의 정상(正常)한 외교 관계를 보호하기 위하여</u> 연합국의 일원으로서 대일 강화회의에 참렬(參列)케 할 것을 연합국에 요청할 것이며, 민국이 대일 배상에 대한 정당한 권리를 보유할 것이며 또한 그 이후(爾後)의 발전에 관하여 국제적 의무를 부하할 것을 주장할 것입니다.

건국 후 대통령의 시정 방침 연설을 통해 밝혀진 이 입장은 물론 주권을 정식으로 획득한 대한민국으로서의 공식 입장을 대표했다. 이렇게 하고 '남한'으로부터 대한민국 건국으로 이어진 과정에서 한국은 연합국의 일원으로 정식으로 평화회의에 참가할 것을 정식 방침으로 삼았다. 그러나 연합국 참가라는 입장을 내외에 정식으로 밝힌 대통령의 연설 역시 그 목적과 관련해서는 '모든 해악을 회복'하고 '인접국가로서의 정상한 외교 관계를 보호'하기 위한 것이라고만 말했다. 대한민국 초대 대통령이 처음으로 진행한 시정 방침 연설 역시 평화회의 참가 문제와 관련해 국제사회에서 병합의 비합법성 등을 확정하게 할 방침을 뚜렷이 내세우지도 않고 '모든 해악의 회복'이라든가 '정상한 외교 관계의 보호' 같은 지극히 추상적인 내용만을 밝히는 데 그친 것이었다.

당시 입법의원이나 한국정부가 왜 평화회의 참가 문제와 관련해 병합의 비합법성과 한국인의 주권 존속이라는 입장을 천명하지 않았는지, 자료적으로 규명하기 어렵다. 이미 전후가 된 지 2~3년 가까이 지나간 가운데 그러한 요구를 평화회의 참가의 근거로 삼는 것이 오히려 그 목적 달성에 방해가 된다는 정세 판단이 작용했을 가능성도 있을 수 있다.

그러나 그와 더불어 주목되는 것은 한국이 연합국에 참가한다는 것은 꼭 병합의 비합법성을 필연케 하는 것도 아니었다는 점이었다. 병합의 합법성을 전제로 하면서도 전후 독립한 신생 한국을 평화회의에 참가하게 한다는 것은 정치적으로는 가능했다. 후술하는 바와 같이 실제 한국을 연합국으로 받아들일 것을 한때 구상한 미국은 이 입장을 취했다. 따라서 병합 자체가 비합법이었음을 확정해야 하는 한국의 입장에서 볼 때 이 문제는 단지 연합국으로의 참가라는 간접적인 성과만으로 보장되는 것이 아니라 보다 직접적인 문제 제기가 필요했다. 그러나 건국 과정에서 공식으로 연합국 참가 요청을 천명한 입법의원도, 건국 후에 행해진 대통령 시정 방침 연설도 이와 같은 요구를 구체적으로 제기하지는 않았다.

물론 평화조약 기초를 내다보면서 한국정부가 대외적으로 병합의 비합법성이나 통치의 부당성과 관련된 문제를 전혀 제기하지 않았던 것은 아니었다. 바로 그것이야말로 이 책 벽두의 문제 제기 부분에서 인용한 『대일배상요구조서』였다. 조서는 대일 배상의 요구 근거와 관련해 1910

년부터 1945년까지의 일본의 한반도 지배가 '폭력과 탐욕의 지배'였고 그 '비인도성'과 '비합법성'은 카이로선언 등에 의해 '전 세계에 선포되었다'고 밝혔다. 비록 조서는 병합이 비합법이었다고 직접 명시한 것은 아니었으나 '1910년'이라는 시기가 명시되어 있는 점을 고려하면 그 의미역시 포함된 것은 틀림없다. 이와 같이 한국정부는 대일 배상 문제와 관련해 병합은 비합법이었고 통치 역시 부당했다는 것을 정부 입장으로 공식화하기는 했다.

당시 신생 한국의 대외적인 핵심 과제는 대일 배상의 실현이었다. 입법의원이 천명한 '복잡다단한 관계'의 처리도, 대통령이 밝힌 '모든 해악의 회복'도 결국 그 실현은 금전적인 처리가 가동해야 비로소 가능한문제들이었다. 또한 신생국가의 건설을 궤도에 올리기 위해서도 당시한국정부에게 경제적인 문제는 최우선의 과제가 아닐 수 없었다. 이를위해 한국정부는 아직 건국 이전인 과도정부 시절인 1947년 여름 무렵부터 대일 배상 준비에 착수하기 시작했다.[37) 1949년 1월 24일 제13회국무회의는 법무부 관련 과제로서 한국의 배상 요구 조사에 각별한 고려가 필요하다고 하면서 특별조사기관까지 설치할 의지를 보였다.[38) 당시한국정부가 대일 배상 문제에 상당한 에너지를 투입한 것은 틀림없다. 그 결과 1949년 3월에 『對日賠償要求調書 第1部: 現物返還要求』로서, 이어 9월에 제2부·제3부·제4부를 수록한 『對日賠償要求調書(續)(第二部·第三部·第四部)』로서 각각 작성된 『대일배상요구조서』는 합계 523쪽에이르는 당시로서는 상당한 대작이 되었다.[39)

---

37) 한국정부 내부에서 이 시기부터 시작된 대일 배상 준비 과정을 선구적으로 밝힌 것은 太田修, 『日韓交涉 請求權問題の硏究』, クレイン, 2003, 39~46쪽.
38) 제13회 국무회의기록, 1949.1.24. 국가기록원 홈페이지(http://archives.go.kr/next/cabinet/viewMain.do)에서 검색.
39) 1949년 3월과 9월에 각각 정리된 조서의 쪽수는 일부 정확하지 않은 부분도 있으므로 이 쪽수는 1954년 대한민국정부가 그 2권의 책자를 종합, 편집한 1954년판에 의거했다.

원래 한국정부가 연합국으로서 평화회의에 참가하는 것을 목적으로
한 주된 이유 역시 이승만 대통령의 시정 방침 연설에서도 나타났듯이
대일 배상의 실현에 있었다. 국민의 대일 피해 의식과 달리 적어도 법
적으로는 일본이 한국에 대해 피해 청산에 나서야 하는 근거는 확보되
지 않았다. 그 확실한 길은 통상 전후 전승국에게 주어지는 교전 배상
권리를 획득함으로써 대일 식민지 피해를 청산하는 방안이었다. 그러나
전시 중 국제적으로 대일 교전국으로서의 지위를 인정받지 못했던 한국
에게는 전승국 연합국에 참가하거나 대일 배상 권리를 획득하는 것은
결코 보장된 일이 아니었다. 한국정부가 카이로선언 등을 인용하면서
그 '비인도성'이나 '비합법성'을 강조한 배경에는 한국의 대일 요구가
오히려 미국 등이 공약한 선언에 근거한 것임을 강조함으로써 대일 교
전국으로서의 자격 부족을 메우려 한 의도가 깔려 있었음은 틀림없을
것이다.

무엇보다 이런 평화화의로의 참가도 그를 통한 대일 배상의 실현도
그것은 국내적인 대응으로 가능한 문제가 아니었다. 그것은 원래 국제
사회에서 확정해야 하는 과제가 아닐 수 없었다. 『대일배상요구조서』
역시 SCAP에 제출할 것을 목적으로 작성된 것이었다. 그러니만큼 대일
배상의 실현을 위해 작성된 『대일배상요구조서』는 병합의 비합법성이
나 통치의 부당성이라는 한국정부의 입장을 국제사회에서 확정하도록
공식화하는 의미를 일단 지녔다. 이 의미에서 전후 '광복성 여부'를
가리는 과제와 관련해 『대일배상요구조서』가 가지는 의미는 나름대로
컸다.

SCAP에 대해 제출된 이 『대일배상요구조서』가 그 후 점령정부 안에
서, 또한 그것을 거쳐 미국정부 내에서 어떻게 인식되고 취급되었는지
에 대한 물음은 여전히 불명이다. 그러나 평화조약 기초를 전망하면서
제기된 배상 문제 등과 관련해 병합의 비합법성이나 통치의 부당성을

확정하는 것이 한국정부의 공식 요구라고 국제사회가 인식한 기록은 없다. 후술하는 바와 같이 한국정부는 평화조약 기초 문제가 본격화되자 연합국의 일원으로서 평화회의에 참석할 것을 줄곧 요구했다. 물론 그 과정에서는 기타 연합국들과 같이 한국 역시 배상 권리를 획득할 수 있도록 아울러 요구했다. 그에 따라 미국이나 영국은 한국의 요구를 연합국 참가 문제로 인식하고 그에 따른 배상 권리의 부여도 포함해 그 찬반을 둘러싸고 나름대로 신경을 썼다. 그러나 연합국 참가 문제에 대해 진지한 검토를 계속하던 미국이나 영국도 병합의 비합법성이나 통치의 부당성을 평화조약 조문에서 직접 반영하도록 한국이 제기하고 있다는 인식을 가지고 있었다는 기록은 단 한 번도 확인할 수 없다. 이런 의미에서 배상 문제와 관련해 카이로선언 등에서 '비인도성이나 비합법성이 전 세계에 선포되었다'고 한때 제기한 그 주장은 바로 배상 취득 요구의 근거를 확보하기 위해[40] '잠시' 거론되었을 뿐, 그것이 전후 한반도 독립의 성격을 확정하는 평화조약 기초에 즈음하여 의미 있는 개념으로 작용한 일은 사실상 전혀 없었다고 판단해도 무방하다. 실제 평화조약 기초 과정에서 배상 권리를 끈질기게 요구한 한국정부 역시 그것을 단지 연합국에 참가하고 실현하는 문제로서만 제기했다. 즉, 일본과의 역사적인 관계의 차이에 입각하면서 다른 연합국들과 달리 대일 배상을

---

40) 다만 이는 결코 병합의 비합법성이나 통치의 부당성에 기초하면서 식민지 통치 기간 중의 전반에 걸친 배상을 요구하기 위한 근거로 활용된 것이 아닌 점에는 주의가 필요하다. 이미 상세히 밝혔으나 『대일배상요구조서』는 지금이나 지은, 그리고 문화재 같은 현물을 제외하면 1937년에 발발한 중일전쟁 이후에 발생한 '반환적'인 성격을 지닌 것에만 그 요구를 한정했다. 이에 관해서는 장박진, 앞의 책, 2014, 제2장에서 논했다. 즉 한국정부는 비록 병합과 통치가 비인도적이고 비합법이라고 강조했으나 그들은 실제 그 입장에 서면서 1910년부터 1945년까지의 피해 보상을 포괄적으로 요구하기 위한 근거로서 내세워졌다기보다 『대일배상요구조서』에 담은 대일 요구가 정당한 것이라는 점을 강조하기 위해 활용된 정도로 평가함이 타당하다.

1910년부터 시작된 비합법적이고 부당한 식민지 지배에서 기인한 권리의 문제로 제기한 일은 없었던 것이다.

이렇듯 일본이 '제한(축소)해석' 원칙을 원용하면서 전후에도 한반도에 대한 일본의 주권이 존속한다는 입장을 굳힘으로써, 또한 미국 역시 군정 통치 실시 등을 통해 주권의 소재를 애매하게 함으로써, 결과적으로 미·일 두 나라가 모두 병합의 합법성을 다시금 확정해 나간 무렵, 그에 적절히 대응해야만 했던 한국 사회 역시 이 문제를 소홀히 다루었을 뿐이었다.

3 미·영의 초기 평화조약 구상과 대응

1) 미국의 평화조약 초기 초안 기초와 한반도 독립 조항

비록 형식적으로는 연합국이었으나 전쟁의 종결 구도 속에서 일본에 대한 점령 정책을 주도하고 패전국 일본의 향후의 방향성을 실질적으로 결정한 것은 물론 미국이었다. 대독전의 주역이었다고 한들, 소련은 종전 불과 1주 전에 대일 참전했을 뿐이었다. 중국이나 영국 역시 미국의 지원을 받으면서 겨우 대일전을 수행한 상황이었다. 더구나 나치스의 공격으로 인해 파괴된 국토의 부흥이나 유럽 문제의 처리, 그리고 식민지 지역의 독립 문제 등을 안게 된 영국에게는 일본의 문제에까지 전면적으로 관여할 여유도 힘도 없었다. 중국은 그 후 국공 내전에 돌입했다. 또한 그 후 국제사회의 추세를 결정한 것은 주지의 동서냉전이었다. 미국은 이로 인해 당초의 점령 목적을 넘어, 전략적으로 일본에 대한 관여의 필요성을 높여 갔다. 이렇게 하여 대일전의 처리를 법적으로 결정하는 평화조약은 사실상 그 귀추를 미국이 전적으로 장악하는 가운데 기초되게 되었다.

평화조약에 대한 미국정부 내부의 준비 작업이 가동하기 시작한 것은 1946년 여름쯤부터였다. 번스 국무장관 등의 요청으로 인해 평화조약 기초에 관한 토의를 위한 소위원회가 8월부터 약 3개월간 개최되었다. 결국 이 위원회는 이하 1947년 1월의 초고 작성쯤까지 활동했다. 펜필드(James K. Penfield) 국무장관대리(State-Acting)를 의장으로 한 이 소위원회에는 보튼 등이 참여한 것이 확인된다.[41] 즉 전쟁 중, 동아시아에 대한 전후계획의 입안에 절대적인 영향을 준 인물이 전후 질서를 결정하는 평화조약 기초에도 계속 관여한 것이었다.

시기가 거의 일치하므로 상기 소위원회에서의 3개월간의 토의 결과 정리된 것으로 추측되나 국무성은 1946년 10월 "대일평화조약"이라는 문서를 작성했다. 그것은 아직 조문 자체를 포괄적으로 구체화한 것은 아니었으나 평화조약에 담을 의제들을 나열하는 등, 조약 체계의 뼈대를 처음으로 구체적으로 구성했다.[42] 그 의제들은 영토 조항, 할양 지역(ceded territories)에 관한 조항, 정치 조항, 전쟁 범죄인, 기타 등, 서문과 부속 부분을 제외하고 11개항에 이르렀다. 그중 영토 문제는 첫째 조항으로서 다루어졌다. 그 조항은 먼저 일본의 주권이 미칠 지역적 제한을 명시하는 방침을 정한 후, 타이완, 남사할린 등과 함께 한반도(Korea)를 전 일본제국의 잔여로서 처분(disposition of the remainder of the former

---

41) "MEMORANDUM: Drafting the Peace Treaty for Japan", *Records of the Office of Northeast Asian Affairs, Relating to the Treaty of Peace with Japan: Subject File, 1945-51(Lot File 56 D 527)/ Records of the Office of the Historian Japanese Peace and Security Treaties, 1946-1952(Lot File 78 D 173)*, YF-A10, Box no.4, Folder no.2, Reel no.11(Background Papers for US Policy re Japanese Peace Treaty)(일본국회 도서관 헌정자료실 소장 기호), rp.181. 이하 이 자료는 소장 기호만 표기한다.

42) "Peace Treaty with Japan", YF-A10, Box no.1, Folder no.15, Reel no.1(Drafts of Treaty(Ruth Bacon), rpp.466~479. 문서 작성 날짜의 인쇄 상태가 좋지 않아, '1945년'의 가능성도 있을 수 있으나 '1945년 10월'은 시기적으로 너무 이르다고 생각되는 점, 그리고 본론에서 언급한 바와 평화조약 기초를 위한 소위원회가 1946년 여름쯤부터 가동한 상황을 고려할 때 '1946년'이 맞는 것으로 보인다.

Japanese Empire)할 지역으로 분류했다. 그 문서는 그 '전 일본제국의 잔여'가 무엇을 뜻하는 것인지, 직접 설명하고 있지는 않다. 그러나 타이완은 청일전쟁 후 1895년의 청일강화조약으로, 또한 남사할린은 러일전쟁 후의 1905년 포츠머스조약으로 인해 각각 정식으로 일본 영토로 할양된 지역이었다. 즉 이들 지역은 주권국가 간의 전쟁 결과 조약을 통해 정식으로 일본에게 이전된 영토인 만큼 그 할양은 국제적으로 인정받는 법적 효력을 가졌다.

따라서 그들 할양 지역에 타이완 등이 포함되고 있는 점으로 미루어 그 '전 일본제국의 잔여'가 과거 어떤 계기로 인해 일본에 속한 것이 합법적으로 확정된 지역을 뜻했음은 틀림없다. 그리고 한반도는 바로 이 범주에 들어가 있었던 것이었다. 따라서 평화조약을 구상하기 시작한 국무성이 한반도를 그들 지역과 같이 취급하려 했다는 사실은 전후처리에 즈음하여 미국이 당초부터 한반도를 병합조약으로 인해 합법적으로 일본제국에 편입된 지역으로 다룰 구상을 전제로 했었음을 뜻했다. 카이로선언이 말한 '노예 상태' 등은 평화조약 구상 당초부터 적어도 병합의 합법성을 부정하는 근거 등으로 인식되는 일은 전혀 없었다.

문제는 그것뿐만도 아니다. 기본적으로 '뼈대'만을 구상한 그 문서도 한반도 문제가 직접 관련되는 '할양 지역에 관한 조항'에서는 비교적 자세한 조약 조문을 이미 작성했었다. 그 조문은 일본과 할양 지역 간의 재산 처리 문제 등을 주로 다루었으나 그 가운데 그 조문은 할양 지역에 대해 새롭게 주권을 갖게 되는 국가를 단지 '계승국가(successor state)'라고 호칭하면서 그 계승국가가 자국 국민과 같이 일본 국민 개인의 재산을 존중할 것을 명했다.[43] 즉 그것은 할양 지역을 '대일 피해국가'로 인정하고 그 경제적 처리의 실시에 즈음하여서는 일본에게만 지불을 요구하는 등의 비대칭적인 관계를 설정하지 않았다. 무엇보다 이

---

43) 이에 관해서는 장박진, 앞의 책, 2014, 209~212쪽에서 보다 자세히 논했다.

는 이미 실제 남한에서 진행되던 일본인 재산에 대한 사실상의 몰수 조치와도 어긋나는 내용이었다.

전후 미국이 군정 통치를 실시한 남한에서는 1945년 12월 6일의 군정법령 33호로 인해 남한에 존재한 일본인 재산을 미군정이 취득(vest)하고 그것을 향후 처분하도록 하는 조치가 이미 취해졌었다.[44] 그럼에도 그 조문은 실제 미군정이 취한 그런 조치를 인식하지도 않고 일본 국민 개인의 재산을 존중할 것을 정한 것이었다. 워싱턴에 있는 국무성 본성에서 평화조약의 내용을 구상하기 시작한 실무자들에게는 적어도 당초는 역사 속에서 형성된 현지 특유의 상황을 고려하는 것보다 사유 재산의 보호 등, 보편적으로 준수해야 할 일반 원칙이 우선적인 과제였을 것이다. 그런 그들에게 한반도 역시 과거 일본에 의해 '노예 상태'에 두어진 대일 '피해국'으로서 처리하는 것보다 그 경제적 처리의 문제에 즈음하여서는 일반 원칙에 준하는 것이 마땅했다. 다시 말해 그들에게 카이로선언은 전후처리에 즈음하여 그것을 한반도 병합의 비합법성이나 통치의 부당성을 전제로 진행할 것을 구속한 법적, 정치적인 원칙을 확정한 것 등의 존재가 전혀 아니었다.

1947년 1월, 상기한 소위원회는 평화조약 중의 영토 조항의 내용을 보다 구체화시켰다.[45] 그 조항을 집필한 것은 전후 대일 점령 통치와 평화조약 기초에 깊이 관여한 피어리였다. 피어리가 작성한 그 영토 조항은 전후의 일본 영토를 1894년 1월 1일 시점에서 이미 일본 영토였던 지역에 한정한다는 방침을 정했다. 일본의 영토를 1894년 1월 1일 시점

---

44) 물론 군정법령 33호는 단지 그 시점에서 재한일본인 재산을 미군정의 관리 하에 둔 것이며 최종적인 처분 방침까지 정식으로 결정한 것은 아니었다. 그러나 그것이 사실상 향후 일본의 배상 지불에 충당할 것을 염두에 두면서 취해진 조치였음은 주지의 사실이다.

45) "Draft: Part One-Territorial Clauses", YF-A10, Box no.1, Folder no.15, Reel no.1(Drafts of Treaty(Ruth Bacon)) rpp.441~442.

에 한정하는 이유를 그 초안은 직접 밝히지 않았다. 그러나 영토 문제
와 관련해 '1894년'이 가지는 의미는 그해에 발발한 청일전쟁을 상기한
것으로 봐도 문제없을 것이다.[46] 즉 '1894년'은 전후 일본 영토의 범위
확정 기준과 관련해 특히 중국의 권리를 의식하면서 타이완의 소속 변
경까지 포함하도록 하는 방침을 정한 것이었음이 틀림없을 것이다. 그
러나 비록 직접적으로는 중국 관련 영토를 의식한들, 그 시점이 일본의
영토 여부를 결정하는 일반적인 분기점으로 정해진 이상, 그것은 전후
일본의 영토로서 그대로 존속할 것인가를 가리는 시점을 청일전쟁 이전
과 이후에 둘 것을 구상한 것이었다.

  이 구상은 물론 전후 느닷없이 나온 것은 아니었다. 제1장에서 검토
한 바와 같이 국무성 내에서 조직되던 정치소위원회는 전후계획과 관련
해 이미 전후 일본의 영토 제한의 분기점을 '1894년'으로 할 것을 거론
했었다. 그러나 전후 영토의 귀속을 정식으로 결정하는 평화조약 초안
에서 그 시점이 다시금 확인된 의미는 더욱더 컸다. 물론 이는 1910년
에 정식으로 병합당한 한반도 역시 일본의 영토에서 제외될 것을 확정
하는 원칙이 되기 때문이었다. 실제 1947년 1월 초안에 담긴 영토 조항
은 한반도를 독립하게 할 것을 천명했다. 그러나 그 초안 제4조에서 규
정된 한반도 독립 조항은 애초부터 역설을 내포한 것이었다. 제4조는
한반도 관련 조항을 다음과 같이 규정했다.[47]

---

46) 단 청일전쟁은 1894년 7월에 개전되었으므로 단순히 전쟁 발발 날짜에 맞
  춘 것은 아니라고 풀이된다.
47) 이 초안도 포함해 평화조약 한반도 독립 조항에서는 이 장 벽두에서 제시한
  최종 조문처럼 한반도와 더불어 제주도 등의 부속 도서들도 명기될 경우가
  많다. 그러나 이 글은 독도 문제 등 한반도에 부속되는 도서들의 귀속 문제
  를 주제로 하는 것이 아니므로 이하 문맥상 그들 부속 도서의 존재를 따로
  언급할 경우를 제외하고 편의상 그들 도서도 포함해 단지 '한반도' 등으로
  만 표기한다. 이에 따라 각 초안에서 그 부속 도서의 표기 내용이나 형식에
  변화가 생겨도 그것은 다루지 않는다.

Japan hereby renounces all rights and titles to Korea(일본은 이로써 한반도에 대한 모든 권리, 권원을 포기한다).

즉 한반도의 독립을 법적으로 확정하려 한 그 제4조는 일본이 한반도에 대한 모든 권리, 권원을 포기한다고만 기초했다. 이것은 물론 직접 병합의 합법성을 규정한 것은 아니었다. 그러나 한반도 독립에 즈음하여 일본이 한반도에 대한 권리 등을 일절 포기한다고 규정한 그 조문은 합법적인 병합에 따라 일본이 한반도에 대한 주권을 정식으로 가지고 있었음을 전제로 한 것이었다.[48] 강조할 필요도 없이 병합이 원천 무효였으면 조약을 통해 일본이 포기해야 할 권리 등은 애초 존재하지 않았다. 혹시 상기 조문이 병합의 비합법성을 전제로 두면서도 단지 실제 일본이 한반도를 지배해 왔다는 과거의 경위에 비추어 전후 일본이 다시 한반도에 대한 권리 등을 제기할 것을 막는 필요가 있다는 판단으로 규정되었다면 조문은 달리 꾸며지는 것이 마땅했다. 예를 들어 '일본의 한반도 지배가 강제로 인한 법적 근거를 결여한 것으로 아무런 권리도 애초 존재하지 않는다'는 등의 취지를 조문에서 규정하는 것이 타당했다. 혹은 예컨대 전시 중 일본이 군사점령하에 둔 필리핀의 해방에 관한 규정이 평화조약에서 규정되지 않았듯이 한반도의 독립에 관해서도 아무런 규정도 두지 않는 방안도 생각할 수 있었다. 그럼에도 미국은 일본에게 한반도에 대한 권리 등을 일부러 포기하도록 규정한 것이었다. 이 초안이 구상된 1947년 1월, 미국은 일본에 대해 아직 비교적 엄격한 전후처리를 진행할 구상을 완전히 전환한 것은 아니었다. 그럼에도 '노예 상태'임에 유의하여 한반도를 독립하도록 한 미국 자신이 사실상 병합의 합법성을 전제로 조문을 꾸며 나갈 것을 당연시했었던 것

48) 조문은 직접 '주권'을 포기한다고 규정하지 않고 모든 '권리', '권원'을 포기한다고 표현하고 있으나 이는 베르사유조약 등 조약 표기의 관례를 따른 것에 불과하며 사실상 '주권'을 대신하는 뜻으로 표현한 것이었음은 틀림없다.

이다.

물론 이러한 조문이 일부러 삽입된 그 까닭은 전후 생긴 특유의 논리 탓이 아니었다. 이 징후는 병합의 합법성을 자명하게 여기던 전시 중의 전후계획이나 종전 전후에 한반도에 대한 주권의 소재 문제를 둘러싸고 국무성 내부에서 진행된 논의 과정에서 이미 드러났었다. 제3장에서 고찰한 바와 같이 카이로선언 선포 이후 항복문서 조인까지 한반도 독립과 관련된 중요한 절차들에는 종전 후 즉시 일본의 주권이 종료될 것을 천명하는 명확한 관련 규정이 없었다. 이에 따라 일본이 한반도에 대한 주권을 정식으로 보유하고 있음을 전제로 하던 국무성에게는 종전 후 한반도에 대한 일본의 주권 존속 여부가 불투명해졌었다. 이로 인해 국무성은 신탁통치 실시를 위해 한때 천황에게 한반도에 대한 주권 포기를 선언하게 하는 방안을 구상하는 등, 한반도에 대한 주권 포기를 천명하게 하려고도 했었다.

결국 그런 방안 자체는 관련 논의 과정에서 그 필요가 없다고 기각되었다. 그러나 국무성 관계자는 오히려 그로 인해 전후도 한반도에 대한 일본의 주권이 존속된다는 논리가 설립될 여지를 우려하게 되었다. 그에 따라 국무성은 최종적인 주권 포기 문제를 평화조약에서 확정할 필요성을 지적했다. 바로 1947년 1월에 구체화된 상기 조항은 한반도에 대한 일본의 주권 보유 여부를 둘러싸고 여전히 생길 수 있는 논란의 여지를 최종적으로 차단해야 한다는 문제의식을 반영한 결과였음은 틀림없다. 그러나 한반도 독립을 완성하기 위해 짜인 그 조문은 동시에 병합의 합법성은 물론, 항복 전, 그리고 그 후까지도 적어도 법적으로는 한반도에 대한 주권을 일본이 정식으로 보유하고 있다는 해석을 뒷받침하는 것이었다.

평화조약까지 한반도에 대한 주권은 일본에 남고 한국인에게 돌아가는 것은 아니라는 국무성의 인식은 상기 표현에만 나타난 것도 아니었다. 그 초안은 제2조, 제3조에서 타이완, 남사할린 등의 이양 문제를 각각 다루었다. 그러나 그 조항들은 타이완이나 남사할린의 할양 규정과 관련해서 '완전한 주권을 가지는(in full sovereignty)' 중국, 소련에 대해 이양한다고 표현했다. 그러나 한반도 독립 문제를 규정한 제4조에서는 그와 같은 표현은 채용되지 않았다. 물론 이런 차이에는 이 초안이 기초된 1947년 1월, 한반도에서는 권리, 권원을 이양받는 주권국가가 아직 존재하지 않는다는 조건이 작용했을 것이다. 그러나 비록 간접적이지만 한국인에게 아직 주권이 없음을 규정한 그런 표현은 일본이 한반도에 대한 권리, 권원을 포기한다는 규정과 맞물려 평화조약까지 한반도에 대한 주권을 가지는 주체가 일본 이외에는 없다는 것을 보다 강화하는 의미를 지녔다. 의도를 막론하고 국무성은 관련 조문에서 중국이나 소련 관계의 규정과 표현에 차별화를 도모하면서 전후도 평화조약까지 한국인에게는 주권이 없음을 일부러 들춰낸 것이었다.

한반도에 대한 권리, 권원을 포기한다고 하는 표현 형식은 그 후도 기본적으로 유지되었다. 조문 자체에는 날짜 표기가 없음에 따라 정확한 작성 시기는 불명이나 1947년 봄쯤 작성된 것으로 추측되는[49] 보다 체계화된 평화조약 초안 역시 그 점에서 차이는 없었다. 그 초안은 비록 제1조 일본의 영토 규정 조항과 관련해서는 오키나와에 포함되는 지역에 일부 수정을 가하는 등 약간 변화가 일어났다. 그러나 한반도 독립 조항에 관해서는 상기 1월 초안의 제4조를 그대로 유지했다.[50]

---

49) 봄쯤에 작성되었다는 근거는 초안 앞에 이것을 3월 19일자로 앳치슨 대사에게 보낸다는 다른 기록이 있기 때문이다.

50) "PEACE TREATY WITH JAPAN", YF-A10, Box no.1, Folder no.15, Reel no.1(Drafts of Treaty(Ruth Bacon)), pp.3~4(이 쪽수는 "PEACE TREATY WITH JAPAN" 안에 수록되고 있는 조약 초안 중의 'preamble'을 기준으로 했음).

2) 전후 한반도의 지위와 독립 문제에 대한 영국의 입장

미국을 제외하면 평화조약 기초에 유일하게 일정한 영향력을 행사하게 된 영국 역시 한반도 주권 문제에 관한 인식에 관해서는 사실상 미국과 완전히 일치했다. 1946년 영국은 전후 한반도 주권 문제에 관해 주목할 만한 인식을 내부적으로 잇달아 피력했다.

1월 사이공 재류의 한국인이나 타이완 주민의 취급 문제와 관련해 영국정부는 한반도나 타이완이 아직 일본의 주권하에 있으며 따라서 엄격한 실무적인 지위(strictly-technical status)로서는 한반도나 타이완은 적국 영토라고 하면서 주민 역시 일본인(Japanese citizens)으로 간주할 것을 명했다.[51] 이어, 같은 해 여름, 영국 외무성은 한반도에 재류한 영국의 외교사절의 법적 성격과 관련해 한반도의 주권 문제를 보다 천명했다. 6월 17일 정치 분야에 과한 연락조정관(political liaison officer)으로서 당시 서울에 재류하던 커모드(Derwent W. Kermode)는 자신의 지위에 관해 본국 외무성에 문의했다. 그 내용은 자신이 임무를 수행하는 데 도쿄에 소재하는 영국의 연락사무소장의 감독을 받게 될 것인가, 또는 독립된 존재로서 직접 본국 외무성과 연락하게 될 것인가, 하는 것이었다. 물론 이 문의는 한반도에서의 업무를 일본에 대한 외교 업무 속에 포함할 것인가를 확인하는 것이어서, 전후의 한반도와 일본의 법적 관계를 다시금 확정하는 의미를 저절로 지녔다.

이 문의에 대해 7월 영국 외무성은 비록 한국인에게 상처를 주지 않도록 하는 배려의 의미에서 한반도를 독립된 것으로 간주하는 것에는 이해를 보이면서도 법적으로는 정반대의 지시를 내렸다. 즉 영국 외무성은 비록 카이로선언이 한반도를 적당한 시점에 독립하게 할 것을 성명했으나 이는 법적으로 한반도 독립을 안겨 준(confer) 것은 아니며 평

---

51) "untitled", F448/199/23, "Status of Korean and Formosan residents in Saigon", YD-127, 1946, Reel no.28, rpp.12~14.

화조약 또는 기타 외교적 절차에 따라 일본의 지위(Japanese status)에서 벗어나기까지는 한반도는 일본이 소유(possession)하고 있으므로 현재로서는 커모드 역시 총영사(Consul-General)의 지위에 머무른다는 답신을 보냈다.52) 즉 한반도에서의 '외교' 업무는 아직 도쿄에 설치된 영국의 외교사절에 종속하고 그 감독을 받는 영사 기능에 그친다는 것을 천명한 것이었다.

또한 9월 영국 외무성은 1940년에 적국과의 무역 규제를 정한 조항 적용 문제와 관련해 한반도가 1910년에 병합되고 대일본제국의 일부가 되었으며, 당시 어떤 국가도 그에 이의를 제기하지 않았으므로 병합이 국제적으로 승인된 것이 일반적으로 합의되어 있었다고 적으면서 한반도가 동 무역 규제 제7항에 해당하는 적국 영토라고 분류했다. 외무성은 그 답신에서도 다시금 카이로선언이나 포츠담선언을 언급했다. 그러나 외무성은 그들 선언이 결코 주권상의 변화를 가져온 것이 아니라고 하면서 그 변화는 오직 그 영토로부터 일본의 지위를 지우는 조약이나 기타 외교적 절차에서만 가능하다는 인식을 드러냈다.53) 영국 외무성은 평화조약 같은 영토 처리 절차가 따로 취해지기까지 법적으로는 한반도가 일본 본토와 마찬가지로 연합국의 점령을 당하고 있는 적국 영토임을 강조한 것이었다.

이와 같이 포츠담선언에 의해 한반도에 대한 일본의 주권이 미치지 않게 되었으며 따라서 비록 각종 영향을 고려해 그 입장을 표면화하는 것은 피했으나 일본 항복으로 인하여 한반도에 대한 일본의 주권이 일단 종료되었다는 입장을 내부적으로 정리한 국무성과 비교해도 영국정부의 입장은 보다 원칙적이었다. 영국은 병합의 합법성을 시인하는 입

52) 커모드의 문의, 및 외무성 답신은 각각 "untitled", F10774/198/23, "Korea: status of Post at Seoul", YD-127, 1946, Reel no.28, rpp.96~98.

53) F12678/199/23, "Status of Korea and Formosa with reference to Defence Regulations 1940", YD-127, 1946, Reel no.28, rpp.113~116.

장에서 한반도에 대한 일본의 주권 상실은 평화조약 혹은 그와 유사한 절차를 통해 비로소 확정될 문제이며 그때까지 한반도는 일본의 영토라는 공식적인 입장을 천명하고 있었다.

1947년 봄 이후 미·영 안에서는 각각 평화조약에 대한 보다 본격적인 움직임이 가동하기 시작했다. 평화회의가 가까운 장래 열릴 가능성을 염두에 두면서 초고를 완성하기까지 계속 활동을 유진한다는 목표로 국무성 내에서는 평화조약 기초와 관련된 작업반(working group)이 5월 설치되었다. 이 작업반의 의장을 맡은 것은 보튼이었다. 기록은 그 작업이 27일부터 활동을 개시하고 일단 8월 초 초고를 완성했음을 가리키고 있다. 또한 이 초안은 육해군 관계자나 일본 점령의 책임자 맥아더에게도 배포되고 의견 청취를 받았다.54)

이러한 미국의 움직임에 보조를 맞추듯이 영국에서도 5월 평화조약 초고의 준비와 관련된 몇 가지 급한 문제를 연구하기 위해 영국 외무성 내에 설치되던 극동회의(Far Eastern Committee)에 의한 작업반이 가동했다. 그 조직의 출범에 즈음하여 영국 외무성은 배상 문제 등 전체 16개의 과제를 제시했다. 그 가운데 한반도 독립 문제도 포함된 영토 문제는 제1과제로 지정되었다.55) 이러한 연구 착수와 관련된 것으로 보이나 6월 영국 외무성은 호주, 뉴질랜드의 의견 청취를 진행했다. 영연방 국가 중 특히 호주, 뉴질랜드를 중요시한 것은 그들 국가가 지정학적으로 평화조약에 중대한 이해관계를 가지고 있음을 인식한 결과였다. 양국의 의견을 청취한 영토 문제에는 한반도 문제도 포함되었다. 그러나 호주나 뉴질랜드가 제기한 의견은 모두 한반도에 대한 신탁통치 실시에 관한 것뿐이었다.56) 같은 '식민지'적인 성격을 띤 역사를 가진 두 나라

---

54) "Drafting the Peace Treaty for Japan", YF-A10, Box no.4, Folder no.2, Reel no.11(Background Papers for US Policy re Japanese Peace Treaty), rpp.181~182.
55) "untitled", F5986/1382/23, "Working Party on the Japanese Peace Treaty", YD-127, 1947, Reel no.24, rp.6; rpp.14~16.

역시 카이로선언 등의 내용에 주목하면서 '광복성 여부'의 확정 문제가 애매하다는 점을 문제시하면서 한반도 독립의 성격을 '광복'으로 보다 천명하도록 문제 제기하는 등의 일은 없었다.

8월 26일부터 9월 2일까지 영연방은 평화조약 기초를 전망하면서 영연방 내의 의견 표명과 그 조정을 진행하기 위해 호주의 수도 캔버라에서 회의를 개최했다. 이는 미국이 주도하는 평화회의에 대해 영연방으로서의 일정한 영향력을 확보하기 위한 사전회의였다. 영국은 이 회의 개최에 즈음하여 "대일평화조약의 영토, 정치 및 일반 조항"이라는 문서를 제출했다. 그 문서 중, 향후 기초할 영토 조항과 관련해 영국은 그 목적이 포츠담선언 제8항이 규정한 일본에게 남길 제소도의 범의를 결정할 것이라고 정리했다. 이와 관련해 영국은 그 결정이 결국 전략적으로 이루어질 것임을 지적하면서 평화회의에 임하는 영국의 목적이 극동과 태평양 지역에서의 영연방의 영토를 방위하는 것이라고 천명했다.[57] 물론 영토 문제 처리가 '전략적'으로 이루어지고 따라서 영연방의 영토적 이익을 방위하는 것이 평화조약의 목적이 된 영국에게 '광복성 여부' 등, 한반도 독립의 성격 문제를 새삼 따질 필요는 어디에도 없었다. 아니, 그 이전에 향후의 영토 처리 문제가 포츠담선언 제8항이 규정한 일본에게 남길 제소도의 범의를 결정할 것이라고만 인식한 영국에게 카이로선언 등으로 인해 일단 그 독립이 결정되었었던 한반도 독립 문제

---

56) "POSSIBLE DOMINION DESIDERATA FOR INCLUSION IN THE JAPANESE PEACE TREATY: Memorandum by the Dominions Office", F8026/1382/23, "Draft Peace Treaty with Japan", YD-127, 1947, Reel no.24, pp.6~7. 기타 캐나다, 남아프리카공화국도 4개국에 의한 신탁통치안에 찬성했다는 기록도 있다.

57) "Territorial, Political and General Clauses of the Treaty of Peace with Japan: Memorandum by the United Kingdom Delegation", F12422/1382/23, "Documents submitted by the United Kingdom Delegation to the British Commonwealth Conference Canberra", YD-127, 1947, Reel no.26, rpp.21~22.

따위는 캔버라회의에서 새삼 다루는 문제가 아니었다. 실제 영국이 캔버라회의에 제출한 그 문서는 향후 결정하는 제소도와 관련해 한반도와 일본 간에 존재하는 작은 도서(島嶼)의 존재에 대해서는 언급했다. 특히 이와 관련해 영국정부가 그 문서에서 한일 간에 존재하는 도서도 포함해 향후 주권 다툼이 생기지 않도록 주의 깊게 초고를 만들 필요가 있다고 지적한 점은 현재 독도 문제를 생각해도 주목할 만했다. 그러나 한반도 독립 문제 자체에 눈을 돌리는 일은 없었다.

캔버라회의의 결과를 바탕으로 영국 외무성은 미국에게 제출하기 위한 보다 일반적인 방침을 정리했다. "일본과의 해결에서의 연합왕국 정부의 일반적 목적"이라고 지어진 그 방침 중의 부속 A 문서로서 정리된 '연합국의 정책' 속에서 영국은 일본과의 문제 해결과 관련된 연합국 간의 합의를 지지해 왔다고 지적하면서 그 대상으로 카이로, 포츠담 양 선언을 거론했다.58) 이 시기 영국은 아직 평화조약 초안 자체를 작성한 기록이 없으므로 이들 원칙 아래서 어떤 조문을 생각하고 있었는지 자체는 구체적으로 알 수 없다.

그러나 특히 카이로선언은 전후처리와 관련해 사실상 영토 처분에 관한 원칙을 정한 것이었다. 그러니만큼 그 선언을 지지한다고 확인한 영국 역시 평화조약 체결에 즈음하여 '한국인의 노예 상태에 유의하면서 적당한 시점에 자유 및 독립하게 한다'는 원칙을 다시 확인한 셈이었다. 그러나 다시금 그것을 확인한 영국이 그 조문을 '광복성 여부'의 문제와 연결하려 한 흔적은 전혀 없었다. 실제 이 방침에 따라 미국에게 따로 제시한 영토 관련 각서는 영국이 캔버라회의에 제시한 상기

---

58) ANNEX A "General Aims of His Majesty's Government in the United Kingdom in the Settlement with Japan: Memorandum by the United Kingdom Delegation", F12845/1382/23, "General Aims of His Majesty's Government in the United Kingdom in the Settlement with Japan(approach to the United States Government)", YD-127, 1947, Reel no.26, p.1.

"대일평화조약의 영토, 정치 및 일반 조항"의 어구를 일부 수정한 것에 불과했다.59) 물론 그런 어구 수정 속에 한반도 독립 문제가 추가되는 일은 없었으며 그에 따라 당연히 독립의 성격 문제가 거론되는 일도 없었다. 다시 말해 병합이 합법적으로 이루어졌다고 인식하던 영국 등에게 카이로선언 등의 확인은 평화조약에서 한반도를 일본의 주권하에서 벗어나게 하는 것 이상의 의미는 없었다. 더구나 그 독립 방침이 이미 확정되어 있었던 이상, 영국정부로서는 적어도 그 시점에서 일부러 미국에게 그것을 다시 '문제'로서 제기할 필요는 전혀 없었다.

　다만 영국에게 한반도를 일본의 주권하에서 벗어나게 하는 그 주체는 대일 전승국인 연합국이어야 하며 한국이 직접 참가하는 문제가 아니었다. 실제 영국은 대일 교전국임을 인정하는 것을 직접 요구한 것도 아니라 단지 '복잡다단한' 관계만을 내세워 평화회의로의 참석 허락만을 요청한 상기 입법의원의 탄원에도 부정적인 견해를 드러냈다. 영국은 10월 4일 미국 등이 옵서버(observer)로서 한국을 참가하게 하는 것을 결정한다면 그에는 반대하지 않을 것임을 보충하면서도 한반도가 독립국가가 아니었다는 이유로 평화회의에는 거의(hardly) 참석하지 못한다는 것이 영국의 입장이라고 강조했다.60) 한국은 평화조약으로 인해 비로소 주권을 가지게 된다는 입장을 취한 영국에게 한반도 독립이라고 함은 연합국이 주도하는 형식이 되어야 했으며 주권도 없는 한국을 평화회의에 참석하게 하고 직접 그것을 일본에게 요구하도록 하는 것은 논리적으로 어불성설이었다.

---

59) F12846/1382/23, "Territorial, Political and General Clauses of the Treaty of Peace with Japan: approach to the United States Government", YD-127, 1947, Reel no.26, rpp.103~106. 기록은 그 각서를 미국에게 제출하는 것은 그 문서의 내용을 검토한 캔버라회의의 동의를 얻어서의 일이었다고 적고 있다.

60) "untitled", F13101/1382/23, "Korea request for participation in the forthcoming Japanese Peace Conference", YD-127, 1947, Reel no.26, rp.25.

3) 미국 초안의 체계화와 한반도 독립 조항

캔버라회의의 개최 등, 영연방이 평화조약 기초를 내다보면서 적극적인 움직임을 보이던 가운데 미국 역시 1947년 가을쯤 평화조약 초안을 보다 체계화했다. 11월 7일 정리된 미국 초안은 전 52조로 구성되고 표지 등을 포함해 81쪽에 이르는 대작이었다.

이 11월 7일자 초안은 일본의 영토 제한에 대한 표현 방식을 크게 수정했다. 그 이전의 초안에서는 일본의 영토를 1894년을 기점으로 직접 해당 지역의 지명을 명시하는 방식을 통해 확정하려 했었다. 그러나 11월 7일 초안은 지명으로 인한 확정 방식을 수정하고 일본의 영토를 위도나 경도로 엄격히 확정하는 등, 보다 정확한 표현 방식을 채용하게 되었다. 해당 지역을 직접 명시하는 방식부터 위도나 경도로 범위를 확정하는 이러한 수정이 이 시기 미국 내부에서 이루어진 이유에 관해서는 미국 측 문서는 직접 밝히지 않았다. 그러나 그 의도는 같은 시기 영국 외무성 내부에서 오간 교신 내용에 나타난 것과 같은 것이었다고 봐도 과오는 없을 것이다.

상기 11월 7일의 초안이 만들어진 후의 자료이므로 시기적으로는 반대가 되나 같은 해 12월 영국 외무성 내에서는 영토 조항의 기초와 관련해 그 표현 방식을 수정할 필요성이 제기되고 있었다. 당시 외무성에서 극동 문제를 담당하던 톰린슨(Frank S. Tomlinson)은 법률고문으로서 중국이나 한반도의 조사 업무에 관여하던 피츠모리스(Gerald C. Fitzmaurice)에 대해 영토 조항을 한때 간결하게 기초하려 했으나 현재 그 확신이 없어졌다고 하면서 그 배경을 다음과 같이 설명했다. 즉 포츠담선언은 일본의 영토를 혼슈, 홋카이도, 규슈, 시코쿠, 기타 작은 제소도에 한정할 것을 규정했으나 그 작은 도서들이 너무 많아, 그것을 하나하나 명시하는 것은 실제적이지 않으며 따라서 그 문제에 대한 답은 해역(sea area)을 정의하고 그 해역에 소재하는 모든 도서가 일본의 영토라고 명시하는 방식이

라고 설명했다. 톰린슨은 이와 같이 할 필요성을 밝히면서 그 하나의
사례로서 "일본의 주권은 …… 선(line)에 의해 그어지는(bounded) 지역
내에 있는 모든 도서에 한정된다"고 표현하는 방식을 구상하고 있음을
밝혔다.[61] 해당 지역을 위도나 경도라는 선으로 긋는 표현 방식이 채용
된 미국의 11월 7일 초안의 배경에는 톰린슨이 밝힌 이러한 문제의식이
국무성 내에서도 작용하고 있었을 가능성은 컸을 것이다. 일본 주변의
작은 도서들이 너무 많다는 조건하에서 엄격히 일본의 영토를 확정하려
하는 이상, 해당 지역을 직접 명시하는 방식에 결국 한계가 있다는 것
은 자명한 귀결이었다.

이러한 표현 방식의 큰 수정에 따라 일본의 영토 확정과 연동될 수밖
에 없는 한반도 독립 조항 역시 영향을 받게 되었다. 실제 한반도에 귀
속되는 지역 지정 문제 역시 그 표현 방식이 수정되었다. 11월 7일 초
안은 상기한 봄 초안에서도 이미 직접 명시되어 있었던 제주도, 거문도,
울릉도, 독도 이외에도 기타 지역을 위도나 경도를 구사하면서 추가하
는 등, 보다 엄격히 규정했다. 그러나 영토 지정에 관한 표현 방식에 이
와 같은 눈에 띄는 변화가 일어났음에도 병합의 비합법성 확정에 역행
하는 일본이 한반도에 대한 모든 권리, 권원을 포기한다는 등의 구절은
아무런 수정도 없이 그대로 유지되었다.[62] 즉 비록 영토 처리 조항은
그 범위 지정의 표기 방식에 관해서는 보다 엄격해졌으나 그것은 일본
으로 하여금 평화조약에서 한반도에 대한 주권을 포기하게 한다는 취지
에 대해서는 아무런 영향도 주는 사항이 아니었다.

다만 11월 7일의 초안에서는 그 이전의 초안에서 단순히 단일 개념
으로 묶었던 '할양 지역' 안에 새로운 분류가 생겼다. 그 초안은 '할양

---

61) "untitled", F16378/1382/23, "Territorial clause for the Japanese Peace Treaty",
    YD-127, 1947, Reel no.26, rpp.68~69.
62) "DRAFT: TREATY OF PEACE FOR JAPAN", YF-A10, Box no.1, Folder
    no.15, Reel no.1(Drafts of Treaty(Ruth Bacon)), pp.4~8.

지역에 관련된 조항들'을 비록 독립된 장으로서는 규정하지 않았으나 제8장 기타 경제 조항 중의 제51조로서 다루었다. 그 제51조는 그 이전의 초안에서 단지 '할양 지역'으로만 정의되어 있었던 명칭을 '할양 및 해방된 지역(territory ceded or liberated)'으로 확대했다. 그 제51조는 한반도를 직접 '해방'된 지역으로 지명한 것은 아니다. 또한 제51조는 일본으로부터 분리, 절단될 지역을 왜 '할양'과 '해방' 지역으로 나누어 표기하게 되었는지 설명도 하지 않았다. 그러나 이는 일본으로부터 분리되는 같은 지역이라 할지라도 중국 등 할양 주체가 있는 타이완 등과 한반도와 같이 직접 할양하는 상대가 없는 지역이 섞여 있음을 의식한 표현상의 수정으로 봐도 무방할 것이다. 따라서 할양하는 상대가 없는 한반도가 이 '해방' 지역에 들어가는 것은 틀림없을 것이다.

따라서 혹시 이 추측이 맞으면 조약상 한반도는 단지 '할양'되는 지역이 아니라 '해방'되는 지역이라는 성격이 보다 강화되었다. '해방(liberated)'은 물론 카이로선언에 규정된 'free'라는 단어를 상기하는 개념이며 따라서 이 수정은 한반도가 일본의 강점으로부터 '광복'되는 지역임을 드러내는 조문 변화로 일견 보이기 쉽다.

그러나 가령 한반도가 '해방' 지역에 해당할 것이라는 추측이 맞는다고 한들, 그에는 별다른 정치적인 의미는 없었다. 실제 상기한 바와 같이 이 11월 7일 초안은 '해방' 지역을 추가하면서도 일본이 한반도에 대한 권리, 권원을 포기한다는 표현을 그대로 답습했었다. 즉 일본이 평화조약에서 비로소 포기할 한반도에 대한 주권을 아직 보유하고 있다는 취지에 관해서는 아무런 수정도 가하지 않았다. 이는 물론 11월 7일 초안에 추가된 '해방'이 병합의 비합법성을 전제로 아무런 법적 효력도 없는 강점으로부터의 '광복'으로서 독립이 이루어진다는 성격을 천명하기 위한 보완이었다는 등과 전혀 무관함을 시사하는 대목이었다.[63)]

---

63) 또한 이러한 법적 문제와는 전혀 관계없는 이야기나 이 11월 7일 초안은

또한 이 '해방'의 추가는 부당한 통치로부터의 '광복'이라는 의미를 담은 것도 아니었다. 이 점은 '해방'이 추가된 11월 7일자 초안과 그 이전의 초안 사이에서 대일 경제적 처리에 관해 한반도가 가지는 권리에 별다른 차이가 나지 않았다는 점에서 엿볼 수 있다.64) '해방'의 추가는 한반도에 대해 대일 피해국으로서의 성격을 추가하기 위한 수정도 아니었던 것이다. 이러한 점들을 고려한다면 11월 7일자 초안에 일어난 '할양 지역'과 '해방된 지역'의 구별은 할양 주체가 있는 대상 지역과 그 주체가 없는 한반도와 같은 존재를 구별하기 위한 표현상의 수식에 불과했음은 틀림없다.

1948년 국무성은 1월 8일자로 다시금 평화조약 초안을 정리했다. 이 1월 8일 초안에서는 제1조 일본의 영토 규정에 관해 상기 1947년 11월 7일 초안에서 일본 영토에 포함되었었던 구나시리(國後), 에토로후(擇捉)가 다시 검토 대상으로 되는 등, 눈에 띄는 변화가 일부 일어났다. 그러나 한반도의 독립 문제를 규정한 제4조에 관해서는 상기 11월 7일 초안과 사실상 같았다. 유일한 차이는 1월 8일 초안이 일본이 한반도에 대한 모든 권리, 권원을 포기한다는 구절에 11월 7일 초안에 없었던 '한국인을 위해(in favor of Korean People)'라는 어구를 삽입한 점이었다.65)

이 '한국인을 위해'라는 어구가 달린 것은 단지 권리, 권원을 포기한다고만 할 경우에 생길 일종의 '공백'을 의식한 흔적으로 보인다. 즉 단지 일본이 주권을 포기한다고만 규정할 경우에는 그 후 주권이 누구에

그 이전에는 단지 'Korea'로만 표기하던 그 단어 뒤에 일부러 괄호를 달아 'Chosen'을 보충하고 있다. 'Chosen'은 일제강점기 한반도에 대한 호칭으로 일본이 사용하던 '조선'의 일본어 발음이었다. 이는 미국이 초안을 체계화하는 가운데 한반도 처리 문제를 한국어가 아니라 일본어 관계 자료를 구사하면서 구상하고 있었음을 느끼게 하는 대목이다.

64) 이 점에 관해서는 장박진, 앞의 책, 2014, 213~216쪽.

65) "untitled", YF-10, Box no.4, Folder no.1, Reel no.11(Treaty Draft of 8 Jan 1948), pp.1~4(이 쪽수는 초안 중의 제1장 Territorial clauses를 기준으로 했음).

게 귀속될지는 적어도 조약상은 정해지지 않았다. 이 규정은 바로 '한국인을 위해'라는 어구를 추가함으로써 일본이 포기한 그 주권이 사실상 한국인이 건국할 국가에게 돌아갈 것을 시사한 것이었다. 다만 한반도가 다른 주체에 할양되는 지역이 아니라 한국인에 의해 신국가가 건설될 지역이라는 점은 카이로선언 이후 확립된 기정사실이었다. 따라서 이 가필은 사실에 대한 방침 변경을 가한 것이 아니라 사실 관계에 보다 맞는 조약상의 수정을 도모한 것에 불과했다. 물론 비록 새롭게 '한국인을 위해'라는 어구를 달았다 하더라도 1월 8일 초안 역시 일본이 한반도에 대해서 포기하는 주권을 가지고 있음을 전제로 한 것이었다는 의미에서는 그 어구의 추가는 병합의 비합법성 등 한반도 독립의 성격 문제에 대해 질적인 변화를 가져다주기 위한 것은 아니었다.

이 1월 8일 초안 작성에 관여한 보튼 등은 1월 30일 제4조 한반도 독립 조항이 카이로, 포츠담선언에 의거한 것임을 명시했다.[66] 즉 '한국인을 위해' 권리, 권원 등을 포기하게 한 그 초안은 "노예 상태에 유의하고 한반도를 독립 및 자유로 한다"고 선포한 카이로선언 등의 취지를 그대로 결정(結晶)시킨 것이었다. 그러나 카이로선언 등에 의거한 열매로서 결실된 한반도 독립 조항은 위에서 논했다시피 병합의 합법성을 전제로 한 것이었다. 국무성이 카이로선언이나 그 이행을 촉구한 포츠담선언을 병합의 비합법성 등과 전혀 무관한 것으로 인식했었다는 점은 이 사실에서도 여실히 드러났다.

이 1월 8일 초안 작성 이후 국무성의 평화조약 조문 기초 작업은 한동안 부진한 상황을 벗어나지 못했다. 1947년 3월 트루먼 대통령은 미국 의회에서 그리스, 터키 등에 대한 지원의 필요성을 역설하게 되었다. 이 연설을 효시로 공식화된 이른바 대소봉쇄정책은 5월 국무성 내에서

---

66) "SOURCES FOR ARTICLES IN DRAFT TREATY OF JANUARY 8, 1948", YF-A10, Box no.4, Folder no.2, Reel no.11(Background Papers for US Policy re Japanese Peace Treaty), p.1.

도 정책기획부(policy planning staff) 창설로 이어졌다. 주지하는 바와 같이 이 정책기획부 초대 부장을 맡은 사람이야말로 케넌(George F. Kennan)이었다. 케넌은 미국의 외교정책의 기축을 대소봉쇄로 이끌어갔다. 이러한 추세에 따라 국무성 역시 향후 기초할 평화조약의 성격을 재고하지 않을 수 없게 되었다. 즉 평화조약은 적국 일본에 대한 전쟁 처리라는 본연의 의미에서 벗어나, 바로 동아시아에서 대소봉쇄정책을 펼쳐나가는 전략적 과제의 하나가 되어 갔다.

이런 상황을 맞이해 국방성은 군사기지로서의 일본의 활용가치를 중요시하면서 조기 대일 강화에 소극적인 자세를 보였다. 평화조약이 단순한 전후처리의 문제로부터 벗어나 공산주의 확대를 겨냥한 전략적인 성격을 한층 더 띠게 된 이상, 안정적인 군사기지 확보를 위해서도 조기 강화에 대한 의구심이 미국정부의 일각에서 높아지는 것은 피할 수 없었다. 또한 그런 평화조약의 성격 변화는 당연히 조문 작성 작업에 대해서도 고려해야 하는 새로운 논점들을 안겨 줄 수밖에 없었다. 1948년 1월 8일 초안 이후 한동안 구체적인 조문 기초 작업이 진전되지 않았던 배경에는 평화조약 체결을 둘러싼 거시적인 환경에 이와 같은 변화가 일어난 것이 크게 작용했음은 틀림없을 것이다.

미국의 외교정책의 기축이 냉전 체제에 대한 대응으로 본격적으로 선회하고 그에 따라 평화조약 기초에 대한 동향이 불투명해진 이 시기, 영국도 평화조약 추진과 관련해 눈에 띄는 새로운 움직임은 보이지 않았다. 그러나 한반도의 주권 문제에 대해서만큼은 간과할 수 없는 견해를 계속 드러냈다. 민간으로부터의 문의에 대한 답신을 위해 작성된 것으로 풀이되나[67] 1948년 2월 26일 영국 외무성은 대일 개전일인 1941년 12월 7일자로 일본의 주권하에 있었던 지역들을 리스트로서 정리하

---

67) 이 문서는 "National Provincial Bank" 첩보부(Intelligence Department)에 적을 둔 사람에게 보내진 것으로 추측된다.

고 있다. 그리고 그 리스트에는 '한반도(Korea)'가 타이완이나 남사할린
들과 같이 포함되었다. 영국 외무성은 그 이유와 관련해 한반도는 1910
년 8월 22일 서명된 병합조약에 의해 일본에 병합되었다고 직접 적었
다.68) 또 영국 외무성은 그 리스트를 보내는 데 있어서 그 지역들이 평
화조약 또는 다른 유사한 문서에 서명되기까지는 그대로 일본의 주권하
에 있다는 견해까지 덧붙였다.69) 평화조약 기초 교섭이 본격화되는 전
단계로부터 병합이 합법이었다는 것과 한반도 독립이 그에 기초해 이루
어지는 문제에 불과하다는 영국정부의 입장에는 전혀 흔들림이 없었다.

II 한국의 연합국 참가와 그 한계

1 '특별한 이해관계국'으로서의 연합국 참가

1) 대한민국 건국과 한반도 주권을 둘러싼 모순의 확대

부진한 상황에 빠져 있었던 국무성의 조문 기초 작업이 다기 가동하
기 시작한 것은 1949년도 그 후반에 접어든 무렵부터였다. 1949년 9월
7일자로 작성된 초안은 1948년 1월 8일 초안에서 검토 과제로 지정된
구나시리, 에토로후를 다시 정식으로 일본 영토로 편입하는 등 제1조
일본의 영토 조항을 수정했다. 그러나 한반도 독립 조항을 다룬 제4조
는 1948년 1월 8일자 초안이 그대로 채용되었다.70)

---

68) 리스트는 "THE JAPANESE EMPIRE, TERRITORY LEASED TO JAPAN
AND TERRITORIES FORMERLY UNDER JAPANESE MANDATE", F2964
/2964/23, "Territories under Japanese sovereignty", YD-127, 1948, Reel no.16,
rp.4.
69) "untitled", ibid., rp.2.
70) "untitled", YF-A10, Box no.6, Folder no.2, Reel no.6(Treaty, Draft, 7 Sep

그러나 비록 1949년 9월 7일 초안에서 1948년 1월 8일 초안 제4조가 그대로 채용되었다고 하더라도 오히려 그로 인해 유의해야 하는 점이 생겼다. 즉 1948년 1월 8일 초안과 1949년 9월 7일 초안 사이에는 비록 분단국가였으나 한반도에 대한민국이라는 '주권'국가가 정식으로 탄생했었다. 그럼에도 그 초안은 타이완이나 남사할린의 이양을 규정한 제2조 중국, 제3조 소련에 대해서는 각각 'in full sovereignty'라는 구절을 계속 단 데 반해 한국에 대해서는 그 표현은 계속 피했다.

물론 그 이유에는 대한민국과 같이 이북 지역에도 현실적으로 북한이 들어선 조건하에서는 주권 보유의 적용을 한국에게만 할 것인가 또는 북한에도 인정할 것인가 등, 정치적으로 또 다른 어려운 문제가 겹치게 된 것도 하나의 요인이 되었을 가능성도 있다. 그러나 적어도 법적으로 평화조약으로 인해 일본의 주권을 최종적으로 종료시킬 수밖에 없게 되던 미국에게 평화조약 발효 이전에 한국이 한반도에 대한 '완전한 주권'을 보유하고 있다고 표현하는 것은 애초 피해야 하는 논리 모순이었다. 1947년의 초안 단계에서 이미 한반도에 대해서는 '완전한 주권을 가지고 있다'는 표현을 피한 것은 단지 그때 대한민국이 건국되지 않았다는 사정에서만 유래한 것은 아니었다. 건국 후에도 계속해서 한국인에게 주권이 결여되어 있음을 드러낸 그 9월 7일 초안은 일본 항복 후에도 병합의 합법성에 따라 적어도 법적으로는 평화조약까지 주권이 일본에게 남아 있다는 논리를 공식적으로 부정하지 못했던 미국정부의 애매한 입장을 상징하고도 남는 대목이었다.

이와 같은 표현은 한반도 관련 조항이 그 제6조로서 삽입된 1949년 11월 2일자 초안에서도 기본적으로 변함이 없었다. 비록 그 초안은 일

1949), pp.2~3. 이 초안에 대해서는 타자된 'in favor of Korean People'과 'Korea(Chosen)'를 각각 수기로 'in favor of the Government of Korea' 및 'Korean peninsula'로 수정하려 한 흔적도 보이나 이는 9월 7일 초안 작성 후에 추가 검토한 흔적이라고 보는 것이 타당할 것이다.

본이 주권을 양도하는 상대와 관련해 9월 7일자 초안에서 '한국인을 위해(in favor of Korean People)'로 되어 있었던 것을 '한반도를 위해(in favor of Korea)'로, 또한 일본이 그에 대한 주권을 포기하는 객체를 '한반도(Korea)'로부터 '한반도 본토(Korean mainland territory)' 등으로 수정했다.71) 그러나 물론 이들 수정에 한반도 주권 문제에 대한 미국의 이론적인 태도 변화를 찾는 것은 불가능했다.

먼저 그 직접적인 이유는 분명하지 않으나 일본이 주권을 양도하는 상대를 사람에 초점을 맞춘 'Korean People'로부터 보다 지리적인 성격이 강하게 나오는 'Korea'로 고친 것은 타이완이나 남사할린의 할양 규정에서 직접 '중국(China)'이나 '소비에트사회주의공화국연방(the Union of Soviet Socialist Republics)'으로 명시한 관련 규정의 표현 방식에 보다 맞추려 한 경미한 수정 등이었다고 평가해도 큰 과오는 없을 것이다. 적어도 '한국인을 위해'로 표현하든, '한반도를 위해'라고 표현하든, 일본이 평화조약까지 한반도에 대해 포기할 주권을 보유하고 있음을 전제로 한 점에서는 변함이 없었다.

한편 일본이 그 주권을 포기하는 객체를 'Korea'로부터 'Korean mainland territory'로 수정한 이유는 알기 쉬웠다. 이 책은 그 집필의 문제의식에 따라 한반도 독립 조항에 포함된 부속 도서들의 규정에 관해서는 편의상 그것을 하나하나 명시해 오지 않았으나 일본이 그 권리 등을 포기하는 대상 지역에는 'Korea' 이외에도 제주도를 비롯한 한반도 부속 도서들이 직접 명시될 경우가 대부분이었다. 그럼에도 원래 영토 전체를 뜻할 수도 있는 'Korea'로만 할 경우에는 그 부속 도서들도 포함될 수 있으며, 그 경우는 부속 도서들에 관해 2중 규정이 될 수도 있었다. 그렇다고 부속 도서들을 명시하지 않고 단지 'Korea'로만 한다면 주

---

71) "TREATY OF PEACE WITH JAPAN", YF-A10, Box no.6, Folder no.3, Reel no.6(Treaty, Draft, 2 Nov 1949), p.6.

변 어느 도서까지 부속 영토에 포함될지 확정되지 않았다. '본토'를 뜻
하는 'mainland'가 추가된 것은 바로 이와 같은 문제점을 의식하면서 따
로 명기하는 한반도 부속 도서들과 명시적으로 구별하기 위한 교정이었
다. 그러나 물론 이것은 대상 영역의 중복 가능성을 의식한 수정에 불
과하지, 평화조약까지 일본이 그들에 대한 주권을 보유하고 있다는 것
을 부정하려는 그런 문제의식과는 전혀 무관했다.

이렇듯 11월 2일의 초안은 미세한 부분에 관해 9월 7일 초안을 교정
하려 한 흔적을 보였다. 그럼에도 일본이 한반도에 대한 주권을 보유하
고 있다는 것을 전제로 권리, 권원 등을 포기한다고 하는 표현에는 일
절 교정을 가하지 않았다. 즉 미국은 대한민국 건국(이 문맥에서는 북한
수립도 포함해)이라는 기정사실을 맞이하면서도 적어도 평화조약에서
해결시켜야 하는 과제와 관련해서는 일본이 아직 포기할 주권을 보유하
고 있다는 것, 다시 말해 법적으로 대한민국이 한반도에 대한 주권을
보유하고 있는 것은 아니라는 입장을 유지하고 있었던 셈이다. 물론 이
것은 사실상 자신의 힘으로 대한민국을 건국하면서도 동시에 한반도의
주권을 영원히 일본에게 양여한다고 정한 병합조약을 합법적인 것으로
승인해온 미국이 피할 수 없이 안게 된 모순에서 연유한 필연적인 귀결
이었다.

아무리 강대국이라 할지라도 미국에게도 세계사적인 흐름은 항상 논
리 일관성을 확보한 각본대로 움직이는 것은 아니었다. 동서냉전이라는
역학 관계와 한국인의 거센 요구 속에서 남한 지역에서는 미국의 절대
적인 보호하에서 평화조약 체결 이전에 대한민국이 건국되었다. 국가가
수립된 이상, 사실의 문제로서는 그 건국된 대한민국에게 한반도에 대
한 주권이 없을 리 없었다. 미국 역시 당시의 정치적 역학 관계에 따라
전 세계에서 앞장서 1949년 1월 1일 대한민국을 정식으로 국가 승인했
다. 이에 따라 원래 미국은 일본에게 한반도에 대한 주권을 포기하게

할 필요는 없을 터였다.

　그러나 미국은 대한민국 건국 후에 기초된 초안들 속에서도 계속 일본에게 한반도에 대한 권리 등을 포기하도록 규정하는 것을 멈추지 않았다. 아니 멈출 수 없었다. 평화조약 체결 이전에 대한민국이 건국되었다는 사실은 오히려 한반도를 둘러싼 주권의 소재를 더욱 모순된 것으로 만들고 있었다. 건국에 따라 현실적으로는 대한민국이 주권을 이미 행사하고 있으면서도 법 형식적으로는 일본이 아직 주권을 보유하고 있다는 상황이 연출되게 되었기 때문이다. 이런 모순은 결국 카이로선언 이후 한반도를 독립하게 한 일련의 절차에서 한반도에 대한 일본의 주권이 최종적으로 언제 상실되는 것으로 정할지 명시하지 않았던 탓에 기인한 불가피한 귀결이었다.

　이렇듯 카이로선언 등의 모순은 병합의 합법성을 전제로 한 독립이었다는 문제에만 그치는 것도 아니었다. 그것은 원래 '주권'을 가져야 마땅한 독립국가 대한민국 건국 후에도 적어도 법적으로는 한국과 일본 간에 한반도 주권 보유의 소재를 둘러싸고 분쟁이 일어날 소지를 내포한 모순 발생의 진원지였다. 물론 미국은 힘으로 인해 그 모순을 표면상 억눌렀다. 그러나 힘으로 인해 가능한 것은 모순을 바로 '억누르는 것'만이었지, 모순 자체를 근본적으로 해소할 수 있는 것은 아니었다. 법치국가로서 미국에게 그 모순을 최종적으로 해결할 수 있는 유일한 방법은 일본에게 그 주권을 공식으로 포기하게 하는 평화조약이었다. 그러니만큼 미국에게는 평화조약에서 한반도에 대한 일본의 주권을 최종적으로 포기하게 하는 것은 더욱더 불가결의 과제가 되지 않을 수 없었다.

2) 한국의 연합국 참가 허락과 미국의 참뜻

　바로 이와 같은 사정은 역설적이지만 한국의 법적지위가 극적으로

강화된 조건 속에서도 한반도에 대한 주권을 일본에게 포기하게 한다는
조문이 아무런 변함도 없이 그대로 유지되었다는 점에서도 여실히 드러
났다. 이미 선행연구들이 밝혀 왔듯이 1949년 말 평화조약과 관련해 한
국은 연합국 대열에 참가하게 되었다. 11월 2일자 초안까지 연합국 대
열에서 명확히 제외되어 있었던 '한국(Korea)'은 1949년 12월 29일자의
평화조약 초안에서 처음으로 그 대열에 들어갈 것이 명시되었다.72)

　이러한 변화가 일어난 흐름에 관해서는 이미 선행연구에서도 많이
언급되어 왔다.73) 그러나 그들은 단지 '흐름'으로만 언급했을 뿐, 병합
의 비합법성 문제와 관련해 그 내용을 분석한 것은 아니었다. 그러나
단지 언급된 그 흐름에는 전후 병합이 결국 합법이었음을 다시 확정한
궤적을 고찰하는 데 간과할 수 없는 내용이 포함되었다.

　앞서 언급한 바와 같이 대한민국은 전시 중 이미 임시정부가 제기하
고 있었던 요구 내용들을 사실상 그대로 이어받아 대일 교전국으로서의
승인을 뜻하는 평화회의 공식 참가를 미국 등에게 요청했었다. 비록 그
요구를 제기하는 데 있어서 한국은 반드시 그 목적이나 동기를 직접 밝
히지 않았으나 적어도 결과로서 한국의 연합국 참가는 주권 문제에 관
한 한국과 일본의 법적지위에 관해 큰 차이를 가져다줄 수 있었다. 누
차 언급한 바와 같이 한국이 대일 교전국으로서 평화회의에 참석한다는
것은 역으로 전쟁 중 이미 한국인에 주권이 성립되어 있었음을 가리킴
으로써 병합조약이 성립되지 않았다는 논리를 보다 강화할 수 있기 때
문이었다. 따라서 대일 교전국으로서의 승인은 비록 임시정부에 대한
전시 중의 승인을 통해서가 아니라 대한민국 건국 후의 일이 되기는 하
나 한반도 병합의 성격을 크게 바꿀지도 모른다는 의미에서 전후 병합
의 비합법성 확정 문제에 관해서도 매우 중요한 계기였음은 틀림없었

---

72) "DRAFT TREATY OF PEACE WITH JAPAN", YF-A10, Box no.6, Folder
　　no.4, Reel no.6(Treaty, Draft, 29 Dec 1949), p.1.
73) 이에 관해서는 이 장 각주1)에서 소개한 관련 연구가 대부분 언급하고 있다.

다. 그러나 표면상 그런 큰 변화를 허용한 미국의 참뜻은 물론 병합의 성격을 재고하기 위한 그런 시도와 전혀 무관한 것이었다.

1949년 11월 23일 국무성은 초대 주한 미대사 무초(John Muccio)에 대해 한국의 연합국 참가 문제를 둘러싼 의견을 청했다.[74] 국무성은 무초에 대해 그 의견을 청하는 데 있어서, 현재 국무성이 일본에 대해 선전포고한 국가 혹은 교전 상태에 있었던 국가 모두를 평화조약 당사자(party)로 할 것, 그중 극동위원회(Far Eastern Commission) 13개국[75]을 현실적인 교섭국가로, 그리고 남은 38개국을 자문적 지위로서 참가하게 하는 방안을 구상하고 있으나 현재 한국은 어느 범주에도 들어가지 않고 있다고 밝히면서 한국의 참가 여부에 대한 조언을 구했다. 주의해야 하는 점은 그때 국무성은 한국의 참가 여부에 관한 의견을 청하는 데 그것을 '국내 정치적 고려'와 '평화조약 교섭에 대해 생길 수 있는 실질적인 영향'이라는 관점에서 그 의견을 내도록 요청한 점이었다. 즉 국무성은 한국의 연합국 참여 여부의 판단과 관련해 한국인이 전시 중 주권을 가진 주체로서 일본과 실제 교전하고 있었으며 그 후 대한민국이 그 주권을 계승했다고 볼 수 있을 것인가 하는 등의 법적, 역사적 관점에서 그 조언을 청한 것은 아니었다.

국무성의 요청에 대해 무초는 먼저 '국내 정치적 고려'와 관련해 다음과 같이 답신했다.[76] 즉 그는 한국의 공식, 비공식적 견해가 한국(Korea)은 일본과 교전 관계에 있었다는 것이나 이는 한국인 군부대가

---

74) "The Acting Secretary of State to the Embassy in Korea", *FRUS 1949 Volume Ⅶ The Far East and Australasia, Parts 2*, p.904.

75) 극동위원회는 출범 당초의 참가국 수인 11개국으로 구성되었다고 언급될 경우가 많으나 그 후 1949년 11월부터 미얀마, 파키스탄이 참가했으므로 바로 이 시기 13개국으로 늘어나 있었다.

76) 이하 무초의 답신 내용은 "The Ambassador in Korea(Muccio) to the Secretary of State", *FRUS 1949 volume Ⅶ The Far East Asia and Australasia*, p.911에서 정리했다.

중국군과 함께 싸우고 있었다, 만주에서 몇 년 동안 한국인 게릴라가 일본과 싸우고 있었다, 중국에는 임시정부가 존재했으나 한국인 군부대는 그것을 최고권위(supreme authority)로서 승인하고 있었다는 등으로 인해 증명되어 있다(evidenced)고 전하면서 현재 이승만 대통령 등이 한국의 평화조약 참가를 명확히 희망하고 있는데도 만일 완전히 제외할 경우에는 한국정부의 명성(prestige)은 심각한 타격을 받고 미국이나 유엔이 한국을 지지한다는 입장에서 후퇴하는 것이 아니냐는 의구심을 심어줄 수 있다고 경고했다. 즉 무초는 한국의 국내 정치에 대한 고려와 관련해 일단 한국인이 자신들이 대일 교전국의 지위에 있다고 주장하고 있는 점에 주의를 환기하고 또한 일단 그 주장을 지지하는 대일 저항의 사실이 일부 있음을 전하면서 이런 한국의 입장을 무시해서 완전히 연합국에서 배제할 경우에는 정치적으로 큰 파장이 일어날 수 있다는 우려를 전달한 것이었다.

그러나 비록 한국의 연합국 참가를 건의하고 대일 교전의 사실이 있음을 전한 무초도 임시정부 등, 교전 중에 한국인이 이미 주권을 보유하고 있었다는 등의 법적 견해까지 가지고 있었던 것은 아니었다. 무엇보다 이 사실은 무초 자신이 이어 제기한 건의에 잘 나타났다. 무초는 한국인이 일본에 대해 일부 교전한 사실을 확인하면서도 한국정부를 평화회의의 당사국으로 삼는 것의 의의와 관련해서는 그것이 한반도에 대한 일본의 주권 포기(relinquishment)를 재확인하는 것에 일본을 관여(commit)시키는 데 불가결하다(essential)고 전했다. 즉 무초는 평화조약에서 일본이 한반도에 대한 주권을 포기하게 될 것을 상정하면서 그 조약에 한국정부 자신을 당사자로서 서명하게 하는 것은 일본의 주권 포기를 확정하는 데 보다 유익하다고 지적한 것이었다. 물론 이 건의는 대한민국의 연합국 참가를 바람직하게 생각했던 무초조차 병합조약 자체는 합법적으로 체결되었으며 따라서 평화조약까지 한반도에 대한 일본의 주권이 적어도 법률적으로는 존속되어 있다는 것을 전제로 했었음을 드러낸 대목이었다.

그것뿐이 아니다. 연합국 참가를 건의한 무초는 병합의 합법성 이외에 한국을 일본의 식민지 통치로 인한 피해국으로 자리매김하는 것에 대해서도 그 필요성을 부정하고 있었다. 실제 무초는 국무성이 또 하나의 관점에서 요청한 '평화조약 교섭에 대해 생길 수 있는 실질적인 영향' 문제와 관련해 다음과 같이 건의했다. 즉 그는 현재 한국은 대일 패해 청산으로서 1905년에 거슬러 올라가 요구하려는 비현실적인 움직임을 보이고 있으나 결국 한국은 한반도에 있는 일본인 재산의 취득을 가지고 그것을 모든 대일 배상으로 받아들일 것이며 혹시 필요하면 평화회의 초빙 전에 한국에 대해 연합국 참가의 조건이 그 이상의 배상을 요구하지 않는다는 것임을 밝히도록 조언했다.

주의해야 하는 것은 국무성과 무초 사이에 이와 같은 교신이 오가던 1949년에는 이미 남한에 있었던 일본인 재산이 1948년 9월 11일에 서명된 "대한민국정부 및 미국정부 간의 재정 및 재산에 관한 최초협정"으로 인해 미군정 기간 중에 미국이 이미 처분한 것을 제외하고 모두 건국된 대한민국에게 이양되었었다는 점이다. 즉 무초는 연합국에 참가하기 이전에 한국이 이미 현실적으로 받은 재한일본인 재산으로 인해 가령 한국이 연합국에 들어가도 그 이상의 추가 권리를 인정할 필요는 없다고 건의한 것이었다. 물론 이는 병합의 합법성 인정과 더불어 한국의 연합국 참가가 일본의 식민지 통치의 부당성 인정과 그에 따른 피해보상 권리 확대를 위한 것이 아니었음을 뜻했다. 실제 이러한 인식에 호응하듯이 무초는 한국이 평화조약 기초에 관한 미국의 방침에 영향을 줄 수 있는 실질적 교섭 당사자(actual negotiating party)로서가 아니라 자문적 지위(consultive capacity)로 참가할 것을 최종적으로 받아들일 것이라고 전하면서 한국의 연합국 참가 건의가 한국의 권리를 확대하기 위한 것이 아님을 드러냈다.

 이러한 무초의 건의를 받은 국무성은 1949년 12일 12일, 한국의 연합국 참가 문제를 신중히 검토했다. 국무성 극동국에서 주로 조사 연구 업무를 맡았던 극동연구반(Division of Research for Far East)이 가한 그 검토는 기본적으로 한국이 제기하고 있는 대일 추가 배상 요구 등을 강하게 의식해서 진행된 것이었다. 극동연구반은 적어도 결과적으로는 그 배상 요구에 부응하듯이 한국을 연합국으로서 평화조약에 참가시킬 것을 기본 방침으로 삼았다.[77] 그러나 무초의 건의와 같이 극동연구반은 결코 한국을 병합의 비합법성이나 통치의 부당성에 따른 대일 피해국으로서, 그 지위를 강화하기 위해 그 결론을 도출한 것은 아니었다.

 극동연구반은 한국정부가 현재 평화회의에 참가할 수 있도록 요청하고 있는 것은 자신이 1910년의 병합 이후 대일 교전국으로서의 지위에 있었다는 것에 근거하고 있으나 한국의 평화회의 참가에 따른 한국의 이해(interest)는 전쟁 자체라기보다 병합과 40년간의 착취에서 유래한 것으로 보인다고 적었다. 그 이유로서 동 연구반은 전쟁 자체는 단지 한반도를 일본으로부터 분리시킨 것에 불과하다고 말했다. 이는 쉽게 이해하기 어려운 추상적인 기술이나 이 지적의 의미는 교전 중의 한일 관계의 실태를 의식하면서 대일 청산에 관한 한국의 현실적인 이해관계를 짚어본 것으로 사료된다. 즉 전쟁 중 한반도는 실제 대일 교전 상태

---

77) 이하 이 문서의 내용은 "PARTICIPATION OF THE REPUBLIC OF KOREA IN THE JAPANESE PEACE SETTLEMENT", YF-A10, Box no.4, Folder no.6, Reel no.11(Miscellaneous, Department of State Material), rpp.305~313. 이 검토를 직접 가한 극동연구반의 멤버에 관한 기록은 없으나 전술한 부국간극동지역위원회 회의록 등에서는 블레이크슬리나 보튼 등의 소속이 "FE/R"라고 기술되는 경우가 종종 있다. 이 약기는 극동 문제에 관한 연구 그룹을 뜻하는 것으로 풀이할 수 있으므로 비록 블레이크슬리나 보튼이 직접 이 검토를 진행한 것인지는 불명이나 최소한 그들과 가까이에서 일을 해온 사람들이 검토하고 결론을 내린 것으로 생각해도 틀림없을 것이다.

에 있지 않았으므로 평화조약과 관련해 한국의 이해관계는 교전으로 인해 발생한 피해에서 유래하는 부분은 크지 않다고 본 것이었다. 다시 말해 극동연구반은 한국에게 대일 피해국으로서의 이해관계가 생긴다면 그것은 결국 병합과 그 후의 일제 통치에서 기인하는 것이라고 진단한 것이다. 이 의미에서 극동연구반은 한국이 갖고 있는 병합 자체의 비합법성이나 통치의 부당성에 대한 비판 의식을 일단 짚어봤다고도 볼 수 있다. 실제 극동연구반이 직접 언급한 '병합'과 '40년간의 착취' 운운의 어구는 바로 이러한 시각을 여실히 드러낸 것이었다.

그러나 이 지적은 어디까지나 한국의 입장을 추측한 것이지, 미국정부가 그 견해를 지지한다는 것을 뜻한 것은 아니었다. 아니, 한국이 표면적으로 내세우고 있는 대일 교전 관계라는 지위에 대해서는 물론, 스스로가 추측한 한국의 속셈에 대해서도 극동연구반은 거의 전면적으로 부정하는 뜻을 숨기지 않았다. 먼저 극동연구반은 한국이 연합국 참가의 근거로서 형식적으로 내밀고 있는 자신들이 교전 관계에 있었다는 주장과 관련해 그 증거에 가치(merit)가 없는 것은 아니나 그 주장을 반박하는 증거가 보다 강하다고 단정 지었다. 즉 대일 교전 관계의 측면이 전혀 없었던 것은 아니지만 그것보다 일본과 '일체화'되면서 연합국과 교전하고 있었던 측면이 보다 강하다고 보면서 사실상 대일 교전 관계라는 한국 측 주장을 부정한 셈이었다. 그러나 한국에 대한 부정적인 견해는 그에 그치지도 않았다.

극동연구반은 이어 한국이 가지는 실질적인 이해관계라고 추측한 병합과 40년간의 착취 운운에 대한 견해를 정리했다. 이와 관련해 동 연구반이 제시한 견해들은 다음과 같았다. 1910년의 일본에 의한 한반도 병합을 미국을 포함해 거의 모든 국가가 승인했으며 1948년까지 한국인의 국가에 대한 일반적인 승인은 없었다. 한반도 내에서 일본에 대한 저항은 일부에 국한되고 있었으며 일반적으로 한국인은 비록 '하는 수 없이(grudgingly)'였지만 일본의 총독 통치를 받아들이고 있었다. 한반도 밖에 있었던 민족주의자들은 국제적으로 아무런 공식 승인도 얻지 못했으며 또 국내에서도 거의 힘이 되지 않았다.

즉 극동연구반은 한국이 교전 관계에 있지 않았을 뿐더러 국제사회가 병합을 승인함에 따라 병합은 합법이었다, 또 그 점은 1948년까지 한국인의 국가에 대한 일반적인 승인이 없었다는 점에 나타났다고 지적한 것이었다. 심지어 비록 수동적이었지만 한국인은 일반적으로 일본의 통치를 받아들이고 있었다고 적으면서 완곡적이지만 한국의 이해관계를 형성하는 '40년간의 착취' 운운의 지적 역시 적어도 적극적으로 지지할 수 있는 대상이 아니라는 견해를 덧붙였다. 극동연구반은 카이로 선언에서 그나마 '노예 상태' 등이 규정되었음에도 그와 얽힐 수도 있는 통치의 부당성 논리 역시 그 내부 검토를 통해 사실상 퇴색시키고 있었던 셈이다.

이와 같이 국무성은 한국이 겉으로 내세운 대일 교전이라는 형식적인 입장도, 또한 실질적인 이해관계를 구성하는 것으로 추측한 병합의 비합법성이나 통치의 부당성 논리 역시 지지하지 않았다. 그럼에도 극동연구반은 최종적으로 한국을 평화회의 참가국으로 받아들이는 것 자체에는 찬성하는 입장을 굳혔다. 그 이유는 주로 한국의 국민감정을 의식한 결과였다. 극동연구반은 혹시 한국을 평화회의로부터 완전히 제외할 경우에는 일본, 평화회의, 그리고 특히 미국에 대해 한국정부와 국민 차원의 거센 분노(resentment)가 일어날 우려가 있음을 지적했다. 극동연구반은 그에 따라 한국을 실제 교섭에 관여하는 입장(negotiating role)이 아닌 자문적인 지위(consultative role)로서 받아들이는 것으로 한국인의 민감한 정서(sensibilities)를 만족시킬 것을 구상했다. 이는 물론 상술한 무초 주한 대사의 건의를 사실상 그대로 답습한 것이었다.

쉽게 말해 국무성은 한국이 실제 대일 교전국도 아니었으며 또한 비합법적인 병합이나 부당한 통치에 따른 피해국이라고도 인정할 수 없지만 평화회의에 참가하고 싶다는 한국인의 국민감정을 북돋우기 위한 지극히 정책적인 판단으로 한국을 연합국으로 받아들이기로 한 것이었다. 역으로 말해 이와 같은 경위는 미국이 한때 인정한 한국의 연합국 참가가 병합의 비합법성이나 통치의 부당성을 인정하는 문제와 전혀 관계가 없었음을 여실히 드러낸 대목이었다.

3) 연합국 참가 논리의 변질과 병합 합법성과의 양립

한국을 처음으로 연합국으로 받아들인 1949년 12월 29일자의 평화조약 초안은 바로 이상과 같은 무초 주한 대사와의 교신이나 국무성 내부의 검토를 거쳐 작성된 것이었다. 실제 그 초안은 무초 대사의 건의나 극동연구반이 도출한 결론을 답습했다. 그에 따라 비록 그 초안은 처음으로 한국을 연합국으로 받아들이기는 했으나 한반도 독립 조항에 관해서는 기본적으로 한국이 연합국이 되기 이전의 초안 내용과 아무런 차이도 없었다. 실제 한국이 연합국 대열에 그 이름을 올린 12월 29일 초안은 한반도 독립 문제를 다룬 제6조에서 이하와 같이 규정했다.[78]

> Japan hereby renounces in favor of Korea all rights and titles to the Korean mainland territory(일본은 이로써 한반도를 위해 한반도 본토에 대한 모든 권리, 권원을 포기한다).

물론 이것은 한국이 아직 연합국에 들어가지 못했던 11월 2일 초안과 똑같았다. 즉 한국이 연합국이 된 후에도 일본이 한반도에 대한 권리, 권원을 포기한다는 주권의 소재 문제에 직결하는 구절에는 아무런

---

78) "DRAFT TREATY OF PEACE WITH JAPAN(December 29, 1949)", YF-A10, Box no.6, Folder no.4, Reel no.6(Treaty, Draft, 29 Dec 1949), p.6.

수정도 이루어지지 않았던 것이다. 또한 이 초안은 한국이 연합국에 참가하는 이전에 이미 조약상 보장받았었던 대일 경제적 권리라는 의미에서도 별다른 차이를 추가하지 않았다.[79] 즉 한국을 실제 연합국으로 받아들일 것을 전제로 기초된 조문 역시 병합의 비합법성을 확정하려 한지 않았음은 물론, 부당한 통치에 따른 피해국으로서의 권리를 확대하는 것조차 일절 인정하지 않았던 것이다.

12월 29일자 초안 기초의 의도를 코멘트로서 밝힌 국무성은 한국을 연합국으로 받아들이게 된 배경과 관련해 그 이유를 일단 다음과 같이 정리했다. 한국은 해방된 지역이며 대일 전쟁에서 중국 국민당과 함께 오래 일본에 대한 저항운동이나 투쟁 활동을 펼친 기록이 있다. 평화조약에 대해 중요한 이해관계를 보유하고 있다. 만약에 미국이 참가를 지지하지 않을 경우 한국은 불신감을 가진다(resentful). 주한 미국 대사가 한국의 고관(高官)이 평화회의에 초대받고 참가할 것을 기대하고 있으며 한국이 교섭회의의 멤버로서가 아니라 극동위원회에 참여하지 않는 다른 국가들과 함께 보다 낮은 등급으로 참여하는 자문적 지위를 받아들일 것이라는 전망을 전해 왔다.[80] 바로 이들이 국무성이 정리한 취지 설명이었다.

즉 국무성은 한국을 연합국으로 받아들이는 데 있어서, 일단 한국인이 일본과 교전하고 있었다는 사실에 언급하기는 했다. 이는 상기한 극동연구반 등이 보인 인식과 어찌 보면 모순된 측면을 가졌다. 그러나 그것은 진정한 의미에서의 모순이 아니라 참뜻을 밝힐 수 있는 내부적인 토의의 성격과 경우에 따라서는 대외적으로 한국의 연합국 참가를 설명해야 한다는 사정 간에 도사린 차이에 불과했다고 추측하는 것이

79) 이에 관해서는 장박진 앞의 책, 2014, 228~232쪽.

80) "DRAFT TREATY OF PEACE WITH JAPAN(December 29, 1949) COMMENTARY DRAFT TREATY", YF-A10, Box no.6, Folder no.4, Reel no.6(Treaty, Draft, 29 Dec 1949), p.1.

타당할 것이다. 즉 비록 정치적인 배려로 인해 수락했다고 한들, 원래 추축국과의 교전을 위한 군사동맹으로 출범한 연합국 대열에 한국을 받아들이려 하는 이상, 미국정부로서도 세계에 대해서는 비록 일부라도 한국이 대일 '교전' 관계에 있었다는 점을 언급하지 않을 수 없었다.

그러나 한국의 입장을 고려해 현실에 맞게 대응하려 한 이러한 미국정부의 대응 역시 전시 중부터 한국인이 이미 주권을 가지고 있었다는 원리적인 문제에까지 들어가 그것을 인정하려 한 것을 의미한 것은 아니었다. 그 점은 국무성이 별도로 코멘트를 단 그 초안 자체가 상기한 바와 같이 일본에 대해 계속 권리, 권원 등을 포기하게 하고 있는 점에 여실히 드러났다. 국무성은 같은 코멘트 속에서 영토 조항과 관련해 그것이 카이로선언, 얄타회담, 포츠담선언 등에 따른 것임을 보충 설명했다. 한국을 연합국으로 '승격'시킨 초안 역시 '노예 상태' 등을 선포한 카이로선언에 직접 의거한 것임을 밝힌 셈이었다. 그럼에도 그 초안은 병합의 합법성을 건드리지 않았다. 이 사실 역시 카이로선언에 대한 고려나 연합국 참가 인정이 병합의 비합법성 확정 문제 등과 전혀 무관한 것이었음을 드러내는 또 하나의 중요한 증거였다.

물론 그럼에도 한국의 연합국 참가는 대일 교전 관계를 뜻할 수도 있으니만큼 병합이 비합법적이었다고 확정하도록 밀고 나가는 데 하나의 중요한 근거가 될 수는 있었다. 그러나 이와 관련해 주목되는 점은 한국의 연합국 참가가 그러한 논리마저 무색하게 하는 문맥에서 구상된 것으로 풀이된다는 점이다. 한국의 연합국 참가가 실제 조문상 명시된 시기보다 약 6개월 전인 1949년 6월 무렵, 국무성은 평화회의에 참가하는 국가들을 구체적으로 어떻게 구성하는가 하는 문제에 고심하고 있었다.

버터워스(Walton W. Butterworth), 앨리슨(John M. Allison), 비숍(Max W. Bishop) 등 국무성에서 주로 북동아시아 문제를 담당하던 인물들로

인해 작성, 회람된 것이 확인되는 20일자의 문서에서 국무성은 일본에
대해 선전포고한 국가 모두를 평화조약 기초에 관여하게 할 법률적 의
무가 있는가 하는 문제를 검토했다.[81] 그 문서는 유럽에서의 처리의 경
우는 실제 추축국과 교전한 국가만을 이탈리아 등과의 평화조약에 참여
하게 한 사실을 지적하면서 일본의 경우에도 극동위원회나 태평양 지역
에서 '특별한 이해관계(special interest)'를 가지고 있는 국가만을 평화회
의에 참여하게 하는 방안 등을 고려하고 있었다. 한국의 연합국 참가
여부에 관해 무초 대사의 자문을 청한 상기 11월의 전문 속에서 국무성
이 대일 교전국 모두를 평화조약 당사자로 한다 하면서도 그중, 극동위
원회 참가국들을 현실적인 교섭국가로서, 그리고 남은 국가들을 자문적
지위에서 참가하게 한다는 등의 구상을 밝힌 것은 바로 이 6월의 검토
의 연장선상에서 결정된 것이라고 봐도 과오는 없을 것이다. 바로 이
선택은 법적으로는 모두를 참가하게 하면서도 현실적으로 조약에 영
향을 주는 국가는 실제 일본과 교전한 국가에만 한정한다는 방침을
뜻했다.

이와 관련해 특히 주목되는 것은 국무성이 연합국 참가 요건과 대일
교전 관계를 꼭 직선적으로 연결하려 하지 않았다는 점이다. 6월의 검
토는 직접 임시정부(Korean Provisional Government)를 거론하고 임시정
부가 스스로 대일 선전포고를 했다고 주장하고 있으나 미국이 승인하지
않은 국가라고 분류하면서도 반대로 전시 중 다른 국가의 일부였으나
결국 독립을 획득하고 연합국의 멤버가 될 국가 속에 필리핀이나, 미얀
마, 인도 등과 함께 한국(Korea)을 명시했다. 즉 미국정부 내부에서는 이
미 6월의 시점에서 전쟁 중, 독립국가로서 주권을 보유하고 그 권한에
따라 대일 교전했다는 공식적인 관계 여하를 연합국 참가의 절대 요건

---

81) 이하 이 문서의 내용은 "The Japanese Peace Settlement and States at War
   with Japan", YF-A10, Box no.4, Folder no.1, Reel no.4(Peace Treaty),
   rpp.121~126에서 정리.

으로 삼지 않을 생각이 분명히 존재했었던 것이다.

물론 이러한 구상에는 교전 관계라는 법적 요건과 실제적인 교전 관계라는 현실과의 모순이 작용한 부분도 컸을 것이다. 즉 대일 선전포고라는 법 형식을 조건으로 할 경우, 남미국가처럼 법적으로는 연합국이면서도 실제로는 일본과 전혀 교전하지 않은 국가들이 유리했다. 반대로 동남아국가들처럼 사실상 국토가 유린당하고 많은 교전 피해가 발생했음에도 전시 중, 주권국가가 아니었다는 이유만으로 평화회의에 참가하지 못하는 국가가 생길 수 있었다. 상기 6월의 검토 속에서 극동위원회와 함께 '태평양 지역에서 특별한 이해관계'를 가진 주체를 평화회의에 참가할 수 있도록 하는 구상을 드러낸 것 역시 이러한 조건을 반영한 것으로 봐도 무방할 것이다.

그러나 한국에 대해서도 연합국 참가로의 길을 열었던 이 구상은 역으로 한국의 연합국 참가와 병합의 비합법성을 연결하는 마지막 회로마저 차단하는 부작용을 내포했다. 즉 연합국 참가 요건이 전시 중의 주권 보유를 전제로 하지 않게 됨에 따라 한국의 연합국 참가는 역으로 일본의 합법적인 병합을 반드시 부정할 수 없게 되었다. 전쟁 중, 주권도 교전 관계도 없었으나 '특별한 이해관계'를 가진 국가 역시 연합국이 될 수 있게 되기 때문이었다. 이로써 병합의 합법성과 한국의 연합국 참가가 아무런 모순도 없이 양립할 수 있게 되었다. 다시 말해 이 시기 실현된 한국의 연합국 참가는 실은 병합의 원천 비합법성을 오히려 부정하는 논리 위에서 겨우 이루어진 것이었다.

한편 종전 직후부터 병합의 합법성이란 입장을 정리하면서 한반도 독립 문제를 단지 일본의 허가를 거쳐 이루어질 문제로만 여기던 일본 정부는 이 시기, 평화조약에서 다뤄질 경제적인 처리 문제와 관련해서는 약간 위기의식을 드러내게 되었다. 1949년 12월 3일 할양 지역에 대한 경제적 처리에 관한 요청 사항을 정리한 일본 외무성은 그 처리에 즈음하여 그들 지역과의 처리를 징벌적인 의도를 가지고 진행하지 않도록 당부했다.[82] 이와 관련해 외무성은 한반도, 타이완, 남사할린, 관동주(關東州)를 명시하면서 다음과 같이 말했다.

> 이들 지역에 대한 시정(施政)은 결코 이른바 식민지에 대한 착취 정치라고 인정되지 않아야 한다는 것이다. 역으로 이들 지역은 일본 영유가된 당시 모두 가장 저개발의 지역이었으며 각 지역의 경제적, 사회적, 문화적 향상화와 근대화는 오로지 일본 측 공헌에 의한 것임은 이미 공평한 세계의 지식인-원주민도 포함해-이 인식하는 바이다.

아울러 일본 외무성은 이하와 같이 덧붙였다.

> 이들 지역은 모두 당시로서는 국제법, 국제관례상 보통이라고 인정되어 있었던 방식에 의해 취득되었으며 세계 각국도 오래 일본 영토로서 승인하고 있었다.

즉 일본은 이 시기, 비록 한반도 문제에만 한정한 것은 아니었으나 한반도도 포함해 그 영유가 당시 국제적으로 인정받은 합법적인 것이었으며 또한 그 통치 내용 역시 '노예 상태' 등과는 전혀 반대인 '가장 저개발 지역'을 '근대화'시킨 바로 '은혜 통치'였다고 내세웠다. 전후 직후, 평화조약과 관련해 한반도 문제를 단지 '조선 독립'으로만 인식했었던 외무성이 이 시기 왜 이와 같은 '합법성'과 '은혜 통치'를 미국에게 호소하려 했는지, 그 문서는 특별히 밝히지 않고 있다. 후술하는 바와 같이 한국을 연합국으로 받아들이려 하는 미국의 방침을 일본이 알게 된 것은 1951년 4월의 일이므로 그때까지 그런 방침 변경의 사실을 몰

---

82) 「割讓地の経濟的財政的事項の處理に關する陳述」, 『準備對策』, 443~445쪽에서 정리.

랐던 일본이 한국의 연합국 참가 문제와 관련해 상기한 바와 같은 위기
의식을 드러냈다고 추측하는 것은 타당하지 않을 것이다. 그것은 미국
의 방침 변경에 영향을 받은 결과라기보다 그간 진행된 다른 상황 변화
에 따른 결과라고 추정하는 것이 타당해 보인다.

즉 적어도 한반도의 경우 이 시기 이미 대한민국이 정식으로 건국되
어 있었다. 그에 따라 상술한 바와 같이 대일 배상을 요구하는 준비가
진행되는 등 대일 피해국으로서의 움직임은 표면화되어 있었다. 주권을
상실하던 그 시기 적어도 패전국 일본에게는 그런 한국의 움직임을 직
접 물리칠 법적 권한도 정치적 힘도 없었다. 미국 역시 그 건국을 도왔
던 한국의 요구를 일부나마 수락할 가능성은 충분이 상정할 수 있었다.
일본이 이 시기 그러한 '하소연'을 하게 된 까닭은 바로 이러한 상황을
반영한 것으로 봐도 무방할 것이다.

이하 보듯이 미국은 일본이 우려한 병합의 비합법성이나 통치의 부당
성에 기초한 '징벌적'인 대일 처리를 가능케 하는 그런 조약을 기초하지
않았다. 그러나 그 결과는 일본이 제기한 상기 '하소연'이 주효했기 때문
이라고 볼 필요는 없다. 일본의 '하소연'과 상관없이 한반도를 독립하게
한 미국에게는 한반도 독립 문제는 병합의 비합법성이나 통치의 부당성
에 의거해 실현시키는 문제가 원래 아니었다. 바로 이 점은 그 이상 바
랄 것이 불가능한 만큼 한국의 지위가 상승한 1949년 12월의 연합국 참
가에도 불구하고 한반도 독립 조항의 내용이 연합국 참가 이전의 초안
내용과 별 바뀌지 않았다는 점에 무엇보다 여실히 드러났다.

2 동서냉전 체제로의 대응을 위한 한국의 연합국 참가

1) 평화조약에 대한 미·영 동조 체제의 확립

한국인의 국민감정과 미국에 대한 반발 등을 고려하면서 일본과 '특

별한 이해관계'를 가진 전후 신생독립국가로서 연합국에 참가하게 한다
는 정치적인 배려 이외에도 미국이 한국을 연합국으로서 참가하게 한
것에는 또 하나 의미가 담겼다. 그것은 동서냉전 체제의 고착화에 촉발
된 정치적인 전략이었다.

1948년 초 이후 주춤했었던 국무성의 평화조약 기초 작업이 다시 가
동하기 시작한 1949년 9월, 미국과 영국은 국무성에서 미·영 외상회담
을 가졌다. 13일 애치슨 국무장관은 영국의 베빈(Ernest Bevin) 외무대신
에 대해 향후 평화조약에 임할 미국의 속셈을 드러냈다. 애치슨은 소련
등의 대응을 의식하면서 평화조약의 주된 원칙이 다른 국가에 의해 주
도되는 것은 원하지 않으며 미국은 평화조약의 기본 원리에 관해서는
영국과 기타 관련이 있는 영연방국가와 토의할 것을 선호하고 있다, 그
리고 소련이나 중국공산당정부(Chinese)의 평화조약 참가 거부는 중요하
지 않다는 등의 뜻을 베빈에게 전했다.[83] 이어 17일에 개최된 미·영 외
상회담에서도 애치슨은 현재 평화조약에 넣어야 할 핵심적인 원칙들
(essential principles)을 연구하고 있으나 서구국가와 소련 모두에게 만족
할 만한 조약을 기초하는 것은 의문이라고 밝혔다.[84] 애치슨은 사실상
소련 진영을 배제하고 그로 인해 동서 대립을 악화하는 일이 있더라도
평화조약 기초를 미·영 중심으로 이끌어 나간다는 뜻을 영국에게 표명
한 것이었다.

---

83) "RECORD OF A MEETING HELD AT THE STATE DEPARTMENT,
   WASHINGTON, ON SEPTEMBER 13th, 1949", F14108/1021/23G,
   "Question of a Peace Treaty with Japan; Record of a meeting held at the State
   Department on September 13th", YD-127, 1949, Reel no.5, rp.76.
84) "RECORD OF A MEETING HELD AT THE STATE DEPARTMENT,
   WASHINGTON, ON SEPTEMBER 17th, 1949", F14555/1021/23G,
   "American, British and French Views on the Question of a Peace Treaty for
   Japan; Record of a meeting held at the State Department on 17th
   September", YD-127, 1949, Reel no.5, rp.102.

물론 이 의도는 평화조약 등을 통해 일본을 공산주의의 팽창에서 보호하고 미국 진영에 끌어넣을 뜻을 밝힌 것이었다. 12월 24일, 애치슨 국무장관은 영국 측에 보낸 공식 각서를 통해 이러한 의도를 여지없이 드러냈다. 애치슨은 향후 미국이 기초할 평화조약의 성격과 관련해 평화조약의 기본 문제가 안전보장 문제에 있음을 예의(acutely) 인식하고 있으며 공산주의의 침략에 대해 일본을 보호하지 않는 조약은 조약이 없는 것보다 더 나쁘다고 전했다.[85] 동서냉전 체제는 일본의 전쟁 책임 추궁과 그에 기초한 처리라는 평화조약 본연의 목적을 퇴색시켜 일본의 국익 보호와 부흥을 위한 전략적인 절차로 확실히 탈바꿈되어 갔다.

상기한 1949년 9월의 미·영 외상회담 시점에서는 애치슨이 제시한 의향들에 대해 베빈은 1950년 1월쯤에 열릴 콜롬보영연방회의에서 의견 조정을 시도해 본다고만 답했을 뿐이었다. 또한 베빈은 호주나 뉴질랜드 등 전후 일본의 군사적 위협에 민감했던 영연방국가의 존재를 거론하면서 일본에 대한 통제 완화를 주저했었다.[86] 그러나 그런 영국도 결국 이러한 미국의 자세에 동조하게 되었다. 1950년 3월 의회에 대한 응답으로 작성한 답신 속에서 톰린슨은 현재 거의 모든 민주국가 사이에서는 자신들과 소련이나 중국공산당정부(China) 모두에게 수용 가능한 평화조약을 기초할 수 있는 희망이 없다는 것에 합의가 형성되어 있으며 이번 평화조약의 주된 목적은 일본을 소련 진영 밖에 위치하게 할 것에 있다고 밝혔다. 톰린슨은 그 이유와 관련해 일본에게는 단독으로 다른 대국에 대한 침략을 감행할 위치에 올라설 가능성이 없다는 것은 점점 밝혀지고 있고, 그에 따라 오히려 진정한 위협은 일본과 소련 사

---

85) "untitled", YF-A10, Box no.1, Folder no.2, Reel no.1(*Britain*), rp.746.
86) 베빈의 답변 중, 콜롬보영연방회의에 관한 발언은 상술한 9월 13일, 그리고 통제 완화에 관한 발언은 상술한 9월 17일의 회담에서 각각 나온 것이다. 답변 기록은 상기 13일, 17일의 각 회담 기록, 같은 쪽수에서 확인할 수 있다.

이에 협력 관계가 형성될 것이라고 덧붙였다.[87]

영국은 이러한 입장을 굳혀 가면서 평화조약 기초를 위한 영연방 작업회의(commonwealth working party)를 5월부터 출범시켰다. 이것은 1950년 1월에 개최된 콜롬보회의에서의 합의에 따른 것이었다. 작업회의의 출범을 앞두고 이 회의의 의장을 맡은 데닝(Esler M. Dening) 외무차관보는 3월에 영연방국가 관계자들에게 배포하고 이미 합의를 얻은 내용임을 밝히면서 향후 작업회의가 평화조약 문제를 검토할 때 유의해야 할 기본 원칙을 제시했다. 그것은 영토 문제를 비롯한 각종 의제의 고찰에 즈음하여 '일본 문제'를 고립해서(in isolation) 진행하는 것이 아니라 소련의 팽창주의로 인해 제기되는 위협이라는 국제적 문맥 속에서 고려한다는 원칙이었다.[88]

이러한 내부 조정을 거친 결과로 추측되나 5월 1일부터 시작될 영연방 작업회의와 관련해 영국 외무성은 4월 29일 영국정부로서의 기본 방침을 수립했다. 그것은 소련이 만일 일본의 인적, 공업적 능력을 지배하게 되면 세계의 전략적 균형은 깨지고 민주국가들에게 중대한 장애(grave detriment)가 될 것, 그러한 사태는 미국의 군사점령이 계속되는 동안은 어느 정도 막을 수 있으나 점령이 안겨 주는 일본인의 정서(Japanese ideology)의 변화를 고려할 때 완벽하지 않을 것, 현재 그러한 변화가 일어나고 있다는 징후는 없으나 계속되는 점령에 의해 주어지는 열등한 지위로서의 연장은 일본인의 불만을 고조시킴으로써 점령이 오래 계속될수록 궁극적인 해결이 어려워진다는 것, 그리고 일본 문제의 본질은 일본을 하여금 어떻게 소련의 영향 밖에 머무르게 하고 민주국

---

87) "untitled", FJ1021/26, "Japanese Peace Treaty", YD-127, 1950, Reel no.3, rp.3.

88) "Japanese Peace Treaty-Commonwealth Working Party", FJ1021/45, "Japanese Peace Treaty: Commonwealth Working Party", YD-127, 1950, Reel no.3, rpp.105~106.

가들과 자주적으로 협력하는 완전한 주권국가로 이행시킬 것인가 하는
것들이었다.[89] 평화조약 기초를 위해 보다 구체적으로 대응하기 시작한
영연방 작업회의의 가동에 즈음하여 영국도 미국이 제기하던 대소봉쇄
정책이라는 문맥 속에서 가능한 한 조기에 평화조약을 기초할 것을 결
심한 것이었다.

5월 1일부터 17일까지 이어진 영연방 작업회의의 논의는 기본적으
로 회의 개최 이전에 영국 외무성이 굳혀 있었던 기본 방침대로 진행
되었다.[90] 작업회의는 일본에 대한 대처 방안으로서 평화조약 체결, 현
상유지, 군사점령하에서의 잠정적인 통제 완화 등의 선택이 있으나 그
가운데 가능한 한 조기 평화조약 체결이 바람직하다는 인식, 그리고 안
전보장 문제에 관해서도 일본으로부터의 위협과 일본 자체의 안전보장
이라는 2가지 과제가 있으나 이들은 밀접하게 얽힌 문제로서 결국 민
주국가들의 안전보장에는 일본의 공업이나 인적 능력이 소련의 지배하
에 들어가지 않도록 하는 것이 가장 핵심적인 문제가 된다는 인식들을
교환했다. 그 내부에 호주나 뉴질랜드 같이 당시 일본의 군사적 위협이
다시 부활할 것을 강하게 우려하던 국가가 있음으로써 대일 유화적인
대응에 일부 의구심을 가지고 있었던 영연방 역시 미국이 추진하려 한
대일 보호와 부흥을 위한 평화조약 기초에 사실상 동조할 것을 결정한
것이었다.

영연방 작업회의는 기타 영토 조항에 관해서도 합의를 봤다. 그들 합
의 내용은 일본의 주권을 혼슈 등 4개 주된 지역에 한정하고 기타 수많

89) "THE LONDON CONFERENCE MAY 1950: UNITED KINGDOM
DELEGATION BRIEF no.28", FJ1021/62, "The London Conference, May
1950: Brief on Japan", YD-127, 1950, Reel no.4, rpp.36~38.
90) 이하 영연방 작업회의의 논의 기록은 "COMMONWEALTH WORKING
PARTY ON JAPANESE TREATY, 1st MAY TO 17th MAY, 1950", FJ
1021/75, "Commonwealth Working Party on Japanese Peace Treaty", YD-
127, 1950, Reel no.4, rpp.94~98에서 정리.

은 인근의 제소도의 귀속은 평화회의에서 결정할 과제로 삼는다는 것, 일본이 할양(cede)할 지역의 처분은 평화조약 자체에서는 다루지 않고 단지 일본에게는 그들 할양 지역에 대한 모든 청구권(claims)을 포기하게 한다는 것 등이었다. 특히 후자의 원칙은 주목할 만한 방침 표명이었다. 사실상 소련과 중국공산당정부의 존재를 상정하면서 합의된 이 방침은 일본에게 포기하게 하는 지역의 귀속을 조약상 명시하지 않고 정세에 따라서는 다른 귀속조차 가능케 하는 처분의 자유도를 확보하려는 뜻을 담은 것이었다. 물론 이는 냉전 체제에 대한 대응을 고려한 결과였다. 그러나 대일 처리 문제와 관련해 이러한 냉전 체제에 대한 대응 목적으로 논의가 진행된 영연방 작업회의에서는 '광복성 여부' 등 한반도 독립의 성격을 결정하는 것과 관련된 문제가 들어가는 틈은 애초 없었다.

2) 덜레스 초안의 작성과 대한민국의 지위 강화의 의미

영연방이 미국의 방침에 적극적으로 동조하는 입장을 굳혀 가는 가운데 미국에서는 이후 평화조약 성사의 주역이 되는 덜레스(John F. Dulles)가 1950년 4월 국무장관 고문으로 취임했다. 냉전 체제에 대한 대응책으로서 조기 강화에 반대하고 일본을 계속 점령하에 둘 것을 주장하는 국방성 등의 존재로 인해 탄력을 좀처럼 얻지 못했던 미국정부 내부에서의 평화조약 기초의 움직임도 이것을 계기로 강한 추진력을 얻었다. 6월 덜레스는 일본과 한국을 방문했다. 바로 그 방문을 기다렸다시피 한국전쟁이 터졌다. '냉전'으로부터 '열전'으로의 전환은 장기적인 각도에서 일본을 동맹국으로 하고 군사기지로서 활용하는 것이 절실하다고 판단한 미국정부의 등을 한층 더 조기 강화로 밀고 갔다. 계속된 점령보다 조기 강화로 인해 일본 국민의 지지를 얻는 것이 장기적으로 보다 중요하다는 덜레스 등의 국무성 측 외교 판단이 미국정부 내부에서 보다 힘을 얻게 되었기 때문이다.

　그러나 냉전 체제의 격화는 오직 일본의 지위만을 강화한 것도 아니었다. 미국은 한국전쟁이 터지자 세계적인 공산주의 팽창에 대한 영향을 차단하기 위해 한국 방위에 나서는 길을 선택했다. 이에 따라 평화조약은 일본의 보호와 더불어 한국의 지위 역시 격상시켜야 할 과제를 안게 되었다. 한국 역시 미국에 대해 평화조약에 대한 한국의 이해관계를 강조했었다. 1950년 4월 3일 장면 주미 대사는 러스크(Dean Rusk) 극동 문제 담당 국무차관보와 가진 회담에서 한국이 일본의 억압(oppression)의 주된 희생자의 하나임을 호소하면서 평화조약에 사활적인(vitally) 이해관계가 있음을 강조했다.[91] 이러한 추세에 맞게 실제 1950년 만들어진 평화조약 초안은 단지 한국을 연합국으로 받아들이고 있었던 1949년 12월 29일자 초안의 내용을 넘어, 대한민국의 지위를 보다 강화하는 성격을 한층 더 뚜렷이 나타냈다. 그러나 이 '강화'는 어디까지나 북한에 대한 지위 강화의 의미로서 그랬지, 일본에 대한 지위 강화를 뜻한 것은 아니었다.

　국무장관 고문으로 취임하고 사실상 평화조약 기초의 책임자가 된 덜레스는 1950년 여름쯤 스스로 평화조약 초안 작성에 나섰다. 이하 보는 일련의 덜레스 초안[92]은 연합국으로서 서명하는 국가들을 직접 명시하지 않음에 따라 한국의 연합국 참가 여부 자체는 직접 조문을 통해 확인할 수 없다.[93] 그러나 이하 보는 1951년 3월 23일자 미국 시사적

---

91) "Memorandum of Conversation, by the Office in Charge of Korean Affairs (Bond)", *FRUS 1950 Volume Ⅶ Korea*, p.42.

92) 장박진, 앞의 책, 2014, 제3장 각주 37) 등에서도 이미 지적했으나 1950년 8월 무렵 작성된 초안들을 덜레스 초안으로 부르는 것은 그들 초안이 "덜레스에 의한 대일평화조약 초안"이라는 문서군 안에 소장되어 있는 점에 근거한 것이다. 실제 이하 8월 7일, 11일, 17일의 초안들은 각각 Japan Treaty Draft by Mr. Dulles, YF-A10, Box no.1, Folder no.2, Reel no.7(Japan Treaty Draft by Mr. Dulles), rpp.416~440에 수록되어 있다.

초안까지 한국의 연합국 참가는 그대로 유지되어 있었으므로 이 시기
한국이 연합국에서 다시금 배제되어 있었다고 봐야 하는 이유는 전혀
없다. 덜레스가 그 작성에 직접 관여한 8월 7일 초안은 그 제4장 제4조
에서 한반도 독립 문제를 다루었다. 그 문안은 다음과 같았다.[94]

> Japan recognizes the independence of Korea and will base its relation
> with Korea on the resolutions adopted by the United Nations Assembly on
> December_, 1948(일본은 한반도 독립을 승인하고 1948년 12월 _, 유엔총
> 회가 채택한 결의에 기초해 한반도와의 관계를 설정한다).

즉 이 초안은 한반도 독립 문제와 관련해 일본에게 한반도의 독립을
승인하는 것뿐만 아니라 그 후 한반도와의 관계를 1948년 12월 유엔총
회에서 채택된 결의에 따라 설정할 것을 요구했다. 이 초안에서는
'1948년 12월'의 뒤에 비록 '12일'이라는 직접적인 날짜 표기는 없으나
덜레스가 명시한 그 유엔총회결의가 대한민국이 한반도에서 선거를 거
쳐 들어선 유일한 합법정부임을 의결한 1948년 12월 12일자 유엔총회
결의 195(III)호를 가리킨 것이었음은 쉽게 예상할 수 있다. 즉 덜레스는
한국전쟁 발발이라는 중대한 상황 변화를 맞이하면서 독립을 승인한 한
반도와의 향후의 관계를 대한민국에게만 한정할 것을 평화조약을 통해
일본에게 공약시키려 한 것이었다.

---

93) 덜레스 초안들과의 직접적인 관련성은 명시되어 있지 않으나 1950년 8월
  3일자로 서문 등이 정리된 초고에서는 연합국으로 서명하는 국가들이 명기
  된 가운데 한국(Korea)도 명시되어 있다. "DRAFT", YF-A10, Box no.3,
  Folder no.4, Reel no.10(Japanese Peace Treaty, Notes & Comments Intra,
  Department of State, Jan-Jun 1950), rp.586. 시기적으로 생각해도, 이것 역
  시 덜레스 등의 방침을 그대로 반영한 것으로 봐도 틀림없을 것이다.
94) 이 초안은 "Memorandum by the Consultant to the Secretary(Dulles) to the
  Assistant Secretary of State for Economic Affairs(Thorp)", *FRUS 1950 Volume
  VI East Asia and The Pacific*, p.1268에도 수록되어 있다.

이어 8월 11일자로 정리된 초안 중의 한반도 독립 조항에서는 비록 '1948년'이나 '12월'이라는 연호는 제외되었으나 유엔총회결의 후에 '한반도에 관한 안전보장이사회(Security Council with respect to Korea) 결의'가 추가되었다. 물론 이 '한반도에 관한 안전보장이사회 결의'가 북한에 의한 남침을 평화의 파괴라고 간주하고 가맹국 모두에게 유엔에 모든 지원을 할 것 등을 의결한 6월 25일자 안전보장의사회 결의나 유엔가맹국이 무력 공격을 격퇴하고 한반도의 평화와 안전을 위해 대한민국으로의 지원에 필요한 조치를 취할 것을 권고한 6월 27일자 결의 등을 뜻한 것은 의심의 여지도 없었다. 이는 독립 후의 한반도와의 관계를 대한민국에만 한정하는 근거로서 활용된 유엔총회결의를 더해 그 후 한국전쟁 발발에 따라 나오게 된 안전보장이사회 결의를 보완한 것이었다. 물론 이 보완은 일본이 침략을 감행한 북한과 향후 관계를 설정하는 것은 한국에 대한 지원을 결의한 유엔에 대한 배신행위임을 추가하면서 그 가능성을 한층 더 차단하기 위한 뜻을 담은 것이었다.

덜레스가 직접 그 작성에 관여한 것으로 추정되는 것들 중, 8월 17일 초안도 그 취지에는 변함이 없었다. 이 초안은 상기 11일의 초안이 '한반도에 관한 안전보장이사회 결의'로 한 구절을 '한반도와 관련해 유엔에 의해 취해진 행동(actions taken by the United Nations with respect to Korea)'으로 수정했다. 이는 안전보장이사회 결의에 근거하고 유엔군이 한국전쟁에 참전하고 있음을 상기하게 하는 규정이었다. 물론 이 역시 결국 침략을 감행한 북한을 제외할 것을 요구하려 한 점에서 11일의 초안과 그 취지는 똑같았다. 실제 그 후 9월 11일자로 정리된 초안에서도 한반도 독립 조항은 다시금 8월 11일 초안이 그대로 채용되어 있다.[95]

이와 같이 덜레스가 직접 관여한 이 시기의 초안들은 비록 그 표현에

---

95) "Draft of a Peace Treaty with Japan", *ibid.*, p.1298.

약간 차이가 일어나기는 했으나 그 이전의 초안들에는 없었던 규정들이 들어갔다. 그것은 모두 주권 회복 후의 일본이 독립한 한반도와의 관계를 다시 설정하는 데 있어서 대한민국만을 상대로 해야 한다는 일련의 제약 조건을 설정한 것이었다.[96] 물론 이들 제약 조건은 세계적인 냉전 체제의 격화에다 한반도에서는 실제 한국전쟁이라는 '열전'이 벌어지고 있는 비상사태를 반영한 결과였음은 의심의 여지도 없었다. 결국 그들은 모두 한반도와의 관계의 재개에 즈음하여 일본에 대한 제약 조건을 설정함으로써 향후 북한에 대한 대한민국의 지위를 격상시키려 한 덜레스의 정치적 의도가 담긴 것이었다.

이 시기 한반도 독립 조항을 대한민국의 지위 강화를 위해 작성하려 한 미국의 뜻은 다른 조문 구상에서도 그 흔적을 엿볼 수 있다. "과거의 일본 영토 처분에 관한 합의"로서 정리되며 일본이 평화조약에서 포기할 영토의 처분에 관한 원칙만을 정한 초고는 이하와 같이 조문화하고 있다.

> The Allied and Associated Powers agree that there shall be transferred in full sovereignty to the Republic of Korea all rights and titles to the Korean Mainland territory(연합국 및 관련국은 한반도 본토에 대한 모든 권리, 권원을 대한민국에게 완전한 주권이 행사 가능한 상황으로 이양시킬 것에 합의한다).

---

96) 단 8월 19일자로 작성된 초안에서는 단지 일본이 한반도의 독립을 승인하는 것만을 규정한 흔적도 있다. 그러나 이 초안은 그 서론에 해당하는 부분에서 조약은 다음과 같은 주제를 다룬다고 기술하고 있으므로 그 제시된 문장은 조문 자체라기보다 원칙만을 밝힌 것으로 보인다는 점, 또한 영토 조항뿐만 아니라 기타 문제에 관해서도 일부만 줄여 원칙만을 정리하고 있는 성격을 지니고 있는 점들로 미루어, 이 초안이 독립의 승인만을 기술한 것에 대해 그다지 무게를 둘 필요는 없어 보인다. "Draft 8-19-50", YF-A10, Box no.5, Folder no.10, Reel no.5(Top Secret within U.S. Government), rp.760.

이 초고는 정확한 작성 날짜가 불명이며 또 덜레스가 직접 관여한 초
안인지도 불명이나 '1950 ___'에 체결이라는 글자가 확인되므로 덜레
스 초안들이 기초된 전후에 작성된 것으로 풀이되는 것이다.[97] 이 초안
은 일본에게 직접 그것을 포기하도록 요구하는 방식이 아니라 연합국이
그에 합의한다고 규정한 점에서도 특징이 있으나 무엇보다 일본이 포기
하는 한반도에 대한 권리 등을 일절 대한민국에게만 이양시키도록 직접
적으로 규정한 점이 눈에 띈다. 한국정부의 지위를 향상하도록 꾸몄던
덜레스 초안들도 그 내용은 일본이 향후 한반도와의 관계를 설정하는
데 있어서 한국만을 상대로 하도록 규정하는 것에 그쳤다. 그러나 이
초안은 한반도 전체에 대한 주권을 대한민국에게만 귀속하도록 연합국
들이 합의한다고 명시함으로써 단지 일본을 넘어 국제적으로도 대한민
국만이 한반도에서 주권을 행사할 수 있는 유일한 국가임을 천명하려
한 것이었다. 물론 이는 이북 지역에서 북한 정권이 사실상 주권을 행
사하고 있는 상황을 고려할 경우 한반도에서의 한국의 지위를 노골적으
로 격상시키려는 그런 의도를 드러낸 것이었다.[98] 이러한 '노골적'인

---

97) "AGREEMENT RESPECTING THE DISPOSITION OF FORMER JAPANESE
    TERRITORIES", YF-A10, Box no.4, Folder no.6, Reel no.11(Miscellaneous,
    Department of State Material), rp.584~586.

98) 조문과 관련해 비록 'sovereignty'라는 개념을 쓰면서도 이 초안이 'the
    Republic of Korea in full sovereignty'가 아니라 'transferred in full sovereignty
    to the Republic of Korea'로, 즉 'in full sovereignty'를 대한민국에 직접 연결
    하도록 하는 것이 아니라 그 앞의 'transfer' 뒤에 삽입한 점은 주목할 만하
    다. 이는 미국이 평화조약까지 한반도에 대한 권리 등을 일본이 보유하고
    있다는 법 이론과의 정합성을 고려하면서 평화조약 발효 이전에 대한민국
    이 완전한 주권을 가지고 있다는 해석을 피하도록 꾸민 결과가 아닌가 추
    측된다. 실제 이 초안 제2조에서 규정된 소련에 관해서는 'the Union of
    Soviet Socialist Republic in full sovereignty'로 되어 있으며 그 차이를 느낄
    수 있다. 단 이 초안은 동시에 중국에 대해서는 한반도 관련 규정과 같이
    'returned in full sovereignty to China'로 하고 있으며 이 점에서는 의문이
    남는다. 추측건대 이것은 대륙에 이미 중화인민공화국이 건국되어 있었다

조문이 이 시기 구상된 것 역시 한국전쟁 발발 전후라는 비상사태를 그대로 반영한 결과였음은 의심의 여지도 없을 것이다.

물론 한반도와의 향후의 관계를 대한민국에게만 한정한다는 조문도, 또한 한반도에 대한 권리 등을 일절 대한민국에게만 이양시킨다는 조문도 그들을 국제사회에서 실제 그대로 밀고 나가는 것은 지나치게 자극적이었다. 그것은 소련 등의 공산주의 진영은 물론, 인도 등 중립적인 성향이 강했던 국가들을 자극하는 것뿐만 아니라 비록 자유주의 진영이라 할지라도 각 국내에서는 그에 강한 반대를 일으킴으로써 오히려 원활한 평화조약 체결에 방해가 될 수 있었다. 결국 이런 판단이 작용했을 것이다. 1950년 여름쯤 일단 구상된 이들 구상이 그 후 실제 미국 초안으로서 활용되는 일은 없었다.

그러나 이토록 한국의 입장을 거들어준 1950년 여름 무렵의 초안들도 병합의 비합법성을 인정하는 일은 없었다. 그런 점은 이들 초안에서도 직접 나타났다. 한반도에 대한 권리 등을 일절 대한민국에게만 이양하도록 규정한 초안은 비록 그에 연합국이 합의한다고 규정한 점에서는 특징이 있으나 결국 일본이 가지고 있었던 한반도에 대한 '모든 권리, 권원'을 이양시킨다고 규정한 점에서 상기 1949년 무렵까지의 초안들과 별다른 차이가 난 것은 아니었다. 그 이전의 초안에 있었던 '포기'이건 '이양'이건 일본이 합법적인 병합으로 인해 '포기' 또는 '이양'하는 권리 등을 가지고 있음을 인정한 점에서 똑같았다.

는 상황을 반영한 것이 아닌가 풀이된다. 즉 중국의 대표권을 둘러싸고 국제적 다툼이 이미 생기고 있었던 이 무렵, 조문상 'China in full sovereignty'로 하는 것은 그 시점에서 중국공산당정부를 주권국가로 인정한다는 해석 여지를 낳았다. 가령 'China'를 '중화민국'에 한정한다고 한들, 그것은 국제적으로 반발을 일으키는 데다 장래 중국공산당정부가 중국의 대표성을 강화할 경우에는 조문과의 정합성에 문제가 생길 수도 있었다. 그 이전의 초안에서는 같이 다루던 소련과 중국을 이 시기의 초안이 그 표현을 달리한 것은 이러한 사정이 작용했는지도 모른다.

이 점은 덜레스 초안들 역시 마찬가지였다. 덜레스 초안들은 그 이전의 초안들이 일본으로 하여금 한반도에 대한 권리, 권원을 포기하도록 되어 있었던 규정들을 일견 크게 수정하고 단지 한반도의 독립만을 승인하도록 규정했다. 이 무렵 왜 이와 같은 수정이 이루어졌는지, 자료적으로는 명확하지 않다. 8월 7일자 초안의 의미를 설명한 덜레스는 각종 정황이 대일 강화를 간소한 조약으로 추진하는 것이 바람직하게 하고 있다는 생각으로 그 초안을 작성했음을 전달하고 있다.[99] 독립 조항의 수정 역시 가급적으로 간소화하려는 그러한 의도로부터 영향을 받았을 가능성이 있다. 또한 후술하듯이 단지 권리 등의 포기만을 규정할 경우에는 일본이 주권을 포기한 후, 적어도 조문상은 한반도에 대한 주권이 누구에게 귀속될지, 그 소재 여부의 문제가 생길 수 있다는 과제가 존재했다. 이 시기 덜레스가 관여한 초안에서 독립을 승인하도록 하는 표현이 채용된 것이 이런 인식을 직접 반영한 결과였는지는 직접 증명할 수 없으나 이런 문제인식이 이미 작동했었을 가능성도 점쳐진다.

그러나 '권리 등의 포기'이든, '독립의 승인'이든 그들 규정이 모두 한반도에 대한 일본의 주권 보유, 즉 병합의 합법성을 전제로 했었다는 점에서는 별반 차이가 있는 것은 아니었다. 독립의 승인도 결국 병합조약에 따라 한반도에 대한 주권을 일본이 정식으로 가지고 있음을 미국이 인정하기에 일부러 독립에 대한 승인을 요구할 필요성을 인식한 것이었다. 실제 이하 보듯이 미국이 기타 국가들과의 조문 교섭을 위해 배포한 1951년 3월 23일자 미국 시사적 초안에서는 다시금 그 이전의 권리, 권원 포기 방식이 채용되었다. 병합의 합법성 여부 등에 대해서는 아무런 입장 차이도 없는 가운데 혹시나 '권리 등의 포기'와 '독립의 승인' 규정 사이에 그 문제에 대한 질적인 차이가 생긴다면 미국으로서도

---

99) "Memorandum by the Consultant to the Secretary(Dulles) to the Assistant Secretary of State for Economic Affairs(Thorp)", *FRUS 1950 Volume VI East Asia and The Pacific*, p.1267.

그런 표현의 수정은 쉽게 가할 수 있을 리는 없었을 터였다.

이와 같이 한국전쟁이 터진 무렵에 작성된 초안은 한국의 단순한 연합국 참가를 넘어, 보다 한국의 지위를 격상하려 했다. 그러나 그것은 모두 동서냉전 체제하에서 북한 정권에 대한 한국의 지위 격상을 목적으로 한 것이었지, 일본과의 관계에서 병합과 독립의 의미를 수정하려는 것과는 전혀 무관했다. 실제 이와 같은 뜻은 훗날 한국의 연합국 참가에 대한 이해를 일본에게 구하려는 과정에서 덜레스가 직접 밝혔었다. 후술하듯이 덜레스는 1951년 4월 23일의 일본과의 교섭 자리에서 한국의 연합국 참가에 반대한 요시다(吉田茂) 수상을 설득하면서 그것이 한국정부의 지위 강화를 위한 것임을 밝혔다. 물론 그 자리에서 덜레스가 말한 '지위 강화'는 대북한을 염두에 둔 것이었지, 일본에 대한 것은 아니었다. 이 점은 바로 같은 설득 작업 속에서 덜레스 자신이 한국의 지위 강화 문제와 관련해 일본정부도 같은 의견일 것이라고 생각한다고 발언한 점을 통해 충분히 헤아릴 수 있다.[100]

이렇듯 한국인의 국민감정이나 미국에 대한 반발 등의 정치적 배려로 인해 가능케 된 한국의 연합국 참가는 이번에 냉전 체제에 대한 대응이라는 조건이 겹쳐 한층 더 그 가능성이 높아졌다. 그러나 냉전 체제의 격화에 따른 한국의 지위 강화 역시 전시 중의 정식 교전 관계 인정 등 병합의 비합법성을 확정하는 과제로 이어지는 논리를 내포한 것은 아니었다. 원래 병합의 합법성 여부는 남북을 가리지 않는 문제였다. 따라서 북한에 대한 한국의 지위를 격상하려는 의도에서 작성된 초안들이 그런 문제를 반영할 리가 없었다.

1950년 9월 14일 트루먼 대통령은 대일 강화에 관해 극동위원회 참가국들과 향후의 진행 방법에 관해 비공식적인 토의를 개시할 것을 발

---

100) 「吉田・ダレス會談(第2回)」, 外務省編, 『日本外交文書 サンフランシスコ平和
條約對米交涉』, 2007, 408쪽. 이하 이 문서는 『對米交涉』으로 약기한다.

표했다.101) 이에 따라 평화조약 기초가 세계적으로도 가시화되었다. 그 무렵, 일본 외무성은 "대일평화조약 상정 대강"을 작성, 연합국이 제출해올 것으로 예상한 평화조약의 내용을 정리했다.

그 가운데 외무성은 영토 조항과 관련해 한반도에 관해서는 다시 "조선을 독립하게 한다"고만 상정했다.102) 이는 물론 전후 직후부터 일본정부가 계속 예상했던 내용이었다. 또한 외무성은 같은 문서 중의 "정치 조항" 속에서도 "조선의 주권 및 독립의 존중의 규정이 설정될 것은 틀림없다"고 적었다. 이는 물론 평화조약 발효 후에 일본이 병합조약에 기초해서 한반도에 대한 주권을 주장할 것을 차단하는 조항이 들어갈 것을 의식한 것이었다. 그러나 이러한 예상 역시 병합조약에 따라 평화조약까지 일본이 한반도를 영유하고 있다는 인식을 자명의 전제로 한 것이었다. 전후 직후부터 일본은 패전국으로서 카이로선언 등의 규정에 따라 한반도가 독립할 것 자체는 일찍부터 수용했었다. 그런 일본이 보인 이런 인식은 평화조약 기초가 국제적으로 가시화되는 시기가 되어서도 연합국이 추진하는 한반도 독립 문제에는 기본적으로 변화가 없다고 예상하고 있었음을 뜻했다. 즉 외무성에게 연합국이 추진하는 한반도 독립 문제라고 함은 한반도를 그냥 독립하게만 하는 문제에 불과했다. 다시 말해 병합의 책임을 추궁하는 등 새로운 규정들이 들어갈 문제로 변질될 수도 있다는 등의 가능성은 계속 고려하지 않던 것이다.

바로 이와 같은 외무성의 예상은 그대로 공식화되었다. 11월 24일 미국정부는 "대일평화조약에 관한 합중국의 7가지 원칙 제안"을 발표했다.103) 그 셋째 원칙으로 제안된 영토 처리 가운데 미국은 한반도 문제

---

101) 「對日講和問題に關する情勢判斷」, 위의 문서, 3쪽.
102) 「對日平和條約想定大綱」, 『準備對策』, 521쪽.
103) "SEVEN POINTS PROPOSAL ON JAPANESE PEACE TREATY MADE BY U.S.", 『對米交涉』, 94~96쪽.

와 관련해서는 단지 '한반도의 독립을 승인'하게 하는 것만을 천명했다. 이는 기정사실로 되어 있었던 전후 한반도의 독립을 다시 확인하는 것 이상의 의미를 부여한 것은 아니었다. 트루먼 대통령의 발표로 인해 드디어 평화조약의 공식 기초가 예상된 이 시기, 한반도 독립 문제는 실제로는 이미 이루어지던 독립을 다시 조약을 통해 추인하는 문제에 집약되었을 뿐이었다. 거꾸로 말해 실제 독립이 이미 이루어졌음에도 굳이 조약을 통해 그것을 다시 확인하도록 하는 방침을 밝힌 그 '7원칙'은 병합조약의 법적 효력으로 인해 1948년의 대한민국 건국만으로는 독립이 법적으로 완성된 것이 아님을 여실히 드러내는 증거였다.

단 미국이 제시해올 것으로 예상한 영토 조항 문제와 관련해 일본 외무성은 "한국이 대일평화조약의 서명국이 될 것을 주장할지도 모르나 이것은 실현되지 않을 것"[104]이라고 적었다. 물론 이 지적은 대한민국 건국 후 한국정부가 보인 대응 등을 의식한 결과였을 것이다. 한국은 건국 전후부터 내외를 향해 평화회의 참가를 공식화했었다. 또한 같은 해 11월 20일에는 장면 주미 대사가 워싱턴에서 러스크 차관보를 방문하고 평화조약에서는 한국에게 발언권(a voice)이 주어질 것을 다시 당부했었다.[105] 비록 점령하에 있었다고 한들, 일본 역시 이들 일련의 한국정부의 동향을 모를 리 없었다. 기록은 한국이 바라는 평화조약 서명이 왜 실현되지 않을 것이라고 외무성이 전망했는지, 그 이유를 직접 대지는 않았다. 그러나 그 전망이 결국 병합조약에 따라 한반도가 일본의 영토였던 만큼 한일 관계가 교전 관계일 수는 없었고 또한 교전 관계도 아닌 한국이 연합국으로서 평화조약에 서명하게 될 리가 없다고 확신하고 있었던 것에 기초한 것이었음은 틀림없을 것이다. 일본은 이 시기 미국 내부에서 자리 잡아가고 있었던 한국의 연합국 참가 방침을

---

104) 「對日平和條約想定大綱」, 『準備對策』, 523쪽.

105) "Memorandum of Conversation, by the Acting Officer in Charge of Korean Affairs(Emmons)", *FRUS 1950 Volume Ⅶ Korea*, p.1200.

아직 몰랐음을 알 수 있다.

그러나 상술한 바와 같이 연합국 참가를 허가한 미국의 의도 역시 전시 중의 대일교전 관계를 공식으로 인정한 것과는 무관했다. 물론 병합이 비합법이어서 한국인이 전시 중에 이미 주권을 가지고 있었음을 시인한 것도 아니었다. 아니, 그 이전에 병합의 합법성 여부 문제 따위를 평화조약 기초와 관련되는 과제로 의식한 일 자체가 단 한 번도 없었다. 그 의미에서 한국을 연합국으로 받아들이기로 한 미국의 방침 역시 적어도 병합의 비합법성을 확정하는 과제 등과 관련해서는 평화조약 서명을 '실현되지 않을 것'으로 예상한 일본정부의 견해와 별반 차이가 나는 것은 아니었다.

Ⅲ 평화조약 제2조 (a)항의 확정

1 1951년 3월 23일자 미국 시사적 초안의 제시

1) 연합국 참가 문제에 대한 한·미·영의 입장 차이

평화조약의 기초가 구체화되어가는 가운데 한국은 연합국 참가를 실현시킬 것을 최대 목표로 미국과 영국에 대한 외교전을 펼쳤다. 1951년 1월 17일 장면은 주말 귀국하게 될 것을 전하면서 워싱턴에서 러스크 차관보들을 만나 평화회의 참가에 대한 한국 측 강한 의지를 다시 밝혔다.106) 장면은 주로 배상 권리 획득 문제를 염두에 두면서 한국정부의 입장이 단지 참가를 '요청(request)'하는 것이 아니라 평화조약 교섭에서 목소리를 낼 권리가 있다는 것이라고 강조했다. 또한 장면은 만약에 그

---

106) "Memorandum of Conversation, by the Officer in Charge of Korean Affairs (Emmons)", *FRUS 1951 Volume Ⅶ Korea and China, part 1*, p.97.

권리가 인정되지 않을 경우에는 '통상우호조약' 같은 것이 아니라 별도로 '평화조약'을 체결할 것을 희망하고 있다고 밝혔다. 즉 한국은 일본과 교전과 같은 분쟁 관계를 처리하는 입장에 있음을 밝힌 것이었다. 장면이 그 주된 근거로 내세운 존재는 임시정부였다. 장면은 그 자리에서 일본의 점령(occupation) 중에 존재한 임시정부가 일본의 한반도 점령의 결과로서 합법적인 배상청구권을 가지고 있다는 것이 현재 한국정부의 입장이라고 전했다.

회담 기록은 그 자리에서 장면이 한국과 일본이 교전 관계에 있었음을 공식 승인할 것이나 병합이 비합법이었다고 인정하고 그 권리에 기초해 평화조약에 참가할 것을 요청한 사실이 있다고 직접 적은 것은 아니다. 그러나 보통 교전 관계의 청산을 뜻하는 평화조약의 체결이나 '점령'에 대한 배상청구권 운운에 언급한 장면의 말들이 병합이 비합법이었으며 따라서 그에 기초해 한국인은 비록 망명정부였으나 임시정부라는 대표정부를 가졌고 그리고 그 주권에 따라 임시정부가 일본과 교전 관계에 있었다는 것이 한국정부의 입장임을 전한 것이었음은 틀림없을 것이다. 이 의미에서 장면은 일단 그 자리에서 연합국 참가 문제와 관련해 병합의 비합법성 문제를 간접적으로나마 제기한 것으로 풀이할 수 있다.

장면이 밝힌 한국정부의 이런 입장에 대해 러스크는 한국이 받을 배상이 결국 미국의 납세자가 내는 세금으로 충당되게 될 것이라는 등의 우려를 나타내면서 한국의 추가적 배상 취득에는 부정적인 생각을 일단 나타냈다. 그러나 평화조약 참가 문제에 대해서는 아무런 언급도 하지 않았다. 물론 그것은 한국의 연합국 참가를 지지하는 것을 직접 뜻한 것은 아니었다. 그러나 상기한 바와 같이 국무성은 적어도 1949년 12월부터는 한국을 연합국에 참가시키도록 정했었다. 또한 사실상 평화조약 기초의 최고책임자에 취임한 덜레스 역시 그 방침을 유지하고 있었다.

따라서 한국의 연합국 참가 예정을 당연히 알고 있었을 터인 러스크 등이 그 문제에 대해 직접 아무런 반응도 하지 않았다는 것은 그것을 거절하려는 뜻이 아니라 오히려 묵인하는 뜻을 나타낸 것으로 봐도 무방할 것이다.

실제 미국의 한국 연합국 참가 방침은 그 후 직접 다시 확인되었다. 러스크와 워싱턴에서 회담을 가진 장면은 그 약 1주 후인 1월 26일에 그 귀국길 도중 도쿄에서 덜레스와 회담을 가졌다.[107] 그 자리에서 장면은 한국의 평화조약 참가가 권리의 문제이며 탄원(plead)이 아니라는 이승만 대통령의 말을 전하면서 평화조약 참가를 거듭 요청했다. 이에 대해 덜레스는 한국의 참가는 미국의 변함없는(always) 입장이었으며 평화조약 문제와 관련해 극동위원회 참가국 대부분들과 같이 한국정부와도 충분이 논의하는 기회를 가져왔다고 답했다. 덜레스는 한국의 평화조약 참가 자체를 적극 지지하는 입장을 재확인한 것이었다.

그러나 덜레스가 한국의 연합국 참가를 지지하는 그 의도는 물론 다른 곳에 있었다. 덜레스는 한국의 이익을 보호하려는 미국의 의도가 틀림없다는 것을 보충하기 위해 지금까지 평화조약과 관련해 미국이 취해온 교섭 방식과 관련시키면서 그 의도를 다음과 같이 설명했다. 즉 덜레스는 미국이 다국 간 교섭이 아니라 두 나라 간 교섭 방식을 취해온 것은 만약에 한반도(Korea)나 중국이 교섭에 참가한다면 북한이나 중국 공산당정부(Chinese Communist Regimes)가 되어야 한다고 주장하는 어떤 국가의 기회를 뺏기 위한 것이라고 장면에게 설명했다. 그리고 덜레스는 앞으로도 미국은 평화회의에는 한국만이 참가하는 것을 지지한다고 덧붙였다.

물론 이 답변은 직접적으로는 평화조약 기초의 절차에 관한 것이었

---

107) "Memorandum of Conversation, by Mr. Robert A. Fearey of the Office of Northeast Asian Affairs", *FRUS 1951 Volume VI Asia and the Pacific, Part 1*, p.817.

다. 그러나 그것은 동시에 한국의 평화조약 참가를 밀고 나가려는 덜레스의 참뜻을 여실히 드러낸 것이기도 했다. 즉 덜레스는 평화조약 기초와 관련해 다국 간 교섭 방식을 취할 경우에는 형식적으로 연합국인 소련이 참가함에 따라 공산주의 진영의 영향력이 확대될 것이며 미국은 그것을 막기 위해 관련 당사국들과 각각 단독으로 교섭하는 방식을 취해 왔다고 설명한 것이었다. 이는 한반도의 경우에는 같은 식민지 지배를 받은 이북 지역을 배제하고 남한만을 평화조약에 참가시키기 위한 교섭 전략이었다. 이는 물론 한국을 평화조약에 참가하게 하는 의도가 동서냉전을 배경으로 한반도에서의 한국정부의 지위를 강화하는 곳에 있음을 뜻했다. 다시 말해 이는 도쿄회담에 앞서 워싱턴에서 장면이 러스크에게 밝힌 한일 간의 교전이나 점령 관계를 덜레스가 인정하고 그것을 한국을 평화조약에 참가하도록 하는 근거로서 받아들인 것이 아니었음을 의미했다. 비록 결과적으로 평화조약으로의 참가에서는 일치한들, 그것을 둘러싼 한국과 미국의 참뜻은 확실히 엇갈리고 있었다.

그러나 비록 그 목적이 무엇이건 간에 이 시기까지 한국의 평화조약 참가 자체는 그나마 인정했었던 미국과 달리 영국의 자세는 훨씬 냉철한 것이었다. 1950년 12월 11일 윤치창 주영 대사는 평화조약 참가 문제 토의를 위해 영국의 베빈 외상을 방문하고 한국의 참가 실현에 대한 협력을 당부했다. 베빈 자신이 회담 내용을 전하기 위해 주한 영국 관계자에 보낸 전문 기록에 따르면 그 자리에서 윤치창은 한국이 평화조약에 사활적인(vitally) 이해관계를 가지고 있으며 한국은 이제 민주국가로서 극동에서 공산주의에 반대하는 민주 진영 강화를 위해서 새롭게 민주국가가 될 일본과 친밀하고 우호적인 관계를 구축할 것을 바라고 있다고 발언했다. 기록상 윤치창은 한국의 대일 교전국으로서의 인정이나 그것을 가능케 하는 병합의 비합법성 등을 적어도 직접으로 평화조약 참가의 근거로 내세운 것은 아니었다.

그러나 이런 '억제적'인 협력 요청에 대해서도 베빈 외상은 원칙적인 입장으로 맞섰다. 베빈은 영국정부로서는 한국은 어떤 평화조약이든 간에 그에 관계할 수 없다고 인식하고 있으며 법적으로 근거가 있는 (legitimate) 한국(Korea)의 이해관계는 고려하나 한국의 법적지위는 참가를 어렵게 하고 있다고 말했다. 즉 베빈은 재산 처리 문제 등을 염두로 두면서 관련국으로서 그 이해관계가 얽히는 사항에 관해서는 그 처리를 평화조약에서 규정하도록 할 가능성만큼은 인정했다. 그러나 한국의 법적지위는 평화조약 참가 자체를 허락받는 조건을 충족하고 있지 않는다고 답변한 것이었다. 베빈은 그 이유를 서슴없이 밝혔다. 베빈은 평화조약을 기초하는 주된 국가는 군이 일본과 싸우고 있었던 국가가 되어야 하며 교전 관계가 종료되기까지 일본의 일부였던 한반도에는 그 자격이 없다고 말했다.[108] 즉 베빈은 병합조약으로 인해 한반도는 정식으로 일본의 일부가 되어 있었으며 따라서 한국이 법적으로 대일 교전국이 될 수 있을 리 없다는 원칙적인 입장을 직접 천명한 셈이었다.

베빈이 밝힌 이러한 견해는 결코 베빈 외상 개인의 사고방식을 나타낸 것이 아니었다. 그 배경에는 영국 외무성이 조직적으로 진행한 것으로 풀이되는 법률적인 검토가 작용했었다. 피츠모리스 법률고문으로부터 한국의 평화조약 참가 문제의 검토에는 이탈리아평화조약 시의 비교전국가의 참가 사례가 참고가 될 수 있다는 조언을 받은 매독스(A F. Maddocks)는 "한국과 대일평화조약"이라는 문서를 작성했다.[109] 매독스는 이탈리아평화조약 기초로 이어진 1945년 9월부터 10월에 걸쳐 개최

---

108) "CONVERSATION BETWEEN THE SECRETARY OF STATE AND THE KOREAN MINISTER: Participation of the Government of Korea in the Signing of a Japanese Peace Treaty", FJ1021/214, "Record of Conversation between Mr. Bevin and the Korean Minister at which the signing of a Japanese peace Treaty was discussed", YD-127, 1950, Reel no.4, rp.55.
109) 이하 매독스가 검토한 내용과 그에 대해 피츠모리스가 제기한 의견들은 "Korea and a Japanese Peace Treaty", ibid., rpp.50~53.

된 런던 외상회담, 1945년 12월의 모스크바 3국 외상회담, 그리고 1946
년 7월부터 10월까지 파리에서 개최된 21개국 회담 등을 분석하면서
이탈리아평화조약이 기본적으로 이탈리아와 실제 교전 관계에 있었던
국가에 의해 기초되었다고 확인했다.

특히 이 과정에서 주목된 것이 한국의 지위와 유사한 알바니아의 존
재였다. 알바니아는 유럽 전선이 터지기 전인 1939년 4월에 이탈리아에
의해 점령당했으며 망명 지도자 역시 영국이나 연합국으로부터 정부 승
인을 받지 못했다. 결국 알바니아는 독일 항복 후에 독립을 회복했다.
그러나 이러한 지위에 따라 알바니아는 이탈리아와 실제 교전하던 21
개국으로서 평화회의에 참석하지 못했으며 단지 회의에서 의견을 표명
하기 위해 초대만을 받은 것에 그쳤다. 또한 조약에 서명하지 않는 알
바니아 등을 위해서는 이탈리아평화조약 제88조에 의해 특별 조항만이
설정되었으며 알바니아 역시 그것을 수용했다. 매독스가 언급한 이탈리
아평화조약 제88조 '특별 조항'이라고 함은 교전국이 아닌 알바니아의
조약 가입 권리를 따로 인정한 규정이었다.

매독스는 이들 조사 결과를 정리하면서 한국의 평화조약 참가 문제
와 관련해서는 다음과 같은 결론을 냈다. 첫째, 한국(Korea)은 평화조약
교섭의 완전한 참가자가 되지 않아야 하며 또한 서명국이 되어서도 안
된다. 둘째, 다만 편의에 따라 한국정부의 의견을 평화조약에 반영하지
않아야 하는 이유는 없으며 또한 회의 시 의견 표명을 위해 한국정부를
초대하지 않아야 하는 이유 역시 없다. 그리고 셋째, 한국이 조약을 수
용할 수 있도록 몇 가지 조항을 평화조약에서 설정할 수 있다. 즉 이탈
리아평화조약 시의 사례를 연구한 매독스는 비록 한국을 정식 참가국으
로 받아들일 것은 부정했으나 한국을 옵서버로서 참가하게 하고 그 의
견을 듣거나 한국을 위해 관련 조항을 설정할 것은 가능하다는 결론을
내린 것이었다.

그러나 매독스에게 조사에 관한 조언을 준 피츠모리스 자신은 매독스가 내린 결론에 반드시 동의한 것은 아니었다. 피츠모리스는 매독스가 내린 첫째, 둘째 안에는 동의했다. 그러나 한국을 위해 평화조약에서 관련 조항을 설정하는 셋째 안에는 회의적인 시각을 드러냈다. 피츠모리스가 그 이유로서 거론한 것은 다음과 같은 것이었다. 즉 자신의 기억에서는 이탈리아평화조약에서 알바니아에 대해 그렇게 처우한 것은 원래 그렇게 하고 싶지 않았으나 소련을 달래기 위해 양보한 것이었다. 무엇보다 알바니아는 1939년부터 1943년까지 비교적 짧은 기간 동안만 이탈리아에 의해 지배당했을 뿐, 결코 분리된 국제적 주체(separate international entity)임을 멈춘 일은 없었다. 그에 반해 한반도(Korea)는 결코 국가가 아니었거나 적어도 오랜 기간 동안은 국가가 아닌 것이 의심의 여지없는 일본의 영토라는 지위(rank)에 있었다. 심지어 현재조차 충분한 국가인지 의심스럽다. 이들이 피츠모리스가 거론한 논점들이었다.

피츠모리스는 이렇게 생각하는 이유와 관련해 이탈리아평화조약은 알바니아에 대한 이탈리아의 주권 포기 조항을 포함하지 않았으며 기타 알바니아를 다른 국가로서 수립하는 조항도 없는 데 대해 이번 일본과의 평화조약에서는 일본이 한반도에 대한 주권을 포기하는 조항이 들어갈 것이며 그리고 한반도는 그에 따라 처음으로 정식으로 일본으로부터 분리되고 일본의 영토임이 멈추게 되는 지역이라고 말했다. 피츠모리스는 비교적 유사한 지위에 있다고 보이는 알바니아와 한반도도 자세히 그 경위를 살펴보면 그 지위가 다르다고 본 것이었다. 즉 피츠모리스는 알바니아는 비록 이탈리아에 의해 지배당했다고 하더라도 주권을 상실한 것은 아니었으며 또한 해방 후 신생국가로서 탄생한 것도 아니지만 한반도는 병합으로 인해 그 주권을 완전히 상실했으며 전후 대한제국과 관계없는 신생국가가 탄생한 지역에 해당한다고 보았다. 이 견해에 따라 피츠모리스는 매독스가 내린 첫째, 둘째 안은 좋되 미국이 강하게 요구하지 않는 한, 원래 평화조약과 전혀 무관한 한국에 배려해서 한국이 수용할 수 있는 조문을 평화조약에 따로 규정하도록 하는 방안까지 일부러 강구할 필요는 없다고 평가했다.

내부에서 진행된 이러한 준비 검토를 바탕으로 영국 외무성은 윤치창-베빈회담이 개최되는 그날 직전에 베빈 외상을 위한 상황 보고서를 작성했다.[110] "대일평화조약 서명에의 한국의 참가"라고 제목이 달린 그 보고서는 평화조약과 관련해 한국의 지위를 다음과 같이 설명했다. 즉 대일 교전국만이 평화조약에 서명할 것이며 한국은 1945년의 일본 항복까지 일본의 일부였으며 오히려 연합국과 교전 관계에 있었다. 미국은 평화조약에서 일본에게 한반도 독립을 승인하도록 제안하고 있으며 따라서 조약으로 한국의 존재가 확정되기까지 조약의 당사자가 될 수 없다. 한국에게 조약 서명의 권리가 없는 이상, 교섭 중 대표단을 파견할 수 없다. 또한 파악할 수 있는 한 패전국의 일부 지역에서 형성되는 국가가 그 패전국과 전승국 간의 평화조약 교섭에 관련한 선례가 없다. 보고서는 평화조약과 관련된 한국의 지위를 이와 같이 밝히면서 윤치창 대사와의 회담에 임하는 베빈 외상에게 다음과 같이 대응하도록 건의했다.

먼저 회담에서는 한국이 미국에게도 같은 요청을 한 것인지와 그 결과를 물을 것, 한국 대사가 영국정부에게 한국의 평화조약 참가를 고려할 것인가 여부를 물었을 경우에는 영국정부는 대일 교전국만이 평화조약에 서명할 권리가 있다고 생각하고 있다고 전할 것, 혹시 한국 대사가 한국이 평화조약에 관여하는 방법이 있는지 여부를 물었다면 그에는 검토하겠다고만 답할 것, 이들이 윤치창-베빈회담에 즈음하여 영국 외무성의 실무자가 마련한 외상 교섭 매뉴얼이었다.

---

110) FJ1021/215, "Participation by Korea in the signing of a Japanese Peace Treaty", YD-127, 1950, Reel no.4, rpp.67~69.

상기한 12월 11일의 베빈 외상의 답변은 이러한 영국 외무성의 조직적 준비를 바탕으로 둔 것이었다. 한국에 대해 이와 같이 밝힌 영국정부의 입장은 그 후 재외 공관에게도 전달되었다. 1951년 1월 무렵 영국 외무성은 각 재외 공관에 대해 다음과 같이 본국정부의 정식 입장을 지시했다. 한반도는 1910년 일본에 의해 병합되었으며 여전히 일본이 소유하고 있다. 한반도는 국제법상 평화조약이 발효되었을 때 비로소 완전히 독립하게 된다. 따라서 한국은 법적으로 평화조약의 당사자가 될 수 없으며 서명국이 될 수도 없다. 다만 이는 한국정부가 평화조약 교섭에 전혀 관여할 수 없다는 것을 귀결하지 않으며 합법적인 이해관계를 가지는 문제에 한해 평화조약 관련 조항에 관한 의견을 듣는 기회는 주어진다.111)

이러한 입장을 굳힌 영국은 선행연구들도 거론해온 바와 같이 후술하는 미·영 교섭에서 실제 한국의 연합국 참가를 추진하려 한 미국에 대해 정식으로 반대했다.112) 동서냉전 체제에 대한 대응으로서 그나마 한국을 연합국으로 수용하려 한 미국과 달리 냉전에 대한 대응을 목적으로 평화조약을 기초할 것에는 동의한 영국도 한국의 연합국 참가까지 인정할 필요성은 느끼지 않았다. 한국의 참가는 냉전 체제 속에서의 세력 다툼을 자유주의 진영에게 유리하게 이끄는 데 필수적인 변수도 아니었다. 실제 이 점은 한국의 연합국 참가를 한때 고려한 미국 자신이 그 냉전 체제가 계속하는 가운데서도 결국 한국을 제외하게 된 사실에 여실히 드러났다.

동서냉전 체제에 대한 대응을 목적으로 평화조약을 기초할 것에 합

---

111) "untitled", FJ1021/214, "Record of Conversation between Mr. Bevin and the Korean Minister at which the signing of a Japanese peace Treaty was discussed", YD-127, 1950, Reel no.4, rpp.63~65.

112) 한국의 평화조약 참가 문제에 대한 영국 측 입장에 대해 일찍 주목한 대표적인 논문으로서 金民樹, 앞의 논문이 있다.

의하면서도 한국의 연합국 참가에 부정적이었던 영국이 냉전하의 세력
다툼과 전혀 관계가 없는 '광복성 여부' 문제 등에 관심을 가질 리는 더
욱더 없었다. 무엇보다 영국은 세계 최대의 식민지 보유국이었다. 제국
주의적 질서 속에서 이루어진 병합과 통치는 그 질서를 선도한 영국에
게 애초부터 비합법일 수는 없었다. 또한 통치에 따른 고통이나 상처라
는 구 식민지국가들이 갖고 있었던 정서적인 요소 역시 대일 교전 처리
가 주된 목적이었던 평화조약에서 법적 처리의 대상이 될 리가 없었다.
평화조약 기초 작업이 막 시작될 시기에도 영국에게 한반도 독립 문제
라고 함은 전쟁의 결과 국제정치에서 종종 일어나는 영토 질서의 변경
을 조약을 통해 확정하는 문제 이상의 의미는 전혀 없었다. 심지어 비
록 자신의 문제라 하더라도 전쟁 중 일본의 일부로서 연합국과 교전했
었던 한국이 전승국인 연합국이 기초하는 평화조약에 참가하고 그것을
일본에게 직접 요구하는 주체가 될 수 있을 리는 없었다.

2) 평화조약 기초 교섭의 개시

1951년 1월 25일 평화조약의 기초를 위한 조정을 목적으로 덜레스가
일본을 방문했다. 덜레스 방일의 다음날인 26일에 미국은 덜레스의 수
석보좌관으로서 같이 수행한 앨리슨을 통해 일본에게 미·일 1차 교섭
의 의제를 제출했다. 미국이 제출한 의제들 가운데 영토 문제에 관한
과제는 "'일본국의 주권은 혼슈, 홋카이도, 규슈, 시코쿠 및 우리가 결정
할 제소도에 한정된다'는 항복 요구 선언을 어떻게 이행하는가" 하는
것이었다.[113] 이는 물론 포츠담선언 제8항을 그대로 제시한 것이었다.
냉전의 격화에 따른 대일 부흥 정책에 기대를 걸었던 일본에게 항복 요
구 선언에서 사용된 조항을 본격화된 평화조약 기초 교섭의 의제로서
그대로 제시한 미국의 자세는 뜻밖에 엄격한 것이었다. 그것은 일본의

---

113) "Suggested Agenda", 『對米交涉』, 172쪽(영문); 174쪽(일문).

영토를 연합국이 일방적으로 결정할 방침을 다시 통보한 것으로서 사실상 '교섭'을 위한 의제 제시도 아니었다.

그러나 일본에 대해 다시 엄격한 자세를 잠시 취한 미국의 이런 방침도 한반도 독립 문제에 대해서는 아무런 차이도 없었다. 26일에 미국이 다시 제시한 상기 의제는 혼슈 등, 4가지 주된 지역 이외에 결국 어느 도서까지 전후 일본의 영토로 할 것인가 하는 문제가 남았음을 시사한 것에 불과했다. 물론 독립하는 것이 결정되던 한반도가 이 과제에 포함될 리는 없었다. 거꾸로 말해 26일에 미국이 제시한 과제 설정은 한반도 독립 문제와 관련해서는 아무런 과제도 남지 않았음을 나타낸 것이나 마찬가지였다. 실제 본격적인 조문 기초 교섭에 즈음하여 잠시 엄격한 자세를 보인 미국도 '광복성 여부' 문제 등 한반도 독립의 성격을 결정하는 과거의 경위 따위를 교섭 과제로 제시하는 일은 없었다.

한편 비록 작은 도서들의 귀속 여하에만 영향을 줄 문제였다고 한들, 일본 영토를 연합국이 일방적으로 결정할 것을 통보받은 요시다 수상은 즉시 이에 대한 대응을 외무성에 지시했다. 요시다의 지시에 따라 27일 급히 "대처안"이 작성되었다. 그것은 <일반 원칙>과 <특정 사항>으로 구성되었다. 그 가운데 <일반 원칙>은 1950년 11월 발표된 "대일평화조약에 관한 합중국의 7가지 원칙 제안"에 언급하면서 그것이 일본에게 특별한 제한을 가하려 한 것이 아니라는 해석을 펴내면서 영토 문제에 관해서도 미국이 그 자세를 재고할 것을 희망한다는 뜻을 담았다. 일방적인 결정은 피하도록 간접적으로 요청한 셈이었다.

<특정 사항>은 요청 내용을 보다 구체화했다. 외무성은 그 문서에서 자신이 가지고 있는 관심이 포츠담선언 제8항 중의 '우리가 결정할 제소도'에 있음을 솔직히 토로하면서 원래 일본 영토였던 부분에 관해서는 모두 일본에게 그대로 귀속되도록 요망하는 방침을 일단 세웠다. 그 방침 아래 구체적으로 거론한 '원래 일본 영토'는 오키나와, 오가사

와라제도와 지시마열도였다.114) 그러나 그에 관한 요시다의 지시를 받
은 외무성은 최종적으로 지시마를 뺐다. 그 이유는 "지시마에 관한 요
망은 소련에 대해 요청해야 하는 것이며 미국에게 요청하는 것은 두서
가 맞지 않기 때문"이었다.115)

외무성은 이상의 조정을 거쳐 30일 "우리 측 견해"를 작성해 그것을
실제 덜레스와 맥아더에게 제출했다. 결국 미국에 대해 일본이 정식으
로 전한 희망 사항은 오키나와, 오가사와라에 관해 미국의 군사적 요구
에는 어떻게든 응하나 신탁통치가 해소될 때는 일본에 반환할 것 등,
그들 지역에 대한 일본의 잠재적 주권을 보장해 달라는 것이었다.116)
물론 이들 일본정부의 대응 과정에서 한반도 독립 문제가 거론되는 일
은 없었다. 26일에 미국이 제출한 토의 의제 속에는 한반도 독립 문제
에 관한 내용은 아무것도 없었다. 미국이 한반도 독립 문제에 관해 어
떤 추가적 논점도 제시하지 않았던 가운데서는 일본 역시 그 문제에 관
해 추가적인 대응을 할 필요는 없었다. 일본 역시 한반도의 독립 자체
는 일찍 수락했었고 또한 그에 따라 평화조약에서 그것을 승인하는 규
정이 들어갈 것은 충분히 예상했었다. 그런 일본에게 평화조약 기초와
관련해 미국으로부터 한반도 독립의 승인 문제 이상의 추가 제시가 없
는 이상, 그에 새로운 대응을 할 필요는 없었다.

30일에 일본이 제출한 "우리 측 견해"에 대해 31일 요시다와 회담을
가진 덜레스는 영토 문제는 항복 요구 선언으로 해결되었으며 영토 문
제를 일본이 제기하는 것은 불행하다(unfortunate)고 말하면서 일본의 기
대를 일축했다.117) 영토 문제는 전승국인 연합국이 일방적으로 결정한

---

114) 「平和條約の締結に關する調書 Ⅳ: 1951年1月~2月の第1次交渉」, 『日本外
    交文書 平和條約の締結に關する調書』第二册(Ⅳ·Ⅴ), 2002, 12~14쪽. 이하
    이 조서는 『調書』第二分册으로 약기한다.
115) 위의 조서, 18쪽.
116) 위의 조서, 22~23쪽.
117) 위의 조서, 35쪽.

다는 입장을 고수한 것이었다. 이러한 미국 측 태도에 대해 외무성은 "참으로 충격적이었다"고 증언하고 있다.[118] 이미 대일 유화 정책으로 돌아서고 있었던 미국이 이 시기 오키나와 등의 주권 문제에 대해 일본에게 유연한 반응을 보이지 않았던 배경에는 대소 전략을 내다보면서 일본 내 기지의 안정적인 확보를 주장한 국방성 등과의 조정이 끝나지 않았었던 것이 작용했을 가능성이 가장 크다. 구스노키(楠綾子)의 연구는 당시 일본을 방문한 덜레스에게 요구된 미국 측 과제의 하나가 오키나와 등의 일본 반환을 거부하고 그 지역에 대한 전략적 지배를 확보하는 것이었다고 밝히고 있다.[119]

영토 문제에 관해 미국의 적극적인 협조를 이끌어 내지 못했던 가운데 결국 일본은 미국과 사이에서 2월 9일 향후의 평화조약 기초의 뼈대를 정한 "가(假)각서"에 조인했다. 그 속에 담긴 영토 조항은 한반도(Korea), 타이완, 평후열도에 대해서는 모든 권리, 권원을 포기할 것, 오키나와를 비롯한 북위 29도 이남의 도서들에 대해서는 미국을 유일한 시정권자로 하는 유엔신탁통치로 할 것들만을 정했다.[120] 즉 평화조약 기초의 원칙을 정한 이 "가각서"는 일본이 강하게 바라던 오키나와 등에 대한 일본의 잠재주권을 명시적으로 인정하지 않았다. 그러나 국내조정 문제도 고려하면서 일본에게 비교적 엄격한 대응을 보인 이 "가각서" 작성 과정에서도 미국과 일본은 한반도 독립 문제에 관해서는 아무런 어려움도 없이 합의했다. 물론 이것이 가능했던 것은 미·일 양국이 한반도에 대해 일본이 정식으로 그 주권을 보유하고 있었으며 따라서 평화조약에서 남은 과제가 단지 그 주권의 포기를 확인하는 것뿐이라고 암묵적으로 합의하고 있었기 때문이었을 것이다.

덜레스 방일에 따른 1차 미·일 교섭을 통해 미국과 일본이 평화조약

---

118) 위의 조서, 38쪽.
119) 楠綾子, 『吉田茂と安全保障政策の形成』, ミネルヴァ書房, 2009, 130~133쪽.
120) "PROVISIONAL MEMORANDUM", 『對米交涉』, 267쪽(영문); 275쪽(일문).

기초에 관한 기본 원칙에 합의하게 된 2월 영국도 향후 미국과 본격적인 교섭을 전개하는 데 필요한 조문 작성 작업에 나섰다. 2월 24일 영국 외무성은 이제 평화조약에 관한 영국정부의 견해를 공식적으로 미국에게 전달하는 것이 중요하다 하면서 3월 중순쯤에는 정식으로 영국 초안을 보낼 것을 워싱턴, 도쿄를 비롯한 재외 공관에 전달했다.121) 이 초안 준비 과정에서 2월 말쯤 영국은 일단 '조잡한 예비 초안(a very rough preliminary draft)'을 만들고 재외 공관에 보냈다.122) "대일평화조약"으로서 지어진 그 '조잡한 예비 초안'에서 영국 외무성은 제7조 한반도 독립 조항을 다음과 같이 기초했다.123)

Japan hereby renounces any claim to sovereignty over, and all right, title and interest in Korea and undertakes to recognize and respect all such arrangements as may be made by or under the auspices of the United Nations regarding the sovereignty and independence of Korea(일본은 이로써 한반도에 대한 주권과 한반도에서의 모든 권리, 권원 및 이익을 포기하고 한반도의 주권과 독립과 관련해 연합국/유엔이 취하거나 그 감시하에서 이루어진 모든 조정을 승인하고 존중하도록 한다).

즉 이 영국의 예비 초안은 일본이 한반도에 대한 주권과 모든 권리, 권원, 이익 등을 포기하고 또한 주권이나 독립과 관련해 연합국/유엔124)

---

121) "Addressed to Washington telegram no.753 of 24th February", FJ1022/97, "Japanese Peace Treaty: Important that H.M. Government views on Peace Treaty as put by sir A. Gasciogne to Mr. Dulles should be conveyed officially as soon as possible to U.S. Government", YD-127, 1951, Reel no.2, rp.46.
122) "untitled", ibid., rp.58.
123) "JAPANESE PEACE TREATY", ibid., rp.103.
124) 이 '조잡한 예비 초안'에서는 아무런 설명도 없으나 한반도의 주권과 독립에 연결된 'United Nations'에 관해서는 전시 중의 '연합국'과 전후 그것을 기반으로 출범한 '유엔'의 양쪽이 포함된다고 판단했다. 카이로선언 등 원

이 취한 모든 조치들을 승인, 존중할 것을 요구했다. 이것은 '권리' 등
의 개념 이외에도 일부러 따로 '주권'에 직접 언급하고 있는 등 미국 초
안의 내용들과 비교해도 보다 엄격한 조문이었다고 평가할 수 있다. 그
러나 물론 사실상 주권에 속하는 권리, 권원, 이익을 다시 나열하고 또
한 그와 관련해 연합국/유엔이 취한 조치를 승인할 것을 강조해도 그들
규정이 모두 일본이 한반도에 대해 정식으로 주권과 그에 부속되는 권
리 등을 가지고 있음을 전제로 했었던 점에서는 미국 초안들과 아무런
차이도 없었다. 실제 이 영국 초안에도 소련, 중국 관련 영토 문제가 규
정된 제8조, 제9조 등에서는 미국 초안에서도 보인 '완전한 주권을 가
지고 있는(in full sovereignty)'이라는 어구가 각각 달렸으나 한반도 독립
조항에는 적용되지 않았다.

영국 외무성은 초안 완성 이전에도 자신의 공식 견해를 미국에게 일
찍 전하기 위해 3월 5일자로 워싱턴 대사관에 각서(Aide-Memoire)를 보
내면서 가급적 빨리 그것을 미국 측에게 설명하도록 지시했다. 이 각서
는 전전의 채무 문제 등 일부 합의되지 않은 부분을 남겼으나 기본적으
로 내각의 결정(ministerial decisions)을 본 것이었다.[125] 결국 12일에 덜

────────────

래 한반도의 독립과 관련된 조치를 취한 것은 물론 '연합국'이었으나 전
후 특히 1947년 가을에 한반도 문제가 상정되고 나서는 '유엔' 역시 한반
도 독립 문제에 직접 관여하게 되었기 때문이다. 특히 '감시'를 뜻하는
'auspices'가 동시에 사용되어 있는 점은 유엔 감시하의 1948년 5월 10일
에 치러진 남한 단독 선거 등을 짐작케 한다. 전시 중에 연합국이 취한
조치와 더불어 전후 유엔이 취한 조치까지 일본에게 승인하도록 규정한
그 이유는 엄격한 조문으로 할 것을 생각했던 영국으로서 평화조약까지는
한반도에 대한 주권이 일본에 남아 있다는 입장을 취하고 있었던 것과 관
련이 있는 것이 아닌가, 상상할 수 있다. 즉 전후도 일본이 한반도에 대한
주권을 가지고 있음을 인정한 영국에게 전후 유엔이 한반도 독립과 관련
해 취한 조치 역시 엄격하게 말해 법적으로는 모순되는 측면이 있음은 부
정하지 못했다. 따라서 교전 관계에 있었던 전쟁 중의 조치와 더불어 전후
국제사회가 취한 모든 조치 역시 아울러 일본에게 승인하도록 규정해 둘
필요가 있다고 일단 판단한 것이 아닌가, 생각할 수 있다.

레스에게 제출된[126) 이 영국 각서는 먼저 평화조약의 주된 목적이 일본을 평화지향적(peace-loving)으로 할 것에 있음을 밝혔다. 그것을 전제로 그 각서는 영토 문제에 관해 포츠담선언 제8항에 의거해 일본의 영토를 4가지 주요 섬과 인근의 작은 도서들에 한정할 것, 일본이 상실할 영토에 대해서는 청구권(claims)이나 권리를 모두 포기하는 일반적인 규정을 둘 것을 더해 각 지역에 맞는 추가 규정을 넣도록 요구했다. 영국이 요구한 이 추가 규정 중, 한반도에 대한 추가 규정은 "Japan should recognize the independence of Korea(일본은 한반도의 독립을 승인해야 한다)"는 어구를 둘 것이었다.[127) 후술하는 바와 같이 이는 기본적으로 최종 조문에서 채용된 표현 방식이었다. 그러나 물론 이 독립 승인 요구 규정 역시 병합의 비합법성이나 통치의 부당성을 확정하고 한반도 독립의 성격을 '광복'으로 정하는 과제와는 전혀 무관한 것이었다.

영국이 제출한 각서에 대해 미국은 가까운 장래에 시사적인 평화조약 초안(a suggested draft of a peace treaty)을 제출할 예정이라고 밝히면서도 그 이전에 영국 각서에 대한 예비 코멘트를 주기 위해 답신 각서를 14일 영국에게 제출했다.[128) 미국은 그 속에서 먼저 일본을 평화지향적인 국가로 한다는 영국이 제시한 평화조약의 성격 문제에 찬성의 뜻을 밝혔다. 이는 물론 미국이 주도하려 한 평화조약의 기본 테두리였다. 이어 미국은 영토 문제에 관해서도 영국이 제시한 일반적인 규정을

---

125) "untitled", FJ1022/108, "Japanese Peace Treaty: Formal Approach to United States Government", YD-127, 1951, Reel no.2, rp.16.

126) 12일에 제출되었다는 사실은 이하 본론에서 논할 영국 각서에 대한 미국의 답신 각서에서 확인할 수 있다.

127) "JAPANESE PEACE TREATY: Aide-Memoire for Presentations to the United States Government", FJ1022/108, "Japanese Peace Treaty: Formal Approach to United States Government", YD-127, 1951, Reel no.2, rp.20.

128) "JAPANESE PEACE TREATY: Aide-Memoire from United States Department of State, dated 14th March, 1951", FJ1022/141, "Japanese Peace Treaty: Department of State aide memoire" YD-127, 1951, Reel no.2, rp.86.

둘 원칙에 동의하면서 개별 문제인 한반도 조항에 관해서도 영국이 제
안한 "Japan should recognize the independence of Korea"라는 구절을 넣
을 것에 동의한다고 답했다. 물론 평화조약에서의 한반도 독립 문제가
일본으로 하여금 그 주권을 포기하게 하고 이미 건국되던 신생독립국가
를 승인케 하는 문제라고 인식했었던 미국에게 그 구절을 삽입하는 것
자체는 단지 표현상의 조정 문제 이상의 의미를 가진 것은 아니었다.
미국이 영국이 제시한 요구에 대해 쉽게 합의할 수 있었던 것은 한반도
의 독립을 승인케 하는 구절과 권리 등을 포기하게 하는 표현에 별로
질적인 모순이 생기는 일은 없다고 인식할 수 있었기 때문이었음은 틀
림없을 것이다.

그러나 미·영 사이에는 한국에 대한 대응에 이견이 남았다. 미국과
영국 사이에 상기 각서가 오간 무렵, 영국은 그들 각서를 둘러싼 움직
임 속에서 미국이 한국정부를 평화조약 교섭에 깊이 관여하게(in close
touch) 하려는 의도를 가지고 있음을 알아채고 한국의 안전보장도 거의
결여되고 있는 상황에서는 그것은 현명하지 않다는 방침을 내부적으로
다짐했다.[129] 원래 한국은 대일 교전국도 아니며 적어도 법적으로는 평
화조약에 의해 비로소 독립하게 된다고 간주했었던 영국에게 한국전쟁
으로 인해 한국의 존속조차 확정되지 않는 상황이 벌어지자 평화조약
교섭에 한국을 참가하게 하는 것은 더욱더 그 타당성을 결여하는 처사
라고 비쳤다.

그러나 미국은 이에 관해서만큼은 쉽게 물러서지 않았다. 미국은 이
미 영국에게 예고하던 시사적인 평화조약 초안을 23일자로 완성하고
관계 각국에 배포했다. 그러나 배포한 국가들 속에는 영국이 반대한 한
국도 포함되었다. 1949년 12월 한국을 연합국으로 받아들일 것을 결정

---

129) "MINUTES", FJ1022/134, "Japanese Peace Treaty: aide memoire containing
detailed reply to first aide memoire was handed to the Embassy by Mr.
Allison: copies following by Sug", YD-127, 1951, Reel no.2, rp.27.

하던 미국은 이 초안에서도 그 방침을 그대로 유지했었다. 그런 미국에게 비록 자문적인 지위라 할지라도 다른 연합국들과 같이 한국에도 초안을 제시하고 한국이 관계하는 일부 조항에 관해서만큼은 한국의 의견을 듣는 것은 당연한 일이었다.

'단지 시사적인 것만(Suggestive only)'이라는 부제를 단 23일의 "임시적인 미국의 대일평화조약 초안"(이하 미국 시사적 초안으로 약기)에서 미국은 한반도 독립 조항을 이하와 같이 짧막하게 기초했다.[130]

> Japan renounces all rights, titles and claims to Korea(일본은 한반도에 대한 모든 권리, 권원 및 청구권을 포기한다).

이 초안에서는 영국이 요구하던 "일본은 한반도의 독립을 승인해야 한다"고 하는 규정은 아직 삽입되지 않았다. 그러나 이는 23일 초안이 단지 시사적인 것, 즉 뼈대만 규정하는 수준에 그친 것이었다는 점에서 기인한 것으로 생각해도 큰 과오는 없을 것이다. 실제 1947년 무렵부터 초안을 구상하던 미국은 일찍 권리, 권원의 포기 방식을 채용하면서 그것으로 한반도에 대한 주권 포기, 즉 한반도 독립에 대한 승인으로 대용했었다.

또한 미국 시사적 초안은 일본이 포기하는 대상으로 '권리', '권원' 이외에 '청구권'을 보충했다. 이는 물론 한반도 독립의 성격 문제에 대한 인식 변화를 뜻하는 것은 아니었다. 비록 표현상의 수식에 불과했으나 '권리', '권원'을 더해 포기하는 범위를 오히려 확장한 것은 역설적으로 미국이 일본이 한반도에 대해 보다 광범위한 권리 일반을 가지고 있음을 세계 각국에 대해 선포한 것이나 마찬가지였다.

한편 이 미국 시사적 초안에서는 1950년 여름 무렵 덜레스가 일본에

---

130) "Provisional United States Draft of a Japanese Peace Treaty", *FRUS 1951 volume VI Asia and the Pacific, Part 1*, p.945.

대해 독립하는 한반도와의 관계를 한국에만 한정하도록 요구하려 한 노
골적인 표현들은 일절 채용되지 않았다. 이는 비록 시사적인 임시 초안
이라 하더라도 관계 각국에 대해 정식으로 배포할 것을 염두에 두면서
만들어진 공식 초안이었다는 성격의 결과로 봐도 틀림없을 것이다. 즉
한국전쟁 발발 등을 맞이해 한때 구상한, 향후 일본에게 한국만을 승인
하고 외교 관계를 설정하도록 규정하는 방안은 매우 자극적이었고 따라
서 많은 반발을 일으킬 우려가 있었다. 미국 시사적 초안에서 결국 이
러한 제한이 두어지지 않았던 것은 결국 미국 내부에서도 이와 같은 우
려의 목소리가 보다 힘을 얻게 된 결과로 봐도 틀림없을 것이다.[131] 그
것은 일본의 전쟁 처리를 일거에 종결시키기 위해서도 가급적 많은 국
가의 지지를 얻어야만 했던 미국에게 현명한 선택이 아니었다. 실제 이
미국 시사적 초안 이후 평화조약 최종 조문까지 이와 같은 제한을 일본
에게 가한 조항이 다시금 들어가는 일은 일절 없었다.

2 미·영 실무자 공동초안의 작성

1) 미국 시사적 초안 제출 후의 한·영·일의 대응

이 미국 시사적 초안을 직접 제시받은 한국정부는 미국에 대해 그와
관련된 입장을 문서를 통해 표명했다. 이 문서를 직접 미국의 국립공문
서기록관리국(National Archives and Records Administration)에서 찾아낸

---

131) 실제 그 작성자는 불명이나 1951년 5월 18일에 앨리슨이나 피어리에게
전달된 것으로 추측되는 서한에서는 미국정부 내부에서 여전히 남았었던,
평화조약에서 일본에게 한국만을 승인하도록 하는 구상에 관해 그것을 조
약에서 강요하는 것은 분명히 바람직하지 않다(definitely undesirable)는 견
해가 나타나 있다. "Korea", YF-A10, Box no.1, Folder no.12, Reel
no.8(Miscellaneous Inter-Trip I(Japanese Peace Treaty, Notes & Comments
Intra, Department of State, Jan-Jun1951)), rp.794.

쓰카모토(塚元孝)의 문헌 조사에 따르면 그 문헌 중, 독립 문제와 관련된 요구는 한국이 연합국으로서 명확히 제시될 것, 조약에 대한 서명이 허가되어야 한다는 것 등이었다.[132] 앞서 본 바와 같이 한국은 1월의 장면-덜레스회담 등을 통해 한국을 연합국으로서 평화조약에 직접 서명하게 할 미국의 방침을 확인했었다. 그러나 이 23일의 미국 시사적 초안은 바로 시사적인 것만을 담은 초안이어서 그런지, 연합국으로서 서명할 국가명을 직접 명시하지 않았다. 전시 중의 취약한 입장에 따라 연합국 참가가 실현될 것인지 늘 불투명했던 한국정부로서는 미국 시사적 초안이 그것을 밝히지 않음에 따라 연합국 참가 여부를 다시 확인할 필요성을 느꼈을 것이다. 문서를 통해 다시 연합국 참가를 명시할 것을 요청한 것은 바로 이러한 한국정부의 당시 불안한 심정을 반영한 것이었다고 봐도 과오는 없을 것이다.

그러나 연합국 참가 자격에 예민한 반응을 보인 것과 대조적으로 한국은 미국 시사적 초안이 제시한 한반도 독립 조항 "Japan renounces all rights, titles and claims to Korea"에는 관심을 보이지 않았다. 물론 그 조항은 적어도 직접적으로는 한반도에 대한 일본의 권리 등을 포기하게 하는 것이어서 독립을 확고히 하는 것에 역행하는 것은 아니었다. 그러나 일본에게 그것을 확인하도록 요구하는 규정이 조약에 들어간다는 법적인 의미는 확실히 달랐다. 즉 병합조약이 원천 비합법이었다면 애초부터 일본에게 포기하게 하는 권리 등은 일절 존재하지 않았다. 당연히 그것을 일부러 포기하게 하는 규정도 필요 없었다. 실제 전쟁 중 일본이 군사점령하에 두었던 기타 동남아국가들에 대해서는 이러한 권리 포기 조항은 미국 시사적 초안에서도 설정되지 않았다.

그러나 한국정부가 이런 중요한 문제를 알아채고 미국 등에게 문제 제기한 기록은 없다. 실제 이 시기 한국정부 내부에서의 움직임을 회고

---

132) 塚元孝, 앞의 논문, 1992.3, 97쪽.

록으로 남긴 유진오 역시 미국 초안의 제시를 계기로 당시 한국정부가
조직한 '대일강화회의 준비위원회'에서 집약된 대응 과제는 연합국 참
가 문제 이외에 청구권, 어업, 통상, 그리고 재일한국인의 5가지 문제뿐
이었다고 증언하고 있다.[133] 미국 시사적 초안이 제시한 바와 같은 독
립 조항이 평화조약 안에 직접 들어간다는 것 자체의 함의에 대해서는
그 대응의 필요성을 인식하지 않았던 것이다.

물론 당시 한국정부는 교전 관계의 인정을 뜻할 수도 있는 연합국으
로의 참가가 저절로 병합의 비합법성을 확정한다고 판단했는지도 모른
다. 그러나 미국 시사적 초안은 그것을 명시하지 않았음은 물론, 그를
연상케 하는 규정 등도 일절 없었다. 따라서 당시 한국정부가 이 문제
에 예민한 관심을 가졌었다면 바로 불투명했던 연합국 참가 여부를 따
진 것처럼 미국에게 이 문제를 제기함이 마땅했다. 그럼에도 한국정부
는 이 문제를 전혀 거론하지 않았다. 병합의 합법성 여부 확정 문제에
직결되는 권리, 권원 등의 포기 조항을 그대로 수용한 것은 한국정부가
병합에 따라 일본이 한반도에 대한 주권을 보유하고 있다는 것을 실질
적으로는 받아들이고 있었음에 따른 가능성이 크다. 실제 이 점은 후술
하는 평화조약 막판 교섭에서 여지없이 드러났다. 한국정부가 이런 입
장을 취하는 이상, 한반도 독립을 확고히 하기 위해서도 평화조약에서
일본에게 한반도에 대한 권리 등을 포기하게 하는 조항을 넣는 것은 한
국에게도 큰 의미가 있었다.

미국이 시사적 초안을 제시한 같은 3월 영국 역시 제2차 평화조약 초
안을 작성했다.[134] 이 제2차 영국 초안은 일부 지명만 기술했을 뿐, 정

---

133) 兪鎭午, 『韓日會談: 第1次 會談을 回顧하면서』, 외무부 외교안보연구원,
    1993, 21~22쪽.

134) "2nd DRAFT OF JAPANESE PEACE TREATY", FJ1022/171, "Japanese
    Peace Treaty: second revised draft of the Japanese Peace Treaty", YD-127,
    1951, Reel no.2, rpp.72~73.

확한 영토 범위의 설정을 하지 않았던 2월의 '조잡한 예비 초안'을 고쳐, 일본 귀속의 영토를 지명과 위도, 경도를 구사하면서 엄격히 정의하는 등 큰 진전을 보였다. 이는 영국정부가 제시했듯이 평화조약에서 향후 영토에 관한 분쟁을 남기지 않도록 하는 방침에 부합하는 수정이었다고 봐도 틀림없다. 그러나 "할양 영토" 제2조에서 규정된 한반도 독립 조항은 2월의 '조잡한 예비 초안'과 똑같았다. 영국에게 단지 일본에 의한 권리 등의 포기와 독립의 승인만을 규정하면 되는 한반도 독립 문제는 '조잡한 예비 초안'으로부터 한층 더 개선을 가해야 할 만큼의 숙제를 남긴 과제가 아니었다.

비록 조문의 직접적인 표현에는 차이가 있을지언정, 한반도에 대한 일본의 주권 보유를 인정하고 따라서 평화조약에서 그것을 포기하게 하는 규정을 삽입하는 것에 이견이 없었던 미국과 영국 사이에 여전히 남은 한국 관련의 과제는 한국의 평화조약 참가 문제였다. 미국과 영국이 각각 공식적인 초안을 만들었던 3월, 미·영 양국은 이 문제를 둘러싸고 몇 차례 의견 교환을 벌였다.

외무성 본성으로부터 주미 영국 참사관으로 전출하던 톰린슨은 20일 본국정부에 대해 앨리슨이 미국 초안을 한국에게 전달할 의향을 가지고 있음을 전하면서 그것이 한국을 평화조약의 주된 서명국으로 할 미국의 생각을 함의하는 것이라고 보고했다. 톰린슨은 앨리슨이 이 의향을 밝혔을 때는 직접 자신은 아무런 반응도 하지 않았으나 법적 기타 갖은 이유로 한국의 평화조약 참가에는 반대할 수 있고 따라서 자신이 국무성에 대해 무언가 반응을 할 필요가 있다면 본국정부로서 그에 필요한 공격 수단(ammunition)을 제공하도록 당부했다.[135]

22일 영국 외무성 본성은 이 톰린슨의 보고에 대한 입장을 답신했다.

---

135) "untitled", FJ1022/188, "Japanese Peace Treaty: Comment on the Questions of Policies up to the Treaty and of Procedures in Negotiations", YD-127, 1951, Reel no.2, rp.21.

극동국 일본·태평양부 부장이었던 존스톤(Charles H. Johnston)이 톰린 슨에게 전한 그 답신 내용은 미국에게는 대일 교전국도 아니며 대일본 제국의 일부였던 한국을 평화조약 참가국에 포함하는 것은 법적으로 의 문이라고 전달하고 있다는 것, 그리고 앨리슨이 아직 확립된(firm) 결정 은 없으나 미국 내에서는 정치적으로 한국을 포함하는 것에 찬성하는 의견이 존재하고 있다고 밝혔다는 것들이었다. 즉 영국 외무성은 한국 의 연합국 참가 문제가 법적인 논리에 의한 것이 아니라 미국 국내에서 의 정치적인 문제임을 확인하고 그에 어느 정도 배려할 필요성을 지적 한 것이었다. 이를 위해 영국 외무성은 자신들의 생각으로서 일단 한국 은 교전국의 테두리 밖에서 다루고 훗날 그와 같은 범주에 있는 국가들 과 함께 조약 초문에 대한 의견 표명의 기회를 주는 선에서 대응하고 싶 다는 입장을 밝혔다. 이러한 방침은 주도쿄 영국 공관에도 전해졌다.136)

  그러나 톰린슨은 본국정부의 추측과 달리 미국의 의향은 한국을 교 전국 밖에서 다룰 것이 아니라 바로 그 내부에 끌어들이려는 것이라고 전했다. 27일 톰린슨은 앨리슨이 한국을 서명국으로 할 것인지에 관해서 는 아직 정식 결정이 내려진 것은 아니라고 말했으나 한국의 참가 문제 는 법적인 기반으로 결정되어야 하는 문제가 아니라고 발언했다고 전하 면서 사견으로서 미국은 한국을 평화조약을 기초하는 국가(peacemaking powers)대열 안에 넣을 것을 생각하고 있다고 전했다.137) 톰린슨은 한국 에 대해서는 교전국 테두리 밖에서 다루고 정치적인 각도에서 초안에 대 한 의견 표명의 기회를 주는 선에서 대응하려 하는 본국정부의 구상이

---

136) "untitled", FJ1022/121, "Information Concerning the Questions of Parties to the Treaty and Procedures in Negotiations", YD-127, 1951, Reel no.2, rpp.171~172.
137) "untitled", FJ1022/194, "Japanese Peace Treaty: Comment on points arising out of FO talks with reference concerning, minor belligerents, Korea, venue of Peace Conference 1", YD-127, 1951, Reel no.2, rp.64.

미국이 생각하고 있는 방침과 다를 수 있음을 경고한 것이었다.

이러한 교신을 전달받았던 도쿄에서도 한국의 참가에 대해서는 반대하는 의견이 표명되었다. 30일 당시 도쿄에서 영국의 연락 업무(British Liaison Mission in Tokyo)를 맡았던 클러턴(George L. Clutton) 참사관은 중국 문제에 언급하면서 한국의 서명국 참가에 반대하는 견해를 본국정부에게 전달했다. 클러턴은 현재 평화조약에 대해 '2개의 중국'이라는 중국 문제의 악영향(poison)을 차단하기 위해 타이완국민당정부, 중국공산당정부 어느 한쪽도 서명시키지 않기로 하는 준비를 하고 있음에도 한국만을 서명국으로 받아들이고 남북한의 대립을 평화조약 안에 끌어들이는 것은 평화조약과 관련해 같이 차단해야 하는 악영향이 되지 않겠냐고 전했다.[138] 즉 영락없는 대일 교전국이었던 중국조차 그 후 국공 대립과 냉전 체제 속에서 평화조약 서명국이 되지 않도록 대응하고 있는 가운데 교전국도 아닌 한반도의 한쪽만을 서명국으로 받아들이는 것은 국제적으로 도저히 지지를 얻지 못하고 결국 원활한 평화조약 체결에 지장이 될 것임을 경고한 셈이었다. 이와 같이 이 시기 영국의 반대는 상당히 강했다. 그러나 한국을 연합국으로서 평화조약에 서명하게 하려는 미국의 방침은 한동안 계속되었다.

한편 일본 외무성도 미국 시사적 초안에 대한 의견 표명을 제출했다. 그러나 그와 관련해 4월 4일 일본이 영토 문제에 관해 밝힌 요망은 오키나와의 범위와 관련해 가고시마(鹿兒島)현에 속하는 아마미(奄美)군도를 포함하지 않도록 할 것만이었다.[139] 또한 13일에 덜레스가 다시 방

---

138) "Johnston's letter to Mr. Tomlinson FJ1022/121 of 22nd March-Japanese Peace Treaty", FJ1022/198, "Japanese Peace Treaty: Allison's suggestions that the Republic of Korea should be a participant, also implies that the Republic should be a signatory of the Treaty; sees some objections from purely local point of view", YD-127, 1951, Reel no.2, rp.85.

139) 「平和條約草案に對するわが方意見」, 『對米交涉』, 351쪽(영문); 352쪽(일문).

일한다는 소식에 접한 외무성은 14일 급히 요망 사항을 보다 구체화했
다.[140] 그러나 그 구체화된 요망 속에서도 영토 문제에 관해 제기된 것
은 오키나와 등 신탁통치 지역에 관한 문제뿐이었다. 그 문제와 관련해
일본 외무성은 오키나와, 오가사와라 등 미국이 신탁통치에 둘 것을 예
정하는 지역은 인종, 사회, 문화적으로 일본 본토와 같다는 이유로 그들
지역에 대해서는 이주나 일본 국적의 허가, 그리고 경제면에서도 비관
세 조치 등 '국내 무역'적인 취급을 할 것 등의 현실적인 대응을 취하도
록 당부했다. 그러나 한반도 문제에 대해서는 아무런 추가 당부도 없었
다. 제시된 미국 시사적 초안에 대해 일본 외무성이 제기한 요망 사항
에서도 한반도 독립 조항에 관해서는 아무런 의견도 표명하지 않았던
것은 물론, 외무성으로서 그에 대해 아무런 이의도 없었기 때문이었다.
실제 이런 일본 측의 자세는 이하 보듯이 일본이 영국 초안에 대해 강
한 반발을 보이는 가운데서도 한반도 독립 조항에 관해서만큼은 직접
이의가 없다고 답변한 사실을 통해서도 확인할 수 있다.

2) 4월 7일자 영국 최종 초안의 제시와 미·일 조정

한국의 연합국 참가 문제를 둘러싼 미·영 간의 의견 대립이 풀리지
않은 가운데 4월 7일 영국은 단독으로 준비한 것으로서는 최종 초안을
작성하고 제시했다. 3월 23일의 미국 시사적 초안이 한국의 의견도 듣
고 작성되며 또한 실제 한국에게도 제시된 것과 대조적으로 이 영국 초
안은 미국을 빼면 캐나다, 호주 등 주로 영연방국가들에만 통보되었으
며 한국에게는 전달되지 않았다.[141] 그런 가운데 한반도 독립 문제를

---

140) 「平和條約草案に關するわが方の對米要望事項案」, 위의 문서, 363~365쪽.
141) "JAPANESE PEACE TREATY", FJ1022/222, "Japanese Peace Treaty:
attaches provisional draft which is to be read to H.M. Ambassador at
Washington, intended to serve as preliminary working document", YD-127,
1951, Reel no.3, rp.12.

다룬 제2장 제2조는 2월에 작성되던 '조잡한 예비 초안', 그리고 그것을 그대로 채용한 3월의 제2차 초안과 전혀 변함이 없었다.[142] 즉 영국은 결과적으로 세 번에 걸쳐 기초한 초안에서 단 한 번도 한반도 독립 조항을 수정하지 않았다. 영국은 평화조약에서의 한반도 독립 문제가 일본으로 하여금 한반도를 정식으로 포기하게 하는 것 이상의 의미가 없는 문제임을 최종 초안을 통해 확정시킨 셈이었다. 물론 이것은 영국정부가 일관되게 취해 왔던, 병합이 합법이며 따라서 한반도가 정식 일본 영토인 이상 남은 과제는 단지 일본의 승인을 고쳐 한반도를 일본으로부터 분리시키는 조문상의 조치만이라는 입장의 당연한 귀결이었다.

영국이 한반도 독립 조항과 관련해 그나마 유일하게 주의를 기울인 것은 영토 범위의 확정 문제였다. 4월 23일 영국은 미국 시사적 초안에 대한 의견을 미국에게 전달했다.[143] 이 가운데 영토 처리 문제에 관해 영국은 향후 작은 도서들에 대한 주권 다툼이 생기지 않도록 주의 깊게 초안을 작성하는 것이 필요하다고 지적하면서 한반도 문제에 관해서는 다음과 같이 보충했다. 즉 영국은 '한반도(Korea)' 자체에는 제주도나 울릉도, 그리고 독도(Hornet Islands/Liancourt Rocks)[144]가 포함되도록 정의되지 않고 있고, 따라서 미국 초안대로라면 향후 이들 섬을 둘러싼 주권 다툼이 생길 수 있음을 지적하면서 그에 대한 대응이 필요하다고 보충했다.

상술한 바와 같이 미국정부 내부에서도 이와 같은 문제는 한때 의식

---

142) "PROVISIONAL DRAFT OF JAPANESE PEACE TREATY(UNITED KINGDOM)", ibid., rp.17.

143) "DRAFT BRIEF OF THE UNITED STATES PROVISIONAL DRAFT PEACE TREATY WITH JAPAN", FJ1022/302, "Attaches new edition of draft brief on U.S. Provisional Draft Peace Treaty with Japan on which discussions will be held in washington", YD-127, 1951, Reel no.3, rpp.63~64.

144) 원문에서 'Liancourt'는 'Miancourt'라고 표기되어 있으나 고쳐 표기했다.

되었었다. 예컨대 1949년 11월 2일자 초안에서는 '한반도 본토'로 하는
등, 부속 도서와 구별하는 표기 방식을 채용하는 방안이 구상되어 있었
다. 그러나 결국 3월 23일의 미국 시사적 초안에서는 그 표현은 채용되
지 않았다. 추측건대 각국에 제시하는 시사적 초안 단계에서 미국은 아
직 한반도에 귀속하게 할 부속 도서의 범위를 정확히 결정하지 못하고
있었음에 따라 오히려 공백으로 하는 것이 좋다고 놔둔 것인지도 모른
다. 그러나 그 공백은 당연히 관계 각국의 관심을 유발할 수밖에 없었다.
영국은 바로 이 점을 지적하고 제주도, 울릉도, 독도를 따로 명기할 필요
성을 지적한 셈이었다. 물론 일본이 같이 포기해야 할 한반도 부속 도서
들이 많은 가운데 이 3개 도서만이 명시된 것은 'Korea'에 부속되는 섬들
이 이들 3개 섬만이라는 뜻이 아니라 그들이 분쟁이 생기기 쉬운 한반도
의 가장 외곽에 위치하고 있다는 것을 의식한 결과일 것이다.

영국은 일단 독도를 한반도에 포함할 것을 제안했다. 그러나 이는 확
실한 입장이 아니었다. 같은 제안 속에서 영국은 주제도나 울릉도는 항
상 일본에 의해서도 한반도의 일부라고 간주되어 왔으나 그 한편 독도
는 향후 그것을 한국이 획득하는 것을 막는 것이 바람직하면 일본에게
획득하게 할 수도 있다고 덧붙였다. 영국은 그렇게 지적하는 가운데 그
'바람직하다'가 무엇을 뜻하려 하는 것인지, 밝히지 않았다. 그러나 그
것이 결국 냉전 체제에 대한 대응을 주로 고려한 것이었음은 틀림없을
것이다. 실제 이러한 사고방식은 후술하는 바와 같이 영국이 막판 교섭
에서 제주도를 일본에게 남길 구상도 아울러 제시한 점에 잘 나타났다.
그러나 역사적인 관점만이 아니라 전략적인 관점에서 영토 질서를 결정
할 것을 제안한 영국의 사고방식에서는 미국 시사적 초안이 한반도에
대해 일본이 정식으로 주권을 가지고 있었다는 것을 전제로 독립 조항
을 기초한 것 자체에 이의가 생길 여지는 애초에 없었다. 더구나 냉전
체제에 대한 대응의 필요성은 일본의 지위 향상을 고려해야 하는 힘으

로도 작용했다. 그러한 가운데 영국이 병합의 비합법성이나 통치의 부
당성을 추궁하는 등, 일본의 이익을 손상시키는 과제를 평화조약과 관
련해 일부러 추가 제기할 리가 없었다.

4월 16일 덜레스가 다시 방일했다. 이에 따른 제2차 미·일 교섭을 앞
두고 17일 미국은 영국에 대해서는 비밀로 할 것을 요청하면서도 일본
에 대해 4월 7일자 영국 초안을 몰래 건넸다. 아울러 미국은 그때 건넨
영국 초안에 대해 의견을 제시하도록 일본에게 지시했다.[145] 영국 초안
에 접한 요시다 수상의 거부 반응은 격했다. 요시다는 히틀러(Adolf
Hitler)를 낳게 한 과거의 역사에 비춰 봐도, 영국 초안은 평화를 영원한
것으로 하기 위한 것이 아니며 특히 일본인의 성격을 고려할 때 좌우의
극단주의자의 대두만 초래할 것이라고 혹평했다.[146] 요시다는 히틀러마
저 거론하면서 1차 대전 후의 대독 처리처럼 영국 초안이 사실상 패전
국 일본에 대해 징벌적인 것으로 되어 있다고 간주한 것이었다. 요시다
가 거부 반응을 보이자 외무성은 21일 직접 구두로 영국 초안의 각 조
항에 대해 구체적인 의견 진술에 나섰다.

그 안에서 외무성은 위도나 경도로 상세하게 일본 영토를 한정하는
것은 일본 국민에게 영토의 상실감을 줌으로써 감정적으로 좋지 않으며
지도를 첨부하는 것 역시 국민감정에 주는 영향을 고려해 반대한다고
분명히 밝혔다. 그러나 영국 초안에서도 규정된 한반도 독립 조항에 관
해서는 일부러 그에 이의가 없다고 직접 천명했다.[147] 영국 초안은 3월
23일 미국 시사적 초안과 비교해도 한반도 독립 규정을 보다 상세히 기
술했었다. 그러나 병합조약으로 인해 일본이 정식으로 보유한 한반도를
포기한다는 핵심적인 취지에 관해서는 별반 차이는 없었다. 이미 한반
도는 사실상 독립하고 있었고 또한 독립한 남북한 사이에서는 전쟁까지

145) 「平和條約締結に關する調書Ⅴ: 昭和26年2月~4月」, 『調書』 第二分冊, 441쪽.
146) 위의 조서, 449쪽.
147) 위의 조서, 452쪽.

치러지고 있었다. 그런 상황에서 영국 초안이 '광복성 여부' 등 새로운 논점을 제시하지 않은 이상, 3월 23일자 미국 시사적 초안과 4월 7일자 영국 초안 사이에 존재한 표현의 차이는 일본에게 새삼 따질 만한 대상도 아니었다.

다만 미국으로부터 제시받은 영국 초안에 대한 대화 속에서 일본은 피어리로부터 미국정부가 한국을 연합국으로서 서명하게 할 의향을 가지고 있음을 전달받았다.[148] 이미 관련 연구를 통해 잘 알려져 있듯이 이 미국 측 견해에 대해 일본은 4월 23일 오전에 열린 덜레스-요시다회담에서 각서를 제출하고 한국의 서명국 참가에 일단 반대했다.[149] 그 이유는 한국이 평화조약에 따라 독립하는 지위에 있으며 대일 교전국이 아니라는 것이나 재일한국인이 연합국 국민의 지위를 얻을 경우에 발생하는 배상 부담의 문제 등이었다. 그러나 같은 각서에서 외무성은 일단 한국(Korea)을 '해방 민족(liberated nations)'이라고 표현했다. 물론 이는 한국의 평화조약 참가에 반대하는 각서에서 담긴 개념이니만큼 그에 특별한 의미가 있었던 것은 아니었다. 그러나 그 의도를 막론하고 한반도 독립의 성격과 연결될 수도 있는 표현을 일본 자신이 미국에게 전달한 것이었다. 더구나 일본이 영토 문제 처리와 관련해 한반도 독립의 성격과 관련될 수도 있는 진술을 한 것은 이것만도 아니었다.

예컨대 외무성은 1950년 10월 4일 오키나와 등 주권 회복 후에도 자신들이 확보하고 싶은 지역 문제와 관련해 작성한 "대미진술서(안)" 속에서 미국에게 다음과 같이 당부했었다.[150] 즉 이미 주민의 의사에 반해 영토를 보유하려고 생각하지 않기 때문에 한반도 등의 독립에는 동의할 의사가 있으나 거꾸로 역사적, 인종적으로 일본 고유의 섬이었던 오키나와 등은 일본에게 남겨 달라, 외무성은 이렇게 미국에게 진술했

---

148) 위의 조서, 457쪽.
149) "Korea and the Peace Treaty", 『對米交涉』, 413~414쪽(영문); 414~415쪽(일문).
150) 「對米陳述書(案)」, 위의 문서, 25~26쪽.

다. 그리고 그 진술은 그러한 요청을 제기하는 가운데 직접 카이로선언에도 언급하면서 오키나와 등은 아무리 생각해도 카이로선언이 말하는 "폭력이나 탐욕으로 갈취 또는 점령"한 영토가 아니라고 주장했다. 물론 이것은 직접적으로 오키나와 등의 귀속을 주장하기 위한 자기 정당화의 진술에 불과했다. 그러나 동기가 어떻든 간에 이 진술은 결과적으로 일본정부 자신이 한반도의 병합이 한국인의 의사에 반한 것으로서 카이로선언이 말하는 '폭력이나 탐욕으로 인해 약탈'한 지역이었다고 간주되어서도 어쩔 수 없다는 견해를 직접 미국에게 전달한 것이나 진 배없었다.

그럼에도 1951년 4월 한국의 평화조약 서명 문제와 관련해 다시 '해방 민족'을 포함한 각서를 제출받은 미국은 그와 같은 일본 측 진술에 관심을 일절 보이지 않았다. 실제 일본으로부터 그 각서를 받은 덜레스 역시 일본이 한국의 연합국 참가에 반대한 것과 관련해 요시다에 대해 유엔총회가 한국을 정당정부로 인정하고 있고, 미국정부로서는 한국의 지위를 강화할 것을 희망하고 있다는 등만을 말하면서 한국의 연합국 참가를 수락하도록 당부했다.[151] 그러나 그때 덜레스가 한국의 연합국 참가 요건을 대일 교전국이나 그것을 가능케 하는 병합의 비합법성 등의 사실 관계에 찾아, 그에 기초하면서 한국의 연합국 참가의 당위성을 수락하도록 설명한 일은 없었다. 오히려 덜레스는 그 자리에서 한국의 평화조약 참가 문제와 관련해 한국의 지위 강화를 바라는 것은 일본정부도 같은 의견일 것이라고 말했다. 이는 한국의 평화조약 참가 문제가 북한에 대한 지위 강화를 위한 것임을 밝힌 발언이었다. 물론 이는 미국의 일관된 입장이기도 했다. 한국의 평화조약 참가에는 동서냉전 체제 속에서 발발한 한국전쟁 등을 배경으로 평화조약이라는 국제무대를 통해 북한 정권에 대한 한국의 대표성을 강화하려는 지극히 정치적인

---

151) 「吉田·ダレス會談(第2回)」, 위의 문서, 408~409쪽.

전략 이상의 의미가 없었음이 이 미·일 조정 과정에서도 여실히 드러난 셈이었다.[152]

결국 23일의 오전 회담에서 덜레스가 한국의 연합국 참가를 인정하도록 요청함에 따라 그날 오후 일본은 다시 각서를 제출하면서 재일한국인이 일본 국내에서 연합국 국민의 지위를 취득하지 않는다는 조건부로 서명 자체에는 이의를 제기하지 않는다고 약속했다.[153] 그러나 물론 이런 양보가 가능했던 것은 한국의 평화조약 참가가 한반도 병합의 비합법성이나 그 후 35년간에 걸쳐 이루어진 통치의 부당성을 확정하도록 하는 문제와 전혀 무관한 것임을 확신할 수 있었기 때문임은 틀림없다.

3) 한반도 독립 조항 기초를 위한 미·영 조정

일본과의 조정을 거친 미국은 4월 말 워싱턴에서 영국과 같이 초안 기초 작업에 들어갔다. 그 결과 5월 3일 미·영은 비록 공표되지 않은 초안이었으나 실무자 공동초안을 작성했다. 그런 가운데 이 초안은 '영

---

152) 다만 이와 같이 덜레스가 한국의 입장을 강화하려 한 것에는 당시 한국전쟁이 진행 중이었다는 상황뿐만 아니라 결국 그 전쟁이 남북 분단이 계속하는 상황으로 끝날 것이라는 예상도 아울러 작용했다. 1951년 2월 호주에서 가진 영연방국가 대표들과의 회담 자리에서 덜레스는 지리적으로 남한이 일본의 중심을 향한 선봉(spearhead)이 되어 있고 이북 또한 만주 등을 향한 선봉이 되는 위치에 있으므로 동서 양 진영이 상대방에게 한반도 전체를 지배할 것을 허용하는 여유는 없을 것, 따라서 한국전쟁도 그 시행 착오를 거듭하면서도 결국 그것을 넘는 것이 이익이 되지 않는다는 선을 다시 긋게 될 것 등을 밝히면서 결국 한반도가 계속 분단될 것이라는 전망을 내놓았었다. 아울러 덜레스는 분단은 한국인에게는 좋지 않으나 자유 진영의 관점에서 볼 때는 남한을 유지하지 않으면 일본에게 가해질 위협이 있기 때문에 분단이 보다 낫다고도 발언했었다. "untitled", FJ1022/191, "Impressions of a talk on Japan given by J Foster Dulles at a lunch when the Australian cabinet was present", YD-127, 1951, Reel no.2, rp.46.

153) "Supplementary Statement to the Conversation of Friday Morning, April 23, 1951", 『對米交涉』, 422쪽(영문); 422~423쪽(일문).

토' 제2장 제2조에서 한반도 독립 조항을 다음과 같이 규정했다.[154]

　　Japan renounces all rights, titles and claims to Korea(including Quelpart, Port Hamilton and Dagelet(일본은 한반도(제주도, 거문도, 울릉도를 포함해)에 대한 모든 권리, 권원 및 청구권을 포기한다).

즉 한반도 독립 조항과 관련된 이 미·영 실무자 공동초안은 상기 3월 23일자의 미국 시사적 초안의 표현 방식을 기본적으로 채용하면서 그 뒤에 괄호를 달아 그 속에 "제주도, 거문도, 울릉도를 포함"하도록 함으로써 한반도 부속 도서를 보충하는 형식을 취했다. 3월 23일자 미국 시사적 초안에서 직접 규정되지 않았던 제주도 등의 부속 도서가 보충된 것은 직접적으로는 5월 2일의 미·영 실무자회의에서 일본이 주권을 포기하는 지역만을 특정화하고 그것을 명시하는 방안이 바람직하다고 미·영 사이에서 최종적으로 합의되어 있었음에 따른 결과였다.[155] 물론 이 합의는 3월 23일자 미국 시사적 초안이 단지 '한반도'만을 표기했었던 것에 대해 4월 23일에 영국이 향후 주권 다툼이 생기지 않도록 주의 깊게 초안을 작성할 필요성을 지적한 문제의식을 반영한 것이었다. 5월 2일의 회의 기록은 그 '향후 주권 다툼이 생기지 않도록 주의 깊게 초안을 작성할 필요성'과 관련해 위도나 경도를 구사하면서 영토의 범위를 보다 엄격히 확정하는 방식이 왜 채용되지 않았는지, 직접 그 이유를 밝히지 않았다. 그러나 이는 4월 7일자 영국 초안에 대해 일본정부가 보인 거부 반응을 미국이 배려한 결과였다. 실제 국무성은 5월 3일

---

154) "Joint United States-United Kingdom Draft Peace Treaty", *FRUS 1951 volume Ⅵ Asia and the Pacific, part 1*, p.1025.
155) 이하 5월 2일의 미·영 실무자회의의 내용은 "Summary Record of Seventh Meeting held at 10.30 a.m. on the 2nd May, in Washington", FJ1022/376, "Anglo-American Meetings on Japanese Peace Treaty: Summary Record of Seventh Meeting", YD-127, 1951, Reel no.4, rpp.65~66에서 정리.

의 미·영 실무자 공동초안에 대한 재검토 작업을 진행한 6월 1일자의
다른 문서에서 워싱턴에서의 영국과의 조정 시 연속선(continuous line)
으로 일본을 에워싸는 영국 측 제안에 대해 일본이 반대하고 있으며 또
한 그것이 일본에게 주는 심리적 단점(disadvantage)을 고려하도록 제기
한데 대하여 영국이 그것을 수락했다고 기록하고 있다.[156]

미국으로부터 위도나 경도를 구사하는 표기 방식을 철회하도록 요청
받고 결국 그에 동의한 영국은 4월 말 워싱턴에서 진행된 조문 기초 교
섭에서 그를 대신하는 표현 방식을 제출했다. 4월 25일부터 27일에 걸
쳐 진행된 협의 속에서 영국은 'Korea'의 뒤에 '(including Quelpart)'와
같이 삽입하고 한국과 일본 사이에 존재하는 도서들에 특별히 언급
(special mention)함으로써 그들 도서에 대한 처분을 결정하는 것이 바람
직하다고 제안했다.[157] 즉 한반도 독립 조항과 관련된 5월 3일의 미·영
실무자 공동초안 중, 한반도에 귀속되는 해당 부속 도서의 명기 방식을
직접 제안한 것은 영국이었다. 다만 미·영 실무자 공동초안 기초에 관
한 최종 합의가 이루어진 5월 2일의 실무자회의에서 제주도, 거문도, 울
릉도의 3개 도서만을 삽입하는 것을 직접 제안한 것은 미국이었다. 미
국 시사적 초안에 대한 영국의 의견 표명 속에서도 일단 직접적으로는
한반도 부속 도서로서 거론되던 독도가 왜 이 시점에서 빠졌는지, 자료
적으로 분명하지는 않다. 그러나 상기한 바와 같이 그 영국의 의견 속
에서도 동시에 독도를 일본에 귀속하게 할 필요성과 가능성이 이미 직

---

156) "Japanese Peace Treaty: Working Draft and Commentary Prepared in the
Department of State", *FRUS 1951 Volume Ⅵ Asia and the Pacific, Part 1*,
p.1061.

157) "Check List of Positions Stated by U.S. and U.K. at April 25-27 Meetings",
YF-A10, Box no.1, Folder no.3, Reel no.1(British Draft), p.1. 이 문서에는
직접 '1951년'이라는 '년' 표기는 없으나 조약의 각 구체적인 조항에 따라
이미 미·영 간의 조정이 이루어지고 있으므로 '1951년 4월'의 조정이었음
은 틀림없다.

접 언급되어 있었다는 점, 그리고 미국이 3개 도서의 삽입만을 주장한
데 대하여 독도의 귀속 문제에 주의를 기울이던 영국이 그에 아무런 추
가 언급도 하지 않았던 점으로 미루어, 적어도 미·영 실무자 간에서는
그 시점에서 독도를 한반도로의 귀속에서 뺄 방침이 이미 성립되어 있
었다고 봐도 과오는 없을 것이다.

또한 5월 2일의 실무자회의에서는 영국 초안이 규정하던 한반도에서
연합국/유엔이 취한 그 어떤 조치(settlement)도 일본이 승인하도록 하는
규정에 관해서는 그것을 보류로 할 것이 결정되었다. 5월 3일의 미·영
실무자 공동초안에서 한반도 독립 조항이 비교적 짤막하게 표현된 3월
23일 미국 시사적 초안의 선으로 기본적으로 기초된 것은 이러한 보류
에 대한 합의가 작용한 결과였다.

이렇게 하고 5월 3일 미·영 실무자 공동초안은 4월 말부터 진행된
양국 조정을 거쳐 미국 시사적 초안을 바탕으로 그에 일부 한반도 부속
도서들을 보충하는 등의 수정을 가하면서 작성되었다. 그러나 거꾸로
그 이외에는 아무런 변화도 없었다. 물론 이는 아직 최종 조문이 아니
며 향후 정식 조문을 기초하기 위한 일종의 공동 예비 초안이었다. 실
제 이하 보듯이 최종안의 조문은 수정되었다. 그러나 사실상 원칙을 확
인한 이 미·영 실무자 공동초안에서도 한반도 독립 조항은 미국 시사적
초안을 기본적으로 채용했을 뿐이었다. 이 공동초안이 기초되는 가운데
서도 병합의 합법성 여부 문제 등이 남아 있으며 그에 대처하는 수정이
필요하다는 등의 인식이 나타나는 일은 전혀 없었다. 바로 이러한 사실
은 이 시기에 진행된 미·영 공동 작업에서도 한반도 독립 문제는 단지
일본에게 한반도에 대한 권리 등을 포기하게 하는 문제 이상의 의미가
없다고 일관되게 인식되어 있었음을 다시금 드러내는 대목이었다.

한편 이 시기까지 미·영 간에는 아직 한국의 연합국 참가 문제를 둘러
싼 조정 과제가 남았다. 5월 3일 미·영 실무자 공동초안은 그 제23조에

서 평화조약에 서명하고 비준해야 할 국명을 명시했다. 그러나 직접 명시
된 기타 국가들과 달리 유독 한국에 대해서만큼은 '[Korea]'라고 '[ ]'가
달렸다. 물론 이것은 한국의 지위가 아직 미확정임을 예고한 것이었다.
실제 한국에게만 '[ ]'가 달린 배후에서는 미·영 간의 조정이 여전히 계
속되고 있었다.

3 미·영 통일초안의 작성과 병합 합법성의 최종 확정

1) 한국의 연합국 제외와 6월 14일 미·영 통일초안의 작성

상기한 5월 2일의 미·영 실무자회의에서는 영국의 톰린슨이 다시 한
국의 연합국 참가에 반대했다. 톰린슨은 그 이유와 관련해 한국의 연합
국 참가는 중국공산당정부(Communist China)의 배제 문제와 겹치면서 일
부 아시아국가들의 평화조약 참가에 장애가 될 것이라고 언급했다. 톰린
슨은 국명을 직접 명시하지 않았으나 인도 등 당시 비교적 중립적인 입
장을 취하던 국가들의 반발과 그로 인한 평화조약 참가에 악영향이 생길
수 있음을 의식한 것으로 보인다. 다만 회의록은 톰린슨의 반대에도 앨
리슨은 유의한다(take note)고만 말하면서 그 반대로부터 그다지 명확히
는 영향을 받지 않았다(was clearly not much impressed)고 적었다.158)

기록이 전한 앨리슨의 이런 반응은 물론 미국 자신이 여전히 한국을
서명국으로 받아들일 방침을 갖고 있었음에 따른 반응이었을 것이다.
실제 같은 2일, 덜레스는 영국 측 대표단을 만난 다른 자리에서 한국을
조약에 서명하게 하는 것은 현재 한국에 대한 공격이 이루어지고 있는

---

158) "Summary Record of Seventh Meeting held at 10.30 a.m. on the 2nd May,
in Washington", FJ1022/376, "Anglo-American Meetings on Japanese Peace
Treaty: Summary Record of Seventh Meeting", YD-127, 1951, Reel no.4,
rp.65.

상황에서는 장점이 있고, 또한 참가에 따른 법적 어려움은 정치적 이유에 기초하고 최선이라고 보이는 해법으로 풀 수 있을 것이라고 말했다. 덜레스가 구상한 그 최선의 해법이라고 함은 기타 국가들이 먼저 서명한 후에 한국에게 서명하게 하는 방안이었다. 그 자리에서 덜레스는 보다 구체적인 구상을 밝히지 않았으나 같은 서명국이라 하더라도 그 절차에 일정한 차별을 둠으로써 한국과 진정한 대일 교전국과의 성격 차이를 부각할 방안을 제안한 것이었다. 덜레스는 이러한 무마책을 취할 가능성을 피력하면서 영국에 대해 한국의 서명국 참가에 동의하도록 재차 촉구한 것이었다.159)

그러나 영국의 입장 역시 변하지 않았다. 4일 법률 전문가의 입장에서 평화조약에 관여하던 피츠모리스는 한국은 대일 교전국이 아니며 따라서 조약 조문 중의 많은 조항을 한국에게 적용하지 못하므로 한국의 평화조약 참가에는 더욱 반대하지 않을 수 없다고 전했다.160) 5월 3일 미·영 실무자 공동초안에서 '[Korea]'라고 한국에만 '[ ]'가 달린 것은 바로 이러한 의견 대립이 이면에서 계속되어 있었기 때문이었다. 그러나 주지하는 바와 같이 미국은 그 후 결국 한국의 서명국 참가를 인정하지 않을 방향으로 돌아섰다.

적어도 5월 11일까지 한국의 서명국 참가 문제는 미·영 사이에서 현안으로 남았었다.161) 그러나 5월 16일 앨리슨은 덜레스에 대해 미국으

---

159) "Japanese Peace Treaty", FJ1022/370, "Japanese Peace Treaty: Record of Meeting between our representatives and Mr. Dulles and Mr. Klien to discuss procedural questions", YD-127, 1951, Reel no.4, rp.12.

160) "Summary Record of Ninth and Final Meeting held at 10.00 a.m. on the 4th May, in Washington", FJ1022/378, "Anglo-American Meetings on Japanese Peace Treaty : Summary Record of Ninth and Final Meeting held on 4th May", YD-127, 1951, Reel no.4, rp.73.

161) 이러한 사실은 영국의 다른 문서를 조사한 호소야(細谷千博)의 연구에서 확인할 수 있다. 細谷千博, 『サンフランシスコ講和への道』, 中央公論社, 1984, 229~230쪽.

로서 한국을 서명국으로부터 배제할 것을 주장하는 영국의 방침을 수락할 방향으로 생각하고 있음을 밝히면서 한국에게는 조약상의 특정 권리들(certain rights)을 부여할 초안을 작성하고 있음을 전달했다.[162] 실제 국무성은 5월 3일의 미·영 실무자 공동초안에 대한 재검토를 가한 상기 6월 1일의 문서에서 겨우 '[Korea]'로 남았었던 한국을 평화조약 서명국으로부터 완전히 제외할 것을 정식으로 결정했다.[163]

이와 같이 한국을 연합국으로부터 제외한다는 미국의 방침 전환은 5월 중순부터 6월 초 무렵까지의 사이에 극적으로 이루어진 것이었다. 그러나 그 이유는 영국의 반대에 밀려 본의 아니게 수락했다기보다 영국 등의 반대를 배경으로 결국 미국 자신도 한국을 서명국으로 받아들여서 얻을 수 있는 것보다 잃을 게 더 많다고 종합적으로 판단한 결과임은 틀림없을 것이다. 실제 영국의 모리슨(Herbert Morrison) 외무대신은 4월 16일 미국에게 각서를 제출하면서 미국이 한국의 연합국 참가를 중요시한다면 영국으로서도 문제시하지 않을 의향을 전달했었다.[164] 법적으로는 몰라도 영국 역시 정치적인 관점을 고려하면서 최종적으로는 한국의 평화조약 참가에 타협할 여지를 남기고 있었던 것이다. 영국으로서도 이 문제가 직접적으로 자신의 국익을 손상시키는 문제가 아닌 이상, 이것을 가지고 미국과 심각하게 갈등해야 하는 이유는 없었다. 그럼에도 미국이 결국 한국을 제외한 까닭은 한국을 받아들일 경우에 생길 국제적 비난과 그에 따른 평화조약 불참국가 증가의 가능성, 유사한 입장에 있는 국가들의 서명국 참가 요청의 증가, 그리고 배상 문제 등 일본과의 역사적 관계가 다른 한국에게 연합국 관련 조문을 적용하는 것의

---

162) "Memorandum by the Deputy to the Consultant(Allison) to the Consultant to the Secretary(Dulles)", *FRUS 1951 Volume Ⅵ Asia and the Pacific, Part 1*, p.1043.

163) "Japanese Peace Treaty: Working Draft and Commentary Prepared in the Department of State", *ibid.*, p.1098.

164) 細谷千博, 앞의 책, 227~228쪽.

기술적인 어려움[165] 등이 복합적으로 작용한 결과였다고 봐도 과오는 없을 것이다.

아무튼 미·영 간에서 통일초안을 작성하기 위해 6월 덜레스가 영국을 방문했을 시점에서는 한국의 연합국 배제는 이미 미국의 공식 입장이 되었었다. 실제 통일초안 작성을 위해 6월 미·영 양국 사이에서 개최된 런던회담에서는 한국의 서명국 참가 문제는 직접 거론되지 않았다. 6월 4일 덜레스와 모리슨이 직접 참석한 미·영 각료급회담이 개최되었다. 그 자리에서 모리슨 외상은 덜레스에 대해 미·영 사이에 여전히 남은 과제를 제시했으나 그것은 일본의 재군비 허용 문제, 중국의 참가 문제, 일본이 보유하는 금을 배상으로 충당하게 할 것인가의 문제, 그리고 오키나와·오가사와라의 취급 문제들이었다.[166] 또한 미국으로부터는 피어리 등이, 그리고 영국 측으로부터는 피츠모리스 등이 참석한 5일의 미·영 실무자회의에서도 기타 이탈리아의 서명국 참가 문제가 약간 언급되었으나 이전까지만 해도 주된 조정 과제의 하나였던 한국의 서명국 참가 문제는 전혀 거론되지 않았다. 자료적으로 미국이 한국의 서명국 제외 방침을 영국에 언제, 어떤 형식으로 전달했는지는 분명하지 않다. 그러나 사실상 최종안으로 직결될 미·영 통일초안을 작성하려 모인 교섭 석상에서 한국의 서명국 참가 문제가 일절 거론되지 않았던 것은 그 시점에서 한국의 연합국 배제에 대한 합의가 이미 미·영 사이에서 정식으로 이루어졌었음에 따른 결과였음은 틀림없을 것이다.[167]

---

165) 역사적 경위가 다른 한국에 대해 다른 연합국에 주는 배상 권리 등을 같이 적용하는 것에 따른 어려움에 관해서는 장박진, 앞의 책, 2014, 제3장에서 이미 자세히 논했다.

166) FJ1022/498, "RECORD OF A MEETING BETWEEN THE SECRETARY OF STATE AND MR. JOHN FOSTER DULLES ON 4TH JUNE, 1951", YD-127, 1951, Reel no.4, rpp.243~245.

167) 한국의 평화조약 서명 문제가 이미 해결되어 있었던 8월 13일에 정리된 영국의 문서에서는 6월에 덜레스가 영국을 방문했을 때 미국이 영국의 반대 의견

5일에 개최된 그 미·영 실무자회의에서는 5월 3일 미·영 실무자 공동초안을 각 조항마다 검토하는 작업이 진행되었다. 영토 문제를 다른 제2조에 관해서는 미국이 재초안(redraft)을 제출했다. 한반도 독립 조항에 관해서는 일본이 한반도의 독립을 승인한다는 어구를 추가할 것이 제안되었다. 이 초안은 덜레스 등이 영국으로 출발할 직전인 5월 29일에 준비된 것이었다.168) 이로써 5월 3일의 미·영 실무자 공동초안에서 이미 규정되던 '권리, 권원, 청구권을 포기한다'고 하는 표현과 더불어 한반도 독립을 일본이 승인한다는 조항이 직접 추가될 것이 결정되었다. 그리고 이 합의에 따라 기초된 6월 14일 미·영 통일초안은 한반도 독립 조항에 관해서는 그대로 정식 조문이 되었다. 따라서 한반도 독립 문제를 규정한 평화조약 제2조 (a)항 자체는 사실상 6월 5일에 기초되었다고 볼 수 있다.

다만 이 런던 교섭에서 사실상 확정된 한반도 독립 조항과 관련해서는 간과할 수 없는 논의가 하나 미·영 사이에서 오갔다. 같은 날 5일에 개최된 덜레스-모리슨 각료급회담에 합석한 영국의 데닝 외무차관보는 조문상 일단 명시되던 제주도를 일본에게 남길 필요성을 언급했다. 그 이유와 관련해 데닝은 제주도가 일본에 가깝고 또 한국이 공산화될 가능성이 있다고 하면서 그것이 군사적인 부담(liability)이 될 가능성을 지적했다.169) 물론 이는 한국전쟁을 배경으로 한반도 전체가 공산화될 가

<hr>

을 수용(accept)했다는 기록도 있다. "JAPANESE PEACE CONFERENCE: KOREAN REPRESENTATION", FJ1022/1063, "Comments on U.S. view that Koreans may be invited as observers to San Francisco Conference", YD-127, 1951, Reel no.8, rp.68. 그러나 본론에서 살펴본 기타 여러 정황들을 고려할 때 6월의 덜레스의 영국 방문 시에 비로소 미국이 입장을 바꾼 것이 아니라 이미 입장을 변경했었기 때문에 그것을 쉽게 수락하는 태도를 보인 것으로 평가하는 것이 타당해 보인다.
168) "Unresolved Treaty Provisions", YF-A10, Box no.1, Folder no.12, Reel no.8(Miscellaneous Inter-Trip I(Japanese Peace Treaty, Notes & Comments Intra, Department of State, Jan-Jun1951)), rp.811.

능성을 염두에 둔 발언이었다. 그러나 결과적으로 이 데닝의 의견은 채용되지 않았다. 그 이유를 명확히 대고 있는 자료는 찾을 수 없으나 데닝이 중요시한 전략적 사고보다 역사적인 귀속 상황을 고려하면서 향후의 영토 질서의 안정성을 우선시한 결과였음은 틀림없을 것이다. 아무리 냉전에 대응하는 전략이 중요하다고 한들, 역사적인 경위에 따라 영토 질서의 안정성을 도모하는 관점 역시 지역 질서를 유지하는 의미에서 또 다른 중요한 '전략'이었다. 한국 공산화의 우려가 있다고 하더라도 대한민국이 한국전쟁 후에도 존속할 가능성 역시 충분히 있었다. 무엇보다 미국이 이미 한국전쟁에 개입했었다. 그럼에도 역사적인 관점을 경시하고 전략적인 관점에서만 제주도를 일본에게 귀속하도록 결정하는 것은 그 후 지역 질서의 안정성을 감안해도 그에 심각한 위협을 주는 처사가 아닐 수 없었다.

또한 이 석상에서는 서명국에서 배제하기로 한 한국을 평화조약에 어떻게 관여하게 할 것인가가 정책적 과제라고 확인되면서 그 문제는 실무자들이 가지는 다른 소위원회에서 논의하도록 합의되었다. 그 합의에 따라 개최된 실무자 소위원회는 한국에 대해서는 조문을 통해 어업이나 통상 등에 관한 혜택을 줄 방안이 바람직하다고 합의했다.[170] 이 구상은 결과적으로 한국을 평화조약 제2조, 제4조, 제9조, 제12조 관련국으로 정하고 실제 평화회의에서는 옵서버로서만 참가하게 한 방안으로 귀착되었다.

---

169) "Summary Record of a Meeting held at the Foreign Office, at 10.30 a.m. on Tuesday, 5th June, 1951", FJ1022/518, "Summary record of a meeting with Mr. Dulles at the Foreign Office, at 10.30 a.m, 5th June, 1951", YD-127, 1951, Reel no.5, rp.153.

170) "Note on the draft Treaty as amended after discussion in the Technical Subcommittee", FJ1022/535, "Japanese Peace Treaty: Note on the draft Treaty as amended after discussion in the Technical Subcommittee", YD-127, 1951, Reel no.5, rpp.77~78.

5일의 실무자회의에서 성립된 독립 승인 규정을 추가한다는 합의에 따라 14일 미·영 통일초안이 작성되었다. 이 초안에서 제2조 (a)항으로 규정된 한반도 독립 조항이야말로 그대로 정식 조문이 된 것이었다. 이 장 벽두에서 표시한 바와 같이 그 조문은 이하와 같다.171)

Japan, recognizing the independence of Korea, renounces all right, title, and claim to Korea, including the islands of Quelpart, Port Hamilton and Dagelet.

미·영 통일초안에서 정식으로 추가 삽입된 "한반도의 독립을 승인한 다"고 하는 규정을 명기하도록 하는 요구는 실은 다른 국가들로부터도 일찍이 나왔었다. 예컨대 타이완국민당정부는 1950년 12월 9일 주미 대사를 통해 일본에게 한반도 독립을 승인하게 할 것이 중국정부로서 핵심(essential)으로 생각하고 있다고 미국에게 전했었다.172) 또한 국민당정부는 1951년 3월 26일에 덜레스로부터 미국 시사적 초안을 직접 수령받자 그에 대한 답신 각서를 4월 24일에 보내면서 중국으로서는 일본이 한반도의 독립을 승인한다고 하는 표현이 들어가야 한다고 다시 밝혔다.173) 독립을 승인한다는 규정 자체를 조문에 넣는 것이 중요하다는

---

171) "Revised United States-United Kingdom Draft of a Japanese Peace Treaty", *FRUS 1951 volume Ⅵ Asia and the Pacific, part 1*, p.1120. 이 이전의 초안에 서는 일본이 표기하는 권리 등은 'rights'와 같이 모두 복수 표기가 되어 있었으나 이 초안부터 최종 조문까지 단수 표기로 바뀌었다. 그러나 이에 이론적인 변화를 볼 필요는 없을 것이다.

172) "China Reactions to Japanese Peace Treaty Draft, Memorandum of Conversation with Koo", *The Occupation of Japan, Part 1: U.S. Planning Document 1942-1945*, OJP-3, 2-B-152(일본국회도서관 헌정자료실 소장 기호), p.2. 이하 소장 기호만 표기한다.

173) "MEMORANDUM", YF-A10, Box no.2, Folder no.10, Reel no.9(*Allied Attitudes(Except UK) re Japanese Peace Treaty Jan-Sep 1951*), rp.768.

입장을 거듭 강조한 것이었다.

　상술한 바와 같이 이러한 인식은 본격적인 조문 기초 교섭이 개시되는 가운데 영국도 1951년 3월 12일자 각서를 통해 답습했다. 미국이 6월의 미·영 교섭에서 독립 승인 조항을 추가할 것을 제안한 것은 이와 같은 기타 국가들의 요구를 반영한 것이었다. 실제 국무성은 5월 3일 미·영 실무자 공동초안에 대한 검토를 진행한 6월 1일의 작업 속에서 조문을 "일본이 한반도의 독립을 승인하고 한반도에 대한 모든 권리, 권원, 청구권을 포기한다"고 표현하도록 기초한 것은 중국, 세일론, 기타 국가들의 요구임을 밝히고 있다. 국무성은 이와 관련해 일본에게 한반도의 독립을 승인하도록 표현하는 것이 영국 초안에 있었던 한반도의 주권과 관련해 연합국/유엔(United Nations)에 의해 또한 감시하에서 취해진 모든 조치들(arrangements)을 승인하고 존중하는 것에 합의시키는 표현보다 실용적(practical)이라고 설명했다.[174]

　물론 인용된 표현들의 유사점으로 미루어, 국무성이 지적한 그 영국 초안은 4월 7일자의 최종 초안을 뜻했다. 그러나 국무성이 말한 그 '실용적'이라는 의미가 무엇인지, 자료적으로는 분명하지 않다. 그것은 영국 초안이 미국 초안보다 비교적 길게 표현한 것과 비교해 보다 짧막하게 하는 것이 '실용적'이라고 단순히 지적한 것인지도 모른다. 또한 적어도 법적으로는 일본의 항복 후에도 한반도에 대한 주권을 일본이 가지고 있음을 부정하지 못했던 상황에서는 영국 초안처럼 한반도에 대한 주권 자체를 가지고 있지도 않은 전승국이 취한 조치를 일본에게 일부러 승인하도록 규정하는 표현 방식은 정치적으로 '실용적'이지 않다고 판단했는지도 모른다. 법적 근거가 취약한데도 그것을 군이 조약상 명시하는 것은 결국 '전승', '패전'의 역학 관계를 불필요하게 부각시키는

---

174) "Japanese Peace Treaty: Working Draft and Commentary Prepared in the Department of State", *FRUS 1951 volume Ⅵ Asia and the Pacific, part 1*, p.1058.

것으로, 이미 우방으로서 포섭하려 하던 일본에게 일종의 강제성을 띠
게 하는 조치가 될 수도 있었다. 미국으로서는 적어도 조문상은 일본이
자주적으로 독립을 승인하도록 규정함에 따라 한반도 주권 문제가 원만
히 해결되도록 유도하는 것이 보다 '실용적'일 수도 있었다.

그러나 과연 '실용적'의 의미가 무엇이든 간에, 미국으로 하여금 그렇
게 표현하게 한 기타 국가들의 요구 역시 한반도 독립의 성격 문제와
관련해서는 중요한 논점을 포함했다. 단지 권리 등을 포기하게 하는 표
현이면 부족하고 독립 승인 조문을 삽입할 필요성마저 있다고 관련국들
이 강조한 그 이유는 결국 일본에게 주권만을 포기하게 규정할 경우에
생길 수도 있는 독립 후의 주권 귀속 문제에 관한 공백의 가능성을 의
식한 것으로 풀이된다. 즉 평화조약까지 일본이 주권을 보유하고 있다
는 것을 전제로 하는 가운데 평화조약으로 그것을 포기하게만 한다면
그 후 일본이 포기한 한반도 주권이 누구에게 귀속될지 적어도 조문상
은 확정되지 않았다. 그러나 물론 이미 한반도에는 현실적으로 국가가
수립되었었다. 이 모순을 막기 위해서는 권리 등을 포기한다는 것 이외
의 추가 규정이 필요했다. 독립 승인 조문을 넣으려고 한 것은 비록 분
단 상태였으나 한반도에는 이미 국가가 건국되어 있다는 상황을 고려하
면서 독립을 승인하게 함으로써 주권이 그 건국된 신생독립국가에 귀속
되고 있음을 동시에 확정하려는 의미를 담은 것으로 보인다. 조문에 직
접 '대한민국' 등을 언급하지 않았던 것은 현실적으로 무시하지 못하는
북한의 존재를 전제로 그것을 지지하는 사회주의국가들이나 중립적인
입장을 취하는 기타 국가들의 반발을 의식한 결과였을 것이다.

이렇듯 권리 등의 포기와 더불어 추가된 독립 승인 조문의 규정은 그
포기된 주권이 이미 한국인들에게 귀속되어 있음을 아울러 규정한 점에
서 한반도에 대한 일본의 관여를 차단하는 의미를 강화했다. 그러나 그
'강화'는 평화조약까지 일본이 정식으로 한반도에 대한 주권을 보유하

고 있다는 것을 동시에 '강화'하는 의미도 지녔다. 일본이 단지 포기만
할 경우에는 그 주권의 귀속에 공백이 생길 수 있다는 인식을 나타낸
그 '강화' 요구는 일본 이외에는 주권 보유자가 일절 없음을 간접적으
로 드러내는 일이기도 했기 때문이다.

또한 미국과 영국이 한국을 연합국에서 제외하는 것을 전제로 작성
한 미·영 통일초안에서 한국의 독립 조항이 계속 들어갔다는 사실은 또
다른 정치적인 의미를 각인시켰다. 그것은 한국의 연합국 참가와 병합
의 비합법성 문제가 결국 전혀 무관한 것이었다는 점을 확정했다는 것
이다. 독립 승인 조문이 추가되는 등 비록 조문 내용 자체는 변화되었
으나 한반도 독립 조항은 아직 한국이 연합국 대열에 참여했었던 미·영
통일초안 기초 이전부터 일관되게 일본이 권리 등을 포기하도록 하거나
독립을 승인하도록 하는 표현으로 규정되었었다. 즉 그들 역시 6월 14
일의 미·영 통일초안 작성 이전부터 한반도에 대한 일본의 주권 보유를
인정해 왔다. 그리고 그러한 조문이 한국을 최종적으로 연합국에서 제
외하기로 한 미·영 통일초안에서도 그대로 채용된 것이다.

물론 이러한 사실은 한국의 연합국 참가 여부가 한반도에 대한 일본
의 주권 보유 문제, 다시 말해 병합의 비합법성 인정 문제에 아무런 영
향도 주는 문제가 아니었음을 역으로 입증하는 증거가 아닐 수 없었다.
또한 결국 최종 조문이 된 미·영 통일초안은 그 이전의 초안들과 같이
한반도 독립 문제와 관련해 일본의 한반도 통치에 대한 부당성을 고발
하는 규정을 두는 일도 없었다. 즉 '노예 상태' 등, 일본의 한반도 통치
가 부당한 것이라는 인상을 주면서 그 길이 열린 한반도의 독립은 막상
그것을 법적으로 완결하는 조약 기초 과정에서는 오히려 그런 성격이
완전히 지워지게 된 셈이었다.

2) 평화조약 참가 막판 교섭과 한국 자신에 의한 일본 주권 보유의 인정

런던에서 미국과 영국이 통일초안을 만들었던 그다음 날 15일, 일본 외무성은 그와 관련해 미국과 교섭할 준비 자료를 마련했다.[175] 그 자료에서는 중국의 서명 문제와 관련해 결국 국민당, 공산당 양 정부 모두 서명하지 않을 가능성이 크다는 전망이 담겼다. 그러나 4월의 미·일 교섭에서 제기되던 한국의 서명국 참가 문제에 대한 언급은 없다.

6월 25일 앨리슨 수석보좌관은 일본에 대해 6월 14일의 미·영 통일초안의 취지를 설명했다. 그러나 앨리슨의 설명에서도 한국의 서명국 참가 문제는 일절 거론되지 않았다. 4월의 교섭에서 한국의 서명국 참가 방침에 이해를 구하던 미국이 그 방침을 수정한 이상, 또한 일본에게도 한국의 서명국 참가 문제가 나름대로 민감한 문제였던 이상, 상식적으로 봐도 그 방침 변경을 일본에게 설명할 필요성은 있었을 것이다. 그럼에도 불구하고 앨리슨의 설명에도 전혀 나오지 않았던 점으로 미루어[176] 비록 자료적으로 그 시기는 특정하지 못하지만 한국의 서명국 배제는 이미 일본에게도 전달되었었다고 봐도 과오는 없어 보인다.

일부 조항만이 먼저 제시되는 등 약간 변칙적인 형식을 취하기는 했으나 결국 미·영 통일초안은 7월 3일 일본에게 제시되었다. 7월 12일 일본은 그에 대한 의견을 제출했다. 그러나 권리 등을 포기하는 표현에 독립 승인 규정을 보충한 한반도 독립 조항 제2조 (a)항에 관해서는 추가 의견은 제기되지 않았다. 물론 이는 일본으로서도 그에 아무런 이의가 없음을 드러낸 것이었다. 이미 한국과 북한 정권이 사실상 수립되어 있는 가운데 그들에 주권을 양도할 것을 사실상 의미한 독립 승인 규정 자체가 새롭게 들어갔다 해도 그것은 일본에게도 일부러 이의를 제기할

175) 「吉田・アリソン會談のための總理用準備資料」, 『對米交涉』, 435~438쪽.
176) 「米英交涉に關するアリソンの説明について」, 위의 문서, 438~442쪽.

만한 변경이 아니었다. 비록 새롭게 독립 승인 규정이 추가되었다고 하더라도 6월 14일 미·영 통일초안이 병합이 합법이었으며 따라서 평화조약까지 한반도에 대한 주권을 일본이 정식으로 보유하고 있었다는 것을 확정하는 것이었다는 성격에는 아무런 차이도 없었다. 더구나 미·영 통일초안은 한반도에 대한 독립 승인이나 권리 등의 포기를 일본이 자주적으로 수행하는 형식을 취했다는 의미에서는 일본의 체면이나 입장을 충분히 거들어준 것이었다.

한편 한국은 자신들이 평화조약 서명국에서 제외될 것을 7월 9일 워싱턴에서 덜레스로부터 직접 통보받았다. 덜레스가 그 자리에서 거론한 그 이유는 1942년 1월의 연합국공동선언에 서명하고 대일 교전 관계에 있었던 국가만이 서명하게 되었다는 것이었다. 그 통보를 받은 양유찬 대사는 즉시 임시정부 등의 존재를 다시 거론하면서 한국이 일본과 교전 관계에 있었음을 호소했다. 그러나 그 자리에 같이 합석한 피어리는 미국정부로서 임시정부를 승인한 적이 없다고 잘라 말했다.

그러나 연합국에서 제외될 것을 통보받은 한국은 놀라운 대응을 보였다. 피어리가 임시정부의 존재를 부인하자 양유찬은 조약상 쓰시마섬(對馬島)이 한국에 귀속되었는지, 또한 어업 문제에 관해 한국 근해에서 일본이 어업을 하지 못하게 하는 규제 조항이 들어갔는지 등을 물었다.[177] 그러나 양유찬은 한국의 연합국 제외에 따라 병합의 합법성 여부가 어떻게 될 것인지, 전혀 묻지 않았다. 혹시 당시 한국정부가 이 문제에 관심을 가지고 있었다면 이론적으로 한국의 연합국 제외는 큰 문제를 야기할 수도 있는 것이었다. 미국 등의 의향이 어떻든 간에 교전국으로서의 지위는 대전 중 한국이 이미 주권을 가지고 있었음을 간접적으로 뒷받침함으로써 병합의 비합법성 논리를 지탱하는 거의 유일한 담보였기 때문이

---

177) 이상 이 교섭 내용은 "Memorandum of Conversation, by the Officer in Charge of Korean Affairs in the Office of Northeast Asian Affairs(Emmons)", *FRUS 1951 volume Ⅵ Asia and the Pacific, Part 1*, pp.1182~1184.

었다. 그럼에도 양유찬은 그와 같은 문제에 관해서는 아무런 반응도 보이지 않았다. 그러나 놀라운 것은 그에 그치지도 않았다.

7월 19일 양유찬은 워싱턴에서 다시금 덜레스와 면담을 가졌다. 이미 연합국에서 제외될 것을 통보받은 한국은 각서를 제출하면서 한국의 요구 사항을 다시 공식화했다. 그 각서 속에서 한국은 청구권과 관련된 제4조의 문제나 어업과 관련된 제9조들과 함께 제2조 (a)항 한반도 독립 조항에 대한 수정 요구를 첫 번째로서 제기했다. 그러나 놀랍게도 그 요구 내용은 일본이 한반도에 대한 권리, 권원, 청구권을 포기한다고 하는 표현 부분을 '1945년 8월 9일자로 포기한 것을 확인한다(confirm)'고 수정해 달라는 것이었다.[178] 물론 8월 9일은 일본이 포츠담선언 수락 의사를 처음으로 전달한 날이었다.

양유찬이 제출한 그 각서는 한국정부가 왜 8월 9일로 해야 한다고 생각했는지, 직접 그 이유를 밝히지 않았다. 그러나 한국정부의 의도는 유진오가 밝힌 견해에서 그대로 나타났다고 평가해도 과오는 없을 것이다. 유진오는 제헌헌법을 기초하고 초대 법제처장을 역임하는 등 당시 한국 최고의 법학자로서 평화조약, 한일회담 등에 대한 한국정부의 이론적인 축이 된 인물이었다. 그는 현 제2조 (a) 규정의 문제점을 다음과 같이 지적했다. 즉 현행 조항은 평화조약 발효 시에 일본이 처음으로 한반도에 대한 모든 권리 등을 포기하게 된다는 오해로 이어지기 쉽다. 과거 적대적 관계의 정지 후의 영토 변경은 평화조약 발효에 따라 이루어지는 것이 통례이나 한국의 해방(liberation)은 영토에 관한 통상적인 변경이 아니다. 그것은 카이로, 포츠담 양 선언으로 약속되었었던 것이 1945년 8월 9일의 일본의 항복 수락에 따라 실현된 것이며 따라서 현실적으로 8월 9일에 일본의 지배에서 해방(free)되었다. 유진오는 바로 이

---

178) "[Attachment] The Korean Ambassador(Yang) to the Secretary of State", *ibid.*, p.1206.

러한 논리를 짜서 일본이 한반도의 독립을 승인하고 모든 권리 등을 포기하는 시점을 평화조약 발효 시가 아니라 8월 9일로 해야 한다고 주장했다.[179]

이와 같이 유진오는 한반도 독립 문제와 관련해 그것이 과거의 영토변경의 사례들과 달리 전시 중에 선언이라는 형식으로 이미 공약되었었던 '해방' 문제이며 그리고 그 방침이 일본의 항복 수락으로 인해 실제 실현되었다는 논리에 그 특수성을 찾았다. 그러나 그로부터 도출된 귀결은 일본의 한반도 주권 상실이 8월 9일자로 된다는 것이었다. 한국정부가 양유찬을 통해 미국에게 제출한 상기 19일의 각서가 바로 이 '8월 9일'이라는 날짜를 지정했었다는 점으로 미루어, 각서를 통해 제기한 그 요구의 근거가 바로 유진오가 밝힌 상기 논리와 맥을 같이한 것이었음은 틀림없다. 다시 말해 한국정부는 한국인의 의사에 반해 강요당한 조약으로서 병합조약 자체가 애초 법적으로 성립되지 않았다는 입장에 서면서 일본이 한반도의 독립을 승인하고 권리 등을 포기한다고 하는 조항 자체가 불필요하다고 그 삭제를 요구하지 않았다. 오히려 포기 시점을 8월 9일로 할 것을 요구하면서 한국정부 자신이 적어도 그날까지는 일본이 한반도에 대한 주권을 정식으로 보유하고 있었음을 시인한 셈이었다. 물론 그 요구는 평화조약 발효까지 일본의 주권이 남는다는 미·영 통일초안과 비교하면 일본의 주권 상실 시기를 확실히 앞당기기는 했다. 그러나 병합 자체가 합법이었음을 인정한 점에서는 별다른 차이가 있는 것은 아니었다.

---

179) "A KOREAN LOOKS ON THE JAPANESE PEACE TREATY DRAFT", 外務省日韓會談公開文書(문서번호 1836내), 2~3쪽. 고려대학교 학부장(Dean of the Korean University) 및 전 법제처장(Former Director of the Office of Legislation) 명의로 1951년 9월 무렵 영문으로 발표된 이 문서가 어떤 경위로 별표된 것인지는 불명이다. 그러나 당시 유진오의 지위를 고려할 경우 이것이 단순한 사건이 아니라 실질적으로 한국정부의 입장을 뒷받침하던 논리였음은 틀림없을 것이다.

각서를 받은 덜레스는 그 자리에서 8월 9일의 일본 항복은 그것 자체로 주권 포기의 공식적(formal), 최종적(final) 결정을 이론적(technically)으로 구성하는 것은 아니라는 견해를 드러냈다. 즉 덜레스는 한반도 독립 문제를 다른 과거의 영토 변경의 사례와 특별히 구별해야 하는 문제라고 인식하지 않았다. 그러나 한국 측으로부터 수정 요청을 받자, 일단 그 자리에서는 국무성으로서 8월 9일자로 주권을 포기하게 하도록 하는 구절을 조약에 삽입하는 것에 따른 영향 등을 고려한다고 추가 검토의 여지는 남겼다.180)

연합국 참가에 대한 끈질긴 탄원은 영국에게도 제기되었다. 7월 20일 한국은 영국 모리슨 외무대신에게 전 8쪽에 이르는 비교적 장문의 각서를 제출하고 평화조약과 관련되는 한국의 희망 사항들을 전달했다.181) 이 요망 사항의 핵심 역시 한국이 연합국에 포함되어야 한다는 것이었다. 또한 한국은 제2조 (a)항 한반도 독립 조항에 관해 일본에게 쓰시마 섬을 포기하게 하고 한국으로 반환하도록 규정해 달라고 요청했다. 그러나 연합국 참가 문제나 한반도 독립 조항의 규정 내용 등과 관련해 현재의 규정이 한반도에 대한 주권을 일본이 보유하고 있음을 전제로 하고 있으며 한국으로서는 그것은 수락하지 못한다는 뜻을 밝히는 일은

---

180) "Memorandum of Conversation, by the Officer in Charge of Korean Affairs in the Office of Northeast Asian Affairs(Emmons)", *FRUS 1951 volume Ⅵ Asia and the Pacific, Part 1*, p.1202.
181) "COMMENTS & SUGGESTIONS ON THE PROPOSED JAPAN TREATY", FJ1022/799, "Encloses Korean Comments and Suggestions on JPT", YD-127, 1951, Reel no.6, rpp.33~39. 필자는 한국정부가 미국에게 제출한 각서 자체를 보지 못하고 있으므로 직접적인 대조는 할 수 없다. 그러나 한국이 영국에게 제출한 이 각서는 본론에서 언급한 쓰카모토가 찾고 소개한 3월 23일자 미국 시사적 초안에 대한 한국의 각서의 내용과 기본적으로 일치하고 있다. 그러므로 이 시기 영국에 제출한 한국의 각서가 미국에게 제출한 것과 똑같은 것, 혹은 그것을 약간 수정한 정도의 것이었음은 틀림없어 보인다.

없었다. 물론 그에 따라 해당 조항을 삭제하거나 또는 기타 방법으로 병합조약에는 애초 법적 효력이 없었음을 드러내는 규정을 별도로 두도록 요구한 사실도 없었다.

다만 20일에 한국이 영국에 제출한 각서 내용에 관해서는 하나 주의해야 하는 점이 존재했다. 그것은 '정치적 및 경제적 조항'과 관련해 한국이 제기한 요청이었다. 한국은 미·영 통일초안 제7조에 관해서도 연합국이 누리는 것과 같은 권리를 취득할 수 있도록 그 재수정을 희망했다.182) 그 제7조는 개전 전에 연합국과 일본이 체결했었으나 전쟁 발발에 따라 정지되었었던 조약들을 연합국이 희망할 경우에 전후 그것을 다시 유효화 또는 부활시킬 수 있는 권리를 규정했다. 한국은 이와 관련해 일본의 지배와 억압의 40년간, 한국은 다른 연합국처럼 상호조약으로 인해 스스로의 이익을 보호하지 못했으므로 조약을 부활시킬 수 있는 연합국과 같이 그 권리를 보호하도록 조문을 수정해 달라고 요청했다. 쉽게 말해 한국에게도 종전 전에 체결한 일본과의 조약을 부활하게 하는 권한을 요구한 셈이었다. 주목되는 점은 그다음이다. 한국은 한반도(Korea)가 일본의 제국주의적인 지배하에 있었던 1945년 이전에 체결된 일본과 한반도 간의 소위 어떤 '조약'도 사실은 조약이 아니며 따라서 한국은 그러한 조약들을 원천 무효(null, void)이며 어떠한 효력도 없다고 간주하고 있음을 덧붙였다.

일견 병합조약 등의 원천 무효를 주장한 것으로도 보이는 이 규정은 실은 전혀 의미 불명이었다. 혹시 한국이 무효로 하고 싶었던 조약이 병합조약 등 일제 침탈 과정에서 체결된 병합 관련 조약들을 뜻했다면 그것은 '일본의 제국주의적인 지배하'에서 체결된 것이 아니라 바로 그 지배 개시의 법적 담보가 된 것이었다. 무엇보다 병합 관련 조약들은

---

182) 한국은 '제10조'라고 적었으나 내용상 제7조임은 틀림없다. 실제 이 요청과 관련해 영국은 제7조 관련 요청으로 보고 있다.

그것을 무효화하는 대상이었지, 전후 다시 '유효'나 '부활' 시킬 대상이 아니었다. 따라서 그들은 조약을 부활시킬 권리 등을 규정한 제7조 관련의 문제가 될 리 없었다. 실제 한국으로부터 이 요청을 받고 그 내용을 검토한 매독스나 피츠모리스는 각각 25일과 26일에 종전 전 한국이 일본과 체결한 조약이 없음에 따라 제7조와 관련해 한국에게 그러한 권리를 부여하는 것은 불가능하다는 싸늘한 반응을 보였다.[183]

혹시 한국의 요구가 아직 일본이 한반도에 대한 본격적인 침탈을 개시하기 이전인 19세기 말에 체결된 통상 관련의 조약 같은 것을 염두에 둔 것이었다면 그를 위해서도 무엇보다 병합 관련 조약들의 원천 비합법성을 규정할 것을 명확히 요구했었어야 했다. 왜냐하면 병합조약 이전에 한일 간에 체결된 조약 일절은 병합조약으로 인해 한반도와 일본이 외교 관계를 완전히 상실한 그 시점에서 모두 무효화될 수밖에 없었다. 따라서 그 유효화 혹은 부활을 위해서는 먼저 병합조약의 원천 무효화를 천명할 필요가 있었다. 한국이 각서 속에서 1945년 이전에 체결된 소위 '조약이 원천 무효라고 간주하고 있다고 언급한 것은 혹시나 이러한 것을 뜻했을 가능성도 있다. 그러나 그것은 한국이 그렇게 '간주(consider)'하고 있다고 주장하는 것만으로 충족하는 문제가 아니었다. 제시받은 평화조약 관련 초안들 속에 무효화에 관한 명확한 규정이 없는 이상, 그것을 직접 규정하고 법적으로 확정할 필요가 있었다. 그러나 그 각서에서도 한국정부가 병합의 비합법성 규정을 두도록 명확히 요구한 사실은 없었다.

이렇듯 한국은 평화조약 최종 조문이 확정되어가는 막판 교섭에서 그나마 병합 관련 조약들의 비합법성 문제를 제기한 것으로도 보이는 요구를 제기하기는 했다. 그러나 가령 그 요구가 병합 관련 조약들의 원천

---

183) "MINUTES", FJ1022/799, "Encloses Korean comments and suggestions on JPT", YD-127, 1951, Reel no.6, rpp.28~29.

무효 확인을 요구한 것이었다고 하더라도, 한국은 사실상 그 문제와 얽히지도 않는 다른 조항과 관련시키면서 제기한다는 혼란을 빚었다. 실제 그 각서를 받은 영국이 한국의 요구를 병합 관련 조약들을 원천 무효로 하는 규정을 두도록 요구한 것이라고 인식한 흔적도 일절 없다.

7월 25일 한국은 평화조약 작성에 '완전한 목소리'를 낼 것을 희망하고 있으며 영국의 중개로 인해 그것이 실현될 것을 희망하고 있다는 각서를 다시 제출했다.[184] 그러나 31일 영국 외무성은 워싱턴의 영국 대사관에 대해 여러 논의들이 있어도 한국이 대일 교전국이 아니라는 영국정부의 기본적인 입장을 극복하는 것은 없고, 따라서 예절을 갖추면서도 부정적인 답변을 보낼 방침이라고 전했다. 아울러 그 답변을 정식으로 한국에게 보내기 전에 미국 역시 같은 요청을 받고 있는지 또한 그 경우 미국이 어떤 답신을 준비하고 있는지 전달할 것을 지시했다.[185] 영국정부가 한국에 대한 답신 이전에 미국 측 견해를 확인하려 한 것은 특히 한국의 기대에 호응하지 않는 답신을 보내는 이상, 이 문제를 둘러싼 미·영 정부 간의 조정과 그를 통한 일치된 입장이 필요하다고 판단한 결과였음은 쉽게 상상할 수 있다.

그 미국정부는 상술한 7월 19일의 한국 측 요청들에 대해 8월 10일자로 한국에 대해 러스크 명의의 답신을 보냈다. 특히 독도를 일본의 영토로 인식하고 있음을 아울러 전달한 것으로 잘 알려져 있는 이 각서

---

184) "untitled", FJ1022/847, "Encloses a confidential communication on Korea's wish to participate in the JPT and requests immediate attention", YD-127, 1951, Reel no.6, rpp.120~122. 단 이와 같은 각서가 7월 4일 부산에서 작성된 기록도 있으므로("AIDE-MEMOIRE", 같은 FJ1022/847, rpp.118~119) 이는 연합국 배제가 완전히 확정된 것을 확인한 후에 작성된 것이 아니었을 가능성도 있다. 그것은 이 각서가 서명국 참가 자체를 요구하고 있는 것이 아니라 '완전한 목소리'를 내게 해 줄 것을 당부하고 있는 점에서도 엿볼 수 있다. 단 어쨌건 간에 한국의 연합국 배제가 결정된 후이면 그것이 연합국 참가를 요구하는 것으로 됨은 마찬가지이다.

185) "Japanese Peace Treaty", ibid., rp.124.

는 실은 그 문제 이외에도 매우 중요한 의미를 담은 것이었다. 그것은 7월 19일의 회담에서 한국이 첫 번째 요구로서 제기했었고 또 덜레스 역시 추가 검토해 볼 것을 약속했었던 문제, 즉 한반도에 대한 일본의 권리 등을 1945년 8월 9일자로 포기한 것으로 수정해 달라고 한국이 요청한 것에 대한 답신 내용이었다.

러스크는 각서를 통해 미국정부로서는 8월 9일의 포츠담선언 수락으로 인해 한반도에 대한 일본의 공식적 및 최종적인 주권 포기가 확정되었다고 하는 논리(theory)를 채용해야 한다고 생각하고 있지 않다고 통보했다.186) 즉 미국정부는 한반도의 독립이 과거의 다른 영토 처리의 사례들과 다르다는 한국정부의 입장을 사실상 물리치고 항복 이전은 물론, 항복 이후에도 적어도 법적으로는 한반도에 대한 일본의 주권이 존속된다는 입장을 통보한 셈이었다.187) 이는 물론 병합이 합법이며 따라

---

186) 러스크 각서는 일본 외무성 홈페이지(http://www.mofa.go.jp/mofaj/area/take shima/g_sfjoyaku.html)에서 열람 가능하다.

187) 제3장에서 고찰한 바와 같이 국무성은 신탁통치 도입 문제와 관련된 전후 계획 입안 과정에서 포츠담선언 등으로 인해 일단 한반도에 대한 일본의 주권이 종료되었다는 입장을 정리한 적이 있었다. 이 점을 상기하면 평화 조약까지 일본의 주권이 존속된다는 입장은 모순된 측면이 있다. 그러나 이 모순을 바로 '모순'이라든가 혹은 미국정부의 입장이 공식적으로 변경된 결과였다는 등으로까지 볼 필요는 없을 것이다. 상술한 바와 같이 국무성은 신탁통치 실시와 관련된 권한 확보 문제와 관련해서는 항복으로 인해 한반도에 대한 일본의 주권이 종료되었다는 입장을 일단 정리했다. 그러나 그것은 어디까지나 타이완 문제 등, 당시 중국의 입장에도 배려한 정치적인 타협의 산물에 불과했다. 또 주권의 종료라는 입장은 즉시 주권의 새로운 귀속 문제 등을 야기할 것을 고려하면서 대외적으로도 그것을 공식화하지 않았다. 무엇보다 주권의 종료라는 입장을 정리했을 때도 포츠담선언 등에서 일본의 한반도에 대한 주권이 상실되었다는 명확한 규정 등이 없음에 따라 평화조약까지 일본의 주권이 존속된다는 논리가 성립될 여지 역시 인정했었다. 그에 따라 평화조약에서 그것을 확정할 과제가 일찍부터 제기되었었고 또 실제 평화조약에서 한반도에 대한 일본의 주권을 종료시킬 규정을 두었다. 즉 과거 신탁통치 실시 문제와 관련해 당시 국무

서 적어도 법적으로는 한반도가 평화조약까지 일본의 영토라는 성격을 띠고 있다는 뜻을 내비친 답신이었다. 다시 말해 러스크 각서는 비록 교전에 따른 역학 관계의 변화에서 비롯된 것이기는 했으나 한반도의 독립이 일본이 그것을 자주적으로 승인함에 따라 이루어지게 된 '광복'이 아닌 '분리'의 문제에 불과하다는 것이 미국정부의 공식 입장임을 통보한 셈이었다.

이와 같은 미국의 입장과 호응하듯이 영국정부 역시 8월 17일 한국에게 답변을 보냈다. 그 답변은 영국정부로서 한국의 연합국 참가 요청을 수락하지 않는다고 하면서 그 이유와 관련해 대일본제국의 일부였던 한반도는 교전 중 일본과 함께 전쟁에 참여한 지위에 있었으므로 대일 교전국이 아니라고 통보했다. 영국정부는 그것을 전제로 평화조약 제2조 (a)항을 '혜택(benefit)'이라고까지 규정했다. 영국은 한국의 이익을 관련

성이 정리한 입장이 대외적으로도 명확히 확정된 미국정부의 공식 입장이었다고까지 봐야 하는 이유는 없다. 이러한 상황에서 평화조약에서 미국이 군이 8월 9일자로 주권을 상실했다고 다시 명확히 할 법적, 정치적 필요는 어디에도 없었을 것이다. 혹시 그것을 명확히 할 경우는 8월 9일 이후 한반도의 주권이 누구에게 귀속되었는가 하는 원칙적인 문제가 즉시 제기될 수 있으며 또 그것은 그 후 실시된 미군정 통치 기타 한반도 관리 체제에 대한 법적 근거의 문제를 건드릴 수도 있었다. 정치적으로도 주권의 종료 날짜를 8월 9일로 결정하는 것은 이미 동맹국으로 포섭하려 했었던 일본의 입장을 어렵게 하는 처사였다. 종전 전후 한반도에 신탁통치를 실시할 과제가 대두되었을 때는 그 권한을 확보하는 과제와 관련해 적국 일본의 주권이 어느 시점에서 종료되는가 하는 문제는 적어도 법적으로는 중요한 물음이었다. 그러나 이미 그런 문제는 다 끝났고 평화조약의 체결만 기다리는 상황이었다. 이러한 가운데 미국에게 중요한 것은 실제 이미 실현된 한반도 독립을 법적으로 확정하는 문제뿐이었지, 그간 봉인해 온 여러 논란거리를 다시 자극할 수도 있는 날짜 문제를 다시 집어내고 그것을 8월 9일로 명확히 정하는 과제가 아니었다. 즉 포츠담선언으로 인한 주권 종료로부터 평화조약 발효에 따른 종료로의 '변화'는 미국정부 자신에게도 명확한 모순이라든가 정책적 변경으로 인식될 만한 변화는 아니었을 것이다.

조항에서 보호하고 있다고 하면서 그와 관련해 제2조 (a)항이 일본에 대해 한국의 독립을 승인케 하고 모든 권리, 권원, 청구권들을 포기하게 하고 있다고 강조했다.[188] 자주적인 힘으로 인해 독립을 쟁취하기는커녕 대전 중 '같은 일본'으로서 연합국과 싸운 한국을 전후 그럼에도 독립하게 해 준 것은 바로 영국의 입장에서 볼 때 한국에 안겨 준 '혜택' 이외의 아무것도 아니었다. 그러나 그런 '혜택'이 결국 병합의 합법성을 확정 짓는 처사가 되어버린다는 것 따위는 영국에게 아무런 의미도 없었다.

8월 27일 덜레스는 서명국 참가를 끈질기게 요구한 한국에 대해 서한을 보내, 그것을 최종적으로 거절하는 이유로서 전쟁 전에 한반도의 독립은 상실되어 있었고 연합국의 전승 후에 독립을 다시 획득(regain)하게 되었으므로 전쟁 중 한국은 어떤 때에도 교전국도 연합국도 아니었다고 답했다.[189] 물론 덜레스가 보낸 이 서한 내용은 영국이 보낸 답변 내용을 사실상 그대로 답습한 것이나 마찬가지였다. 이와 같이 결국 미국과 영국은 한때 대립하던 한국의 연합국 제외 문제도 포함해 한반도 독립의 성격 문제에 관해 완전히 그 보조를 맞추게 되었다.

평화조약 기초의 주역인 미·영이 한반도 독립 문제에 대해 완전히 일치한 이상, 이와 관련된 조문이 변화될 리 없었다. 이에 따라 상기한 바와 같이 한반도 독립 문제를 규정한 최종 조문 제2조 (a)항은 6월 14일의 미·영 통일초안이 그대로 채용되었다. 물론 일본의 한반도 통치를 부당한 것으로 규정하는 조항 등이 새롭게 규정되는 일도 없었다.[190]

---

188) "untitled", FJ1022/847, "Encloses a confidential communication on Korea's wish to participate in the JPT and requests immediate attention", YD-127, 1951, Reel no.6, rpp.130~131.

189) "Korea request to sign Japanese peace Treaty, Letter to Yang", OJP-3, 2-B-103.

190) 단 8월 13일의 수정에 따라 한국과의 경제적 치리의 원칙을 정한 제4조에는 남한에서 미국이 취한 일본인 재산에 대한 처분을 승인하도록 요구하는 규정이 그 (b)항으로 추가 삽입되었으며 이 규정이 한국에게 유리한 측면이

1951년 9월 8일 평화조약은 실제 한국을 서명국에서 배제한 가운데 체결되었다. 이로써 전후 병합을 원천 비합법으로 하는 데 거의 유일하고 또 절대적인 기회였던 평화조약은 그것을 성사하기는커녕 오히려 병합이 합법이었음을 확정함으로써 이후 이 문제에 대한 엄격한 국제적 제약 조건으로 자리 잡게 되어 버렸다.

있었음은 틀림없다. 8월 13일의 수정안은 FJ1022/1073, "Draft Treaty of Peace with Japan: as amended 13th August, 1951", YD-127, 1951, Reel no.8, rp.100. 그러나 이 추가 삽입 역시 식민지 피해에 대한 보상을 위해서라고 정해진 것도 아니었으며 적어도 조약 규정상 일본의 한반도 통치에 대한 평가는 일절 담기지 않았다. 또한 동 제4조 (a)항에서는 (b)항에 유의할 것이 명시됨에 따라 그에 기초해 진행된 한일 직접 교섭에서는 한국이 일본에 대해 일방적으로 추가 요구할 수 있는 지위에 서는 것도 제한되었다.

제5장

한일회담 기본관계 교섭과
한일병합 합법성의 재확정

이상 밝힌 바와 같이 전후 병합이 비합법이었다고 인정받는 데 사실상 유일하고 또 절대적인 기회였던 평화조약은 미국, 영국 등의 대응으로 인해 오히려 병합이 합법이었음을 확정하는 내용으로 체결되었다. 평화조약은 또한 통치의 부당성 여부에 대한 평가를 일절 담지도 않았다. 이로써 한반도 독립 문제와 관련해 병합의 비합법성이나 통치의 부당성이란 역사적 성격이 적어도 국제적 테두리로서 법적으로 확정되는 길은 사실상 완전히 차단되었다.

그러나 평화조약은 그 후에 한일 두 나라가 '광복성 여부' 문제를 다루고 일본에 의한 한반도 지배의 성격을 따로 확정하는 것을 직접 금지한 것은 아니었다. 이에 따라 이 문제는 주권 회복 후 한일 두 나라 간 관계 속에서 처리할 수 있는 여지는 남았다. 실제 이 과제는 특히 한국정부의 문제 제기에 따라 1951년 10월부터 1965년 6월까지 약 14년간에 걸쳐 진행된 한일 국교 정상화 교섭에서 다루어졌다. 그리고 그 한일회담에서 일본의 한반도 지배의 성격에 대한 역사인식을 확정하는 문제를 직접 다룬 의제야말로 한국정부가 다른 문제들에 대한 합의를 도출하기 위한 '헌법적 성질'[1]의 문제로서 제기한 '기본관계' 문제였다.

기본관계 교섭의 결과 1965년 2월 20일에 가(假)조인이, 그리고 같은 해 6월 22일에 정식으로 조인된 한일 기본관계조약에서 일본의 한반도 병합의 성격을 확정하는 핵심 조항으로서 규정된 것이 주지의 제2조였

---

1) "주일정 722-516", 『제7차 한일회담 기본관계위원회 회의록 및 훈령, 1964.12-65.2』, 22쪽.

다. 병합 관련 조약들이 과연 체결 당초부터 원천적으로 무효였는지 여부를 확인하기 위해[2] 설정된 이 조항(이하 무효 확인 조항으로 약기)은 정식 조문으로서는 다음과 같이 규정되었다.

It is recognized that all treaties or agreements concluded between the Empire of Korea and the Empire of Japan on or before August 22.1910 are already null and void(1910년 8월 22일 또는 그 이전에 대한제국과 대일본제국 간에 체결된 모든 조약 및 협정들이 이미 무효임을 확인한다).

또한 특히 교섭이 후반기에 접어들면서 기본관계 문제의 핵심으로 대두되고 또한 상기 제2조 무효 확인 조항의 교섭과 같이 막판까지 난항을 겪은 것은 제3조였다. 특히 북한 정권의 존재를 의식하면서 한반도에서의 대한민국정부의 대표성의 성격을 확인하기 위해 한국정부가 유일 합법정부임을 규정한 조항(이하 유일 합법성 조항으로 약기)은 최종적으로 이하와 같이 규정되었다.

It is confirmed that the Government of the Republic of Korea is the only lawful Government in Korea as is specified in the Resolution 195 (Ⅲ)of the United Nations General Assembly(대한민국정부가 유엔총회결의 195(Ⅲ)호에 명시된 바와 같이 한반도에 있어서의 유일한 합법정부임을 확인한다).

---

2) 이 책에서는 병합이 과연 합법이었는지, 혹은 비합법이었는지 여부를 가리는 문제는 병합의 합법성 여부의 문제로서 논의해 왔다. 그러나 이 장에서 다루는 기본관계 교섭에서는 'null and void'라는 어구에 상징되듯이 한국이 이 문제를 병합 관련 조약들이 원천 무효임을 확인하는 문제로서 교섭했기 때문에 이하에서는 병합 관련 조약들의 무효 확인의 문제로서 논의를 진행한다.

잘 알려져 있는 바와 같이 제2조 무효 확인 조항에는 특히 'already' 가 들어감에 따라 이 규정을 둘러싸고는 조약 체결 당시부터 지금까지 한일 두 정부 간에는 해석 차이가 생겼다. 한국정부는 'already'의 삽입 여하와 상관없이 이 제2조로 인해 병합이 원천 무효였음이 확정되었다고 주장해 왔다. 반대로 일본정부는 이로써 대한민국 건국으로 인해 실제 무효화되기까지는 병합은 법적 효력을 가지고 있었음이 확인되었다고 주장하게 되었다. 이에 따라 전후 한일 관계를 식민지 지배-피지배 관계의 후유증으로부터 최종적으로 풀어 나가기 위해서도 바로 가장 핵심 문제가 되지 않을 수 없는 병합의 합법성 여부 문제가 논란거리로서 그대로 남게 되었다. 또한 핵심 조항인 제2조를 포함해 기본관계조약이 통치의 부당성 확정과 관련된 규정을 일절 두지 않음에 따라 일제 통치의 역사적 성격을 둘러싼 논란 역시 그 후 오랫동안 한일 관계 발전의 족쇄가 되었다.

필자는 2005년에 일본정부 보다 앞서 한국정부가 공개한 한일회담 공식 문서를 검토하면서 이들 제2조와 제3조를 비롯해 기본관계조약이 기초되는 과정에 관해서는 이미 상세히 분석했다. 그것을 통해 한국정부의 표면적인 주장과 달리 교섭의 실태를 자세히 살필 경우 제2조는 적어도 일본에게 병합 관련 조약들의 원천 무효를 인정시키기 위한 것이 아니었으며 오히려 그것은 사실상 병합이 합법이었음을 확정하는 것이었다는 성격이 훨씬 강하다는 것을 밝혔다.[3] 물론 지금도 그 입장에 변함은 없다.

그러나 외교 교섭에 대한 심층적이고 또 정확한 이해를 위해서는 교섭에 임한 두 당사자에 대한 종합적인 분석이 필요함은 따로 강조할 나위도 없다. 그럼에도 아직 일본 측 한일회담 공식 문서가 본격적으로

---

3) 이 논점은 장박진, 『식민지 관계 청산은 왜 이루어질 수 없었는가: 한일회담이라는 역설』, 논형, 2009, 제3부에서 체계적으로 다루었다.

공개되기 전에 진행한 연구에서는 이 제2조의 형성과 그 의미의 분석에
즈음하여 또 하나의 당사자였던 일본정부의 내부 동향에 초점을 맞추고
그것을 면밀히 분석하는 작업은 진행하지 못했다.

따라서 이 장에서는 특히 후반기 교섭에서 제2조에도 영향을 미치게
된 기본관계조약 제3조 유일 합법성 조항의 문제도 포함해, 앞서 발표
한 연구에서 숙제로 남겨 왔던 일본정부의 인식이나 대응들을 분석하면
서 기본관계조약 제2조 무효 확인 조항의 기초 과정을 밝힌다. 그것을
통해 앞서 발표한 연구에서는 논하지 못했던 각도에서 병합의 합법성이
다시 재확정되게 된 과정을 그려내고자 한다.[4] 아울러 기본관계조약에
서 통치의 부당성 여부의 문제가 일절 규정되지 않았던 그 과정 역시
부각시키고자 한다. 그리고 이상의 작업들을 진행함으로써 전쟁 중 그
맹아가 싹튼 한반도 독립 문제가 결국 전후 한일 간에서도 다시 병합의
합법성만을 재확정하면서 끝나게 된 궤적을 밝히고 이 책이 제기한 연
구 과제를 완결시키고자 한다.

---

4) 일본정부 문서의 공개가 지연된 것도 작용해 기본관계조약과 관련된 일본
정부의 동향에 초점을 맞춘 연구는 아직 지극히 적다. 필자가 확인할 수
있었던 한, 이것을 주제로 삼은 연구는 요시자와의 글이 유일하다. 吉澤文
壽,「日韓國交正常化交涉における基本關係交涉」, 李鍾元·木宮正史·淺野豊美
編, 앞의 책, 95~127쪽. 기타 이동준이 비록 한국정부의 움직임을 중심으
로 고찰한 것이기는 하나 일본정부가 공개한 공식 문서를 활용하면서 제1
차 한일회담 기본관계위원회 토의에서의 일본정부의 대응을 일부 논의했
다. 이동준, "해방의 이론과 실제: 초기 대한민국정부의 병합조약에 대한
인식과 행동", 이동준·장박진 편저, 『미완의 해방: 한일 관계의 기원과 전
개』, 아연출판부, 2013, 213~252쪽. 이 주제는 원래 그다지 많은 논점을
가지고 있는 것도 아니며 따라서 그들 선행연구와 그 내용이 일부 겹칠 수
밖에 없으나 여기서는 선행연구가 다루지 않았던 내용들도 보완해 나가면
서 보다 포괄적인 고찰을 가하고자 한다.

I '기본관계' 문제의 맹아

1 일본에 의한 기본관계 문제의 설정과 그 의미

1951년 9월 8일에 평화조약이 서명됨에 따라 일본에 대한 전후처리의 테두리는 정식으로 확정되었다. 한국은 연합국에서 최종적으로 제외되었다. 그러나 앞장에서 분석한 제2조 (a)항과 함께 한국은 제4조 재산 및 청구권(이하 청구권으로만 약기), 제9조 어업, 그리고 제12조 통상 관련 규정의 수혜국으로서는 지정되었다. 평화조약에 서명한 일본은 이들 조항에 따라 필연적으로 한국과의 사이에서 그 처리를 수행할 책임을 지게 되었다. 그러나 과제는 그들에만 그치는 것도 아니었다. 원래 연합국과 일본의 교전 관계에 따른 과제 전반을 다루어야 했던 평화조약은 재일한국인의 국적 문제나 선박 문제 등, 당시 한일 간에 존재하던 다른 '사소한' 문제까지 하나하나 다 규정한 것은 아니었다. 물론 평화조약은 관련 조항에서 규정한 문제들만을 다루는 것을 의무로 한 것도 아니었다. 따라서 주권을 회복한 한일 양국은 자신의 이해관계에 따라 이들 과제에 대해서도 교섭하고 해결할 필요성을 안게 되었다.

평화조약 서명에 따른 문제와 더불어 기타 관련 과제들을 안게 된 한일 양국은 향후 상호 간에서 해결할 의제들을 설정하기 위해 1951년 10월 20일부터 한일 예비회담을 개최했다. 결과 약 14년에 걸쳐 진행되게 된 한일회담이 그 막을 올린 것이었다. 이 예비회담을 앞두고 일본 외무성은 10월 11일 한국과의 교섭에 대비한 3가지 절충 방안을 정리했다. 그러나 외무성이 정리한 그 3가지 절충 방안은 모두 재일한국인의 국적 문제에 관한 것뿐이었다.[5] 물론 일본이 이 시기 재일한국인 문제

---

5) 「對韓折衝方式について考え得る三案」, 外務省日韓會談公開文書(문서번호 1625). 이 3가지 안이라고 함은 첫째 평화조약에 따라 재일한국인의 국적은 한국 국

에 대한 교섭 방안만을 마련한 것은 "현재 진행 중의 일한 교섭에서 우리 측은 재류 조선인의 법적지위를 토의하는 것만"[6]을 방침으로 삼고 있었기 때문이었다.

결과적으로 한일회담에서 핵심 과제가 된 청구권 문제는 일본에게 원래 한일 직접 교섭의 대상으로 삼아야 하는 과제가 아니었다. 한반도를 포함해 전후 할양하게 된 지역에 대한 시정(施政)은 일본의 입장에서 볼 때 이른바 식민지에 대한 착취 정치가 아니었다. 오히려 매해 국고로부터 보조금을 주거나 일본 국내에서 발행한 국채 등을 통해 모은 자금을 투입하는 등 '초과 반출(持ち出し)' 상태였다. 그럼에도 이들 지역에 있었던 재외일본인 재산은 이미 공유 재산뿐만 아니라 사유 재산까지 '박탈'되었다.[7] 이것들이 당시 일본정부의 기본 인식이었다. 그러나 한편 한국은 가난했고 또한 한국전쟁이라는 비상사태에 빠져 있었다. 또한 한국의 대일 감정도 작용하지 않을 수 없었다. 이런 상황에서 직접 교섭을 해봤자 그들 '초과 반출' 부분이나 재한일본인 재산 등을 돌려받을 수 있을 가능성이 사실상 없음은 당시 일본정부에게도 불을 보듯이 뻔했다. 그런 일본에게 남은 선택지는 향후 문제를 남기지 말고 평화조약에서 이에 관한 문제를 최종 종결시키는 것이었다.

실제 앞장에서 언급한 1951년 6월 14일자 미·영 통일초안이 나오자 외무성은 7월 24일 청구권 문제와 관련해 한일 간 특별 조정(special

---

적이 되므로 특별한 협정은 필요 없다는 입장을 취하는 방안, 둘째 평화조약 발효 이전에 정식조약을 체결하되 재일한국인의 문제만 구체적인 협정을 체결하고 그 이외의 문제는 향후의 절차 등만을 규정하는 데 그치도록 하는 방안, 그리고 마지막 셋째 국적 문제에 관한 협정을 체결하나 그 발효는 기타 문제를 포함한 포괄적일 조약의 실시에 맞추도록 하는 방안이다.

6) 「日韓兩國間の基本關係調整に關する方針(案)」, 外務省日韓會談公開文書(문서 번호 1627), 1쪽.

7) 「割讓地の經濟的財政的事項の處理に關する陳述」, 『準備對策』, 443~445쪽 에서 정리.

arrangement)을 정한 평화조약 제4조에 대해 장문의 의견서를 미국에게 제출하면서 그 방안을 철회하도록 촉구했다. 외무성은 그 이유와 관련해 특히 한반도의 상황을 직접 거론하면서 다음과 같이 역설했다. 일본인의 본토 귀환에 따라 그 재산이 무책임하게 처리되었다. 그 후 내란이 발생했다는 사정 등으로 인해 일본인 재산이 파괴된 상황에서는 재산이나 청구권 관계의 처리는 너무나 복잡하다. 종전 후 6년간에 재산이 완전히 파괴됨으로 인해 사실 관계 파악이 불가능하다. 한국의 대일청구권은 일본의 재외 재산과 비교해 작다. 그럼에도 불구하고 한국은 상호에 교전 관계가 없었는데도 이유도 없이 배상을 요구할 것이다. 외무성은 바로 이와 같이 밝히면서 한국과 일본의 청구권 문제를 각 지역에서 일도양단 방식(cutting-the-Cordian-knot way)으로 종결시켜 상호에 일절 청구하지 않기로 할 것 이외에는 현실적인 해결 방법이 없다고 주장했다.[8] 즉 일본은 한국이 재한일본인 재산을 취득했기 때문에 그 이상 문제가 남지 않도록 평화조약에서 최종 해결하도록 조치해 줄 것을 미국에게 요청했었던 것이다. 그럼에도 결국 한일회담에서 청구권 교섭이 실제 진행되게 된 것은 미국이 그런 일본정부의 주장을 물리치고 한일 직접 교섭의 길을 남긴 결과였다. 한마디로 말해 한일회담은 적어도 청구권 문제에 관해서는 일본에게 대미 교섭에 실패한 오산의 소산이었다.[9] 그러나 교섭을 해봤자 얻을 것이 없었던 일본에게 청구권 교섭을 서둘러 진행해야 하는 이유는 별 없었다. 평화조약 역시 '특별 조정'의 실시만을 지시했을 뿐, 구체적으로 그 개최 시기나 최종 해결까지의 기

8) 「平和條約の締結に關する調書Ⅵ: 昭和26年5月~8月」, 『日本外交文書 平和條約の締結に關する調書』 第三冊(Ⅵ), 741~742쪽(영문); 743~744쪽(일문).
9) 이 논점에 관한 보다 자세한 내용은 장박진, "일본정부의 한일회담 인식과 교섭 대응: 개인청구권 문제를 염두에 두면서", 도시환·장박진·장세윤 외, 『한일협정 50년사의 재조명Ⅳ-일제식민지지배 피해자의 구제를 위한 법정책적 과제-』, 동북아역사재단, 2015, 67~95쪽에서 논했다.

한을 지시한 것도 아니었다.

기타 문제들도 기본적으로 마찬가지였다. 선박 문제에는 한국전쟁 중
에 일본이 결과적으로 한국에게 대여한 형식으로 된 5척의 일본 선박의
반환 문제나 1952년 1월 18일에 "대한민국 인접해양의 주권에 대한 대
통령의 선언"으로 인해 선포된 '평화선' 설정 후 한국이 나포한 일본 어
선의 반환 문제도 포함되기는 했다. 그러나 한일 예비회담 당초 주로 의
식된 선박 문제의 대부분은 기본적으로 1951년 9월 11일에 발령된
SCAPIN 2168호나 1945년 12월 6일의 군정법령 33호에 따라 제기되어
있었던 한국 치적선이나 한국 수역에 존재한 선박의 한국 반환 문제였다.

어업 문제는 당시 일본에게 오히려 당분간 '무협정' 상태가 유리했다.
어선 등 조업에 관한 장비의 기술 격차 등으로 인해 일본은 일본 연안
에서의 한국 어선의 조업 등을 걱정할 필요 없이 일방적으로 한국 근해
에서의 조업이 가능했다. 점령 기간 중 일본의 어업 범위를 제한하기
위해 1946년 6월 22일에 발령된 SCAPIN 1033호로 설정된 이른바 '맥
아더라인' 역시 평화조약 발효에 따라 철폐될 것이 예정되어 있었다. 이
런 상황에서는 어업협정 체결 문제에 관해 일본이 급하게 대응할 필요
역시 없었다.

당시 한국과 사이에서 안고 있었던 과제들 중 일본이 급히 교섭하고
타결시킬 필요가 있었던 유일한 과제가 재일한국인 문제였다. 일본은
점령하인 1947년 5월 2일에 이미 외국인등록령을 공포하고 향후 재일
한국인을 외국인으로 할 것을 예정했었다. 그리고 재일한국인이 정식으
로 일본 국적을 상실하고 외국인이 될 날짜가 바로 평화조약 발효일이
었다. 따라서 평화조약 서명에 따라 머지않아 조약이 발효될 것이 전망
되던 일본정부에게 국적 변경과 그에 따라 생길 여러 문제들을 한국과
사이에서 조정하는 과제는 불가피했다. 일본 국적 상실 후의 한국 국적
부여의 권한은 한국정부에게만 있었지, 일본정부에는 없었다.[10] 또한

전후의 밀입국자, 기타 범죄, 빈곤 등에 따라 한국으로 송환하고 싶었던 한반도 출신자의 인수 역시 한국정부의 승인과 협력 여부에 달렸다. 비록 일본정부의 주권하인 일본 국내에 머무른다고 하더라도 60만 명 규모에 이르는 재일한국인에 대한 법적지위의 부여 역시 한국정부와의 조정이 필요한 사항임은 부정할 수 없었다. 일본정부는 이들 과제를 가급적으로 평화조약 발효까지 처리할 필요성을 안고 있었다. 일본이 예비회담 개최에 맞추어 다른 과제를 둘째 치고 '재류 조선인의 법적지위를 토의하는 것만'을 교섭 방침으로 삼았던 까닭은 바로 이 때문이었다.

그러나 '재류 조선인의 법적지위를 토의하는 것만'을 교섭 대상으로 하려는 그런 방침은 어디까지나 예비회담에서의 잠정적인 대처에 불과했다. 일본에게 별 얻을 것이 없었던 기타 과제들은 거꾸로 한국정부에게는 얻을 것이 많은 교섭 과제들이었다. 당연히 한국정부는 재일한국인의 법적지위 문제 이외에도 청구권 문제를 비롯한 기타 문제들을 같이 처리하도록 요구했다. 아직 일본이 점령하에 있었기에 한일 교섭에 직접 관여한 점령 당국 역시 의제를 확대하는 것에는 동의했다. 실제 한일 예비회담 제1회 회합에 같이 합석한 시볼드(William J. Sebald) 외교국장은 벽두 인사에서 재일한국인 문제 이외에 확대할 의제의 범위를 결정할 것 역시 교섭 과제로 지시했다.[11]

재일한국인 문제 이외에도 향후 예상될 한일 본격 교섭에서 토의할 의제를 정하도록 요구받은 일본정부는 예비회담이 개시된 지 얼마 안

---

10) 다만 한국정부 역시 병합의 무효와 한반도에서 대한민국정부가 유일한 정당정부임을 확정하기 위해 재일한국인들에게 한국 국적을 부여하는 것에는 적극적이었다. 이에 관해서는 장박진, 앞의 논문, 2009.3, 205~239쪽.

11) 시볼드의 연설문은 "Opening Statement by Ambassador W. J. Sebald at the Korean-Japanese Meeting on Oct. 20, 1951"로서 「日韓會談(第一回會合)」, 外務省日韓會談公開文書(문서번호 63)에 수록되어 있다. 원문 표제에서는 시볼드의 이름 표기는 'Sebalt'로 되어 있으나 원래 'Sebald'가 맞는 것으로 풀이되기 때문에 고쳐 표기했다.

되는 10월 29일과 31일에 잇따라 "일한 양국 간의 기본관계 조정에 관한 방침(안)"을 수립했다.12) 즉 일본정부 역시 교섭 초기부터 일단 '기본관계'라는 개념을 사용한 것이었다. 외무성은 그 기본관계를 조정하는 방침 속에서 본격적 교섭을 1952년 봄쯤부터 개시할 것을 염두에 두면서 그에 대한 대응 방안을 구상했다. 그러나 29일이나 31일에 마련한 각 방침에서 구상한 기타 과제들은 청구권, 재일한국인의 법적지위, 선박(이상 29일 방침), 그리고 평화조약 제9조 어업 및 제12조 통상 관련 협정의 문제(이상 31일의 방침에서 추가)만이었다. 즉 일단 '기본관계의' 설정을 의식한 일본정부도 그것은 그 후 한국정부가 제기함에 따라 기본관계조약 기초의 핵심 사항이 되는 병합 관련 조약들의 무효 확인 문제 등을 의식한 것은 아니었다.

물론 이는 그 문제가 당시 일본정부에게 향후 한국과 '기본관계의 조정에 관한 조약'을 체결하는 데 논의해야 할 과제로 인식되어 있지 않았기 때문이었다. 원래 병합이 합법이었음을 의심하지 않았던 일본에게 평화조약은 그 입장을 그대로 추인한 내용으로 체결되었다. 앞장에서 논한 바와 같이 한반도 독립 조항으로서 기초된 제2조 (a)항은 단지 일본이 한반도의 독립을 승인하고 그에 대한 권리 등을 포기하는 것만을 확인하는 데 그쳤다. 그것은 예컨대 청구권 문제를 정한 제4조처럼 향후 한일 간에 진행해야 할 과제를 지시한 조항도 아니라 평화조약에서만 완결되는 조항에 불과했다. 당초 일본에게 '기본관계'라고 함은 "양국 신관계의 발족에 즈음하여 (중략) 우호 관계를 수립"하고 "양국 간의 현안 해결의 지도원리 내지 추진력"13)으로 하는 문제였다. 즉 그것은 평화조약 등에서 남게 된 기타 문제들에 관해 최소한 그 해결 원칙들을

---

12) 29일 및 31일의 방침안은 각각 「日韓兩國間の基本關係調整に關する方針(案)」으로서 外務省日韓會談公開文書(문서번호 1627)에 수록되어 있다.

13) 이상 2가지 인용은 「日韓會談の概要」, 外務省日韓會談公開文書(문서번호 477), 3쪽.

정립하고 국교를 정상화하는 문제였지, 한국이 제기함에 따라 그런 성
격을 일단 띠게 된 '과거 관계의 청산'이라는 의미는 아예 없었다.

이와 같은 인식에 따라 11월 8일 일본은 예비회담 제6회 회합에서
향후 한일 간에 교섭할 과제를 7가지 사항으로 제시했다. 그것은 외교
관계의 확립, 재일한국인의 국적 확정, 청구권 문제 해결을 위한 교섭
개시, 어업권 교섭의 개시, 해저전선(海底電線) 이전(移轉) 교섭의 개시,
통상·항해 및 그들 조약 체결과 관련된 최혜국대우 등의 원칙 확립, 그
리고 마지막으로 기타 양국 간에 합의되는 과제였다.14) 제기된 이들 과
제를 보면 알 수 있는 바와 같이 일본정부는 당초 외교 관계의 수립이
나 기껏해야 재일한국인 문제 중의 국적 문제 정도만을 먼저 정식으로
확정하고 기타 문제에 관해서는 향후 본격 교섭을 진행하는 데 필요한
방침이나 처리 원칙 등을 정하는 것을 '기본관계조약'의 역할로 삼았던
것이다. 물론 일본정부도 '기타 양국 간에 합의되는 과제'라고 의제 확
대의 가능성만큼은 열어 놓았다. 이는 물론 외교 교섭에는 항상 상대가
있다는 조건을 고려한 것이었다. 그러나 후술하는 바와 같이 한일 교섭
에 임하는 한국의 입장 속에 일본의 한반도 통치를 비난하는 의미가
담길 것은 예상한 일본정부 역시 이 시기 병합 관련 조약들의 무효 확
인 문제를 한국이 정식으로 제기해올 것까지 예상한 흔적은 적어도 기
록상에서는 찾을 수 없다.

2 병합 관련 조약들의 무효 확인 문제 대두의 계기

한편 한국 역시 예비회담에서는 병합 관련 조약들의 무효 확인 등,

---

14) 「日韓會談(第6回會合)」, 外務省日韓會談公開文書(문서번호 63내)에 수록. 이
들 과제는 영어 문서로서 제목 없이 제시되어 있으나 일본이 제출한 문서
라는 점은 "別紙 日本側提案"이라는 수기로 가필된 표기로 인해 확인 가능
하다.

한반도 지배의 성격을 조문을 통해 확정하는 문제를 공식화하지 않았다. 같은 날 8일에 열린 제6회 회합에서는 한국정부 역시 향후 양국이 논의해야 할 과제를 제출했다. 그러나 그것은 토의 개시 날짜까지 제안했다는 의미에서는 일본정부 안보다 자세한 것이었으나 막상 제시된 토의 의제는 일본이 제기한 의제보다 좁은 청구권, 어업, 통상·항해, 기타(ad hoc)뿐이었다.15) 한국정부 역시 이 단계에서는 병합 관련 조약들의 무효 확인 규정의 문제는 물론, 그것을 포함한 이른바 '기본관계' 문제를 의제로 삼을 것조차 제기하지 않았던 것이다. 이 의미에서 비록 그 의미는 다르나 당초 '기본관계 문제'에 관한 의제를 설정한 것은 오히려 일본 측이었다.

한국정부가 향후 한일 간에 진행할 본격적 토의 의제를 결정하는 예비회담에서 왜 무효 확인 조항의 삽입을 비롯한 기본관계 문제를 제시하지 않았는지를 직접 가리키는 자료는 없다. 그러나 관련 연구들이 이미 언급해온 바와 같이 한국정부 내부에서는 한일 직접 교섭에 즈음하여서는 병합을 무효로 한 교섭을 진행하는 구상이 존재했었다.16) 주일대표부가 1950년 10월 "주야겸행(晝夜兼行)으로 연구한 결정(結晶)"이자 "대일 배상 문제에 관한 본국에 청훈을 대신하는 의미"도 포함해 작성한 『대일강화조약에 관한 기본태도와 그 법적 근거』17)는 향후 예상될 한일 직접 교섭에서는 병합조약 자체가 무효였다는 전제하에서 교섭을 진행하도록 명확히 건의했었다.

주일대표부가 작성한 이 건의가 그 후 한국정부 내부에서 어떻게 받

---

15) 한국 측 제안은 "A PROPOSAL ON THE DEVELOPMENT OF AGENDA", 『한일회담 예비회담(1951.10.20-12.4), 본회의회의록, 제1차-10차, 1951』, 188쪽.

16) 이에 관한 보다 자세한 내용은 장박진, 앞의 책, 2009, 249~253쪽; 이동준, 앞의 논문, 225~233쪽.

17) 이 문서는 『한일회담 예비회담(1951.10.20-12.4), 자료집, 대일강화조약에 관한 기본태도와 그 법적 근거, 1950』으로서 편집되어 있다.

아들여지고 검토되었는지, 그것을 추적할 수 있는 기록은 안타깝게도 지금까지 전혀 찾을 수 없다. 그러나 그 건의가 1950년 가을쯤에 이미 작성되었었다는 사실을 감안하고 또 혹시 이 건의 자체가 한일회담에서 한국정부가 정식으로 제기하는 무효 확인 조항의 삽입 요구에 직접 작용했다면 향후의 토의 의제를 설정하는 예비회담에서 이미 그것을 제기하는 것이 자연스러웠다. 또한 한국의 입장에서 보면 이 과제는 그럴 만한 문제이기도 했다. 이 논점과 관련해 후술하는 제1차 한일회담 기본관계위원회에서 한국 측 대표를 맡은 유진오나 당시 외무부 정무국장이었던 김동조는 무효 확인 조항을 기본관계조약에 삽입하려는 문제는 이승만 대통령의 강력한 지시에 따라 이루어졌고 그리고 김동조 본인이나 당시 같이 정무국에 적을 두었었던 김용주 등이 그 문안을 성안했다고 증언하고 있다.[18] 실제 이승만 대통령은 한일 예비회담 개최 중인 1951년 11월 20일의 제119회 국무회의에서 다음과 같이 발언하고 있음을 확인할 수 있다.[19]

> 한일협상에 관한 우리의 기본태도는 이른바 5조약, 7조약 등은 강제적 산물임으로 우리는 인정하지 않는다는 점, 따라서 일본 통치하의 모든 것을 인정하지 않는다는 것, 지금 의론 중의 조약은 '평화조약'이라고 하

---

18) 金東祚, 『회상 30년 한일회담』, 中央日報社, 1986, 41쪽; 兪鎭午, 앞의 책, 142~143쪽. 단 이 2가지 회고록은 제1차 한일회담의 기술 부분에 관해서는 사실상 동일한 것이다. 이 사연은 김동조가 회고록 머리말에서 밝히고 있듯이 김동조 회고록이 1983년 중앙일보에 연재된 유진오의 회고를 이어 받다 집필하게 되었다는 사실에 따른 것으로 보인다. 따라서 증언의 '일치'는 유진오가 먼저 남긴 회고록을 김동조가 그대로 '추인'했다는 형식으로 이루어졌다고 보는 것이 보다 정확하다. 1993년에 비매품으로 간행된 유진오의 회고록은 중앙일보 연재의 회고록을 당시 외교안보연구원(현 국립외교원)이 단행본으로 엮은 것이다.

19) 제119회 국무회의록, 1951.11.20, 국가기록원 홈페이지(http://www.archives.go.kr/next/ viewMain.do)에서 검색.

는 것 등이다.

    '5조약'은 물론 1905년의 을사늑약, 그리고 '7조약'은 1907년의 한일 신협약을 지칭한다. 따라서 기록상 비록 국무회의에서는 1910년의 병합 조약을 직접 언급하지 않았지만 이승만이 사실상 병합 자체를 무효로 하고 교섭을 진행하도록 지시한 것은 틀림없다. 그리고 이런 대통령 발언이 나온 국무회의 개최 날짜는 상기한 한일 양국이 향후의 본격 교섭을 위해 의제를 제시한 11월 8일의 회합 후였다. 이 점을 감안하면 8일의 의제 제시에 즈음하여 한국정부가 병합 관련 조약들의 무효 확인 규정의 문제를 제시하지 않고 결국 이듬해 2월에 개최된 제1차 한일회담에서 제기하게 된 것은 예비회담 후반에 나온 이승만 대통령의 이 지시 등이 직접적인 계기가 되었을 가능성이 점쳐진다.[20]

    상술한 바와 같이 예비회담에서 한국정부는 '기본관계조약' 체결의 문제조차 토의 의제로 삼을 것을 아직 제기하지 않았다. 또한 상기한 주일대표부의 건의 등이 예비회담 진행 문제와 관련해 실무적으로 검토

---

20) 제1차 한일회담 한국 측 대표를 맡은 김용식은 1차 회담을 회고하면서 기본관계조약에 병합 관련 조약들의 무효 규정을 넣는 문제는 교섭 대표단이 이승만에게 건의한 것이라고 진술하고 있다. 김용식, 『새벽의 약속: 김용식 외교 33년』, 김영사, 1993, 120쪽. 그러나 본론에서 언급한 바와 같이 예비회담 단계에서 이승만이 이미 병합 관련 조약들의 무효 문제를 언급하고 있는 점, 1차 회담 기본관계위원회의 대표를 맡은 유진오는 오히려 이 문제가 이승만의 지시에 따른 것이라고 증언하고 있는 점, 또 1차 회담 시의 기록 중에서 실제 대표단이 이 문제를 먼저 건의한 기록이 없다는 점, 그리고 본론에서 후술하듯이 1차 회담 시 한국은 일본 측이 기본관계 문제에 관한 조약 초안을 제출했음에 따라 그 일본 측 초안을 활용하면서 급히 한국 측 초안을 마련했을 뿐, 실무 교섭자로서 미리 이 문제에 대한 준비를 진행 했었던 흔적 역시 없다는 점들을 고려하면 김용식의 증언의 신빙성은 그다지 커 보이지 않는다. 적어도 이승만이 미처 생각하지도 못했던 상황 속에서 1차 회담 교섭 대표단이 그것을 건의함에 따라 실현되었다는 의미로 김용식의 진술을 이해하는 것은 적절하지 않아 보인다.

되었었다는 흔적 등도 찾을 수 없다. 이러한 점들을 감안하면 예비회담 시점에서 기본관계조약에 무효 확인 조항을 삽입하도록 한국정부가 이미 준비하고 있었을 가능성은 사실상 없다고 봐도 틀림없을 것이다. 이승만의 지시가 떨어진 국무회의의 개최 시기, 평화조약 조문은 이미 확정되었었다. 그에 따라 그 제2조 (a)항으로 인해 병합을 비합법으로 확정하는 문제는 적어도 실무적으로 판단할 경우 불가능함이 명확해졌었다. 따라서 아직 평화조약의 초안조차 밝혀지지 않았던 1950년 시점, 다시 말해 병합을 사실상 합법임을 확정한 제2조 (a)항이 기초된 것도 아닌 시기에 주일대표부가 올린 건의가 본국정부 내에서 실무적, 이론적으로 검토되고 그것을 바탕으로 정식 의제로 삼을 것을 정했다고 보는 것은 상기한 시기의 문제와 더불어 논리적으로도 어렵다.

　1875년에 출생함에 따라 국권의 상실이라는 비애를 몸소 체험한 이승만에게 일제 통치의 내용을 따지는 문제 이전에 국권 상실에 대한 법적 효력을 없애버리는 과제는 누구보다 절실했을 것이다. 유진오나 김동조 등 당시 이 문제에 관여한 실무자들은 국권 상실 전후에 태어난 사람들로서 병합 과정보다 일제 통치를 경험한 세대들이었다. 평화조약으로 인해 병합이 사실상 합법이었음이 다시금 확정된 가운데 실무적으로 접근한 이들 인물이 한일 직접 교섭에서 무효 확인 조항의 삽입이 가능하다고 생각했을 가능성은 사실상 없을 것이다. 실제 앞장에서 언급한 바와 같이 한국인의 입장에서 한반도 독립이 통상적인 영토 질서 변경의 문제가 아니라 '해방'의 문제임을 주장한 유진오 역시 한반도에 대한 일본의 주권은 1945년 8월 9일로 포기되었다고 주장하면서 오히려 그날까지 한반도에 대한 주권은 일본이 정식으로 보유하고 있었음을 인정하는 상황이었다. 그런 유진오 등에게 이 문제를 제기하는 것은 일본과의 교섭을 어렵게 할 것이 뻔했고 그만큼 교섭에 구체적인 성과를 내야 할 실무자로서는 그런 '무모한 요구'를 주도하는 것은 현명하지도 않았다. 아니, 그 이전에 애초 문제의 민감한 성격을 고려해도 병합 관련 조약들이 무효였음을 조문을 통해 확인하도록 하는 요구는 대통령의 적극적인 지원 없이는 진행할 수 있는 문제도 아니었을 것이다.

또한 이미 국장의 지위에 있었던 김동조는 당시의 외무부의 형편을 회고하면서 "조직 면에서나 기능 면에서나 보잘 것 없었"고 "모든 문제에 관한 정책 결정은 대통령 실에서" 이루어졌다고 증언하고 있다.[21] 당시 의사 결정에 관한 구조면에서도 이 문제가 이승만의 주도 없이 이루어졌다고 보는 것은 어렵다. 이승만이 병합 관련 조약들의 무효 확인 문제를 주도했다는 사실은 같은 국무회의에서 기본관계 관련 조약을 평화조약으로 할 것을 아울러 지시한 점에서도 추측 가능하다. 이하 보듯이 무효 확인 조항을 규정하도록 요구하게 된 제1차 한일회담 기본관계 토의에서 한국정부는 그 요구와 더불어 기본관계 관련 조약의 명칭을 한때 '평화조약'으로 하도록 요구했다. 이 요구 역시 국무회의 등에서 나온 이승만의 지시를 강하게 의식한 결과였을 가능성이 클 것이다. 실무적으로 접근할 경우 연합국에서 제외된 한국이 일본과 '평화조약'을 체결할 수 없음은 불을 보듯이 뻔했고 따라서 그런 요구를 제기하는 것 역시 '무모' 했다. 당시 한국정부의 의사 결정에 차지한 이승만 대통령의 비중(比重)을 고려하고 또 상기한 몇 가지 점들을 감할 때 무효 확인 조항을 기본관계 조약에서 규정하도록 한국이 요구하게 된 것은 한일 예비회담 개시 후 이승만의 지시로 인해 구체화되었다고 봐도 과오는 없을 것이다.

그러나 그나마 병합 관련 조약들의 무효 확인을 향후 한일 간에서 확정하도록 그 방침이 수립되기 시작한 이 시기에 통치의 부당성 역시 확인하도록 하는 방침이 같이 거론된 흔적은 없다. 물론 국무회의에서 '일본 통치하의 모든 것을 인정하지 않는다'고 언급한 이승만 말고도 그

---

21) 金東祚, 앞의 책, 9쪽.

부당성은 당시 한국정부 관계자들 사이에서는 일부러 언급할 필요도 없을 만큼 자명하다는 인식이 공유되어 있었을 것이다. 그러나 적어도 국가 단위에서 역사인식을 확정하기 위해서는 상징성이나 형식성이 요구되었다. 그럼에도 한국정부는 통치의 부당성에 언급하는 조항을 같이 규정할 것을 한일 간의 교섭 과제로 올리려는 그런 기색은 당초부터 보이지 않았다.

3 한국정부의 유일 합법성 문제에 관한 일본정부의 초기 대응

예비회담에서 한국정부가 기본관계 문제를 토의할 것을 제기하지 않음에 따라 '부재'가 된 것은 병합 관련 조약들의 무효 확인 문제만이 아니었다. 결국 기본관계조약 제2조가 되는 이 문제와 더불어 훗날 기본관계 문제의 또 하나의 핵심으로 대두되는 제3조 유일 합법성 조항의 문제 역시 예비회담에서는 표면화되지 않았다. 그러나 이것은 단지 표면화되지 않았을 뿐만은 아니었을 것이다. 비록 예비회담에서 직접 거론되지 않았다 하더라도 상기한 주일대표부의 건의처럼 병합 관련 조약들의 무효 확인 문제와 관련되는 인식은 내부에서 확실히 나와 있었다. 그러나 이 시기 유일 합법성 문제를 일본정부와 협정해야 할 과제라고 한국정부가 내부에서 거론했었던 흔적은 찾지 못한다. 당시는 남북이 분단된 지 얼마 안 되었고 무엇보다 한국전쟁을 치르고 있었다. 유엔은 북한을 침략자로 규정하고 한국 지원에 나서고 있었다. 또한 일본은 아직 점령하에 있었고 자주적인 외교를 벌일 수 있는 시기도 아니었다. 이러한 조건과 이승만의 강력한 자세로 볼 때, 대한민국정부가 한반도 전체를 대표하는 유일한 합법정부이며 따라서 한일 직접 교섭에서 이북 지역의 문제도 한국정부와 협정한다는 것은 일부러 거론할 필요도 없는 문제라고 인식했었을 가능성이 가장 클 것이다. 무엇보다 한국전쟁 중,

한국정부로 인한 한반도 통일을 적어도 공식적으로는 최대의 목적으로 해야 했던 당시, 사실상 북한이 존속하는 것을 전제로 한 유일 합법성 문제를 일본과 교섭하려는 것 자체가 어불성설이었다.

한편 비록 초기 한일회담에서는 표면화되지 않았으나 그 입장이 다른 일본은 훗날 기본관계조약 제3조로서 규정될 유일 합법성 문제와 연결되는 논점을 한반도에서의 한국정부의 법적지위 문제로서 검토했었다. 이는 당시 일본정부의 입장에서 보면 피할 수 없는 정치적 과제였다. 즉 평화조약은 남한 지역만이 아니라 한반도 전체와 일본 간의 처리를 규정했었다. 또한 비록 한국전쟁 중이라 하더라도 현실적으로 남북 분단이 그대로 계속할 가능성 역시 컸다. 특히 한일 교섭 중에서도 가장 어려운 과제라고 인식되었었던 청구권 문제는 이북 지역에도 물론 존재했다. 이런 조건하에서는 일본으로서 한일 직접 교섭에 즈음하여서는 이북 지역의 문제를 어떻게 취급할 것인가, 다시 말해 그것을 한국정부와의 교섭 대상으로 삼을 것인가를 결정해서 임할 수밖에 없었다. 그리고 이 과제를 풀기 위해서는 결국 한반도에서의 한국정부의 대표성 문제, 즉 한국정부의 법적 성격에 관한 입장을 정립할 수밖에 없었다.

11월 8일 외무성은 "북선 지역 관계의 문제를 어떻게 다루는가"라는 문서를 작성했다. 이는 바로 청구권 문제의 처리를 기본적으로 고려하기 위한 것이었다. 모든 문제를 한국정부와 처리하면 된다고 원칙적으로 주장할 수 있고 또한 그럴 수밖에 없었던 한국정부의 입장과 달리 일본의 입장은 어찌 보면 좀 더 복잡했다. 동서 대립하의 분쟁이라는 한국전쟁의 정치적 성격, 그 전쟁 결과의 불투명함, 그리고 남북이 그대로 갈라설 수 있다는 현실적 가능성 등이 한꺼번에 겹친 복잡한 조건은 청구권 문제에 관해서 누구를 상대로 어느 지역의 문제까지 처리할 것인가 하는 문제에 관한 대처 방안 등을 일본정부에게 요구하지 않을 수 없게 했다.

이 문제의 해결에 관한 법적 기반을 제공한 평화조약 제4조는 한반도
가 분단되어 있는 조건을 반영해 한반도의 교섭 주체에 관해서는 단지
'현재 시정(施政)하고 있는 당국(authority presently administering)'으로만
명시했다. 그 조항은 교섭 주체나 그와 관련된 해결의 범위를 엄격히 정
한 것은 아니었다. 그에 따라 일단 남북 두 정권을 상대로 할 여지가 열
렸고 교섭 주체나 범위에 관한 선택은 일본의 재량에 맡겨지게 되었다.
그러나 당시 한국전쟁 중이며 더구나 점령 기간을 통해 사실상 자유주의
진영의 일원으로서 미국과 군사동맹 관계가 되어 있었던 일본으로서는
아울러 그러한 국제정치와 얽힌 조건 역시 고려해야만 했다.

이에 따라 상기 11월 8일의 고찰에서 외무성은 일본정부로서 한국정
부가 한반도에서의 유일한 정통정부이며 한반도 전역에 걸쳐 시정을 행
하고 있는 당국으로 인정하고 기본적으로 한국정부와 모두 처리할 방안
에 보다 힘을 실었다. 물론 그 고찰에서는 한국정부의 시정이 이북 지
역에 현실적으로 미치지 않고 있는 조건도 감안해 이북 지역의 문제에
관해서는 사절(使節)을 따로 파견하는 등 북한과 직접 교섭할 방안의 가
능성 역시 고려했다. 그러나 비록 사절의 파견에 그친다고 할지라도 북
한과 직접 외교 교섭을 벌이는 것 같은 모양새를 차리는 것은 사실상
북한을 '정권'으로 인정하는 것을 뜻할 수도 있었다. 그런 방안은 한국
전쟁 중 한국을 지원하고 있는 유엔에 대한 협력을 공약한 일본정부의
입장과 모순되는 우려가 있었다.[22]

물론 한반도 전체의 문제를 한국정부와 해결한다는 방침에는 이런
유엔과 같은 국제사회의 동향과의 정합성을 의식했다는 형식적인 측면
만이 작용한 것은 아니었다. 그것은 한국전쟁이라는 극단적인 긴급 상
황에서 한국을 적극 지원해야 한다는 현실적인 안전보장상의 판단도 깔

---

22) 이상 11월 8일의 고찰에 관해서는 「北鮮地域關係の問題をどう取扱うか(未定
稿)」, 外務省日韓會談公開文書(문서번호 1835내)에서 정리.

려 있었다. 외무성은 이 시기 작성한 다른 문서에서 남한이 현재의 성격을 그대로 지닌 북한에 의해 병합당하는 것 같은 사태는 일본에게 가장 바람직하지 않은 것이며 한반도에 대한 정책은 이 원칙을 관철해야 한다고 말했다.[23] 패전에 따라 대외적인 군사관여가 헌법상도 금지된 전후의 일본이 현실적으로 한국전쟁에 직접 관여하고 한국을 군사적으로 지원하는 것은 불가능했다. 당시 남은 선택은 한국을 한반도 전역에 대해 시정권을 가진 유일한 합법정부로 승인함으로써 외교적으로 지원하는 것만이었다.

또한 이미 앞서 발표한 연구에서 밝힌 바와 같이 일본이 이런 입장을 취하게 된 배경에는 한국정부의 대일 청구권 요구를 차단해야 한다는 전략적 고려도 있었다. 당시 방대한 것으로 예상한 한국정부의 대일 요구액도 구체적으로는 그 금액이 불투명했다. 또한 그에 대항하기 위해 활용하고 싶었던 남한에서의 일본인 재산 역시 실질적으로 몰수되어 있었다. 그에 따라 일본에게는 한국의 대일 요구를 봉쇄하는 마땅한 방법이 없었다. 남은 수단은 적어도 법적으로는 몰수되어 있지 않았던 이북 지역의 일본인 재산을 활용하는 방안이었다.[24]

주지하다시피 일본은 결과적으로 한국정부의 시정권이 이북 지역에는 미치지 않고 있다는 현실을 중요시하고 한국과의 협정에서는 남한 지역의 문제만을 처리하도록 그 입장을 선회했다. 그러나 한일 직접 교섭에 임하려 한 초기, 일본정부는 그러한 입장과 반대로 대한민국이 한반도 전역에서 시정권을 가지는 유일한 합법정부임을 인정하는 자세를 보이고 있었다. 후술하는 바와 같이 초기건 막판이건 사실상 같은 논점이 거듭된 기본관계조약 제2조의 교섭과 달리 동 제3조의 문제는 교섭 초기와 후기로 정반대의 성격을 띠게 된 셈이었다.

23) 「對韓政策の大綱」, 外務省日韓會談公開文書(문서번호 1630내), 2쪽.
24) 이 방안도 포함해 청구권 문제에 임한 일본정부의 초기 대응에 관해서는 장박진, 앞의 책, 2014, 354~369쪽에서 자세히 밝혔다.

4 일본의 특사 파견 구상과 역사인식

　이와 같이 그 동기가 어떻든 간에 일본정부는 후기 한일 교섭의 내용과 비교할 때 교섭 초기에는 한국을 적극 지원하는 의지를 가지고 있었다. 그러나 이는 물론 무효 확인 조항 등 역사 문제에 관해서까지 양보하려는 것을 의미한 것은 아니었다. 역사 문제는 원래 남북을 가리는 문제가 아니었다. 그럼에도 이북 지역의 문제도 포함해 대한민국만을 교섭 상대로 삼을 것을 정한 것은 한일 교섭이 과거 관계를 청산하기 위한 것이 아니라 현재와 미래에 걸친 일본의 국익을 지키기 위한 것으로 생각했기 때문이었다. 물론 외교 교섭이 정치 교섭이며 그리고 정치 교섭이 국익을 위해 이루어지는 것인 이상, 그에 대한 평가를 막론하고 한일 교섭의 성격 역시 그에 영향을 받게 됨은 필연적인 귀결이었다.

　한일 예비회담은 11월 28일에 열린 제9회 본회의에서 향후의 본격 논의는 1952년 2월 전반부터 개시할 것, 또한 그 교섭에서는 기본관계나 재일한국인, 청구권, 그리고 어업 등의 의제를 본격적으로 논의하도록 하는 등에서 합의를 본 후, 12월 4일에 개최된 제10회 회합을 끝으로 사실상 종료되었다.[25] 일단 그 후도 재일한국인 문제나 선박에 관한 토의가 관련 소위원회에서 이어지는 등, 한일 간의 대화는 계속되었다. 그러나 그 한편 예비회담에서는 일본이 이후 한일회담을 가장 어렵게 한 재한일본인 재산에 대한 소유권을 내비침에 따라 한일 간에는 이미 험악한 분위기가 조성되어 있었다.

　이러한 상황을 맞이해 일본정부는 12월 5일 마쓰모토(松本俊一) 대표를 특사로서 한국으로 파견하는 방안을 구상했다.[26] 그것은 "양국의 공

---

25) 제9회 및 제10회 회합의 토의 내용은 각각 「日韓會談(第九回會合)」, 「日韓會談(第十回會合)」으로서 外務省日韓會談公開文書(문서번호 63내)에 수록.

26) 이하 이 구상의 내용은 「遣韓使節の使命と行動基準(案)」, 外務省日韓會談公開文書(문서번호 1630), 1~2쪽.

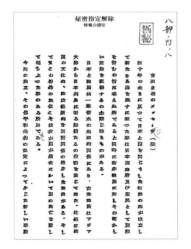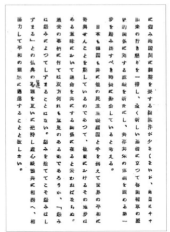

외무성이 마련한 이승만 대통령에 대한
요시다 수상의 메시지 안(전 3쪽 중 2쪽만 발췌)

존공영 체제의 기초를 굳히기 위하여 조선의 독립 기타 상항평화조약 등에 따라 생긴 사태와 관련된 여러 안건들을 가능한 한 원활히 및 뒤탈이 없이 조정하는 것", 및 "지난 번 진행된 도쿄 교섭의 경위 및 한국 정부가 놓이고 있는 입장을 충분히 짐작하고 일본이 갖고 있는 전반적인 태도를 효과적으로 상대방에게 인상 심어주는(印象付ける) 것을 주된 목적"으로 한 것이었다. 특히 청구권 문제를 둘러싸고 한국 측의 불편한 기류를 감지한 일본으로서 향후 원활한 본격 교섭을 위해 사선 조율에 나설 필요성을 느낀 것으로 풀이된다. 이 의미에서 일본은 회담 조기, 교섭 진전에 대한 적극적인 자세를 유지했었다.

외무성은 이와 같은 특사 파견의 구상과 함께 그 임무에 관한 구체적인 훈령까지 마련했다.[27] 그러나 그에 나타난 역사인식은 바로 과거사에 대한 당시 일본정부의 몰지식한 태도를 너무나도 여실히 드러낸 대

---

27) 이하 훈련 내용은 「遣韓使節に對する訓令(案)」, 外務省日韓會談公開文書(문서번호 1630내), 2~4쪽.

목이었다. 외무성은 사절에 대한 훈령 첫 번째로서 스스로 마련한 이승만 대통령에 대한 요시다 수상의 메시지 전달을 통해 한반도가 일본으로부터 분리된 것과 독립을 완성한 것에 대해 격려의 뜻을 전달하도록 지시했다. 외무성이 독립 축하의 뜻을 표시하기 위해 준비한 요시다 수상의 그 메시지는 "40년이란 오랜 기간에 걸쳐 일본과 나라를 같이 한 조선의 땅이 독립하고 새로운 국가를 이루게 된 것은 일본국정부 및 국민으로서 이별을 아쉬워하는 정과 동시에 신생 한국에 대해 그 빛나는 전도(前途)를 축복하는 생각을 금하기 어렵다"고 적었다.[28] 이 메시지에는 40년이라는 오랜 기간 동안 한일이 '나라를 같이 하게 된 것'에 대한 한국 국민의 감정에 대한 배려는 추호도 담기지 않았다. 물론 '나라를 같이 하게 된 것'에 대한 책임 의식도 속죄의 말도 없었다. 아울러 과연 일본이 한반도의 독립을 '축하'할 수 있는 입장에 있는지, 그런 자각도 고민도 없었다.

물론 특사를 파견할 것을 고려한 일본정부도 과거의 경위에 대한 한국 측 감정과 관련해 그것을 성찰하는 시각이 전혀 없었던 것은 아니다. 특사에게 내린 같은 훈령 속에서 외무성은 한반도 통치기에 일어난 군권적 무단(武斷)주의나 태평양전쟁 후반기 취한 비상조치 등에 대해서는 유감의 뜻을 표시하도록 지시했다. 물론 '군권적 무단주의'라 함은 3·1독립운동의 도화선으로도 된 식민지 초기의 강압적 통치를, 또한 후자인 '비상조치'가 이른바 '총력전'에 따른 국민총동원 체제를 한반도에 시행하고 한국인들을 대거 전쟁으로 몰아간 것에 관한 조치 등을 시사한 말이었음은 분명했다. 이 의미에서 당시 한국 국민들의 대일 감정을 고려해 외무성이 일부 일어난 통치의 부당성에 대해 반성의 뜻을 표시할 것까지 완전히 부정한 것은 아니었다.

---

28) 요시다 수상 명의의 메시지에 담긴 내용들은 「吉田首相のメッセージ(案)」, 外務省日韓會談公開文書(문서번호 1630내), 1~2쪽.

그러나 훈령을 내린 외무성은 그 지시의 바로 뒤에서 사실상 그 사과의 뜻을 상쇄하는 대응도 준비하도록 아울러 지령했다. 외무성은 '군권적 무단주의'나 '비상조치'에 대한 유감을 전달할 것을 명한 바로 그 뒤에서 한반도에 대한 일본의 산업 경제 정책으로 인해 한반도의 민도가 현격히 향상된 것, 그리고 한국전쟁이 없었으면 그 혜택이 여전히 계속되었을 것임을 자료에 기초해 응수하도록 지시했다. 무단주의 등 일본의 한반도 통치에 따라 일부 피해를 입힌 사실이 있음을 시인하면서도 그것을 상쇄하고도 남을 만한 통치의 실적이 있음을 아울러 강조하도록 훈령한 셈이었다.

독립에 대한 축의의 뜻을 표시하기 위해 마련된 요시다 수상 메시지에는 "원한은 원한으로 진정되는 일은 없다. 원한은 그것을 버림으로써 원한은 진정된다"는 불전의 가르침이 담겼다. 물론 이것은 일반 원칙으로서 결코 틀린 것은 아니었다. 그러나 당시 일본정부의 인식에는 과연 이 가르침이 원한을 갖게 한 가해자 스스로가 그에 대한 성찰도 없이 피해자에게 전달할 수 있는 말인가 하는 문제의식은 없었다. 그런 의식은커녕 불전의 가르침을 인용한 외무성은 그 직전에서 "과거의 일에 대해서는 쌍방 모두 의견이 있을 것이나"라는 견해도 달면서 원한이 일방적인 것이 아님을 내비치기도 했다. 회담 초기 외무성은 가해-피해라는 틀에서 한일 관계를 설정하는 것 자체를 부정하고 있었던 것이다.

이러한 상황이기에 요시다 수상 명의의 메시지 내용을 검토한 12월 10일의 제3회 실무자 사전 회합에서도 지적된 것은 한반도에 일본이 강한 이해관계를 갖고 있다는 인상은 주지 않도록 하는 것이 바람직하다는 것 정도였다.[29] 그 사전 회합에 참석한 누구 한 명, 일본이 한반도 독립을 축하할 수 있는 입장에 있는가 하는 것이나 원한을 버릴 것을 먼저 요구할 수 있는가 하는 의문 등을 제기하지 않았다. 당시의 일본

---

29) 「日韓問題定例打合會(第三回)」, 外務省日韓會談公開文書(문서번호 1631내), 6쪽.

정부에는 한일 교섭에 임한 한국 측 감정을 이해하는 사람이 사실상 없
었다고 봐도 틀림없다.

　관련 기록에서는 이 시기 구상된 특사가 실제 파견되었다는 흔적은
없다. 따라서 외무성이 준비했었던 요시다 수상의 메시지 등이 실제 한
국에 전달된 사실도 없어 보인다. 그러나 이 특사 파견을 둘러싸고 보
인 대응은 당시 일본정부의 역사인식이 나변에 있었는가를 여지없이 드
러내는 대목이었다. 물론 이런 사고를 가진 일본정부가 새삼 병합 관련
조약들의 무효 확인 문제 따위를 교섭해야 할 과제로 인식할 리가 없었
다. 또한 일부 시인한 통치의 부당성 문제 역시 그것은 기껏해야 구두
로 '유감'을 전달하면 되는 정도의 문제였지, 조약 등에서 그 성격을 공
식으로 규정하는 문제일 수는 없었다.

II 기본관계 교섭의 개시와
병합 관련 조약들 무효 확인 요구의 실태

1 일본정부의 방침 변경과 기본관계 문제에 대한 준비

　예비회담의 경위 등을 고려하면서 한국에 대한 특사 파견을 검토한
외무성은 같은 시기 한일회담 교섭에 임하는 방안에 대해서도 예비회담
개시 당초의 방침을 수정하기 시작했다. 한국이 비교적 빠른 시기부터
본격적인 교섭에 들어갈 것을 요구한 데 대하여 당초 외무성은 소극적
인 자세를 보이고 있었다. 외무성이 실질적인 토의의 대상으로 삼으려
한 것은 기껏해야 재일한국인 문제 정도뿐이었으며 기타 문제에 관해서
는 향후 토의할 의제만을 정식으로 설정하고 본격적인 조약안 등을 토
의하는 것은 피하도록 구상했었다. 그들 문제에 대한 본격 교섭을 위해

서는 준비 등에 일정한 시간이 걸리는 데다 무엇보다 앞서 언급한 바와 같이 서둘러 해결해봤자 일본에게는 별 얻을 것 없는 교섭이기 때문이었다.

그러나 외무성은 11월 후반 무렵에는 이 입장을 사실상 수정하고 오히려 조약 초안을 선제적으로 제출하는 방안을 굳히기 시작했다. 그 주된 이유는 향후 한일 간에 최대의 현안이 될 것이 예상되는 청구권 문제의 처리에 있었다. 외무성은 11월 25일 이 문제와 관련해 상호에 일괄 포기하는 형식으로 끝내도록 하는 어려운 과제를 이루어 내기 위해서도 한국이 국제 교섭이나 조약 체결 등에 관해 미숙하다는 점을 이용하는 것이 좋다고 판단했다. 그러기 위해서도 일본이 먼저 잘 준비한 조약 초안을 제시하고 일본이 교섭을 주도하는 것이 바람직하다는 전략을 중요시하게 되었다.[30]

이와 같은 방침 변경에 따라 외무성은 실제 12월 20일 기본관계에 관한 조약의 골자를 정리했다. 그 속에서 외무성은 조약의 성격을 결정하는 '지도 이념'과 관련해 정치적인 의미가 들어가지 않는 기술적·평반(平盤)적인 것으로 할 것인지, '앙탕트 코르디알(Entente Cordiale)'를 강조하는 형식으로 할 것인지, 또한 과거 한일 간의 특수한 관계를 반영하고 그 결별의 감정을 넣을 것인지 등을 검토했다.[31] '앙탕트 코르디알'이라고 함은 1904년에 체결된 영·불 간의 외교문서의 명칭에서 유래된 것으로 그 후 외교 용어로서는 과거의 적대적 관계를 떨쳐내고 화해와 친선 관계를 수립한다는 뜻을 강조하기 위한 개념이었다.

첫째인 단지 기술적·평반적인 것으로 하는 방안은 한일 간의 특수한 관계에 따른 어려운 감정의 문제를 피할 수 있으나 그것으로 한국과 실제 타결 가능한가 하는 문제가 있었다. 이어 친선 관계를 강조하는 방

---

30) 「日韓基本關係調整交渉について留意すべき事項」, 外務省日韓會談公開文書 (문서번호 1835내), 1~2쪽.
31) 「日韓基本條約に關する件」, 外務省日韓會談公開文書(문서번호 1835내), 1쪽.

안 역시 양국 간의 복잡한 과거의 경위를 감안하면 그것을 천명하는 것
은 쉽지 않으며 또한 남북이 분단되어 있는 조건하에서 한국과의 친선
관계를 강조하는 것은 북한과의 적대적 관계를 부각시키고 한국의 반북
한 정책에 지나치게 말려들 수 있다는 문제점이 있었다. 마지막 결별의
감정을 넣는 방안 역시 복잡한 식민지 관계를 상기시켜 그것이 자칫 일
본의 책임을 추궁하는 표현들과 연결될 수 있는 등, 그것을 실제 표현
하는 것은 결코 쉽지 않았다.

　외무성은 바로 이와 같은 각 안이 가지는 미묘한 장단점들을 감안하
면서 해가 밝아지는 연말연시 무렵 기본관계 교섭에 임하는 기본 방안
을 도출했다. 외무성 아시아국 제2과는 12월 23일 조약 기초를 위한
"일한화친조약 요강"을 정립하고 그에 따라 1952년 1월 5일에 처음으
로 조약 초안을 마련했다.[32] 제1차 초안으로 기초된 "일본과 대한민국
과 사이의 화친조약 초안"에서 외무성은 조약의 성격을 드러내는 전문
에서 "평화조약 제2조의 규정으로 인해 양국의 관계가 주권을 보유하는
대등자의 관계가 되었다는 것에 기초해 (중략) 영속적인 우호 관계 및
경제 관계를 유지할 것을 결의"한다고 썼다. 이는 상기 3가지 방안 중
기본적으로 '친선 관계'를 강조하는 둘째 방안을 채용한 것이었다.

　실제 이 과제를 토의한 12월 26일의 회의에서 이 요강 및 초안 작성
의 직접적인 책임자였던 우시로쿠(後宮虎郎) 당시 제2과 과장은 이 요
강이 "적극적인 앙탕트 코르디알적 관계의 설정"을 예상한 것임을 밝혔
다.[33] 그러나 동시에 이 초안은 비록 친선 관계가 나타나도록 하면서도
단지 '우호 관계'나 '경제 관계'로만 표현함으로써 '반공적인 관계'의
수립이라는 의미가 직접 들어가지 않도록 배려한 것이었다. 실제 선제

---

32) 「日韓和親條約要綱(第一案)」; 「日本國と大韓民國との間の和親條約草案(第一次
　　案)」, 각각 外務省日韓會談公開文書(문서번호 1835내)에 수록.
33) 「日韓問題定例打合會(第八回)」, 外務省日韓會談公開文書(문서번호 1631내),
　　2~3쪽.

적으로 조약 초안을 제출할 것을 구상한 상기 11월 22일의 검토 속에서
도 외무성은 한국이 기본관계 수립에 따라 '반공 협정'과 같은 규정을
넣도록 요구할 가능성을 염려했었다.

외무성은 이와 같이 한일 간의 특수한 관계를 반영하고 조약에 그 결
별의 감정을 직접 넣을 것이나 반공 협정 같은 자극적인 표현을 쓰는
것은 피하도록 주의했다. 그러나 본격적인 한일 교섭의 가동을 전망하
면서 과거의 한일 관계의 복잡함을 고려해 단지 기술적·평반(平盤)적인
것으로만 하는 방안 역시 물리치면서 일단 조약을 대립으로부터의 화
해의 뜻을 담은 앙탕트 코르디알적인 것으로 할 필요성은 인정한 것이
었다.

그러나 물론 외무성은 일부러 '앙탕트 코르디알'을 강조해야 하는 상
황이 벌어진 그 근본 원인과 관련된 사항들에 관해서는 일절 그 언급을
피했다. 5일의 화친조약 초안에서는 조약 체결의 목적과 관련된 전문에
서 한일 양국이 '주권을 보유하는 대등자의 관계'로 규정함으로써 일본
이 한반도를 병합하고 통치한 과거 관계가 직접 드러나지 않도록 주의
했다. 또한 "양국 간의 신관계 발생에서 유래하는 각종 현안"을 해결하
는 것이 영속적인 우호 관계 등에 공헌하는 것이라고만 기술했다. 일본
이 한반도를 병합, 통치함에서 기인한 과거 관계의 청산이 아니라 어디
까지나 '신관계 발생'에 따라 기술적으로 제기되게 된 문제들을 해결하
는 것이 조약의 목적이라고 천명한 셈이었다.

이러한 원칙에 따라 같이 규정된 각 현안 문제에 대한 대응 방안 역
시 통상항해조약 체결 교섭의 개시, 재일한국인의 조치, 청구권 문제의
상호 포기 원칙, 그리고 해저전선이나 어업 문제에 관한 교섭 개시 등
만이었다. 그나마 일본에 의한 한반도 지배의 문제와 직결되는 청구권
문제에 관해서도 일본은 그것을 한국에 대한 피해 보상의 실시를 통해
서가 아니라 상호 대등한 관계에 입각하고 평화조약 제4조에 규정된 청

구권을 단지 상호 포기함으로써 최종 처리하도록 규정했을 뿐이었다.

물론 일본정부가 기본관계에 관한 조약의 기초와 관련해 과거의 식민지 관계가 부각되지 않도록 주의한 것은 거꾸로 조약 체결과 관련해서는 그와 같은 미묘한 문제가 얽힐 가능성을 인식하고 있기 때문이었다. 예컨대 외무성은 상기한 조약 기초의 필요성을 지적한 11월 25일의 구상 속에서도 예비회담에 임한 한국 측 대표단의 태도 등을 고려하면서 특히 청구권 문제에 관해 한국의 입장이 "일본에 의한 40년의 조선 통치가 착취적 식민 정치였다는 원칙"으로 나올 것을 예상했었다.34) 특사 파견 문제와 관련해 일본이 '군권적 무단 통치'나 전쟁 말기의 '비상 조치' 등에 관해서는 유감의 뜻을 밝히는 구상을 세운 것 역시 한국이 '착취적 식민 정치' 등을 주장하면서 그 통치의 성격을 추궁해올 가능성을 예상했기에 나온 훈령이었다. 그러나 그런 가운데 진행된 본격 교섭을 위한 조약 준비 과정에서도 일본은 병합 관련 조약들 자체의 무효 확인 문제가 향후 한국에 의해 거론되게 된다는 것은 예상하지 않았다. 실제 조약의 선제적 제출을 위해 외무성이 조약 초안을 개정해 나간 이하 조정 과정에서도 그 문제가 한일 간 조약 교섭의 대상으로 될 것을 예상한 흔적은 일절 찾을 수 없다.

1952년 1월 6일 외무성은 향후 본격 교섭에서는 의사(議事) 진행에 관한 조정이 끝나는 대로 교섭의 기선을 제압한다는 관점에서 먼저 일본이 우호조약안을 선제적으로 제출한다는 방침을 굳혔다. 이에 따라 외무성은 1월 12일 제2차안을, 또한 2월 12일에는 정식으로 한국에 제출하게 된 제3차안을 각각 같은 명칭 "일본국과 대한민국과의 사이의 우호조약 초안"으로서 입안했다.35) 이들 제2차안이나 제3차안은 제1차

---

34) 「日韓基本關係調整交涉について留意すべき事項」, 外務省日韓會談公開文書 (문서번호 1835내), 5쪽.
35) 「日本國と大韓民國との間の友好條約草案(第二次案)」;「日本國と大韓民國との間 の友好條約草案(第三次案)」, 각각 外務省日韓會談公開文書(문서번호 1835내)

안과 비교해 초미의 과제였던 청구권 문제의 해결 원칙과 관련해 큰 수정을 가했다. 제1차안이 청구권 문제에 관한 해결 원칙을 직접적으로 상호 포기로 명시했는데 반해 제2차안, 제3차안은 단지 "정의와 형평의 원칙에 따라 신속히 해결"하도록 규정하는 데 그쳤다. 한국에게 민감한 이 문제를 본격 회담 개시 직후에 제출할 초안에서 상호 포기를 통해 해결하도록 직접 밝힐 경우에 생길 부작용을 고려한 것은 틀림없었다. 그러나 일부 가해진 이런 수정에도 불구하고 조약의 성격을 결정하는 그 체결 목적과 관련해서는 그 취지에 전혀 변함이 없었다. 즉 그 두 안 역시 조약 체결의 목적이 한일 양국이 평화조약에 따라 주권을 보유하는 '대등자의 관계'가 되었고 그에 따라 '신관계 발생에서 유래하는 각종 현안의 해결'이 필요하다는 입장을 유지했다.[36]

한국에게 제출할 조약 초안의 준비와 더불어 2월 15일부터 개시될 제1차 한일회담 개최에 대비하여 일본정부는 회담 진행 절차에 관한 입장 역시 정리했다. 2월 2일 외무성은 15일에 시작될 제1회 본회의에서 의제 등을 설정하고, 이어 16일에 열릴 제2회 본회의에서는 따로 설치할 분과위원회의 종류 등에 합의할 것들을 정했다.[37] 외무성은 바로 이 16일의 제2회 본회의에서 먼저 우호조약 초안을 제출하도록 결정했다. 그리고 이러한 제1차 한일회담을 위한 준비 과정에서는 간접적으로나마 병합의 합법성 여부 문제와 관련된 입장도 정립되었다.

외무성은 한국과의 실제 교섭에서 문제가 될 수 있는 안건으로 한반

에 수록.

36) 단 제3차안에서는 '대등자의 관계'라는 표현은 직접 사용되지 않고 평화조약에 따라 일본이 한반도의 독립을 승인한다는 표현 형식으로 바뀌었다. 그러나 한반도의 독립은 일본과 더불어 한국이 주권을 보유한 주권독립국가가 되었음을 뜻하는 것으로 그것이 한일이 '대등자의 관계'가 되었다는 것을 의미하는 점에서 같다.

37) 「日韓第一回公式會議議題」; 「第二回公式會議議題」, 각각 外務省日韓會談公開文書(문서번호 1633내)에 수록.

도 독립의 시기에 관한 문제를 거론했다. 한반도 독립의 성격 문제와 관련해 외무성은 적어도 법적으로는 그것이 평화조약에서 일본이 승인함에 따라 비로소 이루어지게 되는 문제라고 정리했다. 이와 관련해 외무성은 카이로선언에 언급한 포츠담선언이나 항복문서는 한반도를 독립하게 하는 약정을 주거나 혹은 사실상의 독립을 인정한 것에 불과하며 독립에 대한 법률상의 최종 승인은 평화조약으로 인해 완결된다는 입장을 거듭 강조했다.

이 무렵 외무성이 일부러 이와 같은 견해를 정리한 것은 제1차 한일회담을 앞두고 외무성이 한국이 독립의 시기를 달리 주장할 가능성이 있음을 염두에 두고 있었기 때문이었다. 외무성은 같은 검토 속에서 한국정부가 독립 인정의 시기를 평화조약이 아니라 1945년 9월 2일의 항복문서 조인 날이나, 또는 1948년 12월 12일의 유엔총회결의에 의한 것이라고 주장할 가능성을 점치고 있었다. 외무성이 한반도 독립의 최종 승인이 평화조약에 따라 이루어진다는 입장을 정리한 것은 이와 같이 양국 간에서 독립 시기를 둘러싼 입장에 차이가 생길 가능성을 염두에 두면서 그에 대응하기 위한 것이었다. 그러나 한일 직접 교섭을 코앞에 두고 독립의 시기를 둘러싸고 양국 간에 그 입장 차이가 생길 가능성을 상정한 외무성도 한반도 독립이 원래 일본의 승인을 거쳐 이루어져야 하는 문제인가 하는 논점이 제기될 것까지는 상정하지 않았다. 즉 한국이 병합 관련 조약들의 원천 무효 확인을 조항으로서 삽입할 것을 요구하는 것까지는 예상하지 않았다.

같은 고찰 속에서 외무성은 기본관계조약 제3조 유일 합법성 조항으로 이어지는 입장도 정리했다. 외무성은 이 문제에 관해서는 1948년 12월 12일자 유엔총회결의 195(Ⅲ)호에 따라 한국정부를 정의하도록 결정했다.[38] 유엔총회결의 195(Ⅲ)호의 인용 문제도 포함해 유일 합법성 조

---

38) 이상 이 검토의 내용은 「問題となり得る諸点」, 外務省日韓會談公開文書(문서

항 규정의 문제는 결과적으로 1964년 말부터 본격화된 기본관계조약 조문 기초 교섭까지 본격적인 토의 의제가 되지는 않았다. 그러나 최종 적으로 제3조에 삽입된 유엔총회결의 195(Ⅲ)호의 인용은 한일 직접 교섭이 가동하기 시작한 당초부터 일본이 취했었던 방침이었음을 알 수 있다.

정식회담을 위한 준비를 갖추려 하던 2월 8일 일본은 한일회담에 참석하는 일본 측 대표 간의 사전 협의를 갖고 한국과의 교섭에 임하는 방침을 확인했다. 이 사전 협의에서는 우호조약 초안의 요강뿐만 아니라, 어업, 청구권, 통상항해, 선박, 그리고 재일한국인 문제 등 한일 간에서 다룰 것이 예정되던 각 주제들에 대한 검토가 포괄적으로 이루어졌다.

이들 각 의제에 관한 토의에 앞서 마쓰모토 수석대표는 교섭에 임하는 일본정부의 절충(折衝) 방침을 밝혔다. 그 가운데 마쓰모토 대표는 가능한 한 성의를 다하고 교섭한다는 방침을 밝히면서 다음과 같이 덧붙였다.

> 한인의 성격과 한국이 놓여 있는 환경 등에서 오는 복잡한 심리는 우리로서도 충분히 삼켜 두고 노력해서 자모(慈母)의 금도(襟度)로 접하는 것이 간요(肝要)이나 동시에 상대가 너무나 불합리한 태도에 나설 때는 엄부(嚴父)의 입장에서 이를 시정(是正)하는 것을 필요로 할 것이다.[39]

즉 마쓰모토는 한국이 놓여 있는 어려운 상황을 고려하고 '자모'의 마음으로 허용력을 가지고 포섭해 나갈 것을 교섭에 임하는 기본 방침으로 삼았다. 그러면서도 한국이 합당치 않은 요구를 과도하게 제기할

번호 1633내).
39) 「日本側代表団第一回打合會における松本首席代表の演述要綱」, 外務省日韓會談公開文書(문서번호 1634내), 5쪽.

경우에는 '엄부'의 태도로 야단치고 교정할 방침 역시 천명했다. 그러나 따뜻한 어머니이건 엄한 아버지이건 그 비유에 상징된 일본정부의 사고방식이 당시 한국을 아직 자립도 제대로 못하는 '아이'에 불과하다고 얕잡아 보는 것이었다는 점에서는 별반 차이가 나는 것은 아니었다. 물론 이런 사고방식에는 한반도를 병합한 것이 무효였다는 문제 제기가 한국 측으로부터 나올 것으로 예상하는 틈은 애초 없었다. 마치 아이를 부모가 보호, 감독하는 것이 당연하듯이 과거 제국주의적 질서 속에서 자립하지 못한 한반도를 일본이 병합하고 통치한 것은 한국을 바로 '보호, 감독'하기 위한 것이었다. 그런 일본정부에게 그것을 '무효'로 한다는 요구는 어불성설 이외의 아무것도 아니었다. 한일 간의 본격 교섭은 바로 이러한 인식 위에서 진행된 것이다.

2 한국에 의한 무효 확인 조항의 규정 요구와 그 참뜻

1) 일본에 의한 우호조약 초안의 제출

2월 15일부터 제1차 한일회담은 정식으로 막을 올렸다. 제1회 본회의 벽두 일본 측 마쓰모토 수석대표는 대표 인사 속에서 일본이 평화조약을 준수할 생각임을 강조하면서 한국과의 교섭이 평화조약에서 일본이 한반도 독립을 승인한 것에 따른 것임을 직접 밝혔다. 이 말은 물론 평화조약 제2조 (a)항이 병합이 합법이었음을 전제로 기초된 것을 일본이 염두에 두고 있었기에 가능한 입장 표명이었다.

이에 대해 같은 본회의 벽두 인사를 통해 한국 측 입장을 밝힌 김용식 수석대표 대리는 평화와 자유를 사랑하는 한국인의 국민성이 악용되며 "상기하는 것도 불쾌한 시대"가 가져다주어졌다고 언급했다. 그러나 동시에 김용식은 향후 토의할 문제 해결을 위한 기본 원칙으로서 일본이 평화조약을 염두에 두고 있음을 믿는다고 말했다. 김용식 역시 평화조약을 문제 해결을 위한 기본 원칙으로 삼을 것을 요구한 셈이었다. 그러나 그는 한일 직접 교섭 개시에 즈음하여 '노예 상태' 등을 천명한 카이로선언 등을 문제를 풀어 나갈 해결 원칙으로 삼으려 하지 않았다.[40] 즉 한일 교섭의 성격을 확인하는 벽두의 의견 진술에서 한국은 카이로선언 말고 평화조약을 해결 원칙으로 할 것을 확인한 것이었다. 이로써 한국은 자기 스스로 병합이 비합법이었다는 것은 물론, 일본의 한반도 통치가 부당한 것이었다는 것조차 전제로 하지 않고 교섭을 진행할 것을 사실상 허용한 셈이었다. 이에 앞서 예비회담 진행 중인 1951년 11월 27일에 열린 제121회 국무회의에서 이승만 대통령은 한일 회담 개최와 관련해 그 전제 조건으로 일본의 '진사(陳謝)적 태도'가 필요하다고 강조했었다.[41] 그러나 막상 본격 교섭이 시작됨에 즈음하여 한국은 한일 교섭이 그 '진사적 태도' 위에서 진행되어야 할 것을 확정하기 위해서도 유효한 카이로선언을 문제 해결의 원칙으로 삼을 것을 요구하지 않았던 것이다. 이는 물론 한일 직접 교섭이 결국 평화조약의 관련 규정에 근거를 둠에 따라 비로소 가능해졌다는 현실에 기인한 피할 수 없는 귀결이었다.

다만 한국은 제1차 한일회담에서 일본이 청구권 문제와 관련해 재한 일본인 재산에 대한 소유권을 주장하자 그에 대한 반박 논리로서 카이로선언을 활용했다. 3월 24일에 개최된 제4회 본회의에서 한국 측 임철호 대표는 카이로회담에서 한반도에 관한 각종의 인정이 이루어졌고 일

---

40) 한일 두 대표의 인사문은 「日韓會談第一回正式會議議事錄」, 外務省日韓會談公開文書(문서번호 180내)에 수록. 한국 측 기록인 『제1차 한일회담(1952. 2.15-4.21), 본회의회의록, 제1차-5차』에는 인사문은 수록되어 있지 않다.

41) 제121회 국무회의록, 1951.11.27, 국가기록원 홈페이지(http://www.archives. go.kr/next/ viewMain.do)에서 검색. 또한 이 국무회의에서 이승만은 평화조약 발효에 따라 철폐될 것이 예상되던 '맥아더라인'의 문제와 관련해 "맥아더라인은 어디까지든지(실력적으로라도) 보호할 작정이다"라고 발언한 기록도 있다. 이는 평화선 선포로 이어지는 발언으로서 주목되는 기록이다.

본이 한국을 약취한 것이 불법이라고 승인되었다고 주장했다. 그에 따라 그는 일본과 과거 대한제국이 체결한 조약들이 모두 무효라고 직접 언급하기도 했다.[42] 그러나 원래 이 주장이 한일 교섭 전반에 적용되는 원칙이었다면 그것은 병합을 사실상 합법으로 가정한 평화조약을 해결 원칙으로 삼을 것을 확인한 상기 김용식의 대표 연설과는 양립하지 않았다. 그럼에도 한국 대표단은 이러한 '모순'을 서슴없이 드러냈다. 그것이 가능했던 것은 카이로선언 등에 대한 언급이 재한일본인 재산에 대한 일본의 주장을 철회하게 하기 위한 일시적인 항변에 불과했지, 한국정부가 카이로선언 등에 따라 병합이 비합법이었다는 것을 전제로 교섭을 진행할 수 있다고 참으로 생각한 것은 아니기 때문이었다. 실제 과거의 조약들이 무효라고 일단 언급한 임철호 역시 말 이어 재한일본인 재산에 대한 일본의 권리가 무효가 되었고 또한 그들 재산을 사실상 몰수한 군정법령 33호가 그에 따라 나온 것이라고 주장하면서 병합의 무효 논리를 재한일본인 재산의 처리 문제에만 집약했다. 더구나 그는 그런 논리를 펼치는 것과 관련해 "저는 해석한다"고 밝혔다. 임철호 대표의 발언은 회의 도중 나온 지극히 개인적인 견해에 불과했다. 무엇보다 한국정부가 교섭을 병합을 비합법으로 하면서 진행할 수 있다고 생각한 것이 아니었다는 점은 무효 확인 조항을 삽입하도록 실제로 요구한 이하 기본관계조약 교섭에서 뚜렷이 나타났다.

이듬 16일에 열린 제2회 본회의에서 일본은 2월 12일에 제3차안으로 마련하던 "일본국과 대한민국과의 사이의 우호조약 초안"을 정식 제안으로 제출했다.[43] 그 초안의 골격과 주된 요지를 정리하면 [표 5-1]과 같다.

---

42) 이하 임철호 대표의 발언은 「日韓會談第四回本會議議錄」, 外務省日韓會談 公開文書(문서번호 190), 39~41쪽. 이 발언 내용은 비록 임철호 개인의 발언으로서 기록되어 있지 않으나 한국 측 기록에서도 같은 취지의 발언이 있었음을 확인할 수 있다. "한일대제 2944호, 제4차 한일 정식회의 경과보고 건", 『제1차 한일회담(1952.2.15-4.21), 본회의회의록, 제1차-5차』, 1161쪽.

[표 5-1] 제2회 본회의에서 일본이 제출한 "일본국과
대한민국과의 사이의 우호조약 초안" 요지

전문	제1항: 평화조약에 따라 일본이 한반도 독립을 승인하고 모든 권리, 권원, 청구권을 포기했기 때문에 제2항: 한일 양국이 상호의 정치적 독립, 영토 보전, 항구적 평화와 영속적 우호 및 경제 관계 유지를 결의(決意)하기 때문에 제3항: 양국 간의 신관계 발생에서 유래하는 각종의 현안을 화협의 정신과 정의 및 형평의 원칙에 따라 신속하게 해결하는 것이 전기 목적에 공헌하기 때문에
제1조	유엔헌장의 준수, 선린 관계, 평화 유지, 우호적 협력 등에 대한 서약
제2조	외교, 영사 관계 설정
제3조	통상항해 관련 조약 체결을 위한 교섭의 개시 및 주된 원칙
제4조	9월 2일 이전부터 일본에 거주하는 재일한국인이 한국 국민임을 확인
제5조	제4조에 따른 법적 조치의 강구
제6조	양국 간 청구권 문제를 화협의 정신과 정의 및 형평의 원칙에 따라 가급적 신속히 해결함
제7조	해저전선 문제의 신속한 해결
제8조	어업 협정 체결에 노력
제9조	비준 조항

즉 일본이 제출한 우호조약 초안은 조약 체결의 취지와 관련해 전문에서 3가지 구성을 취했다. 즉 제1항에서 먼저 한반도 독립을 승인한 평화조약 제2조 (a)항의 구절을 그대로 인용하고 이어 제2항에서는 양국의 정치적 독립과 영토 보전, 영속적 우호 관계 등을 유지하는 것을 다짐한다는 취지를 적었다. 그리고 마지막 제3항에서 양국의 신관계 발생에서 유래하는 각종 현안의 해결이 그 목적을 위해 공헌하기 때문이라고 규정했다.

특히 이 초안이 전문 제1항에서 평화조약 제2조 (a)항을 직접 인용함에 따라 조약 체결이라는 과제가 제기되게 된 것은 일본이 한반도 독립을 승인한 것에 따른 것임이 천명되었다. 이는 물론 조약 조문을 통해 병합의 합법성을 전제로 두고 그 위에서 관련 협정을 체결한다는 입장을

---

43) 「日本國と大韓民國との間の友好條約草案」, 外務省日韓會談公開文書(문서번호 477내)에 부속 1호로서 수록.

선언한 것이나 마찬가지였다. 또한 그 제2조 (a)항을 포함해 평화조약이 통치의 부당성에 관해서도 일절 언급하지 않음에 따라 조약 체결 이유와 관련해 평화조약을 직접 인용한 이 초안은 부당한 통치에 따른 청산을 위해 관련 문제를 처리해 나간다는 책임 역시 비껴 나가는 담보가 될 수 있었다. 더욱 제3항에서는 해결할 대상이 "양국 간의 신관계 발생에서 유래"하는 것으로 규정됨에 따라 비록 '현안'이라 할지라도 그것은 식민지 지배에서 연유한 문제가 아니라 새로운 외교 관계 수립에 따라 필요해진 문제들이 되었다. 이 점은 식민지 피해 청산의 문제와 얽힐 수 있는 청구권 문제 해결 원칙을 정한 제6조 규정에서도 엿볼 수 있다. 즉 제6조는 평화조약 제4조 (a)항에서 규정된 청구권 문제의 해결 원칙을 단지 '화협', '정의', '형평' 등으로 나열했을 뿐이었다. 즉 그것은 가해국 일본이 피해국 한국에 대한 책임으로서 일방적으로 청산하는 과제라고 인정하는 등, 비대칭적인 관계를 상정하지 않고 단지 '대등자의 관계'에 의거하여 진행할 상호 처리의 문제라고 선언한 것이었다.

우호조약 초안이 제출된 제2회 본회의에서는 한국이 의제의 토의 순서 등을 먼저 결정할 것을 요구했다. 그에 따라 일본이 제출한 초안에 대한 직접적인 논의는 진행되지 않았다. 그와 관련된 논의가 진행된 것은 본회의와 따로 설정된 기본관계위원회에서였다.

2월 22일에 개최된 제1회 기본관계위원회에서 일본은 16일에 제출한 우호조약 초안과 관련해 그 체결을 제안하는 이유를 피력했다.[44] 3가지로 나누어 일본이 밝힌 체결 제안 이유는 다음과 같았다. 첫째는 한반도 독립을 일본이 승인함에 따라 정치적 독립, 영토의 보전, 그리고 영속적 우호관계 유지를 결의하기 때문이라는 것이었다. 이는 물론 초안 전문의 제1항과 제2항을 줄여 설명한 것이었다. 둘째는 재일한국인의

---

44) 「別紙三 日韓友好條約の締結方を提案する理由」, 外務省日韓會談公開文書(문서번호 973내).

국적 문제와 관련해 그들이 일본 국민이 아님을 확인하는 조항을 넣을
필요가 있다는 것이었다. 이는 본문 제4조, 제5조를 부각시킨 것이며 당
시 일본이 이 문제를 급히 해결해야 할 대상으로 여기고 있었음에 따른
강조였음은 분명했다. 그리고 마지막 셋째는 청구권 문제나 어업, 통상
항해 등 평화조약에서 규정된 관련 문제의 해결 원칙을 규정할 것이 중
요하다는 것이었다. 이는 전문 제3항 및 본문 제3조나 제6조 이하의 조
항을 언급한 것이었다. 물론 이들 조약 체결의 취지 설명과 관련해 일
본이 병합 관련 조약들의 무효 확인 문제의 존재를 의식한 흔적은 없으
며 통치의 정당성 여부 문제 역시 마찬가지였다.

　일본이 제출한 우호조약 초안과 관련해 27일에 열린 제2회 위원회부
터는 질의응답 등을 통해 본격적인 토의가 진행되었다.45) 필자는 앞서
발표한 연구에서 한국정부가 남긴 기록을 통해 위원회의 토의 내용을
밝혔다.46) 그러나 한국정부가 수록한 기록은 한일 양국이 공유하도록
한 영문 요지만이며47) 그것은 상세한 토의 사항까지 가르쳐 주는 것은
아니었다. 그와 비교해 일본정부가 공개한 위원회 토의 기록은 한국 측
문서가 수록한 같은 영문 요지 이외에도 따로 일본어로 적은 속기록을
포함하고 있다. 이에 따라 일본정부가 공개한 그 속기록을 추적하는 것
으로 각 위원회 토의의 내용을 보다 상세히 엿볼 수 있게 되었다. 이하
에서는 영문 요지에서 파악하기 어려웠던 미묘한 논지도 포함해 특히
병합 관련 조약들의 무효 확인 문제와 얽히는 논점들을 둘러싸고 한일

---

45) 이하 제2회 위원회에서의 토의 내용은 「日韓會談 第二回基本關係委員會議
事錄」, 外務省日韓會談公開文書(문서번호 974내)에서 정리.
46) 장박진, 앞의 책, 2009, 263~269쪽.
47) 『제1차 한일회담(1952.2.15-4.21), 기본관계위원회 회의록, 제1차-8차, 1952.
2.22-4.2』. 일본 측의 기록에 따르면 제1회 위원회에서 한일 양국은 번갈아
영어로 의사 요록(要錄)을 작성하기로 했다고 되어 있으므로 한일 양국의
공식문서에서 같은 영어 요지문이 수록되게 된 것은 이에 따른 것으로 보
인다.

간에 오간 토의 내용을 자세히 짚어보고 한국이 제기한 병합 관련 조약들의 무효 확인 요구의 참뜻을 밝히고자 한다.

제2회 위원회 석상에서 일본이 제출한 조약 초안에 대해 의견을 제시한 유진오는 먼저 조약의 명칭과 관련해 '우호조약'이 아니라 '평화조약'으로 하는 것이 타당하다고 일단 주장했다. 유진오는 그 제안 이유와 관련해 "1910년부터 36년간에 있었던 갖은 문제를 일소하고 실질적으로는 양국의 평화조약"으로 하기 위한 것이라고 말했다. 상술한 바와 같이 이승만은 1951년 11월의 국무회의 등을 통해 한일 간에 체결하는 조약을 평화조약으로 할 것을 지시했었다. 법학자로서 통상 평화조약이 교전 관계의 처리에 적용되는 개념임을 잘 아는 유진오로서는 그 요구가 받아들여지기 어려운 것임을 충분히 알고 있었을 것이다. 그러면서도 그 제안을 굳이 제기한 까닭은 대통령의 지시를 강하게 의식한 결과로 봐도 과오는 없을 것이다. 위원회에서 유진오가 '실질적으로 평화조약'으로 할 것, 즉 그것이 완곡한 요구임을 밝힌 이유 역시 대통령이 내린 지시와 현실적인 가능성 사이에 놓인 벽을 의식한 결과였음은 틀림없을 것이다.

일본은 물론 이 주장을 즉시 물리쳤다. 오노(大野勝巳) 대표는 "현재 양국 간에 있는 현안들을 가장 우호적인 정신 아래서 해결한다는 것과 우리가 생각하고 있는 평화조약이라는 개념과는 다르다"고 하면서 '평화조약'이라는 명칭을 사용하는 것에 반대했다. 물론 일본이 밝힌 '우리가 생각하고 있는 평화조약이라는 개념'은 전통적으로 교전국 간에 적용되는 조약을 뜻했음은 따로 강조할 나위도 없었다.

이하 보듯이 이후 한국은 조약 명칭을 '평화조약'으로 할 것을 쉽사리 포기하고 그 대신 '기본관계조약'으로 할 것을 고집했다. 물론 이는 전시 중 한일 관계가 현실적으로 교전 관계에 있지 않았다는 사실과 무엇보다 평화조약에서 이미 한국이 실제 연합국에서 제외되었었다는 조건을 감안한 결과였을 것이다. 즉 '평화조약'으로 할 것이 불가능함을 잘 알고 있었던 대표단은 가능한 한 '평화조약'에 대체할 수 있는 개념으로서 '기본관계조약'을 구상하고 그 실현에 신경을 쓴 것이었다. 그러나 국제 관례상 교전 관계였음을 인정받는 '평화조약'이 아니라 국제적으로 어떤 관계인지가 특별히 정해진 것도 아닌 '기본관계조약'을 사용하는 것의 차이는 컸다. 그것은 전쟁 중 임시정부가 정부 승인을 요구했음에도 거절당하고, 또한 전후 대한민국이 연합국 참가를 요청했음에도 실패한 것을 이은 세 번째 좌절을 뜻했다. 이로써 한국은 대전 중 한일 관계가 교전 관계에 있었다는 것을, 다시 말해 전쟁 중 한국이 이미 주권을 가진 주체였다는 지위를 확보하는 것에 최종적으로 실패한 셈이었다.

같은 제2회 위원회에서 유진오는 다음으로 일본 초안이 그 해결하는 문제의 성격을 '양국 간의 신관계 발생에서 유래하는 각종의 현안'이라고 표현한 점을 따져 한국으로서는 '과거의 현안', 즉 식민지 관계에서 유래하는 문제의 처리라는 의미가 들어가야 한다는 입장을 드러냈다. 그러나 '과거의 현안'이라는 개념은 지극히 애매했다. 그것은 직접 '평화조약'이라는 명칭을 사용하는 것, 즉 한국이 전시 중 이미 주권을 가지고 있었음을 내세움으로써 비록 간접적이라도 병합이 원천 비합법이었음을 드러낼 수 있는 그런 요구도 아니었다. 단지 그것은 한일 간에 체결하게 될 조약이 최소한 과거 관계에서 유래하는 문제를 해결하려는 성격을 띠고 있음을 부각시키는 데 그칠 수밖에 없었다. 더구나 유진오는 그 '과거의 현안'의 처리라는 의미를 나타내도록 하는 문제와 관련해 그 현안이 일본의 부당한 통치로 인해 생긴 피해의 청산을 도모하는 것이라고 명기하는 것 역시 요구하지 않았다. 즉 병합의 합법성 여부와 더불어 통치의 정당성 여부를 기본관계조약을 통해 확정할 과제 역시 제기하지 않았던 것이다.

유진오의 주장에 대해 오노 대표는 '양국 간의 신관계 발생에서 유래하는 각종의 현안'이라는 표현은 한반도가 일본의 영유에서 벗어나 한국이 계승국으로 된 것으로부터 생긴 문제라는 뜻이라고 반론했다. 물론 이 '계승'이라고 함은 대한민국이 대한제국을 계승했다는 뜻이 아니라 일본 영토의 일부를 계승하고 건국된 새로운 주체라는 뜻이었다. 이는 물론 병합이 합법이었고 그에 따라 한반도의 독립은 전쟁으로 인한 영토 질서의 변경에 따른 것임을 시사한 것이었다. 당연히 이 주장은 한일 간의 해결 과제가 병합의 비합법성에 따른 것이 아님은 물론, 부당한 통치에 따라 생긴 것이라는 의미가 들어가는 것조차 허용하지 않겠다는 뜻을 밝힌 것이었다. 이하 보듯이 이 표현은 결국 '양국 간에 존재하는 각종의 문제'라는 표현으로 수정되게 되었다. 즉 일단 '신관계 발생에서 유래하는'과 같이 '신관계'가 강조되는 표현은 피해졌다. 그러나 이런 어구 조정이 그것으로 인해 병합의 비합법성이나 통치의 부당성을 확정하는 조항으로 탈바꿈시킨 것을 뜻할 수 있는 것도 아니었다. 혹시 그랬다면 일본이 애초 그에 응할 리도 없었다.

이어 2월 29일에 열린 제3회 위원회에서는 재일한국인의 한국 국적 확인을 정한 제4조 문제와 관련해 일단 병합의 합법성 여부 문제와 얽히는 논의가 진행되었다.[48) 일본이 제출한 우호조약 초안 제4조는 한국 국민임을 확인하는 재일한국인의 범주를 9월 2일 이전부터 일본에 거주한 자로 정의했었다. 위원회 석상에서 유진오는 그것을 8월 9일자로 수정할 것을 요구했다. 물론 9월 2일은 항복문서 조인일이며 8월 9일은 포츠담선언을 수락한 날이었다. 이와 관련해 유진오가 든 이유는 군정법령 33호 등에서 그렇게 규정되어 있고, 한국으로서는 독립이 8월 9일자로 이루어졌다고 이해하고 있기 때문이라는 것이었다.

유진오가 여기서 '독립'이라는 개념을 법적으로 어떤 의미로 사용했는지, 기록은 그것을 직접 분명히 하고 있지는 않다. 그러나 앞장에서

---

48) 이하 제3회 위원회에서의 토의 내용은 「日韓會談 第三回基本關係委員會議事錄」, 外務省日韓會談公開文書(문서번호 975내)에서 정리.

밝힌 바와 같이 평화조약 기초 과정에서 한국은 양유찬 주미 대사 등을 통해 일본이 한반도 독립을 승인하고 권리 등을 포기하게 한 제2조 (a)항과 관련해 그 날짜를 '8월 9일'로 정하도록 요청했었다. 무엇보다 재차 확인했듯이 유진오 자신이 이 문제와 관련해 한국의 독립은 카이로, 포츠담 양 선언으로 이미 약속되었었던 '해방'의 문제로서 그것은 1945년 8월 9일의 일본의 항복 수락에 따라 실현된 것이라는 이론적인 기반을 마련했었다. 따라서 유진오가 회의에서 언급한 이 '8월 9일' 역시 바로 이러한 입장을 답습한 것이었음은 명확하며 때문에 그가 말한 '독립'이 일본의 한반도에 대한 주권이 최종적으로 차단되는 법적 절차를 의미했음은 틀림없다.

그러나 회의에서 터져 나온 이 유진오의 이유 설명은 일본이 8월 9일까지 한반도에 대한 주권을 법적으로 보유하고 있었음을 지배국 일본에게 직접 인정한 것이나 마찬가지였다. 실제 유진오는 병합이 애초 비합법이었으며 따라서 일본에 거주하게 된 한국인 역시 일본 국적을 소유한 적이 없기 때문에 일본과의 사이에서 국적 확인 조항을 일부러 둘 필요가 없다고는 말하지 않았다. 그는 단지 기준일을 9월 2일로부터 8월 9일로 수정할 것만을 요구했을 뿐이었다. 그러나 항복문서 조인일부터 포츠담선언 수락일로 변경할 것을 단지 요구한 유진오의 그 주장이 원래 병합의 비합법성을 확정하기 위한 근거로 이어지는 성격의 문제가 아니었음은 분명했다. 비록 직접적으로는 일본에 남게 된 한국인을 대상으로 한 토의였다고 한들, 오히려 8월 9일까지 한국인이 일본 국민이었음을 간접적으로 인정한 유진오의 날짜 변경 요구는 결국 한국 자신이 병합이 합법적으로 이루어진 것임을 한일 직접 교섭을 통해 시인한 것이나 마찬가지였다.

2) 한국에 의한 기본조약 초안의 제출

비록 평화조약을 문제 해결의 원칙으로 삼을 것이나 재일한국인의 국적 문제 등을 통해 사실상 병합의 합법성 여부 문제와 관련된 논의가 진행되기는 했으나 일단 제3회 위원회까지의 토의에서는 무효 확인 조항의 규정 요구가 직접 거론된 일은 없었다. 한국이 이 문제를 공식으로 제기한 것은 3월 5일에 개최된 다음 제4회 위원회에서의 일이었다.49) 한국은 일본이 먼저 제출한 우호조약 초안에 대항하는 의미에서 "대한민국과 일본국과의 사이의 기본조약 초안"을 동 위원회에서 제출했다.50) 한국이 제출한 그 기본조약 초안의 뼈대와 그 주된 요지를 먼저 정리하면 [표 5-2]와 같이 정리할 수 있다.

[표 5-2] 제4회 위원회에서 한국이 제출한 "대한민국과
일본국과의 사이의 기본조약 초안"의 요지

전문	제1항: 한일 양국이 상호의 정치적 독립, 영토 보전, 항구적 평화와 영속적 우호 관계 유지를 결의하기 때문에 제2항: 양국 간에 존재하는 각종의 현안을 화협의 정신과 정의 및 형평의 원칙에 따라 신속하게 해결하는 것이 전기 목적에 공헌함을 인정하기 때문에
제1조	대한민국이 일본을 독립주권국가로서 인정함
제2조	평화 유지, 우호적 협력 등에 대한 서약
제3조	1910년 8월 22일 이전에 양국 간에 체결된 모든 조약들이 무효임의 확인
제4조	외교, 영사 관계 설정
제5조	통상항해 관련 조약 체결을 위한 교섭의 개시 및 주된 원칙
제6조	(재일한국인의 법적지위위원회에서 만족할 만한 협정이 이루어졌을 경우 삽입)
제7조	(선박위원회에서 만족할 만한 협정이 이루어졌을 경우 삽입)
제8조	해저전선의 2분할 등 처리 원칙
제9조	(어업위원회에서 만족할 만한 협정이 이루어졌을 경우 삽입)
제10조	비준 규정

---

49) 이하 제4회 위원회의 토의 내용은 「日韓會談 第四回基本關係委員會議事錄」, 外務省日韓會談公開文書(문서번호 976내)에서 정리.

50) 영문 초안 및 일문 초안은 각각 "Draft Basic Treaty between the Republic of Korea and Japan" 및 「大韓民國と日本國との間の基本條約(案)」으로서 外務省日韓會談公開文書(문서번호 976내)에 수록.

제4회 위원회에서 한국이 제출한 기본조약 초안 중, 특히 병합의 합법성 여부 문제와 얽혀 눈에 띄는 사항들은 다음과 같은 것들이었다. 첫째, 조약의 명칭을 '우호' 말고 '기본'으로 한 점. 둘째, 일본 초안이 조약 체결의 필요성과 관련해 일본이 한반도 독립을 승인함에 따른 것을 강조한 전문 제1항을 삭제한 점. 셋째, 오히려 제1조에서 일본이 주권독립국가임을 한국이 인정한다는 조항을 삽입한 점. 그리고 무엇보다 넷째, 이후 기본관계조약 최종 조문 제2조로 귀결된 병합 관련 조약들이 무효임을 확인하는 조항을 제3조로서 직접 규정한 점. 한국이 제출한 이 기본조약 초안 제3조는 정확히 다음과 같이 기초되었다.

The Republic of Korea and Japan confirm that all treaties or agreements concluded between the Government of Empire of Korea and the Government of Imperial Japan on or before August 22, 1910 are null and void(대한민국과 일본국은 1910년 8월 22일 또는 그 이전에 대한제국정부와 대일본제국정부 간에 체결된 모든 조약이나 협정들이 무효임을 확인한다).

한국이 제출한 이 조약 초안과 관련해 먼저 짚어볼 필요가 있는 것은 관련 기록에서도 한국이 이와 같은 기본조약 초안을 제출하기 위해 사전에 준비했었다는 흔적이 없다는 점이다. 한국은 직접 교섭이 개시된 예비회담 당초부터 청구권 문제를 비롯한 각 문제를 먼저 논의, 해결하고 나서 국교를 정상화한다는 말하자면 '선 해결 후 국교'라는 교섭 방침을 취하고 있었다.[51] 실제 이 교섭 방침에 따라 한국은 제1회 본회의에서 의제 토의의 순서를 결정했을 때도 기본관계에 해당하는 문제는 가장 뒤에 미루도록 주장했다. 그런데 한국이 그 기본조약 초안을 제출한 그 시기는 한국이 먼저 해결하고자 생각했었던 각 현안의 토의가 개

---

51) 이에 관해서는 장박진, 앞의 책, 2009의 제6장에서 다룬 예비회담, 제1차 한일회담 관련의 분석 부분에서 보다 자세히 논했다.

시된 지 얼마도 안 되는 교섭의 초기 단계였다. 또한 재한일본인 재산에 대한 일본의 청구권 요구나 평화선 선포에 따른 어업 마찰 등으로 인해 한일 양국은 그런 현안의 해결은커녕 실질적인 토의의 실마리조차 찾지 못하는 상황이었다. 그런 시기 한국이 미리 기본관계 문제에 대응하기 위한 조약 초안을 자주적으로 마련해야 하는 이유는 없었다. 실은 한국이 처음으로 제출한 이 기본조약 초안은 사전에 충분한 준비를 거쳐 자주적으로 꾸민 초안이 아니었다. 실제 제4회 위원회에서 조약 초안을 제출한 유진오는 한국 초안이 일본 초안을 거의 빌린(拜借) 것임을 밝히고 있다.[52] 무효 확인 조항을 비롯해 과거의 한일 간의 법적 관계에 중대한 의미를 지닌 한국 측 기본조약 초안은 실은 응급조치의 소산에 불과했다. 즉 한국이 제출한 초안은 예상하지 않았던 일본 측 우호조약 초안의 제출을 맞이해 일본이 그 안을 제출한 2월 16일 이후 급히 그 초안을 바탕으로 끼워 맞추기 식으로 차려진 급조의 산물에 불과했던 것이다.

　병합 관련 조약들의 무효 확인 문제와 관련해 일단 한국이 제출한 그 기본조약 초안의 의미를 파악하는 것은 그다지 어렵지 않다. 첫째는 물론 조약 명칭에 '우호' 말고 '기본'을 채용한 점이었다. 이에 관해 유진오는 위원회에서 그 뜻을 양국 간에 존재하는 현안 일절을 해결하고 양국 관계를 새로운 궤도에 올린다는 점에서 주체적으로 평화회의라는 의미가 있으므로 '우호'가 아니라 '기본'으로 했다고 설명했다. 상술한 바와 같이 제2회 위원회에서 유진오는 국무회의에서 나온 이승만 대통령의 지시 등을 염두에 두면서 조약 명칭을 '평화조약'으로 할 것이 타당하다는 생각을 한때 드러냈었다. 그러나 실제 일본과 교섭하고 접점을 찾아야 하는 실무 당국자로서 연합국에서 제외된 한국이 정식 명칭으로

---

52) 「日韓會談 第四回基本關係委員會議事錄」, 外務省日韓會談公開文書(문서번호 976내), 2쪽.

서 '평화조약'으로 할 것을 요구할 수 없음은 불을 보듯이 뻔했다. 그렇다고 일본이 사용한 '우호'는 과거 비정상적인 관계를 가진 적이 없는 국가가 수교할 때 사용하는 것이 적절한 개념이며 특수한 한일 관계를 반영할 수 있는 것도 아니었다. '주체적으로 평화회의라는 의미'가 있으면서도 '평화조약'이라는 명칭 자체는 사용하지 못한다는 데서 나온 절충안이 바로 '기본'이라는 명칭이었다.

그러나 한국은 조약의 성격을 한눈에 드러내는 명칭에 관해서는 타협하는 대신 조문의 내용을 통해 그나마 한국이 '교전 관계'의 지위에 있었음을 나타내도록 애를 썼다. 그것이 바로 상기한 둘째와 셋째의 수정 사항이었다. 즉 한국은 조약 체결의 이유와 관련해 일본이 한반도 독립을 승인함에 따른 것임을 강조한 일본 초안 전문 제1항을 삭제하고 거꾸로 본문 제1조에서 한국이 오히려 일본이 주권독립국가임을 인정한다는 조항을 삽입하도록 꾸몄다. 물론 이것은 한국이 대일 전승국의 지위에 있음을 간접적으로나마 드러내려 한 저항이었다. 전쟁 중부터 이미 주권을 가진 주체로서 대일 교전의 지위에 있었음을 자인해온 한국으로서는 한반도 독립이 일본의 승인을 얻어 이루어진다는 규정을 조약 안에 넣는 것은 허용할 수 없었다. 오히려 한국으로서는 결과적으로 한국보다 일본이 늦게 연합국의 점령하에서 벗어나고 완전한 주권을 회복하게 된 경위를 이용하면서 한일 교섭은 한국이 일본이 주권국가임을 인정하기에 가능해졌다고 부각시키는 것이 유리했다. 물론 이것은 비록 간접적이지만 한국이 대일 전승국의 지위에 있다는 것을 빚어낼 수 있고 또한 병합 관련 조약들의 무효 확인 문제에 관해서도 유리한 해석을 가능케 하는 규정이 될 수 있었다.

병합 관련 조약들의 무효 확인 문제 등과 관련해 한국이 제출한 기본조약 초안 중 가장 직접적이고 핵심적인 사항은 물론 새롭게 본문 제3조를 삽입하도록 요구한 점이었다. 그러나 위원회에서 그 조문의 제안

이유를 간략하게 밝힌 유진오는 단지 그들 조약이 무효라는 취지를 말하고 있다고 언급했을 뿐, 그 이상의 설명은 하지 않았다. 물론 막판 교섭까지 핵심 개념으로 작용하는 'null and void'를 사용한 그 조항은 병합조약을 비롯해 국권 침탈 과정에서 체결된 병합 관련 조약들이 당초부터 법적으로 성립되지 않았음을 확인하려 한 것이었다. 그러나 무효 확인 조항을 비롯해 과거의 한일 관계와 관련해서 한국이 제출한 초안의 진정한 의미를 파악하는 데 중요한 것은 과연 한국이 이 요구를 어떤 문제의식을 가지고 제기했는가 하는 문제였다.

한국이 기본조약 초안을 제출한 제4회 위원회에서는 유진오가 상기한 바와 같은 제안 이유를 간략하게 설명했을 뿐, 그 이외에는 이 초안을 본회의에 상정하고 논의할 것인가 하는 등의 토의 절차에 관한 의견만이 교환되었다. 한국이 제출한 기본조약 초안에 대한 본격적인 공방이 벌어진 것은 다음 제5회 위원회 이후의 일이었다.

3) 무효 확인 조항 관련의 토의

한국이 기본조약 초안을 제출한 1주 후인 3월 12일에 열린 제5회 기본관계위원회에서는 조약 명칭의 문제부터 공방이 벌어졌다.[53]

먼저 조약 명칭을 '기본조약'으로 하자고 한국이 제안한 것과 관련해 일본은 한국이 일본과 '강화(講和)'를 체결하려 하는 것은 논의 밖의 일이라고 잘라 말했다. 조약 초안을 '평화조약'이 아니라 '기본조약'으로서 제출했음에도 일본이 이와 같은 거부 반응을 보인 것은 비록 '기본'이라는 명칭을 쓰면서도 한국이 마치 대일 전승국의 지위에 있는 것처럼 조약을 꾸미고 있다는 것을 감지했기 때문이었다. 실제 제4회 위원회에서 유진오는 비록 완곡하기는 했으나 한일 교섭이 '주체적으로 평

---

53) 이하 제5회 위원회의 토의 내용은「日韓會談 第五回基本關係委員會議事錄」, 外務省日韓會談公開文書(문서번호 977내)에서 정리.

화회의'의 성격을 가지고 있다고 발언했었고 또한 한국이 제출한 기본
조약 초안에서도 한국이 일본이 주권국가임을 인정한다는 제1조를 삽
입했었다.

일본이 보인 반발에 대하여 유진오는 한국과 일본이 전쟁 상태에 있
었던 것은 아니기 때문에 '평화조약'은 어렵더라도 과거 한일 양국이
자유 평등의 관계가 아니었으며 한국인의 뜻에 반한 것도 많이 당해 왔
기 때문에 그들을 일소하고 싶다는 뜻이라고 답했다. 정치 선동가도 아
닌 지식인으로서 유진오가 반론할 수 있는 것은 이 정도가 한계였을 것
이다. 즉 '기본조약'이라는 명칭은 교전 관계라는 뜻을 담은 것이 아니
라 식민지 지배-피지배 관계에서 벗어나 관계를 정상화하기 위한 의미
라고 부여함으로써 겨우 '기본조약'이라는 명칭을 옹호하려 한 것이었
다. 그러나 이 옹호를 위해서는 한일 관계가 교전 관계에 있었고 또 한
국이 전승국인 것처럼 암시하는 조항은 삭제해야만 했다. 실제 한국이
꾸민 본문 제1조는 이후 토의의 도마에 오르는 일도 없었다. 이와 관련
해 일본정부가 공개한 기록은 한국이 이 조항을 '자발적으로 철회했다'
고 적고 있다.[54]

이 위원회에서는 '기본조약'이라는 명칭을 사용하는 것에 즉시 합의
가 이루어진 것은 아니었다. 그러나 한국이 그 명칭의 사용과 관련해
교전 관계나 대일 전승의 뜻을 담은 것이 아니라고 해명했고, 또 실제
그 후 제1조를 '자발적으로 철회'한 것들이 작용함으로써 결국 명칭에
는 최종적으로 한국이 요구한 대로 '기본'이 들어가고 '기본관계조약'으
로 되었다. 그러나 위원회 토의에서 확인할 수 있는 바와 같이 이 명칭
의 사용은 결국 한국이 대일 교전이나 전승 관계에 있지 않음을 시인함
에 따라 이루어진 결과였다. 다시 말해 비록 그 명칭은 식민지 지배-피
지배라는 불평등한 관계를 청산하고 새로운 대등한 관계를 수립하기 위

---

54) 「日韓會談の槪要」, 外務省日韓會談公開文書(문서번호 477), 4쪽.

한 개념으로서 어렵게 고안된 것이기는 했으나 적어도 병합 관련 조약들의 무효 확인 문제에 관해서는 오히려 그것을 부정하는 부작용을 잉태한 것이었다. '가본'이라는 명칭을 지키기 위해 교전이나 전승 관계가 아니었음을 인정한 한국의 자세는 항복 이전에 한국이 주권을 갖고 있었다는 논리가 성립되는 여지를 한일 간의 조약을 통해서도 스스로 허물어 버렸기 때문이었다. 이렇게 하고 임시정부의 법통을 계승했다고 자부하던 대한민국은 그 법통의 원천인 임시정부가 전시 중 이미 주권을 가진 정부였다는 것을 자기 스스로 포기하고 단지 일종의 '망명 집단'에 불과했음을 일본에게 시인한 셈이 되었다. 또한 '기본조약'은 비록 불평등한 관계를 청산하고 새로운 평등한 관계를 수립하기 위한 것이라는 의미를 담기는 했으나 적어도 직접적으로는 일본의 한반도 통치가 부당했다는 것을 명시하려 하지도 않았다. 실제 한국이 제출한 조약 초안에는 통치의 부당성을 확정하는 문제와 직결되는 조항은 물론, 그것을 상기시키는 관련 표현조차 일절 없었다.

같은 제5회 위원회에서는 전문에 관해 또 하나 짚어볼 만한 논의가 이루어졌다. 일본은 한국 초안이 제시한 '양국 간에 존재하는 각종의 현안'이라는 표현을 따져 '현안'을 뺄 것을 조건으로 그것을 수락한다는 의사를 제시했다. '현안'은 2월 16일의 제2회 본회의에서 제출한 일본 측 우호조약 초안에서도 사용되어 있었다. 그러나 그 일본 측 초안은 '양국 간의 신관계 발생에서 유래하는 각종의 현안'으로 함으로써 그 '현안'이 신관계에서 유래하는 문제에 한정될 것을 아울러 명시했었다. 그러나 한국이 그 '신관계 발생에서 유래하는'이라는 어구를 삭제하고 단지 '양국 간에 존재하는 현안'으로 함에 따라 그 '현안'이 식민지 관계에서 기인한 것임을 뜻할 수 있는 구절로 바뀌었었다. 즉 일본은 동시에 진행하던 청구권 교섭 등에 대한 영향들을 주로 고려하면서 관련 처리가 식민지 관계에서 유래하는 '현안'을 해결하는 것이라는 뜻을 지니지 않도록 한국 측 초안을 거부한 것이었다.

전문에 대한 토의에 이어 한국이 새롭게 삽입하려 한 중심 조항인 제 3조 무효 확인 조항의 문제가 논의되었다. 일본은 그 핵심 개념인 '무효'라는 표현과 관련해 그것이 당초부터 성립 요건을 결여하고 있었기 때문에 조약 체결 당초부터 무효라는 것을 주장하고 있는지, 당초는 성립되었으나 그 후 실효했기 때문에 현재 무효임을 확인하고 싶다는 뜻인지를 물었다. 병합은 원래 의심의 여지도 없이 합법이었으나 전쟁의 결과로서 병합 관련 조약들이 이미 효력을 상실하고 있다고 생각했었던 일본정부에게는 한국이 제기한 그 '무효'가 무엇 때문에 필요한 것인지, 즉시 그 참뜻을 파악하는 것조차 어려웠던 것으로 풀이된다. 평화조약을 문제 해결의 원칙으로 할 것을 확인하고 또한 그 평화조약이 병합의 합법성을 전제로 한국 관련 조항을 꾸민 상황 속에서 당초부터 병합이 비합법이었다고 따로 규정하는 것은 일본정부에게는 두서가 맞지 않는 문제 제기로 비추어졌을 것이다. 또한 전후 병합의 법적 효력이 이미 상실되어 있고 실제 대한민국이 주권국가로서 한일 직접 교섭에도 나서고 있는 현실 속에서 그 효력 상실을 다시금 조약을 통해 확인하는 의미 역시 뚜렷하지 않았다.

유진오는 일본이 던진 질문에 대해 이 문제가 중대한 문제라고 하면서 이 조항은 병합 관련 조약들이 한국인의 의사에 반해 이루어진 것이기 때문에 거슬러 올라가 무효로 해야 한다는 뜻이라고 밝혔다. 즉 유진오는 그것이 병합이 당초부터 비합법이며 따라서 체결 당초부터 법적 효력을 갖고 있지 않았다는 것을 확인하기 위한 조항임을 일단 밝힌 것이었다. 그러나 한국이 그에 담은 참뜻을 이해하는 데 주목해야 하는 것은 오히려 유진오의 그다음 발언이었다.

유진오는 일단 당초부터 무효로 하는 뜻이라고 밝히면서도 이 법이론을 관철하려 할 때는 복잡한 문제가 생기기 때문에 법이론은 고사하

고 '아무튼(兎に角)' 무효로 하고 싶다는 뜻이라고 덧붙여 설명했다. 또한 유진오는 병합이 당초부터 무효이며 따라서 포츠담선언으로 비로소 실효했다고 하는 입장을 한국정부가 취하고 있는 것은 아니지만 한국이 제출한 기본조약 초안에서는 이러한 한국 측 입장을 분명히 하는 것도 피했고 그 한편 포츠담선언에 따라 실효되었다는 설(說)도 피하면서 막연하게 '아무튼' 무효임을 확인하자는 뜻이라고도 보충 설명했다.

유진오의 설명은 추상적이나 그 참뜻을 파악하는 것은 결코 어렵지 않다. 병합이 원천 무효임을 확정할 경우 일본에 의한 한반도 통치는 아무런 법적 근거도 없는 공백 상태가 되었다. 그러나 현실적으로 35년 간에 걸쳐 이루어진 일본의 지배하에서는 각종 행정, 입법, 사법권이 행사되었으며 또한 개인 간에서도 막대한 경제, 사회 활동이 법적 효력을 가지고 진행되었다. 병합을 원천 무효로 확정한다는 것은 적어도 이론적으로는 이들 별수만큼 이루어진 각 개별 활동의 법적 효력까지 부정할 가능성을 내포했다. 그러나 오히려 그러니만큼 무효 확인은 현실적으로 불가능했다. 실제 병합을 원천 무효로 해서 대일 교섭을 진행해야 한다는 원칙적인 입장을 천명한 상기 1950년 10월의 주일대표부 건의조차 식민지 통치의 정당화나 전쟁 수행을 위한 정책 등을 제외하고 순수하게 사회질서 유지를 위해 이루어진 각종 권리 행사에 관해서는 '무권대리(無權代理)'라는 명목으로 그것을 추인할 수밖에 없음을 시인했었다. 더구나 그 건의가 작성된 후에는 병합을 사실상 합법으로 간주한 평화조약이 국제적 틀로서 성립되었기 때문에 그와의 정합성의 문제도 추가적으로 요구되게 되었다. 현실적으로 일본의 통치하에서 이미 벌어진 수많은 사실들이나 국제사회가 만든 질서의 법적 효력을 '참으로' 없애버릴 수 있을 리는 없었다.

이런 점은 실은 한일 직접 교섭에서도 이미 나타나 있었다. 상기한 바와 같이 일본이 제출한 우호조약 초안 제4조는 재일한국인이 한국 국민

534 허구의 광복: 전후 한일병합 합법성 확정의 궤적

임을 확인하도록 규정했다. 그러나 유진오는 일본 초안이 제기한 한국 국민으로 간주하는 재일한국인의 일본 거주 개시 날짜를 9월 2일부터 8월 9일 이전으로 변경할 것만을 요구했지, 원래 재일한국인이 일본 국적을 가진 적이 없다고 주장하지는 않았다. 혹시 병합이 원천 무효이며 따라서 일본에 거주하고 있는 재일한국인들 역시 종전 전에 '일본인'으로서 입국한 자가 아니라고 주장했다면 당시 한일회담 재일한국인의 법적지위 문제와 관련해 현실적으로 중요한 과제가 되어 있었던 일본 영주권의 부여나 기타 일반 외국인보다 유리한 대우를 요구하는 과제는 어려워질 수밖에 없었다. 재일한국인 역시 일관되게 외국인의 지위에 있었다는 것이 되기 때문이었다. 유진오는 예를 들어 현실적으로 요구되는 이런 재일한국인의 법적지위에 관한 권리 등을 획득하기 위해서도 병합이 원천 무효라는 점을 부각시키지 않았다. 그것을 요구하는 것은 현실적으로 매우 어려운 과제들을 셀 수 없이 야기할 가능성을 내포했었다.

그러나 한국에서 이미 절대적인 위치에 있었던 이승만 대통령은 병합을 무효로 하고 교섭을 진행하도록 지시했었다. 무엇보다 한국 국민의 자연스러운 감정으로서도 병합이 한국인의 뜻에 반한 것으로 원천적으로 비합법이어야 했음은 결코 뒤집을 수 없는 지상명제였다. 병합의 법적 효력을 인정한다는 것은 당시 한국 스스로가 한국임을 포기하고 일본이 될 것을 원했었다는 것을 확정하는 짓이었다. 그것은 바로 "국민적 자존심을 응축"[55]한 과제였다. 따라서 한국의 입장으로 볼 때 한일 두 나라 간에 체결할 기본관계조약에서 이 문제를 일절 다루지 않는 것도 불가능했다.

그러나 시점을 명확히 하고 원천 무효로 할 경우에는 현실적으로는 다스릴 수 없는 많은 문제들을 야기하는데다 일본과의 합의의 도출 역시 불가능하다는 점은 분명했다. 실제 이 제안을 제기한 3일 후인 15일

---

55) 金東祚, 앞의 책, 41쪽; 兪鎭午, 앞의 책, 142쪽.

에 일본 측과 비공식 회의를 가진 유진오는 무효 확인 조항이 가령 한국 안대로 결정되더라도 국회 등에서는 결코 성립 시에 이미 무효였다, 즉 처음부터 합법이 아니었다고 설명하지 않기 때문에 그 점을 헤아려 달라고 '애원'해야 했다.[56] 그러나 일본 측과 타협하기 위해 무효 시점을 전후의 어떤 시점으로 함으로써 병합의 법적 효력이 사실상 전후에 무효화되었다고 조문화하는 것 역시 한국의 입장에서 볼 때 절대로 수락 불가능했다.

한국 측 교섭 당사자들에게 남은 길은 조약상 원천 무효였다고 해석할 수 있도록 일단 조문을 꾸미면서도 동시에 조문상 원천 무효가 뚜렷이 나타날 경우에 생길 어려운 문제들을 회피하는 것만이었다. 그러기 위해서는 원천 '무효'이면서도 동시에 그렇지 않을 수도 있는 역설적 방법, 즉 시점을 애매하게 놔두는 방법밖에 없었다. 한국이 줄곧 사용한 'null and void'라는 표현은 병합 관련 조약들이 원천 무효라는 해석 여지를 잉태할 수 있으면서도 동시에 그것을 지나치게 나타내지 않도록 꾸민 고육지책이었다.

애매하게 함으로써 넘어가야 하는 문제는 시점의 문제만도 아니었다. 유진오의 설명을 듣자 오노 대표는 대한제국과 대한민국의 계승 관계를 물었다. 오노 대표는 그 질문을 한 의도를 직접 밝히지 않았으나 그 의미는 알기 쉬웠다. 즉 과거 직접적으로는 대한제국과 체결한 병합 관련 조약들에 관한 무효 여하의 문제를 대한민국과 확인할 수 있을 리 없다는 취지가 오노 대표 질문의 참뜻이었다. 병합을 합법으로 간주하는 일본에게 병합 관련 조약들로 인해 소멸한 대한제국의 주권을 양도 받은 국가는 일본이었으며 전후 일본의 영토에서 새롭게 분리, 건국된 대한민국과 대한제국에는 적어도 법적으로는 아무런 계승 관계도 있을 리 없었다.

질문의 의도를 쉽게 알아챈 유진오는 당연히 한국의 입장으로서 대

---

56) 「兪代表と非公式會議の件」, 外務省日韓會談公開文書(문서번호 399내), 5쪽.

한민국이 대한제국을 법적으로 계승했다고 말했다. 물론 이는 병합이 비합법이며 따라서 대한제국의 주권을 일본이 법적으로 계승했다는 논리를 차단해야만 했던 입장에서 도출되는 필연적인 귀결이었다. 그러나 유진오는 그렇게 주장한 바로 그 말에 이어 그 문제 역시 숨기고 언급하지 않도록 한 것이 조문의 뜻이라고 속셈을 밝혔다. 즉 비록 황제 주권의 제제(帝制)로부터 국민주권의 공화제로 바뀌기는 했으나 대한제국으로부터 대한민국으로 법통이 이어졌다는 건국의 근간조차 애매하게 처리하려 한 것이 한국이 제안한 기본조약 초안 제3조의 또 하나의 참 뜻이었던 것이다. 물론 그렇게 할 수밖에 없었던 까닭은 법적 계승 관계를 천명할 경우에 생길 복잡한 문제를 피하기 위해서였다. 즉 대한제국과 대한민국 간의 법적 계승 관계를 직접 천명하는 것 역시 결국 병합이 원천 무효였음을 직접 귀결시키는 일이었다. 그것은 상기한 바와 같이 현실적인 이해관계에 영향을 줄 수도 있고 또한 타협 불가능한 일본과의 대립 역시 피할 수 없었다. 이러한 의미에서 병합 관련 조약들의 무효 확인을 규정한 제3조는 병합이 원천 무효였다는 의미를 살짝 드러내면서도 막상 '참으로' 그렇게 확정할 수는 없고 또한 확정해도 곤란해지는 어려운 과제들을 피하기 위한 고심의 산물이었다.

이상과 같은 한국 측 뜻을 확인한 일본은 다음과 같이 포괄적으로 반론했다. 즉 제3조는 언제부터 무효인지라는 규정을 피한 지극히 정치적인 요구로 보이며 일본인은 병합 관련 조약들이 유효였다고 생각하고 있다. 따라서 그 조항의 규정은 서로에게 불쾌한 과거를 상기시켜 좋은 인상을 주지 않는다. 현재 병합 관련 조약들을 유효라고 생각하고 있는 사람은 없고 평지풍파를 일으킬 수 있다. 병합 관련 조약들로 인해 대한제국은 소멸했기 때문에 대한민국이 그것을 계승했다는 논리는 있을 수 없다. 또한 이미 실효하고 있는 조약들의 무효 확인을 조문에 규정하는 것 역시 의미가 없다. 일본은 이와 같이 말하면서 한국이 규정한

제3조의 삭제 자체를 요구했다.

유진오는 이에 대해 제3조의 삽입은 오히려 평지풍파를 억누르려고 하는 방안이라고 반론했다. 그러나 그는 아울러 그 조문의 뜻은 비록 병합 관련 조약들이 당초부터 무효라는 강한 국민감정이 있으나 이를 일본과의 교섭에서 강하게 주장하면 교섭이 성립되지 않고 또 여러 복잡한 문제가 생기기 때문에 그 점을 피하고 일본을 자극하지 않도록 한 것이라고 추가 설명했다. 즉 'null and void'는 병합이 당초부터 무효라고 생각하는 한국 국민의 감정을 달래면서도 동시에 그것이 유효였다고 생각하는 일본 측 입장도 동시에 만족시키기 위한 절충안이었던 것이다.

이어 오노 대표는 개인 간의 계약에서는 그 개인에게 가한 강제가 있을 경우는 무효일 수 있으나 조약 체결은 국가 관계이며 이 경우는 강박이 가해져도 유효라는 등의 반론을 시도했다. 이는 특히 1990년대 이후 관련 학회에서 거론되게 된 조약 성립의 하자론과 관련된 새로운 논점이었다. 그러나 유진오가 제3조에 관한 논의는 일단 이 정도로 끝낼 것을 제안함에 따라 제5회 위원회 이후 이 하자론 등에 대한 추가 논의가 진행되는 일은 없었다.

어찌 보면 토의를 피한 유진오들에게 스스로가 제안한 기본조약 초안 제3조는 그런 법적, 역사적 사실 관계를 깊숙이 규명해서 합의에 도달할 수 있는 문제로 비춰진 일은 없었을 것이다. 오히려 그런 문제가 아님을 잘 알기에 상술한 바와 같이 지극히 애매하게 규정할 수밖에 없다는 문제의식을 반영한 것이었다고 봄이 보다 진실에 가까울 것이다.

유진오들에게 이 문제의 근원은 결국 양국 사이에 놓인 메울 수 없는 역사인식의 차이에서 연유하는 것이었다. 아니, 누차 강조한 바와 같이 한반도 독립은 통상적인 영토 질서 변경의 문제가 아니라 '해방'의 문제임을 주장한 유진오 역시 1945년 8월 9일까지 한반도에 대한 주권은 일본이 보유하고 있음을 인정했었다. 그런 유진오에게는 병합의 원천 무효를 기본관계조약 안에 일부러 규정하려 함에 즈음하여서는 오히려 그런 어려운 법적, 역사적 해석은 피해야만 했다. 또한 현실적으로도 다른 사항들에 대해 영향을 주지 않도록 주의할 필요 역시 있었다. 직접 교섭에 임한 유진오들에게는 이 문제는 형식적으로만 조약에 살짝 규정하고 나머지는 서로에게 유리한 해석이 가능하도록 함으로써 막상 실태에는 아무런 영향도 주지 않도록 그냥 넘어가야 하는 '판도라 상자'였을 것이다.

4) 일본에 의한 연구시안의 제출

한일 쌍방이 상호에 초안을 제출함으로써 각자의 입장과 대립점이 드러났다. 이에 따라 일본은 3월 22일에 개최된 제6회 기본관계위원회에서 향후 양국 공동초안을 작성하기 위한 '연구시안'으로서 "일본국과 대한민국과의 사이의 우호조약(안)"을 제출했다.[57] 그 골자와 주된 취지는 [표 5-3]과 같다.

[표 5-3] 제6회 기본관계위원회에서 일본이 연구시안으로서 제출한
"일본국과 대한민국과의 사이의 우호조약(안)"의 요지

전문	제1항: 주권을 보유하는 대등한 것으로 양국 간의 영속적인 우호 관계 유지를 결의하기 때문에 제2항: 양국 간에 존재하는 각종의 문제를 화협의 정신과 정의 및 형평의 원칙에 따라 신속하게 해결하는 것이 전기 목적에 공헌하기 때문에 제3항: 일본국과 구 대한제국 간에 체결된 모든 조약과 협정이 일본국과 대한민국과의 관계를 규제하는 것이 아님을 확인하기 때문에
제1조	유엔헌장의 준수, 선린 관계, 평화 유지, 우호적 협력 등에 대한 서약
제2조	외교, 영사 관계 설정
제3조	일본에 거주하는 재일한국인이 일본 국민이 아니라 한국 국민임을 확인
제4조	일본은 한국이 평화조약 제4조, 제9조, 제12조의 이익을 받는 국가임을 인정
제5조	비준 조항

---

57) 「日本國と大韓民國との間の友好條約(案)」, 外務省日韓會談公開文書(문서번호 978내).

일본이 제시한 연구시안 중에서 병합 관련 조약들의 무효 확인 문제와 관련해 주목되는 점은 다음 4가지다. 첫째, 2월 16일에 먼저 일본이 제출한 초안 중의 전문 제1항에서 평화조약을 인용하고 일본이 한반도의 독립을 승인한다고 하던 규정을 제외한 점. 둘째, 그와 반대로 한국 초안 제1조가 일본이 주권독립국가임을 한국이 인정한다고 했었던 그 조항을 뺀 점. 이 2가지 수정이 사실상 서로 양보하는 뜻에서 가해진 수정이었음은 분명했다. 즉 이 2가지 삭제는 한반도 독립이 일본의 승인을 거쳐 이루어졌다는 표현을 피하고 싶었던 한국정부의 입장과 마치 한국이 대일 전승국인 양 일본이 주권을 회복했다는 것을 인정한다는 표현을 수락할 수 없는 일본정부의 정치적 입장을 동시에 충족하기 위한 절충안이었다.

셋째는 전문 제2항의 수정이었다. 즉 이것은 원래 일본이 제출한 초안이 '양국 간의 신관계 발생에서 유래하는 각종의 현안'으로 하고 또한 한국 초안이 '양국 간에 존재하는 각종의 현안'으로 한 점을 절충하고 '신관계에서 유래하는'과 '현안'을 각각 빼고 단지 "양국 간에 존재하는 각종의 문제"로 규정했다. 이 역시 해결하는 문제가 과거의 식민지 관계에서 연유한다는 것을 피하고 싶은 일본정부와 그것을 부각하고 싶은 한국정부의 입장을 양립시키기 위한 절충안이었다.

그리고 마지막 넷째는 한국 초안 제3조를 전문 제3항에 옮기고 병합 관련 조약들이 "일본국과 대한민국과의 관계를 규제하는 것이 아님을 확인"한다고 수정한 점이었다. 본문에 있었던 그 규정을 전문에 옮긴 것은 한국 초안이 제출된 다음날 13일에 열린 일본 측 교섭 관계자 간 협의에서 당시 니시무라(西村熊雄) 조약국장이 내린 지시에 따른 것이었다. 니시무라 국장은 그 협의 석상에서 병합 관련 조약들의 무효 확인 문제를 다룬다면 전문에서 현재 효력을 잃고 있다는 의미에서 표현하도록 지시했었다.[58] 일본이 제시한 연구시안 전문 제3항은 바로 이

니시무라 국장의 지시를 반영한 것으로 봐도 과오는 없다. 즉 이것은 한국과의 타협을 위해 당초 일본이 상정하지 않았던 병합 관련 조약들의 무효 확인 문제와 관련된 조항을 전문에 넣는 것은 수용하면서도 '규제하지 않는다'고 표현함으로써 단지 현재 효력을 갖고 있지 않는다고만 해석할 수 있도록 꾸민 방안이었다. 또한 이 표현은 규제하지 않는 대상을 '일본국과 대한민국과의 관계'로 함으로써 과거 대한제국과 대일본제국 사이에서 체결된 병합 관련 조약들이 애초 대한민국과의 관계에 영향을 주는 일이 없다고 해석할 수 있도록 했다. 이는 물론 대한제국과 대한민국 간에는 법적으로 아무런 계승 관계도 없다는 일본정부의 입장을 반영할 수 있는 표현이기도 했다.

일본이 제출한 연구시안에 대해 한국은 다음 논점들 이외에는 이의가 없으며 따라서 그들에 대한 조정이 이루어진다면 양국 공동안으로 할 것 자체에는 반대하지 않는다고 밝혔다. 한국이 제기한 이의는 다음 2가지였다.

첫째, 연구시안 역시 조약 명칭을 여전히 '우호조약'으로 했던 점이었다. 위원회 석상에서 유진오는 이에 대해 비정상적이었던 한일 관계를 정상으로 되돌아가게 한다는 뜻으로 '기본조약'으로 할 것을 다시금 강조했다. 위원회에서는 일본이 '우호기본조약'으로 하자는 등의 절충안에도 언급했으나 결국 마지막 위원회에서 한국 측 요구가 그대로 일본에 의해 수락됨에 따라 이 문제가 교섭에 크게 영향을 주는 일은 없었다.

둘째, 결국 막판까지 어려운 문제로 남게 되는 무효 확인 조항의 문제였다. 상기한 바와 같이 일본은 일단 이와 관련된 규정을 전문에 둠으로써 조약안에 넣는 것 자체에는 그것을 수락하는 의사를 보였다. 그러나 조문은 병합 관련 조약들이 현재 한일 관계를 규제하지 않음을 확

---

58)「日韓會談省內打合せ會議事要錄」, 外務省日韓會談公開文書(문서번호 1636), 4쪽.

인한다는 취지로 함으로써 한국으로서 수락하기 어려운 내용으로 되어 있었다. 이에 따라 연구시안이 제출된 같은 제6회 위원회에서도 결국 이 문제에 관한 논의만이 주로 이루어졌다.[59]

먼저 유진오는 한국이 제시하던 제3조를 전문에 옮기는 것에 대해서는 이의가 없으나 '무효임을 확인한다'고 한 한국 초안이 간단하고 명료하다는 이유로 연구시안에서 제시된 조문 수정에는 반대했다. 그러나 '간단하고 명료하다'는 이유가 진짜 이유가 아니었음은 분명했다. 물론 유진오가 걱정한 것은 연구시안이 제시한 '규제하는 것이 아님을 확인'한다는 표현 자체였다. 그 표현은 병합 관련 조약들이 과거 유효였다는 해석을 사실상 강화하는 내용이었기 때문이다.

유진오가 반대 의견을 제시하자 오노 대표 역시 '무효' 표현을 사용할 경우에는 사후(事後)에 병합 관련 조약들이 실효되었다는 뜻인지, 혹은 애초 불성립이었는지 혼란이 일어난다고 주장하면서 '무효임을 확인한다'고 표현한 한국 초안에는 동의하지 못한다는 뜻을 천명했다. 물론 이 주장 역시 이미 제5회 위원회에서 나와 있었던 일본 측 입장과 별반 차이는 없었다. 일본에게 중요한 것은 비록 현재로서는 실효되어 있으나 병합 관련 조약들은 조인 당시 합법적으로 체결되었다는 해석을 확정하는 것이었다.

이렇게 하고 제6회 위원회에서도 다시금 무효 확인 조항에 관한 양국 대립이 표면화되었다. 이에 따라 그 위원회에서는 무효 확인 조항을 규정하도록 한국이 요구한 것에 관해 주목할 만한 토의가 추가적으로 진행되었을 가능성이 있다. 실제 속기록을 남긴 일본 측 공식 문서는 그 부분을 'off record'로 하고 있고 회의록을 남기지 않는 전제하에서 논의가 진행되었음을 가리키고 있다. 따라서 유감스럽지만 비록 주목할

---

59) 이하 제6회 위원회에서의 토의 내용은 「日韓會談 第六回基本關係委員會議事錄」, 外務省日韓會談公開文書(문서번호 978내)에서 정리.

만한 토의가 실제 진행되었어도 그 토의의 상세를 기록을 통해 확인하는 것은 사실상 불가능하다. 단 회의 요지를 따로 정리한 일본의 다른 기록은 한국이 '무효'를 고집한 것과 관련해 한국 측이 국내 여론을 두려워하고 '이비(理非)를 넘어' 이 표현을 지키고 싶어 하는 모양이었다고 적고 있다.[60] 그러나 한국전쟁 중인 데다 회담 개최 초기였기 때문에 기본관계 문제에 관한 교섭 내용조차 아직 알려져 있지도 않았던 당시, 한국의 국내 여론이 그 무효 확인 조항 규정의 문제를 둘러싼 교섭 동향에 이미 강한 관심을 보이고 있었다는 사실은 없다.

유진오 등의 교섭 관계자가 참으로 두려워한 대상은 적어도 직접적으로는 국내 여론이 아니라 이승만 대통령이었을 것이다. 실제 다음 제7회 위원회에서 유진오는 병합 관련 조약들의 무효 확인 문제와 관련해 '무효'라는 어구를 넣으려 하는 것은 본국정부의 훈령임을 밝히고 자신의 판단만으로는 변경하지 못한다는 취지를 밝히고 있다. 논의를 'off record'로 하고 진행한 것도 한국 측이 무효 확인 조항을 넣을 필요성을 설명하는 데 있어서 대통령의 존재를 비롯해 미묘한 국내 정치 상황을 설명해야 하는 사정에 따른 조치였을 가능성이 제법 클 것이다.[61]

한국의 입장과 관련해 일본의 기록이 남긴 '이비를 넘어'라는 논점에 관해서는 예컨대 같은 위원회에서 이루어진 재일한국인의 국적 문제 등에 관한 토의를 통해 그 뜻을 엿볼 수 있다. 한국은 일본이 작성한 연구 시안이 그 제3조에 재일한국인을 일본 국민이 아니라 한국 국민임을 확인하는 조항을 넣으려 한 것에 대해 소극적인 자세를 보이기 시작했다.

---

60) 「日韓會談 第六回基本關係委員會議事要錄」, 外務省日韓會談公開文書(문서번호 978), 2쪽.

61) 이와 관련해 이 위원회 보다 거슬러 올라간 3월 13일의 기록이 되나 일본은 병합 관련 조약들의 무효 확인 요구는 국내 정치상의 이유로 제기된 것으로 보고 있었던 기록도 있다. 「日韓會談省內打合せ會議事要錄」, 外務省日韓會談公開文書(문서번호 1636), 4쪽.

상기한 바와 같이 제2회 본회의에서 일본이 제출한 우호조약 초안 제4
조의 토의와 관련해 유진오는 비록 한국 국민임을 확인하는 재일한국인
의 범주를 1945년 9월 2일 이전부터의 일본 거주자로 한 시점을 8월 9
일로 수정하도록 요구하기는 했다. 그러나 그 조항을 삽입하는 것 자체
에는 직접 반대하지 않았었다. 따라서 한국은 결국 그 입장을 철회하게
된 셈이었다. 이와 관련해 유진오가 거론한 직접적인 이유는 재일한국
인 문제를 다루는 법적지위위원회가 그것을 논의하고 있으므로 그 결과
를 기다릴 필요가 있다는 것이었다. 그러나 오노 대표가 국적 문제는
중요하고 기본관계조약에 넣을 만한 조항이라고 하면서 계속 그것을 유
지할 것을 주장하자 유진오는 그 조항을 뺄 것이 바람직하다고 생각하
는 한국 측 속셈을 밝혔다. 유진오가 밝힌 이유는 이 문제를 천명할 경
우 결국 그것 역시 한국인이 왜 일본 국적을 보유하게 되었는가, 즉 병
합 관련 조약들의 합법성 여부를 야기하고 실익과 관계없는 복잡한 문
제를 생기게 할 가능성이 있다는 것이었다. 즉 한국은 제4회 위원회에
서 무효 확인 조항을 규정하도록 정식 요구함에 따라 재일한국인이 일
본 국민이 아니라 한국 국민임을 일부러 확인하는 조항을 규정하는 것
을 부담으로 느끼게 된 셈이었다.

　말할 필요도 없이 병합이 애초 성립되지 않았다면 한국인이 일본 국
적을 소유했다는 사실 자체가 없어진다. 따라서 재일한국인이 일본 국
민이 아니라 한국 국민임을 확인하는 조항 역시 필요하지 않았다. 그러
나 그 경우에는 일제강점기 현실적으로 한국인에게 한국 국적을 부여하
는 실체를 가진 국가가 따로 존재하지 않았던 상황에서 특히 일본에 거
주한 한반도 출신자의 법적 신분이 과연 무엇이었는가 하는 문제가 즉
시 제기될 수 있었다. 한국으로서는 병합이 비합법이었다는 정치적인
원칙으로 인해 한국인이 일본 국적을 소유했다는 논리를 인정할 수는
없었다. 그 한편 현실적으로 특히 일본에 거주한 한국인이 법적으로 일

본인으로서 그간 사회 경제 생활을 영위했었다는 사실들을 실제로 외면하는 것도 어려웠다. 결국 한국에게는 그런 모순에서 생길 '이론적인 시비'(=理非)를 비켜 나가기 위해서도 특히 병합 관련 조약들의 무효 확인을 규정하는 조약에서 재일한국인이 한국 국민임을 일부러 확인하는 조항을 같이 넣는 것은 피하는 것이 타당해졌다.

그러나 중요한 점은 비록 일본 국민이 아니라 한국 국민임을 확인하는 조항을 삭제했다고 해서 그것으로 재일한국인들이 사실상 일본인으로서 생활해 왔다는 사실들과 병합이 원천 무효였다는 입장과 사이에 생기는 모순이 해소되는 것은 아니라는 점이었다. 결국 그 모순은 35년 간의 한일 '일체화'라는 이미 되돌릴 수 없는 현실과 단지 형식적으로만 병합을 원천 무효로 하도록 하는 데서 생기는 피할 수 없는 근본적인 충돌의 결과였다. 무엇보다 그런 충돌은 재일한국인의 문제에만 그치는 것도 아니라 모든 문제에 영향을 줄 수 있었다. 즉 35년간 '한국이 일본이 되었었다'는 현실을 부정해야만 하는 병합의 원천 무효 확인 조항의 삽입은 바로 '이비를 넘어'야만 가능한 일이었다. 재일한국인이 한국 국민임을 확인하는 조항의 삽입 여부를 둘러싸고 한국정부가 보인 입장 변경의 사례는 무효 확인 조항을 규정할 경우에 생길 피할 수 없는 그런 '이비'의 존재를 강하게 드러낸 흔적이었다.

그러나 일본에게는 그런 '이비'를 넘어서까지 그 무효 확인 조항을 넣어야 하는 이유는 물론 어디에도 없었다. 일본이 한국 측 요청에 타협하지 않으려 하자 무효 시점을 둘러싼 대립은 제7회 기본관계위원회에서도 계속되었다. 3월 28일에 열린 그 위원회 토의에서는 흥미롭게도 막판 교섭인 제7차 한일회담에서 연출된 것과 같은 언제부터 무효로 할 것인가를 둘러싼 조문 조정 교섭이 이미 진행되었다.[62]

---

62) 이하 제7회 위원회에서의 토의 내용은 「日韓會談 第七回基本關係委員會議事錄」, 外務省日韓會談公開文書(문서번호 979내)에서 정리.

제7회 위원회 벽두 유진오는 일본이 제출한 연구시안에서 규정된 '규제하는 것이 아님을 확인'한다는 표현이면 병합 관련 조약들의 효력 문제가 애매하기 때문에 '무효임을 확인'한다는 한국 측 표현을 그대로 수용하도록 다시 요구했다. 이에 대해 일본은 국회 토의에 부칠 경우에 생길 파장 등을 거론하면서 그에 응하려 하지 않았다. 설명할 필요도 없이 이 반응 역시 단지 '무효임을 확인한다'고만 할 경우에는 병합 관련 조약들이 당초부터 무효라는 해석이 강해질 것을 우려한 것이었다.

일본 측으로부터 거부 반응이 다시 나오자 유진오는 이와 관련해 다음과 같이 말했다. 본국정부의 훈령에 따라 '무효'라는 어구를 넣도록 하고 있으나 자신은 병합 관련 조약들이 당초부터 무효라고 규정하려면 타결로 이르지 않을 것이라고 생각한다. 따라서 언제부터 무효인가 하는 것은 일절 피하고 한일 양국 각자가 설명할 수 있도록 하자는 뜻으로 'null and void'를 채용한 것이다.

그러나 물론 일본은 'null and void'만을 단순히 사용할 경우에는 병합 관련 조약들이 원천 무효였다는 해석이 강해질 것을 계속 경계했다. 이에 따라 일본은 한국 측 요구대로 'null and void'를 사용한다면 'now'나 'no longer' 같은 부사를 넣을 것을 요구했다. 이는 주지하다시피 막판 교섭에서 핵심으로 대두된 'already'의 규정 문제를 사실상 상기시키는 문안 조정 요구였다.

이에 대해 유진오는 "무효였다(have been invalid)", "효력을 갖은 적이 없었다(have been no validity)", "효력은 없었다(have been ineffective)" 등을 제안했다. 물론 이들은 비록 직접적으로는 'invalid', 'no validity', 'ineffective' 등 어구를 바꾸었으나 모두 문장을 현재완료형으로 함으로써 체결 당시부터 현재까지 병합 관련 조약들이 계속 효력이 없었음을 드러내려 한 표현들이었다.

그러나 일본은 'invalid' 등은 조약에 하자가 있었을 때에 사용하는 말

로 적절하지 않고, 'ineffective' 역시 그 앞에 'have been'이 들어가고 있다고 말하면서 그에 이의를 제기했다. 그리고 "효력을 상실하고 있다(効力を失っている)"라든가, "현재 효력을 갖고 있지 않는다(現に効力を有しない)"는 정도가 기타 가능한 대안이라고 반박했다. 물론 일본이 제안한 이들 2가지 추가 표현 역시 병합 관련 조약들이 당초는 법적으로 유효였으나 과거의 어떤 시점에서 그 효력이 무효화되었음을 나타내는 대체 표현들이었다.

다만 사실상 같은 취지의 교섭이 진행되었다고 한들, 제1차 한일회담 기본관계 교섭에서는 막판 교섭에서 나타난 주지의 'already' 자체는 직접 드러나지 않았다.[63] 그러나 그와 동일한 대립과 조정이 이미 사실상 대두되었었다는 사실은 막판 교섭에서 실제 '이미'가 규정됨에 따라 비로소 병합 관련 조약들의 무효 시점을 둘러싼 해석 차이가 생긴 것이 아님을 가리키고 있다. 오히려 이 사실은 전쟁 중부터 전후에 걸쳐 확정된 한반도 독립의 과정과 논리를 바탕으로 이 문제를 규정하려면 비록 그 표현에는 약간의 자유도가 있을지언정 반드시 일어날 수밖에 없는 필연적인 대립이었음을 가리키고 있는 대목이었다.

5) 제1차 한일회담에서의 기본관계 문제 토의의 종료

제1차 한일회담에서의 위원회 토의는 이어 4월 2일에 열린 제8회 기

---

63) 일본이 남긴 다음 제8회 위원회 요록(要錄)에는 일본이 "이미(既に) 효력을 상실했다"는 제안도 했다는 기록이 나온다. 「日韓會談 第八回基本關係委員會議事要錄」, 外務省日韓會談公開文書(문서번호 980), 1쪽. 물론 이 '이미'는 'already'를 상기시키는 개념이기도 하다. 그러나 보다 상세한 토의 기록을 남긴 속기록에는 그와 같은 표현이 제안되었다는 직접적인 기록은 없다. 또한 가령 회의록에 남기지 못했던 토의 속에서 실제 '이미'가 제안되었다고 하더라도 그것이 이 제7회 위원회에서 일본이 언급한 'now'나 'no longer'였을 가능성도 있다. 아무튼 적어도 기록상 막판 교섭에서 핵심 개념으로 대두된 'already'라는 단어가 직접 언급된 기록은 없다.

본관계위원회를 끝으로 종료되었다. 그것은 4일에 개최할 본회의에 대해 그간의 교섭 경과에 관한 보고를 올리기 위한 조정 작업이 대부분 끝났다고 판단되었기 때문이었다. 마지막 제8회 위원회에서도 기본적으로 제6회 위원회에서 일본이 제출한 연구시안을 바탕으로 논의가 진행되었다.[64]

이 위원회에서는 그간 대립이 계속되어 왔던 조약 명칭과 관련해 한국이 주장해온 '기본조약'으로 하는 것에 최종 합의가 이루어졌다. 무엇보다 일본 측이 남긴 회의 요록(要錄)에 따르면 각 조문에 관해서도 본문 제1조와 관련된 일부 표현을 제외하고 전문(全文)에 대해 합의가 이루어졌다.[65] 제1조의 문제라고 함은 '유엔헌장 준수'라든지 '선린 우호' 등의 표현에 관해 한국이 제기한 것이었다. 그러나 그 제기 내용은 당연한 표현을 굳이 쓸 필요가 있을 것인지, 또한 가령 쓴다고 하더라도 이들 표현은 위원회 수순보다 본회의에서 토의하는 것이 타당하다는 정도의 취지였다. 따라서 병합 관련 조약들이 무효였다거나 통치가 부당한 것이었다고 규정하는 과제 등과 같이 정치적으로 문제가 되는 사항은 아니었다.

일본 측 회의 요록은 지적한 제1조 관련 이외의 문안에 관해서는 '모두' 합의가 성립되었다고 적고 있다. 따라서 이 기록을 따르는 이상, 무효 확인 조항에 관해서도 한일 양국이 합의를 본 것으로 된다. 혹시 이것이 사실이라면 1965년의 막판 교섭까지 문제가 계속되게 된 무효 확인 조항에 관해서는 실은 일찍 그 조문도 포함해 합의가 성립되어 있었던 것으로 된다. 그러나 이 일본 측 회의 요록이 반드시 정확한 상황을 묘사한 것이 아님은 틀림없어 보인다.

---

64) 이하 제8회 위원회에서의 토의 내용은 「日韓會談 第八回基本關係委員會議事錄」, 外務省日韓會談公開文書(문서번호 980내)에서 정리.

65) 「日韓會談 第八回基本關係委員會議事要錄」, 外務省日韓會談公開文書(문서번호 980), 2~3쪽.

앞서 언급한 바와 같이 제6회 위원회에서 일본이 제출한 연구시안에서는 전문 제3항으로 규정된 무효 확인 조항은 한일 양국 관계를 '규제하는 것이 아님을 확인'한다고 적었었다. 이에 대해 유진오는 다시금 한국이 주장하고 있듯이 '무효'라든가 또는 '효력을 갖지 않는다'고 하도록 설득했다. 상술한 바와 같이 이 대립으로 인해 다음 제7회 위원회에서 일본은 다시금 대안을 제출했다. 일본이 대안으로 제시한 2가지 표현 중 먼저 '효력을 상실하고 있다'는 표현은 한국으로서 수락 불가능했다. 효력의 '상실'은 일단 그 효력이 발생했었음을 인정해야 성립되는 개념이기 때문이었다. 그러나 접점의 가능성은 남았다. 그것은 일본이 제안한 또 하나의 대안인 '현재 효력을 갖고 있지 않다'는 표현이었다. 그 표현으로부터 '현재'를 빼기만 하면 한국 측이 제안한 것과 같았다.

실제 유진오는 '현재'를 빼면 수락 가능함을 언급했다. 그러나 일본 역시 쉽게 물러설 수는 없었다. '현재'를 단순히 빼면 조약 체결 당초부터 법적 효력이 없음을, 즉 원천 무효였다는 해석이 강해지기 때문이었다. 그 가운데 일본은 일종의 타협안으로서 '현재'에 대신해서 '일본국과 대한민국과의 관계에서'라는 어구를 넣도록 제안했다. 직접 어구로서 '현재'를 쓰지 않고서도 이미 성립되어 있는 '상황'을 넣도록 하는 표현 방식은 일본에게도 병합 관련 조약들의 법적 효력을 건드리는 표현은 아니었다. 그것들은 과거 대한제국과 체결한 것이며 또한 전쟁의 결과 그 효력이 이미 상실되어 있는 이상, 병합 관련 조약들이 전후에 건국된 대한민국과의 관계를 구속할 리가 없다는 '상황'은 수락 가능한 사실이기 때문이었다.

일본 측 기록은 그 대안에 대해 유진오가 하나의 타협안이 된다고, 또한 같이 합석한 김동조 역시 '현재' 보다 좋다고 평가했다는 등, 한국 측 교섭 당사자들이 긍정적으로 대답한 모습을 전하고 있다. 한국으로서도 '현재'가 들어가면 가령 '효력을 갖지 않는다'고 규정해도 그 효력을 갖지 않는 시점이 바로 '현재'라는 뜻이 직접 나타날 수밖에 없었다. 다시 말해 그것은 과거는 효력을 갖고 있었다는 해석을 뒷받침할 가능성이 컸다. 그와 비교해 단지 '상황'을 표기하는 방식이면 병합 관련 조약들이 당초부터 일관되게 무효였기 때문에 한일 양국 관계에서 효력을 갖지 않는다고 설명할 수 있는 여지는 생겼다.[66]

또한 연구시안 제3조에서 문제가 되어 있었던 재일한국인의 국적 확인 문제에 관해서도 일본 국민이 아님을 규정하는 어구는 일절 빼고 단지 한국 국민임을 확인하는 것으로 합의가 이루어졌다. 일본 국민이 아니라는 조문만 빼면 그것은 비록 한국인을 다시 한국 국민으로 확인하는 일종의 동어 반복이 되기는 했으나 일단 한국으로서도 병합의 비합법성 원칙에 직접 지장을 초래하는 표현은 아니었다.

이러한 '합의'에 따라 일본은 제1조를 제외하고 모든 조항에 관해 합의가 성립되었다고 일단 생각한 것으로 판단된다. 실제 4일에 일본이 작성한 "일본국과 대한민국과의 사이의 기본적 관계를 설정하는 조약안"에서는 그 전문 제3항에서 "일본국과 구 대한제국 간에 체결된 모든 조약과 협정이 일본국과 대한민국과의 관계에서 효력을 갖지 않는 것을 확인"한다고 기술했고 또한 제3조 재일한국인의 국적 확인 조항에 관해서도 "대한민국은 일본국에 거주하는 한인이 대한민국 국민임을 확인"한다고만 기술했다.[67]

---

66) 이동준은 '일본국과 대한민국과의 관계에서'라고 표현하게 됨으로써 '처음부터 무효'라는 의미가 사라졌다고 주장했다. 이동준, 앞의 논문, 223쪽. 그러나 어찌 보면 동어 반복이 되고 의미가 없는 규정이 되기는 하나 본론에서 말한 바와 같이 당초부터 일관되게 무효이니 한일 간에서도 효력을 갖지 않는다고 주장하는 것은 일단 가능해 보인다.

67) 이 「日本國と大韓民國との間の基本的關係を設定する條約(案)」은 부속 제3호로서 外務省日韓會談公開文書(문서번호 477내)에 수록. 이 부속 문서의 목차에 따르면 이 초안은 4월 4일의 작성으로 되어 있다. 그러나 2일의 위원회 토의의 내용은 이 초안의 내용을 전제로 하고 있기 때문에 2일의 위원회 개최 당시, 초안이 이미 준비되어 있었던 것은 틀림없어 보인다. 실제

그러나 4일에 일본이 작성한 조약안 중, 적어도 전문 제3항은 한일 간에 완전한 합의가 성립된 성과물은 아니었다고 보인다. 그 이유로서 는 이하 2가지 점을 들 수 있다. 첫째, 일본이 남긴 같은 위원회 속기록 속에서도 유진오는 본국의 정식 회답이 아직 오지 않고 있고 대표단의 의견이라고 하면서 토의를 진행하고 있는 점이다.[68] 실제 제7회 위원회 에서 무효 확인이 본국정부의 훈령임을 밝혔을 때 유진오는 그 때문에 무효 확인 조항에 관해서는 "저로서 결정하지 못한다"고 기록상 분명히 진술했었다. 또한 일본과의 어구 조정과 관련해서도 "저로서는 효력을 갖지 않는다는 것으로 하고 싶다"고 말했었다.[69] 즉 '효력을 갖지 않는 다'는 표현이라도 좋다는 생각은 회의록상에서도 유진오 개인의 의견에 그치고 있으며 본국정부의 방침으로서 승인된 것은 아니었다. 이런 가 운데 본국에서 아직 정식 회답이 오지 않았던 상황에서는 정식 합의에 까지 이르렀다고 보기는 어렵다.

둘째, 요시자와(吉澤文壽)가 이미 적절히 지적하고 있듯이 제3항에 관한 일본 측 대안에 대해 일단 긍정적인 반응을 보인 후에서도 유진오 는 '무효'라는 표현에 고집하는 자세도 아울러 보이고 있으며[70] 또한

비록 일본 측 위원회 기록에는 수록되어 있지 않으나 한국 측 문서에서는 이 초안이 동 제8회 위원회 회의록 안에 수록되어 있다. "Summary of Record of the Eighth Session of the Basic Relations Committee", 『제1차 한일 회담(1952.2.15-4.21), 기본관계위원회 회의록, 제1차-8차, 1952.2.22-4.2』, 620~622쪽.

68) 한국정부가 남기고 있는 짧은 영문 요지에서도 유진오는 일본이 제출한 초 안에 대해 아직 본국정부로부터 훈령을 받지 못하고 있다고 언급하고 있 다. "Summary of Record of the Eighth Session of the Basic Relations Committee", 『제1차 한일회담(1952.2.15-4.21), 기본관계위원회 회의록, 제1 차-8차, 1952.2.22-4.2』, 619쪽.

69) 이상 2가지 인용은 「日韓會談 第七回基本關係委員會議事錄」, 外務省日韓會 談公開文書(문서번호 979내), 각 23쪽; 28쪽.

70) 요시자와, 앞의 논문, 106쪽.

"이것으로 문제는 조약 명칭, 전문 제3항, 제1조만이다"라고 발언한 기록도 있다. 즉 비록 긍정적인 자세는 보이기는 했으나 전문 제3항의 표현에 관해 한국으로서 완전히 합의한 것이 아니었다는 기록도 아울러 엿볼 수 있다.[71]

회의 경위를 정리한 다른 일본 측 기록은 일단 위원회에서 합의를 본후 한국 측이 동 제3항을 다시 재고할 것을 희망해 왔다고 적고 있다.[72] 이와 같은 경위를 종합적으로 판단하면 제1차 한일회담 기본관계 교섭의 막판에서 일어난 이와 같은 한일 간 엇갈림의 사연은 대충 이하와 같은 것이었다고 짐작할 수 있다.

즉 제8회 위원회에서는 유진오가 개인적인 견해로서는 괜찮다고 생각했던 '현재'를 빼고 '효력을 갖지 않는다'고 하는 표현을 일본이 수락함에 따라 일단 그 선으로 본회의에 보고하고 공동초안을 작성하기로 했다. 이것으로 일본은 한국이 합의했다고 판단했다. 남은 본국정부와의 조정은 한국 대표단의 책임으로 해결할 수 있다고 여겼다. 그러나

---

71) 앞서 언급했으나 제1차 한일회담 기본관계위원회에 관한 한국 측 기록은 기본적으로 간단한 영문 요지만을 수록하고 있는 상황이므로 무효 확인 조항의 문안 합의 여부를 판단할 수 있는 직접적인 기록은 없다. 한국정부가 남긴 기록 중에서 이 문제와 관련되는 것은 제6차, 제7차 위원회 토의의 진행 상황을 남긴 요약에서 '현재'를 남길 것을 주장하는 일본과 그것을 빼도록 요구하는 한국 측 사이에 이견이 남아 있다는 것을 기록하고 있는 정도이다. "한일회담 기본관계위원회(제6차·제7차)회의 진행 상황", 『제1차 한일회담(1952.2.15-4.21), 기본관계위원회 회의록, 제1차-8차, 1952.2.22-4.2』, 616~617쪽. 그러나 과연 문안에 관해 실제 합의를 본 것인지를 가리는 제8회 위원회에 관해서는 이 문제와 관련된 기록이 전혀 없으며 유진오가 본국으로부터 훈령을 받지 못했다고 발언한 영문 요지 기록과 본론에서 후술하는 4일에 일본이 작성한 "일본국과 대한민국과의 사이의 기본관계를 설정하는 조약안"만을 삽입하고 있을 뿐이다. 때문에 결국 무효 확인 조항의 문안에 실제 합의가 성립된 것인지 그 여하에 관해서는 사실상 일본 측 기록에 의거해서 판단할 수밖에 없다.

72) 「日韓會談の槪要」, 外務省日韓會談公開文書(문서번호 477), 6쪽.

'무효'라고 규정하는 것은 원래 본국의 훈령에 따른 것이니만큼 한국 측 교섭 당사자들에게는 본국정부와의 조정의 과제는 여전히 남았고 또 한 본국정부의 승인이 나와야만 정식 합의가 된다고 생각했다. 그 결과 비록 직접적으로는 기록을 통해 확인할 수 없으나 2일의 위원회 종료 후 4일의 본회의 개최까지 본국으로부터 그것을 수락하지 않는다는 직 접적인 훈령이 왔거나 혹은 본국정부의 정식 방침이 나오지 않음에 따 라 그것을 기다려야 한다는 생각을 하게 되었다. 그래서 한국 대표단이 'null and void' 이외의 표현을 사용한 문안을 본회의에 올릴 것은 삼가 도록 급히 요청하게 되었다. 이들이 2일의 제8회 위원회로부터 그 이틀 후인 4일의 본회의까지 양국 사이에서 벌어진 엇갈림의 진상이었다고 추리해도 큰 과오는 없을 것이다.

일본은 위원회의 토의 내용에 따라 4일 그 전문 제3항에서 "일본국과 구 대한제국 간에 체결된 모든 조약과 협정이 일본국과 대한민국과의 관 계에서 효력을 갖지 않는 것을 확인"한다고 기술한 상기 "일본국과 대한 민국과의 사이의 기본적 관계를 설정하는 조약안"을 일단 정리했다. 당 초 '기본조약'으로 호칭되어 있었던 조약 명칭이 향후 '기본관계조약'으 로서 정착된 것은 이런 초안의 명칭이 그 효시로서 작용했을지도 모른 다. 그러나 막판에 일어난 양국 간의 엇갈림에 따라 본회의에는 이 '기본 적 관계를 설정하는 조약안'은 상정하지 못하게 되었다. 또한 4일의 제5 회 본회의에 실제 상정된 기본관계위원회 보고에서는 "상호의 의견이 여전히 다른 일부분에 대해 의견의 일치를 보지 않은 이외는 전(全)문안 에 관해 의견의 일치를 봤다"고만 표현하고 그 일치하지 않는 부분이 본 문 제1조에 관한 것이라고 한정하지 않았다.73) 그러나 제8회 위원회 종

---

73) "Report of the Basic Relations Committee to the Fifth Plenary Session, Japan-Korea Conference", 外務省日韓會談公開文書(문서번호 191내). 이 보 고서는 한국 측 공식 문서에서도 그대로 확인할 수 있다. 『제1차 한일회담 (1952.2.15-4.21), 본회의회의록, 제1차-5차』, 1209쪽.

료 후 원래 일본이 작성한 본회의 보고서에서는 "제1조에 관해 한국 측에서 일부 유보가 있었던 것 이외 전 안문에 관해 합의를 봤다"고 적고, 남은 과제가 본문 제1조에 관한 것만이라고 명시했었다.[74]

무효 확인 조항에 관한 양국 '합의'는 이렇게 하고 2일의 제8회 위원회로부터 4일의 제5회 본회의 개최 사이에 결국 허사가 되었고 결국 'null and void'로 표현하는 것이 그대로 한국의 입장으로 유지되었다. 실제 21일 마쓰모토 대표와 비공식회담을 가진 김용식은 무효 확인 조항의 조문 문제와 관련해 내부적으로는 '불법(illegal)'이라고 바꾸어야 한다는 강경 의견도 있다 하면서도 'null and void'라고 명확히 표현하도록 요구했다.[75] 그리고 이 입장은 결국 1965년의 막판 교섭까지 이어진다.

기본관계 문제에 관한 보고가 상정된 제5회 본회의에서는 결국 그 문제에 관한 논의는 일절 진행되지 않았다. 그것은 재한일본인 재산을 둘러싼 대립이 한층 더 심각해지고 있었기 때문이었다. 이에 따라 제5회 본회의에서의 논의는 사실상 재한일본인 재산에 대한 권리를 일본이 주장한 것에 대해 한국이 반박하는 것으로 끝났다.[76] 제1차 한일회담은 이 본회의에서의 대립을 계기로 사실상 교섭 자체가 중단되었다. 그 후도 어업 관련의 위원회가 몇 차례 개최되거나 대표 간 비공식회담이 일부 진행되었으나 이 과정에서 기본관계 문제에 관한 새로운 이론적인 진전이 이루어지는 일은 없었다.

---

74) 「第五回本會議に對する基本關係委員會の報告」, 外務省日韓會談公開文書(문서번호 980내).

75) 「松本全權·金公使非公式會談要錄」, 外務省日韓會談公開文書(문서번호 401), 26~27쪽.

76) 「日韓會談 第5回本會議議事錄」, 外務省日韓會談公開文書(문서번호 192). 단 이 한국 측 반박은 문서 낭독의 형식을 통해 이루어졌다. 본회의에서 한국 측 양유찬 수석대표가 반박을 위해 낭독한 문서는 "Statement of Dr. You Chan Yang, Korean Ambassador to the United States and Chief Delegates to the Korean-Japan Conference", 外務省日韓會談公開文書(문서번호 191내)에 Annex Ⅵ으로서 수록.

이와 같이 비록 결과적으로는 양국 간에서 정식 합의에 이르는 일은 없었으나 기본관계 문제가 본격적으로 토의된 제1차 한일회담 교섭에서는 병합 관련 조약들의 무효 확인 문제는 공식화되었다. 비록 그것은 일본에 대해 당초부터 무효임을 꼭 확인하도록 요구한 것이 아닌 애매한 것이기는 했으나 일단 한국은 주어진 제약 조건하에서 병합이 원천 무효였음을 확인하도록 노력했다. 적어도 이에 따라 이 문제는 그 이후도 기본관계 문제의 핵심으로 자리를 잡게 되었다.

그러나 그 반면 한국은 일본에 의한 한반도 지배의 또 하나의 중요한 논점인 통치의 정당성 여부 문제에 관해서는 그 문제를 '헌법적 성질'을 지닌 기본관계조약에서 규정하도록 제기하는 일은 전혀 없었다. 당연히 그에 따라 이 문제가 기본관계조약 기초의 문제와 관련해 논의되는 일도 없었다. 물론 교섭은 아직 막 시작되었을 뿐인 1차 회담에 불과했다. 그러나 이하 보듯이 이미 그 1차 회담에서 그 '부재'가 굳어버린 이 통치의 정당성 여부 문제가 이후의 교섭에서 그 모습을 드러내는 일 역시 없었다.

III 기본관계 문제의 후퇴와
한국정부의 유일 합법성 문제 대두의 배경

1 일본정부에 의한 무효 확인 조항 회피의 모색과 한국의 대응

재한일본인 재산에 대한 일본정부의 소유권 존속 주장으로 인해 사실상 결렬로 끝난 제1차 한일회담의 대립적인 여파를 맞이해 제2차 한일회담은 그 후 약 1년이라는 시간이 경과한 1953년 4월 15일부터 재개되었다. 그러나 한일회담 당초부터 각종 현안을 먼저 해결하고 나서 수교 조약을 체결할 것을 구상하던 한국정부가 이 기간 중 기본관계 문제에 대한 추가적인 대응을 취하는 일은 없었다.

당시 한국정부에게 초미의 과제였던 청구권 문제는 재한일본인 재산의 귀속을 둘러싼 대립으로 인해 정체의 늪에 빠져 좀처럼 진전되는 기미가 없었다. 그 한편 1차 회담에서는 무효 확인 조항이나 유엔 운운의 어구 규정 문제 이외는 이미 모든 조항에 관해 사실상 합의를 봤다고 평가될 만큼 기본관계 교섭은 진척되었었다. 더구나 비록 정치적으로는 어려운 과제가 아닐 수 없었으나 병합 관련 조약들의 무효 확인 문제에는 예컨대 청구권이나 문화재 반환 문제처럼 사실 관계의 파악 등 그 실천을 위해서 사전에 준비해야 하는 실무적인 과제가 쌓여 있는 것도 아니었다. 2차 회담을 맞이한 한국정부에게 기본관계 문제는 이미 새로운 준비가 필요한 과제가 아니었으며 그것은 다른 현안들의 진척을 기다리고 마무리를 지우면 되는 문제에 불과하다고 비추어졌었음은 틀림없다. 실제 한국정부는 2차 회담 이후 기본관계 문제에 관한 공식 기록을 남기지도 않았다. 한국정부가 기본관계 문제에 관한 관련 문서를 다시 정리하게 되는 것은 한일 교섭이 막판에 접어든 1964년의 일이다.[77]

한국정부가 아무런 추가 대응도 취하지 않았던 것과 달리 일본정부는 2차 회담에 즈음하여 기본관계 문제의 처리에 관한 방침과 관련해 일정한 정도 방침 수정을 도모했다. 1953년 4월 8일 외무성은 재개될 2차 회담에 임하는 교섭 방침을 수립했다. 회담에 임하는 전반적인 원칙은 1차 회담에서의 대립을 거듭하고 원칙론의 대립에 빠질 것을 피하기 위해 현안들을 현실적으로 해결하도록 노력한다는 것이었다. 외무성은 이를 위해서도 근본적으로 대립하고 있는 논의는 되풀이하지 않고 (蒸し返さず) 해결할 수 있을 것 같은(纏りそうな) 것만 다루도록 다짐했

---

77) 이것은『속개 제6차 한일회담, 기본관계위원회, 1964』로서 정리된 문서이다.

다. 외무성은 이 기본 원칙에 따라 기본관계 문제에 관해서도 일부 방
침 수정을 가했다. 그것은 기본관계 문제 중 이미 가장 어려운 문제로
대두되던 병합 관련 조약들의 무효 확인 문제의 논의는 그것을 피하도
록 한다는 것이었다. 1차 회담에서 한국이 제기한 규정 요구를 받아들
이고 일단 그 전문에 넣을 것에 합의한 무효 확인 조항을 뺄 것을 다짐
한 것이었다.

　아울러 외무성은 규정할 내용을 가능한 한 간소화한다는 방침도 수
립했다. 이에 따라 1차 회담 시의 방침처럼 어업이나 통상항해 관련 조
항 등, 평화조약에서 규정된 것을 기본관계조약에서 다시 재론하는 형
식은 취하지 않고 실질적으로 새로운 규정이 되는 외교·영사 관계의 설
정만을 천명한다는 방침도 굳혔다. 외무성은 이에 따라 외교 관계 등의
규정은 '조약' 형식이 말고 '교환공문'처럼 외교 관례상 그 무게감이 떨
어지는 형식을 통해 마무리 짓도록 하는 방안도 구상했다.[78] 일본정부
는 기본관계 문제에 관해서는 간소화된 교환공문이라는 가벼운 형식을
취함으로써 병합 관련 조약들의 무효 확인과 같은 어려운 문제를 피하
려 한 것이었다. 이는 비록 그 직접적인 형식은 다르나 교섭 후반기 '공
동선언'이라는 형식으로 문제를 해결하도록 구상한 일본정부의 방침에
서 다시금 재현되는 사고방식이었다.

　외무성은 또한 2차 회담 개최에 맞추어 각 의제 토의의 순서에 관해
서도 그 방침을 수정했다. 상술한 바와 같이 외무성은 1차 회담 당초 즉
시 해결하기 어려운 현안의 존재를 감안하면서 먼저 수교를 이루는 기
본관계조약을 체결하고 그 안에 관련 현안의 해결 원칙을 정함으로써
기타 문제의 해결을 위한 동력으로 삼는다는 방침을 가지고 있었다. 그
러나 외무성은 이 방침을 변경하고 기본관계 문제만을 서둘러 해결한다

---

78) 이상의 내용은 「日韓會談交涉方針(案)」, 外務省日韓會談公開文書(문서번호
　　1050내), 1~3쪽.

는 방침에는 고집하지 않는다는 입장으로 돌아섰다.

회담 재개의 전날인 14일에 관계 각성과의 의견 조정에 나선 외무성은 그 토의 가운데 기본관계나, 법적지위, 그리고 선박 문제는 1차 회담 시에 이미 거의 타결 직전까지 진전되었었다는 이유로 마땅한 시점에 타결하도록 한다는 방침을 밝혔다.[79] 같이 토의에 나선 외무성 이외의 관계자 역시 그 외무성의 견해에는 별다른 이견을 제기하지 않았다. 기본관계 문제는 외교 관계의 설정 등 가능한 한 간소화한다는 입장을 취한 외무성으로서 이 문제를 다른 현안보다 먼저 해결시켜야 하는 이유는 이제 사라졌다. 2차 회담 개최에 즈음하여 이러한 방침으로 돌아선 일본정부의 방침은 애초부터 '선 해결 후 국교'의 입장을 취하고 있었던 한국의 입장과 호응하면서 그 후 기본관계 교섭을 뒷전에 미루는 주된 요인으로 작용했다.

4월 15일부터 제2차 한일회담이 개최되었다. 그러나 급하게 열 필요도 없었던 기본관계위원회는 그 한 달 후인 5월 15일에 처음으로 개최되었다. 늦었지만 그나마 열린 제1회 위원회 석상에서 임송본 대표는 한국 측 벽두 인사를 통해 "기본관계 문제는 양국 간에 개재하는 과거로부터의 모든 현안 문제를 깨끗이 청산하고 그 기초 위에 장래의 명예스러운 우호 관계를 수립하는 것을 과제로 삼는 것입니다. 그러므로 과거의 관계에 대한 기탄없는 반성을 전제"[80]로 할 필요성에 언급했다. 그러나 '기탄없는 반성을 전제'로 할 것을 촉구한 그 제1회 위원회에서는 향후 논의를 진행하는 절차 등에 관한 것만이 확인되었을 뿐이었고,[81] 이어 25일에 열린 제2회 위원회에서도 '과거의 관계'나 '기탄없는 반성'이 심층적으로 논의되는 일은 없었다.

일본은 그 제2회 위원회에서 회담 개최 이전에 굳혔었던 방침에 따

79) 「朝鮮問題各省連絡會議狀況」, 外務省日韓會談公開文書(문서번호 1051), 5쪽.
80) 「基本關係分科會代表人事」, 外務省日韓會談公開文書(문서번호 692내), 2쪽.
81) 「基本關係部會第一回會議狀況」, 外務省日韓會談公開文書(문서번호 692).

라 기본관계 문제는 가급적으로 간소한 형식으로 마무리 지을 것, 그를 위해서도 자그마한 문제는 빼고 아무래도 필요한 것만 규정하고 싶다고 말하면서 무효 확인 조항 역시 규정할 필요가 없다고 직접 밝혔다. 일본은 병합 관련 조약들의 무효 확인 문제를 사실상 별 규정할 필요가 없는 '자그마한 문제'로 취급한 셈이었다. 그러나 한국은 이에 별다른 반응을 보이지 않았다. 한국은 그 자리에서 조약을 간단한 것으로 할 것에 동의하는 자세를 보이면서 병합 관련 조약들의 무효 확인 문제와 관련해서는 다른 문제가 해결되고 나면 그것을 푸는 토대가 마련될 것이라고만 말했다.

물론 이는 한국이 무효 확인 조항을 뺄 것에 동의한 것을 뜻한 것은 아니었다. 후술하는 바와 같이 한국은 이후도 무효 확인 조항 규정의 문제를 중요시했다. 그럼에도 2차 회담에서 이와 같은 반응을 보인 것은 기본관계 문제보다 먼저 다른 현안들을 해결할 것을 우선시하던 한국정부의 교섭 전략에서 기인한 것이었다. 1차 회담에서 이미 그 뜻을 밝힌 한국으로서는 다른 현안 해결 전에 병합 관련 조약들의 무효 문제에 대해 추가적으로 밝혀야 하는 사항이 남아 있는 것은 아니었다. 그럼에도 이 문제를 다시금 들고 나올 경우에는 안 그래도 대립하던 청구권 문제 등과 겹치면서 한일 교섭 전체에 악영향을 줄 가능성을 한층 더 높일 수밖에 없었다. 쉽게 말해 한국정부의 입장에서 볼 때 이 문제는 그것을 해결로 이끌어가기에는 아직 때가 무르익지 않았던 것이다.

이와 같은 사연은 재일한국인의 국적 확인 문제에도 나타났다. 상술한 바와 같이 비록 '일본 국민이 아니라'는 규정은 빼도록 조정되었으나 1차 회담에서는 재일한국인이 한국 국민임을 확인하는 조항을 삽입하는 것에는 합의를 봤다. 그러나 2차 회담 기본관계위원회에서는 재일한국인의 국적 문제에 관해서는 그것을 법적지위위원회에서만 다루기로 하고 기본관계조약에서는 규정하지 않는다는 합의에 도달했다. 원래 이 문제 역시 병합 관련 조약들의 무효 확인 문제와 얽히는 문제였다. 또한 당시 한일 양국은 재일한국인을 한국 국민으로 명시하는 것에도 어려운 문제를 안고 있었다. 북한을 지지하는 세력 등, '조선인'임을 자칭하던 많은 재일한국인은 한국 국적의 '강요'에 강하게 반발했었다. 한국정부 역시 비록 국가 정체성이라는 체면상 재일한국인을 한국 국민으로 일괄 취급할 것을 원칙으로 하면서도 막상 그에 따라 일본이 제기할 빈곤자, 단순 범죄자 등의 한국 송환이나 기타 자주적으로 귀국하려는 자의 입국 문제가 걸렸다.[82] 특히 한국전쟁 말기인 당시 한국정부에게는 불필요한 '골칫거리'들의 귀환을 환영할 여유 따위는 전혀 없었다.

결국 제2회 기본관계위원회는 다른 현안을 논의하고 있는 관련 위원회의 진척 상황 등을 지켜보면서 다시 열기로 합의한 채 끝났다.[83] 그러나 결국 이것은 제2회 위원회의 종료만이 아니라 제2차 한일회담 기본관계위원회의 종료를 뜻했다. 일본에 의한 한반도 병합의 법적 효력을 따지는 병합 관련 조약들의 무효 확인이라는 중요한 문제를 포함한 이 기본관계 문제는 이렇게 하고 2차 회담에서 이미 실질적으로 교섭 대상에서 제외되었다. 물론 이런 지지부진한 교섭 과정에서는 애초부터 논의 과제가 되지도 않았던 통치의 정당성 여부 문제가 기본관계조약의 새로운 과제로 대두되는 일 역시 없었다.

비록 그 후 기본관계위원회 자체는 개최되지 않았으나 2차 회담이

---

82) 한일회담 교섭에 들어가자 한국정부가 재일한국인을 한국 국민으로 삼으면서도 가급적 그대로 일본에 재류하게 하도록 교섭을 벌인 점은 장박진, 「초기 한일회담(예비~제3차)에서의 재일한국인 문제의 교섭과정 분석: 한일 양국의 교섭 목표와 전후 '재일성'(在日性) 형성의 논리」, 『국제·지역연구』, 제18권 2호, 2009.6에서 논했다.

83) 이상 제2회 위원회에서의 토의 내용은 「日韓交涉會議議事要錄 第二回基本關係部會」, 外務省日韓會談公開文書(문서번호 692내)에서 정리. 또한 이 위원회에서는 청일 간에 체결한 간도조약의 효력에 관해 한국이 그 입장을 유보한다고 발언한 사실이 있는 것도 주목할 만하다.

계속되던 6월 11일 외무성은 기본관계 문제에 관한 처리와 초안 기초에 대한 구상을 정리했다. 외무성이 구상한 조약의 명칭은 "일본국과 대한민국과의 관계를 설정하는 조약"이었다. 이 방침은 교섭 상황에 따라 외교 관계나 영사 관계의 설정에만 합의하는 교환공문 형식으로 하는 것도 가능하다는 4월의 방침을 재확인했다. 그러나 그 명칭에 나타났듯이 외무성은 이 시점에서는 기본관계 문제를 '조약'이라는 형식을 통해 해결하는 것을 기본 원칙으로 삼았다. 그 방침은 이유를 따로 밝히지는 않았다. 그러나 한국과의 교섭이라는 점을 고려하면서 일단 아직 조기 타결의 가능성을 모색하는 입장에서 '조약' 형식으로 할 가능성을 유지한 것으로 봐도 큰 과오는 없을 것이다.

외무성이 구상한 조약의 구성은 제1조 외교 및 영사 관계의 설정에 관한 사항, 제2조 유엔원칙에 따른 우호적 협력, 특히 경제협력에 관한 사항, 제3조 통상항해조약 체결에 관한 사항, 제4조 항공협정 체결에 관한 사항, 그리고 기타로서 조약 해석상의 분쟁 처리 및 비준 사항을 두는 것이었다.[84] 그러나 한국과의 타결 가능성을 모색하면서 일단 '조약' 형식으로 회귀할 것을 다짐한 일본정부 역시 무효 확인 조항을 규정하는 것을 피하려 한 점에서는 변함이 없었다.

이 자세는 제2차 한일회담이 휴회에 들어간 7월에 들어가서도 바뀌지 않았다. 그 시기 일본정부는 2차 회담의 계속 여하 자체를 진지하게 검토하고 있었다. 이미 한일 교섭 성사의 관건이 되던 청구권 문제를 즉시 해결 가능한 문제라고 생각하지 않았던 일본은 그 2차 회담을 청구권 문제에 관한 정보를 한국으로부터 가능한 한 자세히 수집하는 장

---

84) 이상 6월 11일의 방침은 「基本關係處理要領案」, 外務省日韓會談公開文書(문서번호 1053내). 또한 통상항해조약 체결에 관해서는 본 조약에 부속되는 의정서로서 잠정 조치에 관한 규정을 둘 것도 아울러 구상되었다. 같은 문서 내에 수록된 9일자의 「日韓諸取極の形式について」에서는 기본관계조약 이외에도 다른 문제도 포함한 전체 협정 구성도 구상되어 있다.

으로 활용하려 했었다. 이에 관해서는 한국이 5월 상세한 비망록을 통해 대일 요구의 내역들을 밝힘에 따라 상당한 성과를 걷었었다. 이러한 성과가 나오자 일본은 한국전쟁 휴정 협정 체결에 따른 극적인 정세 변화를 이유로 잠시 동안 회담을 휴회시킬 것을 고려했다.[85]

이 구상에 맞추어 9일 외무성은 그대로 회담을 계속할 경우에 대비해 한국과의 타협을 노린 '갑안'과 교섭 결렬(不調)도 각오하는 '을안'을 마련했다.[86] 그러나 비교적 타협적인 '갑안'이건, 보다 엄격한 '을안'이건 병합 관련 조약들의 무효 확인 문제에 관해서는 차이는 전혀 생기지 않았다. 물론 그들 갑·을 안에는 기본관계 문제에 관해서도 한국과의 교섭에 임하는 온도차에 따라 그 규정에 일부 차이는 있었다. 실제 '갑안'은 통상 관련 문제의 처리 원칙을 규정한 평화조약 제12조와 관련해 한국을 그 조항의 수혜국이라고만 규정하면서 한국의 일방적인 권리를 보다 강조했다. 그와 비교해 '을안'은 의정서에 규정하는 통상항해조약 체결까지의 잠정 조치와 관련해 최혜국대우가 상호주의가 될 것들을 명시하는 등 교섭 진행에 대한 제약 조건을 높였다.[87] 그러나 무효 확인 조항은 '을안'에서는 물론, 비교적 타협적인 것으로 고안된 '갑안'에서도 일절 규정되지 않았다. 일본은 한국과의 교섭 성사에 악영향을 줄 일이 있더라도 그 조항을 삽입하는 것은 이제 피하도록 다짐했던 것이다.

결국 제2차 한일회담은 한국전쟁 휴전협정의 체결이라는 정치 상황을 지켜보고 싶다는 일본 측 요청에 따라 휴회에 들어갔다. 회담이 다시금 재개된 것은 그로부터 약 3개월 후인 10월 6일이었다. 그러나 재개된 제3차 한일회담은 일본의 식민지 지배를 미화한 일본 측 구보타 (久保田貫一郎) 수석대표에 의한 이른바 '구보타 발언'을 계기로 약 2주

---

85) 이에 관해서는 장박진, 앞의 책, 2014, 456~461쪽.
86) 「日韓交涉處理方針に關する件」, 外務省日韓會談公開文書(문서번호 1056).
87) '갑안', '을안'은 각각 「日韓交涉處理方針(甲案)」 및 「日韓交涉處理方針(乙案)」으로서 外務省日韓會談公開文書(문서번호 1056내)에 수록.

남짓한 짧은 기간으로 결렬되고 말았다. 이에 따라 기본관계 문제에 관한 토의 역시 사실상 아무런 진전도 없었다.

3차 회담에서 기본관계위원회는 12일에 한 번만 개최되었다. 그러나 이 위원회는 그 이전의 회담 내용과는 사뭇 다른 양상을 보였다. 위원회에서 한국은 그 이전의 위원회에서 제기하지 않았던 범죄자 인도에 관한 문제를 제기했다. 이는 위원회 개최에 앞서 6일에 열린 제1회 본회의에서 양유찬 수석대표가 이미 거론했었던 문제[88]를 구체화시킨 것이었다.

위원회 석상에서 홍진기 대표는 비록 표면적으로는 정치범의 인도가 아니라거나 한일 간의 우호 관계를 저해하고 있는 자의 송환 문제라고 강조했다. 그러나 국내에서 범죄를 저지르고 일본에 도망간 자와 재일한국인의 범죄자를 한국에 인도할 것을 요구했다. 재일한국인 중의 빈곤자 등, 사실상 '짐'이 되는 한국인들의 귀환을 선호하지 않았던 당시, 한국정부가 한국인의 인도를 굳이 요구한 까닭은 뻔했다. 그것은 한국 내외에서 친북 활동을 벌이고 대한민국의 정당성과 안전보장에 위협을 주는 일본 재류 한국인을 송환시켜 그 존재를 제거하는 것에 목적이 있었다. 바로 이러한 의도는 같은 토의 속에서 장래 공산주의에 대한 공동방위의 조치를 추진하고 싶다고 보충 설명한 한국 측 발언에 잘 나타났다. 휴전협정에 따라 일단 전투 상태는 끝났다. 이에 따라 국가 체제 자체는 약간 안정화되었다. 그러나 동시에 남북 분단이 당분간 고착화될 것 역시 굳어졌다. 이런 조건하에서는 당시 한국정부로서 병합 관련 조약들의 무효 확인 문제처럼 시급하지도 않은 문제보다 향후의 국가 안보를 현실적으로 담보해 나가는 과제가 보다 중요해졌음은 어찌 보면 당연한 것이었다. 기본관계 교섭은 잠시 한일 간의 '과거' 처리의 성격

---

88) 「再開日韓交涉第一回本會議議事要錄」, 外務省日韓會談公開文書(문서번호168), 5쪽.

에서 벗어나 대북 협력 관계 구축의 장으로 변질되었다. 그러나 그 정
치적 의도를 알아챈 일본정부는 한국이 제기한 문제가 매우 예민한 문
제이며 정치범의 인도라는 오해를 받을 것이라고 하면서 그 문제는 수
교 후에 미루도록 답변했다. 기본관계 문제로서는 물론, 사실상 이 문제
를 한일회담에서 다룰 것을 회피한 셈이었다.

제3차 한일회담에서 잠시 거론된 범죄자 인도 문제는 그 후 기본관계
조약 관련의 교섭 과제가 되는 일은 없었다. 원래 한국은 이 문제를 반
드시 기본관계조약에 규정할 문제로 인식해서 제기한 것도 아니었다. 실
제 위원회 토의에 앞서 6일의 본회의에서 범죄자 인도 문제를 이미 거론
한 양유찬은 이 문제를 '국적 처우', 즉 재일한국인의 법적지위의 문제의
일환으로서 언급했다. 한국은 사실상 기본관계와 상관없는 문제를 기본
관계위원회에서 제기하고 토의 기회를 소비하는 등, 이 시기 병합 관련
조약들의 무효 확인 문제 등은 완전히 관심 대상에서 멀어져만 갔다.

제1차 한일회담에서 무효 확인 문제에 관한 논의는 일단 상당히 이
루어졌다. 그러나 상술한 바와 같이 일본과의 사이에서 완전히 합의를
본 것은 아니었다. 그만큼 이 과제는 여전히 어려운 문제였고 그에 따
라 논의할 여지는 충분히 남았다. 또한 3차 회담에서 유일하게 한 번 열
린 기본관계위원회에서도 일본은 기본관계조약을 국교 수립에 필요한
최소한도의 사항만을 규정하는 것에 그치도록 재차 요구했다. 물론 이
최소한도의 규정이라는 것은 제2차 한일회담에 즈음하여 외무성이 세
우던 방침을 답습한 것이었다. 2차 회담에 이어 제기된 이 요구는 무효
확인 조항을 규정하는 문제와 밀접하게 얽히는 문제 제기였다. 즉 그것
은 사실상 한국이 중요시하던 무효 확인 조항을 뺄 것을 암시한 주장이
었다. 그러나 한국은 2차 회담에 이어 제기된 이 일본 측 제안에 대해
다시금 아무런 반응도 보이지 않았다.[89] 즉 2차 회담에 이어 한국은 3

---

89) 이상 위원회 토의의 내용은 「再開日韓交涉議事要錄 基本關係部會第一回」,

차 회담에서도 병합 관련 조약들의 무효 확인 문제에 관해 아무런 언급
도 하지 않았던 것이다. 물론 기본관계 문제의 핵심으로 생각했었던 무
효 확인 조항 규정의 문제에 대해서조차 이런 소극적인 자세를 보인 한
국이 3차 회담에 즈음하여 통치의 부당성을 기본관계조약에서 규정하
도록 새롭게 제기할 리도 없었다.

2차 회담으로부터 3차 회담으로 이어진 이 시기 한국정부가 이들 문
제에 관해 아무런 반응도 보이지 않은 이상, 일본 역시 굳이 그 방침
등에 추가적인 대응을 도모할 필요는 없었다. 외무성은 10월 12일의 위
원회 개최의 다음날일 13일에 제3차 한일회담에 임하는 교섭 방침을 정
리했다.[90] 그러나 그 처리 방침은 2차 회담 기간 중인 6월 11일에 수립
한 방침을 사실상 확인하는 내용에 불과했다. 즉 일본은 기본관계 문제
를 외교나 영사 관계 설정을 비롯한 최소한의 규정만으로 끝내고 무효
확인 조항은 피하도록 계속 구상한 것이었다. 물론 한국이 제기하지도
않았던 통치의 정당성 여부 문제 따위에 신경을 쓸 리도 없었다.

제3차 한일회담에서의 기본관계 토의는 이것으로 끝났다. 위원회는
당초 19일에도 다시 개최할 것으로 합의되어 있었다. 그러나 3차 회담
은 15일에 열린 제2회 청구권위원회에서 터진 구보타 발언을 계기로 그
후는 이 발언을 둘러싼 응수로 시종일관했다. 회담은 결국 21일에 열린
제4회 본회의를 끝으로 결렬되고 말았다. 이 대립의 여파를 맞이해 일
단 그 개최가 합의되어 있었던 19일의 기본관계위원회 역시 양국 간의
험악한 분위기 속에서 유회되고 말았다.

外務省日韓會談公開文書(문서번호 172내)에서 정리.
90) 「基本關係處理要領案」, 外務省日韓會談公開文書(문서번호 1060내).

2 무효 확인 조항 규정 문제의 존속

이와 같이 제1차 한일회담에서 한국이 요구함에 따라 부각된 무효 확인 조항의 규정 문제도 그 후 2차, 3차 회담에서는 아무런 진전도 없이 그대로 수면 아래로 들어갔다. 더구나 3차 회담이 구보타 발언을 계기로 험악한 분위기 속에서 결렬되고 대화가 중단된 이상, 기본관계 문제는 더욱더 후퇴할 수밖에 없었다. 원래 한일 간의 대립의 근원은 '광복성 여부'를 추궁하려는 역사인식에서 직접 유래한 것이 아니라 청구권 문제에서 비롯된 것이었다. 식민지 통치를 미화한 것으로 회담 결렬의 직접적인 계기가 된 구보타 발언 역시 재한일본인 재산에 대한 소유권을 일본이 요구한 것으로 인해 빚어진 갈등을 배경으로 터져 나온 것이었다. 이에 따라 한일회담 재개를 위한 요체(要諦) 역시 사실상 재한일본인 재산에 대한 일본의 소유권 철회에 모아졌다.[91]

이런 가운데 원래 '선 해결 후 국교'를 생각했었던 한국정부가 기본관계 문제를 밀고 가야 하는 이유는 더욱더 사라졌다. 일본정부 역시 한국과의 교섭 성사의 가능성을 고려해도 이제 기본관계 문제부터 움직이게 하는 방안은 실행 불가능한 상황이었다. 회담 재개를 위한 조건으로 한국이 일본에 대해 집요하게 요구한 것은 재한일본인 재산의 포기와 구보타 발언의 철회였다. 이러한 상황 속에서 진행된 한일회담 재개 교섭에서는 병합 관련 조약들의 무효 확인 문제를 비롯해 기본관계 문제가 물밑 교섭의 대상으로 될 리는 없었다. 회담 재개를 위한 중단기의 교섭에서도 기본관계 문제의 진전은 일절 없었다고 평가해도 전혀

---

91) 통상 제3차 한일회담의 결렬은 구보타 발언으로 인한 것으로 알려져 있으나 실질적으로 그 원인은 재한일본인 재산에 대한 권리를 일본이 고집한 것에서 기인한 것이며 따라서 회담 재개 교섭 역시 재한일본인 재산에 대한 일본의 요구 철회에 그 관심이 모아지고 있었다는 점은 장박진, 앞의 책, 2009, 287~339쪽에서 논했다.

틀림없다. 그러나 이는 제1차 한일회담에서 토의된 내용 이상의 새로운 이론적인 전척이 없었다는 뜻이지, 무효 확인 조항의 규정 요구 자체를 한국이 철회했다는 것을 뜻한 것은 물론 아니었다.

결렬된 회담 재개를 위한 물밑 교섭이 진행되는 가운데 1955년 1월 29일에 열린 회담 자리에서 다니(谷正之) 외무성 고문은 구보타 발언이 제국주의의 유물이며 그것을 철회하는 것에는 아무런 문제도 없다고 발언했다. 그러자 김용식은 그 다니 발언의 연장선상에서 병합조약을 취소할 것을 요구했다.92) 비록 2차, 3차 회담에서는 아직 때가 아니라는 판단으로 직접 거론하지는 않았으나 이 사실은 한국 대표단의 머릿속에 이 문제가 늘 널려 있었음을 엿볼 수 있게 하는 대목이었다.

또한 1955년 9월 19일에 열린 제57회 국무회의에서 이승만 대통령은 대일 교섭에서는 국보, 금괴의 반환 문제 등과 더불어 5조약이나 7조약을 폐기할 것을 다시금 지시했다.93) 그 이승만은 1955년 12월 저명한 기독교 사회운동가이자 프린스턴대학교 시절의 동창이기도 했던 가가와(賀川豊彦)에게 부친 편지에서 한국이 제기한 병합 관련 조약들의 무효 확인이 최소한의 요구였다는 생각을 표명했다.94) 일본 외무성 역시 이 편지의 내용에는 주목했다.95)

결국 한일 양국은 약 4년 이상에 걸친 물밑 절충의 결과 1957년 12월

---

92) 「谷大使金公使會談の件(第一回)」, 外務省日韓會談公開文書(문서번호 1671), 5~6쪽. 김용식의 요구에 대해 그 자리에서 다니는 일단 포기해도 좋다고 생각하고 있다고 답했다. 그러나 이는 물론 결렬한 회담을 재개하기 위한 물밑 교섭 중에 지극히 개인적으로 낸 애매한 답변에 불과하며 다니의 이 답변이 일본정부가 병합 관련 조약들의 원천 무효성을 정식으로 승인한 것 등을 뜻한 것이 아니었음은 의심의 여지도 없다.

93) 제57회 국무회의록, 1955.9.19, 국가기록원 홈페이지(http://www.archives. go.kr/next/ viewMain.do)에서 검색.

94) 이승만이 부친 편지의 내용은 1955년 12월 21일자 『每日新聞』 1면의 머리 기사 「日韓友好のために」 안에서 게재되었다.

95) 「日韓會談議題の問題点」, 外務省日韓會談公開文書(문서번호 1287), 9쪽.

31일 한일회담 재개에 합의했다.[96] 합의 성사의 핵심 조건은 물론 재한 일본인 재산에 대한 일본의 청구권 포기와 구보타 발언의 철회였다. 그러나 일단 병합 관련 조약들의 무효 확인 문제 역시 재개될 한일회담에서 논의할 과제로 명시되었다. 회담 재개 합의와 관련해 1957년 12월 31일에 교환된 각종 공문의 하나로서 작성된 합의의사록(Agreed Minutes) 속에서 한일 양국은 재개될 회담에서 "1910년 또는 그 이전에 체결된 조약이나 협정들이 무효(null and void)임을 확인하는 것에 관한 문제"가 재개될 회담의 토의 과제에 포함되어 있음을 확인했다.[97] 제2차 한일회담 이후 이 문제를 회피할 것을 구상한 일본정부도 그것을 한국과의 정면 충돌도 불사한 중요한 안건으로 인식하고 있었던 것은 아니었다. 일본에게 수용할 수 없는 것은 병합이 원천적으로 무효였다는 명확한 규정을 둘 것이었지, 이와 관련된 조항 일절을 없애버리는 것은 아니었다.

이렇게 하고 제2차 한일회담 이후 사실상 그 자취를 감추고 있었던 병합 관련 조약들의 무효 확인 문제가 회담의 장기 중단 상태를 거쳐 다시금 한일 양국 간에 해결해야 할 과제로 존속될 것이 일단 확정되었다. 그러나 그 한편 줄곧 '부재'가 되어 왔던 통치의 정당성 여부 확정 조항의 삽입 문제가 재개될 기본관계 교섭의 과제로서 새롭게 들어가는 일은 없었다.

그러나 재개될 한일회담에서 일단 해결해야 할 과제로 존속된 병합 관련 조약들의 무효 확인 문제도 결국 재개된 한일회담에서 즉시 토의의 대상으로 되는 일은 없었다. 당초 1958년 3월 1일에 예정된 제4차 한일회담은 오무라(大村) 수용소 중의 북한 송환 희망자와 한국이 나포한 일본 어민의 석방 문제를 둘러싼 갈등 탓에 결국 4월 15일부터 재개

---

96) 중단기 교섭의 내용에 관해서는 필자는 이미 장박진, 앞의 책, 2009, 306~339쪽에서 한국정부의 움직임을 중심으로, 또한 장박진, 앞의 책, 2014, 468~486쪽에서 미·일 간의 움직임을 중심으로 상세히 분석했다.

97) "Agreed Minutes", 外務省日韓會談公開文書(문서번호 1517내), 2쪽.

되었다. 당초 3월에 예정된 회담 재개를 내다보면서 외무성은 2월 한국과의 교섭에 임하는 절충 방침을 정했었다. 2월 14일 아시아 1과가 작성한 기본관계 문제 처리 방침은 외교 관계나 영사 관계의 설정과 기타 약간의 사항만을 규정하는 것을 조약 작성의 기본 방침으로 하면서도 기타 상황에 따라서는 외교 및 영사 관계 설정만을 교환공문 형식으로 합의하는 것도 가능하다고 정했다.98) 이 방침은 실제 사와다(澤田廉三) 수석대표에 대한 정식 훈령으로 내려졌다.99)

다만 이 방침은 새로운 내용을 담은 것은 아니었다. 그것은 사실상 제2차 한일회담 무렵에 일본정부가 1차 회담 시의 교섭 방침을 수정하고 정립한 기정방침을 확인한 것에 불과했다. 그러나 살펴봤다시피 2차 회담 당시의 방침에서 일본정부는 병합 관련 조약들의 무효 확인 문제는 제외할 것을 기본 방침으로 명확히 삼았었다. 그와 비교해 4차 회담 재개를 전망하면서 수립한 교섭 방침은 이 문제에 관해 직접 아무런 언급도 하지 않았다. 이는 물론 회담 재개 합의 시에 교환한 합의의사록에서 병합 관련 조약들의 무효 확인 문제를 토의하도록 일단 약속한 것을 감안한 결과로 봐도 무방할 것이다. 일본정부로서는 가급적으로 간소한 형식으로 함으로써 이 문제를 비켜 나가는 것이 바람직하다는 입장을 유지하면서도 한국과의 약속에 따라 그것을 교섭할 여지 역시 남길 필요가 생겼다.

4월 15일에 제4차 한일회담이 정식으로 재개되자 조약 기초를 주로 담당한 조약국은 22일 기본관계 문제에 대응하는 조약안을 정리했다. 조약국은 일단 청구권 문제 등 기타 현안 문제가 해결되고 나서 체결할 경우와 그 이전에 체결할 경우의 2가지 가능성에 대응하는 초안을 마련했다. 그러나 병합 관련 조약들의 무효 확인 문제에 관해서는 조문은

---

98)「第四次日韓會談處理方針案」, 外務省日韓會談公開文書(문서번호 1533), 2쪽.
99)「訓令第(　)号」, 外務省日韓會談公開文書(문서번호 1536), 3~4쪽.

똑같았다. 그 2가지 초안은 모두 협정 체결의 이유를 밝힌 전문(前文)에서 "일본국과 구 대한제국과의 사이에 체결된 모든 조약 및 협정이 일본국과 대한민국과의 관계에서 효력을 갖지 않는 것을 확인하기 때문에"라고 적었다. 이는 비록 '규제하는 것이 아님을'이라는 부분을 '효력을 갖지 않는 것'으로 수정했으나 기본적으로 제1차 한일회담 제6회 기본관계위원회에서 일본이 제출한 연구시안의 사고방식을 그대로 답습한 것이었다.

즉 이것은 무효 시점을 직접 나타나지 않도록 하고 단지 병합 관련 조약들이 일본국과 대한민국 간에 효력을 갖지 않는다고 함으로써 일본으로서는 대한제국과 체결한 조약들이 전후에 건국된 대한민국과 사이에서 아무런 효력도 없음은 당연하다고 설명할 수 있는 효과를 노린 것이었다. 그러면서도 이 표현은 적어도 조문상 직접적으로는 '현재' 등의 표현을 피함으로써 한국정부가 국내에서 병합 관련 조약들이 원래 무효였기 때문에 한일 간에 효력을 갖지 않는다고 설명할 수 있는 여지를 남긴 것이었다. '효력을 갖지 않는다'는 조문으로 수정한 것은 한국이 이미 '관계를 규제하는 것이 아님을'이라는 표현을 수락하지 않은 자세를 보이면서 거듭 '무효'라는 단어를 사용할 것을 주장했었다는 점을 감안한 절충안으로 봐도 무방할 것이다.

3 유일 합법성 문제에 대한 일본정부의 방침 수정

1) 제4차 한일회담과 방침 수정의 가동

이와 같이 일본정부는 제4차 한일회담 재개 합의 사항에 따라 무효확인 조항을 기본관계조약 안에 규정하는 방향으로 다시 돌아섰다. 그러나 그 취지는 1차 회담 시의 방침과 별반 차이가 나는 것은 아니었다. 이 의미에서 별로 진전은 없었다. 한편 비록 이 시점에서는 아직 기본관계조약 속에 구체적으로 규정하는 문제로 대두된 것은 아니었으나 이 시기 일본정부는 결과적으로 기본관계조약 기초의 핵심 조항으로 대두 되는 제3조 유일 합법성 조항의 문제와 관련되는 방침에 미묘한 변화를 보이기 시작했다.

1958년 4월 21일 한일 교섭에서 취하는 법률적인 입장을 검토한 조 약국은 유엔총회결의가 한국정부를 전 한반도를 대표하는 정부라고 인 정한 것도 아니거니와 그것을 인정하는 것을 배제한 것도 아니라고 하 면서도 한국정부가 전 한반도를 대표한다고 명확히 규정했다.100) 이는 물론 1차 회담에서 일본이 취한 입장을 답습한 것이었다. 그러나 이는 어디까지나 '법률적 입장'에 불과하지, '현실적인 대응'까지 그 방침에 기초해 추진할 것을 뜻한 것은 아니었다. 21일의 법률적 검토에 이어 다음날 22일에 대한민국정부의 승인 문제를 검토한 조약국은 한일 수 교에 따라 한국정부를 법적으로 정식 승인하면 그것은 한국이 전 한반 도를 대표하는 정부임을 인정하는 것을 뜻한다고 하면서도 그것이 한국 의 시정이 이북 지역에 미치지 않고 있다는 현실을 고려하는 것까지 부 정하는 것은 아니라는 견해를 덧붙였다. 사실상 청구권 문제를 염두에 둔 이 고찰은 이에 따라 이북 지역의 청구권 문제를 한국과 교섭하는 것은 평화조약 제4조 (a)항의 취지를 벗어나는 것이라고도 말했다.101) 즉 이북 지역과 관련되는 청구권 문제는 실제 그 지역을 시정하고 있는 북한 당국과 교섭하는 것이 평화조약 제4조 (a)항의 취지라고 정리한 것이 었다.

이와 같이 제4차 한일회담에 들어가자 일본정부는 비록 법적으로는 대한민국이 전 한반도를 대표한다는 것은 인정하면서도 실제적인 문제

---

100) 「日韓交渉において執るべき法的立場について(案)」, 外務省日韓會談公開文書 (문서번호 1537).
101) 「日本による韓國及び韓國政府の承認について」, 外務省日韓會談公開文書(문 서번호 1537내).

처리에 관해서는 북한과의 교섭의 여지를 보다 강하게 의식했다.[102] 이 입장은 결국 다음 제5차 한일회담에 이르러 한국과의 교섭을 남한 지역 의 문제에만 한정한다는 보다 명확한 입장으로 이어져 막판 교섭까지 일본정부의 흔들림이 없는 정식 방침의 기초가 되었다.

그러나 변화는 그에 그치지 않았다. 4월까지 한국정부가 전 한반도를 대표한다고 직접 기술한 그 표현은 그 후 미묘한 수정을 겪게 되었다. 7월 2일에 북동아시아과가 정리한 교섭 방침은 "대한민국정부가 한반도 에서의 유일한 합법정부임을 전제로 교섭한다"고 적었다.[103] 물론 이 '한반도에서의 유일한 합법정부'라는 방침 자체는 상기 4월 21일, 22일 에 조약과가 정립한 한국정부가 전 한반도를 대표한다는 법적 입장과 직 접 대립하는 것은 아니었다. 그러나 북동아시아과가 말한 '유일한 합법 정부'는 대한민국정부가 꼭 한반도 전체를 대표한다는 것을 뜻한 것도 아니었다. 실제 그 7월 2일의 북동아시아과 방침은 '한반도에서의 유일 한 합법정부'라는 의미가 유엔총회결의에 따른다는 뜻이라고 괄호를 달 아 보충하고 있다. 직접 명시된 것은 아니었으나 이 방침이 언급한 유엔 총회결의가 한반도에서의 한국정부의 지위를 의결한 1948년 12월 12일 의 유엔총회결의 195(Ⅲ)호를 가리킨 것은 의심의 여지도 없었다.

제4장에서도 약간 언급했으나 한국정부를 한반도에서의 유일한 합법 정부라고 의결한 그 유엔총회결의 195(Ⅲ)호는 정확히 말해 대한민국정 부가 유엔한국임시위원회가 관찰하고 자문한 지역, 즉 남한 지역에서 이루어진 자유선거에 기초해 출범했다는 의미에서 한반도에서 유일한 합법정부임을 인정했을 뿐이었다. 그것은 한국정부가 한반도 전체를 유 일하게 대표한다고 의결한 것도 아니거니와 따라서 북한이 불법 정권이 며 그와의 관계 구축을 유엔 가맹국 등에게 금지한 것도 아니었다. 실

---

102) 이 시기 일본정부의 청구권 문제 처리 방침에 관한 보다 상세한 분석은 장박진, 앞의 책, 2014, 503~511쪽에서 논했다.

103) 「日韓會談交涉方針」, 外務省日韓會談公開文書(문서번호 1538), 1쪽.

제 이 유엔총회결의가 나온 후에도, 사회주의국가들을 비롯해 많은 국가가 북한을 승인했다. 무엇보다 후술하는 바와 같이 대한민국과의 교섭 범위를 남한에만 한정한다는 입장을 명확히 취한 일본정부는 오히려 그 입장을 정당화하기 위해 그 유엔총회결의 195(Ⅲ)호를 명시할 것을 주장했고 한국은 그것을 막으려 애를 썼다.

'전 한반도를 대표한다'는 표현을 그대로 따르지 않고 '유일한 합법 정부'로 적은 북동아시아과의 표기 수정이 이 시점에서 얼마만큼 이와 같은 차이를 인식해서 표현한 것인지, 그것을 명확히 가리키는 직접적인 증거는 찾을 수 없다. 그러나 이후 이 유엔총회결의를 이용해서 한국과의 교섭을 남한 지역의 문제에만 한정하게 된 그 사실을 볼 때, 이 시기 나타난 이러한 기술의 차이가 단지 표현상의 차이에 불과하다고 과소평가하는 것은 적절하지 않아 보인다. 적어도 이 시기 나타난 이러한 표현의 차이가 제5차 한일회담 이후의 일본 측 공식 입장으로 이어지는 징후를 나타낸 것으로 봐도 큰 과오는 없을 것이다.

제4차 한일회담이 재개된 시기 이와 같은 방침 변화가 왜 일어났는지, 그것을 체계적으로 정리한 공식 문서 역시 찾을 수 없다. 그러나 이 변화가 결국 1차 회담이 진행된 1950년대 초반과 4차 회담이 재개된 1950년대 후반이 각각 가지는 시대적인 조건의 차이에서 기인한 것은 틀림없을 것이다. 1950년대 후반 한반도에서는 한국전쟁이 끝나고 남북 분단이 다시금 이미 고착화되었다. 그에 따라 향후도 상당한 기간 동안은 한국과 실제 이북 지역의 문제를 처리할 수 없다는 것은 일목요연한 현실이었다. 또한 한국전쟁 중의 극단적인 동서 대립 상태는 일단 일단락되었고 소련이 주도한 이른바 평화공존 노선에 따라 세계는 긴장 완화 국면을 맞이하고 있었다. 이에 따라 일본 역시 1957년에 소련과의 국교 정상화를 이루어 냈다. 또한 오무라 수용소 수감자 중 북한행을 희망한 한국인의 북한 송환을 실현하기 위해서도 일본은 당시 북한 당국과 일정한 관계를 유지하는 것이 필요했다. 한일 교섭의 최대의 현안이었던 청구권 문제 역시 두 번에 걸쳐 나온 미국 각서[104]가 재한일본인 재산의 한국 취득과 한국의 대일 청구권에 관련이 있음을 인정함에 따라 이제 이북 지역의 일본인 재산을 활용하지 않아도 한국의 대일 청구권을 억제할 수 있는 기반이 마련되었다. 결국 이들 조건 변화에 따라 외무성이 종합적으로 고려하고 한국과의 교섭에서는 남한 지역의 문제만을 다루는 것이 합당하다는 판단으로 기울이기 시작한 것은 틀림없을 것이다.

다만 유일한 합법정부임을 전제로 교섭할 것을 정한 이 방침은 어디까지나 제4차 한일회담에 임하는 일본 측의 교섭 요령을 정립했을 뿐, 직접적으로 기본관계조약 기초를 염두에 둔 것은 아니었다. 한국 역시 당시까지만 해도 기본관계조약에 이 문제와 관련되는 조항을 둘 것을 정식 요구로 제기하지 않았다. 이에 따라 일본정부 역시 향후 기초할 기본관계조약에 '유일한 합법정부'라는 내용을 직접 조항으로 규정할 것을 이 시기 생각하고 있었던 것은 아니다. 그러나 특히 청구권 문제 처리를 염두에 두면서 한국과의 교섭을 남한 지역의 문제에만 한정하도록 하는 구상은 이 시기 확실히 자리 잡았다. 결국 이 인식이 외무성으로 하여금 한반도에서의 한국정부의 성격을 유엔총회결의 195(Ⅲ)호가 가리키는 범위 안에 머무르도록 표현하게 한 중요한 계기가 된 것은 틀림없다. 이 시기 감지되는 미묘한 방침 변화는 최종적으로 기본관계조약

---

104) 재한일본인 재산의 한국 취득과 한국의 대일 청구권과의 관련성을 인정한 미국 각서는 1952년 4월 29일에 처음으로 나왔다. 그 후 '구보타 발언'을 계기로 한일회담이 결렬되자 미국은 다시 중재에 나서는 가운데 재한일본인 재산의 한국 취득과 한국의 대일 청구권과의 관련성을 설명하는 보다 자세한 각서를 다시 작성했다. 한일 양국은 결국 정식으로는 1957년 12월 31일자로 그 두 번째 각서를 수락했다. 이들 2가지 미국 각서 도출의 배경이나 경위에 관해서는 장박진, 앞의 책, 2014, 404~406쪽; 468~481쪽에서 논했다.

제3조 유일 합법성 조항 기초의 가반이 되었다는 의미에서 매우 주목할
만한 움직임이었다고 평가해도 과잉 해석은 아닐 것이다.

재개된 제4차 한일회담에서는 일단 5월 6일에 열린 제6회 본회의에
서 청구권 문제 등, 다른 문제를 다루는 위원회들과 함께 기본관계위원
회도 설치할 것이 결정되었다.[105] 그러나 한국정부는 물론, 일본 역시
이미 다른 현안들의 진척에 보조를 맞추고 조정할 것을 생각했었던 기
본관계 문제는 급히 논의해야 할 대상이 아니었다. 무효 확인 조항의
문제를 일단 향후의 논의 과제에 포함하는 것으로 동의한 4차 회담 재
개 합의 시의 약속 역시 단지 그것을 토의 대상으로서 유지한다는 것으
로 합의했을 뿐, 먼저 풀어야 하는 과제로 삼은 것은 아니었다. 결국 이
에 따라 4차 회담에서는 일단 그 설치가 결정된 기본관계위원회가 실제
가동되는 일은 없었다. 그 주된 이유는 이 무렵 한일회담 전체의 진척
을 막아버린 새로운 현안이 크게 불거짐에 따라 기본관계 문제에 앞서
해결해야 할 기타 현안들까지 사실상 모두 멈춰 버렸기 때문이었다.

제4차 한일회담 당초 그나마 오무라 수용소 수감자의 일부에 한정되
던 북한 송환 문제는 그 후 재일한국인 전체를 대상으로 한 이른바 '북
송' 사업으로 확대되었다. 한국 국민이어야 하는 재일한국인을 '불법 집
단'인 북한이 지배하는 이북 지역에 송환하다는 이 북송 사업을 이승만
이 수용할 수 있을 리는 없었다. 이에 따라 일단 재개된 4차 회담에서는
사실상 이 북송 사업 저지와 그와 얽힌 재일한국인의 법적지위 문제에
만 논의가 집중되었다. 1959년 12원에는 드디어 북송 사업이 본격 가동
에 들어갔다. 4차 회담은 이에 따라 파행을 거듭한 채, 기타 문제에 관
해서도 아무런 진전도 없이 갑자기 끝나게 되었다. 4·19혁명이 일어남
에 따라 이승만 정권 자체가 무너졌기 때문이었다.

---

105) 「第四次日韓全面會談の本會議第六回會合」, 外務省日韓會談公開文書(문서
　　 번호 6), 1~2쪽.

2) 제5차 한일회담과 수정 방침의 확립

정권을 이어받게 된 장면 장권은 이제 누구도 부정하지 못하는 한국 사회의 어려운 현실을 감안해 현실적인 입장에 서면서 일본과의 수교에 적극 나서게 되었다. 일본 역시 1960년 미일안전보장조약 개정을 계기로 하야한 기시(岸信介) 정권의 뒤를 이은 이케다(池田勇人) 정권이 이른바 '소득배증계획'을 내세워 경제 중심 노선을 천명했다. 이러한 상황을 맞이해 한일 양국은 최대의 현안이었던 청구권 문제를 진지하게 해결하고자 하는 교섭에 들어가게 되었다.

청구권 문제를 실제로 풀려고 결심한 이상, 일본정부에게 피할 수 없는 현실적인 과제가 닥쳤다. 그것은 한국과의 교섭에서 한반도의 어느 부분까지의 문제를 실제 해결 대상으로 삼을 것인가 하는 문제를 최종적으로 결정하는 과제였다. 이에 따라 제5차 한일회담에서 일본정부는 결과적으로 한반도에서의 한국정부의 성격을 결정하는 중요한 문제를 최종적으로 정리하게 되었다.[106] 청구권 문제를 중심으로 한국과 사이에서 한반도의 어느 범위까지 처리할 것인가를 결정하는 문제는 결국 한반도에서 차지하는 한국정부의 지위를 일본정부로서 어떻게 승인하

---

106) 외무성은 이런 과제를 정리하는 가운데 미국을 비롯해 다른 나라가 대한민국 승인과 관련해 한국정부의 관할권이 미치는 범위 문제에 관해 어떤 입장을 정리하고 있는지 등을 상세히 조사하고 있다. 이 조사 결과는 「第三國による朝鮮の承認振りに關する件」이라는 명칭으로 「日韓交涉關係法律問題調書集」, 外務省日韓會談公開文書(문서번호 1881), 6~36쪽에 수록되어 있다. 그러나 이 조사 결과는 1960년 3월 10일자로 정리되어 있어 제5차 한일회담 개시 후가 아니라 제4차 한일회담 기간 중에 이루어진 것임을 알 수 있다. 이 의미에서 한국정부의 관할권 등, 법적 성격에 관한 일본정부의 입장 정립의 작업은 5차 회담 개시 후에 비로소 가동하게 된 것은 아니다. 실제 본론에서 언급한 바와 같이 4차 회담 기간 중에 이미 이와 관련된 문제가 검토되고 있었다. 따라서 4차 회담 시 이미 의식되어 있었던 문제가 5차 회담에 이르러 정식으로 정해졌다고 판단하는 것이 타당해 보인다.

는가 하는 문제와 직접 얽힐 수밖에 없었다. 이 과제에 대한 입장을 정리하기 위해 외무성 조약국은 1960년 12월 6일에 "한일 교섭에서의 일본정부의 입장에 관한 법률상의 문제점"107)이라는 중요한 문서를 적성하고 그 입장을 정립했다.

조약국이 정립한 그 입장은 교섭 상대인 대한민국정부가 유엔총회결의 195(Ⅲ)호의 내용에 따른 합법정부이나 그 실효적 지배나 관할은 남한에만 한정된다는 것이었다. 즉 1차 회담 당시 굳힌 방침을 최종적으로 번복하고 한국과의 교섭에서는 남한의 문제에만 한정하고 이북 지역의 문제는 다루지 않는다는 현실적인 입장을 취하도록 정한 것이었다. 다만 조약국은 한국정부의 성격을 정한 그 유엔총회결의 195(Ⅲ)호와 관련해서는 한국의 관할권이 법적으로도 실효적으로도 남한에 한정된다는 해석과 실효성을 동반하지 않는 추상적인 법적 관할권은 이북 지역에게까지 미친다는 2가지 해석이 있을 수 있음을 지적했다. 그러면서 조약국은 일본정부로서는 후자, 즉 법적으로는 이북 지역까지 한국정부의 관할권이 미친다는 입장을 취하도록 정했다. 이 의미에서 조약국은 적극적으로 한국정부를 지지하는 입장을 취했다. 같은 자유주의 진영에 속한 국가로서 한국과 수교하려 하는 이상, 혹시 장래 이북 지역에게까지 한국이 그 시정을 행사하게 될 경우를 생각해서라도 그 법적 권한 자체를 전면적으로 부정하는 것은 이치에 맞지 않았다.

그러나 조약국은 이 입장을 공언할 경우에는 한국이 전 한반도를 대표한다는 입장에서 교섭에 나와 청구권 문제 등에 대해 불리한 영향을 줄 수 있다 하면서 한국이나 국회 등에 대해서는 이 입장을 밝히지 않고 한국정부의 성격에 대한 입장을 밝힐 경우는 유엔총회결의 195(Ⅲ)호를 반복하는 데 그치도록 방침을 정했다. 국내외에서 한국정부의 법

---

107) 「日韓交渉における日本政府の立場に關する法律上の問題点」, 外務省日韓會談公開文書(문서번호 1410내).

적 성격에 대한 일본정부의 입장을 밝힐 필요가 있을 경우에는 항상 그 유엔총회결의 195(Ⅲ)호를 직접 인용하면서 그 이상의 상세에는 들어가지 않고 그냥 넘어가도록 정한 것이었다. 이에 따라 조약국은 향후 한국정부의 법적지위를 표현할 때는 유엔총회결의 195(Ⅲ)호가 '합법정부(lawful government)'라는 표현을 쓰고 있고 '정당정부'라는 개념을 사용하지 않고 있는 점을 감안해 단지 '합법정부' 또는 '1948년의 유엔총회결의에서 인정된 정당정부'라는 표현을 쓰도록 정했다. 즉 비록 내부적으로는 한국이 전 한반도를 법적으로 대표하고 있다는 것을 인정하면서도 그것이 직접 표면에 나타날 표현은 삼가고 한국정부의 법적 성격이 유엔총회결의 195(Ⅲ)호의 범위 내에 제한된다는 것을 늘 명시하도록 방침을 정한 것이었다. 그리고 조약국이 정한 이 방침이야말로 후술하는 제7차 한일회담에서 유일 합법성 조항을 기초할 때 일본 측 입장으로서 강하게 작용한 것이었다.

이와 같이 제5차 한일회담에 이르러 청구권 문제의 처리가 현실적으로 풀어야 하는 과제로 대두되는 가운데 기본관계조약 제3조 유일 합법성 조항으로 이어지는 일본 측 방침이 확립되었다. 그러나 이 문제도 포함해 결국 5차 회담에서도 기본관계 문제가 한일 간에 직접 토의되는 일은 없었다. 제5차 한일회담은 1960년 10월 25일부터 정식으로 개시되었다. 11일 2일에 열린 제2회 본회의에서는 일단 4차 회담 시에 설치된 위원회 구성을 그대로 유지하는 것이 결정되었다. 이에 따라 기본관계위원회 역시 형식상 설치되었다. 그러나 일본은 당초부터 기본관계위원회의 토의를 뒤에 미룰 뜻을 밝혔고 한국 역시 위원회 대표단조차 구성하지 않았다. 그 후 5차 회담은 결국 5·16쿠데타로 인해 단기간에 끝나고 말았다. 그 바람에 일단 형식적으로는 설치되어 있었던 기본관계위원회가 5차 회담 기간 중에 실제 가동되는 일은 없었다.[108]

---

108) 이 시기의 기본관계 문제에 관한 한일 양국의 대응에 관해서는 한국 측

위원회가 열리지 않음에 따라 비록 그 입장이 직접 한국에게 밝혀지
는 일은 없었으나 5차 회담에 즈음하여 일본은 그 이전의 방침과 마찬
가지로 기본관계조약을 가급적으로 축소해서 기초하도록 하는 입장을
그대로 유지했다. 1961년 1월 31일 내부에서 가진 협의 석상에서 이세
키(伊關佑二郎) 아시아국장은 일부 현안을 보류해서 수교할 경우는 아
예 기본관계조약은 체결하지 않고 대사 교환만 하는 의향까지 내비쳤
다.109) 제4차 한일회담 재개 시 일단 토의하는 것으로 합의된 무효 확
인 조항 역시 가능하면 설정하지 않고 그냥 넘어가는 것이 바람직하다
는 일본 측 입장에 변함은 없었다.

Ⅳ 기본관계조약의 기초와 한일병합 합법성의 재확정

1 공동선언 구상의 대두와 그 의미

이 시기 기본관계 문제를 적극 추진하지 않으려 한 것은 장면 정권에
만 한정된 것도 아니었다. 이어 제6차 한일회담을 이끈 박정희 정권 역
시 당초 기본관계 문제를 움직이게 하려 하지 않았다. 1961년 10월 20일
부터 개최된 6차 회담에서는 한국정부가 회담 진전에 따라 기본관계위
원회를 따로 설치하도록 지시하면서 드디어 위원회의 설치 자체가 미루
어지게 되었다.110) 또한 일본 측 기록은 이 시기에는 기타 비공식 회의
에서도 기본관계 문제는 일절 논의되지 않았다고 적고 있다.111) 새삼

문서를 통해 이미 밝혔다. 장박진, 앞의 책, 2009, 361~363쪽.

109) 「日韓會談日本側代表の打合せ會議要旨」, 外務省日韓會談公開文書(문서번
호 1411), 11쪽.

110) "외정아 274, 한일회담 재개에 관한 건", 『제6차 한일회담 예비교섭,
1961, 전2권, (V.2 9-10월)』, 204쪽.

강조할 필요도 없이 박정희 정권 출범 초기, 신정권의 절대적인 과제는 청구권 문제의 타결에 있었다. 병합의 합법성 여부를 가리는 중대한 문제를 포함한 기본관계 문제는 현실적으로 타결 국면을 맞이하게 된 청구권 문제들에 대한 관심 앞에서 계속 외면당하기만 했다. 당연히 통치의 정당성 여부 문제 등이 기본관계 문제로서 새롭게 대두될 가능성은 더욱더 차단되었다.

그러나 타결을 향해 현실적으로 달리기 시작한 청구권 문제 토의의 진전은 저절로 기본관계 문제를 움직이게 하는 토양을 구축하는 동력이 된 것도 사실이었다. 원래 한일회담은 관련 현안의 해결을 토대로 국교를 정상화하는 것을 목적으로 하고 있었다. 그에 따라 핵심 과제의 진전은 직접 수교 관계를 규정하는 기본관계조약의 기초를 저절로 필요로 했다. 가령 핵심 과제인 청구권 문제 등이 교섭상 해결되어도 그 현실적인 이행을 위해서는 기본관계조약 체결로 인한 정식 수교가 전제로 되었다. 그러나 특히 청구권 문제의 진전을 계기로 동력을 얻게 된 기본관계 문제는 이전의 양상과는 그 내용을 달리하기 시작했다.

박정희 정권 역시 한국정부가 한반도 전체를 유일하게 대표하는 정당정부라는 입장에 서면서 청구권 문제의 해결에 즈음해서는 이북 지역의 문제를 같이 포함할 것을 요구했다. 실제로 문제를 해결시킬 것을 생각하게 된 일본정부 역시 그에 따라 현실적인 해법을 공식화하지 않을 수 없게 되었다. 그리고 비록 실무적 토의에서는 이미 시사되어 있었으나 그에 관한 일본정부의 정식 입장이 처음으로 공식화된 것은 최덕신 외무부장관과 고사카(小坂善太郎) 외무대신 간에 개최된 제1차 정치회담이었다. 1962년 3월 12일부터 개최된 그 정치회담을 앞둔 8일 외무성 조약국은 다시 청구권 문제의 처리에 관한 일본정부의 입장을 정

---

111) 「日韓會談問題別経緯(1)(基本關係問題)」, 外務省日韓會談公開文書(문서번호 528), 16쪽.

리했다.

조약국은 한국정부가 전 한반도에 주권을 행사하는 정당정부라는 입장에서 청구권을 요구할 경우에는 유엔총회결의 195(Ⅲ)호를 강조하면서 대응하도록 다시 확인했다. 조약국이 수립한 대응 방안은 다음과 같았다.112) 즉 유엔총회결의 195(Ⅲ)호는 그 내용과 더불어 유엔 가맹국들에 대해 한국과의 관계를 설정함에 즈음해서는 선언이 규정한 사실을 고려하도록 요청하고 있다. 일본 역시 이 결의에 따라 한국을 유일한 합법정부로 인정하고 있다. 따라서 한반도에는 대한민국정부 이외에 합법적으로 한반도를 대표하는 정부는 존재하지 않으나 동시에 그 유효한 지배와 관할권은 남한에만 한정되고 있으므로 이북 지역의 청구권을 한국정부가 제기하는 것은 인정하지 않는다. 이것이 일본정부의 공식적인 입장을 통보하는 정치회담을 위해 조약국이 수립한 대응 방안이었다. 이 입장은 3월 12일에 열린 최덕신-고사카 제1회 외상회담에서 실제 고사카 외무대신의 입을 통해 한국에게 직접 통보되었다.113) 물론 정부의 입장을 공식으로 밝히는 정치회담이라는 형식적인 장에서 외무대신이 직접 전달한 이 방침은 이후 일본정부의 흔들림 없는 공식 입장이 되었다.

이북 지역의 문제를 포함할 것인가의 여부 문제도 포함해 무엇보다 당시 한국이 가장 중요시하던 청구권 문제 처리에 따른 제공 액수에 관해 일본으로부터 실망스러운 값이 제시되자 제1차 정치회담은 결국 아무런 진전도 없이 결렬되고 말았다. 이로써 한일 교섭은 잠시 정체 국면을 맞이했다. 이 국면을 타개한 계기는 일본 측 국내 정치 일정의 소화였다. 7월의 참의원 선거 승리와 그에 따른 이케다 수상의 재신임을 계기로 한일 교섭은 탄력을 받았다. 이 흐름은 제2차 정치회담의 성격

112) 이하 조약국의 방침은「韓國の地位に關する補足說明」, 外務省日韓會談公開文書(문서번호 718내)에서 정리.
113)「日韓間の請求權問題に關する小坂外務大臣發言要旨」, 外務省日韓會談公開文書(문서번호 719내), 1~2쪽.

을 지닌 것으로 1962년 가을에 진행된 주지의 김종필-오히라(大平正芳) 회담에서의 청구권 문제 처리에 관한 양국 합의로 이어졌다.

외무성은 바로 이와 같은 중요한 국면을 맞이하게 된 1962년 여름쯤 향후의 교섭에 임하는 방침을 입안했다. 7월 20일 아시아국이 마련한 그 방침은 기본관계 문제에 관해서는 조약을 체결하지 않고 공동선언과 같은 형식에 그치도록 하고 필요에 따라 대사 교환에 관한 교환공문을 별도로 작성한다고 정했다.114) 이후 막판 교섭까지 일본이 고집한 공동 선언 형식에 의한 해결 방안이 그 윤곽을 명확히 드러낸 것이었다.

물론 상술해온 바와 같이 비록 공동선언이라는 형식 자체에는 직접 언급된 것이 아니었다고 한들, 가능한 한 간소화된 형식으로 기본관계 문제를 매듭짓도록 한다는 방침 자체는 제2차 한일회담 무렵부터 이미 명확히 정해져 있었다. 그러나 외무성이 이 시기 다시금 '공동선언'이라 는 간소화된 형식을 취함이 바람직하다고 거론한 이유는 새로웠다. 외 무성은 먼저 그 이유로서 한일 관계가 이미 '준 국교 관계'라는 상황에 있는 이상, 새롭게 조약을 체결해야 하는 적극적인 이유가 거의 없다고 말했다. 주목되는 것은 그다음이다. 외무성은 그다음 이유로서 조약을 기초할 경우에는 한국정부의 관할권이 미치는 범위를 둘러싸고 한일 양 국 간에서 대립이 일어날 것을 염려했다.

과거 일본이 간소화된 형식을 취하려고 한 주된 이유는 한국이 요구 한 무효 확인 조항을 삽입하려는 것에 따른 어려움을 회피하기 위한 것 이었다. 그러나 이 시기 외무성이 간소화된 형식으로서 공동선언으로 할 것이 바람직하다고 판단한 이유는 무효 확인 조항의 삽입 문제와 관 련된 염려가 아니었다. 그것은 유일 합법성 조항 규정의 문제로 옮아가 고 있었다. 김종필-오히라 합의로 이어진 이 시기, 한일 교섭의 절대적

---

114) 「日韓會談の今後の進め方に關する基本方針(案)」, 外務省日韓會談公開文書 (문서번호 1337내), 4~5쪽.

인 관심은 청구권 문제에 쏠려 있었다. 그러나 사실상 병합을 합법이라고 인정한 평화조약의 틀 안에서 이루어진 청구권 교섭은 원래 병합 관련 조약들의 무효 확인 문제와 직접적인 관련성이 있는 것은 아니었다. 오히려 관련이 있는 것은 이북 지역의 문제를 과연 포함할 것인가 그 여부의 문제였다. 이미 언급한 바와 같이 평화조약 제4조는 청구권 문제와 관련해 일본이 상대로 해야 하는 주체를 '현재 시정하고 있는 당국'으로만 규정했을 뿐, 이북 지역의 청구권 문제를 처리하는 주체를 직접 명시하지는 않았다. 이런 상황에서 이루어진 한국과의 청구권 교섭의 진전은 그 처리의 범의를 어디까지로 할 것인가를 둘러싼 문제에 그 관심을 집중시키게 마련이었다. 즉 결국 청구권 문제의 비대화가 기본관계 문제 속에 차지하는 과제의 중요성을 바꿔 갔던 것이다. 그리고 이런 추세는 향후도 기본적으로 계속되었다.

공동선언 형식을 채택할 것을 정한 외무성 조약국은 10월 5일 공동선언안 초안을 작성했다. 작성 시기와 더불어 이들 초안의 내용을 보면 이 공동선언 초안이 청구권 문제 해결을 위해 개최된 제1회 김종필-오히라회담을 강하게 의식하면서 준비된 것은 틀림없다. 실제 초안으로서 A 및 B 안이라는 2가지 초안이 마련되었다.[115] 그러나 이들 2가지 초안은 모두 청구권의 문제에 관해 한국에 대해 '( )억 달러'에 해당하는 것을 일본의 생산물, 용역으로 제공하고 또한 청구권 문제가 완전히 및 최종적으로 해결되었음을 확인한다고 적었다. 즉 이들 2가지 안은 모두 당시 최대의 현안이었던 제공 액수가 김종필-오히라회담에서 결정되는 대로 그것을 괄호 안에 넣으면 기본적으로 완성할 수 있도록 형식을 갖춘 것이었다. 물론 한국정부의 관할권 문제를 피하기 위해 대두된 이들 공동선언 초안에서는 그 문제에 관한 언급은 일절 없었다. 또한 아예

---

115) A 및 B 안은 「日韓共同宣言要綱案」, 外務省日韓會談公開文書(문서번호 1844내)에 수록.

의제로서 제기되지도 않았던 통치의 정당성 여부 문제는 물론, 그나마 토의 과제였던 무효 확인 조항의 문제 역시 일절 거론되지 않았다.

기록상 외무성이 준비한 이 공동선언 초안 자체가 김종필-오히라회 담에서 직접 제시된 흔적은 없다. 다만 제공 액수에 관한 합의를 도출한 11월 12일의 제2회 회담에서 김종필은 기본관계 문제에 언급했다. 제공 액수 등, 가장 난제였던 청구권 문제 해결의 틀이 마련된 만큼 김 종필에게도 다음으로 기본관계 문제를 전진시킬 필요가 있음은 분명했다. 모처럼 합의에 이른 청구권 자금도 그 실제적인 도입은 수교 여부에 달렸다. 청구권 금액에 합의한 그 회담 석상에서 김종필이 그간 방치해온 기본관계 문제에 즉시 언급한 것은 기본관계 문제를 참으로 가동하게 해야 하게 된 한국정부의 입장을 그대로 비춰낸 것이었다.

제2회 김종필-오히라회담에서 김종필이 기본관계조약 체결 문제와 관련해 촉구한 것은 2가지였다. 하나는 기본관계조약을 통해 한일 간의 과거의 사태를 청산한다는 것, 또 하나는 한국정부가 유일한 합법정부임을 전제로 우호 관계를 체결한다는 것이었다.[116] 완곡한 표현이기는 하나 김종필이 든 그 2가지 요구가 무효 확인 조항과 유일 합법성 조항을 조약상 명시하도록 촉구한 것이었음은 틀림없었다.[117]

실제 한국은 김종필-오히라 합의 후의 후속 조치를 논의한 12월 21일의 실무자 절충회의에서 문서를 직접 일본에게 수교하면서 그 입장을

---

116) 「大平大臣·金鍾泌韓國中央情報部長第2回會談記録」, 外務省日韓會談公開文書(문서번호 1826내), 4~5쪽. 이 문서는 직접 손으로 속기된 것과 타자된 원고가 있으나 쪽수는 타자된 원고를 따랐다.

117) 회담 기록은 김종필이 제기한 그 2가지 요구에 대해 오히라 외상이 조약의 적용 범위를 남한에 한정할 것을 주장했으며 또 그에 대해 김종필이 장래 지배할 가능성이 있는 지역에 대해서도 언급하도록 밝혔다고 적고 있다. 즉 김종필-오히라회담에서도 기본관계 문제 중의 토의의 관심은 병합 관련 조약들의 무효 확인 문제보다 한국정부의 관할권 문제에 기울이고 있었음을 짐작할 수 있다.

공식화했다. 한국은 기본관계 문제에 관해 '조약'을 체결한다는 요구와
더불어 1910년 이전에 체결된 병합 관련 조약들의 무효 선언이 포함되
어야 한다는 과제와 한국정부가 유일한 합법정부라는 과제와 관련된 요
구를 천명했다.[118] 그러나 특히 세 번째 요구에 관해서는 한국은 보다
직접적으로 그 요구를 제기했다. 한국은 그 유일한 합법정부라는 것과
관련된 문제를 '영토 조항'으로 칭했다. 그 영토 조항은 관련 협정의 법
적 효력이 미치는 범위를 지정하는 의미를 지녔다. 한국은 그 영토 조
항으로서 기본관계조약에는 "현재의 행정적 지배하에 있는 지역 및 금
후 행정적 지배하에 둘 지역"이라고 직접 명시하도록 제안했다. 즉 한
국은 이와 관련된 문제를 유일한 합법정부로 규정하는 문제로서가 아니
라 향후 한일 간에 체결하는 기타 관련 협정의 법적 효력을 직접 지리
적으로 명시하는 문제로서 제기한 셈이었다.

　한국은 비록 이 제안을 제기함에 즈음하여 그것을 양국의 입장을 조
정하기 위한 것이라고 설명하면서 직접적으로 '이북 지역'이든가 '전 한
반도'라고 규정할 것까지 요구하지 않았다. 그러나 한국이 제시한 문안
이 관련 협정의 효력을 현재 행정적인 지배하에 있는 남한뿐만 아니라
이북 지역에까지도 미치도록 구속하려 기도한 것이었음은 일목요연했다.
물론 이 요구가 이 시기 나온 까닭은 너무나 알기 쉬웠다. 김종필-오히라
합의로 인해 청구권 문제 처리에 관한 핵심적인 사항들이 결정된 이상,
한국으로서 다음에 중요한 것은 한일 간의 협정 체결로 인해 한반도 전
체의 문제를 해결시켰다는 형식을 차리는 것이었다. 그것은 향후 북일
간에 유사한 접촉이 이루어질 가능성을 봉쇄하는 논리적 근거가 되었다.
또한 이는 한국정부가 전 한반도를 대표하고 있다는 원칙적 입장에서 봐
도 양보할 수 없는 기본 원칙이었다. 한국은 이러한 과제에 대응하기 위

---

118) "한일대(정) 제583호, 제20회 예비절충 회의록 송부", 『제6차 한일회담, 제
　　2차 정치회담예비절충, 본회의, 1-65차, 1962.8.21-64.2.6, 전5권, (V.2,
　　4-21차, 1962.9.3-12.26)』, 408~409쪽.

해서도 조약상의 표현으로서는 단지 한국정부가 한반도에서 유일한 합법 정부임을 드러내는 애매한 표현보다 적용 범위를 직접 천명하는 '영토 조항'이 보다 효과적이라고 판단한 것이었음은 틀림없다.

1962년 말에 일단 큰 진전을 보인 한일 교섭도 1963년에 접어들자 다시금 추진력을 잃었다. 그 주된 이유는 한국 국내의 정치 상황에서 비롯됐다. 1963년 한국은 군사정권으로부터 민정으로 이관하기 위한 대선의 계절을 맞이했다. 이 과정에서는 권력을 둘러싼 역학 문제도 작용해 한일 청구권 교섭의 주역이었던 김종필이 사실상 해외 도피 생활에 들어갔다. 한국의 국내 정치의 혼란으로 인해 교섭이 그 추진력을 잃자, 그 후 한일 교섭이 실질적으로 새로운 진전을 이루어내는 것은 어려워졌다.

한일 교섭이 좀처럼 움직이지 않았던 1963년 여름 일본정부는 그간의 각 현안에 대한 교섭 경위를 되돌아보면서 향후의 교섭 방침 등을 정리했다. 7월 9일 아시아국 명의로 검토된 방침에서 외무성은 한국이 제기한 영토 조항 기타의 어려운 문제의 존재를 감안하면서 기본관계 문제는 교섭 막판에 국교 정상화에 관한 공동선언 등, 간소화된 형식으로 마무리 짓도록 하는 것이 타당하다는 입장을 다시금 확인했다.[119] 또한 8월 1일, 이번에 북동아시아과 명의로 작성된 문서 역시 같은 입장을 공유했다. 북동아시과는 조약을 체결하려고 할 경우, 한국이 영토 조항을 삽입할 것을 강하게 요구해올 것이며 이 경우에는 쌍방을 만족시킬 수 있는 표현을 찾는 것은 어렵다고 지적하면서 이러한 문제를 회피하기 위해서도 공동선언 형식을 취할 것이 적당하다고 확인했다.[120] 이와 같이 김종필-오히라 합의를 계기로 기본관계 문제를 조약 형식

---

119) 「日韓會談各懸案の討議進捗狀況」, 外務省日韓會談公開文書(문서번호 1342 내), 9~10쪽.

120) 「日韓會談の諸懸案につき北鮮問題が關連してくる諸点の協定上の取扱振りについて」, 外務省日韓會談公開文書(문서번호 1845), 1~2쪽.

으로 해결할 것을 다시 요구한 한국에 대해 일본은 간소화하는 것이 바람직하다는 입장에서 공동선언 형식으로 할 것을 고집했다. 그러나 공동선언 형식을 취할 것과 관련해 일본이 이 시기 어려운 문제라고 강하게 의식한 것은 영토 조항의 요구였지, 무효 확인 조항의 문제가 아니었다. 청구권 문제의 진전으로 인해 문제를 최종적으로 타결하는 과제가 대두되자 병합 관련 조약들의 무효 확인 문제는 확실히 그 무게감을 후퇴시켰다. 실제 같은 시기 개최된 김용식-오히라 외상회담에서도 오히라는 기본관계 문제와 관련해 이북 지역의 문제를 어떻게 해결할 것인가에 관해서는 최종 단계에서 쌍방의 입장이 손상되지 않도록 조정하고 싶다고만 말했을 뿐,121) 병합 관련 조약들의 무효 확인 문제에 언급한 기록은 없다.

이렇듯 타결을 향하는 과정에서 기본관계 문제에 차지하는 과제의 무게감은 확실히 영토 조항 규정의 문제로 옮아갔다. 다시 말해 한일 기본관계 교섭의 기축은 한일 간의 '과거'로부터 한반도에 차지하는 한국정부의 '현재'와 북일 교섭 차단을 위한 '미래'로 이동해 나간 것이었다. 교섭의 초점이 '과거'로부터 '현재', 그리고 '미래'로 옮아가는 가운데 병합 관련 조약들의 무효 확인 문제조차 그 무게가 후퇴되는 이런 추세하에서는 기본관계조약 기초와 관련해 통치의 정당성 여부를 규정하는 문제가 새롭게 대두될 리는 물론 없었다.

한일 교섭은 민정 이관 후에도 즉시 진전되는 일은 없었다. 1964년에 들어가자 이번에 한일 교섭 타결에 따라 평화선이 철폐된다는 소문이 도화선이 되면서 한국에서는 한일회담 반대운동이 본격화되었다. 6월에는 이른바 '6·3사태'가 벌어졌다. 격렬한 한일회담 반대운동이 닥치자 한일 교섭의 진행 방식에는 변화가 일어났다. 제1차 한일회담 이후 기

---

121) 「外相會談における日本側發言內容(漁業關係以外)」, 外務省日韓會談公開文書(문서번호 1717내), 4쪽.

본관계 문제는 원래 한국 측 방침이었던 기타 현안을 먼저 해결하고 나서 수교한다는 '선 해결 후 국교' 방식이 정착되었었다. 그러나 강력한 한일회담 반대운동이 일어나자 특히 한국은 그런 과거의 진행 방식을 수정하고 오히려 기본관계 교섭을 먼저 타결시킨다는 구상을 가지기 시작했다. 일본에 대한 국민감정을 고려해도 병합 관련 조약들의 무효 확인 등, 과거의 청산이라는 성격을 지닌 이 문제를 먼저 성사시키는 것이 한일 교섭 전반에 대해 좋은 영향을 줄 수 있다는 판단이 작용했기 때문이었다.122)

이 방침에 따라 4월 23일 한일 양국은 제4차 한일회담 이후 단 한 번도 개최하지 않았던 기본관계위원회를 재개했다. 위원회 개최를 앞두고 외무성은 다시금 기본관계 교섭에 임하는 일본 측 입장을 정리했다. 11일 성내에서 사전 협의를 가진 외무성은 일본으로서는 영토 조항이나 관할권과 같은 사항을 규정하는 것은 피하고 싶고 따라서 외교 관계의 설정과 기타 최소한 필요한 조항만을 포함하는 공동선언으로 할 것을 확인했다. 1963년 여름 무렵에 정립된 방침이 그대로 재확인된 셈이었다. 이 사전 협의에서도 조약 형식을 피하고 싶다는 이유의 중심은 기본적으로 한국이 제기한 영토 조항의 존재였다. 그러나 이 협의에서는 비록 일본으로서는 양쪽 모두 언급하지 않는다는 방침에 변함이 없음이 확인되었으나 한국이 무효 학인 조항을 삽입할 것을 주장하고 있다는 것도 언급되었다.123) 한일회담 반대운동이 격렬해지고 있는 상황 속에서 기본관계 교섭을 굳이 개최한 것은 한국정부가 기본관계 문제를 병합의 합법성 여부 문제를 포함하는 것으로 국민감정상 바람직하다고 판단했기 때문이었다. 이에 따라 일본은 재개될 기본관계위원회에서 한국이 이 문제를

122) "JAW-04077", 『속개 제6차 한일회담, 본회의 수석대표 간 비공식 회의(본회의 상임위원회회합) 1-21차, 1964.3.26-11.5』, 23쪽.

123) 이상 「基本關係問題(日韓會談)」, 外務省日韓會談公開文書(문서번호 1847)에서 정리.

강조해올 것으로 예상한 것으로 풀이된다.

이에 따라 11일에 이어 15일에 열린 외무성 내 사전 협의에서는 병합 관련 조약들의 무효 확인 문제에 관해 일본은 그 입장을 미묘하게 바꾸었다. 외무성은 공동선언안을 마련하고 그것을 재개될 기본관계위원회에서 한국에게 직접 제출할 방침을 취했다. 15일 이후의 성내 협의는 이 공동선언안 작성을 위한 협의였다. 15일의 협의에서 외무성은 일본정부로서는 무효 확인 조항은 없는 것이 좋다고 하면서 한국과의 교섭에서는 맨 처음에는 그 조항은 삭제해서 제기하도록 다짐했다.124) 그러나 바로 '맨 처음'이라는 말이 상징하듯이 일본은 무효 확인 조항을 절대적으로 배제할 것까지 생각한 것은 아니었다. 이 점은 같은 협의에서 1910년의 병합조약이 언제부터 무효가 되었는지가 나오지 않는 것이라면 지장이 없다는 견해가 같이 나왔었던 점에서도 확인할 수 있다. 강조할 필요도 없이 교섭은 늘 상대가 존재하고 타결을 위해서는 타협이 필요했다.

원래 일본은 제1차 한일회담에서 당초 예상하지 않았던 무효 확인 조항의 삽입을 한국이 제기하자 일단 병합을 원천적으로 무효로 하는 것이 아니라 현재 효력을 가지지 않는 것을 확인하는 표현으로 해결하도록 타협하는 자세를 보였다. 그러나 그 후는 기본적으로 이 문제는 조항으로 삽입하지 않는 방침으로 돌아섰다. 그러나 결국 일본은 최종 타결을 전망하면서 한국과의 타협을 위해 다시금 무효 시점이 직접 나오지 않는 조항이면 그것을 삽입하는 것에는 반대하지 않는다는 선으로 문제를 마무리 짓도록 입장을 되돌린 것이었다. 결국 이 시기 정해진 방침이 막판 교섭에서 'already'를 핵심으로 한 조문 교섭으로 이어졌다.

또한 15일의 외무성 내 사전 협의는 영토 조항과 관련해 한국이 반대

---

124) 이하 15일의 성내 협의 내용은 「日韓會談基本關係問題」, 外務省日韓會談 公開文書(문서번호 1847내)에서 정리.

할 것이 확실한 관련 협정의 효력이 "실제 지배하는 지역에 적용된다"
는 취지를 먼저 제안할 것을 교섭 전략으로 삼았다. 이는 먼저 요구 수
위를 높이고 그 후 표면적으로는 타협하는 양, 수위를 낮춤으로써 원래
의 목적을 달성하려 하는 전형적인 교섭 전략이었다. 즉 일본은 이북
지역까지 포함시키려 하는 한국 측 제안에 대해 한국이 절대적으로 반
대하는 것이 뻔한 협정의 효력을 남한에만 한정시키는 규정을 제기함으
로써 최종적으로 양국이 타협하는 형식을 통해 그 조항을 삭제하도록
전략을 꾸몄다.

　이러한 사전 협의의 결과 18일 외무성은 "일본국과 대한민국과의 공
동선언(안)"을 기초했다.125) 이어 20일 외무성은 기본관계위원회에서 이
18일자의 초안을 실제 한국에 제시할 방침을 정했다.126) 18일에 작성된
그 공동선언안은 최종 단계에서 한국의 입장을 감안해 어느 정도 수정할
가능성을 염두에 두고 있음을 명시하면서도 사전 협의에서 논의된 방침
이 그대로 반영되었다. 즉 초안은 한일 간에 체결될 관련 협정의 효력과
관련해 "대한민국정부의 유효한 지배 및 관할권이 조선반도의 북 측 부
분에는 미치지 않고 있다는 것이 고려된다"고 직접 규정한 반면 병합 관
련 조약들의 무효 확인 문제에 관해서는 일절 언급하지 않았다.

　그러나 재개된 기본관계위원회에서는 결국 상기 공동선언안이 실제
한국에게 제시되는 일은 없었다. 그 주된 이유는 한국이 기본관계조약
에 관한 안을 제시하지 않았기 때문이었다. 27일에 열린 제1회 기본관
계위원회에서 한국이 자기 측 안을 제시하는 것에 소극적인 자세를 보
이자 일본은 양국이 제시할 것을 주장하고 대립했다. 결국 그 위원회에
서는 한국이 안을 마련하는 데 2주가량 걸린다는 상황을 고려해 제2회
기본관계위원회를 5월 8일에 갖도록 조정했다.127) 한국 역시 기본관계

---

125)「日本國と大韓民國との共同宣言(案)」, 外務省日韓會談公開文書(문서번호 1848내).
126)「日韓會談基本關係委員會における日本側共同宣言案の提示について」, 外務
　　省日韓會談公開文書(문서번호 1848).

문제 해결을 위한 안을 실제 제시할 것은 일단 약속한 것이었다. 그러나 결국 제2회 위원회에서도 한국은 자기 측 안을 제시하지 않았다.[128] 한국정부는 재개될 기본관계위원회에 즈음하여 준비 관계로 당분간 상기한 1962년 12월 21일의 요강안의 선으로 교섭할 것을 지시했었다.[129] 그 이유는 분명하지 않으나 결국 본국정부의 준비가 끝나지 않아 위원회에서 제시하지 못했던 것으로 봐도 틀림없어 보인다.

이 결과 오랜만에 재개된 기본관계위원회 역시 새로운 진전을 이루지 못했다. 제2회 위원회는 일단 한국이 요강을 제시할 수 있을 때에 다시금 위원회를 열도록 확인했다. 이 합의에 맞게 한국정부 역시 내부적으로는 5월 25일 기본관계조약에 관한 시안을 마련했다. 그러나 한국은 이 시안을 제시하기 위해 위원회를 다시 열 것을 요구하지 않았다. 이 25일의 시안이 마련된 무렵, 바로 한국 사회는 6·3사태로 이어지는 한일회담 반대운동의 절정을 맞이하고 있었다. 한일회담 반대운동이 일어나자 국민감정을 고려해 먼저 기본관계 문제를 전진시키려 한 한국정부 역시 계엄령 사태에까지 이르게 된 심각한 혼란이 닥치자 대일 교섭을 구체적으로 진전시킬 수 있는 여유를 잃게 되었음은 틀림없을 것이다.

다만 이 시기 두 번 열린 위원회에서 한국은 기본관계 문제가 식민지 관계를 청산하고 새로운 한일 관계의 기초가 되기 위한 것이라고 강조하면서 조약 형식으로 할 것, 또한 무효 확인 조항을 삽입하는 것들은 다시금 강조했다. 그러나 한일 간의 과거에 대한 국민감정을 고려해 재개하도록 구상한 이 시기의 기본관계위원회에서도 과거사와 관련된 또 하나의 과제인 통치의 정당성 여부를 가리는 조항을 삽입하는 요구를

---

127) 「再開第6次日韓全面會談における基本關係委員會第1回會合」, 外務省日韓會談公開文書(문서번호 448).

128) 「再開第6次日韓全面會談における基本關係委員會第2回會合」, 外務省日韓會談公開文書(문서번호 448내).

129) "WJA-04129", 『속개 제6차 한일회담, 본회의 수석대표 간 비공식 회의(본회의 상임위원회회합) 1-21차, 1964.3.26-11.5』, 30쪽.

한국이 꺼낸 일은 없었다.

한편 한국이 조약 형식으로 할 것을 다시금 강조하자 일본은 타협을 전망하면서 형식 문제에 관해 현실적인 입장을 모색하기 시작했다. 실제 1964년 여름쯤, 향후의 교섭 과제를 정리한 외무성은 한국정부의 관할권을 어떻게 표현할 것인가 하는 문제와 더불어 조약으로 할 것인지, 혹은 공동선언 정도로 할 것인지, 형식 문제가 남은 과제라고 지적했다.130) 한때 공동선언 형식으로 추진할 것을 다짐한 일본정부 역시 제7차 한일회담으로 향하는 과정에서는 조약 형식으로 할 가능성을 공동선언으로 할 것과 같은 무게로 인식하게 된 셈이었다.

2 'already'의 삽입과 무효 확인 조항의 확정

1) 무효 확인 조항 기초 교섭의 개시

한일 교섭이 극적으로 진전되기 시작한 것은 1964년 말에 시작된 제7차 한일회담에서였다. 6·3사태로 인해 혼란의 극치에 빠진 한국 사회도 같은 해 후반에 접어들면서는 결국 군사정권의 힘 앞에 일단 진정 국면을 맞이하게 되었다. 일본에서도 정치적 변화가 일어났다. 신병을 이유로 도중하차한 이케다 수상의 뒤를 이어 11월 사토(佐藤榮作) 신정권이 출범했다. 정권을 장악한 사또 수상은 한일회담 타결을 자신이 이끄는 내각의 중요 과제로 삼았다. 그 사또 정권에서는 이동원 외무장관이 '행운배달인'이라고 부른131) 기본관계 교섭 성사의 주역인 시나 외무대신이 재임되었다.

---

130) 이들 견해는 예컨대 7월 13일자 「日韓會談今後の進め方について(改定案)」, 外務省日韓會談公開文書(문서번호 1784), 13쪽; 8월 5일자 「日韓交渉において今後解決を要する諸問題」, 外務省日韓會談公開文書(문서번호 1784), 1쪽.
131) 李東元, 『韓日條約締結秘話』, 崔雲祥監譯, PHP, 1997, 제2화 표제.

　한일 교섭을 최종적으로 성사시킨 제7차 한일회담은 12월 3일부터 개시되었다. 이 회담은 당초부터 시나 외상의 방한이라는 큰 정치적 전환점을 의식하면서 개최된 교섭이었다. 7월 26일에 외무장관에 취임했었던 이동원은 취임 초기부터 국민감정을 의식해서라도 그간 거의 일방적으로 한국이 도쿄를 방문해 교섭을 벌인 방식을 바꾸고 일본 측 외무대신이 한국을 방문하는 기회를 통해 교섭을 진전시킬 방안을 구상했다.[132]

　당시 아시아국장으로서 실제 시나 외상 방한에도 동행한 우시로쿠 국장의 증언 역시 1964년 가을쯤부터 한국이 요시다 전 수상의 방한이나, 그 후 사토 정권이 출범하자 시나 외상의 방한을 더욱더 강하게 요청해 왔다고 증언하고 있다.[133] 이 증언은 이동원 회고록의 내용과 기본적으로 일치하고 있으므로 결국 1965년 2월에 성사된 시나 외상의 방한은 이동원 장관의 주도 아래서 이루어졌다고 평가해도 무방하다. 또한 시나 방한의 실현에는 미국의 압력, 특히 당시 번디(William Bundy) 극동 문제 담당 국무차관보의 중개 역할도 작용한 것으로 보인다.[134]

　10월 22일 새롭게 주일대표부 대사에 취임한 김동조는 시나 외상과 직접 만나 회담 재개를 위한 정지(整地) 작업을 위해서도 11월 중순쯤 조기 방한할 것을 요청했다. 이 요청에 대해 27일 정치 일정의 관계 등으로 인해 외상의 연내 방한은 불가능하다는 입장[135]을 취한 일본정부

---

132) 위의 책, 35~38쪽.
133) 「日韓交涉に關する若干の回想(1965.7)」, 外務省日韓會談公開文書(문서번호 16), 21~23쪽. 이 문서에 매겨진 문서번호 '16'은 2016년의 추가 공개에 따라 부여된 번호이며 그 이전에 공개된 다른 문서 중에도 '16'이라는 문서번호가 부여된 것이 있다.
134) 이 사실 역시 李東元, 앞의 책, 42~43쪽이나 위의 회고록, 22~23쪽 등에서 파악 가능하다.
135) 22일에 김동조가 시나에게 방한을 요청했다는 사실과, 그에 대한 27일의 일본 측 방침은 「日韓問題に對する韓國側希望とこれに對する日本側の方針(案)」, 外務省日韓會談公開文書(문서번호 1786), 1~3쪽.

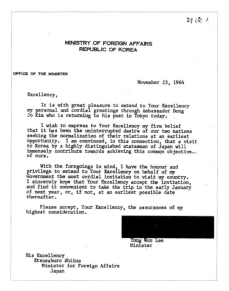

이동원 외무장관이 보낸 방한 초청장과 시나 외무대신의 답신
(이동원 장관이 시나 외상에 대해 보낸 왼쪽 초청장에서 확인되는 먹칠은 그
초청장을 받은 일본 외무성이 가한 것으로 풀이되나 그 비공개 이유는 불명임)

도 11월 14일에는 친선목적으로 1965년 초 방한할 것을 결정했다.[136] 이 합의에 따라 이동원 장관은 11월 23일 정식으로 초청장을 발송했으며 일본정부 역시 11월 28일 기타 정치 일정 등을 고려해 2월 중순까지에는 방한할 뜻을 시나 외상 명의로 공식적으로 답신했다.[137] 비록 가조인 형식을 취하기는 했으나 사실상 기본관계조약 조인을 성사시킨 시나 방한이 이렇게 정식으로 결정되었다.

물론 시나 외상 방한 결정 당초부터 그 자리에서 기본관계조약을 가

---

136) 「日韓會談再開問題等に關する韓國側申入れに對する日本側回答」, 外務省日韓會談公開文書(문서번호 1786내), 8쪽.

137) 이동원 외무장관의 초청장과 시나 외상의 답신은 모두 영문 문서로서 「李韓國外務部長官より椎名大臣あての訪韓招請狀に對する椎名大臣の返簡(案)」, 外務省日韓會談公開文書(문서번호 1325), 2~3쪽에 수록.

조인할 계획까지 이미 잡혀 있었던 것은 아니었다. 그러나 기본적으로 '선 해결 후 국교' 방식을 취해 왔던 한일 교섭도 그 후 청구권이나 평화선이 얽힌 어업 문제 등 양국 간에 놓인 어려운 개별 문제 등으로 인해 교섭 방식은 바뀌었었다. 오히려 먼저 수교 성사를 이루고 그것을 탄력으로 활용하면서 기타 개별적인 문제를 타결시킬 방안이 보다 현실적인 대안으로 이미 부상되었었다. 이로 인해 제7차 한일회담은 당초부터 기본관계 교섭에 박차가 가해졌다.

실질적인 교섭이 진행된 제7차 한일회담 기본관계위원회는 12월 8일부터 시작되었다. 10일에 열린 제2회 위원회에서 한일 양국은 기본관계 문제 처리를 위한 각기의 요구 사항을 제시했다.[138] 한국이 제시한 입장은 조약 형식으로 할 것, 전문에서 한국정부가 한반도에서 유일한 합법정부라는 사실을 확인할 것, 그리고 본문에서 병합 관련 조약들이 무효라는 사실을 확인할 것들이었다. 한국이 제시한 요구 중, 특히 둘째 요구인 '한국정부가 한반도에서 유일한 합법정부라는 사실을 확인하는 것'에는 주의가 필요하다. 상기한 바와 같이 한국은 김종필-오히라 합의 후인 1962년 12월에 기본관계 문제에 관한 한국 측 입장을 이미 밝혔었

---

138) 제2회 위원회에서 한일 양국이 제시한 입장은 한국 측 "ESSENTIALS OF KOREAN POSITION ON BASIC RELATIONS" 및 일본 측 「日韓基本關係に關する合意要綱案」으로서 「第7次日韓全面會談基本關係委員會第2回會合」, 外務省日韓會談公開文書(문서번호 1345내)에 별첨으로서 수록. 필자는 앞서 발표한 연구에서 제7차 한일회담 기본관계위원회에서 한일 양국이 이 이후 제시한 조약 초안 등의 내용에 관해서는 한국정부가 공개한 문서의 분석을 통해 이미 보다 포괄적으로 밝혔다. 따라서 이하에서는 일본정부가 공개한 문서에 주로 의거하면서 이 책의 문제의식에 맞게 무효 확인 조항과 유일 합법성 조항에만 초점을 맞추고 분석하도록 한다. 이들 조항을 비롯해 보다 포괄적인 초안의 변화 과정에 관해서는 장박진, 앞의 책, 2009, 473~506쪽. 이 12월 10일의 위원회에서 한국이 제시한 국문 요강은 "기본관계에 관한 한국측 입장 요강안"으로서 『제7차 한일회담, 기본관계위원회 회의록 및 훈령, 1964.12-65.2』, 31쪽에 수록.

다. 그러나 그 요구에서는 한국정부가 유일한 합법정부임을 확인할 것
등의 요구는 없었으며 그와 관련된 요구는 '영토 조항'이었다. 즉 한일
간에 체결되는 기타 협정의 효력이 현재 한국의 행정적 지배하에 있는
남한뿐만 아니라 장래 그 지배하에 들어올 이북 지역까지 미치도록 규
정할 것을 요구했었다. 따라서 한국이 제시한 해당 요구는 7차 회담에
이르러 그 영토 조항을 유일 합법성 조항으로 탈바꿈시킨 것을 뜻했
다. 그 이유를 직접 명시적으로 밝히는 자료는 찾을 수 없으나 이 변
화가 결국 일본과의 타협의 필요성을 염두에 둔 결과였음은 틀림없을
것이다.

  즉 관련 협정의 효력이 이북 지역에까지 미칠 것을 직접 명문화하려
는 영토 조항은 이미 한국과의 문제를 남한 지역에만 한정할 것을 결정
하던 일본이 수락할 가능성이 전혀 없는 요구였다. 그로 인해 협정의 효
력 범위를 직접 명시하는 영토 조항을 규정하려 할 경우에는 오히려 일
본이 관련 협정의 효력을 남한에만 한정하는 내용으로 규정할 것을 요구
하는 것은 불가피했다. 물론 한국정부로서는 그것은 절대로 수락할 수
없었다. 비록 직접 일본에 제시하지는 않았으나 한국정부가 내부적으로
정리한 1964년 5월의 기본관계조약에 관한 시안에서도 영토 조항은 언
급하지 않도록 하는 방침이 이미 잡혀 있었다.[139) 그 직접적인 이유 역
시 명시되어 있지 않으나 영토 조항으로 규정하려 할 경우에 생길 상기
문제를 피하는 것이 현명하다고 판단한 결과였음은 틀림없을 것이다.

  한국정부에게 남은 대안은 문제를 '영토 조항'으로서 밀고 나가는 것
이 아니라 다른 방안을 찾는 것이었다. 바로 그것이야말로 관련 협정의
효력 범위를 직접 표시하는 형식이 아니라 한국정부가 한반도에서 유일
한 합법정부라는 것을 확인함으로써 향후 일본이 북한과 교섭할 것을

139) "기본관계 문제에 대한 아측의 기본적 지침", 『한일간의 기본관계에 관한
    조약 [등], 1964~65, 전5권(V.1 교섭 및 서명)』, 17쪽.

간접적으로 차단하도록 하는 방안이었다. 유엔총회결의 195(Ⅲ)호 역시 적어도 북한이 합법정부임을 인정한 것은 아니었으며 합법정부라고 직접 인정한 것은 대한민국정부만이었다. 이 의미에서 장래에 걸쳐 실제 한국정부의 지배가 이북 지역에 미치게 될지 불투명하면서도 그것을 무시하도록 요구하는 영토 조항과 달리 유일 합법정부의 확인은 일본 역시 인정하고 있는 유엔총회결의 195(Ⅲ)호를 전면적으로 건드리는 것은 아니었다. 여기에 일본과의 타협의 여지는 충분히 있었다.

한편 12월 10일 제2회 위원회에서 일본은 기본관계 문제에 관한 합의를 '공동선언' 형식으로 해결할 것, 평화조약 제2조 (a)항이나 유엔총회결의 195(Ⅲ)호의 취지를 확인할 것, 그리고 한일 간에 체결된 관련 협정의 적용 범위가 이북 지역에는 미치지 않고 있다는 고려를 명시할 것들을 요구했다. 그 한편 일본은 병합 관련 조약들의 무효 확인 문제에 관해서는 아무런 언급도 하지 않았다. 사실상 기본관계 문제에 관한 공동선언에서는 그 문제는 규정하지 않도록 할 입장을 드러낸 것이었다.

그러나 물론 이들 입장은 사실상 새로운 것은 아니었다. 제7차 한일회담에 임하려는 11월 30일 외무성 경제국 아시아과는 기본관계 문제에 관해 통상항해 관련 조항의 규정 문제 같은 것을 검토한 기록은 있다.[140] 그러나 같은 무렵 외무성이 형식이나, 관련 협정의 효력 범위, 그리고 병합 관련 조약들의 무효 확인 문제 등에 관해 새로운 검토를 가한 흔적은 없다. 이는 12월 10일에 제시한 일본 측 요강이 비록 한국과의 조정 관계로 직접 제시하지는 않게 되었으나 1964년 4월에 작성하고 5월 8일의 위원회에서 제시할 예정이었던 상기 방침을 그대로 이어 받고 있었음에 따른 결과라고 봐도 무방할 것이다.[141] 실제 12월 10

---

140) 「日韓共同宣言案に規定すべき通商關係事項について」, 外務省日韓會談公開
　　　文書(문서번호 1786내).
141) 실제 일본 측의 다른 문서는 12월 10일의 위원회에서 제시한 일본 측 합의
　　　요강안이 1964년 5월 6일자로 재가를 받은 것임을 기록하고 있다. 「日韓會

일에 일본이 제시한 내용들은 사실상 1964년 4월 시점에서 굳히던 교
섭 방침을 기본적으로 그대로 답습하고 있다.

따라서 7차 회담 개최에 즈음하여 일본이 정립했었던 상기 교섭 전
략은 기본적으로 다음과 같은 것이었다고 정리해도 무방할 것이다. 즉
가급적으로 간소화시킨다는 기본 방침 아래서 무효 확인 조항에 관해서
는 당초 그것을 규정하지 않도록 요구하면서도 한국과의 타협으로서 애
초부터 무효라는 의미가 나타나지 않는 범위에서 조항의 규정 자체에는
반대하지 않는다. 또한 관련 협정의 효력 범의의 문제와 관련해서는 당
초 한국정부의 관할권이 이북 지역에 미치지 않고 있음을 직접 명시하
도록 요구하되 나중에 한국과의 타협을 통해 적절한 수준에서 타결을
도모한다. 바로 이것들이 최종적으로 기본관계조약 제2조 및 제3조로
귀결된 제7차 한일회담에 임한 일본정부의 교섭 전략이었다.

특히 영토 조항을 일단 제시한 후에 예상될 한국과의 타협 내용과 관
련해 일본이 그 '적절한 수준'으로서 수락 가능한 기준은 1964년 12월
21일에 외무성이 관련 문제의 처리 방안을 정리한 방침 문서에서 제시
되었다고 볼 수 있다. 그 문서에서 일본정부는 청구권 문제 등과도 관
련되는 기본적인 입장으로서 한국정부는 유엔총회결의 195(Ⅲ)호가 말
하는 의미에서 한반도에서 성립되고 있는 유일한 합법정부나 그 실효적
지배나 관할권은 현재 이북 지역에 미치지 않고 있다는 입장과 모순되
지 않도록 할 필요성을 지적했다.[142] 실제 이후 조문 기초 과정에서 일
본정부는 이 입장을 어기지 않는 선으로 교섭을 벌이게 되었다.

談基本關係における日本側共同宣言案の一部修正について」, 外務省日韓會談
公開文書(문서번호 1853내), 1~2쪽. 5월 6일은 8일에 열린 위원회의 이틀
전이며 따라서 그때 재가를 받은 것이 당초 8일의 위원회에서 제출할 예정
이었던 일본 측 방침이었음은 틀림없다.

142)「日韓首腦間の會談において明らかにすべき日本側の立場(試案)」, 外務省日韓
會談公開文書(문서번호 1786내), 1~2쪽.

1964년 말에 한국과의 입장 차이를 다시 확인한 외무성은 1965년 1월 7일에 조문 기초 형식이나 내용을 약간 변경했다. 새롭게 입안된 그 안은 이듬 8일에 조약국과 아시아국 합동으로 검토되었다.[143] 외무성이 7일자로 기초하고 8일에 검토한 그 수정안은 유엔총회결의 195(Ⅲ)호를 전문에서 규정하는 대신, 본문에서는 한국정부의 관할권이 이북 지역에 미치지 않고 있다는 등의 영토 조항을 삭제했다. 즉 1월 초순 일본정부는 영토 조항으로서의 삽입을 정식으로 철회했다. 물론 이는 한국정부의 관할권이 남한에만 미친다는 것을 노골적으로 뜻하는 규정은 한국이 수락하지 않을 것이 분명하다는 것을 고려한 결과였다. 굳이 영토 조항을 규정하지 않아도 조약의 성격을 전체로서 나타내는 전문에서 유엔총회결의 195(Ⅲ)호를 명시하면 한국정부의 실효적 지배나 관할권이 남한에만 한정된다는 뜻은 충분히 확보할 수 있다고 판단한 결과였다.

한편 그 수정안은 무효 확인 조항에 관해서는 "일본국과 대한민국과의 관계에서 이미 효력을 갖지 않음을 확인한다"는 취지면 그것을 넣을 의향이 있음을 밝힐 방침을 정했다. 그러나 이는 제1차 한일회담에서 한국이 무효 확인 조항의 삽입을 요구하자 일본이 타협안으로서 이미 제시했었던 입장을 거듭한 것에 불과했다. 물론 이 규정은 병합 관련 조약들이 당초 합법적으로 체결된 것으로 정식으로 법적 효력을 갖고 있었음을 나타내려는 뜻을 담은 조항이었다. 8일에 검토된 이 새로운 방침은 25일에 초안으로 기초되고[144] 26일에 열린 제7회 기본관계위원회에서 실제 한국에게 제지되었다. 다만 26일에 일본이 제시한 초안에서는 공동선언이라는 명칭을 직접 사용하지 않고 그 점은 공백으로 남겼다. 명칭 부분을 공백으로 한 이유와 관련해 위원회 석상에서 일본은

---

143) 「日韓基本關係に關する1964年12月10日日本側合意要綱案に對する修正案」, 外務省日韓會談公開文書(문서번호 1851내). 이 안이 8일에 조약국과 아시아국 합동으로 검토되었다는 사실은 문서 첫 페이지에 수기로 기술되어 있다.

144) 「日本國と大韓民國との間の……」, 外務省日韓會談公開文書(문서번호 1851내).

형식은 내용을 확정하고 나서 마지막에 결정하기 위한 것이라고 설명했다.[145] 이는 사실상 한국이 고집하고 있었던 조약 형식을 받아들일 의향이 있음을 미리 제시한 것이나 마찬가지였다.

유의해야 하는 점은 관련 기록을 종합적으로 고려한다면 실은 이들 입장은 26일에 개최된 위원회 이전에 이미 한국 측에 전달되어 있었다고 풀이된다는 점이다. 이 시기 한일 교섭은 주일대표부와 외무성 간의 공식 라인 이외에도 다른 채널을 통해 이루어져 있었음이 알려져 있다. 그 주역은 한국 측이 정일권 총리와 김종필의 형인 김종락 당시 한일은행 상무, 그리고 일본 측은 고노(河野一郎) 당시 부총리를 중심으로 한 그룹들이었다. 이런 막후교섭의 존재는 일본 측 공식 자료를 통해서도 어느 정도 확인할 수 있다.[146] 특히 '독도 밀약설과도 관련되고 잘 알려져 있는 이 막후교섭은 독도 이외의 기타 현안들도 다루었다. 그 속에는 기본관계 문제도 포함되었다. 이 막후교섭에서 일본 측의 창구가 된 사람은 고노의 비서를 역임한 측근 우노(宇野宗佑)였다. 우노는 비록 두 달 남짓한 짧은 기간으로 퇴진하게 되었으나 1989년에 내각총리대신에도 취임한 인물이었다. 그러나 비록 막후교섭이라 불리면서도 이 교섭이 적어도 일본 측에 관해서만큼은 공식 라인인 외무성과 밀접한 연계를 유지하면서 진행된 것은 틀림없다. 그 한 사례로서 외무성의 기록은 1월 8일 우시로쿠 아시아국장이 막후교섭에 나서려 한 우노에 대

---

145) 「第7次日韓全面會談基本關係委員會第7回會合」, 外務省日韓會談公開文書 (문서번호 1346내), 2쪽. 26일에 일본이 제출한 초안은 같은 위원회 회의록에 별첨으로서 수록.

146) 「第7次會談の開始と基本關係條約案イニシアル」, 外務省日韓會談公開文書 (문서번호 1127), 11-73~11-90쪽. 단 이 문서는 외무성이 공개한 공식 문서에 포함되어 있다는 의미에서는 1차 자료이나 외교 기록 자체를 모은 것이 아니라 교섭 담당자들의 증언을 모아가면서 편집한 교섭 회고록의 성격을 띠고 있으므로 그 의미에서는 2차 자료적인 성격을 지니고 있는 것도 아울러 고려할 필요가 있다.

해 수교한 문서를 직접 남기고 있다.[147] 시기를 봐도 8일에 아시아국장
이 제출한 문서는 그 이틀 후인 10일부터 예정된 우노의 방한에 맞춘
것이었음은 틀림없었다.

우노에 제출된 문서에는 다음과 같은 것들이 적혀 있었다. 즉 공동선
언 형식이 타당하다고 생각하나 일본정부로서 그에는 고집하지 않는다.
관련 협정에서 그 적용 범위가 이북 지역에 미치지 않고 있다는 것이
드러난다면 기본관계조약에서 그 점을 군이 명시하지 않아도 되며 한국
과 국교가 있는 한 일본이 북한과 외교 관계를 갖지 않는 것은 당연하
므로 이 문제를 기본관계조약에서 언급하는 것은 오히려 한국에게 유리
하지 않다. 그리고 무효 확인 조항은 현재 효력을 갖지 않고 있다는 형
식으로 규정한다면 그에는 반대하지 않는다.

이렇듯 외무성이 막후교섭을 위해 방한하는 우노를 통해 한국에게
전달한 이들 입장은 상기한 26일의 위원회에서 제시한 초안과 사실상
똑같은 내용이었다. 외무성은 오히려 막후교섭의 기회를 이용하면서 공
식 라인에서 제기할 일본 측 입장을 미리 한국에게 주지시키려 작정한
것으로 봐도 과오는 없을 것이다.[148] 물론 외무성이 이와 같은 대응을

147) 이하 이 문서의 내용은 「日韓會談における日本側の立場」 및 이에 부속된
「口頭說明」, 外務省日韓會談公開文書(문서번호 1787내)에서 정리. 이 문서
가 우시로쿠 국장으로부터 우노에 제출되었다는 사실은 문서 첫 페이지에
수기로 기록되어 있다.
148) 상기한 막후교섭의 회고록에서는 이 안에 대해 정일권이 그것을 승인하고
사인을 한 서류를 일본 측에 제시했다고 기록하고 있으나 결국 이 교섭은
흐지부지되었다고 한다. 그 최대의 이유는 주일대표부와 외무성 사이에서
전개된 공식 라인의 교섭이 시나 방한까지 순조롭게 진행되었기 때문이라
고 되어 있다. 이러한 점을 고려해도 막후교섭에 그다지 무게를 둘 필요는
없어 보인다. 실제 같은 회고록은 그 막후교섭 자체가 외무성과 밀접하게
연락을 주고받으면서 진행되었다는 사실 관계들을 묘사하고 있으며 그것
이 공식 라인의 교섭에서 다루지 못한 특수 역할을 수행했다는 등의 교섭
과는 사뭇 달랐음을 드러내고 있다. 실제 그런 점은 당시 아시아국장으로
서 공식 교섭 라인의 실무 책임자의 지위에 있었던 우시로쿠 국장의 증언

을 통해서도 엿볼 수 있다. 우시로쿠 국장은 막후교섭에서도 공식 라인과 다르지 않은 안이 나와 한국으로 하여금 공식 라인으로 교섭을 진행할 수밖에 없다는 마음을 굳히게 했다는 의미에서 고노 라인의 교섭에 의미가 있었다고 역설적으로 평가하고 있다. 「日韓交涉の回顧 椎名元外務大臣, 後宮大使にきく(1969. 8)」, 外務省日韓會談公開文書(문서번호 14), 27~28쪽. 이 문서에 매겨진 문서번호 '14'는 2016년의 추가 공개에 따라 부여된 번호이며 그 이전에 공개된 다른 문서 중에도 '14'라는 문서번호가 부여된 것이 있다.

이 연구에서는 여담이 되지만 이 시기 진행된 이런 막후교섭의 존재와 관련해서는 독도 문제가 유명하다. 즉 이런 막후교섭의 결과 독도 영유권 문제와 관련해 한일회담에서는 그것을 해결하지 않는 것으로 해결한다는, 말하자면 '미해결의 해결책'으로서 독도 문제를 마무리 짓도록 했다는 이른바 '독도 밀약설'이 노 다니엘에 의해 제기되었다. 그리고 노는 이것을 박정희 대통령과 사토 수상, 즉 한일 두 정상의 정식 승인을 얻은 정부 간 공식 밀약이라고 보고 있다. ロ‐・ダニエル, 『竹島密約』, 草思社, 2008, 206~210쪽. 물론 여러 의제를 다룬 것으로 풀이되는 이 막후교섭에서 당시 현안이 되어 있었던 독도 문제가 아울러 거론되어 있었을 가능성은 매우 크다. 그러나 일본 측 문서를 보는 한, 한일 두 정부 간에 명확한 밀약이 성립되었었다고 주장하는 것에는 신중한 태도가 필요해 보인다. 그 근거는 상술한 바와 같이 이 교섭이 외무성이라는 공식 라인과 밀접한 관계를 유지하면서 전개되어 있었다는 점, 공식 외교 라인의 진전에 따라 막후교섭이 흐지부지되었다는 점, 그리고 무엇보다 박정희 대통령의 부정적인 발언이 전해지고 있는 점들이다. 1965년 3월 11일 시나 외상과 회담을 가진 이동원 장관과 김동조 수석대표는 이동원 장관으로부터 이 막후교섭의 존재 여부에 관한 문의를 받은 박정희가 "은행의 평이사고 이사장에도 되지도 못하는 놈이 그런 이야기를 할 수 있을 리 없다"고 김종락이 관여한 막후교섭에 대해 부정적으로 발언했다는 사실을 시나에게 전하고 있다. 「椎名大臣・李長官會談錄」, 外務省日韓會談公開文書(문서번호 728), 5~7쪽. 이것이 박정희가 공식 재가를 내렸다는 밀약설과 전혀 정반대의 기록임은 틀림없을 것이다. 물론 전해진 이 박정희의 말은 독도 밀약의 존재 자체를 직접 부정한 것은 아니며 또한 막후교섭에서 제외된 이동원, 김동조 등 공식 라인의 발언인 만큼 참으로 박정희가 그것을 부정했는지도 확인할 수 없다. 또한 가령 박정희가 부정하는 발언을 실제 했었다고 하더라도 그것이 공식 라인의 교섭을 맡았었던 이동원 등에 대한 배려였을 가능성도 완전히 배제할 수는 없다. 따라서 이 회담 기록만으로 공식 밀약은 결

취한 것은 향후 공식 라인을 통해 제시할 입장을 미리 제시하고 막후교
섭이라는 성격을 띤 조정을 통해 그에 대한 양해를 사전에 어느 정도
이끌어 내려고 한 데에 그 목적이 있었음은 틀림없을 것이다. 즉 그것
은 일본이 구상한 조문 내용의 선에서 대충 교섭을 진전시킬 수 있도록
노린 정지(整地) 작업의 의미를 지닌 것이었다.

　그러나 일찍 일본 측 입장을 전달받은 한국은 아직 그 시점에서는 종
래의 입장을 고집했다. 26일의 제7회 위원회에서 한국은 요강 형식을
넘어, 영문 초안 자체를 제출했다.149) 그 초안에서 한국은 무효 확인 조
항에서는 'null and void'라는 어구를 그대로 사용할 것, 유일 합법성 조
항에 관해서는 전문도 포함해 유엔총회결의 195(Ⅲ)호 등에 일절 언급
하지 않고 단지 "the only lawful government in Korea(한반도에서의 유일
한 합법정부)"로만 규정할 것들을 요구했다. 한국이 조문화한 'null and
void'는 1차 회담 시의 취지와 같이 병합이 당초부터 무효임을 직접 명
시하지 않고 시점을 애매하게 함으로써 일본과의 타협을 모색하기 위한
어구였다. 실제 상기한 1964년 5월의 내부 시안에서도 한국정부는 무효
시점을 '당초부터'를 뜻하는 'ab initio'로 하도록 최대한 노력하되 부득
이할 경우는 이 규정을 삭제하도록 정했었다.150) 결국 한국은 막판 교
섭에 접어들면서도 1차 회담에서 이미 밝혔었던 입장을 거듭만 하고 일

　코 존재하지 않는다고 단정 지을 수 있는 것은 아니다. 그러나 적어도 자
　료에 근거해야 하는 외교사 연구라는 입장에서 볼 때, 현 시점에서 찾을
　수 있는 기록들을 전제로 종합적으로 판단할 경우, 적어도 학술적으로는
　공식 밀약의 존재는 아직 확인되지 않으며 그 가능성 역시 낮다고 평가하
　는 것이 타당해 보인다.

149) "DRAFT BASIC TREATY BETWEEN REPUBLIC OF KOREA AND
　JAPAN". 이는 「第7次日韓全面會談基本關係委員會第7回會合」, 外務省日
　韓會談公開文書(문서번호 1346내)에 별첨 2로서 수록. 한국 측 위원회 기
　록에서는 한국이 실제 제출한 문서는 수록되어 있지 않다.

150) "기본관계 문제에 대한 아측의 기본적 지침", 『한일간의 기본관계에 관한
　조약 [등], 1964~65, 전5권(V.1 교섭 및 서명)』, 14쪽.

본에 대해 직접 병합이 원천 무효였음을 인정하도록 요구하지는 않았던 것이다. 물론 막판 교섭에 접어들어 조약 정문(正文)의 지위를 차지하는 영문 초안이 제시되는 단계에 이르러서도 통치의 정당성 여부를 묻는 규정을 기본관계조약에서 둘 요구가 한국정부에 의해 추가 제기되는 일은 없었다.

한국 측으로부터 조약의 영문 초안이 제시되자 2월 5일 일본은 1월 26일에 제시한 입장을 바탕으로 일본어 수정안을, 이어 8일에는 그 영문 초안을 제시했다. 일본이 제시한 8일의 영문 초안에서는 그 전문에 평화조약 제2조 (a)항과 함께 "recalling the Resolution 195(Ⅲ) adopted by the United Nations General Assembly on December 12, 1948(1948년 12월 12일 유엔총회에 의해 채택된 결의 195(Ⅲ)호를 상기하면서)"이라는 구절이 들어갔다. 또한 무효 확인 조항에 관해서는 본문 제5조에서 병합 관련 조약들이 "have no effect between Japan and the Republic of Korea(일본국과 대한민국 간에 효력이 없다)"로 규정되었다.[151]

물론 이들 규정의 뜻은 알기 쉬웠다. 즉 조약의 성격을 드러내는 전문에서 유엔총회결의 195(Ⅲ)호를 상기할 것을 명시하고 한국이 남한에서만 이루어진 선거를 거쳐 들어선 합법정부임을 드러나게 함으로써 한국의 관할권이 이북 지역에까지 꼭 미치는 것이 아님을 간접적으로 확정한다. 또한 병합 관련 조약들이 한일 간에 효력을 갖지 않는다고 현재형으로서 확인함으로써 체결 당시는 법적으로 효력을 가졌음을 확정한다. 이들이 일본이 제기한 2월 8일자 영문 초안의 의도였다. 1월 26일에 일단 제시한 일본안에 들어가 있었던 '이미(もはや)'가 빠진 것은 병합 관련 조약들이 효력을 갖지 않고 있다는 사실을 전후 건국된 대한민국과 확인하는 이상, '이미'는 오히려 불필요하다고 판단한 결과였음은

---

151) "Draft ⋯⋯ between Japan and the Republic of Korea". 이는 「第7次日韓全面會談基本關係委員會第10回會合」, 外務省日韓會談公開文書(문서번호 1346 내)에 별첨으로서 수록.

604 허구의 광복: 전후 한일병합 합법성 확정의 궤적

틀림없을 것이다. 즉 과거 일본이 대한제국과 체결한 조약들이 현존하는 한국정부와의 관계에서 효력을 갖지 않는다는 것은 대한제국과 대한민국과의 법적 계승 관계를 부정하는 일본정부의 입장에서 볼 때 당연했다. 따라서 '효력을 갖지 않는다'는 것을 대한민국과 확인하는 형식으로 조문을 꾸미는 이상, 굳이 '이미'가 들어가야 하는 이유는 없었다. 병합 관련 조약들은 어디까지나 대한제국과 체결한 것이며 또 그것이 전후의 한반도 독립에 따라 실제 효력을 상실하고 있는 이상, 1948년 8월에 건국된 대한민국과 그것을 확인하는 데 굳이 '이미'를 넣지 않아도 체결 당시는 유효였다는 입장은 전혀 손상되지 않았다. 오히려 '이미'는 무효 시점에 논란이 있음을 드러내는 단어로서 불필요한 자극제가 될 우려조차 잉태하고 있었다. 이 2월 8일 영문 초안은 2월 2일에 조약국에서 검토된 것으로 풀이되나 그 기록은 조약국장이 직접 '이미'를 뺐다고 수기로 기록하고 있다.[152]

한편 같은 위원회에서 한국은 유일 합법성 조항과 관련해 본문 제2조로서 "the only lawful government in Korea as declared in the Resolution 195(Ⅲ) of the United Nations General Assembly(유엔총회결의 195(Ⅲ)호에서 선언된 바와 같이 한반도에서 유일한 합법정부)"로, 또한 무효 확인 조항은 본문 제3조로서 "are null and void"로 규정할 것을 요구했다.[153] 후자는 물론 한국이 계속 유지해온 표현을 다시금 거듭한 것에 불과했으나 전자에 관해서는 조금 더 궁리를 가한 것이었다. 그것은 일본이 유엔총회결의 195(Ⅲ)호에 언급하는 것을 고집하고 있는 점을 염

---

152) 「日本國と大韓民國との間の基本關係に關する條約(案)」, 外務省日韓會談公開文書(문서번호 1853내), 8쪽.

153) "DRAFT TREATY ON BASIC RELATIONS BETWEEN REPUBLIC OF KOREA AND JAPAN". 이는 「第7次日韓全面會談基本關係委員會第7回會合」, 外務省日韓會談公開文書(문서번호 1346내)에 별첨으로서 수록. 단 이 초안은 이미 1월 25일 시점에서 한국 측이 일단 최종안으로 준비했었던 것이다. 이 점은 이미 장박진, 앞의 책, 2009, 484~486쪽에서 논했다.

두에 두면서 표면상 양보해서 그것을 받아들이는 척하면서도 그것을 역이용하려 한 뜻이었다. 즉 직접적으로는 유엔총회결의 195(Ⅲ)호를 인용하면서도 막상 그 문안은 그 유엔총회결의가 한국정부가 한반도에서 유일한 합법정부임을 선언한 것처럼 조문을 꾸몄다. 다시 말해 문안은 유엔총회결의 195(Ⅲ)호가 이북 지역에까지 한국이 대표할 수 있음을 인정한 것과 같이 해석할 수 있도록 노린 것이었다.

물론 일본은 한국 측 그 의도를 쉽게 알아챘다. 2월 10일 열린 제11회 위원회에서 일본은 전문에서만 유엔총회결의를 언급하는 방안을 철회하고 본문에서 직접 규정하는 방침으로 돌아섰다. 유일 합법성 조항과 관련해 일본이 새롭게 제시한 본문 제5조는 한국정부가 "a lawful government in Korea as declared in the Resolution 195(Ⅲ) of the United Nations General Assembly"라고 규정했다.[154] 물론 이 표현은 한국이 '유일(only)'을 강조하고 한국정부가 한반도 전체를 대표하고 있듯이 규정하려 한 데 대하여 한국정부는 유엔총회결의 195(Ⅲ)호에서 선언되어 있는 바와 같이 합법정부이나 그것은 남한에만 한정되는 '하나(a)'에 불과하고 따라서 전 한반도를 대표하는 것은 아님을 드러나게 하기 위한 것이었다. 또한 일본은 무효 확인 조항과 관련해 한국이 'null and void'의 사용을 고집하고 있는 것을 고려해 일단 타협안으로서 본문 제6조로서 "have become null and void"를 제시했다. 설명할 나위도 없이 이는 시제(時制)를 현재완료형으로 함으로써 무효 상태가 현재는 '완료'되어 있음을 가리키면서 거꾸로 체결 당시는 유효였음을 드러내기 위한 궁리였다. 실제 일단 법적 효력이 발생하지 않았으면 무효 상태가 '완료'되는 일도 없었다. 완료형으로 한 까닭은 물론 한국이 고집하는 'null and void'라는 어구를 그대로 수락할 경우의 대응책이었다.

---

154) "Draft ······ between Japan and the Republic of Korea". 이는 「第7次日韓全面會談基本關係委員會第11回會合」, 外務省日韓會談公開文書(문서번호 1347)에 별첨으로서 수록.

위원회에서 드러난 이러한 대립은 한국정부에 보고되었다. 2월 12일
의 김동조-다카스기(高杉晋一) 한일 수석대표 회담에서 김동조는 본국
정부의 훈령이라고 밝히면서 유일 합법성 조항과 관련해 'a lawful
government'라고 'a'를 넣는 것은 물론, 'only'를 뺄 것 역시 불가능하다
고 주장했다. 마찬가지로 무효 확인 조항을 일본이 제시한 "have
become null and void"로 할 것 역시 거절했다. 김동조로부터 수락이 불
가능하다는 답이 나오자 다카스기는 유일 합법성 조항에 관해서는 약간
양보한 'the only lawful government in Korea within the meaning of the
Resolution 195(Ⅲ)'으로 하는 방안 등을 제안했다. 즉 한국이 고집하는
'only'를 받아들이는 대신 그 '유일'이라는 의미가 유엔총회결의 195(Ⅲ)
호의 범위에 머무를 것을 강조하는 전치사 'within'을 사용하는 표현 형
식으로 함으로써 접점을 찾으려 한 것이었다. 그 자리에서 다카스기는
'within' 대신 'in'이라도 좋고 혹은 'in the sense of'이라도 가능하다는
입장도 아울러 표시했다.

한편 무효 확인 조항에 관해서는 양보의 자세를 보이지 않았다. 다카
스기는 원천 무효의 의미가 나오는 표현은 일절 수락 불가능하다고 강
조하면서 "have become null and void"를 수락하지 않을 경우에는 그 이
외로서는 "have no effect"나 "have no validity" 정도의 선택밖에 없다고
주장했다. 물론 현재는 '효력이 없다'는 뜻만 나타내는 이들 대체 어구
역시 병합 관련 조약들이 합법적으로 체결되었음을 전제로 과거에는 법
적 효력이 있었다는 해석 여지를 확보하기 위한 표현이었다. 이렇게 하
고 12일의 수석대표 회담에서도 유일 합법성 조항과 무효 확인 조항에
관한 대립은 풀리지 않았다. 다만 이 12일의 한일 수석대표 회담에서는
조약 형식으로 할 것에 관해서는 최종 합의에 이르렀다.[155]

___

155) 이상 이 수석대표 회담의 내용은 「高杉·金日韓會談首席代表第5回會合」, 外
務省日韓會談公開文書(문서번호 1429내), 3~6쪽에서 정리.

기본관계 문제에 관해서는 마지막 위원회가 된 2월 15일의 제13회 위원회에서 일본은 유일 합법성 조항에 관해 "the only such lawful government in Korea as is specified in the Resolution 195(Ⅲ) of the United Nations General Assembly(유엔총회결의 195(Ⅲ)에서 명시된 바와 같은 한반도에서 그러한 유일한 합법정부)"라는 절충안을 제시했다. 이는 12일의 수석대표 회담에서 일본이 제시한 'within the meaning of' 등의 표현 형식에 대해 한국이 보인 거부 반응을 반영한 것이었다. 12일의 수석대표 회담에서 김동조는 비록 'only'가 들어가도 'within' 등의 전치사가 들어가는 표현 형식이 되면 그것이 한국정부의 유일 합법성의 뜻이 유엔총회결의 195(Ⅲ)호의 범위 내에 있음을 지나치게 강조하게 된다는 문제점을 지적하면서 예컨대 'as recognized under' 등 기타 표현 형식으로 할 필요성을 시사했었다. 15일의 위원회에서 일본이 제안한 대체안의 취지는 그런 한국정부의 입장을 고려하고 한국이 거부한 'within'이나 'in' 같은 전치사를 사용하는 표현 형식은 직접 쓰지 않는 대신, 일본으로서 'such'를 넣고 타협을 도모하려 한 절충안이었다.156) 물론 'such'는 'as' 이하의 표현과 연결되면서 한국정부의 유일 합법성이 결국 유엔총회결의 195(Ⅲ)호의 의미에서임을 보다 강조하는 단어였다. 위원회 석상에서 일본은 그 'as' 이하의 부분에 관해서는 "as is

---

156) 단 'such'를 활용하는 구상은 15일의 위원회에서 처음으로 제시된 것은 아니며 12일의 수석대표 회담에서 다카스기 대표가 이미 '미검토의 시안'이라 하면서도 일단 "the such only lawful government in Korea as is referred to in the Resolution 195(Ⅲ)···"이라는 문안으로 제시한 적은 있었다. 「高杉·金日韓會談首席代表第5回會合」, 外務省日韓會談公開文書(문서번호 1429내), 5쪽. 비록 직접적인 회담 토의록이 아니라 회담 내용에 대한 보고문밖에 수록되어 있지 않으나 위의 문안을 일본이 제기했다는 사실은 한국 문서에서도 확인할 수는 있다. "JAW-02283", 『제7차 한일회담, 본회의 및 수석대표 회담, 1964-65』, 271쪽. 다만 한국 측 기록에서는 유엔총회결의와 연결되는 동사는 'referred'가 아니라 'declared'로 되어 있어서 양국 간의 기록에서 약간 차이가 난다.

specified" 이외에도 "as is described"나 "as is declared"라도 좋다고 추가 제안했다. 물론 후보로서 거론된 이들 동사의 선택은 한반도에서의 한 국정부의 유일 합법성을 어떻게 규정할 것인가 하는 과제와 관련해서는 본질로부터 떨어진 지엽적인 제안에 불과했다.

한편 무효 확인 조항에 관해서는 15일의 마지막 위원회에서도 일본 은 새로운 타협안을 제시하지 않았다. 일본은 그 자리에서도 12일의 수 석대표 회담에서 이미 다카스기 수석이 제시했었던 "have become null and void"나 "have no effect", 그리고 "have no validity" 등을 문서나 구 두를 통해 거듭 제안했을 뿐이었다.157)

2) 시나 외무대신의 방한과 교섭의 타결

이와 같이 현안이 되어 있었던 무효 확인 조항과 유일 합법성 조항의 문제에 관해서는 17일부터 이루어지는 시나 외상의 한국 방문 전에는 접점을 찾을 수 없었다. 그러나 이는 외무성으로서도 이미 예상했었던 결과였다. 17일부터의 방한이 정식으로 공표된 같은 2월 9일에 아시아 국은 그 2가지 과제가 정서적인 요소도 얽히는 문제로서 실무 절충에서 는 해결할 수 없을 가능성이 높다고 이미 판단했었다. 그 결과 외무성 은 이들 문제가 반대로 실리가 동반되지 않는 문제라는 점도 고려하면 서 시나 외상 방한 시에 타결하게 하고 기본관계조약에 가조인 시킴으 로써 외상 방한의 수확물로 삼을 것을 다짐했다.158) 이 방침에 따라 외

---

157) 이상 15일에 무효 확인 조항과 유일 합법성 조항에 관해 일본이 제출한 영문 초안은 "untitled"로서 「第7次日韓全面會談基本關係委員會第13回會 合」, 外務省日韓會談公開文書(문서번호 1347내)에 별첨 1로서 수록. 단 무 효 확인 조항에 관해 일본이 추가적으로 밝힌 "have no validity"라는 어구 는 그 영문 초안에는 없으며 그것은 회의석상에서 구두로 추가 제안한 것 이다. 이에 관해서는 같은 13회 위원회 회의록, 2쪽.

158) 「当面の日韓諸懸案の取扱振り に關する件」, 外務省日韓會談公開文書(문서번 호 1787내).

상 방한의 전날 16일에 아시아국은 기본관계조약이 가조인되었음에 만족한다는 한일 두 외상에 의한 공동성명안까지 미리 만드는 등, 만반의 준비에 나섰다.[159] 이 2가지 문제에 대한 타결 성사 여부가 외상 방한의 성패를 가리는 핵심 과제로 대두된 셈이었다.

이러한 교섭의 흐름에 따라 계획 당초는 친선을 목적으로 하던 시나 외상 방한도 한일 교섭 전반에 큰 영향을 미치는 중요한 실질적인 교섭의 장으로 변했다. 그만큼 교섭의 타결이 지상명제가 되었으며 그를 위해서도 먼저 회담의 분위기를 조성하는 과제가 제기되었다. 시나 외상 방한에 동행한 우시로쿠 국장의 증언에 따르면 시나 외상 방한은 당초 사과 사절의 성격을 띤 것이 아님을 상호 양해해서 이루어지게 된 것이었다.[160] 시나 방한에 즈음하여 한국이 외상의 사과 발언을 요구하기 시작한 것은 외상 방한 며칠 전부터의 일이었다. 이 증언은 이동원 외무장관의 증언과도 기본적으로 일치하고 있으므로[161] 그대로 사실이라고 판단해도 틀림없어 보인다. 한국이 직접 그 요청을 제기한 주된 상대는 같은 해 1월부터 이미 서울에 주류하던 마에다(前田利一) 참사관이었다.[162] 마에다는 직접 한국어를 할 줄 아는 당시 외무성 내의 한국통이었다.

마에다 참사관은 외상 방한 시에 한국 국민의 마음에 닿는 사과의 언급이 필요하며, 그렇지 않고서는 역효과이며 도착 성명이 전부라고 강조하는 전문(電文)을 도쿄에 보냈다. 도쿄에서 건의를 받은 우시로쿠 국장은 마에다의 조언에도 불구하고 당초 한국이 사과와 같은 것을 요구

---

159) 「共同聲明(案)」, 外務省日韓會談公開文書(문서번호 1331).

160) 이하 시나 외상의 도착성명의 기초 과정에 관해서는 「日韓交涉に關する若干の回想(1965.7)」, 外務省日韓會談公開文書(문서번호 16), 23~24쪽; 「日韓交涉の回顧 椎名元外務大臣, 後宮大使にきく(1969.8)」, 外務省日韓會談公開文書(문서번호 14), 12~14쪽에서 정리.

161) 李東元, 앞의 책, 44쪽.

162) 이 점은 金東祚, 앞의 책, 278쪽.

하지 않았다는 점도 고려해 "유감스럽지만 불행한 시기도 있었으나" 정도로, 즉 책임 주체를 애매하게 한 성명을 준비하고 주변 기자들에게도 외상 도착성명으로 배포했다. 그러나 오히려 그에 의문을 던진 것은 기자들이었다. 가자들로부터 이 도착성명이면 전혀 의미가 없다는 말이 나오자 우시로쿠 국장은 시나 외상에게 '반성한다'는 말도 넣도록 제안했다. 그에 대해 오히려 시나가 '유감스럽지만'이라는 간접적인 표현 말고 '유감입니다' 등, 보다 직접적인 표현으로 하고 또한 '반성한다'에 대해서도 '깊이'를 추가하도록 지시했다. 이 안이 서울에 주류하던 마에다 참사관에게 전달된 것은 외상 방한의 전날 늦은 밤이었고 그 후 급히 마에다에 의해 한국어로 번역되었다.

"양국 간의 오랜 역사 속에는 불행한 기간이 있었음은 참으로 유감스러운 일이며 깊이 반성하는 바입니다"라고 표명한 시나 외상의 김포공항 도착성명은 이렇게 만들어졌다. 이 도착성명은 전후 일본정부 고관이 한국인에게 공식으로 행한 첫 번째 '사과'였다. 마에다는 이 성명으로 인해 시나를 맞이하는 한국 국내의 공기가 상당히 호전되었고 그것이 그 후의 교섭에도 실질적으로 좋은 영향을 주었다고 증언하고 있다.[163] 외무대신이 표명한 것으로 이 '사과'가 일정한 정도 일본정부로서의 '공식성'을 띤 것은 사실이다. 그러나 그것은 사토 총리를 비롯해 당시 일본정부의 통일된 뜻을 모아 충분히 논의해서 꾸며졌다는 의미에서의 공식 사과는 아니었다. 그것은 어디까지나 방한 직전 시나 외상 개인이 주도한 급조의 산물이었으며 그 의미에서는 '사적'인 발언에 불과했다. 더구나 정치적으로 어려운 결단을 내린 시나는 과거 경제 실무관료로서 일본이 지배한 만주 경영에 직접 관여한 인물이었다. 그런 그는 방한의 불과 2년 전인 1963년에 출판한 저서에서는 "일본이 메이지

---

163) 「特別企畵 日韓國交正常化20年間の歩み 前駐韓國大使 前田利一氏に聞く(上) 日韓國交正常化前の實情」, 『經濟と外交』, no.758, 1985, 9쪽.

(明治) 이래 이와 같이 강력한 서구제국주의의 아(牙)로부터 아시아를 지키고 일본의 독립을 유지하기 위해 타이완을 경영하고 조선을 합방하고 만주에 오족공화(五族共和)의 꿈을 꾸었던 것이 제국주의라고 말한다면 그것은 영광의 제국주의"라고 자화자찬했었다.164) 이 의미에서 시나가 주도한 도착성명은 '사적'인 성격을 더해 한일 교섭 진전을 위한 정치적 술책이라는 성격도 강했다. 그에 대한 평가를 막론하고 전후 일본정부에 의한 첫 번째 '공식 사과' 표명은 이와 같은 배경에서 급히 차려진 것이었다.

시나 방한까지 남았었던 2가지 과제는 18일 오후에 서울에서 열린 제1차 한일 외상회담에서 다루어졌다. 그러나 외상회담은 기술적인 문제는 실무자들에게 맡기기로 했다. 그에 따라 교섭의 책임을 사실상 짊어진 것은 두 외상이 아니라 한국 측 연하구 아주국장과 일본 측 우시로쿠 아시아국장을 비롯한 한일 각각 3명으로 구성된 6명의 실무가들이었다. 기본관계조약의 귀추를 결정한 이 교섭은 3시간이라는 제법 긴 시간동안 진행되었다. 그러나 이미 남은 쟁점이 사실상 무효 확인 조항과 유일 합법성 조항의 문제 2가지에 집약되어 있었던 가운데 열린 이 외상 및 실무자회담에서는 통치의 정당성 여부를 가리는 문제 같은 것에 그 관심이 향하는 일은 물론 없었다. 결국 이 문제는 한일회담의 성격을 전체로서 규정하고 기타 개별 문제 처리의 성격에도 영향을 주는 '헌법적 성질'을 띤 기본관계 교섭에서 끝내 단 한 번도 다루어지지 않았던 것이다. 물론 이에 따라 통치의 부당성이라는 성격이 조약 등을 통해 확정되는 일 역시 일절 없게 되었다. 그 결과 이후 이 문제 역시 무라야마담화 등을 통해 식민지 지배에 대한 일본정부의 공식 사과의 입장이 확립된 것으로 평가할 수 있는 1990년대까지 한일 간 갈등의 불씨로 도사리게 되었다.

---

164) 椎名悦三郎, 『童話と政治』, 東洋経済研究所, 1963, 58쪽.

실무자회담 석상에서 한국은 도쿄에서 진행된 12일의 수석대표 회담
이나 15일의 위원회에서 유일 합법성 조항과 관련해 일본이 제안하던
'such'는 절대로 불가능하다는 점, 또한 'within the meaning of'이나 'in
the meaning of', 및 'in the sense of' 같은 표현 형식 역시 결코 받아들이
지 못한다는 점들을 강조했다. 그 결과 그들 표현은 쓰지 않도록 조정
이 이루어졌고 'as declared in', 'as defined in', 'as stipulated in', 'as
specified in'이라는 4가지 표현을 후보로 선정하고 그것을 상부에 타진
해 보기로 했다.165)

한편 무효 확인 조항에 관해서는 최종적으로 일본 측이 'are already
null and void'를, 또한 한국 측은 'are hereby null and void'를 각각 제시
하고 이 역시 상부에 보고하고 결정하도록 합의했다.166) 즉 결국 'are
already null and void'로 된 최종 조문은 일본이 제안한 것을 선택한 결
과였다. 일본이 제안한 그 문안과 관련해 우시로쿠 국장은 그것이 서울
로 향하는 도쿄 출발 전에 조약국장이 병합이 한때는 유효였음을 가리
키는 뉘앙스가 필요하기 때문에 'already'가 들어간다면 괜찮다는 지시
를 받았었던 것에 따른 문안이라고 전하고 있다. 이 안을 직접 제시한
그 우시로쿠 국장은 아울러 한국 측이 '설마' 이 안에 덤벼올(食いつい
てくる) 줄은 예상하지도 않았다고 증언하고 있다. 물론 우시로쿠 국장이
'설마'라고 생각한 것은 'already'가 조약국장의 말대로 '병합이 한때는
유효였음을 가리키는 뉘앙스'를 빚어내기 위한 핵심 단어로서 들어가

---

165) 다만 한국 측 문서에 따르면 이 실무자회담에서는 본론 4가지 표현 중
'declared'가 제안된 기록은 나오지 않는다. "기본관계문제 실무자회의 토
의 요약", 『제7차 한일회담 기본관계위원회 회의록 및 훈령, 1964.12-65.2』,
295쪽. 즉 한일 양국 문서의 기술에는 약간 차이가 존재한다.

166) 이상 18일의 실무자회담의 토의 내용은 「椎名外務大臣韓國訪問(昭和40年2
月17日-20日)の際の討議記錄」, 外務省日韓會談公開文書(문서번호 1329),
41~45쪽, 및 그 토의에 따른 합의 내용은 「第7次會談の開始と基本關係條約
案イニシアル」, 外務省日韓會談公開文書(문서번호 1127), 11-135~11-137쪽.

있었기 때문이었다. 한국이 결과적으로 왜 이 조문을 수락했는지, 그 속 사정을 직접 가리키는 한국 측 기록은 찾을 수 없다. 우시로쿠는 이 안 을 받아들이지 않을 경우 교섭이 결렬되고 말 것이기 때문에 결국 한국 이 이 안에 동의한 것이 아닌가 추측했다.[167] 그만큼 병합 관련 조약들 이 체결 당시에는 유효였다는 뜻이 나타나도록 하는 조문 기초 문제는 일본으로서 절대 양보 불가능한 마지노선이었다. 물론 'already' 자체는 병합 관련 조약들이 체결 당시에는 유효였음을 직접 가리키는 표현은 아니었다. 그러나 비록 직접 원천 무효임까지 천명하지 못하더라도 원 래 'are null and void'로만 규정함으로써 병합이 원천 무효임이 확정되 었다고 설명할 수 있도록 생각하고 있었던 한국정부로서는 'already'의 수락은 너무나도 큰 양보였을 것이다.

18일의 실무자 교섭의 결과는 시나 외상으로부터 도쿄에 보고되었다. 그때 시나는 쌍방의 주장이 이미 다 나와 있다는 점, 한국 측의 태도를 볼 때 이 이상 일본에게 유리한 안이 나올 가능성은 없다는 점, 그리고 결렬될 경우 양국 간의 분위기를 더욱 악화시킬 점 등을 지적하면서 18 일의 실무자 교섭에서 정해진 범위에서 조문을 작성하고 가조인을 단행 하고 싶다고 전했다.[168]

그러나 이 보고를 검토한 외무성은 즉시 그것을 승인한 것은 아니었 다. 외무성이 문제시한 것은 주로 유일 합법성 조항이었다.[169] 19일 오 전에 후지사키 조약국장의 방에서 회의를 연 외무성 본성은 상기한 4가 지 안은 모두 수락 불가능하며 'in the sense of으로 하도록 방침을 굳혔 다. 조약국이 'as specified in' 등, 상기 실무자 교섭에서 정해져 있었던

---

167) 이상 우시로쿠 국장의 증언은 「日韓交涉に關する若干の回想(1965.7)」, 外 務省日韓會談公開文書(문서번호 16), 29~31쪽에서 정리.
168) 「第7次會談の開始と基本關係條約案イニシアル」, 外務省日韓會談公開文書(문 서번호 1127), 11-139~11-140쪽.
169) 이하 외무성의 검토 및 훈령, 그리고 기본관계조약 가조인에 이르는 과정 에 관해서는 기본적으로 위의 문서, 11-144~11-155쪽에서 정리.

4가지 표현 형식을 피하려 한 까닭은 그들이 모두 '형용사적'과 '부사적' 해석이 가능하며 그에 따라 조문의 해석에 차이가 생긴다는 것이었다.

추상적인 표현이나 요점은 이해하기 쉽다. 즉 단지 'as 동사 in'과 같이 꾸며진 상기 4가지 표현 형식은 모두 한국정부의 '유일한 합법정부'의 성격이 유엔총회결의 195(Ⅲ)호의 범위 내에 있다는 것을 직접 표현하는 것이 아니라 단지 그 결의가 '명기한 바와 같이'라는 등의 뜻을 나타내는 데 그쳤다. 그러나 유엔총회결의 195(Ⅲ)호는 북한의 법적 성격에 관해서는 아무런 언급도 하지 않았음에 따라 결과적으로 직접 그 합법성을 인정받은 대한민국정부만이 한반도에서 유일한 합법정부라는 해석을 허용하는 여지가 있었다. 그에 따라 한반도에서 유일한 합법정부임의 승인을 받은 한국정부의 관할권이 이북 지역에까지 당연히 미친다는 일본으로서는 피해야 하는 '과잉' 해석을 초래할 우려는 남았다.

조문에 민감해질 수밖에 없었던 조약국을 중심으로 한 외무성 본성은 바로 이 점을 우려한 것으로 보인다. 따라서 'in the sense of'으로 함으로써 한국정부의 '유일 합법성'의 성격이 어디까지나 유엔총회결의 195(Ⅲ)호의 범위에 머무르는 것을 보다 직접적으로 드러내는 표현이 바람직하다고 판단한 것이었다. 유엔총회결의 195(Ⅲ)호의 범위에 머무른다는 의미가 강해지면 강해질수록 그 유일한 합법성의 뜻이 결국 남한 지역에서의 선거를 거쳤다는 의미에서의 합법성임을 보다 강하게 나타냈다. 그에 따라 이북 지역에까지 한국이 관할권을 가지고 있다는 과잉 해석을 억제할 수 있는 효과가 보다 확대되었다.

19일 오전에 진행된 외무성 본성의 검토 결과는 같은 날 오후 12시 39분의 전문에서 서울의 대표단에 전달되었다. 그 지시 내용은 무효 확인 조항에 관해 'are already null and void'로 타결하는 것이 바람직하나 혹시 한국과의 교섭에서 아무래도 그것이 어려울 경우에는 한국이 제시한 'are hereby null and void'를 수락해도 좋고, 또한 유일 합법성 조항에 관해서는 'such'는 쓰지 않아도 되나 'in the sense of'으로 하도록 재협상하라는 것이었다.

본국에서 이 훈령을 받은 서울의 일본 측 교섭단은 이 안으로는 한국과의 타결이 어려울 것이라는 비관적인 마음을 한때 가졌다고 진술하고 있다. 대표단이 비관적인 전망을 가진 그 이유는 물론, 외무성 본성이 재협상을 지시한 그 'in the sense of'에 있었다. 즉 그것은 'within the meaning of' 등의 표현들과 함께 이미 한국으로부터 분명히 거부 반응이 나와 있었던 표현이었고 따라서 현장에서 직접 교섭에 임하고 있는 교섭 당사자로서 그것을 수락하게 하는 것은 어렵다고 피부로 느끼고 있었기 때문이었음은 틀림없을 것이다. 그때 이 어려운 국면을 타개한 것이 바로 시나 외상의 정치적 조정 능력이었다. 시나는 특히 유일 합법성 조항에 관한 본국 훈령으로는 한국과의 타결이 불가능함을 알아채고 스스로의 정치력에 의해 오히려 본국 훈령을 억누르기로 결심했다. 그 전제가 된 것이 한국과의 '흥정 교섭'이었다. 그리고 그 최종적인 합의가 도출된 것이야말로 요정(料亭) 청운각(淸雲閣)에서 진행된 막바지 교섭이었다.

19일 밤 시나 외상 주최의 만찬회를 끝낸 한일 양국 대표단은 청운각에서 2차회를 가졌다. 청운각회담은 참가자 모두가 '마구(じゃんじゃん) 술을 마시고 춤추는 분위기' 속에서 별실에 옮겨 진행되었다고 한다. 우시로쿠 국장의 회고에서는 회담 참가자는 이동원 장관과 시나 외상, 그리고 우시로쿠 국장 본인의 3명이었다.[170]

필자는 한국정부가 먼저 공개한 공식 문서 등에 의거해 진행한 연구에서 이 청운각회담에서는 무효 확인 조항과 유일 합법성 조항이 정치적 흥정의 대상으로 되었었다고 추론했다.[171] 일본 측 공식 문서가 공

---

170) 「日韓交涉の回顧 椎名元外務大臣, 後宮大使にきく(1969.8)」, 外務省日韓會談 公開文書(문서번호 14), 19쪽.
171) 이 문제에 관해서는 장박진, 앞의 책, 2009, 499~506쪽.

개됨에 따라 한국 측 문서에서는 정확히 파악하지 못했던 조정 과정까지 보다 자세히 들여다볼 수 있게 된 이 연구에서도 막판 교섭 시 이 2가지 조항이 사실상 서로 하나하나 점수를 가져가는 흥정 대상의 성격을 띠고 있었다는 해석 자체를 수정해야 하는 이유는 없다. 그러나 교섭의 내용을 보다 자세히 전하고 있는 일본 측 관련 기록에 의거하는 한, 상기 2가지 조항의 흥정이 청운각회담에서 직접 이루어졌다는 추론 자체에 대해서는 수정이 필요해 보인다.

앞서 진행한 연구에서 필자는 청운각회담에서 직접 흥정 대상으로 된 것은 무효 확인 조항 중의 'already'의 삽입과 유일 합법성 조항 중의 'such'의 삭제라고 추측했다. 그러나 상술한 바와 같이 'such'는 18일의 한일 실무자 교섭에서 이미 뺄 것으로 조정되어 있었으며 또한 외무성 본성에서 온 재협상 훈령에서도 그 삭제는 이미 허가되어 있었다. 또한 우시로쿠 국장은 무효 확인 조항의 핵심인 'already'를 삽입하는 것은 낮의 회담에서 이미 결정되어 있었다고 증언하고 있다.172) 우시로쿠 국장이 언급한 그 '낮의 회담'이 어느 회담을 가리키는지 직접적인 기록은 없다. 그러나 그 증언은 19일 밤에 열린 청운각회담과 같은 날임을 시사하는 문맥에서 나와 있으므로 19일 낮에 열린 제2차 외상회담 관련의 결과를 뜻하는 것으로 풀이해도 무방해 보인다.

앞서 발표한 연구에서도 이미 언급했으나 청운각회담에 앞서 진행된 19일의 제2차 외상회담에서 시나 외상은 "막바지에 가서야 관할권 조항의 삽입은 철회하겠으니 이제는 한국 측이 양보할 차례"라고 말했다고 김동조는 증언하고 있다.173) 이 시나의 발언은 '관할권 조항의 삽입은

172)「日韓交渉の回顧 椎名元外務大臣, 後宮大使にきく(1969.8)」, 外務省日韓會談 公開文書(문서번호 14), 18쪽.
173) 金東祚, 앞의 책, 279쪽. 단 일본 측이 남긴 이 제2차 외상회담의 회의록에 따르면 그 토의 내용은 한일회담 관련의 의제 전반에 관한 간략한 의견 교환이나 국제 정세에 관한 토의만이 진행되었으며 유일 합법성 조항 등,

철회'한다고 마치 조항 자체를 없애버리는 것 같은 내용으로 되어 있다. 그러나 상술한 바와 같이 일본 역시 한국과의 타협을 고려해 이미 1월 시점에서 한국정부의 관할권이 남한에만 한정될 것을 직접 명시하는 '관할권 조항(=영토 조항)'은 두지 않을 생각임을 밝혔었다. 따라서 이 문제는 19일의 외상회담에서 새삼스레 그 철회를 약속하는 문제가 아니었다. 김동조의 회고가 시나의 발언으로서 전한 '관할권 조항의 철회' 문제라고 함은 결국 그에 대신해서 설정하게 되어 있었던 제3조 유일 합법성 조항에 관해서는 일본 측이 양보하는 생각을 가지고 있다는 뜻을 내비친 것으로 해석해도 틀림없을 것이다. 시나가 생각한 그 구체적인 '양보'의 내용은 외무성 본성으로부터 재협상 훈령으로서 내려져 있는 'in the sense of'은 '철회'하고 18일의 실무자 교섭에서 정해져 있었던 4가지 표현의 범위에서 그대로 택할 수 있도록 하는 것이었다.

한편 시나 방한 시 이미 남은 과제가 무효 확인 조항과 유일 합법성 조항의 문제뿐이었다는 조건을 감안하고 또 그 시나 발언이 유일 합법성 조항에 관해서는 일본 측이 양보할 수 있다고 시사하고 있는 이상, 시나 발언은 거꾸로 무효 확인 조항에 관해서는 한국 측이 양보하도록 촉구한 것이었음은 틀림없을 것이다. 비록 시나 발언에서는 단지 '이제'라고만 되어 있을 뿐, 무효 확인 조항에 관한 것이라는 직접적인 기록 자체는 없다. 그러나 사실상 유일 합법성 조항과의 흥정을 제기한 시나의 그 발언은 제2조 무효 확인 조항의 문안과 관련해서는 한국이 제기했었던 'are null and void'나 'are hereby null and void' 말고 'already'를 삽

실무적인 조문 교섭이 진행되었다는 흔적은 전혀 없다. 제2차 외상회담 회의록은 「椎名外務大臣韓國訪問(昭和40年2月17日-20日)の際の討議記錄」, 外務省日韓會談公開文書(문서번호 1329), 47~62쪽. 따라서 김동조가 증언한 시나 발언은 회의록이 작성되는 공식회담 석상에서가 아니라 그 회담 전후의 자유로운 시간이나 기타의 장소에서 나왔을 가능성도 고려할 필요가 있다.

입한 일본안 'are already null and void'로 타결하도록 한국을 설득하기 위한 것이었다고 해석할 수 있다. 그리고 한국은 이 시나의 제안을 수락했다. 우시로쿠 국장이 증언한 낮의 회담에서 'already' 문제는 이미 결정되어 있었다는 지적은 바로 이 상황을 뜻했을 것이다.

한국이 무효 확인 조항 쪽의 타협을 선택했을 것이라는 점은 교섭에 임한 이동원 장관의 교섭 방침을 통해서도 충분히 추측 가능하다. 실제 이동원은 병합 관련 조약들의 무효 확인 문제는 양보할 수 있으나 한국 정부의 대표성 문제는 국가의 기본과 관련되는 것이기 때문에 쉽게 양보하지 못한다는 생각으로 교섭에 임할 것을 박정희 대통령에게 보고하고 일임을 받았었다고 증언하고 있다.[174] 막판 교섭에서 한국에게 보다 중요한 것은 무효 확인 조항보다 유일 합법성 조항이었다.

19일 낮의 회담에서 'already' 문제가 이미 해결되어 있었다는 증언을 따르는 이상, 막바지 청운각회담에서 실질적으로 남은 과제는 유일 합법성 조항 중, 유엔총회결의 195(Ⅲ)호와 연결되는 어구의 조정 문제였다. 그 어구와 관련해서는 18일의 실무자 교섭에서 'as specified in' 등의 4가지 후보만이 선정된 이후 아직 구체적인 진전은 없었다. 이하에서 곧 보듯이 최종 어구의 선택을 한국이 통보하고 있는 사실을 고려할 때 시나는 무효 확인 조항에서 한국 측이 'already'의 삽입을 승인한 것과의 흥정으로서 본국 훈령인 'in the sense of'을 '철회'하는 것을 더해 유엔총회결의 195(Ⅲ)호와 연결되는 어구의 선택 역시 기본적으로 한국에게 맡겨도 된다는 생각을 가지고 있었다고 보인다.

그러나 이동원이 '국가의 기본'과도 관련된다고 중요시한 그 어구의 선택은 한국으로서는 쉽게 결정할 수 있는 문제가 아니었다. 그 유일 합법성이 유엔총회결의 195(Ⅲ)호의 범위에 머무른다는 의미를 조금이라도 완화시킬 과제에 경주해야 했던 한국으로서는 기타 문안 선택의

---

174) 李東元, 앞의 책, 88쪽.

가능성도 염두에 두면서 마지막까지 자신들에게 보다 유리한 문안 도출의 가능성을 찾으려 했을 것이다. 그 결과 한국이 최종안을 제시한 것은 결국 그다음 날에 가조인이 예정되어 있었던 19일 밤 청운각회담 도중의 늦은 시간이었다. 실제 우시로쿠 국장은 막판 청운각회담에서도 한국정부의 유일 합법성이 유엔총회결의 195(Ⅲ)호의 범위에 머무른다는 규정을 완화하는 문제를 둘러싸고 늦은 시간까지 대립을 거듭한 끝에, 이동원 장관이 진해에 있었던 박정희 대통령과의 전화 통화를 통해 결국 'as specified in'을 최종안으로 제시해 왔다고 증언하고 있다.175) 일본으로서도 양보할 수 있는 범위는 최종 후보로서 이미 실무자 교섭에서 정해져 있었던 상기 4가지 표현 중의 선택까지만이었다. 그리고 시나는 한국 측이 그중에서 최종안으로 'as specified in'을 제시해온 것을 맞이하면서 본국으로부터 떨어져 있었던 'in the sense of'이라는 훈령은 내부에서 억누르고 한국이 택한 그 어구대로 끝낼 수 있도록 내부 조정에 나섰다. 이에 관해서는 시나 자신, 19일 늦음 밤부터 20일의 새벽에 걸쳐 국제전화를 통해 사토 총리를 비롯한 정부 주요 인사와의 조정에 직접 나섰다고 증언하고 있다.176)

시나가 주도한 국내 조정의 결과 외무성 본성 역시 'in the sense of'을 채용하도록 내리던 훈령을 철회하고 20일 오전 8시 반에 열린 최종 협의에서 'as specified in'의 수락을 결정했다.177) 그 후 이 안은 사토 총리의 재가 등을 거쳐 오후 12시 15분에 필요한 국내 절차를 모두 마쳐 정식으로 승인되었다. 이 소식은 즉시 서울의 대표단에 전해졌다. 그 결과

---

175) 「日韓交涉に關する若干の回想(1965.7)」, 外務省日韓會談公開文書(문서번호 16), 31쪽.
176) 「日韓交涉の回顧 椎名元外務大臣, 後宮大使にきく(1969.8)」, 外務省日韓會談公開文書(문서번호 14), 21~22쪽.
177) 이하 일본정부 내부에서의 막판 조율 과정은 「第7次會談の開始と基本關係條約案イニシアル」, 外務省日韓會談公開文書(문서번호 1127), 11-154~11-155쪽.

1965년 2월 20일 오후 2시 외무부 청사에서 기본관계조약은 가조인되며 기본관계 교섭은 사실상 최종 타결되었다.

한일회담은 약 14년이라는 장기간에 걸쳐 진행된 험난하고 또 기나긴 교섭이었다. 그러나 기본관계 교섭이 실질적으로 전개된 시간은 실은 제1차 한일회담이 열린 1952년 2월 중순부터 4월까지의 약 두 달 남짓과 1964년 12월 초부터 가조인이 이루어진 1965년 2월 20일까지의 약 두 달간 나머지, 합계 5개월에도 못 미치는 짧은 기간에 불과했다. 물론 교섭에 대한 평가는 교섭 시간의 길이로 단순히 잴 수 있는 문제가 아니다. 그러나 유구의 역사를 가진 민족국가를 병합하고 소멸시킨 조치가 과연 합법이었는가를 가리는 너무나도 무거운 과제를 포함한 이 기본관계 교섭이 함께 진행된 다른 현안들과 비교해도 지극히 짧은 기간 내에 성사된 것만큼은 사실이었다. 더욱 통치의 정당성 여부 문제 따위는 단 한 번도 거론되는 일조차 없었다.

교섭 타결 후 한국정부는 'already'의 삽입 여부와 상관없이 병합이 원천 무효였음이 확정되었다고 주장했다.[178] 그러나 이 설명이 국내 여론 대책상의 정치적 선전에 불과했음은 바로 교섭 과정 자체가 가리키는 바였다. 원래 이 문제를 제기한 1차 회담부터 한국정부는 병합이 원천 무효임을 일본정부에게 인정할 것을 요구하지는 않았다. 물론 한국이 그것을 요구해봤자 그것이 성사될 가능성은 애초 없었다. 전후의 역사를 스스로의 힘으로 만들어낸 것도 아니며 미국을 중심으로 한 연합국이 안겨 준 테두리 속에서 움직여야만 했던 당시 한국정부에게 병합의 원천 무효성을 일본에게 수락하게 하는 법적 권한은 없었다. 물론

---

178) 이러한 한국정부의 입장 표명은 곳곳에서 나왔으나 여기서는 그 한 사례로서 한국정부가 조약 및 관련 협정의 체결에 즈음하여 그 의미 등을 공식적으로 설명한 대한민국정부, 『대한민국과 일본국 간의 조약 및 협정 해설』, 1965, 11쪽을 소개한다.

그것을 별도 실현시킬 수 있는 정치력 역시 없었다. 이에 따라 그나마 가장 원칙적인 안으로 제시한 'are null and void'조차 그것은 시점을 명시함에 따라 불가피하게 일어날 일본과의 대립을 피하는 의미에서 애초부터 원천 무효 여부를 명확히 가리지 않는 방안으로서 제시했을 뿐이었다. 한일 교섭은 실은 상대의 인정을 통해 확정한다는 의미에서는 출발부터 병합의 비합법성을 확정하려 하는 교섭이 아니었다.

일본은 한국이 제안한 이 '억제적'인 제안마저 수락하지 않았다. 물론 그 이유는 'are null and void'만으로는 비록 그것이 한국 국내의 여론을 달래기 위한 정치적 무마책이었다고 한들, 원천 무효라는 의미가 강하게 나타날 수 있다는 점을 경계한 결과였다. 1952년 봄에 나타난 이와 같은 대립의 구도는 그 후 '선 해결 후 국교'라는 교섭 진행 방식 등이 자리 잡게 된 가운데서 뒷전에 미루어졌다가 약 13년 후 막판 교섭에서 다시금 재현되었다. 그 결과 한국은 교섭의 조기 타결과 유일 합법성 조항의 강화를 우선시하는 입장에서 'already'의 삽입을 수락했다. 그에 대한 평가 여하를 막론하고 이로써 한일 간에서도 병합이 합법이었음이 다시 재확인되었다. 애초 법적 효력이 발생하지 않았던 조약에는 '이미' 무효가 되었음을 새삼스레 확인해야 하는 법적 효력은 원천적으로 없었다. 거꾸로 말해 일부러 '이미' 무효임을 확인한 조항의 존재는 병합 관련 조약들에는 이미 무효가 될 만한 법적 효력이 한때 발생했었음을 역으로 확정하는 근거 이외의 아무것도 아니었다. 이 점은 그런 조문의 해석과 더불어 'already'를 일본이 제안하고 한국에게 그 양보를 요구한 조문이었다는 사실, 더구나 그것은 일본이 '설마'라고 생각하면서 한국에게 제시한 안이었다는 사실들이 여실히 드러내고 있다.

한일 기본관계조약은 이 의미에서 국제적 테두리가 된 평화조약에 이어 당사자인 한일 두 나라가 다시 병합이 합법이었음을 재확정시킨 조약이었다. 또한 통치의 정당성 여부 문제에 관해서는 아무런 교섭도,

규정도 없음에 따라 그에 대한 역사인식을 공식으로 확정하는 기회 역시 소멸시켰다. 이로써 한일 기본관계조약은 한반도의 독립이 비합법적인 병합과 부당한 통치로부터의 '광복'으로서 이루어졌다는 한국 사회의 역사인식이 허구에 불과함을 결정짓고 그냥 새로운 관계의 출발을 위한 길만을 열어준 것이었다.

맺음말:

앞으로 나아가야 할 방향성

이상 밝혀온 바와 같이 대일전의 발발에 따라 미국의 주도로 인해 현실화된 한반도 독립의 실현 과정은 병합의 합법성을 동시에 확정하는 궤적이기도 했다. 미국에게 한반도 독립 문제라고 함은 일본의 지배력이 후퇴한 전후에 한반도를 둘러싼 동아시아 지역의 안정성을 어떻게 구축해 나갈 것인가 하는 관리 문제 이외의 아무 것도 아니었다. 물론 전시 중 미국은 한반도의 독립을 정당화하기 위한 일련의 절차를 밟았다. 그 직접적인 효시가 카이로선언이었다. 그리고 그것은 일본이 실제로 수락한 포츠담선언 제8항을 통해 확정되고 이행되게 되었다. 그러나 표면적으로 들어간 '노예 상태' 등의 어구들도 그것은 전쟁 중 적국 일본의 영토 처리에 대한 국제적 정당성을 확보하기 위한 정치적 수식어에 불과했다. 실제 카이로선언이 선포된 후에도 선언 안에 들어간 관련 규정들이 한반도 독립 문제에 대한 구상이나 현실적인 정책에 영향을 주는 일은 없었다. 오히려 미국은 현실화된 카이로선언 이행 과정에서도 병합조약에 따라 한반도가 정식으로 일본의 영토가 되어 있었음을 모든 것에 전제로 두면서 전후의 국제적 관리 체제의 도입 문제에만 전념했다. 그 결과 일본이 한반도에 대한 주권을 당초부터 정당하게 보유했었는가 하는 근본적인 문제가 한반도 독립 과정에서 구현되는 일은 없었다. 평화조약은 최종적으로 이 문제에 매듭을 지었다. 그러나 평화조약은 비록 병합이 합법이었다고 직접 명시한 것은 아니었으나 일본이 한반도의 독립을 자주적으로 승인하는 형식을 통해 문제를 최종 처리한 결과 사실상 그것이 합법적으로 이루어진 것임을 확정해 버렸다.

건국 후 대한민국정부는 이 과제의 존재를 인식했다. 그에 따라 한국 정부는 이승만 대통령의 지시에 따라 이 문제를 한일 두 나라 간 교섭에서 실제로 거론했다. 그러나 평화조약에서 병합이 사실상 합법으로 확정된 가운데 열린 한일회담에서 한국이 일본으로 하여금 병합이 비합법적인 것이었음을 인정하게 하는 법적 권한을 가진 것은 아니었다. 물론 그것을 정치적으로 시인케 하는 현실적인 힘은 더욱더 없었다. 원천적으로 그런 한계에 부딪힌 한국정부는 비록 병합의 무효 확인 문제를 들고 나오면서도 그것을 일본에 대해 병합이 원천적으로 비합법적인 것이었음을 직접 인정하도록 제기한 것은 아니었다. 그것은 애초부터 무효 시점을 애매하게 함으로써 단지 국내적으로는 병합의 비합법성이 확인되었다고 선전하기 위한 정치적 무마책에 불과했다. 그리고 당초부터 나타나 있었던 이런 문제 처리의 한계는 결국 기본관계조약 제2조에서의 'already'의 삽입으로서 최종적으로 그 모습을 드러냈다.

그러나 그에 따라 당연히 문제는 남을 수밖에 없었다. 남편임의 확정이 본인 자신의 주장으로 인해 담보되는 것이 아닌 것처럼 대한민국이 아무리 그것이 확인되었다고 국내에서 선전해도 그것으로 병합의 비합법성이 확정되는 것은 아니었다. 남편임의 확정이 결국 혼인제도라는 사회적인 테두리나 그 사람을 자신의 남편이라고 인정해 주는 아내의 존재로 인해 비로소 확보되듯이 병합의 비합법성 확정을 위해서는 당사자 대한민국의 주장 이외에 평화조약을 비롯한 국제적 테두리나 무엇보다 일본이라는 상대의 인정이 필요했다. 그러나 그것이 결여된 조건하에서 진행된 기본관계 교섭이 국제적 틀이나 일본의 승인을 통해 병합을 비합법적인 것으로 확정할 수 있을 리는 없었다. 그에 대한 평가를 막론하고 한일회담 기본관계 교섭의 실태는 병합의 합법성 여부를 국제적으로 확정하기 위한 교섭이 아니라 그냥 국내에서만 통하는 허울 좋은 겉치레를 차리기 위한 요식 행위에 불과했다.

혹시 일본을 패전국으로 몰아간 그 힘이 한민족의 독자적인 것이었다면 병합의 합법성 여부를 둘러싼 갈등이 전후 이와 같이 남게 되는 일은 없었을 것이다. 한국은 전후처리 과정에서 그것을 형식적으로 확정하도록 처리하면 그만이었다. 가령 독자적인 힘까지는 아니더라도 혹시 한민족이 국제사회가 인정할 만한 힘을 키우고 대일전에 같이 공헌했었더라면 이 문제를 둘러싼 역사 역시 적어도 지금과는 그 양상을 꽤 많이 달리했었을 것이다. 그 공헌에 따라 전후처리에 일정한 발언권을 가지게 된 한국인이 이 문제를 중요한 것으로 제기했다면 당시 연합국이 그럼에도 '동맹국'인 한국의 의향을 무시하고 그것을 전면적으로 물리쳤었을 것이라고 봐야 할 이유는 없다. 실제 전행은 늘 과거의 기정 질서를 부정하고 무효화시켜 왔다.

그러나 전후 질서를 만든 연합국이 기억한 한국의 실상은 그렇지 않았다. 이 의미에서 한국 사회가 성찰해야 하는 역사는 그냥 나라를 지키지도 못하고 병합을 당했다는 것만도 아니다. 좋든 나쁘든 간에 그 후 실제 독립까지는 결국 35년이라는 세월이 흘렀다. 그러나 그 기간 동안 우리 한민족은 결국 독립을 위한 힘을 제대로 규합할 수도 없었고 또 통일된 기축 역시 구축하지 못했다. 그런 모습을 목격한 당시 연합국은 한민족의 힘을 대일 항전을 위한 실제적인 것으로 간주하지 않았고 또 민족을 대표하는 핵심 세력이 존재한다고 인식하는 일도 없었다. 한국 국내에서 통하는 정서적인 담론들과 달리 한반도는 대일 교전국으로서가 아닌 것은 물론, 일본에 대한 저항 세력으로서 전후를 맞이한 것도 아니었다. 한민족은 그냥 패전한 대일본제국의 일원으로서 전후를 맞이했을 뿐이었다. 이런 부정하기 어려운 엄연한 현실은 민족사 자신이 바로 고백하고 있다. 즉 일부러 그 이름을 거론할 필요도 없을 것이다. 대일본제국의 일원으로 전후를 맞이하게 되었다는 그런 한민족의 자기 모습은 1919년 독립선언문을 기초한 민족 지도자가 전후에는 대

일 협력자로서 규탄받기까지에 전락되어 있었다는 주지의 역사 속에 상
징적으로 나타났다. 그런 한민족에게 그나마 독립의 기회가 주어진 것
은 민족자결이라는 사계사적인 이념을 배경으로 전후 일본이 다시금 지
역의 불안정 요소로 대두될 것을 억제하기 위한 국력 저하 정책의 일환
에 불과했다. 연합국의 지역 전략의 결과 독립의 기회가 주어진 한민족
에게 병합을 원천적으로 비합법으로 하는 과제 등, 그 이상의 발언권이
주어질 리가 없었다.

그러나 이런 역사를 오로지 개탄만 해봤자 숙제는 좀처럼 풀리지 않
는다. 비록 이미 굳어버린 제약 조건들이 있기에 한국이 원하는 대로
문제를 이끌어 나갈 수는 없다고 한들, 문제를 조금이나마 진전시키기
위해서는 주어진 조건하에서 합리적인 길을 모색하는 수밖에 없다. 역
사의 걸음이라 함은 따지고 보면 원래 그런 것이다. 역사는 마음에 들
지 않는 데이터를 수시 소거하고 재입력할 수 있는 컴퓨터 처리 작업처
럼 진행되는 것은 아니다. 역사의 걸음은 항상 지울 수 없는 과거의 사
실들을 제약 조건으로 받아들이는 데부터 출발할 수밖에 없다. 물론 그
것을 받아들여도 신이 아닌 인간은 항상 정답만을 찾을 수 있는 것도
아니다. 너무나도 복잡한 사회 현상 속에서 한정된 판단력밖에 가지지
못하는 인간들에게 판단 착오는 떼려야 뗄 수 없는 동반자이기도 하다.
그러나 그런 가운데서도 큰 틀로서 보다 적절한 판단과 그렇지 못하는
판단이 존재함은 틀림없을 것이다. 보다 나은 상황이 연출되는 경우가
있는 한편, 그와 대조를 이루는 상황이 자꾸 벌어져 왔다는 역사의 엄
숙한 사실은 늘 우리가 택하는 판단의 중요성을 가르쳐 주고 있다. 비
록 그 하나하나는 작다고 하더라도 사회 구성원이 택하는 그런 판단들
의 사회적인 누적이 결국 어떤 사회를 보다 나은 상황으로 이끌어 나가
는가의 여부를 가리는 기본적인 요인이 되는 것은 역사가 바로 인간 자
신이 만들어내는 현상인 이상 필연이다. 이 의미에서 스스로가 취하는

자그마한 선택들과 역사적 결과의 사이에 아무런 인과 관계도 찾으려 하지 않는 몰지식한 무책임함은 아무런 제약 조건도 없이 역사를 다스릴 수 있다고 생각하는 오만함 못지않게 역사에 후퇴와 정체를 초래하는 가장 기본적인 위험 요인이다.

그럼, 오늘날 한국 사회는 우리가 직면한 갖은 제약 조건들을 전제로 병합의 합법성 여부를 가리는 과제를 조금이나마 풀어 나가는 데 어떻게 대응해 나갈 필요가 있을 것인가? 물론 그 자세하고 정확한 이정표를 세우는 것은 어렵다. 그러나 한정된 이성 속에서도 나아가야 할 방향성을 크게 그리는 것은 결코 불가능한 일이 아닐 것이다.

먼저 이 문제를 둘러싼 국제적 테두리, 즉 평화조약 체제를 직시하는 데부터 출발할 수밖에 없다는 점을 가슴 깊이 새기는 것이다. 제4장에서 논한 바와 같이 한반도 독립 조항으로 설정된 제2조 (a)항은 병합이 합법이었다고 직접 규정한 것은 아니었다. 그러나 그 조항은 병합의 합법성 여부를 문제로 삼는 일이 없이 한반도 독립 문제를 일본이 승인하는 형식으로 처리했다. 이로써 전후 평화조약은 병합을 사실상 합법으로 확정해 버렸다. 유감스럽지만 이 상황을 뒤집을 수 있을 가능성은 이제 전무이다. 최종적으로 연합국에서 배제된 한국은 평화조약의 당사자가 아니므로 애초 그 변경을 요구할 수 있는 권리를 가지고 있지 않다. 미국을 비롯한 연합국이 그 조항을 수정해야 할 이유를 안게 될 가능성 역시 전혀 없을 것이다. 비록 일부 조항이라 하더라도 일본을 포함한 전 49개국으로 조인된 조약을 수정한다는 것은 상상을 초월하는 정치적인 부담으로 될 것이다. 비록 예외적인 조치라 하더라도 일부를 손질하는 것은 또 다른 수정 요구를 낳을 토양이 될 수도 있다. 연합국이 그 위험성을 감수하기까지 해서 제2조 (a)항을 수정해야 할 정치적 이유를 안게 될 가능성은 상상하기 어렵다. 당사자인 일본 역시 현 상황하에서 스스로 제2조 (a)항의 수정에 일부러 나서야 할 이유는 없다.

기정 질서를 일변시키는 전쟁 같은 사회적인 격변이 이 지역에서 다시 일어나지 않는 한, 국제적 테두리를 통해 병합이 원천적으로 비합법이었음을 확정하는 방안은 이제 존재하지 않는 것이다. 이것은 한반도 독립 과정에서 굳어버린 불가역적인 제약 조건이다.

국제적 테두리를 통한 비합법성의 확정이 불가능한 이상, 문제는 한일 두 나라 간에 한정해서 다룰 수밖에 없다. 패전 당사국으로서 일본을 구속하고 있는 평화조약 역시 한일 두 나라 간 관계 속에서 어떤 이유로 인해 병합이 한국인의 뜻에 반한 것으로 원천적으로 비합법이었음을 확인하는 것 자체를 금지하고 있는 것은 아니다. 비록 35년간이란 병합 과정에서 실제 일어난 수많은 사실 관계 자체는 지울 수 없다고 한들, 주권국가가 된 한일 두 나라가 대승적이고 정책적 판단으로 병합의 법적 효력을 원천으로 돌아가 무효화하는 것은 불가능한 일이 아니다. 그러나 비록 형식적인 것이라 할지라도 대한민국의 주권을 넘는 일본에 대해 그것을 인정하도록 강요하는 것은 불가능하다. 그것은 어디까지나 일본의 자주적인 판단을 유도해야만 가능해질 과제이다. 그리고 현재와 같이 주권국가 체제가 계속되는 한, 그 문제와 관련된 일본정부의 의사 결정 역시 그것은 결국 일본 자신의 국익 판단에 달릴 수밖에 없다. 이것 역시 마음에 든다, 안 든다의 문제가 아니라 한국 사회가 직시해야 할 제약 조건이다. 일본이 어떤 경우에 그 국익 판단을 할 것인지, 그것을 정확히 전망하는 것은 쉽지 않다. 그러나 병합의 비합법성을 확정하는 것이 가능해지기 위해서는 현재 시점에서도 적어도 이하 2가지 주된 요건이 먼저 성립되어야 한다는 것은 쉽게 알아챌 수 있다.

그 첫째 요건은 식민지 지배에서 연유하는 개인청구권 문제를 한국정부가 국내에서 책임지고 해결한다는 것이다. 대일 피해 의식이 강한 한국 사회에서는 개인청구권 문제를 아직 일본이 이행해야 할 과제라고 치부하는 사고방식이 여전하다. 물론 사과도 경제적인 보상도 직접 받지 못해 왔던 각 개인의 입장에서 보면 문제를 미해결로 생각함은 어찌 보면 당연한 일이다. 또한 그 피해의 원천이 일본에 의한 지배에서 기인하는 한, 그 피해 청산을 일본에게 요구하려 하는 것 역시 충분히 이해할 만하다. 그러나 그런 개인적인 상황이나 막연한 국민감정이 개인청구권 문제를 아직 한일 간에 남은 공식 외교 과제로 삼을 수 있는 것이 아닌 것 역시 엄연한 현실이다. 말할 나위도 없이 1965년의 한일 국교 정상화 시에 함께 성립된 소위 청구권협정이라는 약속이 있기 때문이다.

주지하다시피 제5장에서 언급한 한일회담에서는 대일 청구권 문제 역시 논의되고 그와 관련된 협정들이 체결되었다. 일단 이로 인해 주권 국가 간의 외교 과제로서는 청구권 문제 역시 그 '해결'의 틀이 마련되었다. 그 내용의 문제점으로 인해 민간 차원에서는 일찍부터 그를 둘러싼 논란이 이어져 왔다. 그러나 협정 체결 당사자인 역대 한국정부가 '미해결'의 존재를 공식적으로 인정한 것은 아니었다. 그 후도 예컨대 피폭자나 사할린 잔류자 문제 등에 관해서는 두 정부 간에 추가 조정이 이루어지고 일부 보완적인 조치가 취해졌다. 그러나 그런 추가 조치들 역시 어디까지나 한일협정의 법적 효력 자체는 건드리지 않은 채, 사실상 그것을 보완하는 의미로 진행된 것이었다. 그러나 2005년 노무현 정권하의 한국정부는 우리 사회가 오랫동안 안고 왔던 과거사 관련의 문제들을 재검토하는 과제들의 일환으로 한일회담 공식 기록을 공개하고 아울러 국가가 관여한 비인도적인 범죄 행위에 따른 개인청구권 문제는 한일협정에 포함되지 않는다는 입장을 공식화했다. 이것은 1990년대 초부터 이미 최대의 현안이 되었었던 일본군위안부의 문제 등을 주로 염두에 둔 결정이었다. 일본에 대한 감정의 골이 깊은 한국 사회는 이 결정을 기본적으로 환영했다.

그러나 국민감정이야 어쨌건, 이 판단은 한일 청구권 교섭의 실태를 객관적으로 반영한 것은 아니었다. 실제 한일 간에서 청구권 문제의 해결 원칙을 정한 1965년 4월 3일자의 합의 도출 시, 한국정부는 협정의 대상에서 제외하는 범위를 전후에 새롭게 생긴 재산권에 기초한 문제에만 한정하는 것에 일찍 동의했다. 역으로 말해 종전 전에 이미 발생했었던 인적 피해에 기인한 청구권 문제에 관해서는 그것이 협정으로 해결되는 범위에 들어간다는 것에 일찍이 동의한 셈이었다.

그 후 법적인 구속력을 직접 갖는 협정문 기초 교섭에 들어가도 이런 자세는 바뀌지 않았다. 그나마 일본은 개인청구권의 문제가 생각할수록 어렵고 한일 관계에 미치는 영향 역시 크다고 말하면서 신중히 검토할 필요성을 언급했다. 그럼에도 한국은 그런 걱정은 할 필요 없다고 안이하게 답하면서 종전 이전에 이미 발생한 문제이면 개인청구권의 문제도 포함해 모든 문제가 협정 대상이 된다는 입장을 거듭했다. 막판 교섭 과정에서 일본이 불법 행위에 따른 피해 문제 역시 협정 안에 포함될 것을 논의했었을 때도, 한국정부는 대일 청구권이 발생한 사유의 성격을 따져, 그것을 협정 대상 여하를 가리는 근거로 삼으려 한 일은 없었다. 급기야 그런 입장의 연장선상에서 한국정부는 청구권 교섭에서 직접 일본에게 제기한 항목들 이외에도 그것이 종전 이전에 이미 발생한 것이었다면 그것들 역시 협정 대상에 포함된다는 인식을 드러냈다. 한일 청구권 문제는 이런 교섭의 끝으로 '완전히 그리고 최종적으로 해결된 것'이 확인되며 때문에 '어떠한 주장도 할 수 없는 것'이 약속된 것이었다.

더구나 '완전히 그리고 최종적으로 해결'이라는 협정 제2조 1항만으로는 어떤 의미에서 해결되었는지 등이 명확하지 않아 조약으로서는 부족하다는 우려를 나타낸 일본에 대해 이제 '어떠한 주장도 할 수 없는 것'으로 한다고 서약하는 동 제2조 3항을 제시함으로써 그 우려를 해소해 준 것도 한국정부였다. 아무리 생각해도 당시 한국정부는 국가가 직접 관여한 비인도적 범죄 행위에 따른 개인청구권 문제는 협정 대상에서 제외된다는 등의 교섭을 진행한 것은 아니었다.(이에 관해서는 장박진, "한일 청구권협정 제2조의 형성과정(1965.3~6) 분석: 개인청구권 문제를 중심으로", 『동북아역사논총』, 제48호, 2015.6)

그럼에도 2005년 한국정부는 미해결 과제 여하의 기준을 '느닷없이' 제시했다. 그러나 그것은 과거 스스로가 진행한 교섭에 대한 엄격한 검증을 분명히 결여한 것이었다. 더구나 그 결정까지 이미 40년이라는 세월이 흐르고 있었다. 미해결 과제의 상징이 되었던 위안부 문제 역시 1990년대 초에는 이미 초미의 관심 대상으로 대두되어 있었다. 그에 따라 그 평가를 막론하고 사실상 청구권협정을 다시금 보완하는 사업으로서 '여성을 위한 아시아평화국민기금'에 의한 추가 대응이 취해졌다. 이는 물론 직접적으로는 일본 측이 운영 책임을 지고 진행한 사업이었다. 그러나 문제의 성격상 설립이나 운영에 관해서는 한일 두 정부 간에 조정이 이루어졌다. 한국정부는 이런 조정 과정에서도 위안부 문제가 협정 대상에 포함될 것인가라는 각도에서 문제에 접근한 것은 아니었다. 엄격한 검증을 필요로 하는 학문적인 관점에서 평가한다면 2005년의 결정은 지극히 정서적인 대일 여론 동향에 말려든 포퓰리즘에 좌우된 자의적인 판단 이외의 아무것도 아니었다. 적어도 그것은 대외적으로 대한민국 역대 정부의 일관된 입장에 입각한 것은 아니었다.

일본 사회는 이 결정에 대해 전례 없는 거부 반응을 보였다. 이른바 '혐한' 감정이 일본 사회를 덮었다. 그러나 그 반발은 한국이 과거사를 제기했기 때문임은 결코 아니었다. 일본 사회에 널리 퍼진 '골포스트를 자꾸 움직이게 한다'는 말에 상징되듯이 그 거부 반응은 조약 당사자인 한국정부 자신이 스스로 택한 약속을 지키지 않는다는 것에 대한 격한 불신의 표출이었다. 이로써 한국은 신뢰를 잃었다. 보다 큰 안목으로 볼 때 이 결정은 적어도 대일 외교에 한정하는 한, 역사적인 참사였다. 그 평가의 타당성 여하를 막론하고 2005년의 결정으로 인해 한국은 상황만 바뀌면 아무렇지도 않게 약속을 어기는 국가, 과거사에 대한 책임을 인정하면 그로 인해 또 다시 무슨 요구를 제기해올지도 모르는 국가라는 이미지를 일본 사회에 깊이 각인시켜 버렸다.

한국정부가 과거 한일 청구권 교섭에서 스스로가 진행한 교섭의 실태를 보다 정확히 파악하고 경제적인 보상 문제만큼 그 효력에 따라 국내에서 처리하도록 협정을 준수했었더라면 그 이외에 각 피해자 개인이 요구하는 사죄의 문제도, 관련 피해의 기록이나 교육 실천 문제도 일본에게 보다 강한 발언권을 유지할 수 있었다. 실제 청구권협정은 경제적인 문제만을 처리한 것이지, 사죄의 문제 기타까지 '해결'시킨 것은 결코 아니었다.

그럼에도 한국정부가 과거의 교섭 경위도 그 후 관련 문제에 관해 일본 측과 일정한 정도 조정을 거듭해 왔었다는 사실과의 정합성도 고려하지 않은 채, 2005년의 결정을 내린 결과 과거사를 둘러싼 흐름은 오히려 후퇴했다. 실제 협정의 효력을 부정하는 형식으로 문제를 제기한 결과 일본과 심각한 갈등을 빚게 된 위안부 교섭 역시 사실상 향후의 입막음의 대가로서 받게 된 엔화 10억의 신규 출자로 인해 '불가역적'으로 끝나게 되어 버렸다. 2015년 12월 28일의 위안부 문제에 관한 합의 내용을 보면 누구나 쉽게 짐작할 수 있듯이 그것은 1993년 8월 4일 이른바 고노(河野洋平)담화를 통해 일본정부가 이미 인정했었던 내용을 단지 '책임'이라는 단어로 화장(化粧)했을 뿐이었다. 일본이 추가적으로 낸 10억 엔도 그것은 위안부 문제가 청구권협정에서 빠져 있었음을 인정하거나 과거 고노담화가 시인했었던 책임의 성격을 질적으로 달리 인정함에 따라 이루어지게 된 새로운 보상은 아니었다. 일본에게 그것은 한국 측이 민간 차원을 넘어 정부 차원에서까지 '성가시게 떠도는 것'을 막기 위한 추가 비용이었다. 그리고 일본이 노린 것처럼 10억 엔의 신규 '투자'로 인해 고노담화가 약속했었던 진상 규명이나 교육 과제도 적어도 정부 간에서는 날아가 버렸다. 이제 위안부 관련의 문제이면 그것을 거론하는 것조차 또 다른 약속 위반이 되었기 때문이다.

그것만도 아니다. 식민지 지배에 따른 개인 피해 문제가 마치 그 이외에는 존재하지 않는 것처럼 특화해서 위안부 문제만을 다룬 결과 이번 위안부 합의로 인해 과거사 문제는 정말로 모두 끝났다는 분위기가 연출되었다. 일본 사회를 덮어버린 이와 같은 분위기 탓에 다른 문제는 물론, 한국정부 자신이 위안부 문제와 같이 직접 미해결 과제라고 지정한 피폭자, 사할린 잔류자 문제 역시 이제 그런 문제가 남아 있다고 제기하는 것조차 너무나도 부담스러운 상황이 되어 버렸다. 이로써 원래 국민 모두를 골고루 대표해야 할 정부가 사실상 대일 피해자의 취급에 관해 차별 대우를 하게 되었다. 스스로가 택한 해결의 테두리에 대한 책임 의식의 결여나 막연한 국민감정에 말려든 영합이 어떤 결과를 자초하는 것인지, 여실히 보여준 뼈아픈 교훈이었다.

그러나 병합이 원천적으로 비합법이었음을 확정하는 과제의 존재를 생각할 때 그 대가는 더욱더 심각했다. 청구권협정이 있음에도 미해결 과제가 존재한다고 한 한국정부의 결정에 따라 병합의 비합법성 확정 과제는 사실상 결정타를 받게 되었다. 아무리 그것이 비인도적인 범죄 피해라 할지라도 위안부 피해 등도 그것은 개별 범주의 문제에 불과했다. 그러나 병합의 비합법성 확정은 애초 그런 개별 사항의 문제들과는 차원이 다르다. 그것은 입법, 행정, 사법에 걸친 일본의 한반도 통치의 전(全) 법적 근거를 부정하는 것으로 그에 따라 조금이라도 한국에게 피해가 생겼다는 사항이 있을 경우는 원칙적으로 그들 모두가 법적인 근거를 결여한 행위에 따른 손해 보상의 문제로 확대되게 된다. 이 문제의 파급력은 각 개별 문제의 처리와는 애초 차원이 다를 수밖에 없는 것이다. 그러나 협정이 있음에도 미해결 과제가 있다고 한 한국정부의 결정에 따라 원래 그 실현의 가능성이 희박했던 병합의 비합법성 확정

과제는 현재 완전히 그 맥이 끊겼다고 말해야 하는 상황이다. 일본의
입장에서 볼 경우, 그것을 승인하면 그 후 한국이 무엇을 요구해올지도
모른다는 강한 경계심을 놓치지 못하게 되었기 때문이다.

그러나 벌어진 일을 그냥 탄식만 해도 소용은 없다. 결국 남은 것은
문제의 포기만이다. 비록 잃어버린 신뢰의 회복에는 장시간 필요하지만
지금부터라도 개인청구권 문제는 청구권협정의 효력에 따라 국내에서
처리한다는 원칙으로 꾸준히 실천해 나갈 수밖에 없다. 그리고 그들 꾸
준한 실천을 통해 일본에 대해 신뢰감을 주고 병합의 비합법성을 확인
해도 추가적인 청구권 문제는 일절 생기지 않는다는 확신을 줘 나가도
록 할 길 이외에 대처 방안은 없다. 국내에서는 이와 같은 '나약한 대
응'에 불만을 안고 욕하는 목소리가 여전히 클 것이다. 그러나 감정 어
린 즉흥적인 대응이 결국 목적으로 하는 바를 이루지 못할 뿐더러, 보
다 많은 것을 잃게 한다는 역사의 교훈을 한국 사회는 늘 가슴에 새겨
볼 필요가 있을 것이다. 좋든 나쁘든 간에 외교에는 항상 자기의 힘으
로는 통솔하지 못하는 상대가 존재한다. 그러니만큼 외교는 애초부터
자신들이 원하는 결과만 얻어낼 수 있는 게임이 아니다.

그러나 가령 남한 사회에서 여전히 그 불씨가 남아 있는 개인청구권
문제와 관련해 그것은 국내에서 처리한다는 틀이 잡혀도 병합의 비합법
성 확정이 즉시 가능해지는 것도 아니다. 그 전에 최소한 성립될 필요
가 있는 둘째 요건으로서 이북 지역의 청구권 문제 역시 남아 있다.

1965년의 한일 청구권협정에서 모든 문제가 '완전히 그리고 최종적
으로 해결'되었다고 주장하는 일본도 그 대상 지역은 현재 대한민국이
현실적으로 관할하고 있는 남한 지역만이다. 즉 일본의 공식적인 입장
에서도 이북 지역의 청구권 문제는 그대로 미해결 상태이다. 평화조약
은 그 문제를 시정 당국과 처리할 것을 정하고 있으므로 지금까지 일본
은 기본적으로 이북 지역의 청구권 문제에 관해서는 그것을 북한 당국

과 처리도록 그 방침을 취해 왔다. 따라서 현재까지와 같이 북한 당국
이 이북 지역을 계속 시정하는 이상, 일본으로서는 미해결 과제인 이북
지역의 청구권 문제를 실제 처리하기 위해서도 그대로 북한 당국과 교
섭하도록 할 것이다. 적어도 현 조건하에서는 한국정부가 북일 교섭에
직접 관여할 수는 없다.

그러나 이는 결코 한일협정의 성격이 북일 교섭의 추세에 영향을 주
지 않는다는 것을 뜻하는 것도 아니다. 2002년 9월 17일의 평양선언 제
2항에서 이미 뚜렷이 나타났듯이 일본은 물론, 북한 당국 역시 이북 지
역의 청구권 문제를 기본적으로 한일협정의 틀 안에서 처리할 것에 일
단 합의했다. 그러나 한일협정은 병합의 법적 효력을 사실상 시인한 조
건하에서 각 관련 협정을 체결했다. 따라서 한일협정의 틀을 수정한다
는 것은 일본이 아직 미해결임을 공식적으로 인정하고 있는 이북 지역
의 문제 처리에 직접적인 영향을 주게 된다. 더구나 위에서 강조한 바
와 같이 병합의 법적 효력을 원천으로 소급하고 부정하는 과제는 각 개
별 범주의 청구권 처리 문제와는 차원이 다른 파괴력을 내포하고 있는
너무나도 예민한 문제이다.

문제가 이와 같은 파급력을 필연적으로 지니는 이상, 일본이 실제 미
해결이라고 인정하고 있는 이북 지역의 청구권 문제가 '완전히 그리고
최종적으로 해결'되지 않는 한, 병합의 원천 비합법성을 인정할 가능성
은 없다. 그 확인은 형식적인 차원의 문제에 머무르지 않고 바로 현실
적인 문제와 직결될 가능성을 즉시 유발하기 때문이다.

툭하면 감정에 치우치기 쉬운 한국 사회는 이 상황을 불만으로 여겨
아직 남아 있는 이북 지역의 문제 처리에 즈음하여서는 병합의 비합법
성을 전제로 한 보상을 실천하도록 요구할지도 모른다. 그러나 이북 지
역의 문제를 한일협정의 틀 안에서 해결할 것을 요구하는 입장은 한국
정부 역시 마찬가지이다. 그 이유를 이해하는 것은 쉽다. 병합의 합법성

여부를 따지지 않고 사실상 그것을 합법으로 간주한 채 한일협정을 체결한 한국정부로서 혹시 일본이 북한 당국과는 병합의 원천 비합법성에 입각한 청구권 처리를 진행한다면 그것은 '민족 대표정부'로서의 체면이 땅에 떨어질 것을 뜻한다. 현재와 같이 남북 분단이 계속되는 한, 한국으로서도 한일협정의 틀 속에서 문제가 '완전히 그리고 최종적으로 해결'될 것을 촉구하는 수밖에 없다.

그러나 문제는 보다 복잡하다. 광신적인 폐쇄국가로 전락하고 핵무기나 미사일 개발에 치닫고 있는 북한과 일본이 이북 지역의 청구권 문제 처리를 실제 해낼 가능성은 점점 희박해지고 있다. 더구나 북일 간에는 일본인 납치 문제라는 국민적인 관심사로 떠오른 특유의 문제까지 깔리게 되었다. 한국정부로서도 국방이라는 국가의 가장 기본적인 과제를 고려할 때 북일 교섭 성사에 의한 지역 질서의 안정화라는 외교정책을 유지해 나갈 것은 점점 어려워지고 있다. 이런 흐름은 한국만도 아니다. 북한이 가지는 핵, 미사일 기술의 진전에 따라 대북 안보 위협을 현실적인 것으로 느끼기 시작한 미국의 우려 역시 대규모의 경제적 지원이 흘러 들어갈 것을 뜻하는 북일 교섭의 진전을 허락할 여지를 좁혀 가고 있다. 이제 이북 지역의 문제 처리 역시 결국 북한 정권의 붕괴 후 그것을 인계한 한국정부와의 사이에서 진행하게 될 가능성이 보다 커지고 있다고 봐야 할지도 모른다. 평화조약 역시 시정 당국과의 처리를 요구하고 있는 이상, 한국정부가 이북 지역의 시정을 실제 행사하게 된다면, 일본은 남은 이북 지역의 청구권 문제를 한국정부와의 사이에서 진행할 의무를 지닌다. 요컨대 이북 지역의 문제를 둘러싸고 '한일회담'이 다시금 열리게 되는 셈이다.

그러나 그때 한국 사회는 어려운 문제에 직면할 수밖에 없다. 현실적으로 그 교섭에 관여할 수 없는 북일 교섭과 달리 이북 지역의 문제를 한일 직접 교섭으로 해결하게 된 이상, 한국으로서는 이북 지역의 청구권 처리에 관한 원칙을 정해야 할 과제를 안게 된다. 그때 한국정부는 이북 지역의 문제 역시 1965년의 한일협정의 틀 안에서 함께 처리할 것을 그대로 수용할 것인지, 혹은 이북 지역에 관한 처리를 새롭게 진행하게 됨에 따라 차제에 남북한의 문제를 병합의 비합법성에 의거해서 다시 처리하도록 요구할 것인지의 2가지 선택 사이에서 고민하게 된다. 일제 지배에 따른 과거사 처리의 원칙 적용 문제와 관련해 남북한에 차이가 생겨야 될 이유는 원래 없다. 남북 모두에게 꼭 통일된 원칙이 적용되는 것이 합당하다.

물론 국내에서는 후자의 원칙을 적용하도록 요구하는 여론이 힘을 얻을 것이다. 인기몰이에 급급한 일부 정치가 역시 그러한 추세에 편승할 것이며 그 압력에 저항하지 못하는 정책 당국 역시 그에 말려들 가능성이 있을 수 있다. 그러나 바로 이 책이 밝혀온 것처럼 한반도의 독립 과정에서 자리 잡은 각종 제약 조건은 후자의 선택을 쉽사리 허락해주지 않는다. 한국정부가 후자의 원칙을 적용하도록 공식적으로 그 입장을 취할 때, 문제는 경색되고 끝이 없는 소모전이 벌어질 것이다. 물론 그에 따라 병합을 비합법적인 것으로 한 현실적인 처리가 가동하지 않을 뿐더러, 무엇보다 그 처리에 적용하려 한 병합의 비합법성을 확정하는 과제 자체가 애초 진전되지 않게 된다. 누차 강조하나 역사가 정착시켜버린 과거의 제약 조건들로 인해 한국정부에게는 그들 과제의 실천을 요구할 수 있는 법적 권리가 없다.

혹시 애초 그 가능성이 크지도 않은 병합의 비합법성 확정과제가 그나마 진전될 가능성이 있다고 한다면 그것은 한국이 먼저 이북 지역의 청구권 문제 역시 한일협정의 틀 안에서 처리할 것을 감수했을 때뿐이다. 그것을 통해 남북을 가리지 않고 과거사에서 연유하는 현실적인 과제는 모두 끝났다는 요건을 갖출 때뿐이다.

이와 같은 대응에 대해서도 국내에서는 그것이 껍데기만을 차리려

하는 것으로 실질적으로는 아무런 의미도 없다고 비판하는 목소리가 많이 나올 것이다. 그러나 실제 35년간에 걸친 병합 과정에서 이미 생겨버린 별 수 만큼의 사항들에 대해 실질적인 영향을 줄 수도 있는 이 병합의 비합법성 확정 과제는 바로 껍데기만을 차리는 형식으로 대응할 수밖에 없다는 점을 잊지 않아야 할 것이다. 한국 사회가 병합의 비합법성을 근거로 현실적인 과제의 처리에까지 그 영향을 주려고 할수록 일본이 그것을 수락할 가능성은 그에 비례해서 작아진다.

물론 워낙 예민한 병합의 비합법성 확정 과제는 상기 2가지 요건들만이 충족되면 그것으로 저절로 성사되는 문제도 아니다. 일본 국내에서는 선인(先人)들이 택한 병합 조치를 비합법으로 확인하는 것에 대해서는 그것을 역사에 대한 모독이라고 반대하는 보수적인 목소리가 늘 영향을 줄 것이다. 무엇보다 병합은 합법적인 절차를 거쳐 이루어졌다고 주장해온 그간의 일본정부의 입장 역시 비합법성 확정의 과제에 계속 악영향을 줄 것이 분명하다. 그런 가운데 그럼에도 일본이 병합의 원천 비합법성, 혹은 그에 준하는 적극적인 대응을 취하게 된다면 결국 그것은 일본이 그것을 인정하는 것이 타당하고 또 현실적으로도 보다 국익에 도움을 준다고 판단하기에 이를 때뿐이다.

과연 그러한 시기가 실제 올 것인지, 가령 온다고 해서 언제쯤 올 것인지를 예상하는 것은 현재 필자의 능력을 훨씬 뛰어넘는 문제이다. 그러나 그런 시기가 혹시 온다면 그것은 결국 국민의 의식 수준이라는 추상적인 차원에서도 또 정치, 경제, 사회문화라는 현실적인 측면에서도 한국 사회가 보다 눈부신 발전을 이룩함으로써 일본에게 한국이 존경할 만한 국가, 그리고 현실적으로도 그와의 관계가 사활적으로 중요한 국가라고 인식하게 할 수 있을 때만이라는 점은 충분히 예견할 수 있다. 그 의미에서는 시기는 그냥 '오는 것'은 아니다. 실제 올지 여하는 결국 한국인 한 사람 한 사람이 그 시기를 실제 오게 하려고 할지 그 의지와 능력 여하에 달려 있다.

과거 대전의 발발과 더불어 열리게 된 한반도 독립 과정에서 우리 한민족은 민족의 역사에 '일본이 된 시대'가 있었는가 등을 가리는 병합의 합법성 여부 과제를 해결할 수 있는 절호의 기회를 얻었다. 그러나 그 중요한 시기, 한민족은 계속된 분열과 역부족으로 인해 결국 그 기회를 놓치고 말았다. 그로 인해 현재 이 문제의 추세는 지극히 불투명해졌고 그 성사의 현실적인 가능성 역시 사실상 매우 작다고 봐야 한다. 이런 상황에 직면하게 된 오늘날, 한국 사회는 국제사회가 결코 인정한 것도 아닌 '광복'이라는 허구의 말로 병합의 합법성 여부를 가리는 과제를 향후도 계속 덮어 넘어갈 것인지, 아니면 최소한 일본과의 관계에서는 그것을 실현해서 불행한 역사에 매듭을 지으려 할 것인지, 그 선택의 갈림길에 서 있다. 그 실현 여부는 결국 우리 한민족의 각성과 그 노력 여하에 달려 있다는 점을 마지막으로 강조하면서 이 글에 마무리를 짓고자 한다.

비록 미흡한 것이라도 이 글을 집필할 수 있었던 것은 뭐니 뭐니 해도 일본국회도서관 헌정자료실 소장 자료의 존재가 결정적이었다. 원래 워싱턴이나 런던에 장기 재류해야 가능한 많은 자료들의 조사를 진행하는 것은 현재 필자에게 주어지고 있는 현실적인 연구 환경하에서는 도저히 어려웠다. 이들 풍부한 자료에 대한 접근이 비교적 쉽게 가능했던 것은 일본국회도서관이 1970년대부터 계속해온 체계적인 해외 자료 수집 사업이 있었기 때문이다. 물론 국내에서도 국회도서관이나 국사편찬위원회 등을 중심으로 해외 소재 관련 자료의 수집이 이어져 있으며 그들 자료 역시 이 책 집필에 유익했다. 그러나 체계성이라는 측면에서 볼 때 아직까지 부족함이 많은 것도 부정하기 어렵다. 우리나라 현대사의 운명을 결정한 사실 관계들을 정확히 밝혀내기 위해서라도 관계 각국들이 보유하고 있는 해외 자료에 대한 체계적인 수집 작업의 진전이 요망된다. 또한 제5장에서 활용한 일본정부 공개 한일회담 공식 문서 중, 특히 2016년에 추가적으로 공개된 일부 자료를 신속히 확인할 수 있었던 것은 일본에서 관련 자료의 수집, 정리 작업을 계속하고 계시는 '한일회담 문서 전면 공개를 요구하는 모임'(2016년 12월 해산)의 이양수(李洋秀) 선생님의 노력 덕분이다. 인터넷상에서 공개하고 있으므로 따로 허가를 구하는 일도 없이 그냥 열람했으나 아무런 대가도 없이 방대한 작업을 계속하고 계시는 그 열의에 진심으로 경의를 표하는 바이다. 또한 학술서 출판의 어려운 환경 속에서도 '경인한일관계연구총서'로 받아들이는 것을 결정해 주신 한정희 경인문화사 대표님, 그리고 한때 벌어진 문제에 대해 신속히 대처해 주시고 출판으로 이어지게 해 주신 김환기 이사님, 그리고 인내심을 가지고 험난한 교정 작업을 맡아주신 경인문화사 편집부께 감사의 뜻을 전하고 싶다.

이 글 교정 작업 중에 사선을
헤매시게 된 어머니의 병세를 지켜보면서

2017년 9월 필자 적음

참고 문헌

□ 국문

● 미간행 자료

大韓民國 政府, 『對日賠償要求調書(續)(第二部·第三部·第四部)』, 1949년.

한일회담 공식 문서

『한일회담 예비회담(1951.10.20-12.4), 자료집, 대일강화조약에 관한 기본태도
　　　와 그 법적 근거, 1950』.

『한일회담 예비회담(1951.10.20-12.4), 본회의 회의록, 제1차-10차, 1951』.

『제1차 한일회담(1952.2.15-4.21), 본회의 회의록, 제1차-5차』.

『제1차 한일회담(1952.2.15-4.21), 기본관계위원회 회의록, 제1차-8차, 1952.2.
　　　22-4.2』.

『제6차 한일회담 예비교섭, 1961, 전2권 (V.2 9-10월)』.

『제6차 한일회담, 제2차 정치회담예비절충, 본회의, 1-65차, 1962.8.21-64.2.6,
　　　전5권 (V.2 4-21차, 1962.9.3-12.26)』.

『속개 제6차 한일회담, 기본관계위원회, 1964』.

『속개 제6차 한일회담, 본회의 수석대표 간 비공식 회의(본회의 상임위원회회
　　　합), 1-21차, 1964.3.26-11.5』.

『제7차 한일회담, 기본관계위원회 회의록 및 훈령, 1964.12-65.2』.

『제7차 한일회담, 본회의 및 수석대표회담, 1964-65』.

『한일간의 기본관계에 관한 조약 [등], 1964~65, 전5권(V.1 교섭 및 서명)』.

● 간행 자료, 회고록, 기타

國史編纂委員會 編, 『資料 大韓民國史』, 제1권, 국사편찬위원회, 1970년.

國史編纂委員會 編, 『資料 大韓民國史』, 제3권, 국사편찬위원회, 1970년.

국사편찬위원회 編, 『대한민국임시정부자료집 22: 대중국 외교활동』, 국사편찬
　　　위원회, 2008년.

국사편찬위원회 編, 『대한민국임시정부자료집 25: 중국의 인식』, 국사편찬위원
　　　회, 2008년.

국사편찬위원회 편, 『대한민국임시정부자료집 26: 미국의 인식』, 국사편찬위원
　　회, 2008년.
김구, 『백범일지』, 제일법규, 2002년판.
金東祚, 『회상 30년 한일회담』, 中央日報社, 1986년.
김용식, 『새벽의 약속: 김용식 외교 33년』, 김영사, 1993년.
대한민국정부, 『대한민국과 일본국 간의 조약 및 협정 해설』(비매품), 1965년.
申福龍 편, 『韓國分斷史資料集 Ⅲ-1』, 원주문화사, 1993년.
兪鎭午, 『韓日會談: 第1次 會談을 回顧하면서』(비매품), 외무부 외교안보연구원,
　　1993년.

국무회의록.
국회회의록.
『신한민보』.

● 연구서, 논문 등
고정휴, "중경시기 대한민국임시정부의 승인외교 실패원인에 대한 검토", 『한
　　국독립운동사연구』, vol.33, 2009년 8월, 5~32쪽.
김영호, "미국의 대한민국정부 승인 정책에 관한 연구: 태평양전쟁기와 미 군정
　　기 미국의 승인 정책을 중심으로", 『軍史』, no.92, 2014년 9월, 233~
　　263쪽.
김영호, "대한민국의 건국외교: 정부 승인과 외교 기반 구축", 『한국정치외교사
　　논총』, vol.35 no.2, 2014년 2월, 43~72쪽.
김태기, "1950년대 초 미국의 대한(對韓)외교정책: 대일강화조약에서의 한국의
　　배제 및 제1차 한일회담에 대한 미국의 정치적 입장을 중심으로", 『한
　　국정치학회보』, vol.33 no.1, 1999년 7월, 357~377쪽.
박배근, "大韓民國臨時政府의 國際法的 地位와 大韓民國의 國家的同一性(上)
　　(下)", 『法學硏究』, vol.13 no.4, 2003년 12월, 77~106쪽(上); vol.14 no.1,
　　2004년 3월, 41~72쪽(下).
박진희, "한국의 대일강화회담 참가와 대일강화조약 서명 자격 논쟁", 이창훈,
　　이원덕 편, 『한국 근·현대정치와 일본Ⅱ』, 선인, 2010년, 121~155쪽.
안소영, "태평양전쟁기 미국의 전후 대일·대한정책 및 점령 통치 구상", 이창

훈·이원덕 편,『한국 근·현대정치와 일본Ⅱ』, 선인, 2010년, 87~120쪽.

이동준, "해방의 이론과 실제: 초기 대한민국정부의 병합조약에 대한 인식과 행동", 이동준·장박진 편저,『미완의 해방: 한일 관계의 기원과 전개』, 아연출판부, 2013년, 213~252쪽.

이석우,『일본의 영토분쟁과 샌프란시스코 평화조약』, 인하대학교출판부, 2003년.

李庸中, "대한민국임시정부의 지위와 대일항전에 대한 국제법적 고찰",『國際法學會論叢』, vol.54 no.1, 2009년 4월, 105~128쪽.

이태진·사사가와 노리가즈 공평,『한국 병합과 현대』, 태학사, 2009년.

장박진, "한일회담 개시 전 한국정부의 재일한국인 문제에 대한 대응 분석: 대한민국의 국가 정체성과 '재일성'(在日性)의 기원",『아세아연구』, 제52권 1호, 2009년 3월, 205~239쪽.

장박진,「초기 한일회담(예비~제3차)에서의 재일한국인 문제의 교섭과정 분석: 한일 양국의 교섭 목표와 전후 '재일성'(在日性) 형성의 논리」,『국제·지역연구』, 제18권 2호, 2009년 6월, 1~38쪽.

장박진,『식민지 관계 청산은 왜 이루어질 수 없었는가: 한일회담이라는 역설』, 논형, 2009년.

장박진, "미국의 전후처리와 한반도 독립 문제: '근거 없는 독립'과 전후 한일 관계의 기원,『아세아연구』, 제56권 3호, 2013년 9월, 20~61쪽.

장박진,『미완의 청산: 한일회담 청구권 교섭의 세부 과정』, 역사공간, 2014년.

장박진, "한일 청구권협정 제2조의 형성과정(1965.3~6) 분석: 개인청구권 문제를 중심으로",『동북아역사논총』, 제48호, 2015년 6월, 297~345쪽.

장박진, "일본정부의 한일회담 인식과 교섭 대응: 개인청구권 문제를 염두에 두면서", 도시환·장박진·장세윤 외,『한일협정 50년사의 재조명Ⅳ-일제 식민지지배 피해자의 구제를 위한 법정책적 과제-』, 동북아역사재단, 2015년, 67~95쪽.

장박진, "카이로선언의 기초와 한반도 독립 조항의 의미: 전후 단순 분리 독립의 기원",『동북아역사논총』, 제54호, 2016년 12월, 247~289쪽.

장박진, "SCAPIN 677호 발령의 배경과 그 과정: 행정권 분리의 정치적 의미와 독도 문제에 대한 함의",『국제·지역연구』, 제26권 1호, 2017년 3월, 27~68쪽.

鄭城和, "샌프란시스코 平和條約과 韓國·美國·日本의 外交政策의 考察", 『人文科學硏究論叢』, 제7호, 1990년 2월, 143~157쪽.

鄭用大, 『大韓民國臨時政府의 外交活動』, 國家報勳處, 1993년.

정용욱, 『해방 전후 미국의 대한정책』, 서울대학교출판부, 2003년.

정일화, 『카이로선언: 대한민국 독립의 門』, 선한약속, 2010년.

정병준, 『독도 1947: 전후 독도 문제와 한·미·일 관계』, 돌베개, 2010년.

정병준, "카이로회담의 한국 문제 논의와 카이로선언 한국조항의 작성 과정", 『역사비평』, 통권 107호, 2014년 여름호, 307~347쪽.

趙德千, "카이로회담의 교섭과 진행에 관한 연구", 『한국근현대사연구』, 제70호, 2014년 가을호, 134~169쪽.

洪淳鎬, "임시정부의 외교활동(1919~1945)", 『한국정치외교사논총』, vol.10 no.1, 1994년 11월, 143~190쪽.

□ 영문

● 미간행 자료

<국회도서관 소장>

Government: Korean Independence Movement, 1942-1943.

Korean Independence Movement, 1942.

Korean Provisional Government: Independence Movement, 1945.

Political Affairs: Korean Independence Movement, 1941-1944.

<국사편찬위원회 소장>

Records of World War II Conference 1943-45, Records of the Yalta Conference.

<일본국회도서관 헌정자료실 소장>

British Foreign Office: Japan Correspondence, 1941-1945.

Minutes of Meetings of the Interdivisional Area Committee on the Far East, 1943-1946.

Minutes of Meetings of the Subcommittee for the Far East, 1945-47.

Outlying Areas of Japan & Areas File Under Wherein Elections May Be Held.

Post World War II Foreign Policy Planning, State Department Records of Harley A. Notter, 1939-1945.

Records of the Joint Chiefs of Staff, part 1: 1942-45 The Pacific Theater.

Records of the Subcommittee for the Far East, 1945-1948.

Records of the Office of Northeast Asian Affairs, Relating to the Treaty of Peace with Japan: Subject File, 1945-51(Lot File 56 D 527).

Records of the Office of the Historian Japanese Peace and Security Treaties, 1946- 1952(Lot File 78 D 173).

Records of the U.S. Department of State Relating to the Internal Affairs of Korea, 1940- 1944.

The Occupation of Japan, Part 1: U.S. Planning Document, 1942-1945.

● 간행 자료

David Dilks'ed, *The Diaries of Sir Alexander Cadogan O.M. 1938-1945*, Cassell, 1971년.

Foreign Relations of the United States, United States Government Printing Office.

1942 Volume Ⅰ General The British Commonwealth The Far East, 1960년.

1943 China, 1957년.

1943 The Conferences at Cairo and Tehran, 1961년.

1944 volume Ⅵ China, 1967년.

1945 The Conferences at Malta and Yalta, 1955년.

1945 Volume Ⅰ The Conference of Berlin(The Potsdam Conference), 1960년.

1945 Volume Ⅵ The British Commonwealth The Far East, 1969년.

1949 Volume Ⅶ The Far East and Australasia, Part 2, 1976년.

1950 Volume Ⅵ East Asia and The Pacific, 1976년.

1950 Volume Ⅶ Korea, 1976년.

1951 Volume Ⅵ Asia and the Pacific, Part 1, 1977년.

1951 Volume Ⅶ Korea and China, part 1, 1983년.

□ 일문

● 미간행 자료

外務省日韓會談公開文書.

< 일본외교사료관 소장 자료>

『旧日本外地情況雜件』.

『朝鮮獨立關係一件』, 第1卷.

『ポツダム宣言受諾關係一件』, 第1卷.

『ポツダム宣言受諾關係一件(終戰關係調書)』, 第3卷.

『ポツダム宣言受諾關係一件 善後措置及び各地狀況關係(一般及び雜件)』, 第2卷.

『ポツダム宣言受諾關係一件 善後措置及び各地狀況關係(朝鮮)』, 第7卷.

『ポツダム宣言受諾關係一件 経緯説明資料及び研究論文集』, 第1卷.

< 아시아역사자료센터 소장 자료>(인터넷 공개 자료)

『昭和18年8月30日から昭和18年12月18日』.

『敵米國ノ戰後日本處理案』.

『反樞軸國ノ對日處理案』.

● 간행 자료, 회고록, 기타

李東元, 『韓日條約締結秘話』, 崔雲祥監譯, PHP, 1997년.

外務省編, 『終戰史錄Ⅰ』, 北洋社, 1977년.

外務省編, 『外地法制誌』, 第1卷, 文生書院, 1990년.

外務省編, 『日本外交文書 平和條約の締結に關する調書』 第二冊(Ⅳ・Ⅴ), 2002년.

外務省編, 『日本外交文書 平和條約の締結に關する調書』 第三冊(Ⅵ), 2002년.

外務省編, 『日本外交文書 サンフランシスコ平和條約準備對策』, 2006년.

外務省編, 『日本外交文書 サンフランシスコ平和條約對米交涉』, 2007년.

椎名悦三郎, 『童話と政治』, 東洋経済研究所, 1963년.

『蔣介石秘錄14 日本降伏』, サンケイ新聞社, 1977년.

高野和基譯, 『GHQ 日本占領史 第2卷 占領管理の体制』, 日本図書センター, 1996년.

東鄕茂德, 『時代の一面: 東鄕茂德外交手記』, 原書房, 1985년.

前田利一, 「特別企畫 日韓國交正常化20年間の歩み 前駐韓國大使 前田利一氏に聞
　　〈(上) 日韓國交正常化前の實情」, 『經濟と外交』, no.758, 1985년, 2~11쪽.
ヒュー・ボートン, 『戰後日本の設計者 : ボートン回想錄』, 五百旗頭眞 監修, 五味
　　俊樹譯, 朝日新聞社, 1998년.

日本國會 會議錄.
帝國議會 會議錄.
『每日新聞』.

● 연구서, 논문 등
五百旗頭眞, 「カイロ宣言と日本の領土」, 『廣島法學』, 第4卷 3·4合倂号, 1981년
　　3월, 59~127쪽.
五百旗頭眞, 『米國の日本占領政策 戰後日本の設計図 上·下』, 中央公論社, 1985년.
殷燕軍, 『日中講和の研究－戰後日中關係の原点』, 柏書房, 2007년.
太田修, 『日韓交涉 請求權問題の研究』, クレイン, 2003년.
梶居佳廣, 『「植民地」支配の史的研究 : 戰間期日本に關する英國外交報告からの
　　檢証』, 法律文化社, 2006년.
金民樹, 「對日講和條約と韓國參加問題」, 日本國際政治學會編, 『國際政治』, 第
　　131号, 2002년 11월, 133~147쪽.
楠綾子, 『吉田茂と安全保障政策の形成』, ミネルヴァ書房, 2009년.
塚元孝, 「韓國の對日平和條約署名問題: 日朝交涉、戰後補償問題に關連して」, 『レ
　　ファレンス』, 第42卷 3号, 1992년 3월, 95~100쪽.
塚本孝, 「平和條約と竹島(再論)」, 『レファレンス』, 第44卷 3号, 1994년 3월, 31~
　　56쪽.
長澤裕子, 「戰後日本のポツダム宣言解釋と朝鮮の主權」, 李鍾元·木宮正史·淺野
　　豊美編, 『歷史としての日韓國交正常化(Ⅱ)脫植民地化編』, 法政大學出版
　　局, 2011년, 129~156쪽.
原貴美惠, 『サンフランシスコ平和條約の盲点―アジア太平洋地域の冷戰と「戰後
　　未解決の諸問題」―』, 溪水社, 2005년.
玄大松, 『領土ナショナリズムの誕生 : 「獨島/竹島問題」の政治學』, ミネルヴァ
　　書房, 2006년.

細谷千博, 『サンフランシスコ講和への道』, 中央公論社, 1984년.

吉澤文壽, 「日韓國交正常化交渉における基本關係交渉」, 李鍾元·木宮正史·淺野 豊美編, 『歷史としての日韓國交正常化(Ⅱ)脫植民地化編』, 法政大學出版 局, 2011년, 95~127쪽.

ロ-·ダニエル, 『竹島密約』, 草思社, 2008년.

□ 중문

秦孝儀主編, 『中華民國重要史料初編-對日抗戰時期 第三編 戰時外交(三)』, 中國 國民黨中央委員會黨史委員會, 1981년.

찾아보기

1964년 일본 오사카에서 출생. 와세다대학교 및 동 대학교 석사 과정 등을 마치고 나서 2002년부터 본국인 한국으로 유학. 2007년 8월 한국외국어대학교 국제대학원에서 정치학박사 취득. 2009년부터 국민대학교 일본학연구소 박사급 연구원을 지내다가 현재 동 연구소 상임연구원. 지금까지 전후 미국이 주도한 동아시아 질서 속에서 한일 두 나라가 수교해 나간 교섭 과정이나 그 문제점들을 주로 연구해 왔다. 대표작으로『식민지 관계 청산은 왜 이루어질 수 없었는가: 한일회담이라는 역설』(논형, 2009);『미완의 해방: 한일관계의 기원과 전개』(공편저, 아연출판부, 2013);『미완의 청산: 한일회담 청구권 교섭의 세부 과정』(역사공간, 2014) 등이 있다.

허구의 광복:
전후 한일병합 합법성 확정의 궤적

초판 인쇄 | 2017년 09월 07일
초판 발행 | 2017년 09월 15일

저   자 | 장박진

발 행 인 | 한정희
발 행 처 | 경인문화사
편   집 | 김지선 한명진 박수진 유지혜
마 케 팅 | 김선규 하재일 유인순
등록번호 | 제406-1973-000003호(1973. 11. 8)
주   소 | 경기도 파주시 회동길 445-1 경인빌딩 B동 4층
전   화 | 031-955-9300 팩   스 | 031-955-9310
홈페이지 | http://www.kyunginp.co.kr
이 메 일 | kyungin@kyunginp.co.kr

ISBN 978-89-499-4266-7 93910
값 49,000원

저자와 출판사의 동의 없이 내용의 일부를 인용, 발췌를 금합니다.
파본 및 훼손된 책은 교환해 드립니다.